Sammlung Luchterhand 639

Theodor Lessing

»Ich warf eine Flaschenpost ins Eismeer der Geschichte«

Essays und Feuilletons (1923–1933)

Herausgegeben und eingeleitet
von Rainer Marwedel

Luchterhand

Originalausgabe
Sammlung Luchterhand, September 1986

Lektorat: Klaus Binder
Umschlaggestaltung: Kalle Giese, Darmstadt
Herstellung: Ralf-Ingo Steimer
Gesamtherstellung bei der
Druck- und Verlags-Gesellschaft mbH, Darmstadt
ISBN 3-472-61639-3

Inhalt

Diese Edition und die Biographie über Theodor Lessing wurde möglich gemacht durch Gelder, die meine Eltern – Ernst-August und Hildegard Marwedel – von ihrer Haushaltskasse abzweigten. Es wird mir immer in Erinnerung bleiben, auf welche Weise in der Bundesrepublik die sozialwissenschaftliche Forschung gefördert worden ist, besonders dann, wenn es sich um die historische Rekonstruktion eines jüdischen Philosophenlebens handelt. So lehnte das Ministerium für Wissenschaft und Kunst in Hannover den Antrag auf Förderung einer kritischen Edition der kleinen Schriften Theodor Lessings ohne ein Wort der Begründung ab.

Daß über fünfzig Jahre nach Theodor Lessings Ermordung durch NS-Verbrecher in seiner Heimatstadt niemand sich für die Wiedergutmachung begangener Schuld zuständig fühlt, obwohl man aufgrund erdrückender Dokumente inzwischen zugegeben hat, daß Lessings Tod erst durch die 1925/26 in Hannover gegen ihn angefachte Hetzkampagne möglich gemacht wurde, ist ein Skandal, der durch diese Notedition einiger wichtiger Texte nicht beigelegt sein kann.

Ich danke Joachim Perels, Professor für Politische Wissenschaft an der Universität Hannover, für seine fächerübergreifende Souveränität, mit der er mir während der Grundlegung und Niederschrift meiner Dissertation über Theodor Lessing freie Hand ließ; und Dr. Klaus Mlynek, Direktor des Stadtarchivs Hannover, der meine Studie »Philosophenheimat: Theodor Lessing und Hannover« in den von ihm betreuten »Hannoverschen Geschichtsblättern« (Neue Folge, Bd. 38/1984) veröffentlichte, nachdem ortsansässige Verlage vor diesem Gegenstand zurückgeschreckt waren.

Hannover, am 1. Mai 1986 *R. M.*

»Ich warf eine Flaschenpost ins Eismeer der Geschichte«

I. Die Flaschenpost als Lebens-Symbol

> *Hingeben muß ich euch mein Buch; aber wie der Schiffbrüchige die versiegelte Flasche den Wellen übergiebt, daß sie sie führen zu denen die den Inhalt vernehmen können. – Unterweilen, ihr Wellen, treibt euer Spiel damit, nach Herzenslust, Recensirt, kommentirt, kritisirt!* Arthur Schopenhauer

Lange Zeit entschwunden in der Tiefe der Jahre, von Zeitwellen deutscher Geschichte überspült: Theodor Lessing. Bekannt geworden ist der hannoversche Philosoph durch Ereignisse, die legendenhaft auf sein ganzes Lebenswerk zurückverweisen. Man denkt an Haarmann und Hindenburg und an Lessings Ermordung durch die Nazis. Die Wissenschaft handelt ihn als Fußnote abgelebten Zeitgeistes. Buntscheckig sind die ihm aufgebundenen Masken: Pessimist und Dilettant, Asphaltphilosoph und Nihilist, Antisemit und Lügenjude. Als ein Tragelaph, als Fabelwesen treibt er in einem Meer von absichtsvollen Lügen und Voreingenommenheiten. Das ist der Triumph seiner Feinde und Mörder, die ihn als ›jüdische Intelligenzbestie‹ hetzten, während das mit Philosophie und Politik nur kokettierende deutsche Bürgertum ihn als unfein, plebejisch und verwirrend abtat. Seine Legende aber ist immer noch gut für politischen Skandal, bürgerliche Nervosität und alteingefleischte Empfindsamkeiten. Über seinen Schriften liegt der *fureur de l'inédit*. Das Trauma der Vergeblichkeit allen Denkens und Aufklärens wurde ihm schon zu Lebzeiten zum Lebens-Symbol seiner philosophischen Wirkung. Ein altes Denkbild, eine weit ausholende Metapher verleiht darum dieser Sammlung von Essays und Feuilletons ihren Titel: Die Flaschenpost.

Am 8. Februar 1872 in Hannover als erstes Kind einer assimilierten jüdischen Familie geboren, widerfährt Lessing schon früh die Widersetzlichkeit der Wirklichkeit.[1] Alle glücklichen Familien gleichen einander, jede unglückliche Familie ist auf ihre eigene Weise unglücklich, heißt es am Anfang eines nicht unberühmten russischen Romans. Das gilt auch für die Familie Theodor Lessings.

Der Vater, erfolgreicher Modearzt und Lebemann, haßt den unerbetenen Sohn noch vor der Geburt; die Mutter, verwöhnte Tochter aus gutem Hause, pflegt ihre Capricen und paßt sich dem tyrannischen Gatten an. Ihr Sohn wird ein mäßiger Schüler und dafür um so eifrigerer Kladdenschreiber, ein Verseschmied und Grübler. Im freien Gedankenspiel findet er Entlastung und in der Natur die Heimat seiner Träume. Nur mit Mühe besteht er 1892 in Hameln die Reifeprüfung, studiert dann in Freiburg, Bonn und München zunächst Medizin, wechselt aber im Lebensgetümmel der Schwabinger Boheme zur Psychologie, Literatur und Philosophie über. Nach dem Abschluß einer Dissertation über den russischen Logiker Afrikan Spir schlägt er sich als Vortragsredner und Lehrer durch. Eine Habilitation an der Dresdner Universität wird verhindert, da Lessing nicht nur Jude und Sozialist ist, sondern zu allem Überfluß auch noch zündende Reden für die feministische Bewegung hält. Im Wartesaal des Dresdner Hauptbahnhofs führt er ein gemischtes Publikum in Grundfragen moderner Philosophie ein. Und hier, an dieser unkonventionellen Freistatt des Reflektierens inmitten der wirklichen, lauten Welt, taucht die Metapher der Flaschenpost zum ersten Mal auf als ein Notsymbol philosophischer Kommunikation. Auf einem ins Nordmeer verschlagenen Schiff werden kleine Zettel beschrieben, in eine Flasche getan und über Bord geworfen. Die Flaschenpost könnte nun auf den Meeresgrund absinken und fabelhafte Legenden um sich wachsen lassen; sie könnte an einem anderen Schiff vorbeitreiben. Doch würde man sie bemerken und auffischen? Eine Laune des Zufalls könnte sie schließlich an den nächsten Strand spülen, vor die Füße eines unbekannten Erben.[2]

Mit verhaltener Begeisterung kehrt Lessing 1907 nach Hannover zurück und wird Privatdozent an der Technischen Hochschule. Philosophie ist dort Luxus und eine Sonntagsangelegenheit. Seine Kollegen forschen im höheren Auftrag des wilhelminischen Staates, sie bilden Techniker und Ingenieure aus und wollen Deutschlands

Platz an der Weltmachtsonne damit sichern helfen. Philosophie ist ihnen Hekuba.
Das Denkbild der Flaschenpost wird düsterer. Im Winter 1913 spricht Lessing vom *schweigende[n] Strom der Zeit*, der unberechenbaren Verteilungsinstanz für Nachwirkung und Nachwelt. Wieder kommt eine Küste ins Blickfeld und ein möglicher Finder. Doch der Absender steht fast teilnahmslos auf dem Deck eines in *klirrende Eisgärten blumenlosen Nordens*[3] abgetriebenen Schiffes. Zum Wasser kommt das Feuer. Die Lebenswerkdramatik Eugen Dührings wird Lessing zum Spiegelbild seines eigenen Werdegangs. *Wer aber hat gefühlt, daß alle seine Bücher ein Notfeuer waren, das ein Ertrinkender, auf einsam verschlagenem Schiffe entzündet hat? »Seht ihr nicht«, ruft das Feuer, »daß ich untergehe?« Aber das Publikum betrachtet vom sichern Strande die Flammen, als handle es sich um die Künste und Überraschungen eines Feuerwerkers. Oder im besten Fall hält man den Versinkenden erbauliche Vorträge über die Kunst des Schiffebaus!*[4] Die Not seiner intellektuellen Existenz verbindet Lessing sodann mit der desperaten Lage der deutschen Juden. Ihre Beiträge zur Politik- und Kulturgeschichte Deutschlands sind zwecklos abgerungene Höchstleistungen. *Für wen arbeiten diese Juden? Sicherlich nicht für sich selbst. Ihr ganzes geschichtliches Dasein war ein Feuerwerk, abgebrannt für den Ruhm und Sinn fremder Nationen.*[5]
Während des I. Weltkrieges arbeitet Lessing als Lazarettarzt und Lehrer und schreibt unbeirrt weiter an seinem Grundlagenwerk über die erkenntniskritischen, geschichtspsychologischen und ideologischen Voraussetzungen des historischen Gedächtnisses.
Die Militärzensur verbietet die Veröffentlichung von *Geschichte als Sinngebung des Sinnlosen*, denn es ist ein flammender Aufruf gegen den Krieg. Als 1919 das Buch erscheint, schwimmt auf der letzten Buchseite eine Flaschenpost heraus. *Und es mußten wohl vieler Herbste reife Trauben zerpflückt werden, um sie zu zertreten, zu keltern und abzuziehen auf die vertrauend ins große Meer geworfene, so nichtsmehrhoffende, so alleshoffende kleine Flaschenpost des Begriffs.*[6]
Zwischen 1923 und 1933 publiziert Lessing eine Unmenge an Artikeln, Aufsätzen, Feuilletons und Glossen, und es erscheinen

die wichtigsten seiner Bücher. Viel Zeitatmosphäre und zu Zeitbildern abgezogene philosophische Einsichten sind darin enthalten, politische Erkenntnisse über die Gegenwartsgeschichte der Weimarer Republik. Mitte der zwanziger Jahre ist Theodor Lessing ein allseits bekannter Philosoph und politischer Schriftsteller. Es ist das Gelegenheitsporträt des Kandidaten für das Amt des Reichspräsidenten, die charakterologische Skizze über Hindenburg, die daraufhin gegen Lessing angefachte Kampagne der nationalen Rechten, die ihn berühmt und berüchtigt, einsam macht. Sympathie und Solidarität aus einer Teilöffentlichkeit des demokratischen und sozialistischen Lagers ändern daran nicht viel. Denn Deutschland vereiste im Meer seiner chaotischen Gewaltgeschichte, und dagegen vermochte Lessings politisch-philosophische Publizistik nur wenig. So wird die Flaschenpost endgültig zum Epitaph eines zerstörten Philosophenlebens.

Nochmals führt er das abgebrannte Kulturfeuerwerk der deutschen Juden mit seiner *Philosophie der Not* zusammen. Wirkungslos verpufft sind die glanzvollen Werke, letzte Funken verglimmen, und die Erfinder und Erbauer sind dazu verdammt, *ungedankt in Schnee und Eis*[7] zu vergehen. Keine Resignation: aufgeben darf man in Eis- und Krisenzeiten nicht, und so spricht und schreibt Lessing weiter, reist durch das Land, analysiert die irrationalen politischen Kräfte und Interessen, kommentiert kritisch die Strömungen der Philosophie und setzt als kämpferischer Denker auf die Logik der Not. Die Geschichtsnot ist der Kern und die Triebkraft seiner radikalen, von Rationalität und Phantasie gesteuerten Untersuchungen. Sein *Radikalismus der Vernunft*[8] wollte beitragen zur Erhaltung der republikanischen und demokratischen Freiheiten und Grundrechte, wollte warnen vor dem kampflosen Preisgeben der politischen, sozialen und kulturellen Errungenschaften dieser halbherzigen, unbefestigten Republik. Die apathische Bewegungsstarre, das Sichschicken ins Unvermeidliche, das schaurigschöne Fühlen herannahender End- und Eiszeiten attackierte er mit der ganzen Wucht seiner sprachlichen Ausdruckskraft.

Politik und Religion regeln die Bedürfnisse und Sehnsüchte der Not, und so engagiert sich Lessing in Komitees gegen den Faschismus, der diesen Hunger nach Sinngebung ausschlachtet. Er weist in

Leitartikeln und Essays den ganzen Widersinn der demagogischen Kampfwörter der NS-Bewegung nach und ruiniert mit seinem politischen Mut die wissenschaftliche Karriere endgültig. Wie Gustav Landauer und Eugen Leviné, Rosa Luxemburg und Karl Liebknecht – Symbole für die Namenlosen – wurde Theodor Lessing ein Mordopfer der Kräfte, die die Kontinuität der politischen Katastrophe innerhalb der deutschen Geschichte fortzusetzen sich anschickten. *Erschlagen – von der Not geknickt: / Der beste Jahrgang deutscher Reben / Ließ vor der Ernte so sein Leben* resümierte Walter Mehring zu Silvester 1940/41 im Marseiller Exil.
Theodor Lessings Autobiographie *Einmal und nie wieder* erschien noch 1935 in Prag als erster Band einer nicht weitergeführten Gesamtausgabe seiner Schriften. Die Lakonik eines Satzes in der Vorrede reicht für die Rückwendung auf sich selbst aus: *Ich warf eine einsame Flaschenpost in das unermeßliche Dunkel.*[9]

II. Münzstätten öffentlichen Wissens: Philosophie und Zeitung

> *Es ist schade, daß wir noch nicht geistige Licht- und Zeitmesser für unsere Ideen und Gefühle haben; ein Buch voll Beobachtung zög ich einem neuen metaphysischen System vor.*
> Jean Paul

Philosophie ist ein Sonderposten aus dem Warenhaus des Geistes, unbezahlbar und nur für wenige produziert. Ihre Urheber haben keine Biographie, ihre Produkte gehören nicht in die Öffentlichkeit, gar in eine Zeitung. Soweit die Vorurteile.
Theodor Lessing war ein Philosoph mit einer erzählenswerten Lebensgeschichte, und er schrieb für die Zeitung. Er lebte eine Philosophie der praktischen Vernunft und suchte die Wirksamkeit seiner Ideen im Licht öffentlicher Kontroversen. Abweichend von der Tradition deutscher Katheder-, Schul- und Fachphilosophie wanderte Lessing auf den schmalen Pfaden einer auf Welt und Gesellschaft bezogenen Philosophie, verarbeitete er Anregungen aus fachangrenzenden Wissensgebieten und bemühte sich um ein verständliches Schreiben.

Alle großen Anreger und originellen Köpfe der deutschen Philosophie plagte stets die Abschnürung der Reflexion im wissenschaftlichen Treibhaus der Selbstgenügsamkeit, in der theologisch-bürokratischen Erstarrung im Lehrbetrieb der Universitäten. Thomasius wagte es bereits im 17. Jahrhundert, statt der Offizialsprache Latein, deutsch im Hörsaal zu sprechen. Mit seiner publizistischen Großtat, den *Monatsgesprächen*, belebte er die dialogische Form des Philosophierens, die, an Platos Dialoge anknüpfend, von Giordano Bruno, Descartes, Berkley, Locke, Bacon und Hume kunstvoll genutzt worden ist. Die offene Form des Essays maßte sich nichts Abschließendes an, sie war die ideale Darstellungsform für weiterzuentwickelnde Gedanken. Auch die philosophischen Neuerer in Deutschland wollten lesbare Theorien entwickeln. Kant gestand offen ein, daß ihm leider kein *Talent einer lichtvollen Darstellung* gegeben sei, doch war ihm sehr daran gelegen, die Wissenschaft mit *Eleganz*[10] einkleiden zu lassen. Vorbehalte meldete er allerdings gegenüber zu einfacher Eleganz – Popularität – an. Es sei der Philosophie unnatürlich, *Brotkunst* zu sein, ihre unabhängige Stelle gerate sonst in Gefahr. Lebensklug genug räumte Kant aber ein, es gäbe eine einzige Bedingung, die es ihr gestattet, populär zu werden: die Not. Deren *Gewalt* sei noch über der Philosophie, nur sie könne dazu nötigen, *sich in die Form des gemeinen Beifalls zu schmiegen.*[11]

Nun hatten schon außerhalb der universitären Disziplin Philosophierende, vornehmlich Engländer und Franzosen, das nicht in die *summa* eingehende Wissen essayistisch behandelt, doch diese Experimentalform war im gelehrten Binnenraum der etablierten Akademien mit einem Bannfluch belegt. Die pedantische Steifheit eines *Folianten-Behemoth* (so Jean Paul über die Schreib- und Umfangsvorlieben deutscher Gelehrter) entsprach der politischen Schwerfälligkeit der deutschen Geschichte, ihrer geschlossenen Macht- und Herrschaftsstrukturen. In Frankreich hatten sich die *philosophes* öffentliche Einflußpositionen im Kampf gegen die zerfallenden Feudalgewalten gesichert. Sie brachen die Mauern zwischen dem öffentlichen Leben und dem Arkanum der Wissenschaften ab, monologisierten nicht, sprachen deutlich und klar und verschmähten die literarische Form nicht. Sie produzierten Ideen, keine

Kompendien für Experten (wenngleich auch die Lesefähigkeit der Bevölkerung eingeschränkt war und manche der *philosophes* auch an größeren Büchern saßen). Der letzte große deutsche Systemphilosoph war es dann immerhin, der in einem Brief diese so elegante wie präzise Form des essayistischen Philosophierens außerordentlich rühmte: *Es ist ein eignes Talent – und dies ist eine Seite, die mir darum besonders auffällt, weil ich es nicht zu besitzen glaube, und das ich vornehmlich an den Franzosen in hohem Grade schätze –, einen bestimmten Gegenstand in einem angemessenen Umkreis zu behandeln, der ihn erschöpft, und über den doch, ungeachtet alles mit allem zusammenhängt, keine Digressionen hinausschweifen. Hierin liegt eine große Schwierigkeit, etwas so weit zu entwickeln, daß die Ausführung mit dem Gegenstand noch verwandt bleibt und (. . .) doch keine Unklarheit, d. h. Unzulänglichkeit in der Begründung bleibt, obgleich die Begründung nicht absolut vollendet sein kann, weil sie sonst die ganze Wissenschaft umfassen müßte. – Es ist das Talent, mit etwas fertig zu werden, so daß es zugleich umfaßt ist.*[12] Mit dem Tod Hegels im Jahre 1831 verändert sich das Verhältnis von Fachphilosophie und Gesellschaftstheorie grundlegend, im praktischen Handeln sollen Lebensstrukturen sich herausbilden, die das uneingelöste Vernunftpotential freisetzt. Die *philosophisch-vornehme* [. . .] *Zurückhaltung gegenüber den brennenden Tagesfragen* gilt nicht mehr.[13] Gewiß, Hegel war als Zeitungsredakteur nicht unerfahren in den Dingen der öffentlichen Vermittlung. Auch er hatte zwischen dem *loseren Gang der räsonierenden Konversation* und dem *steiferen des wissenschaftlichen Gepränges*[14] nach brauchbaren Aussage- und Ausdrucksformen gesucht. Nur der *Zusammenhang mit dem gewöhnlichen Leben*[15] würde das Verstocken und Verzopfen der philosophischen Idee aufhalten können, denn entbehrten Philosophie und Wissenschaft der *allgemeinen Verständlichkeit*, so seien sie unaufhaltsam verloren, wenig mehr als *ein esoterisches Besitztum einiger Einzelner.*[16] Hegels Feuilletonessay *Wer denkt abstrakt?* bewies, daß er auch anders konnte. Im Vertrauen auf die alleinige Kraft der Idee hatte er aber wenig *zur Popularisierung seiner Lehre getan*, seine Hauptwerke waren in ihrem allzu *dornigen Stile*[17] allenfalls dem Experten halbwegs eingängig. Schlagartig anders wurde das durch seine ins politische Leben stürzenden Schüler, die mit den damaligen Grundwörtern der Zeit – Leben und Wissenschaft – philosophische Ziele verknüpften. Ludwig Börne wurde den Linkshegelianern und Jungdeutschen zum Vorbild für die *Vereinigung des Gedankens mit der Tat,*[18] und der neue Schwung, die Verherrlichung der lebendigen Kräfte, des modernen Stils, der Zusammenschluß von Philosophie und moderner Welt ebnete die *verschütteten Gedankenwege zwischen Hegel und Börne.*[19] Der von Hegel beklagte *Mangel an Publizität der Wissenschaften*[20] war von Börne zurückgeführt worden auf den kläglichen Zustand dieser Zunft und ihrer Hervorbringungen: *Ein deutsches philosophisches System kommt mir vor wie ein Getreidefeld, zu dem man uns hinführt und uns freundlich einladet, uns satt zu essen. Ganz gewiß ist in der deutschen Philosophie die beste, gesundeste und unentbehrlichste Nahrung des menschlichen Geistes; doch wäre es artiger von unsern Wirten, wenn sie uns gebackenes Brot vorsetzten. Wenn wir vor jeder Mahlzeit erst die Schnitter, die Drescher, die Müller, die Bäcker machen sollten, dann kämen wir gar zu spät an den Tisch.*[21]

Neben der Universitätsphilosophie organisierte sich allmählich ein lockeres Verbundsystem von philosophischen Schriftstellern, Kritikern und aus politischen Gründen geschaßten Privatdozenten, die in der Tagespublizistik die Münzstätte des öffentlichen Wissens entdeckten. *Wahrlich*, hatte Börne 1818 bei der Ankündigung seiner Zeitschrift *Die Wage* gesagt, *das Kupfer, das durch Tagesblätter unter das Volk gebracht wird, ist mehr wert als alles Gold in Büchern.*[22] Fortan verlagerte sich der Standort der Philosophie, die Universität war nicht länger absoluter Bezugspunkt. Die Philosophie wurde *Zeitungskorrespondent*[23].

Diese neuartige Verschmelzung von Gegenwartskritik und philosophischer Reflexion blieb nicht auf die Hegelsche Linke beschränkt, die Kehrseite der Emanzipation war die Hegelsche Rechte, deren Vertreter bald schon angenehme Stellungen im Staatsapparat bekleiden durften. Hegels Konkurrent, Schopenhauer, erlebte nach der fehlgeschlagenen Revolution von 1848, der politischen Resignation und staatlichen Restauration eine ungeahnte Aufnahme beim deutschen Bürger. Der Pessimismus wurde Lebensgefühl und Schopenhauer über Nacht ein Philosoph des Status quo. Ohne viel Federlesen klaubte man sich das zum Zeitgeist Passende heraus und tröstete sich mit verstümmelten Teilwahrheiten. In preußischen Ministerien war man sich da nicht so sicher, es verlautbarte vielmehr, daß diese *Drachensaat* kein Ausweis für eine lehramtsmäßige Gesinnung sein könne. Ob es eine erwähnenswerte Schopenhauersche Linke gab, kann hier nicht beantwortet werden.

Einer ihrer möglichen Vertreter in diesem Jahrhundert aber war Theodor Lessing. Als philosophischer Artist und politischer Schriftsteller fragte er nicht nach einer Schreiblizenz für mehrere Genres und kritische Zuständigkeiten, denn Lessing mußte publizistisch arbeiten, um das verdiente Geld in seine wissenschaftlichen Forschungen stecken zu können. Zwischen Akademie und Redaktion pendelnd und vermittelnd, wurde er von beiden Seiten mißtrauisch beäugt und mit Argwohn, Eifersucht und Neid überzogen. Die von ihm durchaus hochgeschätzte, durch nichts ersetzbare Fachphilosophie wollte er durch eine *Philosophie als Tat*[24] auf die gleiche Weise verlebendigen wie die Linkshegelianer vor ihm. Das brachte ihn in Verruf.

Als politisch-philosophischer Essayist veröffentlichte er vorwiegend in zwei der bedeutendsten liberalen und demokratischen Tageszeitungen, dem *Prager Tagblatt* (Auflage: 50–70 000) und dem *Dortmunder Generalanzeiger* (Auflage: 250 000). Im Feuilleton dieser Blätter machte er die Philosophie öffentlich. Das damals unter dem Strich entlanglaufende Feuilleton war weit mehr als nur ein Sammelsurium von Meldungen, Kommentaren und Rezensionen, es war ein Treffpunkt der Schriftsteller, Essayisten und Kritiker. Der Denkstil der Feuilletonkunst gab ihren Beiträgen den Charakter des Überdauernswerten. Diesen Nuancenreichtum des Feuilletons als eines offenen Genres nutzte Lessing zur Entfaltung seiner Mehrfachbegabung. Mit ironischem Scheinernst hat er zu erklären versucht, weshalb das Feuilleton (als Sparte und Genre) so beliebt wie gering geschätzt, so populär wie verhaßt ist. Die philosophische Schreibkunst seiner Essays und Feuilletons stellt er als plauschendes, plätscherndes und planschendes Unternehmen vor, bei dem alle ihn recht nett fänden, weil er so leichtverständlich daherredete. Gerade das möge man an ihm, denn jeder glaube zu wissen, so etwas könne er mit weniger Aufwand genausogut oder

noch viel besser. Die Schwierigkeit sei aber vor allem die, aus einem Garnichts lesbares Etwas zu gestalten. Dieses *Garnichtsel*[25] könne selbst eine lumpige Streichholzschachtel sein. *Ein Philosoph sollte sich bemühn, über Schwerstes und Letztes so verdeutlichend einfach zu reden, als handle es sich um eine Schachtel Streichhölzer.*[26] Aus einer Nichtigkeit eine unterhaltsame, mit einer Moral versehene, zeitkritische und auch scherzende Geschichte, ein klassisches Feuilleton zu zaubern und als Philosoph die Erträge der wissenschaftlichen Arbeit für die Bedürfnisse einer Zeitung so zuzuspitzen, daß der Gehalt unverloren bleibt und der ästhetischen Form ein Schein schwindelnder Leichtigkeit zukommt, – das mußte über plappermäulige Unterhaltungskunst hinausgehen.
Theodor Lessing publizierte seine historische Erkenntniskritik, seine Geschichtspsychologie und Ideologiekritik in vielen kleinen Partikeln, in Essays und Feuilletons. Sein Werk *Geschichte als Sinngebung des Sinnlosen*, das ganz herkömmlich in Bücher, Kapitel und Paragraphen unterteilt ist, zeugt noch von dieser aus der Not erzwungenen Machart. Es sind offene Formen, kleine Betrachtungen und Beobachtungen, denen er die äußere Gestalt der Abhandlung gab. Wie David Hume, aus *gleichen Erfahrungen und in ähnlicher Lebenslage*[27], konzentrierte er sich bei der völligen Umarbeitung dieses Buches auf die wissenschaftlichen Fundamente und stellte den sinnfälligeren Stoff für Essays und Feuilletons zurück. Schopenhauer teilte seinem Leser selbstsicher mit, der große Vorzug seiner Philosophie sei es, aus lauter kleinen Aufsätzen zu bestehen.[28] Doch Lessing schmerzte es, sein avisiertes *Weltsystem*[29] zerschneiden und auf die kleine Form bringen zu müssen. Davon könne er immerhin Brot kaufen, lieber würde er aber eine richtige *philosophische Abhandlung*[30] verfassen. So etwas erlaubt das Gesetz der Zeitung nicht. Seufzend stößt er deshalb hervor: *Dieses alles ließe sich natürlich auch sehr erhaben sagen, aber dann wärs kein Feuilleton, dann wärs Philosophie.*[31] Von dem in der Philosophiegeschichte immer aufs neue erhobenen Ton der Erhabenheit setzte er sich ab, wenngleich Moralist und Satiriker in ihm beständig aneinandergeraten und um die angemessene Diktion sich balgen. Daß seine kleineren Schriften aus einem *fest kristallisierten System*[32] schießen wie Strahlen aus einem Kraftzentrum, verweist

auf alte Gepflogenheiten, wonach nur die Philosophie etwas tauge, die systematisch und abgeschlossen ist, oder lediglich diesen Schein mit sich führt. Selbst nach dem Stillstand des Hegelschen Systemgedankens versuchten sich manche Nachfahren an der Pflanzung neuer Systeme, und das *im sichern Schatten, den der Riesenbaum des Hegelschen Systems warf.*[33] Das Verlangen nach einem geschlossenen philosophischen Systembau war aus dem *Bedürfnis der Überwindung aller Widersprüche*[34] zu erklären, doch Lessing hatte im Streit mit der Fachphilosophie geltend gemacht, es müsse das *probeweise Zuendedenken*[35] von Fragen zugelassen sein. Dieser Zugriff auf die Phänomene schlösse die Forschungsregel ein, sich *mit den tausend konkreten Kleinigkeiten der Praxis*[36] ernsthaft auseinanderzusetzen und den Rang einer Theorie nicht daran zu messen, *daß sie ihre Bedeutung aus der Würde bestimmter Gegenstände des Denkens*[37] schöpft. Ein *Weltsystem*, selbst wenn es als *Bergkette kalter Gletscher*[38] erscheint, ist ein gänzlich hoffnungsloses und unbrauchbares Unterfangen, die Einheit der Vernunft zu restituieren. Könnte Lessing daher sein philosophisches Weiterleben der bitteren Konstellation verdanken, daß er aus dem nicht zu Ende geschriebenen *Weltsystem*, das *wie ein in sich geschlossenes Kunstwerk* gedacht war, die *einzelnen Bauteile*[39] herausschlug, eben die Essays und Feuilletons? Steht das *ad hoc-Philosophieren*, die *à propos Reflexion*[40] über dem fragmentarischen Hauptwerk? Vielleicht hätte er mit mehr Muße die von Wissenschaftlern und Philosophen erträumte Darbietungsform, *ein artistisches Ganzes*[41] zustande gebracht.

Wer seine Essays und Feuilletons liest und mit den anderen Arbeiten vergleicht, wird wohl den systematischen *Gesamtzusammenhang*[42] seines Werkes bemerken. Dazu hat Lessing einen versteckten Fingerzeig gegeben: *Der Reiz und die Bedeutung eines Systems und eines Buches hängt, gleich der Bedeutung der Persönlichkeit davon ab, wie weit es gelungen ist, alle Gedanken und Inhalte um einen Gedanken und Inhalt zu gruppieren.*[43] Diese Gedankeninhalte sind in Theodor Lessings Philosophie *die durchgehenden wirklichen Kristallisationen:*[44] Not, Schmerz, Leiden. An ihnen sind *Gewicht, Notwendigkeit und Zusammenhang*[45] zu überprüfen; dann aber müßte man sich auch am Beobachtungsradius seiner Essays und Feuilletons erfreuen, den *Genuß am Zusammenhang*[46] auf sich wirken lassen in einem Buch voll Beobachtung.

III. Zellformen der Weltgeschichte: Not. Schmerz. Leiden

> *Die schlechte Seite ist es, welche die Bewegung ins Leben ruft, welche die Geschichte macht, dadurch, daß sie den Kampf zeitigt.* Karl Marx

Ungeschrieben, doch gelebt, ungeordnet, und doch in jeder Zeile gegenwärtig: die Philosophie der Not. Ihr innerer Zusammenhang: Gewalt, Herrschaft und Sinnstiftung in der Geschichte.

Not, Schmerz und Leiden haben darin die Funktion von Organisationsprinzipien, sie sind Zellformen der Geschichtserfahrung überhaupt. *Der Wirkungsgrund wie der Erklärungsgrund alles Geschehens ist: die Not.*[47] *Macht, brutale Macht, das ist die einzige Triebgewalt der Geschichte.*[48] Zwischen der Not und der Macht waltet ein materialistischer Zusammenhang: Der individuelle Schmerz und das kollektive Leid konstituierten die Zwingkraft des Gegenständlichen, die Logik der Not. Sie ist angewiesen auf die Sinnrichtung und Steuerungstüchtigkeit der Vernunft. Jede zur Macht gelangte Herrschaft aber regiert mit der Rhetorik des Bildes, der Mythen und Symbole. Beschwichtigende Integrationsfiguren suchen der Sprengkraft der Not ihr logisches Zentrum zu entziehen. Die Phantasie der Massen wird an politische Führer gebunden, und diese herrschen durch die Expressivität einer künstlich angelegten Aura. Gegen diese Herrschaftsrhetorik setzt Lessing die Logik der Not und der Vernunft. Jedes geschichtliche Phänomen führt er auf Substanzschichten, auf deren Notgehalt zurück. Das *Notprinzip des Materialismus*[49] ist mithin *das einzige Realprinzip (. . .), aus dem die Welt physischer und psychischer Tatsächlichkeiten erklärt werden kann.*[50] Im Prinzip Not kommen die unhintergehbaren, philosophisch nicht abzuleugnenden menschlichen Erfahrungstatsachen zum Ausdruck, die Bedürfnisse und Sehnsüchte, die ökonomische Not ebenso wie der seelische Schmerz, politische Unterdrückung und soziales Leiden. Als

Schopenhauerianer benennt Lessing alle diese Varianten menschlicher Hinfälligkeit und historisch entstandener Ungerechtigkeit ohne den Zusatz eines ideologisch Vorgängigen. Das Drangsal des Daseins, die Ängste, die Erfahrung des Todes und die Brüchigkeit des Glücks, die Kürze des Lebens: Diese materialen Kernstücke menschlicher Existenz sind durch sophistische Beweisgänge nicht abzustreiten. Schopenhauers Erkundungsgänge durch die Weltgeschichte sind geprägt von dieser Erfahrung des Negativen, der Gewalt und des Elends, des Wahnsinns und der Verzweiflung, der Vernichtung menschlicher Sinnansprüche im Blick auf den ewigen Schrecken. Einzig in der Kunst, im Mitleid und der stillen Resignation sieht er Notausgänge aus dem Schlachthaus der Geschichte. Fortschritt ist nur Gleichschritt im Kreise.

Bei Theodor Lessing ist das anders. Seine Nähe zu Schopenhauer ist seine Differenz. Es ist die praktische Transformation erlebter Not in die Philosophie als Tat. Keine weltgeschichtliche Katastrophe – in seinen Büchern mit manchmal sich überschlagendem Pathos ausgiebig geschildert – gestattet es, *aus der Fortschrittslinie Geschichte herauszutreten.*[51] Im Zeitalter der Massen, der kapitalistischen Verwertung der Arbeitskraft und der autoritären politischen Machtblöcke hat eine zirkuläre Willensmetaphysik ihr Recht verloren. Eine erfahrungsorientierte Philosophie der Not muß zur *Sozialwissenschaft und Ethik*[52] fortgebildet werden. Das Bewußtsein von der gesellschaftlich bedingten Not zwingt zur Notwendigkeit einer Wende, zur Not-Wende, und das gelingt nur in der reflektierten und organisierten Praxis politischer Machtkämpfe.[53] Die atomisierten einzelnen begreifen im Zusammenschluß ihrer gemeinsam erfahrenen Leiden die subjektiv erduldeten Schmerzen als die Objektivität abschaffbarer, gesellschaftlicher Not. *Die Welt ist meine Not! Sie beginnt an der Stelle, wo das Leiden, d. h. das Sichwehren beginnt.*[54] Weltgeschichte entsteht im Widerspruch zur unfertigen Wirklichkeit, im Schmerz und Kampf, der zwischen den antagonistischen Kräften Not und Macht tobt.

Die Subjekte der Not-Wende sind bei Lessing keine idealisierten Träger geschichtslogischer Determinismen, sie müssen ihre Not praktisch und subjektiv als Macht ihrer Notwendigkeit erleben und erkennen und ständig neu zueinander vermitteln.

An dieser Nahtstelle tritt Marx als Verbindungsmann zu Schopenhauer auf. *Mag an seinen Lehren dieser oder jener Gedanke zeitbedingt und vergänglich sein: Sein Prinzip: die Unbedingtheit und mithin Internationalität der weltordnenden Vernunft, dies Prinzip des Schmerzes, erwies sich als das siegreiche, denn es ist die Wurzel des Geistes selber.*[55] Lessings Philosophie der Not modifiziert Schopenhauers Willensmetaphysik, ersetzt den Quietismus durch die von Fichte stammende Figur der Tathandlung. Seine gelebte Philosophie als Tat war indes keine Ermächtigungsklausel zum putschistischen Fuhrwerken einer tugendterroristischen Metaphysik, weder Propaganda durch die Tat noch Philosophie der Tat; man darf sie viel eher zusammensehen mit den Anfang der zwanziger Jahre im Marxismus einsetzenden Anstrengungen, den orthodoxen Determinismus zugunsten einer subjektiven, antidogmatischen Praxis aufzugeben (Adler, Lukács, Korsch, Bloch).

Daß Lessing diese bedeutenden theoretischen Neugründungen nicht zur Kenntnis nahm, daß er gänzlich unhaltbare Attacken gegen Hegel, Darwin und Marx ritt, hat vor allem mit der wirkungsmächtigen Tatsache zu tun, daß der in der Arbeiterbewegung grassierende Fortschrittsoptimismus und Entwicklungsglaube mit Bruchstücken eines darwinistisch verbrämten Hegelmarxismus gerechtfertigt wurde. Gegen diese historische Naivität polemisierte Lessing als Schopenhauerianer und durchaus auch als philosophischer Eigenbrötler, der die Kommunikation mit wesensverwandten Theorien verweigerte.[56] In der politischen Praxis spielte das keine Rolle, in seinen tagespublizistischen Artikeln und großen Reden setzte er sich für die Zusammenführung der gespaltenen Arbeiterbewegung ein: Sozialdemokraten und Kommunisten müßten ein Mindestmaß an Übereinstimmung und Solidarität erzielen, denn Kapital und politisch Mächtige seien weitaus besser organisiert als das internationale Lager der Not.[57] Als philosophischer Diplomat und Brückenbauer beteiligt er sich an den sozialen Bewegungen seiner Zeit, spricht im Namen der Namenlosen, der Minoritäten, verteidigt das Lebensrecht von Pflanzen und Tieren. Sein ungeniertes Auftreten vor miteinander verfeindeten Gruppierungen trägt ihm Mißtrauen und Sympathie ein. Er spricht auf vielen Versammlungen und Kongressen der Friedensbewegung und erinnert die

Blauäugigen unter den Pazifisten an die machtvolle Realität: *Eine Million Pazifisten würde durch ein einziges Riesengeschütz oder durch eine kleine Flotte von Giftgasschiffen (...) kurzerhand beseitigt werden. Daher kann eine pazifistische Internationale nur eine Internationale der Machtmittel und Waffen sein, nicht eine internationale Versippung der Bücher- und Zeitungschreibenden unter der Fahne des Geistes und des edlen Gemüts. (...) Der Kampf gegen den Egoismus der Wolfsrudel, der Nationen, der Verbände und Klüngel ist ein eminent politischer Kampf.*[58] Innerhalb der *großen »Antithese«* (humanitärer und politischer Pazifismus) gäbe es sicherlich wieder *viele kleine.*[59] Macht hat hingegen nur, wer sich das Recht zu dieser Macht erobert, und das geht nur mit Gewalt, Kampf und List.

Allein schon die Gebote der Selbst- und Welterhaltung würden es in Zukunft unausweichlich machen, die Erde zu vergesellschaften, um die Zerstörungspotentiale eindämmen und schließlich abschaffen zu können; jeder weitere Krieg wäre ein sinnloser Umweg auf diesem langen Weg der Not-Wende. Kants Idee vom sich selbst erhaltenden Automatismus einer weltbürgerlichen Gesellschaft wird von Lessing verlängert und präzisiert in der Perspektive einer Weltgesellschaft und *Weltpolitik*[60], die einer einzigen Logik folgt: der Logik der Not. Diese Ethik, auf dem *Gleichheitsideal der klassenlosen Gesellschaft*[61] fußend, sucht nach *unabhängigen Logismen*[62], die Gewähr bieten gegen die Willkürmacht privater Interessen und politischer Leidenschaften. Zwar deutet Lessing an, daß *das große generelle Menschheits-Ich, das uns allen gemeinsame logische Ich*[63] nur schwer eine institutionell haltbare Form sich zu geben vermag, doch wird sie nur über die *Politisierung der Massen und durch den Aufbau einer internationalen Ordnung*[64] denkmöglich sein. Die soziologische Spekulation, daß der *ideale Überstaat (...) das reine Gegenstück zur natürlichen Gestaltlichkeit*[65] sein könnte, erinnert an die Formel von der Zukunftsgesellschaft als vollendeter *Wesenseinheit des Menschen mit der Natur*, als der *durchgeführte Naturalismus des Menschen und der durchgeführte Humanismus der Natur.*[66] Man braucht wohl eine so fernliegende utopische Perspektivik, um die unsägliche geschichtliche Last ertragen zu können. Das Nächstliegende ist darum nicht außerhalb des Horizonts, erst die Erfüllung der Pflichten im kleinen Wirkungskreis kann den Übergang zum nächstgrößeren rechtfertigen. Privates steht da gelegentlich zurück, aber war das je anders? *Ich durfte nicht fragen: »Was tut mir not?« Ich hatte zu fragen: »Wer hat mich nötig?« Ich bin nicht Metaphysiker gewesen, sondern Revolutionär. Und der letzte Bescheid meiner Weisheit lautet: »Mindere die Not!«*[67]

IV. Weltnot und Welttheater

> *Wer in seinen Zeitschriften liest, wie auf derselben Blattseite Talmas Spiel auf der Bühne und das der Minister in den Kammern, beides mit gleichem Ernste und gleicher Heiterkeit, besprochen wird; der Deutsche, der dies wahrnimmt und nur lächelt, nicht trauert, der weiß es nicht, welch einen Vorsprung die Franzosen vor uns haben.* Ludwig Börne

Aus Not wird Geschichte. Und die politischen Rollenträger spielen mit der Theatralik ihrer Macht. Symbolische Strukturen regulieren Ablehnung und Zustimmung, Begeisterung und Haß. Weltnot und Welttheater sind in der deutschen Geschichte stets Zwillingsgrößen gewesen. Unter Wilhelm II. sah das Kaiserreich aus wie ein überbesetztes Schauspiel mit politischen Dilettanten und Abenteurern in großzügig betreßter Garderobe; die Weimarer Republik konnte sich auf kein festes Ensemble einigen und schwankte zwischen Komödie und Tragödie, bis die »Demokratie« vom Spielplan gestrichen wurde; der Staatsstreich von 1933 bescherte den Deutschen die schaurigste Schmiere, die kein Theaterkritiker mehr zu rezensieren vermag, ohne dadurch politisch zu verharmlosen. Im Welttheater wird entdeckt und konstruiert, gelebt und moralisiert, bilden sich Tugend und Terror ebenso wie Kunst, Religion, Politik und Sprache. Das sind die Notausgänge des Elends und des Mangels, sie erhalten das tägliche Leben mit ihren Besänftigungen und Verheißungen, mit Triumphen und Heucheleien.

Die Redensart seiner Großmutter, es könne einem im Leben alles nur einmal passieren, hat Theodor Lessing auf die Wiederholungsveranstaltungen der Weltgeschichte übertragen: Einmal (und nie wieder) erlebe man das Theater improvisierter Lebendigkeit mit den wechselnden Uniformen, Togen und Talaren, wobei die goldenen Worte der historischen Persönlichkeiten nur der Rollentext schlecht geschriebener Stücke seien; hinter diesem verbirgt sich immer der gleiche Machtwille und die Skrupellosigkeit der Herrschaft. Den meisten Menschen fällt erst gegen Ende der Vorstellung auf, welchen Sinn das Welttheater hat. Da es ihnen nie langweilig wurde, zuzusehen und zu erdulden, was man ihnen zumutete (gelegentliche Pfiffe inbegriffen), verfehlen sie ihren Auftritt und damit ihren Lebenssinn. Als Mißbrauchte und Geschundene treten sie ab. Die Gewalt der Kostüme, Masken und Symbole hat sie lahmgelegt. Ihre Hilflosigkeit ist der Fangboden expressiver Politik, deren Suggestionen sie nicht so leicht sich entziehen können, denn die Vielheit der psychodynamischen Notstrukturen bildet ein schwer abschirmbares Einzugsfeld für irrationale Phantasmen. So war die Farce eines nationalen Sozialismus erfolgreich, da die Massenphantasie den propagandistisch aufgebauten Helden mit seinen Trugbildern und Geschichten eher Glauben schenkte als der erfahrenen Not. Während die politische Rechte in die archaischen Tiefen schwelender Sehnsüchte, Hoffnungen und Begierden eindringen konnte, vernachlässigte die politische Linke diese Träume und Mythen vom besseren Leben. Ohne politische Phantasie beschwor man ein überdimensioniertes Soll-Ideal der Vernunft, mit dem niemand etwas anfangen konnte. Denn beim Kampf um die Macht reichen der rationale Verstand, die Logik und Vernunft nicht aus, obzwar die Partei der Not eben darin ihr wichtigstes Kampfmittel hat.

Wer hingegen über die Macht der Bilder verfügt, besitzt fast schon die ganze Macht. Er schaltet und waltet über den Sinn der Ereignisse. Daher muß politische Aufklärung es dem Adressaten erleichtern, das Gemeinte zu begreifen, muß es ihm aber auch erschweren, denn die Bilder der Geschichte sprechen eine vieldeutige Sprache. Theodor Lessings Theorie der historischen Symbole weist eindringlich darauf hin, daß im Theater der Geschichte die menschlichen Hoffnungen sich ans Anschauliche und zugleich Entrückte heften, an Figuren, die Illusionen wecken und zuletzt jede Erwartung enttäuschen müssen. Aus der Seligkeit des Moments, eines berükkenden Gesichts und verführerischer Rhetorik, taucht mit nahezu gesetzmäßiger Sicherheit unversehens das Grauen hervor. Gegenüber dem Feierlichen und Geschwollenen muß man mißtrauisch sein, hinterher kommt es doch immer anders, als es die gesalbten Phrasen versprechen. Indem man aber die politische Bühne und ihre Chargen aus der Distanz eines Theaterkritikers begutachtet, gewinnt man vielleicht ein neues Verhältnis zur Wirklichkeit. Denn das Welttheater ist eine fürchterliche Realität, kein Abendvergnügen.

V. Geschichte als Sinngebung des Sinnlosen oder Die Geburt der Geschichte aus dem Mythos

> *So wie es Dinge gibt, die wirklich außer uns sind, so gibt es andere, die bloß in unserm Gehirn existieren. Die ersteren sind, wenn wir gleich nicht wissen, daß sie sind; die anderen sind nur, insofern wir uns einbilden, daß sie seien. Sie sind für sich selbst – nichts; aber sie machen auf denjenigen, der sie für wirklich hält, die nämlichen Eindrücke, als ob sie etwas wären; und ohne daß die Menschen sich deswegen weniger dünken, sind sie die Triebfedern der meisten Handlungen des menschlichen Geschlechts, die Quelle unserer Glückseligkeit und unseres Elends, unserer schändlichsten Laster und unserer glänzendsten Tugenden.*
>
> Christoph Martin Wieland

Die Sichtlinien seiner Philosophie auf die Geschichte hat Theodor Lessing in drei großen Komplexen seiner sozialpsychologisch fundierten Theorie zu begründen versucht. Als Wertaxiomatiker bereits plädierte er für eine *Zukunftswissenschaft der Legitimität.*[68] Sie sollte das anthropologisch verankerte Bedürfnis nach Sinn freilegen als Ersetzungsmodus einer ganz anderen Sinnfigur: der sozialpathologischen Konstruktion einer wahnhaften Logik. Denn selbst *ein Chaos an Höllenqual würde unser Geist kausal verknüpft denken. Hinter blind waltenden Schicksalen suchen wir die Hellsicht einer*

›Vorsehung‹. Und wir logisieren so lange am Leben herum, bis es uns aus ›Weltvernunft‹ geboren scheint.[69] Eine Erkenntniskritik der Geschichte soll daher die *Grundlagen der menschlichen Idole*[70] studieren und zwingend zeigen, daß es unmöglich ist, *geschichtliche Wirklichkeiten ohne Sinn vorzustellen, weil Bewußtseins-Wirklichkeit schon Gestaltet-sein in sich schließt.*[71] Geschichte ist nach Lessing die Realisierungs-Sphäre von Leiden und Ideen, von Idealen und Idolen. Lediglich als Stoffsammlung sei die Geschichtswissenschaft, zu seiner Zeit in positivistisch-historischen Stellungen verharrend, noch von einigem Nutzen. Sie müsse aufgelöst werden in die verschiedenen Wissenschaften vom Sozialen.[72]

Dieser Angriff gegen die deutsche Geschichtswissenschaft hat seinen politisch-moralischen und wissenschaftlichen Grund im I. Weltkrieg, als die meisten deutschen Historiker sozialpathologische Kausalstiftungen zwischen einer direkt von Gott kommenden germanischen Auserwähltheit und den in den Sternen einbeschriebenen Schicksalsmächten herstellten. Die Segnung des imperialistischen Staatswesens und die Glorifizierung vermeintlich großer Männer war denn auch in der Republik von Weimar immer noch vielen Historikern ein Herzensbedürfnis. Was Lessing mit bitterem furioso anprangerte, das wurde nach seiner Ermordung von den NS-Historikern nochmals in absurde Höhen getrieben. Die NSDAP an der Macht statuierte den Anfang einer neuen Zeitrechnung und das Ende der bisherigen Geschichte. Die Dinge liefen nun plötzlich alle auf den absolut gesetzten Gegenwartspunkt zu, in dem die lang ersehnte Epiphanie deutschen Wesens sich sollte ereignen können. Der Einbruch eines tausendjährigen Reiches in die gewesene Geschichte degradierte diese zu einer *Vorstufe*[73] der Gegenwart faschistischer Ewigkeit. Mit der Stillstellung der historischen Zeit, dem Abbruch jeder anderen möglichen Entwicklung, handelte man nach dem von Lessing unter anderem an Humes Kausalanalyse angelehnten Begriff der *logificatio post festum*:[74] Legitimation von unausgewiesener Herrschaft und begangenem Unrecht durch nachträgliche Sinngebung ganz sinnloser, verbrecherischer Handlungen.

Das moralische Pathos von Lessings Wahrheitsfindung, die schonungslose Aufdeckung historischen Schwindels, politischer Betrü-

gereien und psychologischer Rationalisierungen findet sich mit der gleichen Verve bei einem alten Kämpen der Revolution von 1848: Johannes Scherr. Dessen populär geschriebene Bücher über die Mentalitätsgeschichte der Deutschen beeindruckten und beeinflußten den jungen Lessing außerordentlich. Scherr hatte mit leidenschaftlichem Zorn die Misere der deutschen Politik gegeißelt und die erhaben vorgetragenen Kausalerschleichungen und historischen Zurechtlegungen seiner Zunftgenossen ungeschönt kritisiert. Statt der *Hof-, Kabinetts-, Staats- und Kriegshistorik* hatte er eine *konkret-menschliche Kulturgeschichtsschreibung*[75] inauguriert, bei der *weder scheinbar Größtes überwältigend, noch scheinbar Kleinstes zu unbedeutend*[76] war. Erst recht Scherrs kräftige Bildsprache mußte Lessing vollends für ihn einnehmen: *Der Historiker ist ein geschworener Illusionszerstörer, er handhabt die Lupe, jagt den Friseur Mythus, die Schminkerin und die Kleiderkünstlerin Sage von dannen, zerrt die weltgeschichtlichen Schauspieler und Schauspielerinnen aus der trügerischen Fable-convenue-Beleuchtung ans helle Tageslicht hervor und zeigt sie in ihrer erbarmungswerten Blöße.*[77]
Die alte Metapher vom *theatrum mundi* nahm Lessing dann für die herrschaftskritischen und symbolwissenschaftlichen Studien seiner politischen Gegenwart auf. Wenn Scherr behauptet hatte, daß Deutschland nicht das *Land der Initiative*[78] und Idealismus die *Grundstimmung*[79] der deutschen Geschichte sei, so übertrug Lessing dies anhand der Theatermetaphorik in ein kritisches Szenarium, das von dem Befund bestimmt war, daß die *innere Geschichte* Deutschlands als *eine einzige Kette ideologisch gerechtfertigter Gewaltakte* sich darstellt.[80] Im zweiten Buch seiner Analyse über das Verhältnis von Sinngebung und Gewaltausübung steht die Untersuchung der individual- und massenpsychologischen Tatbestände und Motivkräfte im Vordergrund, denn diese sind es, *auf Grund deren Geschichte entsteht.*[81]
Das konventionelle Werkzeug der Historiker (die Differenzen und verschiedenartigen Ansätze der Schulen berücksichtigt Lessing nicht) sei veraltet und belege nur die *Unbedeutendheit und Langeweile*, die *Unlogik und Zufälligkeit*, die *Wertlosigkeit und Amoralität*[82] dieser scheinbar nur an der Wirklichkeit interessierten Wissenschaft.

Das in den letzten fünfzehn Jahre interdisziplinär ausgetragene Gespräch über die *Fiktion des Faktischen*[83] hat längst sanktioniert, was Lessing im Medium sarkastischer Aperçus und soziologischer Essays entdeckt hat: *Niemals aber tritt Klio (...) wunschlosen Auges (...) an die Phänomene heran, um ›dahinter zu kommen‹. (...) Sie verwirklicht Wunscheinblendungen. (...) So formt sie (...) ein Kunst- und Traumwerk: die sinnvolle Welt überwirklichen Ereignens.*[84] Sie tut dies mit wechselnden, von Zeitgeist, wissenschaftlichem Fortschritt und politischen Machtverhältnissen abhängigen Deutungsmustern und Markenzeichen.
Das dritte Buch der historischen Kritik nimmt sich die Ideal- und Idolbildungen vor, mit deren Hilfe Geschichte im Bewußtsein konstituiert und im schriftlich fixierten Bewußtsein der Geschichtsschreibung niedergelegt wird. Diese Motivketten und Begründungsfiguren nennt Lessing abwechselnd Ideale, Utopien, Mythen, Phantasien und Hoffnungen. Dadurch wird das Verständnis der Differenz dieser Wunschbildkonzeption von Geschichte leider erschwert, und nur nach anstrengenden hermeneutischen Exerzitien schält sich der Sinn heraus. Die Philosophie der Not hatte die Weltwirklichkeit aus sich selbst heraus zu erklären versucht, die geschichtskritische Idolforschung möchte die *Wahrheit des historischen Materialismus*[85] durch die sozialpsychologische Dimension der Ideale, Utopien und Hoffnungen ergänzen. Nicht im mechanischen Wechselspiel, vielmehr in einer, bei Lessings Zurückweisung Hegelscher Theoreme, erstaunlich dialektischen Vermittlung. *Ersinnen, erfinden lassen sich keine Ideale. Man nimmt sie immer aus der ›Wirklichkeit‹, darin bereits ihr Ansatz gegeben ist. Andererseits aber gibt es keine Wirklichkeit, die etwas anderes wäre als die Verwirklichung von Utopie.*[86]
Wenn es nun aber unzählige Möglichkeiten für das historische Gedächtnis gibt, *Millionen Kombinationen und Permutationen*[87] (hierin Nietzsche folgend und erweiternd), müssen die verwirklichungswerten Utopien und Ideale sorgfältiger von den destruktiven Illusionen und Idolen getrennt werden. Beim ersten Blick erschließt sich das nicht so ohne weiteres. Man solle nicht achtgeben auf *Formen und Wörter*, sondern den *Gehalt*[88] sich erarbeiten, sagt Lessing dazu. Das führt indes zu manchen Verständnis- und

Vermittlungsproblemen, die der Aufnahme seiner Theorie hinderlich sind.

An vier Grundtriebpaaren demonstriert Lessing die Theatralik kollektiver und privater Geschichte, die Unterordnung des Vielgestaltigen unter mechanische Schemata: *Verklären und Entfrommen, Tun und Leiden, Befehlen und Gehorchen, Fürchten und Hoffen.*[89] Sie könnten als methodisch-theoretischer Fluchtpunkt die von Francis Bacon aufgestellte Idol-Lehre fortbilden. Prinzip dieser Forschung wäre die These, wonach *außerhalb des Formalreiches rein logischer Selbstverständlichkeiten es überhaupt nichts zu wissen gibt, was nicht von Selbstunterhaltungs- und Behagens-Antrieben des Menschen vorgestaltet wäre.*[90] Nur als sozialpathologische Erforschung der historischen Funktionen und Strukturen wird demnach eine systematische Beschäftigung mit Geschichte noch lohnenswert sein. Dann wird auch das Verhältnis von Mythos und Geschichte, Wahrheit und Wirklichkeit deutlich. *Je weiter aber geschichtliche Ereignisse abrücken, um so unwirklicher werden sie. Und je unwirklicher sie werden, um so wahrer muten sie an.*[91] Auf Lessings propagandistisch mißbrauchtes Hindenburg-Porträt bezogen: Der wahre Hindenburg kommt erst dann zum Vorschein, wenn der lebende, wirkliche Hindenburg längst tot und vergessen sein wird.[92]

VI. Exkurs: Wissenschaftshistorische Expektorationen

> *Alles Wichtige wurde schon einmal von jemandem gesagt, der es nicht entdeckt hat.*
>
> Alfred North Whitehead

Wie Nietzsche als Zertrümmerer der moralischen Ideale auftrat, Marx seine materialistische Ideologiekritik vorlegte und Freud die Ideale und Illusionen in den Mittelpunkt der psychoanalytischen Aufklärung rückte, so hat Theodor Lessing die historischen Sicherungsfunktionen im Weltbild des modernen Menschen aufgehellt. Diese *drei konvergierenden Verfahren der Entmystifizierung*[93] hat Lessing auf ganz unterschiedliche Weise wahrgenommen, doch gegen Freud entlud er eine Suada an spöttischer Schroffheit und Verkennung, die indes zugleich an Freuds Prioritätsneurosen erinnert.

Lessings Haupteinwand gegen die Psychoanalyse war der gleiche, den er gegen die historische Wissenschaft vorgetragen hatte. Die Psychoanalyse würde ihre Begriffssprache keiner erkenntniskritischen Prüfung aussetzen und Sinnvorgaben in den Forschungsgang einschmuggeln, von denen man nicht zu sagen wisse, *ob denn diese zentrierenden Sinnordnungen nicht von der Analyse aus gestiftet werden.*[94] Wie sein abtrünniger Jugendfreund Klages hielt auch Lessing der Psychoanalyse vor, sie sei eine Technik des suggestiven Hineinfragens schon vorausgesetzter Resultate, sie zerlege die Ganzheit der menschlichen Psyche wie ein mechanisches Uhrwerk. Was als kritische Konjektur für die psychoanalytische Praxis zutreffen mag, wird jedoch zum Zerrbild, wenn man die gesamte Theorie darunter subsumiert. Daß in dieser Polemik das Gefühl des Übergangenseins mitschwang und überdies Lessings Konkurrenzentwurf einer historischen Psychologie auf Rezeption wartete, kann man vielleicht daraus ersehen, daß Lessing an zentraler Stelle die bekannte Äußerung Freuds zitiert (er nennt dessen Namen nicht, sondern spricht kryptisch von einem *Seelenforscher*), es habe drei schmerzhafte Kränkungen der menschlichen Eigenliebe in der Geschichte gegeben: die kosmologische Kränkung durch Kopernikus, die biologische durch Darwin und die psychologische durch Freud. Wissenschaftliche Höchstleistungen in Beziehung zu den Riesen der Wissenschaftsgeschichte zu setzen, war immer schon eine Verlockung, der auch Riesen nicht entsagen wollten. Hume hatte der Newton der Geisteswissenschaften werden wollen, Kant auf einen Newton des Grashalms gehofft, der dann später wirklich als Darwin erschien; einer von Freuds Getreuen taufte den Meister zum Darwin des Seelenlebens. Theodor Lessing aber wollte den drei Kränkungen eine vierte, alle anderen überbietende Kränkung anfügen. Im Vergleich zu ihnen sei das *Traumbild: Weltgeschichte*[95] das unantastbare Tabu, der Zentralmythos für die Selbstrechtfertigung der Menschheit. Mit Nietzsches Worten: *Seit Kopernikus rollt der Mensch aus dem Zentrum ins x.*[96] So diskussionswürdig Lessings Ansatz auch ist, die durch seine ihm aufgezwungene Außenseiterrolle bedingten Übersteigerungen und Verwerfungen wichtiger wissenschaftlicher Resultate hat es im Gegenzug verhindert, daß man seine wissenschaftstheoretischen Anregungen beachte, und so vice versa bis ins leere Unendliche.

Über die Stufen des Erfolgs einer Theorie wußte Lessing bestens Bescheid. Was er am Beispiel Darwins und des Darwinismus aufweist, trifft retrospektiv gesehen den wunden Punkt der psychoanalytischen Bewegung und ihrer fragwürdigen Politik der Erkenntnisausbreitung und Erkenntnisliquidierung. Nur die Theorie nämlich trägt den Sieg über Konkurrenten davon, die in ihrem System offensichtliche Lücken freihält, die es anderen Mitbewerbern ermöglichen, die Gelegenheit zum Ausbessern aufzugreifen und in Gegenschriften, Polemiken und kritischen Feldzügen unvermeidliche Denkfehler, Sprünge und Unstimmigkeiten nachzuweisen. Gerade diese Angriffe nützen der neuen Theorie und stärken ihre Position in der Öffentlichkeit, denn jede neue Theorie ist immer auch ein *Ausdruck von Werthaltungsakten*, in denen Machtansprüche sich bergen. Das Herausgreifen von Einzelaspekten, die Paradoxierung und Übertreibung singulärer Teile beschleunigt das Wachstum der Theorie, sie lernt stillschweigend und assimiliert die verwendbaren Elemente. Der Einbruch in ein so geschaffenes *wissenschaftliches Merksystem* hat zur Folge, daß die neue Theorie im Bewußtsein ihrer Grenzen und Mängel über sich hinauswächst und so zuletzt *im Hin und Her der Meinungen zur historischen Macht anzuschwellen vermag.*[97]

Theodor Lessings Aufhellungsarbeit an den Nachtseiten gesellschaftlicher Systeme und deren Notausgängen, Selbsttäuschungen, Illusionen und Fiktionen verbinden ihn jenseits sachlich-persönlicher Differenzen mit der Psychoanalyse und mit anderen skeptischen Herrschaftstheorien, auf die er ausdrücklich hingewiesen hat (Machiavelli, Hobbes, Hume).[98] Aus der Abdrängung und Ausschließung seiner produktiven Forschungsansätze läßt sich heute ablesen, wie notwendig es sein wird, von persönlichen Animositäten loszukommen und der Fiktion einer internationalen Kommunikationsgemeinschaft gleichberechtigter Wissenschaftler trotz böser Erfahrungen weiterhin etwas zuzutrauen.[99] An den *entre-mangeries professorales* (so Feuerbach über das Sozialverhalten seiner

Kollegen) wird man ohnehin nichts ändern können. Manchmal befindet sich in der Wissenschaftsgeschichte das Zentrum an der Peripherie: *Der Schuster Jakob Böhme war ein großer Philosoph. Manche Philosophen von Ruf sind nur große Schuster.*[100]

VII. Eisberg oder Eismeer der Geschichte?

> *Bleib auch du warm mitten im Eise!*
> *Lebe auch du in dieser Welt, und sei*
> *ihr doch nicht untertan! Erhalte dir*
> *am Pol dein strömend warmes Blut und*
> *am Äquator deinen kühlen Kopf!*
> *Denken ist Kälte, ist Stille –*
> *oder sollte es sein.* Herman Melville

Im metaphorischen Eismeer der Geschichte schaukelt eine philosophische Flaschenpost. Und da Theodor Lessing wie Schopenhauer alle Begriffsbildung auf Gleichnissen aufgebaut sah,[101] ist die Metapher vom Eismeer der Geschichte nicht nur ein reizvolles Bild: Sie ist das symbolische Begriffsbild einer philosophischen Konzeption. Denn anders als die Untergang-Rhapsoden und professionellen Schwanensänger einer wohlfeilen Kulturkritik, ist Lessing nicht der schrillen Eindimensionalität von Verwerfungsgesten verfallen. Ehe das gesamte Abendland untergeht, bleibt politisch wohlorganisierten Interessen immer noch Zeit genug, erst einmal die bürgerliche Öffentlichkeit und die Arbeiterbewegung zu zerschlagen. Danach verflüchtigt sich der Orakeldunst vom Weltuntergang überraschend schnell, und die politischen Wahrsager sind von der Stabilität der Erde plötzlich felsenfest überzeugt.
So kommt Lessing auf die Grundstrukturen zurück, auf die Kristallisationen der Not, auf historisch entstandenes und aufhebbares Unrecht, auf politisch begründbares Leiden. Den nicht auszuschließenden *Kältetod eines Gletschers*[102] (die europäisch-amerikanische Gesellschafts- und Staatsform) konfrontiert er mit der *Not der Kälte,*[103] mit der Macht und Gewalt der Not in der Geschichte. Diese ist angewiesen auf die Sprache der Rationalität und der

Verständigung. Die Menschheit könne es sich nicht erlauben, über ein scheinbares Zuviel an Vernunft zu klagen, es könnte weit eher so sein, daß sie noch längst *nicht rational genug*[104] ist. Moderne Rationalität objektiviert sich nach Lessing in zwei Formgestalten, als Wärme und als Licht. Die wenigsten Menschen ertragen das grelle Licht der Vernunft, die meisten sehnen sich nach Schlaf, Traum und Rausch, nach der Ablenkung vom bewußten Sein. Gefühle, Stimmungen: sie gelten als das wahre Leben.

In der Kälte einer anonymen Welt mag das verständlich erscheinen, doch übersehen solche Lebensgefühle den Doppelcharakter einer steuerungslosen Rationalität. Das Feuer der Vernunft kann beides bedeuten: *All-Beleber* und *All-Zerstörer.*[105] Es kann *mit den Atomkräften eines Pfennigstückes* die Städte der Erde mit Strom und Energie versorgen, aber in den Händen politischer Verbrecher *ein ganzes Weltreich in die Luft (. . .) sprengen.*[106] Ein Staat, der sowohl die massenpsychologische *Technik der Völkerführung* als auch die Hegemonialmacht über das Atomfeuer besitzen würde, wäre in der Lage, nach Belieben zu herrschen, und es käme *zuletzt immer etwas Sinnvolles und Gerechtfertigtes heraus.*[107]

Im Eismeer der Geschichte kann es gegenüber einer wildgewordenen Herrschaftslogik nur um das immer wieder neu ansetzende Vermitteln zwischen den Polaritäten gehen, nämlich *die Mächte der Natur und die Rechte des Geistes immer neu in Ausgleich zu halten*[108], und damit die Forderung des Faust zu erfüllen, *dem Ozean abzugewinnen Rosengärten für Menschen.*[109] Garantien für eine absolute Bestandssicherung gibt es dabei nicht. *Das Element aber spült alle die sorgsam gebauten Dämme bald genug hinweg. (. . .) Das Eis rückt vor. Unser Gestirn zerkracht.*[110] Untätiges Starren auf die Bedingungen der Möglichkeit der Apokalypse läßt den Augenblick verstreichen, ins vorgefunden Irdische einzugreifen. Nur komplexe Vernunft vermag es, einen *Damm zu errichten gegen das Sinnlos-Unermeßliche.*[111]

Das Bewußtsein selbst ist eine Insel der Wachheit inmitten chaotischer Irrationalität; Kant zeichnete die reine Vernunft als ein Land und vergleicht sie mit einer Insel: *Es ist das Land der Wahrheit (. . .), umgeben von einem weiten und stürmischen Ozeane, dem eigentlichen Sitze des Scheins, wo manche Nebelbank, und manches bald wegschmelzende Eis neue Länder lügt.*[112] Auf diesem Eiland lebt der *Isolmensch*[113] in seinem *Schloß Logos.*[114] Es erhebt sich auf schwankendem Grund. *Wir gleichen*, sagt Lessing, *Bewohnern einer Stadt, die auf Pfählen ins Meer gebaut ist, die aber nichts vom Meere wissen und es nie gesehen haben, sondern ihren künstlichen Boden, dank dessen sie das Meer beherrschen, für den natürlichen ›Boden der Wirklichkeit‹ halten.*[115] Ist das Wachbewußtsein mithin *umschlossen von einem Meer des unbewußten Traums,*[116] so ist die denkbar höchste Lebensform die einer begriffenen Welt, nur sie ist die *tragende Seins-Wirklichkeit.*[117] In dieser gelebten Wirklichkeit der Geschichte verstummt der Wunsch nach absoluter Gewißheit nicht, historische Rückschau und Rückversicherung soll das Andauern ewiger Gegenwart bestätigen. *Dieser Geschichtsglaube ist der Felsen, auf dem die Menschheit ihre zeitlichen und irdischen Städte baut.*[118] Erst die unabweisbare Belehrung über die historische Zeitstruktur grenzt den Blickraum ein auf die *Episode Menschheit,*[119] worin jedes Einzelgeschöpf nicht mehr ist als eine *Episode im ewigen Wellenrhythmus.*[120] Das groß dräuende Umsonst, die Nichtigkeit jeder Handlung auf dem Hintergrund dieses Wissens wird vom Unerledigten dennoch nicht abhalten können, nicht davon, *Rosengärten für notleidende Menschen*[121] anzulegen. Also käme es nur auf den Augenblick, die Stunde, den Tag, die Gegenwart und die gegenwärtig Lebenden an, wiewohl im Eingedenken, *daß wir in nächster Stunde von der weiterrollenden Woge auf Immer geschluckt*[122] werden können. *Von Eiszeit zu Eiszeit*[123] müssen die Methoden vernünftigen Einsichtgewinns verfeinert werden, der *Eiskristall des Geistes*[124] verschließt in sich die codices der Vernunft zur Sicherung des Weiterlebens. Im Eismeer der Geschichte müssen die mühsam erkämpften Errungenschaften der Aufklärung verteidigt, ausgebaut und gegen die lähmenden Phantasmen vom *Eisberg der Geschichte*[125] verfochten werden.

Postmoderne Eisberge der Geschichte – ein Bild für die Erstarrung des Fortschritts und die Beliebigkeit gleich gültiger Diskurse ohne Anmeldung von Wahrheitsansprüchen – werden allerhöchstens Totenberge an Büchern hinterlassen, werden die ohnehin dürftige deutsche Vernunfttradition zu noch größerer Zerfaserung bringen und dabei kaum den vielbesprochenen *Purpurmeeren des Traums*

und der Dichtung[126] neues Leben zuführen. Eins sollte da schon unvergessen bleiben: Wir leben immer noch, zum Glück – und das steht fest –: im *postglazialen* Zeitalter. Das Eismeer der Geschichte bleibt eine Fläche der Bewegung, aus der heraus immer wieder neue Möglichkeiten kommen, und auf der eine alte, heutzutage nicht mehr gerngehörte Grundkonstellation sich weiterhin zuträgt: *Wir haben gesehen, daß Bourgeoisie und Proletariat beides Kinder einer neuen Epoche sind, daß sie beide in ihrer gesellschaftlichen Tätigkeit darauf hinarbeiten, die Reste des aus früherer Zeit überkommenen Gerümpels zu beseitigen. (. . .) Erst dadurch, daß der alte Plunder über Bord fliegt, wird klar Schiff zum Gefecht gemacht – nur daß diesmal das Gefecht nicht zwischen zwei Schiffen, sondern an Bord des einen Schiffes zwischen Offizieren und Mannschaft geschlagen wird.*[127]
Das wird ohne Theorie nicht gut abgehen können, und so könnte es entgegen der Sinnlosigkeit manchen Aufklärens und trotz der namenlosen Schrecken im Eismeer der Geschichte doch nicht ganz sinnlos sein, *die in diesem Buche der Zeitungsflut entrissenen Aufsätze*[128] heutigen Lesern wieder zugänglich zu machen: auf gut Glück, wie eine ins Meer geworfene Flaschenpost.

VIII. Welt der Ausdrucksgestalten

> *Zuerst wird vereinbart, welche verdächtigen Personen einer Verschwörung angeklagt werden sollen; dann trägt man Sorge, alle ihre Briefe und Papiere sicherzustellen und einer Gruppe von Spezialisten zu übergeben, die sehr geschickt darin sind, die dunkle Bedeutung von Wörtern, Silben und Buchstaben festzustellen. Zum Beispiel können sie entdecken, daß Nachtstuhl einen geheimen Rat bezeichnet; ein Bussard einen Premierminister; ein Galgen einen Staatssekretär; ein Nachttopf eine Kommission von hohen Herren; ein Besen eine Revolution; ein schwankendes Rohr einen Gerichtshof; ein leeres Faß einen General; eine offene Wunde die Staatsverwaltung.* Jonathan Swift

Zur Gestalt des Denkens gehört der Ausdruck. Theodor Lessings Philosophie ist ganz wesentlich Ausdrucksdenken. Es zehrt von einem untergründigen Sprach- und Denkstrom, dessen historische Quelle in der im 18. Jahrhundert formulierten *Anthropologie des Ausdrucks*[129] begründet ist. Danach ist jede menschliche Handlung die spezifische Ausdrucksform einer Situation, der metaphorische Reflex darauf die Zusammenfügung von *Tatsache und bedeutungsvolle[m] Ausdruck.*[130] Wenn Lessing sagt, daß ein Grundgedanke seiner historischen Erkenntniskritik die Annahme ist, alle Wirklichkeit wäre nichts als Mechanik,[131] so geht dies zurück auf die seit zweihundert Jahren in immer wieder anderen Ausprägungen auftretende Ausdrucksanthropologie, die eine Erwiderung war auf das Auseinanderklaffen von propagierter privater Romantik und öffentlich etablierter bürokratisch-utilitaristischer Effizienz.[132] Kälte als Grundmodus der modernen Welt korreliert so mit dem Ausbleiben einer Ausdruckskultur, mit der Wärme einer solidarischen Gesellschaft freier Menschen. Diese Sehnsucht nach der *Einheit des Ausdrucks von Mensch, Natur und sozialer Welt*[133] kann durch das Surrogat einer bereits erreichten Gemeinschaft immer nur für eine gewisse Zeit umgangen werden.

Theodor Lessings Kampf gegen die Kälte und Mechanik des 20. Jahrhunderts nimmt Momente der romantischen Sozialkritik auf und verlängert sie durch das Notprinzip ins Soziologische. Die Marionette, zu der der Mensch wird, während die Holzpuppen zu leben beginnen[134] – ein romantischer Topos – wird von ihm am Beispiel der Warenproduktion in ein dialektisches Bild übersetzt: *Aber je geistvoller die Maschinerie wird, um so maschinenmäßiger wird der Geist.*[135] Die tödlichen Gefahren eines unkontrollierten Fortschritts, die Tendenz und Tatsache, daß die *Siege der Wissenschaft* erkauft werden durch *Verlust an Charakter,*[136] und diese Fortschritte darauf hinauszulaufen scheinen, *daß sie materielle Kräfte mit geistigem Leben ausstatten und das menschliche Leben zu einer materiellen Kraft verdummen,*[137] ja es sogar soweit kommen kann, daß diese Maßlosigkeit der Produktion um der Produktion willen *zugleich die Springquellen alles Reichtums untergräbt: die Erde und den Arbeiter*[138] –: dies mag vielleicht dazu verleiten, an heile Ursprünge zu denken. Doch das Zurücksehen ins Vergangene und unersetzlich Verlorene ist, wie Kant noch wußte, kein Zurückgehen in den Naturzustand. Eine Wiedergewinnung des vermeintlichen Ursprungs aller Geschichte vor jeder Geschichte kann nicht auf Kosten der schon erlangten Stufe der Neuzeit gehen. Nur die Einheit der Vernunft, so Lessing, wird *starrer und stärker binden als die endgültig verlorene Einheit der Urnatur.*[139] Die Menschen sind noch unterwegs, noch ebenso unvollendet wie die Moderne, Zwitterwesen, *nicht mehr Elementargeschöpfe und noch nicht Geisteswesen.*[140]

Ausdruck und Not verweisen aufeinander. Lessings Schriften waren für ihn stets *Lebensausdruck und Lebensspur.*[141] Mit Bedacht dabei die *Beziehung des Wortsinnes zum Lebensausdruck*[142] aufspürend und begabt mit einer ungewöhnlichen *Eindrucks-Bereitschaft,*[143] die den *Augenblicksmensch*[144] jederzeit zu einer *Ausdrucksreaktion*[145] reizte. Kritisch gegen den mechanischen *Lebensaufdruck,*[146] dagegen gern die Gestalten porträtierend, die *Ausdruck ihrer jeweiligen Lebendigkeit*[147] waren. Denn der *symbolische Lebensausdruck ist immer das Erste, Unmittelbare.*[148]

Die Anmeldung von Ausdruckswünschen ist bis in die neuere Philosophie hinein im Zusammenhang von Ausdruck und Not aufgetreten. Philosophie ist danach eingebunden in die Spannungseinheit von *Ausdruck und Verbindlichkeit.* Eine die Welt der Ausdrucksgestalten aufschließende Philosophie durchdringt die Dinge und Figuren in ihren Verborgenheiten und deren besonderer Kohärenz: *Ausdruck und Leiden sind miteinander verschwistert.*[149]

In Theodor Lessings Ausdrucksbeobachtungen sind gesellschaftliche Erfahrungsgehalte eingespeichert, Ausdruckswelten, die mit seiner bildsymbolischen Sicht auf die Geschichte eng verwoben sind. Als philosophischer Charakterologe schließt er an die lange Tradition der physiognomischen Gestaltdeutung an. Ähnlich wie die im 19. Jahrhundert sich großer Beliebtheit erfreuenden *physiologies*, die Balzac zur Großform eines Romanpanoramas seiner Zeit ausformte, beziehen Lessings sozialphysiognomische Miniaturen das Ausdrucksvolumen der menschlichen Gestik und Mimik mit ein.

Was ihm beim Betrachten eines Ameisenhügels, eines Hühnerhofes oder einer Froschgemeinde sinnfällig wird, was ihm beim Anblick einer Birke, einer Mohnblüte oder eines Schneeglöckchens aufgeht, ist nichts anderes, als über das Außermenschliche zu einer kulturphilosophischen Typologik der menschlichen Geschichte zu gelangen. *Man stelle sich die Menschenseele am richtigsten vor, wenn man sie unter dem des Bildes eines riesenhaften botanisch-zoologischen Gartens denkt, in dem alle nur möglichen Lebensformen irgendwo ihr Winkelchen haben. (...) Bald tritt dieses, bald jenes Element auf die Bewußtseinsbühne.*[150] Spiegel- und Urbilder der Gesellschaft, die nicht zu oftmals voreiligen Analogieschlüssen verleiten sollten, da die Ähnlichkeit zwischen Mensch, Tier und Pflanze wohl gewisse gemeinsame Nenner erzwingen mag, das tier- oder pflanzenhafte Aussehen eines Menschen jedoch einen ganz anderen Sinn verkörpern kann, als eine flüchtige Beobachtung es nahelegt. Daß dieser Symbolcharakter ein in den Geschichtsläuften wiederkehrender Grundzug der Kultur- und Herrschaftssysteme sei, war Lessings Grundeinsicht in die repräsentativen Formen widersprüchlicher gesellschaftlicher Ordnungen. Wenn er anläßlich eines Wohltätigkeitsbasars an Weihnachten 1888, sechzehnjährig, der Gräfin Bismarck in einem Spiegelkabinett eine Pferdenase und Raubtieraugen auf den Kopf zusagte, so darf das vielleicht als Verfahren beschrieben werden, das Allgemeine im Besondern anzuzeigen.

Und dann sind da die vielen anderen, die im Kreislauf des Lebens immer wiederkehren: die froschkalten Wasserwesen, die kleinen Eisfüchse und andere kleine Bestien unseres Alltags. Sie prägen das Bild der Städte, geben ihnen eine Physiognomie, und zwischen beiden, den Einwohnern und den Städten, regiert eine gegenseitige Profilierung. Es sind *meistens kleine konkrete Züge,*[151] an denen sich ein Ganzes oder mindestens ein exemplarisches Teilstück des Ganzen aufschlüsseln läßt. So haben die Memoiren des Herzogs Saint-Simon diese kleinen konkreten Züge sehr eindringlich ans Licht befördert. In den Kurzporträts morbider Aristokraten gegen Ende des 17. Jahrhunderts schaut uns das Gesicht einer abgewirtschafteten Klasse an, in der ohne Unterschied das Raubtierhafte sich bemerkbar macht: Mardervisagen, Adlernasen und Geieraugen überwiegen, das Aasgeierhafte schwebt über allem. Saint-Simon war ein zupackender Beobachter, der die Oberfläche seiner Objekte

solange ins Visier nahm, bis diese ihm ihre innere Wahrheit aushändigen mußten.
Diese Lese- und Dechiffrierkunst wollte Theodor Lessing verwissenschaftlichen. Es sollte eine geschmeidig arbeitende, phänomenologisch gewitzte Theorie sein, die Dinge, Figuren, Gestalten und Oberflächen würdigt. Der Auseinanderfaltung seiner Erkenntnislehre, der Dreisphärentheorie, nachzugehen, mußte bedeuten, Gestalt, Form und Idee voneinander zu scheiden. Und das heißt: Gestaltsymbolik als Typologie der menschlichen Gestalt, Morphologie der Tiere und Gestaltkunde der Pflanzen und Elemente; Formsymbolik als Untersuchung von Artefakten sowie abschließend eine Phänomenologie der Landschaften und Kulturen.[152] Eine *Universale Symbolik,*[153] die das Totalgeschehen im Mikro- und Makrokosmos beleuchtet und, wann immer möglich, die Phänomene selbst zum Sprechen bringt ohne den lästigen Zwischenhandel der Theorie. In Goethe verehrte Lessing diesen großen Sinn, der das Mehr an Welt im ungetrübten freien Blick seines Auges abspiegelte. Er selbst verfügte über einen untrüglichen *Spurensinn,*[154] der das von Lichtenberg apostrophierte *BilderBuch der Welt* umsichtig durchwanderte. Zur Einholung von Welt müsse man gar nicht auf Reisen gehen: *Wenn wir nichts besitzen als ein kleines Hausgärtchen, so haben wir doch darin die Bilder alles Lebens, die Gesichter aller Erdteile, ja die Möglichkeit zu unermeßlichen Fantasiereisen.*[155]

IX. Luftschiffreisen im Äthermeer des Humors

> *»Wie!« rief ich mit Schrecken, »ein Mann, der für die Unsterblichkeit geschrieben, sollte schon jetzt vergessen sein? Hat er denn nicht alles in sich vereinigt, was anzieht und unterhält, tiefen Ernst und Humor, Wehmut und Satire, Empfindsamkeit und leichter Scherz?«*
>
> Wilhelm Hauff

Daß er während seiner philosophischen Arbeit gelegentlich aus dem *Dampfbad der Rührung* ins *Kühlbad der frostigen Satire*[156] herüberwechselte, wen wundert das? Er sah sich selbstironisch als *armes Tierchen*,[157] das anderen Empfehlungen ausschreibt und selbst zu nichts kommt, höchstens zu einem Spottvogel aus dem Geist der Not. Herausgerissen aus der Gleichförmigkeit eines bürgerlichen Lebens, wurde sein satirischer Esprit angetrieben von der schmerzlichen Erkenntnis, als deutscher Jude nicht auf Anerkennung warten zu dürfen in einer zusehends bösartiger werdenden deutschen Welt. Feuerbach hatte das *Eismeer gänzlicher Empfindungslosigkeit*[158] am eigenen Leibe erfahren, als er die christlichen Fundamente der doppelmoralischen Scheinheiligkeit aufdeckte; daß er dies häufig mit Witz und Phantasie machte und diese beiden Kräfte bei ihm keinesfalls nur *Lückenbüßer des Gedankens* waren, vielmehr *Früchte der Erkenntnis*,[159] konnte eine professorale Öffentlichkeit nur degoutant finden. Wissenschaftler machen bestenfalls in einer Kongreßpause einen Witz und hinterlassen einige drollige Anekdoten. Es sei aber, so Feuerbach, ein *wesentliches Attribut des Gedankens*, unter der ironischen Maske völlig ernstzunehmende Aussagen zu bergen. Und wer sich so mitzuteilen wüßte, der habe Humor. Dieser könne hier keine andere Bedeutung haben als die, *daß er der Privatdozent der Philosophie ist.*[160]

Der Privatdozent für Philosophie, Theodor Lessing, versetzte viele seiner philosophisch-politischen Essays und Feuilletons mit Elementen des Scherzes, der Satire und Ironie, sie verlieren damit, wie bei Jean Paul, nichts von ihrer gedanklichen Bündigkeit.

Es sei aber ein offenes Geheimnis in Deutschland, so Lessing, daß hier nichts in *kunstheiterer, freier, fröhlicher, in humoristischer und selbst ironischer Form*[161] vor sich gehen dürfe, Politik, öffentliches Leben, Privatsachen, Philosophie, alles werde entsetzlich feierlich genommen. *Witz und Humor scheinen mehr als je verboten zu sein und Langweiligkeit Bürgerpflicht*,[162] fiel Friedrich Engels 1890 auf. Er jedenfalls behalte sich vor, teilte er 1867 seinem wichtigsten Korrespondenzpartner mit, *wenn nicht die Revolution dazwischenkommt*, sich einen *Hauptspaß* zu erfüllen und ein *heitres Buch* mit dem Titel *Leiden und Freuden der englischen Bourgeoisie*[163] zu schreiben. Etwas vergleichbar Heiteres über Deutschland wäre ihm ungleich schwerer geworden, denn die deutsche Geschichte ist wohl nur mit Maßen eine lustige zu nennen.

Ein unverzagter Pessimist, Johannes Scherr, kannte seine Pappenheimer. Gegen den blasierten, passiven, feigen und fühllosen Deutschen, der den Pessimismus als Entschuldigung für *gefrorene Gleichgültigkeit* ausborgt und dann zur Tagesordnung übergeht, stellte er seinen Begriff eines militanten Pessimismus als einer Lebensform des tapferen und leidenschaftlichen Kämpfens. Diesen Pessimisten läßt das Elend der Welt nicht gleichgültig, und trotz der eingestandenen Vergeblichkeit seines Tuns, geht er mit *Ernst, Eifer und Enthusiasmus*[164] daran, die Not zu mindern und das Leben erträglicher zu machen. Im Wassertropfen seiner begrenzten Welt gefangen, scheint aber jedem das Eismeer der Geschichte zu groß, unendlich groß für einen Weg ins Freie zu sein. Zwischen dem *Wassermeer* und dem *Äthermeer*, meinte Theodor Lessing, läge der *Garten der Mitte.*[165] Dort spiegeln sich die beiden Meere ineinander, und die Mittler zwischen ihnen sind die Bewohner dieser Erde. Ihre Phantasie erhebt sie über alle Dummheiten und Grausamkeiten ihrer Geschichte, über die Kontingenz des Seins. Ihre Ideale und Utopien sind Seifenblasen, buntschillernd und fragil ziehen sie schutzlos im blauen Luftmeer der menschlichen Hoffnung dahin. Leicht dahinschwebende Luftschiffe, langsam dahingleitend über die Eiskugel der Welt. *Gesegnet seien die ›Seifenblasen‹! Das sind die Montgolfièren, welche uns emportragen über die Noth des Lebens, über die ›Angst des Irdischen‹ . . .*
›Ins Blaue?‹
In die Ätherluft des Humors, von wo herab gesehen das höllische Trauerspiel der Weltgeschichte zum menschlichen Lustspiel wird.[166]

Rainer Marwedel

Anmerkungen

1 Ausführlich dazu: R. Marwedel, *Theodor Lessing. Eine politische Biographie*, Darmstadt/Neuwied 1987.
2 Th. Lessing, *Schopenhauer, Wagner, Nietzsche, Einführung in moderne Philosophie*, München 1906, 481 f.
3 Th. Lessing, *Philosophie als Tat*, Bd. 1, Göttingen 1914, XII.
4 Th. Lessing, *Philosophie als Tat*, Bd. 2, Göttingen 1914, 295 Die Leistungs-

kraft der Metaphorik zeigt A. Demandt, *Metaphern für Geschichte. Sprachbilder und Gleichnisse im historisch-politischen Denken*, München 1978. Vgl. auch E. R. Curtius, *Europäische Literatur und lateinisches Mittelalter*, Bern/München 1973, 138–140, 435. H. Blumenberg, *Schiffbruch mit Zuschauer. Paradigma einer Daseinsmetapher*, Frankfurt/M. 1979.

5 Th. Lessing, Die Unlösbarkeit der Judenfrage, in: *Gegen die Phrase vom jüdischen Schädling*, Prag 1933, 402–412 (412). In dieser Sammlung, S. 419.

6 Th. Lessing, *Geschichte als Sinngebung des Sinnlosen*, München 1919, 299. Am Beispiel der Ausbeutung Nietzsches durch die Kultur- und Wissenschafts-Schickeria hat Lessing den Topos anders gewendet: *Die Goldadern der (...) noch kaum erforschten Schachte wurden klug und gemächlich ausgemünzt (...), ganze Scharen Doktoren, Literaten, Professoren füllten das nun ab auf Flaschen des Begriffs und bestritten damit so manchen Kulturausschank*. Th. Lessing, *Nietzsche*, Berlin 1925, 114.

7 Th. Lessing, *Was ich von der jüdischen Jugend erhoffe*, in: *Fünfzig Semester Barissia. Festschrift der jüdisch-akademischen Verbindung »Barissia«*, Prag 1928, 33–39 (33).

8 Th. Lessing, *Geschichte als Sinngebung des Sinnlosen oder die Geburt der Geschichte aus dem Mythos*, 4., völlig umgearbeitete Auflage, Leipzig 1927, 324.

9 Th. Lessing, *Einmal und nie wieder. Lebenserinnerungen*, Gütersloh o. J. [1969], 12. [Zuerst Prag 1935].

10 I. Kant, *Kritik der reinen Vernunft*, Riga 1787, B XLIII, B VIII.

11 I. Kant, *M. Immanuel Kants Nachricht von der Einrichtung seiner Vorlesungen in dem Winterhalbenjahre von 1765–1766*, Königsberg, A 8. Dazu ders., *Immanuel Kants Logik. Ein Handbuch zu Vorlesungen*, Königsberg 1800, A 66: *Eine solche Herablassung (...) zu der Fassungskraft des Publikums und den gewohnten Ausdrücken, wobei (...) die Einkleidung der Gedanken so eingerichtet wird, daß man das Gerüste (...) nicht sehen läßt (so wie man mit Bleistift Linien zieht, auf die man schreibt, und sie nachher wegwischt) – diese wahrhaft populare Vollkommenheit des Erkenntnisses ist in der Tat eine große und seltene Vollkommenheit, die von vieler Einsicht in die Wissenschaft zeigt.*

12 G. W. F. Hegel an F. I. Niethammer, *Brief* v. 21. 4. 1808, in: *Hegel-Jahrbuch 1961*, II. Halbband, 125–128 (126). Vgl. dazu F. Engels an C. Schmidt, *Brief* v. 9. 12. 1889, in: Marx/Engels, *Werke*, Bd. 37, Berlin-DDR 1967, 324 f. (324).

13 F. Engels, *Ludwig Feuerbach und der Ausgang der klassischen deutschen Philosophie*, in: Marx/Engels, *Werke*, Bd. 21, Berlin-DDR 1962, 270.

14 G. W. F. Hegel, *Phänomenologie des Geistes*, in: ders., *Werke*, Bd. 3, Frankfurt/M. 1970, 48.

15 G. W. F. Hegel, *Vorlesungen über die Geschichte der Philosophie*, in: ders., *Werke*, Bd. 18, Frankfurt/M. 1971, 455.

16 G. W. F. Hegel, *Phänomenologie des Geistes*, in: ders., *Werke*, Bd. 3, Frankfurt/M. 1970, 19 f.

17 F. Engels, *Schelling und die Offenbarung. Kritik des neuesten Reaktionsversuchs gegen die freie Philosophie*, in: Marx/Engels, *Werke*, Ergänzungsband, Zweiter Teil, Berlin-DDR 1967, 175.
18 F. Engels, *Ernst Moritz Arndt*, in: Marx/Engels, *Werke*, Ergänzungsband, Zweiter Teil, Berlin-DDR 1967, 125.
19 F. Engels, *Rezension*: Alexander Jung, *Vorlesungen über die moderne Literatur der Deutschen*, in: Marx/Engels, *Werke*, Bd. 1, Berlin-DDR 1956, 437.
20 G. W. F. Hegel, *Brief* an J. H. Voss, Mai 1806, Hauptentwurf, in: ders., *Weltgeist zwischen Jena und Berlin. Briefe*, Frankfurt/M. u. Berlin 1982, 49.
21 L. Börne, *Aphorismen und Miszellen*, in: ders., *Sämtliche Schriften*, Bd. 2, Dreieich 1977, 194.
22 L. Börne, *Ankündigung der Wage*, in: ders., *Sämtliche Schriften*, Bd. 1, Dreieich 1977, 669.
23 K. Marx, *Der leitende Artikel in Nr. 179 der »Kölnischen Zeitung«*, in: Marx/Engels, *Werke*, Bd. 1, Berlin-DDR 1956, 99.
24 Th. Lessing, *Philosophie als Tat*, in: ders., *Philosophie als Tat* 2 Bde., Göttingen 1914, hier Bd. 1, 1–29.
25 Th. Lessing, *Ein Garnichtsel*, in: *Prager Tagblatt* v. 4. 5. 1926.
26 Th. Lessing, *Philosophie als Tat*, Bd. 2, Göttingen 1914, 339.
27 Th. Lessing, *Geschichte als Sinngebung des Sinnlosen oder die Geburt der Geschichte aus dem Mythos*, 4., völlig umgearbeitete Auflage, Leipzig 1927, 26.
28 A. Schopenhauer, *Spicilegia*, in: ders., *Der handschriftliche Nachlaß*, Bd. 4, I, München 1985, 239.
29 Th. Lessing, *Die armen Tierchen*, in: *Prager Tagblatt* v. 7. 10. 1928. In dieser Sammlung, S. 202.
30 Th. Lessing, *Es ist nur ein Übergang*, in dieser Sammlung, S. 346.
31 Th. Lessing, *Es war alles ganz anders*, in: *Prager Tagblatt* v. 15. 11. 1928.
32 Th. Lessing, *Chaos und Ordnung*, in: *Stachelschwein*, 3. Jg. (1926), H. 1, 12.
33 F. Engels, *Modernes Literaturleben*, in: Marx/Engels, *Werke*, Ergänzungsband, Zweiter Teil, Berlin-DDR 1967, 51.
34 F. Engels, *Ludwig Feuerbach und der Ausgang der klassischen deutschen Philosophie*, in: Marx/Engels, *Werke*, Bd. 21, Berlin-DDR 1962, 270.
35 Th. Lessing, *Philosophie als Tat*, Bd. 1, Göttingen 1914, 21.
36 Th. Lessing, *Der Lärm. Eine Kampfschrift gegen die Geräusche unseres Landes*, in: *Grenzfragen des Nerven- und Seelenlebens*, Bd. 9, Wiesbaden 1908, 2.
37 Th. Lessing, *Philosophie als Tat*, Bd. 1, Göttingen 1914, 20.
38 Th. Lessing, *Einmal und nie wieder*, Gütersloh o. J. [1969], 403.
39 Th. Lessing, *Geschichte als Sinngebung des Sinnlosen oder die Geburt der Geschichte aus dem Mythos*, 4., völlig umgearbeitete Auflage, Leipzig 1927, 2.

40 Th. Lessing, *Philosophie als Tat*, Bd. 1, Göttingen 1914, 20.
41 K. Marx an F. Engels, *Brief* v. 31. 7. 1865, in: Marx/Engels, *Werke*, Bd. 31, Berlin-DDR 1965, 132.
42 Th. Lessing, *Philosophie als Tat*, Bd. 1, Göttingen 1914, 61.
43 Th. Lessing, *Schopenhauer, Wagner, Nietzsche. Einführung in moderne Philosophie*, München 1906, 403.
44 K. Marx, *Hefte zur epikureischen, stoischen und skeptischen Philosophie*, in: Marx/Engels, *Werke*, Ergänzungsband, Erster Teil, Berlin-DDR 1968, 246.
45 Th. Lessing, *Geschichte als Sinngebung des Sinnlosen oder die Geburt der Geschichte aus dem Mythos*, 4., völlig umgearbeitete Auflage, Leipzig 1927, 30.
46 Th. Lessing, *Geschichte als Sinngebung des Sinnlosen*, München 1919, 246.
47 Th. Lessing, *Geschichte als Sinngebung des Sinnlosen oder die Geburt der Geschichte aus dem Mythos*, 4., völlig umgearbeitete Auflage, Leipzig 1927, 237.
48 Th. Lessing, *Einmal und nie wieder*, Gütersloh o. J. [1969], 208.
49 Th. Lessing, *Geschichte als Sinngebung des Sinnlosen*, München 1919, 231.
50 Th. Lessing, *Der Bruch in der Ethik Kants. Wert- und willenstheoretische Prolegomena*, Bern 1908, 56.
51 Th. Lessing, *Geschichte als Sinngebung des Sinnlosen oder die Geburt der Geschichte aus dem Mythos*, 4. völlig umgearbeitete Auflage, Leipzig 1927, 310.
52 Th. Lessing, *Schopenhauer, Wagner, Nietzsche. Einführung in moderne Philosophie*, München 1906, 25.
53 Th. Lessing, *Gewalt und Liebe*, in: F. Diettrich (Hg.), *Die Gandhi-Revolution*, Dresden 1930, 178–204.
54 Th. Lessing, *Philosophie als Tat*, Bd. 1, Göttingen 1914, 100.
55 Th. Lessing, *Was ich von der jüdischen Jugend erhoffe*, in: *Fünfzig Semester Barissia. Festschrift der jüdisch-akademischen Verbindung »Barissia«*, Prag 1928, 36.
56 Nicht nur er allein. Neben den unüberbrückbaren, sachlich und auch politisch begründbaren Differenzen ist in der Geschichte der Philosophie und der Sozialwissenschaften ein fehlender Sinn für Arbeitsteilung und Kommunikation zu beobachten. Siehe dazu: H. Mörchen, *Adorno und Heidegger. Untersuchung einer philosophischen Kommunikationsverweigerung*, Stuttgart 1981, 658–660. Sehr anregend auch D. Böhler, *Rekonstruktive Pragmatik. Von der Bewußtseinsphilosophie zur Kommunikationsreflexion: Neubegründung der praktischen Wissenschaften und Philosophie*, Frankfurt/M. 1985.
57 Th. Lessing, *Ratio und Natio*, in: *Prager Tagblatt* v. 2. 1. 1932.
58 Th. Lessing, *Nur wer die Waffen hat, kann Frieden schaffen*, in: *General-Anzeiger für Dortmund und das gesamte rheinisch-westfälische Industriegebiet* v. 2. 3. 1932.

59 Th. Lessing, *Wege zum Frieden*, in: *Prager Tagblatt* v. 17. 8. 1932.
60 Th. Lessing, *Die »Kulturmission« der abendländischen Völker*, in: (Hg.) Liga gegen den Imperialismus, *Das Flammenzeichen vom Palais Egmont*, Berlin 1927, 210.
61 Th. Lessing, *Rechtsleben und Rechtsnorm*, in: *Die Justiz*, 7. Jg. (1931/32), 84.
62 Th. Lessing, *Europa und Asien*, 5., völlig neu gearbeitete Auflage, Leipzig 1930, 330.
63 Th. Lessing, *Gewalt und Liebe*, in: F. Diettrich (Hg.), *Die Gandhi-Revolution*, Dresden 1930, 187.
64 A. a. O., 198.
65 Th. Lessing, *Europa und Asien*, 5., völlig neu gearbeitete Auflage, Leipzig 1930, 323.
66 K. Marx, *Ökonomisch-philosophische Manuskripte*, in: Marx/Engels, *Werke*, Ergänzungsband, Erster Teil, Berlin-DDR 1968, 538.
67 Th. Lessing, *Einmal und nie wieder*, Gütersloh o. J. [1969], 252.
68 Th. Lessing, *Studien zur Wertaxiomatik. Untersuchungen über Reine Ethik, und Reines Recht*, 2., erweiterte Auflage, Leipzig 1914, VIII.
69 A. a. O., 94.
70 Th. Lessing, *Geschichte als Sinngebung des Sinnlosen oder die Geburt der Geschichte aus dem Mythos*, 4., völlig umgearbeitete Auflage, Leipzig 1927, 192.
71 A. a. O., 92.
72 A. a. O., 273.
73 A. a. O., 242. Dazu: K. Marx./F. Engels, *Die deutsche Ideologie*, in: Marx/Engels, *Werke*, Bd. 3, Berlin-DDR 1958, 41. Sowie K. Marx, *Das Elend der Philosophie*, in: Marx/Engels, *Werke*, Bd. 4, Berlin-DDR 1959, 139: *Somit hat es eine Geschichte gegeben, aber es gibt keine mehr.*
74 Th. Lessing, *Geschichte als Sinngebung des Sinnlosen oder die Geburt der Geschichte aus dem Mythos*, 4., völlig umgearbeitete Auflage, Leipzig 1927, 237–240, mit weiteren Nachweisen.
75 J. Scherr, *Letzte Gänge*, Berlin/Stuttgart 1887, 131.
76 J. Scherr, *Genesis, Geist und Gestalt der neuzeitlichen Geschichtsschreibung. Eine Gelegenheitsrede*, in: ders., *Hammerschläge und Historien*, Bd. 1, 3., verbesserte und stark vermehrte Auflage, Zürich 1878, 30.
77 J. Scherr, *Menschliche Tragikomödie. Gesammelte Studien, Skizzen und Bilder*, Bd. 8 Leipzig 1982, 1 f.
78 J. Scherr, *Deutsche Kultur- und Sittengeschichte*, 8., neu durchgesehene Auflage, Leipzig 1882, 489.
79 A. a. O., 9.
80 Th. Lessing, *Geschichte als Sinngebung des Sinnlosen*, München 1919, 201.
81 Th. Lessing, *Geschichte als Sinngebung des Sinnlosen oder die Geburt der Geschichte aus dem Mythos*, 4., völlig umgearbeitete Auflage, Leipzig 1927, 273.
82 A. a. O., 183–192.

83 Hayden White, *Auch Klio dichtet oder Die Fiktion des Faktischen. Studien zur Tropologie des historischen Diskurses*, Stuttgart 1986; P. Ricœur, *Temps et récit*, Bd. 1, Paris 1983; R. Koselleck, *Vergangene Zukunft. Zur Semantik geschichtlicher Zeiten*, Frankfurt/M. 1979.

84 Th. Lessing, *Geschichte als Sinngebung des Sinnlosen oder die Geburt der Geschichte aus dem Mythos*, 4., völlig umgearbeitete Auflage, Leipzig 1927, 89.

85 Th. Lessing, *Geschichte als Sinngebung des Sinnlosen*, München 1919, 232.

86 Th. Lessing, *Geschichte als Sinngebung des Sinnlosen oder die Geburt der Geschichte aus dem Mythos*, 4., völlig umgearbeitete Auflage, Leipzig 1927, 177.

87 A. a. O., 227.

88 Th. Lessing, *Europa und Asien*, 5., völlig neu gearbeitete Auflage, Leipzig 1930, 358.

89 Th. Lessing, *Geschichte als Sinngebung des Sinnlosen oder die Geburt der Geschichte aus dem Mythos*, 4., völlig umgearbeitete Auflage, Leipzig 1927, 292–308.

90 A. a. O., 261.

91 A. a. O., 17.

92 Th. Lessing, *Was ist Geschichte?*, in: S. Kawerau (Hg.), *Die ewige Revolution*, Berlin 1925, 34.

93 P. Ricœur, *Die Interpretation. Ein Versuch über Freud*, Frankfurt/M. 1969, 48.

94 Th. Lessing, *Einführung*, in: J. B. Porta, *Die Physiognomie des Menschen* (Der Körper als Ausdruck. Schriftenreihe zur Gestaltenkunde, Bd. 1), hrsg. v. Th. Lessing, Radebeul/Dresden 1930, VII.

95 Th. Lessing, *Geschichte als Sinngebung des Sinnlosen oder die Geburt der Geschichte aus dem Mythos*, 4., völlig umgearbeitete Auflage, Leipzig 1927, 23.

96 Ebd.

97 F. Nietzsche, *Werke*, Bd. 3, München 1969, 882.

98 Th. Lessing, *Philosophie als Tat*, Bd. 2, Göttingen 1914, 170, 201. Dazu die vorzügliche Studie von F. J. Sulloway, *Freud. Biologe der Seele. Jenseits der psychoanalytischen Legende*, Köln-Lövenich 1982, 15, 32–36, 605–683.

99 Die Arbeiten von Karl-Otto Apel sind gewiß das beeindruckendste Beispiel für die theoretische Grundlegung und praktische Einlösung dieser Forderung.

100 K. Marx, *Debatten über die Preßfreiheit*, in: Marx/Engels, *Werke*, Bd. 1, Berlin-DDR 1956, 74.

101 A. Schopenhauer, *Brieftasche*, in: ders., *Der handschriftliche Nachlaß*, Bd. 3, München 1985, 173. Vgl. auch ders., *Werke*, Bd. 10, Zürich 1977, 599 f. Sowie Th. Lessing, *Geschichte als Sinngebung des Sinnlosen oder die Geburt der Geschichte aus dem Mythos*, 4., völlig umgearbeitete Auflage, Leipzig 1927, 302; A. Arber, *Sehen und Denken in der biologischen Forschung*, Reinbek 1960, 33–36.

102 Th. Lessing, *Europa und Asien*, 5., völlig neu gearbeitete Auflage, Leipzig 1930, 321.

103 A. a. O., 97.

104 A. a. O., 242.

105 A. a. O., 18.

106 Th. Lessing, *Blumen*, Berlin 1928, 206.

107 Th. Lessing, *Geschichte als Sinngebung des Sinnlosen oder die Geburt der Geschichte aus dem Mythos*, 4., völlig umgearbeitete Auflage, Leipzig 1927, 296.

108 Th. Lessing, *Europa und Asien*, 5., völlig neu gearbeitete Auflage, Leipzig 1930, 314.

109 A. a. O., 344.

110 Th. Lessing, *Geschichte als Sinngebung des Sinnlosen oder die Geburt der Geschichte aus dem Mythos*, 4., völlig umgearbeitete Auflage Leipzig 1927, 159.

111 Th. Lessing, *Europa und Asien*, 5., völlig neu gearbeitete Auflage, Leipzig 1930, 344.

112 I. Kant, *Kritik der reinen Vernunft*, Riga 1787, B 294 f. Kritisch dazu Th. W. Adorno, *Negative Dialektik*, Frankfurt/M. 1975, 376 f.

113 Th. Lessing, *Europa und Asien*, 5., völlig neu gearbeitete Auflage, Leipzig 1930, 331.

114 Th. Lessing, *Der jüdische Selbsthaß*, Berlin 1930, 88.

115 Th. Lessing, *Geschichte als Sinngebung des Sinnlosen oder die Geburt der Geschichte aus dem Mythos*, 4., völlig umgearbeitete Auflage, Leipzig 1927, 212. Vgl. E. Rothacker, *Zur Genealogie des menschlichen Bewußtseins*, Bonn 1966, 211–214.

116 Th. Lessing, *Meine Tiere*, Berlin 1926, 123.

117 Th. Lessing, *Europa und Asien*, 5., völlig neu gearbeitete Auflage, Leipzig 1930, 323.

118 Th. Lessing, *Geschichte als Sinngebung des Sinnlosen oder die Geburt der Geschichte aus dem Mythos*, 4., völlig umgearbeitete Auflage, Leipzig 1927, 229.

119 Th. Lessing, *Einmal und nie wieder*, Gütersloh o. J. [1969], 328.

120 Th. Lessing, *Geleitwort*, in: G. Leopardi, *Gedanken*, Hamburg 1928, 10.

121 Th. Lessing, *Einmal und nie wieder*, Gütersloh o. J. [1969], 327.

122 Th. Lessing, *Europa und Asien*, 5., völlig neu gearbeitete Auflage, Leipzig 1930, 344.

123 Th. Lessing, *Geschichte als Sinngebung des Sinnlosen oder die Geburt der Geschichte aus dem Mythos*, 4., völlig umgearbeitete Auflage, Leipzig 1927, 159. Vgl. dazu die biogenetisch-lamarckistischen Spekulationen von S. Ferenczi und S. Freud über Verdrängungsschübe der Individuen und die harte Schule der Eiszeiten, in der sich Sprache und Intelligenz entwickelten. F. J. Sulloway, *Freud. Biologie der Seele. Jenseits der psychoanalytischen Legende*, Köln-Lövenich 1982, 520–523, 531–533.

124 Th. Lessing, *Geschichte als Sinngebung des Sinnlosen oder die Geburt der Geschichte aus dem Mythos*, 4., völlig umgearbeitete Auflage, Leipzig 1927, 323. Das muß nicht gleich den Extremismus der Abschließung bedeuten: *Philosophie, wie ich sie bisher verstanden und gelebt habe, ist das freiwillige Leben in Eis und Hochgebirge*, in: F. Nietzsche, *Werke*, Bd. 2, München 1969, 1066.

125 P. Veyne, *Der Eisberg der Geschichte*, Berlin 1981. Dazu I. Kant, *Metaphysik der Sitten*, Königsberg 1798, AB X: *Wenn aber, nach Shaftesburys Behauptung, es sei ein nicht zu verachtender Probierstein für die Wahrheit einer (vornehmlich praktischen Lehre) ist, wenn sie das Belachen aushält, so müßte wohl an den kritischen Philosophen mit der Zeit die Reihe kommen, zuletzt, und so auch am besten zu lachen; wenn er die papierne Systeme derer, die eine lange Zeit das große Wort führten, nach einander einstürzen, und alle Anhänger derselben sich verlaufen sieht.*

126 Th. Lessing, *Geschichte als Sinngebung des Sinnlosen oder die Geburt der Geschichte aus dem Mythos*, 4., völlig umgearbeitete Auflage, Leipzig 1927, 46.

127 F. Engels, *Die preußische Militärfrage und die deutsche Arbeiterpartei*, in: Marx/Engels, *Werke*, Bd. 16, Berlin-DDR 1962, 76.

128 Th. Lessing, *Der fröhliche Eselsquell. Gedanken über Theater, Schauspieler, Drama*, Berlin 1912, 345.

129 Ch. Taylor, *Hegel*, Frankfurt/M. 1983, 29.

130 A. a. O., 33. Siehe auch A. N. Whitehead, *Erfahrung und Ausdruck*, in: ders., *Wie entsteht Religion?*, Frankfurt/M. 1985, 99–104.

131 Th. Lessing, *Nietzsche*, Berlin 1925, 85.

132 Ch. Taylor, *Hegel*, Frankfurt/M. 1983, 710.

133 A. a. O., 717. Vgl. Th. Lessing, *Einmal und nie wieder*, Gütersloh o. J. [1969], 154: *Aber daß mit Stein, Pflanze und Tier ich ewig lebe im Ewigen.* Und A. Döblin, *Berge, Meere und Giganten*, Olten 1977, 9 f.: *Ich nenne dich ›du‹, als wärst du ein Wesen, Tier Pflanze Stein wie ich. (. . .) Ich bin nur eine Karte, die auf dem Wasser schwimmt. Ihr Tausendnamigen Namenlosen hebt mich, bewegt mich, tragt mich, zerreibt mich. (. . .) An jedem Stengel Wurzelschaft geschieht sekundlich etwas. Da arbeitet das Tausendnamige. Da ist es. (. . .) Stille, mit einer Bewegung gefüllt, die ich nicht höre, von der ich doch weiß (. . .) Wir sind zusammen diese Welt: (. . .) Zitternder greifender flirrender Tausendfuß Tausendgeist Tausendkopf.*

134 A. W. Gouldner, *Romantisches und klassisches Denken. Tiefenstrukturen in den Sozialwissenschaften*, in: ders., *Reziprozität und Autonomie. Ausgewählte Aufsätze*, Frankfurt/M. 1984, 183.

135 Th. Lessing, *Theater-Seele. Studie über Bühnenästhetik und Schauspielkunst*, Berlin 1907, 83.

136 K. Marx, *Rede auf der Jahresfeier des »People's Paper« am 14. April 1856 in London*, in: Marx/Engels, *Werke*, Bd. 12, Berlin-DDR 1961, 3.

137 A. a. O., 4.

138 K. Marx, *Das Kapital. Kritik der politischen Ökonomie*, Erster Band, in: Marx/Engels, *Werke*, Bd. 23, Berlin-DDR 1962, 530.
139 Th. Lessing, *Europa und Asien*, 5., völlig neu gearbeitete Auflage, Leipzig 1930, 332.
140 A. a. O., 336.
141 A. a. O., 294. Th. Lessing, *Einmal und nie wieder*, Gütersloh o. J. [1969], 406.
142 A. a. O., 443.
143 A. a. O., 109 f.
144 A. a. O., 386.
145 Ebd.
146 Th. Lessing, *Einführung*, in: J. B. Porta, *Die Physiognomie des Menschen* (Der Körper als Ausdruck. Schriftenreihe zur Gestaltenkunde, Bd. 1), hrsg. v. Th. Lessing, Radebeul/Dresden 1930. IX.
147 Th. Lessing, *Einleitung*, in: Carl Gustav Carus, *Symbolik der menschlichen Gestalt. Ein Handbuch zur Menschenkenntnis.* Neu bearbeitet und erweitert von Th. Lessing, Celle 1925, 84.
148 Th. Lessing, *Geschichte als Sinngebung des Sinnlosen oder die Geburt der Geschichte aus dem Mythos*, 4., völlig umgearbeitete Auflage, Leipzig 1927, 14.
149 Th. W. Adorno, *Noten zur Literatur. Gesammelte Schriften*, Bd. 2, Frankfurt/M. 1974, 389.
150 Th. Lessing, *Der fröhliche Eselsquell. Gedanken über Theater, Schauspieler, Drama*, Berlin 1912, 135.
151 Th. Lessing, *Schopenhauer, Wagner, Nietzsche. Einführung in moderne Philosophie*, München 1906, 224.
152 Th. Lessing, *Prinzipien der Charakterologie*, Halle 1926, 5.
153 Th. Lessing, *Einleitung*, in: Carl Gustav Carus, *Symbolik der menschlichen Gestalt. Ein Handbuch zur Menschenkenntnis.* Neu bearbeitet und erweitert von Th. Lessing, Celle 1925, 86. Siehe dazu G. Kloos, *Die Konstitutionslehre von Carl Gustav Carus mit besonderer Berücksichtigung seiner Physiognomik*, Basel/New York 1951.
154 Th. Lessing, *Ergänzungen*, in: Carl Gustav Carus, *Symbolik der menschlichen Gestalt. Ein Handbuch zur Menschenkenntnis.* Neu bearbeitet und erweitert von Th. Lessing, Celle 1925, 454.
155 Th. Lessing, *Gesichter der Blumen*, in: ders., *Blumen*, Berlin 1928, 124. In dieser Sammlung, S. 278.
156 J. Paul, *Vorrede zum Satirischen Appendix, oder Extrakt aus den Gerichtsakten des summarischen Verfahrens in Sachen der Leser, Klägern, contra Jean Paul, Beklagten, Satiren, Abhandlungen und Digressionen des letzern betreffend.* Anhang zu: *Jean Pauls Biographische Belustigungen unter der Gehirnschale einer Riesin*, in: ders., *Werke*, Bd. 7, München 1975, 348.
157 Th. Lessing, *Die armen Tierchen*, in: *Prager Tagblatt* v. 7. 10. 1928. In dieser Sammlung, S. 202.

158 L. Feuerbach, *Kritiken und Abhandlungen III*, in: ders., *Werke*, Bd. 4, Frankfurt/M. 1975, 345. Vgl. seine Broschüre *Über Philosophie und Christentum in Beziehung auf den der Hegelschen Philosophie gemachten Vorwurf der Unchristlichkeit* (1839), in: ders., *Kritiken und Abhandlungen I*, Bd. 2 der *Werke*, Frankfurt/M. 1975, 261 ff., bes. 267–277.

159 A. a. O., 214.

160 Ebd.

161 Th. Lessing, *»Anti-Rüpel«*, in: (Hg.) Th. Lessing, *Das Recht auf Stille. Das Antirüpelchen. Der Antirowdy. Monatsblätter zum Kampf gegen Lärm, Roheit und Unkultur im deutschen Wirtschafts-, Handels- und Verkehrsleben. Organ des deutschen Lärmschutzverbandes (›Antilärmverein‹)*, 1. Jg., Nr. 2 (Dezember), München 1908, 18.

162 F. Engels, *Briefentwurf* (an P. Ernst), in: Marx/Engels, *Werke*, Bd. 37, Berlin-DDR 1967, 413.

163 F. Engels an K. Marx, *Brief* v. 27. 4. 1867, in: Marx/Engels, *Werke*, Bd. 31, Berlin-DDR 1965, 293.

164 J. Scherr, *Ein Dichter des Weltleids (Lenau)*, in: ders., *Hammerschläge und Historien*, Bd. 2, 3., verbesserte und stark vermehrte Auflage, Zürich 1878, 165–167.

165 Th. Lessing, *Dämonen*, Berlin 1929, 101 f.

166 J. Scherr, *1848. Ein weltgeschichtliches Drama*, 2., verbesserte und vermehrte Auflage, Leipzig 1875, 7. Dazu J. Roth, *Feuilleton*, in: *Berliner Börsen-Courier* v. 24. 7. 1921: *Ich könnte jetzt wunderbare, bunte Seifenblasen schreiben; wahre Regenbogenblasen. Aber nur die Frauen und Kinder Gebliebenen würden sich dran freuen. Die Männer dagegen behaupten, sich lediglich mit ewigen Dingen zu beschäftigen.* Und dann G. Weerth, *Proklamation an die Frauen*, in: *Neue Rheinische Zeitung* v. 19. 5. 1849: *Seit dem 1. Juni 1848, wo die »Neue Rheinische Zeitung« wie ein fremder Wunderstern drohend und prächtig über Ländern und Meeren heraufstieg und wo das Feuilleton wie ein humoristischer Kometenschweif hinterdrein flackerte, hat dieser Kometenschweif so unbeschreiblich viel geleistet, daß meine freundlichen Leserinnen weinend ihre holden Gesichter verhüllen werden, wenn sie die schreckliche Kunde vernehmen, daß auch dieser Kometenschweif in der augenblicklichen Götterdämmerung der »Neuen Rheinischen Zeitung« dem Auge profaner Sterblicher entrückt wird, um vielleicht erst später wieder den Himmel mit seinem lustigen Zickzack zu durchschießen.*

I.

»Wahr und glaubwürdig an dieser Komödie der Geschichte ist nichts als die Not, das Leiden und der Schmerz!«

Politische Essays (1925–1933)

Leben auf dem Schiff

Lloyd Triestino ... Kairo ... Beyruth ... Limasol ... Famagusta ... Adalia und Rhodos. Wenn ich diese Worte heimlich vor mich hinsinge, dann erwacht die alte Sehnsucht. Ich liege wieder auf der Pritsche meiner Koje. Zarte Wanderwolken segeln ferne am Horizont. Weiße Möwenbrüste blitzen wie Lichtfunken in der Flut. Neugierige Fische spiegeln ihre Köpfe im Glase des Bullauges. Und ich träume, ich müsse mich durchfressen durch das Gebirge von Kaviar und Hummer, durch die Speisekarte unseres Schiffes »Heluan«.

Zwei Geräusche bringen uns Träumern die Musik der Ewigkeit. Das Waldesrauschen und das Meeresrauschen. Einen Sommer lang liegen unter den Tannen des Harzes, unter den Buchen Thüringens und immer lauschen, was der Wind in den Wipfeln harft, das ist schön! Aber schöner doch, während im Harz und in Thüringen die weißen Schneeflocken stieben, auf der »Heluan« das Wellenplätschern im Südmeere hören. Tag und Nacht das weise Rauschen der Wellen.

Ein deutscher Dichter hat gesagt, die besten Laute der Erde seien der Sichelklang und der Glockenklang. Und darin liegt große Wahrheit für das Menschenherz. Denn das sind die Klänge unserer irdischen Arbeit und unserer überirdischen Hoffnung. Das Lied unseres Festtages und unseres Alltags. Alle Sorge und aller Aufschwung ist darin. Aber umfassender doch als die Musik aus Menschenherzen sind die Urgeräusche der Natur. Wald hat gerauscht, lange bevor die primitive Weidenflöte eines Halbtiers von Seligkeit und Schmerz des Menschseins ertönte. Und Meer wird rauschen, wenn längst aller Prunk ungeheurer Menschenstädte versunken ist gleich Sodom oder Vineta. Wenn aber Waldesbrausen und Meerrauschen die Seele füllen, dann bist du in der Ewigkeit, daraus wir für einen Sonnenblick hervortauchen und morgen wieder verschwanden. Allen Schlummerlosen sei es ans Herz gelegt: Gesunde am Rauschen des Meeres.

Nachts auf dem Schiffsdeck liegen, Sterne und immer wieder Sterne über dem Haupt, im Ohr das rhythmische Gewoge, vor den Augen die blauschwarz-purpurne Unermeßlichkeit der immer bewegten Flut und in den Lungen die reine frische Luft, frei von den Ekeldünsten und Kohlengiften der Städte – das erzeugt eine leichte Heiterkeit wie Wein und das Rauschen wird in dir zum Rausch. Du bist losgelöst von der Schwere und begreifst die Lüge der Welt, die Lüge, daß der Mensch der nüchterne, in den Kerkern des Wollens gefangen, jemals richtig sehen könne. Nein! Nicht der Nüchterne sieht die Wahrheit, sondern der Berauschte, und nur wer getrunken hat, weiß das Rechte. Da wird alles so wohlwollend und so gleichgültig, alles zum Bilde, und der Dampfer, auf dem du um die Erde fährst, ist selber das Symbol der Erde.

Auf unermeßlichem Element treibt die Erde ein paar vergönnte Reisewochen von Hafen zu Hafen. Alles auf dem Kosmos unseres Schiffes hat Sinn, aber das Element, das unser Schiff trägt, ist unberechenbar sinnlos. Wir wären verloren, wenn wir in diesem Abgrund, daraus das Leben bricht, treiben müßten, ohne Kompaß und Maschine. Der Seefahrer also hat einen Wohnleib geschaffen, darin er einige Zeit zu dauern vermag. Wir haben uns einem schwimmenden Palast eingebaut und in ihm alle Herrlichkeit aufgespeichert, die der Geist zu schaffen vermag. So hausen wir, bis Sturm das Element aufbäumt und die Welt verschlingt. Unser Schiff ist Welt und alle Ordnung der Welt läßt sich am Schiff studieren.

Im Dreitakt besteht unser Leben. Drei Tageszeiten, drei Schiffs-Etagen, drei Menschenklassen. Ich nenne sie mit derben Worten: diejenige, die bezahlen kann, diejenige, die eben noch bezahlen kann, diejenige, die nicht bezahlen kann. Götter, Bürger und Lumpe.

Die Götter wandeln droben auf dem Sonnendeck herrlich und in Freuden. Die sind die Passagiere I. Klasse und sie haben nur die eine Sorge, daß die vielen guten Mahlzeiten und das Wohlleben nicht ihrer Gesundheit schade. Sie sitzen bei Asti Spumante um den Schiffsdoktor. Und der Doktor, ein Philosoph, beginnt zu fabeln.

»Damen und Herren! Dreierlei erhebt die Schiffe des Lloyd zu Paradiesen. Die Reinlichkeit, die Bedienung, die Küche. Die Reinlichkeit bei uns ist so vollkommen, daß Ihr Euren Braten und Fisch so gut von den Bohlen der Kajüte essen könntet wie vom Mahagoni im Speisesaal. Denn der Seemann wäscht und putzt sein Schiff; es ist seine Braut. Zweitens aber: Bedienung muß heiter sein. Selbst bei Seekrankheit lacht alles und glaubt an die Religion der guten Laune. Drittens die Küche. Man nennt in der Welt die Namen der Kapitäne, das ist falsch. Man sollte die Marine nach den Namen der Köche nennen. Nicht Kapitän, nicht Ingenieur, der Koch ist der erste Mann auf dem Schiffe. Verewigen wir den Namen Beppo Serpetti, er hat dieses Diner bereitet.« So fabelt der Doktor, indes in der zweiten Klasse der Herr Obermaschinist folgende Rede schwingt: »Männer und Frauen, auch die zweite Klasse hat ihre Reize, es ist die Welt des anständigen Mittelstandes, der immerhin noch zahlen kann. Er schnabuliert im wesentlichen ebenso wie diejenigen, die schlechthin zahlen können. Nur trinken wir Bier statt Asti Spumante, die russischen Eier sind nicht garniert mit Kaviar und es gibt zu oft Makkaroni. Dennoch ist das Reisen zweiter Klasse gesünder. Die Gefahren des guten Lebens sind groß, und so mancher wackere Kapitän, der hundert Seestürmen trotzte, erlag unsern guten hors d'œuvre und manchen hat nicht Poseidon, wohl aber der Plumpudding vorzeitig gefällt.« So faselt der Obermaschinist, indes aus dem Schiffsbauch, wo die Verworfenen wohnen, die nicht zahlen können, Gesang erschallt. Und indessen der Kümmelbuddel kreist, hält der Kohlentrimmer folgende Rede: »Genossen und Genossinnen, man sieht uns oben nicht gern, denn wir sind die wahre Triebkraft des Staates und wenn wir nicht mehr wollen, versinkt die sogenannte Weltgeschichte. Ja, es ist wunderlich, daß wir allein *Wir* sind. Droben gibt es nur Ich, aber kein Wir und die Gemeinschaft lockert sich, je feiner die Gesellschaft wird. In der zweiten Kajüte essen noch alle an einem länglichen Tisch, aber in der ersten sitzen je drei gesondert an einem runden. In der zweiten schlafen sie zu je dreien oder vieren, aber in der ersten will jeder seinen Verschlag allein haben. In der ersten Kajüte kommt es vor, daß die Leute eine ganze Woche im selben Raume sitzen, ohne sich auch nur zu grüßen. In der zweiten sagen sie sich wenigstens Guten Tag. In der dritten ist jeder hilfreich für jeden und die ärmsten suchen einander die Flöhe ab. Zuweilen setzt sich einer aus der ersten ans Klavier und spielt sein einsames Lied. In der zweiten sitzen sie abends ums Grammophon. Wir in der dritten aber singen jetzt gemeinsam: »Wacht auf, Verdammte dieser Erde.« So raisoniert der Kohlentrimmer. Ich will wahrhaftig nicht die Klassen unseres Schiffsstaats wider einander hetzen, aber eines muß ich doch anmerken. Es ist schlimm, daß nicht immer die richtigen Leute in der richtigen Klasse reisen. Es ist bitter, wenn die verfeinerte Seele im Zwischendeck reist und noch bitterer, daß in der ersten die innere Verfeinerung so wenig zur äußeren Feinheit paßt. Über die Unangemessenheit des schönen Komfort zu Öde, Leere und Langeweile der Herzen ließe sich wohl vieles sagen. Und welche Fülle von Erfahrung ergäbe sich, wenn man die verschiedenen Nationen betrachten wollte. Wenn drei Engländer auf dem Schiffe sind, wird das ganze Schiff englisch. Sie bleiben überall sie selber. Die Deutschen reden sich an mit Herr Doktor oder Herr Direktor. Die Franzosen wollen von Russen nichts wissen und die Russen nichts von den Amerikanern. So würden sich alle verprügeln, wenn nicht das Gong wäre und die drei Mahlzeiten und die drei Stockwerke, kurz die Ordnung. Unten in seiner Meergrotte sitzt der alte Nereus und schimpft: »Nußschale! Narrenhaus! Wenn es mir beliebt, dann puste ich, und den Doktor, den Maschinisten und den Kohlentrimmer fressen die Wale . . .« Sei gnädig, lieber Nereus. Gönne uns eine gute Überfahrt. Ich muß nach Schanghai, wo Fancy auf mich wartet.

[1931]

Das Leben von der Schauseite

»Alles ist schön zu sehn, aber schrecklich zu sein.« Dies Wort des Buddha verbirgt eine folgenschwere, bisher kaum noch gesehene Wahrheit. Es ist die folgende: Wenn es richtig ist, daß das Leben im Bilde erlösen kann von der Schrecklichkeit des wirklichen Erlebens oder vom Erleben schrecklicher Wirklichkeit, dann wird es auch richtig sein, daß im Menschen eine eigentümliche Tendenz liegt, das Belastende, Beschwerende, Verpflichtende zu entwirklichen, indem er es in bloßes Bild verwandelt. Das tut denn auch die Religion und nicht minder die Dichtung und die Kunst, vielleicht auch die Geschichte. Wir müssen uns zunächst klar machen, wie ein jedes

Gräßliche durch Umwandeln in ein Bild nicht nur entschwert, sondern schlechthin genußreich wird. Der Untergang von Ländern und Städten, Schlacht, Krieg, Hinrichtung, Brand, Sturm, Sterben, auf der Bühne gesehen, nur im Bilde vorgestellt, wird zum erhebenden Schauspiel. Ich will hier nun nicht aufwerfen die ganz gewiß des Nachgrübelns würdige und echt philosophische Frage: Wie es denn überhaupt geschehen könne, daß Martern und Qualen, die im normalen Erleben nur Flucht, Abscheu, Entsetzen, Widerwillen, Ekel und vielleicht Empörung erregen, plötzlich erfreulich, erhebend und erbaulich werden können, sobald ich sie »nur ästhetisch«, »nur im Bilde« wahrnehme; hier soll uns nur kümmern die ganz andere Tatsache, welche ausgedrückt liegt in folgendem Spruch:

Auf so manche Lust der Welt
Lernt der Mensch verzichten,
Was ihm bis zuletzt gefällt? –
Bilder und Geschichten!

Um die weitläufigen Folgen zu überschauen des Gesetzes, daß die Darstellung des Schrecklichen von der Schrecklichkeit *frei*macht, knüpfen wir am besten an ein allen geläufiges Ereignis. Ich wähle den Weltkrieg.

In allen Ländern hat man beobachtet, daß in den Jahren der Weltkriegsschrecken niemand von dieser Schrecklichkeit und ihren Problemen etwas lesen mochte. Die gesamte ungeheure Literatur über den Krieg, von einigen Bibliotheken planmäßig gesammelt, erwies sich schon im dritten Kriegsjahr als unverkäuflich und wurde ein Jahr nach dem Kriege vergessen. Dagegen liebte der Mensch im Kriege jede Art Idyllik. Die Konjunkturisten der Literatur, die Zeitgrößen, die »Repräsentativen« haben denn auch inmitten von Blut und Verkommenheit den Markt »mit Idyllik beliefert«, treu dem wohlbekannten Philistersatz: »Es ist das Leben ernst, darum soll die Kunst heiter sein.« Heute nun aber, ein Jahrzehnt nach dem Kriege, erschien plötzlich eine wenn auch nur kurz fortdauernde Konjunktur für Kriegsepik, Kriegsroman und Schlachtenbild, und Werke dieser Art, nicht besser, nicht schlechter als andere längst geschaffene (warum sollte Latzko schlechter sein als Remarque, Barbusse, schlechter als Renn?) haben ungeheuren Erfolg, hinter dem jenes Gesetz steht: das Bedrückende wird schließlich abgewälzt, indem es sich in bloße Bildlichkeit wandelt. Die ungeheure Angst, die der Mensch um 1300 in der Erwartung der Höllenstrafen empfand, wurde abgemildert, als Dante begann, aus der Hölle, die den Gläubigen eine sichere Wirklichkeit war, ein Bilderwerk zu machen. Die Philosophen sprechen heute sehr viel von der Verwirklichung, Einverleibung und Wirklichkeit der Träume, Bilder, Ideen ... darüber aber ist eine andere Untersuchung und entgegengesetzte Wahrheit vernachlässigt worden: die Untersuchung, ob nicht Bilder, Träume und Ideen wohltätige Entwirklichungen oder Entschwerungen des sonst allzu ernsten Lebens verbergen.

Welchen Sinn nämlich hat es, wenn wir Elend, Krieg, Revolution, wenn wir kaum noch nervenerträgliche Katastrophen täglich im Film, Theaterstück, Roman uns vor Augen stellen? Der Wohlgesinnte wird sagen, es handle sich um edle Tendenzen der Humanität; der Zweifler wird nicht verfehlen, von der Sensationsgier satter Kulturmenschen zu sprechen, deren abgestumpfte Sinne eben nur durch das Grellste und Gräßlichste zu weicheren Gefühlen aufgepeitscht werden können. Beide übersehen, daß gesetzmäßig der Mensch das ihn Verpflichtende und Belastende entwirkt, indem er daraus Literatur macht; ein langes Kapitel von der Schädlichkeit der heute als Dichter oder Künstler bezeichneten Menschenklasse. Man bringe einen unverdorbenen, naiven Menschen in einen der Filme oder Theaterstücke (etwa der Berliner Piscatorbühne), in denen stundenlang das revolutionäre Gefühl durch Schreckens- und Elendsbilder aufgereizt wird, ja in denen oft unmittelbar agitatorisch Umsturz und Empörung gefordert wird. Der noch unverdorbene, gesunde Mensch könnte gar nicht anders »reagieren« als in unmittelbarer Tat. Es wäre natürlich, wenn er eine Stätte des Luxus zertrümmerte, wenn er aufgepeitscht, entrüstet in die nächstbeste Schwelgerstätte eindränge, das nächstbeste Feinkostgeschäft plünderte. Der »Gebildete« aber reagiert nicht viel anders als der deutsche Reichskanzler Chlodwig Hohenlohe nach der Erstaufführung von Gerhart Hauptmanns Armenstück »Hannele« in seinem Tagebuch vermerkte: »Tief erschüttert begaben wir uns in das Restaurant Borchardt, um bei Sekt und Kaviar uns von den ekelhaften Bildern des Elends zu erholen.«

Und was denn nun sagt das Ergebnis dieser Betrachtung? Es wäre töricht zu glauben, daß durch Darstellungen von Krieg, Elend, Not, Verzweiflung das Menschenherz jemals erweicht und zur Weltbesserung erzogen werden kann. Wer die wirkliche Welt verändern will, der muß den Menschen ganz unmittelbar auf den Leib rücken. Er muß ganz unmittelbar Pflichten und Konflikte aussäen. Das bloße Bild dagegen wirkt verstumpfend, indem es zu den gefürchteten Gewalten der Wirklichkeit Distanz schafft, indem es diese »von der Seele abstellt«. Im besten Fall wirkt das Bild der Wirklichkeit wie jener Unglückliche auf den Bankherrn wirkt, der voll Mitleid aufschreit: »Werft mir den Schnorrer aus dem Hause, sein Anblick zerreißt mir das Herz.« Dieses Abstellen des Bedrükkenden von der Seele ist nun aber immer ein Herausheben aus Ort und Zeit. Es gibt eine erstaunliche Erfahrung: Wage öffentlich ein kühnes Wort, zeige die Fehler der Menschen, rechne ab mit den Machthabern, Du wirst augenblicklich umhüllt sein von einer Wolke aus Galle und Haß. Nun aber sage genau dasselbe etwa in der Form eines zeitkritischen Romans, eines scheinbar imaginären Bildes, einer unpersönlichen Betrachtung, so allgemein als möglich, und Du wirst das Entzücken und den Beifall entfesseln derselben Leute, die eine unmittelbare sachliche Rüge Dir nie vergeben hätten. Dieser Erfahrung entspricht der allgemeine Hang zu menschheitverachtender, pessimistischer oder sentimentaler Betrachtung, wie wir sie zumal an der Jugend finden. Kein Mensch ist ganz frei davon. Selbst die zweifelhafteste Gruppe gewinnt noch einiges Selbstgefühl aus dem Verachten oder Tadeln einer noch defekteren Form des Menschentums. Am willkommensten aber ist für jedermann die generelle Verwünschung der Zeit und die Verwerfung ihrer aktuellen Tageswirklichkeit, denn ein Weh, ganz allgemein und schicksalsgewollt, verpflichtet nie zu persönlicher Bewährung.
Ich muß mich begnügen mit diesen Andeutungen, die, in die Tiefe verfolgt, beweisen können, daß das Bild und Bilden nicht etwa wie die Dichter sich schmeicheln, Verwirklichung der Welt ist, sondern umgekehrt ihr Entwirklichen. Ein schützendes Entbinden von der Last des Irdischen. Eine Flucht in die Bildseite des Lebens. Daher empfehle ich denn zum Schlusse der Regierung, welche Revolutionen verhindern will, dem Volke die Freiheit zu geben, so viel

revolutionär zu reden und zu bilden, als es nur will. Pazifistische Romane sind ein ausgezeichnetes Mittel zur Kriegspropaganda. Kommunistische, bolschewistische Filme, Kongresse, Volkskrawalle sind sehr brauchbar, um die wirkliche Veränderung des Klassenstaates zu unterbinden. Man erzieht durch Bildung die Massen dazu, bloß theoretisch und bloß als Problem zu behandeln, was eigentlich viel zu tödlich und ernst ist, um in Worten diskutiert werden zu dürfen, ja was selbst zu heilig sein sollte für das Lied. Die Welt wird nie sich ändern, aber wird ganze Berge weltreformerische und seelenaufwiegelnder Literatur hinterlassen. Gerade diese Literatur aber sorgt ja dafür, daß die Welt so bleibt wie sie ist. [1929]

Die Illusionsfassade

Der neue Begriff: Illusionsfassade, welchen wir hiermit in die Umgangssprache einführen, ist längst notwendig geworden nach dem Sieg aller jener philosophischen Richtungen, die mit Worten wie Idealismus, Illusionismus, Als-Ob-Philosophie, Fiktionalismus usw. heute bezeichnet werden. Arthur Schopenhauer schrieb eine Abhandlung unter dem Titel: »Von dem, was Einer vorstellt.« In dieser Abhandlung setzte er auseinander, daß im Menschenleben wenig darauf ankomme, was man ist, viel aber auf die Meinung der anderen, für welche man »etwas bedeutet«. Schon bei Montaigne steht der nachdenkliche Satz: »Wer nicht das, was er ist, auch *darzustellen* vermöchte, der könnte niemanden überzeugen, daß er das ist, was er ist.« Es ist nun aber gar keine Frage, daß jenes natürliche Gemeinschaftsgefühl, welches wächst aus der unmittelbaren Einsfühlung jedes Wesens mit jedem anderen Wesen, in der nach Zwecken und Zielen künstlich zusammengefügten menschlichen Gesellschaft allmählich zerbrochen wird und einer ganz anderen Art von »Menschenkunde« weicht, welche nicht auf das Wesen, sondern auf die Wunsch- und Zielbilder der Menschen hinausgeht. Eine Ahnung dieses Tatbestandes, daß Menschen nur sehr wenig von einander wissen, dagegen sich beständig von einander Illusionen und Geschichtsfabeln bilden, liegt in dem Wort, das man besonders bei naiven und jugendlichen Menschen häufig hören kann: Das Leben sei ein Theater, eine Komödie, ein fortwährendes Schauspielen. Sehr gewichtige Denker, welche diese Macht der Illusionen erkannt haben, haben wohl gar den bedenklichen Gedanken geäußert, die Menschen könnten an der Wahrheit, oder besser gesagt, an einer vernüchternden Wirklichkeit einst zugrundgehen. In einer sehr scherzhaften und doch eigentlich ganz ernst gemeinten Form hat Oscar Wilde diesen Gedanken ausgeführt in einer Abhandlung, die den merkwürdigen Titel trägt: »Über den beklagenswerten Verfall der Lüge im täglichen Leben.« Man mag auch denken an die ja weitbekannt gewordenen Grübeleien Henrik Ibsens über die »Lebenslüge« und über den »Gyntianismus«, Grübeleien, die hinauskommen auf die Meinung: »Vielleicht muß der Mensch sich immer selber etwas vorschwindeln können, damit das Leben auch weiterhin amüsant und lebenswert ihm erscheine.« Ein deutscher Dichter, dessen sehr philiströse Welt zuweilen von den merkwürdigsten Tiefblicken durchblitzt wird, Wilhelm Raabe, hat zu diesem Thema das Folgende geäußert: »Es ist mir nicht möglich, Gott um etwas Bestimmtes zu bitten, aber wenn ich noch zu beten vermöchte, dann würde ich an jedem neuen Morgen beten: »Lieber Gott, gib mir auch für den heutigen Tag meine tägliche notwendige Portion Selbstbetrug.«

Ich möchte nun zunächst die Frage aufwerfen, ob nicht möglicherweise der ganze Tagesablauf des Durchschnittsmenschen angefüllt sein könnte mit fortwährenden Bemühungen um Selbstbelügungen und Selbsttäuschungen, indem jeder von den Dingen zumeist gerade nur das sieht, was er für seine Zwecke zu sehen nötig hat oder von ihnen zu sehen wünscht, so daß die Welt, welche der nicht nachgrübelnde Mensch für eine Welt seiner Erfahrungen und Erkenntnisse hält, vielleicht durchwegs nur aus seinen Bedürfnissen und Willenssüchten gewoben ist. Es gibt aber vielleicht nur ein einziges Gebiet, auf welchem der durchschnittliche Mensch den Charakter des Illusionismus klar durchschaut; das ist das Gebiet seiner erotischen Verzauberungen, seiner Verliebnisse. Die deutsche Sprache sagt sehr schön: »Er macht sich etwas aus ihr« oder: »Sie macht sich etwas aus ihm.« Mit dieser Wendung ist ganz klar gestellt, daß für die Liebe entscheidend ist nicht eine Wirklichkeit schlechthin, nicht diejenige Wirklichkeit etwa, welche ein jeder von sich selber hat und weiß, sondern, daß entscheidend ist die Wirklichkeit eines Bildes, desjenigen Bildes, das die eine Seele sich von der anderen selber bildet. Nun aber bedenke man einmal, wieviel denn eigentlich der eine Mensch vom anderen in der Regel zu verstehen und zu begreifen vermag und vollends, wieviel wohl ein gewöhnlicher und durchschnittlicher Charakter erfahren kann von schwer zu verstehenden, seltenen und außergewöhnlichen Naturen. Was weiß denn der Eine vom Anderen? Daß du blonde oder schwarze Haare hast, daß du einen Bart trägst oder keinen Bart trägst, daß du groß von Wuchs bist oder klein von Wuchs, nach solchen Merkmalen, wie sie unmittelbar in die stumpfen und dumpfen Sinne fallen, bauen sich die Seelen ihr Weltbild; und so wird man immer wieder erfahren, daß dieses Weltbild gar keine andere Wirklichkeit hat als eine physiologische Wirklichkeit, das heißt, daß es nur die Bedürfnisse, die Vorurteile, Wünsche, Sehnsüchte, Absichten, Phantasieeinstellungen verrät dessen, der sich dieses Weltbild zurechtgemacht. Von solchen Männern, die eine große Rolle auf dem Welttheater spielten (sie waren fast immer Weltverächter), wie von solchen Männern, die von Frauen vergöttert und umschwärmt wurden, (sie waren fast immer Frauenverächter), haben wir denn auch stets das Bekenntnis gehört, daß über ihr Los nicht entschied ihre naive natürliche Wirklichkeit, sondern ein Bild, welches andere sich in ihrer Seele aufbauten und wozu die Urheber des Bildes gleichsam nur Fassade standen. Diese Fähigkeit nun, die Phantasie der Massen in Gang zu bringen, dadurch, daß sie Gelegenheit hat, aus bestimmten Personen »sich etwas zu machen«, bezeichne ich mit dem Wort »Illusionsfassade« und glaube, daß eine neue Wissenschaft möglich ist (man könnte sie Idolforschung nennen), welche sich beschäftigt mit der Untersuchung der Wünsche und Interessen, aus denen der Mensch vermeintliche Wahrnehmungen macht und vermeintliche Urteile bildet. Diese Wissenschaft würde sich eingliedern den Forschungen, die ich in »Geschichte als Sinngebung« niederzulegen versucht habe, womit dann nicht nur die sogenannte Weltgeschichte, sondern z. B. auch die Selbstbiographie als eine Kette unbewußter Fabeln und Illusionen sich erweisen dürfte.

An dieser Stelle sei nur noch bemerkt, daß als weitaus die besten Illusionsfassaden sich solche Typen erweisen, die schon von Berufs wegen fortwährend Illusionen zu produzieren haben. Es ist ja die dauernde Erfahrung des Menschenkenners, daß er sich davor hüten muß, diejenigen Geschöpfe, die die Gesellschaft in Atem halten und ihre sogenannte Kultur produzieren, aus allzu naher Nähe kennen zu lernen. Die wundervollsten Bühnensterne, für welche die Glut ganzer Völker brennt, erscheinen wohl dem Nüchternen, der kühlen Herzens sie aus nächster Nähe kennt, wie schön geformte leere Gefäße, in welche die Flamme fremder Seelen den Inhalt gießen muß, und was sind vergötterte Cäsaren und Helden für die Formeln des Psychiaters, was ist die schöne Helena in der Sprechstunde des Gynäkologen? Der Leutnant, der in seiner Galauniform mit vielen Orden an der Brust die Frauenherzen höher schlagen ließ, wird als sehr gewöhnlicher Sterblicher erscheinen, wenn er in abgetragener Kleidung erscheint mit dem Musterkoffer oder als Agent der Lebensversicherung; der Operettentenor, den die Stadt auf Händen trägt, ist, wenn die Rampenlichter erloschen sind, ein ganz gleichgültiger und banaler Mensch mit Gedanken und Begierden wie alle anderen auch, und die berühmte Filmschauspielerin, ihrer Kleider und Machtmittel beraubt, fände vielleicht nirgends eine Unterkunft; ja, eine einzige Verletzung in ihrem Gesicht könnte ihre ganze Existenz zerrütten; so gilt denn eigentlich jeder, dank jener Suggestion, die Napoleon Prestige nannte, dank einem Piedestale und dank der Möglichkeit, in die Phantasie breiter Massen ein Bild zu werfen, von dem durchaus nicht gewiß ist, ob es »Abbild der Wirklichkeit« oder eine Fatamorgana ist, die aus den Wünschen und Bedürfnissen der Menge steigt, für welche der Geliebte wie der Gehaßte eben nur die Illusionsfassade bildet. Wer aber sich nicht selber belügen mag, wer nicht von sich selber nur ein Bild spielen und sich vormachen will, wer sein Wesen, seinen Kern haben und halten möchte, dem muß Vater und Mutter, Lehrer und Freund immer wieder sagen: »Die Welt will betrogen sein. Sie beurteilt dich nie nach deiner Seele, sondern nach dem Phantasiebilde, das von dir ausströmt. Dein ganzes Leben in der Welt ist zuletzt frommer Betrug. Wer sich gut verpanzert, der gilt in der Welt. Wer sich offenbart, der wird bald verlassen. Unverlierbar blüht dir nur, was du in stiller Einsamkeit an dir selber hast und hältst. Dessen erfreue dich so lange du lebst und pfeife auf Weltgeschichte, auf ihren Erfolg und Ruhm und auf alle Urteile der öffentlichen Meinung.« [1927]

Hindenburg

Wenn man in das gute väterliche Antlitz des alten Hindenburg blickt, so fällt zunächst auf: die fast furchtbare Schwere dieses Antlitzes. Henrik Ibsen gebraucht von solchen Menschen, die nicht loskommen können von der Begrenzung ihres Selbst, die Formel: »Sie sind eingespunden im Fasse des Ich«. Solch ein Eingespundener, die schwere Masse der Erde, der gewiß nichts ferner liegt als alles leichte Spielen und Tänzertum, solch ein Ernster und Gediegener ist der alte Hindenburg. Ich kenne dies Antlitz und kenne sein Leben seit früher Jugend. Ich habe es oft mit Lächeln, oft mit Ehrfurcht, immer mit Rührung betrachtet. Bismarck hat von sich selber das schöne Wort gebraucht: »Ich bin mit vollem Bewußtsein auf einer gewissen Stufe der Entwicklung stehen geblieben«. Das hatte Hindenburg nicht nötig. Die Natur hat ihn so einfach, so gradlinig und selbstverständlich gewollt, daß es überhaupt nichts zu entwickeln gab; nur die unbedenkliche Entfaltung eingeborener Vorurteile. Deutscher, Preuße, Christ, Monarchist, Soldat, Kamerad, zugehörig nach Lebensschnitt und Gesichtskreis der sauberen und gehaltenen Menschenschicht, die im »Kleinen Gotha« und in der »Rangliste« ihre Normen hat, das war alles so zweifelsohne und selbstverständlich, daß Menschen, die anders fühlen, eben anmuten wie ein Chinese oder wie ein Anbeter des Buddha. Das mag es geben; aber: »es gehört doch nicht mit dazu«. Und wenn er »Wir« sagt und »Wir Deutsche«, dann setzt er treu und warmherzig gesinnt voraus: im normalen Falle müßten alle richtiggehenden Menschen eben auch so sein wie die im Gotha und die in der Rangliste. – Wenn man gewöhnt ist, die ungeheuere Allseitigkeit und irre Buntheit des Lebens mit der Kraft wissenden Geistes zu bewältigen, dann blickt man mit der Rührung und dem Lächeln, mit dem man auf die Blume und den Vogel blickt, auch auf eine Mannesgestalt, die mit der ganzen Schönheit der Unwissenden durch Meere von Blut, durch Ströme von Galle, über Berge von Hindernissen kinderleicht hinwegschreitet von ungeheueren Verantwortungen bedrückt, und doch im Kerne unverantwortlich, weil sie nicht einmal imstande, das Recht der anderen Seite und die Doppelnatur alles Lebendigen auch nur zu sehen. Welcher Mensch eignete sich besser zum Fetisch, zur Statue, zum Symbol? Als Hannover noch Königreich war und der König immer in England weilte, da hat man statt seiner in der Hofburg den leeren Thronstuhl aufgestellt, und mehrere Menschenalter lang hat der welfische Adel an jedem Sonntag vor dem leeren Thronstuhl seine Reverenz und sein Defilé gemacht. Und man hatte damals nicht einmal eine symbolische Puppe ...

Obwohl ich die Gestalt des Helden, der mehr Menschen um der »Ideale« willen in den Tod schicken konnte als Alexander, Cäsar und Attila, obwohl ich das gute, schwere, demütig treue Antlitz, dank vielerlei zufälliger Verknüpfung aus naher Nähe seit früher Jugend kenne, so habe ich doch die volle Einfalt und Heiligkeit dieser geschichtlichen Person erst später begreifen gelernt. Es war an einem Jahrestage der Schlacht von Tannenberg. Ich war aushilfsweise an einem Gymnasium der Stadt als Lehrer tätig, und die Schulen sollten »Deutschland über alles!« singend, an Hindenburgs von der Stadt geschenktem Hause vorüberziehen. Die vielen Hunderte von hellbegeisterten Kindern gingen unter Führung der Lehrer froh jubelnd an dem alten Mann vorüber; der stand schwer und ernst auf der Vortreppe seines Hauses; wir hatten das Glück, gerade unmittelbar vor ihm zu stehen, als er die Hand hob und seine herzenswarme Ansprache an die Jugend begann. Ich möchte diesen Augenblick wohl noch einmal erleben; diese Mischung der Gefühle, Komik und Ergriffenheit, vollkommene Vereinsamung und Einssein mit allen Kindern; herzliches Lachen des Übermutes und geheiligte Demut; vor allem aber mein Erstaunen, denn diesen Grad von Kindlichkeit hatte ich doch nicht für möglich gehalten. Hindenburg (wir standen Auge in Auge) sagte voller tiefsten Ernstes:

»Deutschland liegt tief danieder. Die herrlichen Zeiten des Kaisers und seiner Helden sind dahin. Aber die Kinder, die hier »Deutschland über alles« singen, diese Kinder werden das alte Reich erneuern. Sie werden das Furchtbare, die Revolution, überwinden. Sie werden wiederkommen sehen die herrliche Zeit der großen siegreichen Kriege. Und Sie, meine Herren Lehrer, Sie haben die schöne Aufgabe, in diesem Sinne die Jugend zu erziehen.« (Die Bengels stupften mich und feixten.) »Und Ihr, meine lieben Primaner, werdet siegreich, wie die Väter waren, in Paris einziehen. Ich werde es nicht mehr erleben. Ich werde dann bei Gott sein. Aber vom Himmel werde ich auf Euch niederblicken und werde mich an Euren Taten freuen und Euch segnen.«
Dies alles in tiefstem, heiligstem Ernste! Man fühlte: dieser alte Mann glaubt Wort für Wort alles, was er da sagt: da ist kein unlauterer Klang. Das glaubt er allen Ernstes: nach dem Tode kommt er zu Gott; sitzt auf einer Wolke; betrachtet sich von bevorzugtem Sitze aus Deutschland und segnet meine siegreichen Jungen. Der keckste von ihnen zeichnete nach diesem »Historischen Erlebnis« ein Bild: Hindenburg als Engel auf der Wolke schwebend und unsere Prima segnend. Es wäre leicht gewesen, solchen Spott zu stärken; aber (und dies ist merkwürdig) es war keiner unter uns, der ihn nicht beleidigt verwarf. Wir fühlten, es ist nicht ritterlich, es ist gemein, dort mit Waffen des Geistes zu kämpfen, wo überhaupt gar keine Macht und Möglichkeit gegeben ist, mit ähnlichen Waffen zu erwidern. Aber selbst im altpreußischen Adel und in jenem Junkertum, dessen geistige Ansprüche vollauf gedeckt sind durch »wochentags die Kreuzzeitung und sonntags eine gute Predigt bei Herrn Pastor«, selbst in jenem ganz von Traditionen und Außenschliff lebenden Beamtenklüngel, der aus den feudalen Korps der Universitäten oder aus den für standesgemäß geltenden bevorzugten Regimentern seinen geistigen Nachwuchs bezieht, dürfte die gleiche Geistesferne und Geistesfremde doch wohl nicht häufig sein. Als Hindenburg als Kommandör in Oldenburg stand, hielt der Freund meiner Jugend, Wilhelm Jordan, einer der besten und größten Männer Deutschlands, dort in der »Literarischen Gesellschaft« eine Rhapsodie aus den Nibelungen. Hindenburg wurde gebeten, diesen Abend zu »protegieren«. Er

antwortete mit einem Brief, in welchem es heißt: er habe als Militär leider nicht Zeit gefunden, sich mit Literatur zu beschäftigen, und könne daher die Nützlichkeit und den Wert des Abends nicht beurteilen. Es gehört doch immerhin ein gut Stück Barbarei dazu, um als Deutscher die Bedeutung des Nibelungenliedes nicht zu kennen; aber es bezeugt eine seltene Klarheit und Ehrlichkeit, daß ein braver Soldat das eingesteht. Aber wenn man die Anzahl der Bücher, die er in seinem Leben gelesen hat, gewiß zählen kann, er hat eine Beziehung zu den bildenden Künsten, die merkwürdig ist, er sammelt Madonnenbilder; es kommt nicht etwa darauf an, von wem sie sind, es kommt nicht darauf an, woher sie sind. Er sammelt sie, wie andere Briefmarken sammeln, und keineswegs etwa aus religiösem Triebe: ein Zimmer seiner Villa ist dazu bestimmt, nur Madonnenbilder aufzunehmen. Diese Erscheinung bietet dem Menschenbetrachter alle die Freude, die das eng in seiner Grenze beschlossene und seine Grenze naiv bejahende, unbekümmert sich selbst erfüllende Leben gibt. Klare, wahre, redliche und verläßliche Natur, ohne Problematik und Falschheit. So zeigt sich auch dieser Mann im Spiegel seiner Lebenserinnerungen. Aber man soll sich dennoch sehr hüten, zu urteilen: das ist ein ganzer und voller Mensch. Ich will nicht sprechen von der Unmenschlichkeit und dem warmherzigen Egoistentum dieser naiven Selbstgerechtigkeit. Von dem Augenblick, wo dieser unpolitischste aller Menschen zu einer politischen Rolle mißbraucht wird, wird ein Anderes entscheidend: dieser Mann ist durch und durch Mann des Dienstes. Hier sind noch nicht einmal die Ansätze zu einer selbst entscheidenden und grübelnden und wägenden Persönlichkeit. Hier wird immer die Instruktion, die Überlieferung, der Consensus, das »Man muß doch«, »Man darf doch nicht« das allein Wesentliche sein. Ein guter »treuer Bernhardiner« ist der »getreue Eckart«, der »brave Hort und Schirm« doch nur gerade so lange, als ein kluger Mensch da ist, der ihn in seine Dienste spannt und apportieren lehrt; in Freiheit würde aus ihm ein führungsloser Wolf. Eine Natur wie Hindenburg wird bis zum Tode fragen: Wo kann ich dienen? Es ist gewiß ergreifend und rührend, daß während des Weltkrieges eine der übelsten und bösesten Naturen der Weltgeschichte gerade diese einfältigste und treugläubigste seinem Ehrgeiz und seinem Machtwillen dienstbar machte, gedeckt von der Flagge der nationalen Ideale. Aber da zeigt sich auch die Gefahr! Nach Plato sollen die Philosophen Führer der Völker sein. Ein Philosoph würde mit Hindenburg nun eben nicht den Thronstuhl besteigen. Nur ein repräsentatives Symbol, ein Fragezeichen, ein Zero. Man kann sagen: »Besser ein Zero als ein Nero«. Leider zeigt die Geschichte, daß hinter einem Zero immer ein künftiger Nero verborgen steht.

[1925]

Fancys Symbole

»Kaffer«, sagte Fancy (meine Geliebte). »Der Lenz ist da. Es wird hohe Zeit, daß man dich freimacht von all deiner Kultur, Literatur, Makulatur. Auf, reise mit mir an den Rhein und lies nur noch in den Sternen oder in den Augen der Blumen.« »Juchhe«, sagte ich, und wir fuhren los ... Als wir ankamen am Rhein, da war gerade Befreiungsfeier: die Engländer hatten das alte Köln verlassen. Auf allen Giebeln, aus tausend Fenstern flatterten Fahnen: schwarz-weiß-rote; schwarz-rot-goldene; schwarz-weiße; rot-weiße; blau-weiße. »Welches ist denn nun eigentlich die richtige?« fragte ich; aber Fancy meinte: »Die Buntheit macht den Reiz ...« Der alte Herr, der mit uns im Abteil fuhr, offenbar ein Kommerzrat, war patriotisch begeistert. Er sagte: »Es ist ein großer weltgeschichtlicher Augenblick, ein Markstein. Der Reichspräsident wird erwartet; auf dem Domplatz wird er eine Rede halten.« Ich sagte: »Da zieht es immer so, und immer werden gerade da die Reden gehalten.« Der alte Herr sagte sinnend: »O mein Herr, Sie glauben nicht, was wir, Geschäftsleute, für Verluste haben durch den Abzug der Engländer; denn das muß man den Engländern lassen: sie haben Geld in die Stadt gebracht; es war eine schöne Zeit; aber nun sind wir ja befreit.« Und er setzte nach einer Weile hinzu: »Gott sei dank«, und bemühte sich, mit dem rechten Auge zu lachen, während sein linkes weinte. Als wir auf dem Domplatz standen unter tausendköpfiger Menge, da erklärte Fancy: »Ich sehe doch nichts lieber als Einzüge von Königen oder Präsidenten oder Schahs. Ich stelle mich auf den Asphalt hin und rufe immer »Hurra!« wenn die *anderen* rufen. »Gott«, sagte ich, »Kind, hier zieht es, und was hast du davon?« Aber es half mir nichts, drei Stunden mußte ich im Spalier stehen, und als dann endlich der Wagen vorüberfuhr mit dem Reichspräsidenten, da sah ich nichts als eine starre Masse in einer Uniform; aber Fancy benahm sich bacchantisch, schrie »Hurra!« und sagte dann, nun habe sie Hunger und wir müßten in die Konditorei gehen. Während sie Schokolade trank, belehrte sie mich: »Siehst du, das ist die Weltgeschichte, dir mangelt das Verständnis, du hast keinen Sinn für *Symbole*.« »Wie denn?« fragte ich dumm, »Symbole?« Sie öffnete träumerisch die blauen Märchenaugen und hauchte: »Ihr seid ja alle nur Symbole. Aber du hast kein Talent dazu; darum wirst du es zu nichts bringen.« Ich wurde ärgerlich und fauchte: »Ich bin ein Mensch, wenns beliebt, aber kein ›Symbol‹.« »Reg' dich nicht auf«, erwiderte Fancy, »ich will dir ein Geheimnis anvertrauen, was du eben gesehen hast, war ein Symbol aus Papas Repräsentantenfabrik.« »Was hat dein Vater für eine Fabrik?« schrie ich entsetzt. »Mein Papa hat eine Repräsentantenfabrik. Das sind symbolische Ersatzfiguren. Meinst du denn die Oberhäupter der Staaten könnten sonst an zehn Orten zugleich sein? Heute eine Beerdigung, morgen eine Befreiungsrede, übermorgen die Einweihung eines Museums und immer Vaterland steh'n, das hält keiner aus. Darum: unser wirklicher Reichspräsident liegt in dieser Minute in Berlin im Bett und pennt, was du geseh'n hast, war Modell aus Papas Repräsentantenfabrik. Jedes Volk hat andere Figuren nötig; die deutschen tragen eine Uniform und müssen massiv gearbeitet werden aus Gußeisen; die italienischen zappeln, machen immer dicke Töne und haben ein großes Mundwerk; die englischen verkneifen die Lippen, rechnen und haben zugeknöpfte Röcke aus feinem Tuch; die französischen finde ich etwas leicht und windig, aber ...« »Fancy«, unterbrach ich sie streng, »du blasphemierst; du vergreifst dich an heiligen Gütern. Wenn *ich* dergleichen sagen wollte, dann schlügen die Studenten mir die Fenster ein, aber *du* natürlich darfst alles wagen, weil du ein hübsches Satansfrätzchen hast und dies Goldhaar und die Märchenaugen ...« »Werde nüchtern, meine Junge«, sagte sie,

»es ist genau so wie ich dir sage, unsere Repräsentantenfabrik liefert die Symbole mit Druckknöpfen. Aber freilich, um immer auf den richtigen Knopf zu drücken, dazu müssen die Minister und die Staatssekretäre lange lernen. Aber wozu gibt es Chauffeurschulen?« – »Wieso, Fancy? Was faselst du?« ... »Mein Junge, wenn man links unten drückt, dann tönen aus dem Munde die warmen vaterländischen Worte: »Heimatsscholle; Alle für Einen; Heldenbrust«; drückt man rechts oben, dann spricht die Symbolfigur international: »Die heiligsten Güter Paneuropas; Fortschritt: Menschheit: Kulturentwicklung.« Drückst du gegen die Leber, so wird die Symbolfigur sentimentalisch: »Tieferschüttert; unauslöschliches Angedenken; Beileid aus tiefstem Herzen.« »Drückst du den Magen, dann hält die Symbolfigur eine Tafelrede; drückst du am Gehirn, so weiht sie Universitäten ein; kurz; unsere Fabrik liefert jedes gewünschte Symbol in tadelloser Ausführung nach lebendem Modell. Aber natürlich nicht jeder eignet sich zum Symbolmodell. Du, zum Beispiel, könntest nicht einmal eine Irrenanstalt oder Professorenkollegium richtig repräsentieren.« – »Warum?« schrie ich beleidigt, »ich sehe nicht ein, warum ich nicht gerade so gut Symbol bin, wie andere Leute auch«. Fancy lächelte überlegen. »Für Deutschland bist du jedenfalls total unbrauchbar.« – »Warum, wieso?« – »Erstens mal«, sagte Fancy, »eine richtige Symbolfigur muß dick sein, zwei Meter groß und Wulste im Nacken haben. Zweitens: sie soll nicht klüger sein, als der Durchschnitt der anderen, sonst erregt sie bald Mißtrauen und erweckt Unbehagen. Drittens: sie muß eine gute Illusionsfassade haben, nicht grübeln, nicht philosophieren, sondern feste dasitzen und Vaterland darstellen. Mensch, liest du denn nie den Inseratenteil der Zeitungen? Was sucht denn jede Firma, jeder Badeort, jede Behörde, jeder Verein? »Einen ›repräsentationsfähigen Herrn‹, also einen, der nicht das ist, was er ist, sondern das darstellt, was er darstellen *soll.*« – »Ja freilich«, sagte ich ironisch, »dann müßte jede Partei, wenn sie zur Regierung kommt, wohl einen geeigneten Repräsentanten züchten: dick, nicht philosophierend und feste dasitzend.« »So ist es auch«, erwiderte Fancy ernst. »Wenn morgen die Kommunisten zur Herrschaft kommen, dann werden sie eklig reinfallen, denn die meisten sind zu klug und zu ausgehungert. Sie sollten sich auf Vorrat einen Repräsentanten züchten, der historisch *möglich* ist. *Jede* Partei sollte seine Symbolfigur züchten; man wählt dazu immer den Harmlosesten, weil er die andern am wenigsten stört. So war es auch schon bei den Päpsten.« »Meine liebe Fancy«, sagte ich ironisch, »das ist ja eine ganz neue Psychologie der soziologischen Funktionen.« Sie sagte: »Papperlapapp; immer wo du gar nichts davon verstehst, da gebrauchst du ein Fremdwort. Na, überhaupt, es gibt schon längst keine richtigen Menschen mehr; es sind ja alle nur Symbole, beim Friseur und beim Schneider gemacht. Sie könnten zur Not auch durch Schulbücher oder durch Automaten ersetzt werden und ihre ausgestopften Kleider auf Reisen schicken. Es bliebe alles beim Alten. Darum hat Papa seine Repräsentantenfabrik und liefert jedes gewünschte Muster für alle Gelegenheiten.« . . . Wir bestiegen in Köln das Dampfschiff und fuhren den ganzen Tag den Rhein hinauf nach Mainz. Aber wehe, was hatte Fancy mir angetan. Bei der Abfahrt läuteten die Glocken, und die ganze Schiffsgesellschaft sang ein Marienlied, dann wurde eine Kanone abgeschossen und alles sang: »Deutschland über alles«; kamen wir an Weinbergen vorüber, so sangen sie: »Am Rhein, am Rhein, da wachsen unsere Reben«, unter der Loreley wurden alle lyrisch und sangen: »Ich weiß nicht, was soll das bedeuten«, und schließlich vor der Germania auf dem Niederwald: »Hurra, du edles, stolzes Weib.« Fancy sagte: »Du siehst, für jede Minute des Lebens hat die Menschheit ein passendes Symbol. Sie wissen, was sich schickt. Sie sind schon bei der Geburt bei einer Bank angelegt, und werden von der Bank aus gelebt. Man *wird* gelebt, man lebt nicht mehr. Dieses ganze Schiff hier ist ein Gespensterschiff. Sie sind *alle* längst tot; dies hier sind nur automatische Symbole. Dort siehst du Kreuze, dort Hakenkreuze; dort Talare, dort Stahlhelm, dort Schwarz-Rot-Gold, überall: ›Symbole‹. Und zögest du die eine Hälfte blau an und die andere rot, dann würden blau und rot sich kloppen, denn die Uniform, die Symbole, *machen* die Weltgeschichte. Es *gibt* gar keine Menschen. Aber du Trottel wirst es nie begreifen!« »Laß mich Fancy«, sagte ich, »die Sonne ist so schön, der Frühling kommt über die Berge, die Mandelbäumchen blüh'n, die Lerchen singen . . .« – »Sind auch nur noch Symbole«, sagte Fancy.

[1926]

Über einen Ausspruch von Doktor Goebbels

Ein Naturforscher aus der Goethezeit, Carl Gustav Carus, gibt in seinen »Denkwürdigkeiten« das folgende Beispiel für die Unentwirrbarkeit der menschlichen Erinnerung. Der Bildhauer Friedrich Tieck sollte in Dresden eine Auszeichnung empfangen und wurde zur königlichen Hoftafel eingeladen. Bei der Tafel wurde er dem Hofmarschall gegenübergesetzt, dem der König den Auftrag erteilt hatte, etwas den Künstler Ehrendes bei Tische vorzubringen. Dessen eingedenk, erhebt sich die alte Exzellenz während des Tafelns und trinkt seinem Gegenüber zu, mit den Worten »Prost Oranien!« Dieser versteht nicht den Sinn des Trinkspruchs, sondern merkt nur, daß es eine Ehrung sein sollte. Er beschließt, den Zusammenhang herauszubringen. Und es stellt sich folgendes heraus:

Der Hofmarschall hatte den Bildhauer Friedrich Tieck verwechselt mit seinem Vater, dem Bildhauer Friedrich Christian Tieck, weil dieser ebenfalls in Dresden wohnte. Diesen aber hatte er verwechselt mit seinem berühmteren Bruder, dem Dichter Ludwig Tieck, weil auch dieser einst seinen Wohnsitz in Dresden hatte. Diesen Ludwig Tieck aber verwechselte er mit einem noch älteren Dichter, welcher ebenfalls in Dresden gewohnt hatte, dem Dichter Ludwig Tiedge. Dieser Ludwig Tiedge aber hatte seinerzeit ein berühmtes Epos geschrieben, das in den Literaturgeschichten erwähnt wird. Dieses Epos hatte den Titel »Urania«. Diesen Titel hatte die alte Exzellenz nicht genau behalten, sondern verwechselte ihn mit dem Haus Oranien, welches Goethe im Egmont besungen hat. Aus dem Wunsche, etwas Bedeutungsreiches und zur Sache Gehöriges als Kunstmäzen von sich zu geben, formte sich ihm dann der Trinkspruch: »Prost Oranien!« . . .

Ein Gegenstück, wenn auch weniger freundlich, bildet der folgende Passus aus einer Rede, die der Führer der Nationalsozialisten, Herr Dr. Goebbels, in Leipzig hielt, als er sich wegen Beleidigung des Reichspräsidenten zu verteidigen hatte: »Der jüdische Geschichtsprofessor Lessing hat den Herrn Reichspräsidenten in ausländischen Blättern mit dem Massenmörder Haarmann verglichen, wofür ihn die nationale Studentenschaft züchtigte, aber das marxistische Ministerium mit einem Forschungsauftrag belohnte.« Gesetzt, ich wollte diesen Rattenkönig entwirren, wie könnte ich das? Erstens, ich bin nicht Geschichtsprofessor (er verwechselt mich entweder mit dem Kunsthistoriker Julius Lessing oder denkt wie der Bauer, bei dem ich diesen Sommer wohnte: als er hörte, ich sei »Schriftsteller«, sagte er mir, er habe mich schon in der Schule gehabt). Zweitens habe ich nie in ausländischen Blättern etwas geschrieben, sondern bin seit langen Jahren Mitarbeiter des »Prager Tagblatt«, einer deutschen Zeitung. Drittens habe ich nie den Herrn Reichspräsidenten beleidigt, sondern habe zur Zeit vor der Wahl des Reichspräsidenten vor der Kandidatur Hindenburgs gewarnt. Viertens habe ich niemals Hindenburg mit dem Massenmörder Haarmann verglichen, sondern erregte Ärgernis erstens durch jenen Warnaufsatz und zweitens durch Aufsätze gelegentlich des Haarmannprozesses, der mehr als ein Jahr zuvor stattfand. Fünftens bin ich nicht von der nationalen Studentenschaft gezüchtigt, sondern ein Häuflein grüner Jungen an einer technischen Hochschule entfesselte einen großen politischen Lärm gelegentlich jenes Aufsatzes, woraufhin das Kultusministerium ein Verfahren gegen mich einleitete, welches sechstens damit endete, daß ein mir zustehender Lehrauftrag umgewandelt wurde in einen Forschungsauftrag, und siebentes war das Ministerium nicht »marxistisch«, sondern lau demokratisch und schuf mir viel Bitteres . . .

Nun denke man folgendes: In der Kulturgeschichte, Religionsgeschichte, Doxographie beruhen zahlreiche Geschichtsbilder, etwa z. B. das Bild des Sokrates, einzig auf ein paar Sätzen, die von Zeitgenossen überliefert sind. Wer gibt Gewähr dafür, daß da nicht »Assoziationsknäuel« überliefert werden, gleich den obigen? Wenn nun alles, was von mir übrigbleibt, der Satz aus der Rede des Doktor Goebbels wäre, so wie vom Catilina nichts übrigblieb als die Rede des Cicero? Schrecklich! Und da bekämpft man noch die Skepsis meiner »Geschichte als Sinngebung des Sinnlosen«? [1930]

Die deutsche Studentenschaft um 1925

I.

Ein neues Weltbewußtsein hatte Weltkrieg und Revolution in die Jugend Europas gepflanzt. Blindlings war sie hineingetaumelt in das ungeheure Morden der Völker. Die begabtesten, hoffnungsvollsten, die Blüte jeder Nation, wurden zum Opfer. Diejenigen aber, die aus dem Massenirrsinn wieder heraus kamen, kamen als Gewandelte heraus. Es gab wohl nur ganz wenige, die im Herbst 1918 aus dem Kriege in der selben Stimmung heimkehrten, mit der sie, August 1914 fröhlich hinausgezogen waren. Viele Ideale waren zertrümmert, viele Illusionen begraben.

Nur die Vereinzelten, (immerdar zum Lose der Kassandra bestimmt), die von jeher als Weltbürger empfanden und für das *ganze* Menschengeschlecht sich verantwortlich wußten, brauchten nicht »umzulernen«. Sonst aber lernte alles um. Und zu keiner Zeit (»quod nemo in sese vellet descendere«) boten sich der Welt so viele Weltverbesserer, Lebensreformer, Menschheitsapostel dar. Und jeder fand seine Gemeinde. So entstand in Deutschland ein Chaos verzweifelter, unklarer, desorientierter Menschen. Gemeinschaftsbildungen mannigfacher Art, Urchristentum, Siedlungswesen, Naturapostolate, radikale Kulturfeindschaft und Europaangst ergriffen die Jugend, und dicht daneben Amerikanismus, Machtideologik, Taylor-Ideale und die Ideen unerhört fortschreitender Technik. Jeder Mystizismus des Herzens und jeder Radikalismus der Vernunft. Nirgendwo blühten Ruhe und Sicherheit. Man wunderte sich über nichts mehr. Nicht darüber, daß ein Hohenzollernprinz auf dem First seines Schlosses die rote Fahne der Spartakisten hißte, nicht darüber, daß verdiente Militärs von hohem Range sich öffentlich zum Pazifismus bekannten, daß Aristokraten ihrer alten Überlieferung entsagten und sich als Edelkommunisten oder Anarchisten entpuppten, und daß von der anderen Seite her ungefestigte und wenig durchgebildete Proletarierschichten, alle Sitze des Ranges und der Macht besetzend, ins *Bürgerliche* umschlugen und insgeheim von den alten Machthabern umgarnt wurden. Es war das Chaos! Und nur ein Genius, zugleich instinktgebunden und vollkommen frei, hätte dieses ins Chaos geratene Deutschland neugestalten können. Eine solche Persönlichkeit aber fehlte. Und wäre sie aus den Tiefen der Volkheit aufgetaucht (vielleicht barg das Proletariat solche Möglichkeiten) man hätte sie schnell um die Ecke gebracht. Denn ihr hätte ja die Autorität der Geburt, des Amtes und des Erfolges gefehlt, (das was Napoleon »prestige« nannte: die fantasiegeborene Persönlichkeitslegende). Statt eines solchen Genius boten sich der Nation eine Fülle advokatorischer und aktivistischer Intelligenzen. Zunächst aus der uralten Völkerreserve des Judentums. Denn hier war der alte Chiliastenwahn und die Ideologie des übervölkischen Vernunft- und Geisterreichs nie erloschen. Die radikaleren (Liebknecht, Luxemburg, Eisner, Landauer, Leviné) waren zum Scheitern vorbestimmt; nicht darum, weil die Volkheit den aus dem Judentum kommenden Führer nicht tragen kann (in Frankreich Gambetta, in Italien d'Annunzio, in England Baconsfield zeigten das Gegenteil), sondern einzig darum, weil dieser Radikalismus zu *abstrakt* kam und nicht praktisch, man möchte fast sagen nicht gemein genug dachte: der einzige, der die nötige praktische Klugheit hatte, Rathenau, wurde vorzeitig beseitigt. – Und seitdem begann der Rückschlag. Der russische Bolschewismus (für Deutschland in der Tat die beständige Lockung) gab den Vorwand zur Reaktion. Und diese (die Wahl des zweiten Reichspräsidenten war das Symbol) ist seither: Siegerin! . . .

II.

So also wäre die Signatur der Zeit. Wie spiegelte sie sich in der deutschen akademischen Jugend? Die letzten zehn Jahre brachten auch ihr zweifellos ein Chaos; aber dieser Wirrwarr der Lehren und Meinungen verbarg doch fruchtbare Keime. Die durch Weltkrieg und Revolution erzogene deutsche Jugend hatte Zweifeln und Zweifelsfragen kennen gelernt, sie war »problematisch« aber eben darum minder selbstgerecht und minder seelenroh geworden; sie stand dem Nachdenken offen; es zeigte sich daran, daß philosophische Bücher und Lehrmeister heftiger begehrt und umstritten wurden als je zuvor und daß man gerne nachgrübeln und das Erlebte philosophisch bewältigen wollte. Andererseits aber war diese nachdenklich und skeptisch gewordene Jugend nicht mehr ganz gesund; viele waren verwundet, verkrüppelt, hatten in den Kriegsjahren einen seelischen Bruch erlitten. Sie zogen sich gerne vom Markte der Öffentlichkeit zurück. Alle Politik geriet in Mißwohlwollen. Am Leben der Öffentlichkeit teilzunehmen galt als belastend. Einsamkeitsideale, Entpolitisierungsideale, Hesychistenideale lebten in allen Guten und Besten. Was war die Folge? Daß das ganze öffentliche Leben den Schreiern und Toren anheim fiel, daß die Dummheit terrorisieren konnte, wie nie zuvor. Denn kein Wissender rührte die Hand dagegen. Im ruhesuchenden Pessimismus hieß es: Die Welt ist eben des Teufels; bauen wir still unsern Kohl. Und so konnte die jüngste Generation, die Krieg und Revolution noch nicht am eigenen Leibe erlebt hatte, unerfahren und unwissend, wieder zum Opfer werden genau derselben Illusionen und Fetische, welche die bisherige Menschengeschichte gestaltet haben: ein hoffnungsloser Ozean von Blut, Schweiß, Galle und Tränen. Nie ist eine studierende Generation geistloser und seelenloser gewesen. Während die proletarische Jugend überall zugelernt hat, neue Ideen aufnimmt, in Volkshochschulen, Siedlungsgemeinschaften, Wanderbünden, mächtig bewegt von reformatorischen Gedanken, die Bausteine schafft für ein neues *Europa*, ist die dem absterbenden Bürgertum entblühte akademische Jugend, im Grunde inhaltlos und eigentlich nur von einer einzigen kameradschaftlichen Idee zusammengehalten, von der Idee der Nation und des Vaterlandes, welche etwas vollkommen anderes und weit abstrakteres ist als die selbstverständliche *Tatsache* der Heimat, Heimatsliebe und heimatliche Bodenständigkeit. Es ist durchaus anzuerkennen, daß Kulörstudententum und Verbindungswesen sich zu seinem Vorteil gewandelt hat. Die Tyrannei des Komments und was am wichtigsten ist, die Tyrannei des Alkohols wurde gebrochen. Sklaven aber sind unsere Studenten nach wie vor, denn sie, welche das Wort Frei und Freiheit beständig im Munde führen, sind nicht (was jeder freie Mensch sein sollte) die Diener ihrer eigensten Vernunft und Erkenntnis, eines aus Gedankenkämpfen in eigener Seele neugeborenem Ideals; sondern sie sind nichts als macht- und geltungswillige Bannerträger der alten Tradition, von welcher sie glauben und hoffen, daß sie ihnen gute Stellungen, Futterplätze, entscheidenden Rang und Führermacht unter den Völkern verschaffen werde. Gerade sie aber, die sich völkisch nennen und als Vertreter der

Volksgemeinschaft aufspielen, haben für das Volk kein Gefühl und von Volksseele keine Ahnung. Sie sind Machtwillige; das ist ihr Wesentliches. Und ohne daß sie es ahnen, ist ihre kurzatmige und kurzlebige »Weltanschauung« nur der Index jeweiliger Machtbeziehungen. Gegenwärtig verfügt die Notwendigkeit einen Zusammenschluß des gesamten Deutschtums: Österreichs mit dem deutschen Reiche wie mit Gebietsteilen der Schweiz, die vom Italienertum übermächtigt werden. Diese Gemeinschaft und Brüderschaft auf Tod und Leben ist unerläßlich. Ohne sie würde unsere Sprache und Geistespflege und mithin unsere Seele verloren gehen. Der Nationalismus *mißbraucht* diese Seelenlage zu einem volkbetrügendem, zuguterletzt wieder imperalistischem, politischem Staatsziel: Wiedererrichtung eines von Militär- und Beamtenklüngeln geleiteten Obrigkeitsstaates, gefürchtet von allen fremden Nationen und die Keimzelle einer neuen Eroberungs-, Unterjochungs- und Kriegsgeschichte. Dieses angeblich vaterländische und heroische Ideal wird von der jüngsten akademischen Jugend fraglos angenommen. Keine Vernunft der Welt könnte dagegen etwas einwenden. Sie argumentiert mit Hand und Fuß; nur nicht mit dem Gehirn; sie argumentiert zur Not mit Prügel und Beleidigung. Diese nationalistische Woge ist jetzt obenauf. Und wenn sie der proletarischen Jugend obsiegt (woran ich nicht zweifle), dann wird die junge deutsche Republik dem Tode ausgeliefert sein. Man darf sich nicht darüber täuschen, daß die Herrschaft der Republik in der akademischen Jugend nur widerwillig getragen wird. Die patriotische Begeisterung, die nach der Wahl Hindenburgs losbrach, war im Kern eine Rache gegen Ebert. Die Reaktion witterte Morgenluft.

III.

Ich selber bin eines der ersten Opfer dieser Reaktion geworden. Ein paar Aufsätze über die Persönlichkeit Hindenburgs, vollkommen unpolitische, durchaus anständige und ehrfürchtige Aufsätze – (in Frankreich würde ein Schriftsteller, der selbst über seinen Gott in anderer Tonart schriebe, sofort in den Verdacht des Byzantinismus geraten und öffentlich getadelt werden), veranlaßten die deutsche akademische Jugend zu einem Ketzergericht über mich, zu einer Hetze, die an dummer Anmaßlichkeit, Unsachlichkeit und Ahnungslosigkeit wohl nicht ihres gleichen hat. – Rudolf Hans Bartsch machte mich aufmerksam auf einen Präzedenzfall aus der österreichischen Hochschulgeschichte: das Vorgehen der Kulörstudentenschaft (der »farbigen Tätowierten«) gegen Grillparzer, durch den sich die national entflammten Jünglinge in ihren »heiligsten Idealen« beleidigt fühlten und den sie nun – (dumme Jungen, deren nicht Einer späterhin irgendwelche erhebliche Werte für Österreich geschaffen hat: den größten und adligsten Dichter des Vaterlandes!) – vor die Aula, das will sagen vor ihr Dumme-Jungen-Gericht zitierten und den sie, da er »sich nicht stellte« und ihren Richterspruch nicht »anerkannte«, so an Leib und Leben bedrohten und »sekkierten«, daß er schließlich sich aus Wien flüchten mußte – ein Schandblatt und zugleich ein Possenstück aus der deutschen Universitätsgeschichte ... Ich wäre in meinem Falle recht froh, wenn etwa der »Hochschulring Deutscher Art«, der mein Werk zwar nicht kennt aber mißbilligt, mich, wie die Wiener Studenten einst Grillparzern, zu einer Diskussion über streitige Ideen aufgefordert hätte: das wären Waffen, die ich führen kann; wie aber soll einer, der die Damaszenerklinge des Geistes führt, sich gegen Mistgabelstiche der Gemeinheit schützen: gegen Niedergeschrieenwerden, Bedroht – Beleidigt – Desavouirt – werden? Gegen das »Steinigt-Ihn«-Gebrüll von Jünglingen, die sich nicht als *Einzelne* verantwortlich wissen, sondern sich immer, im Plural majestatis redend, als Vertreter einer Gruppe oder gar eines unpersönlichen Ideals aufspielen, beispielsweise wenn sie persönlich Gemeinheiten und Selbstgerechtigkeiten ausüben, das »im Namen der vaterländischen Ehre«, ja wo möglich im Namen alles Wahren, Guten und Schönen begehen. – Ich möchte hier nicht den gräßlichen »Fall Lessing« noch ein Mal aufrollen. Zur Zeit, wo dieser Aufsatz im Druck erscheint, werden vermutlich die Artikel über Hindenburg, die den Sturm in der akademischen Welt erregten, als Broschüre erschienen sein; im Verlage von Hapke und Schmidt, Berlin, Charlottenstraße; mit Vorwort von Maximilian Harden; im übrigen ohne jede Erläuterung oder Hinzufügung meinerseits; einfach sachlich aufbewahrt für eine bessere Menschheit, die aus ruhiger Distanz den ganzen Unfug überschauen und richtig beurteilen wird. – Ich kann also hier den ganzen akademischen Fall, die unerhört anmaßlichen und lächerlichen Beschlüsse, Versammlungen und Schwatzereien der deutschen Studentenschaft auf sich beruhen lassen und mich darauf beschränken, etwas Allgemeingültiges, Prinzipielles zu sagen, getreu der Mahnung Goethes:

Warum willst du dich von uns allen
Und unserer Meinung entfernen?
Ich schreibe nicht Euch zu gefallen
Ihr sollt was lernen.

IV.

Ein blutjunger Mensch, hochgestimmt und rein geblieben, wie wohl nur ganz wenige junge Menschen unseres Zeitalters, vollkommen erfüllt von Vaterlandsidee und Heimatsliebe, hat sein fanatisch überstrudelndes, brutal unreifes Erstlingswerk mit einer auch von dem gegenwärtigen »Nationalismus« wohl kaum überbotenen Liebeserklärung an Deutschland eröffnet:

»Mein Deutschland, ob ich dich liebe?
Die Worte sagen es nicht.
Am glühenden Zorngedicht.
Ersieh es an meinen Witzen,
Wahrhaftig, die Witze sind gut.
Du lachst und kannst es nicht ahnen,
Ich schrieb sie mit Lebensblut.
Du bist mir Vater und Mutter,
In dir nur wurzelt mein Sein,
Wär's mir nicht so ernst, hochheilig,
Es könnte so schmerzlich nicht sein.
Denn meines Liedes Seele
Und meines Geistes Schaft
Beflügelt ein großer Glaube,
Der Glaube an deine Kraft.
Bluternst ist in meinem Herzen
Die Flamme der Muse entbrannt:
Mein Deutschland, heiliges Deutschland,
Ich liebe dich, Vaterland.

Poeten und Philologen,
Sozialisten und Klerisei,
Wir werden den ganzen Schwindel
Schon überwinden, wir zwei.«

Wenn ein solches Bekenntnis, von einem kaum Zwanzigjährigen, naiv treuherzig einem Erstlingswerk als Vorrede beigegeben, ein Menschenalter später umgeschlagen ist in äußerste Skepsis gegenüber allen pathetischen Ausdrücken nationaler Selbstgerechtigkeit und Machtwilligkeit, welche Enttäuschungen und mithin welche *Erkenntnisse* müssen diesen Weg durch dreißig Jahre gekennzeichnet haben? Jedenfalls sollte man diesen Erkenntnissen nachspüren und sollte nicht leichtfertig-anmaßlich auf Gesinnungslumperei zurückführen, was Ergebnis und Ausdruck eines ganzen Lebens ist. Welcher wohl von der mich schmähenden bürgerlichen Jugend von heute – (denn ich selber bin einst jener fanatische Patriot gewesen) – hätte den gleichen Ernst und Verantwortungswillen für seinen Jugendenthusiasmus einzusetzen? Grillparzer hat jenen jungen Laffen, die ihr Femgericht über ihn hielten und den *Boden*, auf dem Ziele und Gedanken angepflanzt werden und hochwachsen, bereits selbst für das *Ziel* halten und mit Gedanken verwechseln, den folgenden ingrimmig nachdenklichen Vers entgegengeschleudert:

Ja, *ein* Palladium bleibt Euch unverloren,
Es heißt: die Nationalität.
Das heißt, daß *ihr* auch irgendwo geboren,
Was freilich sich von selbst versteht.

Kehren wir doch einmal den Spieß um! Diese heute die deutsche Hochschule beherrschende Jugend begeht die schlimmste aller Sünden: Verrat am Vaterland; genau in demselben Sinne wie jene Studentenschaft, die Grillparzers Leben und Schaffen störte, dadurch das Vaterland verleugnet und geschädigt hat. Was denn macht den Deutschen unter allen Völkern unbeliebt; mit *Recht* unbeliebt? Einzig diese Art Selbstgerechtigkeit, die feindlich jedem Gedanken, der nicht das eigene Vorurteil bestätigt und fremd jedem Lebensausdruck, der nicht der eigenen Seelenart entgegenklingt, überall das Unverstandene schulmeistert und sich selber zur Norm für das Leben und Treiben anderer setzt. Diese Geisteshaltung aber ist vor allem *unjugendlich*. Jugendlich, meine werte Burschen, seid Ihr nur, insofern als Ihr lärmt, Radau macht, unreif seid und Eure Albernheiten ungemein wichtig nehmt und sie für neu und wesentlich haltet; Eure *Gedanken* aber sind unbewegt und unbeweglich, alt und überaltet; die Phrase der Lehrbücher, veraltete Philosophie und Wissenschaft spukt und geistert in Euch fort und macht Euch, die Ihr jung zu sein wähnt, zu den eigentlichen Feinden aller Völkerjugend und Volksverjüngung. Diese bakelschwingende schulmeisterliche Sprache der lauten Überheblichkeit ohne Innerlichkeit und Tiefe, ist die Sprache Untergangsreifer, ja Untergegangener; das ist wahrlich nicht jene schöne Wirrnis und Chaotik, die der Reifgewordene und Weise wohl dem Jugendblut und Übermut zugute halten darf.

[. . .] [1925]

Irrende Helden

In jedem großen Volk gibt es eine Überzahl tatenwilliger und lebensstarker junger Menschen, welche zu geistigen, sogenannt kulturellen Werken nicht berufen, andererseits aber für den Alltag und für seine bürgerlichen Ordnungen viel zu lebendig und zu ehrgeizig sind. Eine nun verblichene Zeit hatte für die heroische Phantasie und für die nationale Romantik dieser Jugend mancherlei Ventile. Soldatenstand und Kriegertum boten dem männlichen Geltungswillen ernste Aufgaben. Es gab noch unerforschte Länder, sie konnten erschlossen, urbar gemacht und erobert werden. Die jungen Wolfsherzen (und der Mensch ist nun einmal dem Menschen ein Wolf) konnten in den Kolonien abenteuern und herrschen. Zum mindesten befriedigte der Rekordwahn des Sports, Aviatik, Alpinistik, Athletik das tiefste aller menschlichen Bedürfnisse nach Rausch und nach Spiel.

Durch den Vertrag von Versailles 1918 kam zuerst über die deutsche Jugend die Not der Vernüchterung. Die Welt war des nationalen Heldentums müde. Die Helden von gestern galten nicht mehr. Das Reichshaus wurde zu eng. Der Staat bot keine heroische Aufgabe. Als am 8. November 1918 die Revolution ausbrach, fand sie die bürgerliche Jugend völlig desorientiert. Vielleicht wäre für heldische Menschen der rechte Platz in der Roten Armee gewesen. Aber zu tief wurzelte die Überlieferung des Rangs und der Klasse. So geschah es, daß, als Gustav Noske die Armee der Gegenrevolution in Deutschland formierte, genau dieselben jungen Romantiker die Spartakisten bekämpften und die bürgerliche Republik sicherten, welche, nachdem die Republik gesichert war, ihre Unterminierer und unerbittliche Putschisten wurden. Die Jahre zwischen 1918 und 1925 boten aber noch genügend Ventile für das inhaltlos gewordene, in fünf Kriegjahren der Bürgerwelt entwöhnte Heldentum. Zunächst durch die Kämpfe ums Baltikum. Etwa 18 000 Lanzknechte führten im baltischen Lande ein frischfröhliches Kriegerleben. Sie kämpften heute für die Balten gegen die Letten. Morgen mußten sie mit Balten und Letten sich gegen die Russen wehren. Übermorgen aber mit den Russen die Bolschewikenheere Trotzkis abschlagen. Niemals in allen diesen Kämpfen überkam sie ein Gewissensbedenken. Das mächtigste aller Zauberworte erklärte und entsühnte alles: Vaterland. Denn die nationale Jugend aller Länder würde unbedenklich jeden Plato »an die Wand stellen«, jeden Spinoza »abfunken«, falls nur die von ihnen vergötterten Führer, waghalsige und hochgestimmte Männer, ihnen die Parole ausgeben würden: das alles sei nötig für das Vaterland. Mit Vernunft ist da nichts zu machen. Noch herrscht auf der ganzen Erde eine nationale Romantik, welche vor nichts auf der Welt Angst hat als einzig und allein vor Logik. Es wäre ganz kurzsichtig, diese Nationalismen unter der Optik der Tagespolitik zu betrachten. Da schimpft immer nur der eine über den andern. Es handelt sich aber um die letzten Dinge der Weltanschauung. Es handelt sich zuletzt um die Tatsache Nation selber.

Als in Weimar die Reichsverfassung gegeben wurde, da verpflichtete sich das Deutsche Reich (was sollte es auch anders tun?) zu einer ehrlichen Erfüllungspolitik. Man muß aber wohl begreifen, daß die ganze militante bürgerliche Jugend und auch ein Teil der proletarischen Jugend damals die schiefe Vorstellung hegte, die neue Ordnung der Staaten falle ihr in den Rücken. Man hatte gegen Rußland und Polen eine ganze Provinz erobert. Man mußte alles wieder herausgeben. Es gab ausgezeichnete Männer, wie den Befehlshaber im Baltikum, den Grafen v. der Goltz, die zwar der deutschen Republik gehorchten und die Waffen niederlegten, dann aber den Dienst quittierten und als Freibeuter neu in den Krieg zogen, »auf eigene Kappe«. Hauptmann Roßbach schritt zur Rebellion. Major Bischoff weigerte der Reichsregierung den Gehorsam. Schlageter Key, Wuth, Berthold, zweifellos starkgesinnte und tapfere Männer, starben heldische Tode. Die Stimmung aller dieser Aufwiegler war diese: »Der Staat schloß den Frieden. Er ist verpflichtet. Was geht das uns an? Seine Farben sind nicht unsere Farben. Deutschland, das sind Wir. Und wo wir siegen oder sterben, da ist Deutschland.« Es kann keinem Zweifel unterliegen, daß diese irrende Schar tötete und Gewalt verübte im Bewußtsein einer Sendung. Sie handelten aus Ekstase und fragten nicht nach Erfolg. Hätten sie zugeben können, daß ihre Idee sinnlos sei, so hätten sie sich selber für Verbrecher halten müssen. Aber warum sollte ihre Idee verkehrt sein? Etwa darum, weil die Büchermenschheit, die Aktenmenschheit (so dachten sie) von »Gerechtigkeit« und »Weltgewissen« faselt? Den Göttern Dank! Noch gab es Maschinengewehre, Eierhandgranaten, Stielgranaten, Bomben, Giftgase, Revolver. Und so kam die grausige Epoche blöder Gewalt. Die Sprengstoffattentate bei Hügel, Calcum, Überrhur, Duisburg. Die Fememorde an Schmidt, an Just und hundert andern. Geheimes Verschwörertum mit Türken und Ungarn. Vor allem aber gab das Putschen unter der interalliierten Besatzung und der Krieg gegen die Separatisten der romantischen Jugend in Deutschland einen Inhalt.

Der Kapitänleutnant Kern, welcher Walther Rathenau ermordete, bewußt ermordete, weil er ihn für den einzig bedeutenden Mann des Zeitalters hielt, ohrfeigte französische Offiziere und übersäte Deutschland mit politischen Geheimbünden. Es kam der Kapp-Putsch unter General von Lüttwitz. Es kam die Ermordung von Heinz-Orbis in Speyer. Es kamen die Morde an Gareis und an

Erzberger und die Mordversuche an Scheidemann und an Maximilian Harden. Es kamen die Bedrohungen unliebsamer Professoren. Hinter allem stand die gleiche Schar nationaler Romantiker. Als die letzten Truppen aus dem Baltikum herausgenommen werden mußten, da sollten sie in Harburg entwaffnet werden. Sie verschanzten sich in einer Schule und beschossen mit drei Maschinengewehren, Deutsche gegen Deutsche, das rasende empörte Volk. Als man ihnen das Wasser abstellte, bedienten sie die Maschinengewehre mit dem Blute ihrer Gefallenen. Wohin mit dieser Heldenromantik? Einmal noch gab es Ventile, als in Oberschlesien der Kampf mit dem Polentum einsetzte. An zwanzigtausend Jünglinge reisten nach Oberschlesien. Sie verschoben Waffen und verschleppten Munition. Stahlhelmer, Roßbacher, Baltikumer Kapp-Putschisten fanden sich in OS. Am mutigsten kämpfte die Kolonne Oberland. Sie gingen töten, nicht anders wie sie zum Sportfest gehen. Ihr verehrter Gott wurde der junge Kapitänleutnant Ehrhardt. Von ihm sang das Lied: »Hakenkreuz am Stahlhelm«. Für ihn brannte der mystische Geheimbund OC. (Organisation Consul). Für ihn der nicht minder romantische Wikingbund.

Für den Denkenden, den Logiker, den Ethiker (der wie alle Logik und Ethik übervölkisch und international denken muß) ist es nicht leicht, seinen Hassern und Gegnern gerecht zu sein. Sie sprechen eine andere Sprache. Die blutige Sprache der Roheit. Sie kennen keine andere Kameradschaft als die von Ihresgleichen. Und es ist für sie verständlich, daß sie jede Personalverantwortung, Mensch zu Mensch, weit von sich abwälzen, sobald sie wähnen, aus der Sendung ihres Bluts der Volksgemeinschaft verpflichtet zu sein. Nur sie sind Deutsche. Und sollten sie quälen und töten, so ist es der völkische Gott und die völkische Schicksalstimme, die ihnen diese grausame Härte aufbürdet. Da wächst nicht Ruhe, nicht Zartheit, nicht Innigkeit, keine Liebe. Nichts als das Sichwichtignehmen der leerlaufenden Eigenbezüglichkeit jeder Nation. Sie können gut schießen und gut schimpfen, gut reiten und gut raufen, sie können auch ausgezeichnet reden und schreiben. Nur Denken, das können und das wollen sie nicht. Und dennoch muß ich bekennen, daß ich für das irrende Heldentum meiner Hasser, nicht freilich für das der Ludendorff oder Hitler, wohl aber für das der Schauwecker,

Jünger, Bronnen und selbst der Goebbels und Strasser eine Gegnerschaft hege, in der auch Liebe lebt. Im Verlage von Ernst Rowohlt in Berlin erschien die Lebensbeichte des jungen Ernst Salomon. Sie führt den Titel: »Die Geächteten«. Es ist das Bekenntnis eines ganz außerordentlichen Menschen, der zwar kein starker Mensch, wohl aber ein mit Dynamit geladener ist. Er ist, medizinisch gesprochen, eine alyktische Natur. Aber er hat Dienst und hat Opfer gelernt. Er ist eine Begabung hohen Rangs und wird nie in die bürgerlichen Ideale der Gerechtigkeit oder sozialen Glückseligkeit sich einpassen können. Wohin steuert er? Seine Entwicklung dürfte wie die des nüchterneren klaren Ludwig Renn und so vieler ehemaliger deutscher Offiziere zur radikalsten Linken führen. Sie werden einst aus extremen Nationalisten zu extremen Kommunisten werden. Sie werden von links sündigen, wie sie von rechts gesündigt haben. Was aber läßt sich aus diesen heroischen Schicksalen lernen? Die Welt steht am Wendepunkte. Das Menschengeschlecht nähert sich der Gefahr der Selbstvernichtung, eines »Untergangs der Erde am Geist«, wofern nicht die internationale Vernunft Gewalt erhält, die Menschen vor einander und vor sich selber zu beschützen. Denn der Geist ist wie die sagenhafte Lanze des Achilleus. Ihre Spitze schlägt, ihr Schaft heilt die Wunde. Was ist der letzte Sinn des Lebens? Nicht Wahrheit, nicht Gerechtigkeit! Sondern: Traum, Rausch und Chaos. Wie schaffen wir Ventile für die Mächte des Chaos? Sie waren da, als die Erde noch offen stand für Raubritter und Eroberer. Sie waren noch da für die Erben des Rittertums: für den bürgerlichen Geldabenteurer, den Großunternehmer, den Rechner in Erdteilen. Aber mit der Willkür des Heldentums geht es zu Ende. Siegt die sozialisierende Ordnung und das Ideal der Gleichheit, dann flüchtet die Romantik aufs neue ins Nationale. Das Rationale und Nationale wachsen immer gleichzeitig. Das ist ein Schwengelspiel ohne Ende. Wo liegt die Lösung?

Seht Ihr denn nicht, daß unsere Kriege, ja daß schon der Wehr- und Soldatenstand uns mit Sicherheit in die Selbstvernichtung treibt? Hat denn unsere Mordtechnik (wir werden nächstens wohl auch das Atom spalten lernen) noch irgend etwas zu tun mit Adel und Würde der Mannheit? Wer die Waffen hat, wird Sieger, wer das Geld hat, wird Sieger. Wer töten und sterben kann, ist unbezwinglich.

Gewalt aber wird nur immer neue Gewalt mobil machen. So werden wir uns alle abschlachten. Heißt das: »Die Heroenzeiten sind zu Ende?« Siegt die mit Idealen vertarnte Selbsterhaltung der Schwächeren? Siegt die Vernunft und Moral des Zweckmenschen-, des Angstmenschentums? Nein! Es gibt mancherlei Heldentum auf Erden. Es gibt auch sittliches Heldentum. Das gebietet: Mindere die Not. Noch leiden Millionen Geschöpfe Not. Millionen werden verunrechtet zugunsten weniger. Das mag Naturgesetz sein, Vernunftgesetz ist es nicht. Einst werden alle fühlen, daß Schicksal, Nation, Blut und Vaterland, daß die nationalen wie die religiösen Tiefen der Menschheit nur dann zu retten und zu wahren sind, wenn der Mensch auf die Willkür der Gewalt verzichtend, ruhig der internationalen Diktatur des Geistes vertraut, die auf den Höhen der Menschenwelt das Selbe ist, was wir in Blut und Natur – Liebe nennen. [1930]

Der Liberalismus

Das alte Volkswort sagt: »Man soll über die Toten nur Gutes reden.« Wie aber auch könnte ich etwas Böses reden am Grabe eines Toten, den ich geliebt habe, ja den ich insgeheim immer noch liebe. War er doch eines der schönsten und adeligsten Gebilde unter den Menschen. Er schuf die ganze deutsche Geschichte, die ganze deutsche Geistigkeit. Aber er blühte und wirkte unter vielerlei Namen. Sein philosophischer Name war: »Individualismus«. Im Proletariat und unter allen natürlichen Menschen hieß er kurzweg: »Anarchismus«. Der bürgerliche Mensch aber, der Bildungsmensch nannte meinen teuren Toten »Liberalismus«.
Er war ein schöner Mensch. Viel schöner, viel liebenswürdiger und auch lebensnäher als seine Sieger und Nachfolger, die ihn getötet und beerbt haben: Sozialismus, Kommunismus, Bolschewismus, Rationalismus oder wie immer sie heißen mögen. Ach, es war eine schöne Zeit! Goethe, Schiller, Lessing, Herder, Leibniz, Kant, alle die großen Männer Deutschlands waren seine Söhne. Alle gehörten

durchaus in das Lager des bürgerlichen Liberalismus. Die politische Bibel jener fernen Tage war Adam Smiths klassisches Werk: »Der Reichtum der Nationen.« Der Wahlspruch jener Zeit lautete: »Leben und leben lassen.« Mein teurer Verstorbener hat aus freien Stücken, aus gutem Herzen mehr Gutes und Edles getan als jemals künftig noch aus frohem persönlichem und freiwilligem Herzen von den Einzelnen getan werden wird. Er war ja freilich niemals für Gleichheit begeistert. Er mißverstand das Ideal der Gleichheit, als käme es hinaus auf Mechanismus und Kaserne. Aber er glühte ehrlich für Freiheit. Er liebte keine Extreme. Weder nach rechts noch nach links. Er war wohl niemals recht jung. Er war ein reifer, wohlausgewogener Geist. Er wußte nämlich und fühlte es noch tiefer, daß alles Menschenleben zu jeder Sekunde die Balance ist zwischen zwei Abgründen. Entweder verschlingt uns der Erdschlund oder wir verschweben im Abgrund des Äthers. Feststehn können wir nur auf der Oberfläche. »Maß und Mitte«, darauf kommt es an! Dem Leben eine Form geben! Unser guter alter Liberalismus wollte den Kosmos nicht verändern. Er fühlte und wußte es noch exakter: der Fortschritt mißlingt immer. Jedes Verändern ist zuletzt doch Selbsttäuschung. Das Menschengeschlecht gleicht einem Fieberkranken, der sich im Paroxysmus der Schmerzen jedes Mal auf die andere Seite wirft: Von rechts nach links, von links nach rechts. Und jedes Mal meint er: Nun sei die Lage besser, nun sei die Lage endgültig. Nun komme endlich die Genesung. Nein! Mein geliebter Toter predigte nur sehr ungern und wenn er predigte, dann hielt er es mit Goethe. Er sagte: »Sehe jeder wo er bleibe.« Oder: »Entscheidend ist die Forderung des Augenblicks.« Oder: »Kehre jeder vor der eigenen Türe.« Er besaß niemals Universal-Rezepte. Er mißtraute jeder Ideal-Utopie. Er war »relativistisch« bis zur Schwäche. Er war nur an einem einzigen Punkte wunderlich gläubig (und grade an diesem Punkte bin ich ungläubig geworden und bin früh von meinem lieben Toten abgefallen). Er glaubte an das Menschenherz. Er forderte nie für alle das Eine. Er forderte für jeden das Seine. Er bekämpfte (wieder mit seinem liebsten Sprachmund, mit Goethe gesprochen), als die zwei schlimmsten Feinde des Menschengeschlechtes: die Furcht und die Hoffnung. – Woran nur ist er gestorben?

Sagen wir es ruhig und redlich: Er war zu schön für diese Welt. Er verstarb an unsrer allgemeinen Dummheit. An der Bosheit unsrer menschlichen Natur. Er hätte ewig leben können, wenn wir alle einander liebten. Aber wir sind Wölfe. Wir sind leise übernobilitierte, sozusagen kulturgetarnte Raubaffen. Verhinderte Raubtiere. Einem solchen Geschlechte »Liberalismus« predigen oder gar unbürgerlich geredet: Herrschaftslosigkeit, freie Anarchie, das hätte den gleichen Sinn, wie im Irrenhause die Selbstverwaltung und Selbstverantwortung der Maniakalen einführen. Goethe, unter dessen Protektorate wir dieses Jahr erleben, durfte Bürger und Liberaler sein. Wir dürfen es nicht mehr. Wir sind alle längst Proletarier geworden. Die europäische Menschheit hat sich in diesen hundert Jahren verdoppelt. Es gab 1832, als Goethe starb, etwa 900 Millionen Menschen, von denen 175 Millionen »europäisch« waren. Es gibt heute, 1932, an 2200 Millionen sogenannte Menschen. Davon sind 750 Millionen »europäisch«. Also zu Goethes Zeit war knapp ein Sechstel, heute ist schon mehr als ein Drittel europäisiert. [. . .]

Einer der bravsten Menschen, von denen ich weiß, die edle Louise Michel, sprach, als sie vom extremen Kommunismus in den radikalen Anarchismus flüchtete, eines der wahrsten Worte, die je gesprochen wurden: »Jede Macht ist böse. Auch meine Macht.« Es ist vollkommen richtig: Jede Macht ist böse, und es ist vollkommen gleichgültig, ob die Gewalt aus dem Geiste des Fascismus oder des Kommunismus kommt, ob sie die Erhaltung der gegebenen Nation oder die Herbeiführung eines uns aufgegebenen Menschheitsziels, ob sie das Sein oder das Seinsollen zum Inhalt hat. Jede Gewalt ist von Übel. Und so mahnen der Liberalismus wie der Anarchismus mit tiefem Recht: »Kindlein, liebet einander!« Aber die Kindlein lieben einander durchaus nicht. Sie mögen froh sein, wenn sie auf Erden es je zur Gerechtigkeit bringen. Aber Liebe? Kropotkin, Bakunin, alle die großen Individualisten halten Liebe für ein Naturgesetz, sie verweisen auf »die gegenseitige Hilfe im Tierreich«. Ein großer Irrtum! Die menschliche Gesellschaft ist etwas ganz anderes als eine »natürliche Gemeinschaft«. Das Recht, der Staat, die menschliche Vernunft überhaupt entstand gerade darum, weil die instinktive, triebhafte Regelung des Lebens versagte, weil

sie im Menschen zerbrochen ist. Kürzeste Definition: Menschliche Gesellschaft ist Kompensation der von Atomisierung (Individualismus, Liberalismus) bedrohten Gemeinschaft. Keiner von uns kann je auf den sozialen Instinkt bauen. Wir bauen auf Staat, Vernunft, positives Recht. Theologisch geredet: »Die Ordnung Gottes ist eingesetzt, um die Ordnung der Natur zu erretten.« Es ist bejammernswert. Aber es ist so.
Also du glaubst nicht an »die Güte des Menschenherzens«? Ja, woran glaubst du dann? Ich glaube an die schrecklichste, liebloseste und unwiderstehlichste Gewalt, die es auf Erden gibt, eine Gewalt, die viel stärker ist als alle Muskeln und alle Kanonen, als alle Leidenschaften der Natur und alle Weltgeschichte der Menschen. Ich glaube an den Geist. Ich weiß: schon in knapp einem Jahrhundert wird für den Erdball eine Diktatur der Logik kommen, von welcher wir heute Lebenden, die wir noch der liberalistisch-individualistischen Epoche zugehören, uns nichts träumen lassen. Dieser Automatismus des Geistes wird kommen einfach darum, weil ohne ihn die Menschenvölker, diese riesigen Termitenhügel im Urwald der Natur, alle übereinander herfallen und immer das eine Volk das andere vernichten werden. Entweder die Erde geht zugrunde am Geist, seiner Technik, Machtgier und Mechanei, oder der internationale Geist gelangt zur Autonomie. All das aber heißt: »Der Liberalismus ist tot.« Es gibt jetzt nur noch Machtkampf oder Weltwirtschaft, Nationalismen oder Überstaatlichkeit. Nur ein Trost bleibt: Die vollkommene Diktatur des Geistes, die volle Gleichbedingtheit alles Lebens kommt am Ende aller Enden wieder hinaus auf die absolute Freiheit jedes Einzelwesens, auf die »Anarchie«. In dem großen Krieg der Prinzipien: Hie National – Hie International, Hie Natur – Hie Geist, ist zuletzt der Gedanke, die Vernunft doch nur das Mittel und Mittelbare. Das Mittel, aber auch das einzig mögliche Mittel, um jeder Volkheit, jeder Landschaft, jedem noch so einmaligem und persönlichem Leben zu helfen und alle nebeneinander zu ermöglichen. Also Bolschewik? Rationalist? Kommunist? Erraten. Und zwar: um des Individualismus willen. Hier meine Hand, Genossen, aber lacht nicht und haltet mich nicht für einen schlechteren Kämpfer, wenn ich in den seltenen Mußestunden zuweilen noch ein wenig lyrisch werde auf »der Rasenbank

am Elterngrab«, wenn ich, wie es hier geschieht, ein Tränlein und ein Blümlein niederlege am Grabe meines liebsten Toten: des guten, alten, braven, bürgerlichen Liberalismus. [1932]

Die Anarchisten

Es gibt in Europa eine politische Gruppe unpolitischer Menschen, an die ich nie ohne Liebe, aber nur mit Bedauern denken kann. Sie bezeichnen sich als *Individualisten, Egotisten, Syndikalisten, Antikratisten, freie Persönlichkeiten, Edelanarchisten.* Ihre Geistesinhalte sind recht verschieden. Sie umfassen die Freigeldbewegung wie die Produktivgenossenschaft, das Volksrecht wie die Bodenreform, die Freiheit der Presse wie die freie Liebe. Sie haben ein großes gemeinsames Jubelwort: *Freiheit.* Und ein gemeinsames Ekelwort: *Staat.* Unter Staat verstehen sie (ähnlich wie Nietzsches Zarathustra) »das kälteste aller kalten Ungeheuer, den Tod der Völker, die alles Leben aufsaugende rationale Maschinerie«. Der Stammvater und Fels ihrer Wahrheiten ist Max Stirner. Ich kenne Zeitschriften, die mit dem Erscheinungsjahr des Stirnerschen Hauptwerkes »Der Einzige und sein Eigentum« (1845) ein neues Zeitalter beginnen lassen, wonach wir uns gegenwärtig im Jahre des Heiles 86 befinden. Die Folgerichtigkeit dieser Gruppe ist bewundernswert. *Sie stehen abseits und revoltieren ins Blaue hinein.* Sie schmollen und machen dem Staate Schwierigkeiten. Sie sind Pazifisten, Menschenfreunde, Lebensreformer, Vegetarianer. Sie sind meist religiös oder ästhetisch eingestellt. Seltener sozialethisch, niemals politisch. Sie leiden Not für Freiheit in der Idee. Wie oft ist schon für John Henry Mackays Schriften gesammelt worden. Wie oft für die Unternehmungen Anselm Ruests oder des grimmen Staatsfressers Pierre Ramus? Die meisten sind schlechte Denker, nicht alle schlechte Schriftsteller. Elisée Reclus und William Morris waren ausgezeichnete Schriftsteller. Edward Carpenter und Robert Reitzel sehr lesbare. In seinen kräftigsten Jahren und hellsten Augenblicken zählte auch Eugen Dühring sich zur anarchistischen Gemeinde.

Wer sich über deren Geschichte unterrichten will, der findet unermeßliches Material und Quellennachweise in der Geschichte des Anarchismus von Max Nettlau. Von diesem Werke: »Beiträge zur Geschichte des Sozialismus, Syndikalismus, Anarchismus« sind bislang (auf schlechtestem Papier) fünf Bände herausgekommen, (im Asy-Verlag in Berlin). Sehr lehrreiche Bände. Aber noch lange nicht beendet. So fehlt noch der wichtigste Teil, die *Geschichte der russischen Anarchisten.* Das waren keine für autonome Persönlichkeit entbrannten Philosophen und Schriftsteller, sondern Bombenwerfer und Petrolösen. Heldenhafte Männer, großgestimmte Frauen. Hier kommt es mir nur an auf die theoretische Grundlage. Gibt es eine theoretische Grundlage? –
Wer die Bewegkräfte und Meinungen der Anarchie genau kennt, (der edle Kropotkin und der große Bakunin gehören zu dieser Gruppe), der wird die folgende Wahrnehmung bestätigt finden: Die meisten Anarchisten sind *enttäuschte Kommunisten oder verzweifelte Gläubige an Vernunft, Menschheit und Staat.* Sie haben an der Partei und Parteipolitik so viel Ekel und Widerwille erlitten, daß sie schließlich zu abgedrängten Einzelgehern, zu Außenseitern geworden sind. Je nach Temperament werden sie dann Fanatiker der weichen oder der harten Art. Entweder verkünden sie mit Tolstoi die Liebe, die jedes Blutvergießen verpönt und erwarten die Rettung von Gemüt und Seele, oder sie werden mit Bakunin Gesellschaftshasser und glauben, daß die ganze bürgerliche Ordnung, vor allem aber die Geldwirtschaft völlig zerstört werden muß, ehe der neue Menschheitsfrühling grünt. Den typischen Schulfall zeigt Louise Michel. Sie war (ein stärkeres Gegenstück zu Rosa Luxemburg), die klarste Kämpferin um die politischen Rechte des Proletariats und endete bei der Erkenntnis »Jede Macht ist böse«. Auch das Proletariat wird zur Bestie, sobald es die Macht hat. Jeder Mensch muß geschützt werden vor jedem anderen Menschen.
Wer immer am *Leben der Gesamtheit,* (und das heißt am Leben des Geistes), teilhat, der weiß, daß diese Gruppe unbesiegbar ist. Sie ist unbesiegbar, weil sie vollkommen recht hat. Und doch ist mit diesem Rechthaben gar nichts gesagt, gar nichts getan. Ich habe viele tausende Male die Fragen des *Marxismus* und *Bolschewismus* besprochen vor jungen und alten Arbeitern. Und immer wieder habe

ich die folgende Erfahrung gemacht. Sobald die in Deutschland so beliebte *»Diskussion«* beginnt, kommt irgend einer und stellt sich auf den Standpunkt der Freiheit und der eingeborenen Rechte und wirft alles wieder um, was für Ordnung und gesetzmäßige Regelung des Landes gesagt wurde. Und dieselben Menschen, die soeben noch für die Gedanken des Sozialismus sich empfänglich zeigten, entpuppen sich nun als *unbändige Individualisten.* Man wird in jeder Volksgruppe dasselbe erleben.
Bei welchen Menschen liegt die kommende Entscheidung? Bei den Vereinzelten, den Nurpersönlichen, den unpolitischen Menschen. Von sechzig Millionen Wählern sind fünfzig Millionen unorganisiert und unverwurzelt. Sie optieren da, wo sie jeweils ihre Sicherheit, ihre Zukunft und die größere Kraft wittern. Keine Regierung ist sicher, weil die Mehrzahl aller Menschen aus *Edelanarchisten* besteht. Ich bezweifle nicht, daß diese »Edelanarchisten« im Rechte sind, aber ich bezweifle, daß sie ihre eigenen Prinzipien und den Kern all ihrer Erkenntnisse bis ins Letzte *durchdacht* und *durchlitten* haben. Der Sieg der Staatsvernunft und der sozialen Institution war und ist nie etwas Anderes als die wachsende Befreiung und Sicherung des »Einzigen und seines Eigentums«. [1931]

Lob des Herabkömmlings

Wohl kein Loblied dürfte so häufig erklungen sein wie das Lob des Mannes, der sich emporgearbeitet hat von unten her, das Lob des starken Mannes aus eigener Kraft, und wohl kein Grundsatz dürfte der allgemeinen Anerkennung so gewiß sein wie der Grundsatz: Freie Bahn jedem Tüchtigen. Aber obwohl in Europa, Amerika, Australien, das heißt in der kaukasischen Welt sämtliche Verantwortungsstellen und Führerhochsitze besetzt sind von solchen Tüchtigen aus eigener Kraft, hat sich am Wesen der Welt doch nicht das mindeste gebessert und das Antlitz der Welt wirkt heute viel häßlicher, viel hoffnungsloser als in den Zeiten, wo eine nicht durch Leistung oder Schicksal emporgehobene Erfolg- und Verdienerklasse, sondern eine in Jahrhunderten hochgezüchtete, durch besondere Pflichten zu besonderen Rechten legitimierte Adelschicht die Geschicke der Menschen bestimmte. Ich nun möchte gern das Loblied aller Herabkömmlinge singen. Ich möchte als ein sicheres soziologisches Gesetz verbreiten die Einsicht, daß der Emporgekommene für jeden Fortschritt zum Sinnvolleren wertlos ist, dagegen der Herabkömmling die eigentlich bewegende Macht aller Entwicklung. Dieses Gesetz erinnert an die Gewißheit, daß im Organischen alle Veränderung des Lebens vom kranken Punkte ausgeht, »a loco minoris resistentiae«. Das Volkswort meint dergleichen, wenn es versichert, daß die Macht verdumme, daß der Besitz träge und das Sattsein unfruchtbar mache. Ja, ein großer Psychologe der Revolutionen, Michael Bakunin, hat gesagt: »Der Mensch, welcher auch nur eine Kommodenschublade mit einem Sparkassenbuch darin besitzt, ist für die Sache des Fortschritts verloren.« Es ist nun aber keineswegs mit dieser Erkenntnis nur die banale Wahrheit ausgedrückt, daß die Veränderungen am Menschheitskörper vom Punkt der Not, vom kranken Fleck ausgehen. Das wäre nur eine banale Umschreibung des Prinzips der Kausalität selber. Aber die beliebte Antithetik: Revolution von Unten – Revolution von Oben verkennt durchaus die Sachlage . . . Beachten wir zunächst, daß nahezu jeder Emporkömmling für die Sache der Not verloren geht. Die Revolution hat eine Fülle kräftiger und intelligenter Männer aus der mittleren, der unteren Schicht hinaufgehoben auf alle kurulischen und administrativen Sessel der Geschichte. Manch einer von ihnen war ein erquicklicher schöner Typus als er noch am Amboß stand und an den Thronen rüttelte. Sobald sie aber auf den Thronen saßen, versippten sie sich sofort mit den Mächtigen des Ehemals und schon die Enkel oder Urenkel dürften sich vom Gesicht der bisher herrschenden Klasse auch nicht im mindesten unterscheiden. Sollte aus den Männern der Revolution eine wirkliche Führerschicht von seelischem Adel hervorgehn, so wäre die oberste Bedingung gewesen, daß sie auf den Sitzen der Macht ihr Leben puritanisch vereinfacht hätten. Es liegt tiefe Wahrheit in Platos Lehre: die äußere Lebensform müsse strenger und gebundener werden, je höher der Mensch in der Stellung und Macht aufrückt, so daß also grundsätzlich derjenige am üppigsten leben solle, der die niedrigste und niedrig machende Arbeit verrichtet, dagegen die höhere Leistung in sich selber ihren Lohn trage, bis schließlich die Herrschenden (nach Plato: die Philosophen) das verzichtreichste und züchtigste Leben zu tragen haben. Mißt man an diesem alten Gedanken die Daseinsform, den Gesellschaftskreis, die Lebenshaltung und das Lebensideal der heute Führenden, so braucht man wirklich kein abgesetzter Fürst oder König im Exil zu sein, um vor den modernen Demokratien und ihrer Politik einen tiefen Ekel zu empfinden.

Halten wir also fest: die Emporgekommenen – sofern sie nicht wirklich königliche Charaktere sind, gehn für die Sache der Gerechtigkeit oder sagen wir bescheidener der Leidensminderung verloren. Anders aber steht es um die Herabgestürzten! Aus diesen (niemals aus den zur Macht Gelangten) geht alsbald wieder das neue Geschlecht der neuen Revolutionäre hervor. Es ist freilich eine häufige Phrase (auch bei ernsten Volkswirtschaftlern und Soziologen): das Volk mache sich selber seine Geschichte. Das Volk sei Subjekt der Revolution. Veränderung werde aus dem Schoße des Völkerlebens geboren. Massennot oder Volksverzweiflung, immer aber die Unerträglichkeiten und Nöte für die breite Elendschicht führen zu den großen Umwälzungen. Es ist unwahr! Es gibt kein: »Subjekt der Geschichte«, und es gibt keine andere Grenze des Elends als – den Tod. Das Volk als Volk erträgt schlechthin alles. Der Mensch im Durchschnitt ist viel zu sehr von dem täglichen »panem et circenses« ausgefüllt, als daß er jemals Revolution machte. Wie sollte er auch? Der Vater weiß, daß die Kinder verhungern müssen, während er auf der Barrikade steht, und die Mutter wird eher das Irgendertragbare ertragen, ehe sie eine Tat tut, welche sicher das kleine Nest vernichtet. Die Masse ist immer zu geschwächt, zu zermürbt und besessen vom täglichen Notstand, als daß sie aktiv Schicksale machte. Sie könnte es jederzeit so gut wie das Tier, wenn es sich gegen den Menschen empörte; sie tat es nie! Viel eher flüchtete sie in die Opiate des Glaubens und des Traums.

Nun aber gibt es immer die kleine Schar der Herabgekommenen. In unwürdigen Zuständen, ungewohnt der proletarischen Form, von höheren Ansprüchen, weil von verfeinertem Wesen: Muße, Freiheit, Reinlichkeit nicht entbehren könnend und lieber das Leben hinwerfend; also bedürftig: geistig und sicher, auch körperlich, so sehen sie sich abgedrängt in eine hoffnungslose Hölle, proletarisiert und verstumpfend, indessen weit derbere und kulturfernere Typen die Herrlichkeit der Welt unter sich aufteilen. Diese Schicht der »Abgedrängten« wird die eigentlich treibende und insgeheim entscheidende Klasse. Darum weil für sie und für sie allein stündlich zur Wahl steht: Verändern oder Untergehn. Man durchforsche die Geschichte aller Umstürze und Revolutionen und man wird finden, daß ihr Auftrieb niemals aus dem duldenden Proletariate gekommen ist, sondern immer aus einer unfreiwillig proletarisierten Schicht, die eingeklemmt lebt zwischen den Klassen als Keil und Sauerteig, nie saturiert und doch eine Adels- und Bildungsschicht, die den Leidenden stets die Waffen bringt und organisiert.

Daß die Massen gerade gegen diese Deklassierten mißtrauisch sind, daß der Sozialismus die Intellektuellen haßt und mit ihnen gar nichts beginnen kann, der Bolschewismus einen verarmenden Adel als Überläufer oder Mitläufer empfindet, das vermehrt die Verzweiflung der Seelisch-Wurzellosen und macht sie schließlich bereit zum Äußersten. Die Macht fürchtet sich nicht vor den Schreiern und nicht vor den Hungrigen. Sie fürchtet sich vor verstoßenen Göttersöhnen. Es ist ein grausames, furchtbares Gesetz! Die Völker ahnen es. Jeder, der ihnen große Änderungen brachte – Moses und Zoroaster, Buddha und Jesus –, schien ihnen ein verbannter Königs- oder Göttersohn. Und der Bringer des Lichts, der Demiurgos selber, war der wegen dunkler Schuld aus den Himmeln verbannte Herabkömmling, der die Erde nicht ertragen hätte, wenn er nicht versucht hätte, sie zu ändern. [1928]

Konservative Tendenzen in der Sozialdemokratie?

Ihrer Rundfrage über die »Konservativen Tendenzen in der Sozialdemokratie« scheint mir eine Unklarheit in der Begriffsbestimmung zugrunde zu liegen, nämlich: eine Verwechslung des *Sozialismus* mit der politischen Haltung der sozialdemokratischen Partei- und Wählergruppe innerhalb der gegenwärtigen Deutschen Republik.

Es ist ein altes Geschichtsgesetz und ganz unumgänglich, daß *jede* zur Herrschaft gelangende Partei auch eine in gewissem Sinne konservative Partei wird. Und dieses Gesetz würde sich bewähren auch am Bolschewismus oder am Kommunismus, am Anarchosozialismus, ja sogar an der Anarchie, im selben Augenblicke, wo die geistigen Führer dieser Weltanschauungen zu praktischen Staatsmännern würden und damit auch zu Fortführern und Reformern einer schon *vor*gegebenen geschichtlichen Überlieferung. Sie würden eben damit ihrer *eigensten* Überlieferung untreu werden. Wir kennen ja doch alle die alte Erfahrung, daß man die Führer der Opposition dadurch unwirksam macht, daß man sie in Administratoren und Minister auf dem Boden der nun einmal gegebenen Tatsachen wandelt.

Es ist nun überhaupt die Frage, ob eine Mehrheit jemals revolutionär, ja ob die Majorität auch nur fortschrittlich *bleiben* kann. Man mag da an ein Gleichnis aus der Biologie denken. Der Instinkt eines Lebewesens kann nie Veränderungen schaffen. Er gewährleistet lediglich die Fortdauer der gegebenen Art. Sollen neue Arten und Spielarten entstehen, so muß zunächst eine Hemmung und Nötigung vorliegen. Unruhe stiftend und die Entwicklung forttreibend ist auch im Sozialen immer nur die leidende Minderheit. Eine herrschende Partei ist zwangsmäßig nur Bewahrerin der gegebenen Güter und somit ein Bollwerk wider den Umsturz.

Ich kann hier nicht ausführen, was aus diesem Gesetz der leidenden Minderheit mir zu folgen scheint. Ich erinnere hier nur an den berühmten Satz: »*Jede* Macht ist böse.« Das mag tragisch sein, aber es ist nun einmal so: In- und außerhalb der Menschenwelt gibt es Fortentwicklung nur »a loco minoris resistentiae«. Fortschritt ist die Funktion der gefährdeten Minderheit. Das ist das Gesetz der Notwendigkeit, die im wörtlichen Sinne immer Wende einer *Not* ist. Fruchtbar wird immer nur die Not. Darum sagt Marx gelegentlich mit Spott auf die eigene Partei: »Wenn der Arbeiter auch nur ein Sparkassenbuch besitzt, dann ist er für die Revolution unbrauchbar.«

Wir dürfen also durchaus nicht die gegenwärtige sozialdemokratische Partei mit Sozialismus gleichsetzen. Ja, wir dürfen nicht einmal voraussetzen, daß Sozialdemokratie identisch sei mit Proletariat. Die Sozialdemokratie vertritt lediglich die organisierte Arbeiterschaft, die in Gewerkschaften vereinigt ist. Dadurch aber, daß unsere Parteiführer zum größeren Teile Gewerkschaftsführer sind oder waren, ist der Konservativismus, ja ich sage ruhig, ist eine Untreue gegen das revolutionäre Ziel schon unvermeidlich. Es ist durchaus berechtigt und läßt sich wohl verstehen, daß kein Gewerkschaftsführer die Verantwortung tragen will, mehrere tausend Menschen brotlos und arbeitslos zu machen. Er hat die *Pflicht*, das Lohninteresse über das politische Ziel zu stellen.

So wäre denn also die »positive Mitarbeit an dem staatlichen Wiederaufbau« (jene Arbeit, die so oft beschönigt wird mit den bekannten Phrasen vom »negativistischen Charakter der sozialistischen Theorie«, von den destruktiven, subversiven, staatsverräterischen, volksverräterischen Tendenzen), auch immer eine wirkliche Gefahr für den Sozialismus. Das haben die großen Begründer der sozialistischen Lehren ganz genau gewußt.

Der Einblick in diese Gefahren begründete die tiefe Abneigung, welche der unentwegt radikal denkende Marx gegen die ehrgeizige, eitle und schon darum praktischere und politischere Natur Lassalles und gegen dessen staatsmännische Pläne hegte. Lassalle würde recht wohl mit der deutschen Sozialdemokratie von heute sich abfinden können. Marx aber nimmermehr. Er müßte sie für eitel Verräterei halten.

In diesem Zusammenhange möchte ich erinnern an die sehr bemerkenswerte Lehre Bakunins, daß der *Aufstieg* proletarischer Existenzen in die Rechte und Lebensformen des Bürgertums, ja daß überhaupt die wirtschaftliche Verbesserung des Proletariats und mithin alle *Sozialreform* ein wahres Unglück sei, eine Lüge und ein Verrat an der revolutionären Überzeugung. Es sei niemals für den Sozialismus von Wert, daß Männer aus dem Proletariat aufsteigen zu führenden Beamten und Ministern des Klassenstaates, sondern umgekehrt: der ganze Wert von Revolutionen und Staatsumwälzungen bestehe darin, daß aus den bisher herrschenden Klassen viele Personen ins Proletariat herabgerissen und zu wirtschaftlich Bedrängten würden. Denn gerade von solchen Persönlichkeiten, die an höhere Bedürfnisse gewöhnt seien und ohne gewisse Verfeinerungen nicht recht lebensfähig seien, würde der Umsturz *ausgehen*. Es sei notwendig, daß das ganze Proletariat durchsetzt und durchsäuert würde mit notleidenden Intellektuellen, verarmten Adeligen, hoffnungslos gewordenen Sprößlingen der bürgerlichen Gesellschaft. Diesen Schichten müsse die Not so auf die Nägel brennen, daß es für sie hieße: »Umändern oder untergehen.« Diese Art Verelendung der Besitzenden oder Privilegierten sei notwendig für den Übergang des Klassenstaates in den kommunistischen Staat. Dagegen sei der Aufstieg der Begabten und die Umwandlung der Opposition in eine Beamtenhierarchie das schlimmste aller Übel. –

Aus diesen durchaus klar und wahr gedachten Erkenntnissen kann und soll nun natürlich nicht gefolgert werden, daß wir etwa an der allgemeinen Verelendung zwecks »Akkumulation der Macht« und schließliche »Expropriation der Expropriateure« zu arbeiten hätten. Es ist hier durchaus nicht die Rede von der Verelendungstheorie Proudhons oder anderer. Diese Lehren sind ja in der Tat längst widerlegt! Sondern: Hier ist die Rede nur von der ganz einfachen, ganz sicheren Tatsache, daß *jeder* praktische Politiker auf dem Boden gegebener Umstände von Fall zu Fall immer neu zu entscheiden hat. Eben darum ist in der Politik der Gesinnungsmann *selten*; eben darum ist Politik seit je der Tummelplatz aller Lumperei und Schurkerei gewesen. Ja, es ist schon viel erreicht, wenn der Politiker über den Erfolgsschacher nicht zum billigen Verächter *jeglicher* Theorie wird, das banale Teufelssprüchlein vom »goldenen Baum des Lebens« und der »Grauheit aller Theorie« mitplappert und somit das letzte *Ziel* überhaupt aus den Augen verliert. Ob nun übrigens das Deutschland von heute wirklich ein demokratisch-republikanisches Deutschland und ob die Sozialdemokratie seine Kerntruppe ist, das erscheint mir denn doch keineswegs so sicher, wie es zum Beispiel in der Rede des Genossen Stampfer an die jungen Akademiker vorausgesetzt wird. Darüber ließe sich wohl mancherlei sagen! Zunächst: Sozialismus ist ja doch nicht an das demokratische Prinzip gebunden. Es ließe sich sogar denken, daß eine im Kerne völlig reaktionäre, daß eine monarchische, oligarchische Partei das *gesamte Programm der Sozialdemokratie übernimmt*. Der Nationalsozialismus, hinter dem der ganze alte Konservatismus sich verbirgt, steht in der Fronde wider Kapitalismus und Bereicherungssucht der Sozialdemokratie nicht im mindesten nach, ja ist oft weit folgerichtiger. Es gab und gibt genug überzeugte und tief einsichtige Sozialisten, welche heftige Gegner sind der Demokratie, des Prinzips der Mehrheit, des allgemeinen gleichen Wahlrechts, des Parlamentarismus usw. So war ein durchaus politischer Denker wie Leonard Nelson durchaus ein *Vernunftsabsolutist*, Lehrer eines neuen Führerideals, aber leidenschaftlicher Gegner der *Demokratie* und darum dennoch durchaus strenger *Sozialist*. Man darf eine solche petitio prinzipii auch dem Genossen Stampfer nicht durchgehen lassen.

Sodann aber: die Herrlichkeit der Sozialdemokratie in der deutschen Republik ist doch noch recht fadenscheinig. Haben wir denn wirklich die *Macht*? *Die Welt sähe dann anders aus!* Die Besetzung gewisser Ämter mit den Führern und Vertretern der alten Umsturzpartei kommt tatsächlich hinaus auf die Lähmung und Knebelung des revolutionären Einschlags. Einige Beispiele dürften genügen.

Seit je bestand eine merkwürdige Übereinstimmung zwischen Kapital und Polizei. Der Eigentumsstaat, der den Diebstahl eines Geldscheins schwerer bestraft als den Diebstahl von Ehre, Namen und Ruf, hat von jeher die Polizeigewalt als die Schutzgarde der Bürgerlichkeit betrachtet. Wenn dem Bürger Unrecht geschieht, so greift er nicht zur Waffe, sondern ruft nach der Polizei. Daher liegt es denn tief im Interesse des Kapitalismus, daß die Polizeiämter wenn möglich gerade durch solche verwaltet werden, von denen im Notfalle eine Gefahr für den Besitz oder eine bedrohliche Veränderung der Eigentums- und Geldwirtschaft ausgehen könnte. Nirgendwo fühlt das Kapital sich sicherer als in den Armen derer, die bedrohlich *wären*, wenn ihnen nicht die Schutzaufgabe und die Wächterrolle zugefallen wäre. Nicht das fromme Schaf ist der beste Wächter des Hauses, sondern der wilde Wolf, den man zum Wachhund gezähmt hat. Es ist also durchaus kein Zufall, daß im gegenwärtigen Deutschland fast alle höheren Polizeiämter mit Sozialdemokraten besetzt sind. Die Polizei (den Vergleich möge niemand übelnehmen) arbeitet am vorteilhaftesten mit energischen Persönlichkeiten der Verbrecherwelt; so arbeitet die Bürgerwelt mit der Polizei. Das liberale Bürgertum würde wahrscheinlich der

Besetzung *aller* bedrohlichen Posten mit Sozialdemokraten, wie man so schön sagt, »durchaus sympathisch gegenüberstehen«. Man würde sogar die Waffenmacht sehr gern in die Hände der Sozialdemokratie legen, wenn nicht die Gefahr bestünde, daß diese im Besitze der einzig entscheidenden Machtfaktoren plötzlich zu einer Revolution überginge. Es gibt ferner genug Ämter, auf welche z. B. die bürgerlichen Juristen recht gerne verzichten. Man findet bei den Landesarbeitsämtern auffallend viele Sozialdemokraten, denen eine Verantwortung zugeschoben ist, von welcher der Bürgeraspirant sich vorteilhaft drückt. Kurz: Das Überwiegen der Sozialdemokratie in der deutschen Verwaltung läßt weder schon einen Schluß zu auf den Sieg der Demokratie noch vollends auf den Sieg des Sozialismus.

Wenn ich nun aber recht sehe, so erwächst just aus allen diesen Gefahren der Verwässerung und Verbürgerlichung, der Sattheit und des Stillstands die Aufgabe und das Recht des sozialdemokratischen Intellektuellenbundes. Just jene sozialistischen Akademiker, die in einer Partei, welche *nur* Interessenpartei und nur Lohndemokratie wäre, kaum je Verwendung und Recht fänden, ja eigentlich ein Hindernis für die Gewerkschafts- und Lohnpolitik waren, und nur als »bürgerliche Mitläufer« geduldet wurden (denn weder *unsere* noch sonst eine politische Partei kann als praktische Zweckpartei »Intellektuelle« *vertragen*), gerade diese geschmähten Nichtpraktiker werden in naher Zukunft eine viel größere Bedeutung gewinnen als jeder praktische Staatsmann, denn sie sind das Gewissen des Sozialismus. Ohne dieses Gewissen würde der Sozialismus zugrunde gehen im selben Maße, als er siegreich wird. Das klingt paradox. Und ist doch eine Wahrheit, die den Nagel auf den Kopf trifft. Wer hält die geistige Überlieferung denn aufrecht? Wer kann und darf auch im geschichtlich gewordenen Staate radikal sein? Nur der Geist, nur der Gedanke. Das freilich fordert Strenge, Reinheit, Verzicht. Man muß unter Umständen auf Amt und Vorteil verzichten können, wenn das höhere Amt und der Seele wahrer Vorteil in Frage steht. Wer dem Zuge die Glocken läuten soll, der darf nicht in der Prozession mitgehen. Wären wir heute *nicht* das Gewissen des Sozialismus, dauerte nicht das außerpolitische Recht und der ganze Sinn des Sozialismus in den Köpfen leuchtender Geister, dann wäre der vielumjubelte Sieg der Sozialdemokratischen Partei nur ein *Unglück*. Es ist uns überliefert, daß die Sieger bei den olympischen Spielen der Griechen auf eine merkwürdige Art gefeiert wurden. Sie hatten nach dem Siege die Aufgabe, ihre Eltern, ihre Väter auf ihren Schultern in die Arena zu tragen, wo die *Erzeuger* der Sieger vom Volke gegrüßt wurden. Für die Sieger selber aber wurde ein Dichter bestellt, welcher die Aufgabe hatte, auf die nun zur Unsterblichkeit Neugeborenen – *Spottlieder* zu singen, damit nicht etwa Hoffart und Eitelkeit in ihren Seelen Platz griffen.

Wir sozialistischen Akademiker übernehmen die Aufgabe, die *Väter* in die Arena zu tragen und haben nichts dagegen, daß die satt und mächtig gewordenen der politischen *Partei* für uns keine Verwendung haben, sondern allenfalls nur Spott und Hohn.

[1930]

Was hat die Sozialdemokratie der Jugend zu bieten?

Es ist ein Fundamentalsatz der sozialistischen Theorie, bei Marx und auch bei Lenin, daß die revolutionären Veränderungen von der arbeitenden Klasse, d. h. vom handarbeitenden Teil der Bevölkerung, insbesondere vom Industrie- und Landwirtschaftsproletariat ausgehen müssen. Wir »Intellektuellen« gelten für diese Theorie eo ipso als *bürgerliche* Menschen und das »Denken« scheint ein *bürgerlicher* Beruf zu sein. Der »bürgerliche Mensch« aber (ein solcher ist ja auch Marx gewesen, und Engels, Lassalle, Lenin, Trotzki, kurz, alle großen Führer kamen aus dem vielgescholtenen – Bürgertum), der bürgerliche Mensch, so glaubt man, könne wohl, wenn er seine Klasse *verloren* hat, zum »Mitläufer« des Umsturzes werden, ja, er könne vielleicht auch der intellektuelle Organisator der Revolution sein, aber die eigentliche Explosionsmasse, der Sturmherd der Welt, das sei das organisierte Proletariat. Dieser Satz wurde so wenig bezweifelt, daß z. B. Friedrich Alb. Lange die soziale Frage schlankweg nennt: »die Arbeiterfrage«, gerade als ob nur der Kampf, den die Arbeiterschaft führt, der *wahre* Klassen-

kampf sei und das letzte Problem der Gesellschaft. Ist das noch richtig? Stimmt es (was Marx behauptet), daß Intransigenz, Radikalismus einzig beim »vierten Stande« (den es übrigens längst nicht mehr gibt) gefunden werden können?
Es erscheint vielleicht paradox, wenn ich behaupte, daß die Sozialdemokratie und die von ihr erfaßte Arbeiterschaft recht wohl einmal die eigentliche *konservative* Partei, ja zum Herde alles Rückschritts werden könnte.
Es ist oft gezeigt worden, daß der Mensch konservativ ist und daß die Macht und die Regierung immer nur *einen* Feind hat: die Volksverzweiflung. Revolutionär sind nur diejenigen, die nichts zu verlieren haben. Die Sozialdemokratie im heutigen Deutschland kann nur derjenige revolutionär nennen, der Evolution und Revolution, Theorie und Tat nicht unterscheidet und an Ideologien und Programme glaubt, statt auf Lebenshaltung und Bewährung zu blicken. Denn alle Theorie ist Konstruktion. Entscheidend ist einzig, was wirklich geschieht. Es ist nun nicht im mindesten zu bezweifeln, daß jeder Sozialist, der an einer nichtsozialistischen Regierung teilnimmt (vielleicht sogar schon jeder, der mit einer nichtsozialistischen Regierung verhandelt), eben damit aufhört, ein Element der *Revolution* zu sein. Der gegenwärtige Kampf der sogenannt bürgerlichen Parteien wider die Sozialdemokratie ist schon lange nicht mehr ein Kampf wider den Umsturz. Es ist ein Konkurrenzkrieg, ein Wettlauf der Machthaber.
Es ist an der deutschen Universität von heute leichter, als Kommunist oder Anarchist unbehelligt zu bleiben, denn als Republikaner, Demokrat oder Sozialdemokrat. Die Professoren sehen im Kommunismus eine jugendliche Utopie. Die verzeihen sie gnädig. Denn sie nehmen diese Ideale nicht ganz ernst. Aber den Republikaner wie den Sozialdemokraten hassen sie. Offen oder insgeheim. Sie hassen mit dem Ressentiment einer Kaste, die krampfhaft an ihrer alten bürgerlichen Geltung festhält und doch schon spürt, daß sie ins Proletariat herabgleitet, daß ein tüchtiger Maschinenschlosser bessere Lebensaussichten hat und besser lebt, als ein mit dem Titel Professor trostreich abgefundener lebenslänglicher Privatdozent der Philosophie, und daß viele Familien der Industriearbeiterschaft sich verbürgerlichen, indes ein großer Teil der Intellektuellen sich proletarisiert.

Bei der alten Aufteilung der Klassen wurde die Intelligenz und mithin die Universität oft als konservativ, immer als bürgerlich bewertet. Wer sich heute auf die alte Klassenschichtung verließe, der müßte irren. Die akademische Jugend ist weder bürgerlich noch reaktionär noch konservativ. Sie denkt in der Mehrzahl *rechtsradikal* und denkt radikaler, als den zu saturierten Beamten und Funktionären des Staates gewordenen Gewerkschaftsführern zu denken je möglich wäre. Die Intellektuellen sind heute die notleidendste und innerlich renitenteste Klasse, leider aber auch (das liegt wohl am Wesen der Wissenschaft) die verdummteste und konfuseste. Diese intellektuelle Schicht ist disorientiert wie nie zuvor. Die primitiveren Schichten schlafen gut auf ihren Schlagworten und Parteiprogrammen. Diese bedauernswerten »Gebildeten« dienen als Salpeterplantage für zehntausend unvereinbare Ideen. Sie glauben an einen nationalen Sozialismus, religiösen Sozialismus, individuellen Sozialismus. Sie können gerade so gut an eine katholische Zoologie und an eine theosophische Steinkunde glauben. Sie sind unklar über das Verhältnis des Sozialismus zum Nationalen einerseits, zum Religiösen andererseits. Sie möchten alle diese Werte (mit bestem Recht) erretten. Aber sie häufen in ihrer Konfusion einen sozialen Zündstoff, der vielleicht viel eher Feuer fangen wird, als die durch das nackte Brotinteresse und eine bald vielleicht auf vier bis fünf Millionen Arbeitslose gesteigerte Lebensnot völlig ausgefüllte Arbeiterschaft. Diese unglückliche deutsche Jugend ist doch geistig beunruhigt. Sie will Ziele. Die Arbeiterschaft scheint das revolutionäre Ziel zu vergessen. Das Kommunistische Manifest wird zur Phrase. Fragen wir uns ehrlich, was die Sozialdemokratie einer feurigen und kühnen Jugend zu bieten hat? Die Theoreme bekommt die akademische Jugend von Professoren der Nationalökonomie vorgetragen. Für Theoreme hat sich noch nie ein junger, gesunder Mensch begeistert. Sie wollen Vorbilder des heldenhaften Lebens. Sie wollen große Ausblicke und Einblicke. Wo sind die? In der Stubenluft der Universität wird aus der blutvollen Idee zähes Leder. Dazu die gräßlichste Zerklüftung: Sozialismus contra Kommunismus contra Syndikalismus contra Anarchismus. Menschewiken hassen Bolschewiken viel tiefer, als beide den »Bürger« hassen. Wahrscheinlich sind es die hochherzigsten, idealsten Jünglinge, die

noch die Kraft haben, an die Extreme zu glauben. Aber was sollen die extremen Gruppen? Sie können nur jede positive Arbeit sabotieren. Sie müssen sich in unfruchtbaren Protesten und Zerstörerwünschen erschöpfen.
Um so notwendiger ist es, daß die heutige Sozialdemokratie die denkende Jugend erfaßt. Aber sie wird in der studierenden Jugend nur dann die Flamme der Revolution entfachen können, wenn sie mehr ist als eine Lohndemokratie, wenn sie wieder den Verzweifelnden das Banner der Gerechtigkeit voranträgt.
Und so kehre ich den Spieß um! Die Abkehr und der Verfall der bürgerlichen Jugend ist das *Werk der Sozialdemokratie.* An ihr rächt sich das Mißtrauen und die Mißachtung gegen alles Geistige. Es rächt sich unsere kurzsichtige Kleingeisterei, die Opposition gegen die Wahrheit der Idee und das alte bekannte Lied, daß die Praxis, der Erfolg und die aktuelle Arbeit allein entscheide, die Theorie aber ein Feld sei für Professoren. Die Sozialdemokratie hat es verstanden, die Geistigen fortzugraulen. Wir hätten der Jugend in allen Schulen und von allen Lehrstühlen freiere Begriffe, hohe Ziele, klare Werte geben *können.* Aber unsere Partei will keine Angel werfen über die Nöte des Tages hinüber. So geht die Jugend dahin, wo sie zwar konfuse und schwulstige, aber doch Ideale findet . . .
Aber besser als mit einer Klage und Anklage schließe ich mit dem Ausdruck der Hoffnung, daß von den wenigen Intellektuellen der Partei die Wiedergeburt der überparteilichen Idee ausgehen möge, denn sie war stets unsere Kraft. Kommen wir zur Jugend mit vollen Händen und vollen Herzen, so fällt sie uns zu, weil die akademische Jugend in Deutschland bald das eigentliche Proletariat sein wird.

[1930]

Vaterland

In einem schönen Lande geboren, dessen Täler ich erwanderte, dessen Blumen ich pflegte, dessen Tiere ich beschützte; in einem Lande, dessen Kinder ich gelehrt habe, dessen Kranke ich geheilt habe, dessen Armen nach Kräften ich geholfen habe; in einem

schönen Lande geboren, dessen Geistesgut ich zu vermehren bemüht war, dessen Musik ich zu erbluten strebte, dessen Sprache rein zu erhalten ich trachtete; in einem schönen Lande geboren, bekam ich von früher Jugend bis heute, wo ich ein alter Mann bin, bei allem, was Widriges, was Böswilliges mir begegnete, immer ein und dasselbe Wort zugeschleudert, zur Begründung jeglichen Übels, das bluttriefende Wort: *Vaterland*.
Rechthaber traten immer in meinen Weg und schlugen auf meinen Kopf mit diesem einen Wort. Im Namen des Vaterlandes forderten sie Gehorsam. Im Namen des Vaterlandes verhängten sie Pflichten. Im Namen des Vaterlandes kreisten Sammelteller, Armenbüchsen, Steuerschrauben, Geschäftsprospekte, Verfügungen, Verordnungen und Parteikassen. Wurde ich von ahnungslosen Jungen mißrechtet, sie mißhandelten mich fürs Vaterland. Mußte ich das Kind hergeben, es geschah fürs Vaterland. Verlor ich den Freund, das Vaterland wollte es so. Wenn ich unklares Denken ehren mußte, wenn ich Geschwätz, Aberglauben, Machtwille, Selbstgerechtigkeit und Phrase hinnehmen und hören mußte, als seien das die heiligsten Güter und tiefsten Einsichten; ja, wenn ich alles Gemeine hochhalten und vor jedem Götzen schweigen mußte, immer geschah es für das Vaterland.
Das fing an auf der *Schulbank*. Man lehrte mich lügen fürs Vaterland. Schlechte Verse mußte ich lernen und liebte so tief die schönen. Wortgeklingel mußte ich lernen, das war Liebe zum Vaterland. Langweilige Familienlegenden der jeweilig herrschenden Machthaber, Schlachtennamen und immer wieder Schlächtereien mußte ich mir einprägen. Das war die Geschichte des Vaterlandes. An jedem Morgen, an jedem Mittage, an jedem Abend standen, saßen, predigten da gewichtige Männer, hämmerten mir ein: »Du hast das große Glück, ein Vaterland zu besitzen.« »Süß ist's zu sterben fürs Vaterland«, »Nichtswürdig ist die Nation, die nicht ihr Alles gibt für ihre Ehre.« »Ans Vaterland, ans teure schließ' Dich an.« Und da ich ein gutgläubiger und braver Junge war, so fühlte ich mich in Ehrfurcht bereit, zu sterben für das, was sie Vaterland nannten. Aber was denn *war* es? Ich dachte nach. Ich dachte an die Gräber meiner Vorfahren, die seit vielen hundert Jahren mit der Erde Niedersachsens verbunden sind. Ich dachte an die Denker und

Dichter, die mich schufen. Als ich aber älter wurde, da merkte ich, daß nichts von all dem, was ich als Heimat in mir trug, das gemeinte »Vaterland« sei. Bis heute frage ich vergeblich. Was meinen sie denn eigentlich, wenn sie behaupten, ich sei vaterlandslos, sie aber hätten, nein, sie wären: das Vaterland.
Ist es das Blut? Ist es die Rasse? Ich will einmal annehmen, sie seien blutrein und ich sei unreinen Blutes. Aber wie sehn sie aus! Wie benehmen sie sich! Unschön, unsauber. Gar nicht lauter und klar. Wenn ihr Blut edel ist, an ihrem Leben merke ich es nicht. Sind es die Gärten, die Wälder? Sie verwüsten Erde und Wald. Die Flüsse? Sie verschmutzen Deutschlands Flüsse. Sie knallen nieder Deutschlands Tiere. Sie vertreiben die Singvögel. Sie lieben das Land nicht. Sie vernutzen das Land! Oder aber: die Sprache? Sprechen sie deutsches Wort behutsamer als ich, besser, tiefer, keuscher? Ich kann ja ihre Rede nicht aushalten. Es ekelt mich vor ihren Büchern. Vor diesen unerbluteten brüllenden schuldigen Büchern. Sie sprechen alle dasselbe Deutsch. Rechthaberdeutsch, Literaturdeutsch, Rohlinge ohne Musik, ohne Seele. Wenn dies alles Deutsch ist, dann ist Deutschsein etwas Abscheuliches. Sind sie bessere Menschen? Sittlicher, männlicher, heroischer? Würdigere Erben der deutschen Genien? In wem denn von ihnen leben sie weiter: Gotthold Ephraim, Schiller, Goethe? Wo lebt Schopenhauer, wo Nietzsche? Ich habe ein Leben lang nach diesen Männern Ausschau gehalten. Wer hilft mir? Aber vielleicht verstehen sie unter »Vaterland« nichts anderes als das neue Geschlecht, unsere Kinder? Aber schrecklich! Ich sehe dieses junge Geschlecht verkümmert, verdummt, verbildet. Wer hilft mir? Ich weiß es nicht, verstehe es nicht, was alle diese Eigentlich- diese Wirklich-Deutschen »Vaterland« nennen. Was sie meinen, wenn sie mir zurufen: »Du gehörst nicht zum Vaterland. Wir aber sind das Vaterland.«
Ich trat ein für die deutschen Menschen im *Elsaß*, in *Böhmen*, in *Südtirol*, in *Oberschlesien*. Ich bekam die folgende Verwarnung. »Die Industrie in den nicht zum Deutschen Reiche gehörenden Gebieten ist als Konkurrent der deutschen Wirtschaft aufzufassen. Die deutsche Arbeit schützen, heißt die Produkte der ausländischen Industrien meiden.« Ach so! *Der Mann sagt »Vaterland« und meint sein Geschäft und seinen Profit.* Ich fand es abscheulich, daß in

Deutschlands Notzeit die Besitzenden Geld und Besitz in anderen Ländern haben. Aber da bekam ich die folgende Auskunft: »Daß unsere Wirtschaftsführer während des Weltkrieges ihre Vermögen in ausländischen Werten angelegt haben, hat einen großen Teil unseres Nationalvermögens gerettet.« Ach so! Daß mit dem Gelde unserer Könige Granaten gedreht wurden, mit denen »das Ausland« uns und unsere Kinder töten konnte, rettete den Wohlstand des Vaterlandes. Nein! Zu kompliziert für mich! Ich werde nie begreifen, was Vaterland ist. –

Aber in den stillsten, den einsamsten Stunden ahne ich etwas. Ich ahne, daß die großen Worte, welche die Menschen gerne im Munde führen – Worte wie *Gott, Menschheit, Staat* und *Vaterland* – allesamt nichts anderes sind, als Umschreibungen für eine einzige Tatsache, für ein einziges anderes Wort. Für das Wort und die Tatsache: *Ich! Ich, Ich, Ich!* Das meinen, das allein kennen sie alle. Vaterland ist Wille zur Macht. Vaterland ist Wille zum Versklaven immer der Andern. Vaterland ist Ich. Gut denn! Aber ich frage, welche Inhalte hat dieses Ich? Da zählen sie mir alle das auf, was sie zerstören und verkümmern an mir, an sich selbst, an aller Welt! Das Herz, die Seele, die Musik, den Wald, die Schönheit, die Träume. Sie sagen »Liebe zu Deutschland«, das sei Vaterland. Und wenn sie von Liebe sprechen, so bekommen sie böse Augen. Ach, ich fürchte, wenn ich tot und ein Paragraph in den deutschen Lehrbüchern bin, dann gehöre ich endlich auch mit zum Inventar »Deutsche Kultur«, dann bin auch ich endlich »Vaterland«, um dessentwillen bei Lebzeiten die Leute mich und sich sinnlos gequält haben.

[1931]

Wie es kommen wird

Der Krieg verloren. Deutschland ein Trümmerhaufen. In einem Münchner Beisel politisieren sieben aufrechte Männer. Primitive Männer. Halbgebildet, leider auch *ver*bildet. Unklar, machtwillig, geschwollen . . . Heute sind sie die ragenden Führer der Nation. »Wer wagt es zu deuten?«

Es wäre zunächst zu bemerken, daß die gesamte nicht proletarische Bevölkerung Deutschlands, daß alle Klassen und alle Berufsschichten jenen Fasel-Trank, den man »National-Sozialismus« nennt, großartig gebrauchen kann für ihre *eigenen* Macht- und Nutz-Zwecke. Arm sind alle. Alle unzufrieden. Gewaltig wächst die kommunistische Internationale. Welcher Besitz ist noch sicher? Welches Amt? So können denn alle bürgerlichen Schichten, zunächst Großindustrie und Hochfinanz nichts Klügeres tun, als eine *alle* Volksgenossen erfassende Einheitsbewegung aufzüchten, welche alle Armut und alle Unzufriedenheit *ablenkt* von der sozialwirtschaftlichen Revolution. Die Beamten des Ehemals, die Besserbemittelten des Ehemals, die alten Militärs, die kleinen Rentner – was sollen sie tun?
Die *Arbeiterschaft* muß gewonnen werden. Aber aus der Arbeiterschaft selber erhob sich eine Bewegung, die folgerichtig in die alte Herrlichkeit zurückführen muß. Jeder hat sie unterstützt! Es ist gleichgültig, ob Gelder für die deutschen Patrioten (auf den üblichen Umwegen) auch aus französischen Geldquellen flossen. Gewiß ist: Das letzte Jahrzehnt war der *Wettlauf des demokratischen Frankreich* und des *nationalen Deutschland*. Und die französische Republik machte sich gesund, im selben Maße als Deutschland seinen Nationalisten zufiel. Deren Dauergebrüll gab zunächst die Vorwände zur abscheulichen Besetzung des Ruhrgebiets, daraus dann die Werk- und Geldmächtigen beider Länder ihr »Geschäft« machten.
Im Mittelpunkt dieser Machenschaften steht der Mann, den die »Weltgeschichte« den »Mann mit der Trommel« genannt hat, wie sie einst Luther nannte »den Mann mit der Streitaxt«. Adolf *Hitler* ist für die Gläubigen des »Dritten Reiches« schon Mythos geworden. Für die Ungläubigen aber »halb Dummkopf, halb Komödiant, und gänzlich ein Gernegroß«. In der Art wie Feuchtwangers »Erfolg«, (ein bedeutendes aber widerwärtiges Buch), ihn gezeichnet hat.
Es kommt indes hier nicht an auf den wirklichen (»empirischen«) Menschen. Geschichte steigt aus Mythe und endet in Mythe. Der Mittelpunkt jedes Sturms ist der völlig leere Nullpunkt. Hitler mag der Nullpunkt sein, aber er deutet auf den *Sturm*. Ein leerer

Schwamm, von einer Million Herzen gespeist, wird Blut vom Blut und Herz vom Herzen des Volkes. Auch der einfachste Mensch wächst mit seinen höheren Zwecken. Es kommt also nicht an auf den »empirischen« Menschen. Aber wie immer auch dieser Mann beschaffen ist, eines mögen auch die Gegner nie vergessen: *Er ist die tragische Figur dieses Zeitalters.*

Von allen Fehlern der Demokratie ist keiner so verhängnisvoll wie die Auflösung der Wehr- und Dienst-Verbände, ohne Ersatz durch ein neues soziales Zucht-Ideal. Das sozialistische Rußland vermag den Macht- und Neid-Willen der Masse abzulenken auf die Begeisterung für den Fünf-Jahr-Plan. Der Sozialismus ist das *Ethos* eines ganzen Volkes. Wie aber vermöchten wohl die Gewerkschaften Deutschlands, deren Lohn- und Tarifpolitik volksnäher ist als aller Sozialismus, die gesamte bürgerliche und proletarische Jugend auf Arbeits-Dienstpflicht festzulegen? Und doch *muß* die Jugend eine Pflicht haben. Ein Volk wird beherrscht von Knaben zwischen 11 und 24. Wer die Gefühle dieser Altersklasse zu sammeln weiß, dem gehört das Land. Dieses Alter aber will befehligt sein. Es weiß nicht, wohin mit seiner Kraft, seinem Glauben, seiner Geschlechtlichkeit. Die deutsche *Jugendbewegung*, freideutsche, Wandervogel, das ist endgültig dahin. Und was da sonst sich bietet (Anthroposophie, Christengemeinde, Psychoanalyse) das mag gut sein für Reife und Gebildete. Aber selbst Deutschlands volksmächtigste Gewalt, die katholische Kirche, könnte gesunde blühwillige Jugend nie binden ohne Uniformen, Sportspiele, Ehrenzeichen. Was die Nationalen »Wehrhaftigkeit« nennen, das braucht ja nicht auf ewig geknüpft zu sein an Roheit, Unwissenheit, Rauferei und Schlächterei. Sicher aber ist: Der Mensch kommt vom Wolfe, nicht von der Taube. Vom Raubaffen, nicht vom Lamme. Und da der deutsche Staat den tierischen Urdrängen nicht den Adel eines *neuen Inhalts* zu bieten hat, so speisen nun die elementaren Gefühle der Volksjugend die Macht jener, die hinter dem Trommler stehen als Geldgeber und Cäsaren-Anwärter.

Hört etwas Philosophisches. Daß der Gegensatz Links und Rechts auf letzte notwendige Pole deutet, das lehrte schon die Romantik. In der Politik aber liegt die Sache einfach. Da ist Links die Bezeichnung für Schlechtweggekommensein im Fleische. Und

Rechts für Schlechtweggekommensein im Geiste. Links heißt: »Wir wollen Etwas haben.« Rechts heißt: »Wir möchten Etwas behalten.« Links findet man immer die schlechten Manieren und die richtige Logik. Rechts: die stramme Form und das geistige Manko. Wie kommt das?
Denken ist Funktion der Not. Davon sagt die Bibel: »Der Geist wird nur in den Schwachen mächtig.« Das einzige Mittel also, um der Menschheit das Denken abzugewöhnen, wäre: Ihre Leiden beseitigen. Da aber in Europa die Not immer größer werden wird, so wird das Denken immer siegreicher werden und somit die *radikale Linke* immer mächtiger. Was kann die »Reaktion« dagegen tun?
Sie muß, sie *wird* alle Mächte fördern, die das Nachdenken entweder hemmen oder betäuben. Rausch des Blutes und Fahnen der Volkheit; Glockenlieder des Glaubens und Orgien der Romantik. Man muß dem Volke Brot und Spiele geben. Kann man ihm aber kein Brot geben? Dann um so mehr Schauspiel! Ja, wir können zur Not ein Volk sich totwählen lassen. Es wird so lange gewählt und reformiert, bis diejenige Partei übrig bleibt, die die Propaganda bezahlen kann. Wir können mit der Parole: »Deutschland erwache« das Volk einschläfern. Nie wird so viel getrommelt als dann, wenn man die Ruhe des *Friedhofs* will. August 1914 wurde ein Volk in den Tod getrommelt; heute wird wieder in den Tod getrommelt. Lautsein ist kein Beweis für Leben. Eines aber kann niemand: Die kommende Organisation aller Notleidenden der Erde hemmen. *Das siegende Licht der Vernunft*. [1932]

Die deutsche Universität

Im Jahre 1925 forderte ein Fähnlein Studenten meine Entfernung vom Lehramt. Gelegentlich der Wahl Generalfeldmarschalls v. Hindenburg zum Reichspräsidenten hatte ich geschrieben: »Dieser Mann ist ein Zero, aber dahinter steht der Nero.« Die braven Jungen fanden, daß das nicht deutsch, nicht vaterländisch, daß ich

»Jude und Marxist« sei. Ihr Revolutiönchen war zunächst nur komisch. Denn es stellte sich heraus, daß die polternden Jünglinge weder je Vorlesungen bei mir gehört noch auch je Schrift von mir gelesen hatten, ja, daß sie meine Person mit einer andern verwechselten. Dennoch wurde der kleine Hochschulkrawall zum politischen Ereignis, denn er war der Ausgangsherd für eine Reihe ähnlicher akademischer Krisen; sie gipfelten in der Vertreibung sämtlicher deutschen Gelehrten, welche jüdischen Ursprungs oder sozialistischer Gesinnung oder gar beider Verbrechen verdächtig waren, – eine sinnlose Barbarei von sinnloser Willkür, die man mit der Formel »Nationale Revolution« oder »Völkische Gleichschaltung« vergeblich rechtfertigt.

Wie konnte es geschehn?

Es wäre in meinem Falle wie in allen ihm folgenden noch eine leichte Mühe gewesen, die blindwütigen jungen Leute, die nicht beurteilen und verantworten konnten, was sie taten, zu beruhigen oder zur Ordnung zu zwingen, wenn Regierung, Ministerium und Universität einheitliche Haltung, ja wenn sie überhaupt nur Haltung hätten zeigen können. Aber unter allen Bitternissen von seiten des Vaterlands – das am Ende eines nicht unwürdigen Lebens Amt, Eigentum, Recht, Heimat genommen und eben nur das nackte Leben mir gelassen hat – war wohl am bittersten die Gewißheit, daß hinter allen Gewaltakten keinerlei Gesinnung, keinerlei Grundsätzliches und nicht einmal Böswilligkeit zu suchen sei, sondern einzig die Politik und der Machtkampf geltungswilliger Parteigruppen, denen jedes Mittel recht ist, wenn es nur ihnen die Macht sichert, und zwischen deren verantwortungslosen politischen Mechanismen das lebendige Einzelleben zermalmt wird. In meinem Fall wollte ein wohlwollender sozialdemokratischer Ministerpräsident gern beschützen, wozu ein wohlwollender demokratischer Minister aber nicht die Kompetenz einräumen wollte, indes eine gegen beide Instanzen – die demokratische wie die sozialdemokratische – aufsässige Professorenschaft die Gelegenheit zu benutzen suchte, um sich sowohl von der Regierung wie vom Ministerium unabhängig zu zeigen. Und so blieb ich ungeschützt und just die Allertörichtesten – ein paar grüne Jungen, rücksichtslos gradlinig, weil sie nichts wollten und konnten als Hurrah rufen – wurden die Herren der Lage.

Man darf indes nicht glauben, daß hinter den Wandlungen der deutschen Hochschule nur der Sturm nationaler Hochgefühle wehte und nichts wirkte als jenes Gefühl der Gemeinschaft, auf welche vieldeutige Begriffe wie Blutreinheit und Volkheit hinzielen. Nein! Hinter allen Taten des National-Egoismus brannte weiter der alte Klassenkampf. Die bürgerliche und kleinbürgerliche Welt, durch den Verlust des Weltkriegs am tiefsten getroffen und sogar des Trosts ihrer Titel und Orden (der ältesten Ersatzmittel für mangelhafte Gehälter) beraubt, hielt sich schadlos durch einen schier unüberbietbaren Eigendünkel. Der junge Gymnasiast, der angehende Student, der die alte Herrlichkeit des Imperiums nur aus seinem Schullesebuch kannte, ergriff die Ideale seines Großvaters, weil es nicht die seines Vaters waren. Er wußte zwar nichts von »Bolschewismus«, aber schlug ihn tot. Er befand schlapp und feige die Republik, die Demokratie samt Sozialdemokratie (womit die wirkliche Schwäche beider nicht beschönigt werden soll). Er ergriff das Wort Jude als brauchbar zur Bezeichnung alles ihm Ekligen und das Wort Deutsch als besten Namen für das schlechthin Herrlichste, was es auf Erden gibt: das eigne blühwillige Herz. Und so glaubte unsre Nachkriegsjugend das Vaterland zu retten und die Nation wieder begründen zu müssen, indes sie nur die alten Interessen einer verkalkten Klasse verteidigte. Denn das Proletariat war nur theoretisch auf Gymnasien und Universitäten vertreten und an ihrem Betriebe interessiert, und die kleinen Trüpplein republikanischer oder kommunistischer Studenten waren für Rektor und Senat nur eine Last; jene freilich mehr als diese, die man allenfalls milde belächeln konnte als »jugendliche Utopisten«.
Der künftige Geschichtschreiber, der das Aufblühen der »Nationalen Revolution« zu schildern unternimmt, wird feststellen müssen, daß jede beliebige Gruppe von Nutznießern und Strebern gesetzt hat auf das Pferd »National-Sozialismus« (ein Name wie »Hölzernes Eisen« oder »Romantische Mathematik«). Jede Gruppe versteckte sich hinter diese wildschöne Volkskulisse, bis zuletzt das brutale Nichts aus ihr hervortrat, alle Parteien lachend nach Hause schickte und erklärte: »Ab Sonntag seid ihr gleichgeschaltet. Wer für mich ist, ist deutsch. Wer gegen mich ist, ist undeutsch. Ab Sonntag beginnt die neue Epoche der Nationalgeschichte.«

Blicken wir ins Antlitz der verjüngten Alma Mater! Ihr Wesen läßt sich nur noch in Verneinungen kennzeichnen. Sie ist stolz, daß sie nicht marxistisch denkt. Sie ist stolz, daß sie nicht mechanistisch denkt. Sie ist stolz, daß sie nicht materialistisch denkt. Sie ist stolz, daß kein jüdisches Blut in ihr fließt. Sie ist stolz, daß sie nicht pazifistisch, nicht kosmopolitisch, nicht international, daß sie überhaupt nicht denkt. Sie ist wie Peer Gynt: »Selbsteigenes Ich-Ich«. Deutsch. Sonst nichts. Und wenn Quadratschädel und Specknacken noch nicht zum Schönheitsidol des Menschengeschlechts geworden sind, so sind sie doch »eigengewachsen«, und selbst die Null muß durchgehn, wenn sie nur deutsche Null ist.

Es steht schlimm um den Glauben, zu dessen Beweis die Gläubigen möglichst laut und öffentlich die Brust schlagen; schlimm um die Scholle, deren Güte und Kraft sich nicht an ihren Gewächsen und Früchten erweist sondern an den Plakatierungen, Manifesten und Ruhmreden durch den Rundfunk. Jeder fürchtet, daß er die »Zeichen der Zeit« verschläft und daß der Nachbar ihm vorwerfen könne, er sei noch immer nicht national genug. Jeder Gesinnungstüchtige überklettert jeden andern und fragt nicht mehr: »Ist das würdig?« sondern: »Ist es auch genügend deutsch?« Und doch hat just die Reihe der deutschen Denker von Kant bis Schopenhauer gezeigt, daß nichts darauf ankommt, daß das Volk erhalten bleibt, alles aber darauf, daß es als wert der Erhaltung sich beweise.

Wie zur Zeit des Turnvaters Jahn durch Radmantel und Schlapphut, zur Zeit der Burschenschaft durch Bierzipfel und Pfeifenquast, in viktorianischer, wilhelminischer Zeit durch deutsche Tätowierung im Antlitz, so kennzeichnet sich heute der deutsche Musensohn durch Braunhemd und Hakenkreuz als die bevorzugte Blüte des Weltgeistes, und der dümmste Junge, wenn er in Uniform steckt und in Masse auftritt, entwickelt ein Hochgefühl der Selbstschätzung, darum Genien und Priester der Menschheit ihn beneiden dürfen.

Es ist noch nicht an der Zeit, die Wesensbilder jener Männer aufzuzeigen, die das Deutschland von heute zu Führern erkor und als Herzöge verehrt. Wenn meine Geschichtstheorie recht hat mit dem Erweise, daß alle Geschichte Dichtung und Mythos sei und ein nachträgliches Sinngeben sinnloser Wechselfälle, so dürfte die deutsche Gegenwart den ganzen Scharfsinn ihrer Logik nötig haben und die ganze Enge ihres Herzens, um so viel Unheiliges heilig zu lügen, in so viel Verschlagenheit und Tücke die altverbriefte deutsche Treue aufzuzeigen, so viel Gemeinheit rechtlich zu sanktionieren und die Angst vor dem kritischen Geist noch als eine Tat des Geistes erscheinen zu lassen.

Die deutschen Professoren sind tüchtig. Es wird ihnen gelingen. Sie werden an den deutschen Universitäten den ältesten Bestand an Metaphysik, Romantik und Volksmystik aufbieten, werden wunderbar orakeln von Blut und Urnatur, von kosmisch und Mythos, Leben und Erlebnis, Landschaft und Scholle, werden (da ja die Kraft des Glaubens sich an der Absurdität des Geglaubten beweist) hinter allen banalen Taten der Ungeistigkeit und Roheit die Offenbarungen der Volksseele entdecken, welche auferstanden ist wider den alten Verderber und Urfeind: den, ach, so abstrakten, bildlosen, schollenlosen, herzlosen undeutschen Geist des Einmaleins. Denn wer sich der Norm des in Jahrtausenden errungenen geistigen Oberbaus, wer sich dem Sinn der Menschheit nicht mehr beugen will, der hat sogar das Recht zu behaupten, daß zweimal zwei gleich fünf sei, da die bisherige Algebra semitischen Ursprungs wäre und den erdwüchsigen Eigentümlichkeiten der erwachten Volksnatur nicht mehr entspräche.

Die deutsche Hochschule ist verengt bis zur Selbstvergottung des nationalen Termitenhügels, verengt zur »Autarkie«, das heißt Selbstgenüge; und so darf sie nicht mehr gemessen werden an Hand der Normen der internationalen Logik, die sie verachtet. Die Deutschen wollen blühn und genommen sein wie man Wild und Waldtier hinnimmt, und nun gilt es nicht zu fragen: »Was leisten die Deutschen für die Menschheit und Menschlichkeit?« sondern: »Was ist die deutsche Bildung in sich selbst und für sich selbst?« Soll aber nicht Macht, Gewalt und zufälliger Erfolg im »Kampf ums Dasein« zum Oberwert aller Werte werden (eine politische Philosophie, dank deren ja auch die Wanzen höchste Blüte der Schöpfung sein würden, wofern es ihnen gelänge, die Erde siegreich mit Ihresgleichen zu übersäen), nun, dann kann und darf man nur nach Schönheit und Selbstvollendung des Typus fragen.

Und so schaue man sie an! Diese Professoren, diese Studenten sind die Musterbilder und Meisterbilder, in denen sich ein Volk vollendet, eine Geschichte erfüllt.
Wir waren niemals versucht, Gipfel und Gut deutscher Seele zu sehn in den klassischen Werken der germanischen Selbstvergottung, etwa in den schlackenreichen und zweifelhaften Werken Houston Chamberlains und Paul de Lagardes (die ja übrigens auch dem Blute nach keine Deutschen waren). Aber angesichts der deutschtümelnden Führer des Heute sind diese Chamberlain und Lagarde wirklich und echt gewesen. Nie ist das Deutschtum so unecht und unwirklich gewesen wie heute, wo der gräßliche Pampf und Schwulst hitlerischer Reden Ausdruck der deutschen Seele, wo all der Haß und all die Galle der Rosenberg oder Goebbels Offenbarung deutscher Natur sein soll, wo sogar die älteste Patriotenjambik des Halbjuden Ernst v. Wildenbruch, wo vollends die lebendigen dithyrambischen Bardite Rudolf Borchardts (des deutschesten unter den Deutschtönern und typischsten Vertreters der wirklichen Gebrechen jüdischer Geistigkeit), ja sogar die ehrliche Sprachreinigung durch den Juden Engel immerhin noch wirkliches Deutsch und würdiges Deutsch ist im Vergleich zum Deutschtum jener, die ihre Zwiebelschalen ohne Kern in die Winde streun und nichts lieben und nichts ehren und nichts vorleben als den Mann ohne Selbst, den seine Gesinnung im Munde führenden und ewig leerlaufenden Gegenpol des Ahasver: den äußerst arischen, äußerst substanzlosen Peer Gynt. [1933]

Die Potsdamer Garnisonskirche

Der Sitz des neuen Reichstags

Ja, die Weltgeschichte ist witzig. Als nach Beendigung des furchtbarsten aller Kriege das deutsche Volk wiederatmend, auf einen neuen Frühling der Freiheit zu hoffen begann, da nahm die Gemeinschaft deutscher Länder ihre Zuflucht zu der Stätte ihrer heiligsten Erinnerungen und unseres reinsten Genius. Weimar, die

Landschaft Goethes sollte die Begründung der neuen Reichsverfassung erleben. Das Deutschland Weimars sollte das Deutschland von Potsdam ablösen. Auf dem Trümmerhaufen, den der Weltkrieg hinterlassen hatte, wurde die Weimarer Verfassung aufgebaut. Heute liegt sie zerbrochen. Das Deutschland des Dritten Reiches wird nun eingeläutet in der Hof- und Garnisonskirche von Potsdam.

Die Hof- und Garnisonskirche von Potsdam wurde 1730–1735 durch den Ingenieurmajor Phillip Gerlach errichtet, den Hofbaumeister des Großen Soldatenkönigs Friedrich Wilhelm I., des Schöpfers der berühmten Langen Garde. An dieser Stätte schlossen am 3. November 1805 die beiden Könige Alexander von Rußland und Friedrich Wilhelm III. ihr Bündnis. An dieser Stätte befinden sich die Gräber Friedrich Wilhelms I. und Friedrich des Großen. Diese Kirche – so rühmt das Lexikon der deutschen Architekten, – hat an Stelle der Kuppel das flachste aller flachen Dächer. Das Innere, so steht im Lexikon von Grieben, im Jahre 1898 neu restauriert, ist einfach und dunkel. Hier wurden bis zu Beginn der Revolution die eroberten Fahnen aufbewahrt, welche im November 1918 spurlos verschwunden sind und nunmehr durch die Fahnen mit dem Hakenkreuz ersetzt werden sollen. Die Stätte, auf welcher die Hof- und Garnisonskirche steht, ist ein alter Exerzierplatz, vom Volksmund »Die Plantage« genannt. Über dem Altar hängt das eiserne Kreuz mit Nägeln, welches während der Kriegsjahre unter dem Brandenburger Tore stand. Davor hängt das Altartuch, das im Felddienst gebraucht wurde, als die Völker Gott anriefen um Heil und Segen im Zeitalter des furchtbaren wechselseitigen europäischen Mordens.

Der Glockenturm ist 87 Meter hoch und spielt alle Stunden die Melodie »Bis hierher hat uns Gott gebracht«. Hier wird am Grabe des Soldatenkönigs der neue Reichstag zusammentreten wie einst nach der Revolution von 1848 das erste deutsche Parlament in der Paulskirche zu Frankfurt a. M. [1933]

Kleines Lexikon fürs Dritte Reich

Da dank dem bevorstehenden Kommen des »Dritten Reichs« voraussichtlich mit der deutschen Seele auch die deutsche Sprache eine wundersame Wandlung ins Reinere erleben wird, so dürfte es schon jetzt zeitgemäß sein, im folgenden zusammenzustellen: die wichtigsten Ausdrücke, welche jeder redende und schreibende Deutsche, also jeder deutsche Mensch schlechthin täglich verwenden muß. Das folgende Verzeichnis bietet eine erste vorläufige Auswahl.

Gemüt. Unübersetzbare Bezeichnung für echtdeutsches Wesen im Gegensatz zu welschem Esprit, gallischer Tücke, jüdischen »destruktiven Tendenzen« und amerikanischer »Nationalität« oder »Mentalität«.

Naturnähe, Naturunmittelbarkeit, Naturgefühle. Bezeichnungen für arische Urmonopole; äußerst verwendbar, um alle möglichen Einwände niederzuschlagen. (Siehe auch: Instinktsicherheit, Blutgemäßheit und Urgefühl.)

Arisch, germanisch, deutsch. Guthin positiv bejahende Adjektive für Angenehmes und Annehmbares. Zum Beispiel: Deutsches Eichenholz, Buchengrün und Tannenlaub. Deutscher Sang, Hering, Frühling, Blumenkohl, Treue, Steuerbukett. Deutsche Leberwurst, Herrlichkeit, Manneszucht, Wehrhaftigkeit, Liebe. Deutsche Faust, Gemütlichkeit, Blutsreinheit und Soda. Gegensatz bei Ware, die man *nicht* empfehlen kann: Artfremd, undeutsch, oder auch einfach marxistisch. Also z. B.: artfremde (undeutsche, jüdische, bolschewistische, lateinische usw.) List, Tücke, Feigheit, Frechheit, Falschheit, Untreue usw.

Tarnen, Tarnung. Neben Ballen und Ballung, Verankern und Untermauern ein neueres Lieblingswort. Es bedeutet so viel wie »Laß Dich nicht erwischen«.

Intellekt, Intellektualismus, Ratio, Rationalismus. Größte Schimpfworte. Meist versehen mit Beiworten wie: »kalter«, »zersetzender« und »schnöder«. (Noch stärkere Schimpfworte sind: Mechanisch, Mechanisierung, Mechanei und Nivellierung, z. B. durchaus noch zeitgemäß: »das Problem der Rationalisierung«; »die fortschreitende Mechanisierung der modernen Kultur«; »das kalte Nivellement des Verstandes« usw.).

Materialismus, Maschine und Technik. (Beiworte: kalt, öde, flach, wüst, undeutsch) sind beliebteste Ekelworte. Gegensatz: Deutscher Idealismus, deutsche Mächte des Gemütes, arisches Ur usw.

Synthese, synthetisch. Neben »organisch gewachsen« und »historisch bedingt«, das beliebteste Jubel- und Bejahungswort. Gegensatz: analytisch. Beispiel: »analytische Mentalität«, (d. h. undeutsche, rassisch unsichere usw.), Syntetische bezw. symbolische Geistigkeit, d. h. positive, jasagende, bildhafte, deutsche.

National, völkisch, volkhaft, bluthaft. Beliebte Bezeichnungen für Adel der eigenen Person.

Arisch. Andere Bezeichnung für Ich oder Gott.

Kosmisch. Ein Wort, das nur der bluthaft Bodenständige allenfalls versteht.

Marx, marxistisch = Satan, satanisch.

Boden, bodenständig. Ähnlich wie erdnah, erdhaft, wurzelecht, blutnah, artecht: lobendste Positiva der deutschen Sprache.

Weib. Neben Liebe (Liabe) das köstliche Edelwort im Dritten Reich. Beiworte: Echt und deutsch. Echtes deutsches Weib, das heißt Hausfrau, unecht und undeutsch sind unter anderem Bezeichnungen für Frauenstudium und weibliche Konkurrenz im Erwerbsleben. [1932]

II.

»Gut! Ich habe also das Weltsystem in hundert Feuilletons zerschnitten. Davon kann ich immerhin Brot kaufen.«

Satirische Feuilletons (1923–1933)

Osterbotschaft

»Vive la bagatelle! rief Swift, als ihm der Schädel zersprang.«
(Hebbel: »Tagebücher.«)

»Nein!« sagte Fancy. »Ihr seid's alle nicht mehr gesund. Immer Politik. Das halt ich nimmer aus.« –
»Meine gute Fancy«, erwiderte ich würdig. »Meine liebe Pippa.« – (Ich nenne sie zuweilen Pippa, weil schon Robert Browning sie so genannt hat.) – »Von den Ereignissen der Weltgeschichte verstehst du nichts, Kind. Du solltest aber fühlen, daß es schmachvoll ist, die großen Stunden in der Entwicklung des Menschengeschlechtes . . .«
»Papperlapapp« unterbrach sie mich, und die Märchenaugen blitzen. »Gut sein sollt ihr. Euch alle endlich zusammensetzen um einen großen Tisch. Und darüber nachdenken: Wie enden wir den Schmerz der Kreatur? Die Not aller Gotteskinder? Die ewige Ungerechtigkeit, die einer tut am andern? Aber statt dessen brüllt ein jeder: ›Vaterland!‹ Und hat dabei Schaum vor dem Munde. Und wenn ihr ›Liebe‹ sagt, bekommt ihr böse Augen.« – »Du hast keinen Sinn für Weltgeschichte«, sagte ich. »Aber ich möchte dir helfen. Zu Ostern fliehen wir in die böhmischen Wälder.«
Tief in Böhmens Wäldern, nahe der Grenze Schlesiens, wohnt Wu, der alte Waldgott. Der Großvater von Gerhart Hauptmann. Bei dem mieteten wir ein bescheidenes Stübchen. Vor unserm Fenster stand eine tausendjährige Eiche. Auf der hundertjährigen Eiche saß der hundertjährige Rabe.
Fancy, welche gleich dem König Salomo viele Tiersprachen versteht, begrüßte ihn freundlich. »Guten Tag, Herr Rabe.« Aber der böslaunige Vogel erwiderte: »Bitte? Nobelkrähe! – Beachten Sie: Nobel: Nicht: Nebel! Die gemeine graue Nebelkrähe, corvis grisis communis, horstet rechts von der Elbe. Wir dagegen sitzen auf dem linken Flügel und sind organisiert im . . . Hakkakkh.« . . . »Was heißt . . . Hakkakkh?« staunte Fancy. Hugin der Rabe krächzte: »Heimatstreu-Abteilung königlich kaiserlich aktiv-kommunistischer Krähenhorste.« »Lieber Hugin«, seufzte Fancy. »Ich fliehe

hierher, um aus der Politik herauszukommen und nun krächzen Sie so politisch.«
»Der ganze Wald rauscht Politik«, sagte der Rabe. »Hören Sie was die Eichen brausen? ›Buchen-Fluchen‹. Und was die Buchen erwidern? ›Eichen-Leichen‹. Die Natur hat sich mit der Neuzeit politisiert. Die Eichhörnchen und Igel stecken im Fascismus. Die Maikäfer und Wühlmäuse sind marxistisch eingestellt« ... In diesem Augenblicke trat eine Katze in unser Stübchen. Kaum hatte Hugin sie erblickt, so flatterte er empört davon, schrecklich krächzend: »Katzheit verrecke!« – Die Katze aber bezeugte große Freude. Sie schnurrte, buckelte, schmiegte sich an Fancys Knie und miauzte: »Ich bin dreifarbig.« »Das sehn wir«, sagte Fancy. »Warum aber legen Sie Wert darauf?« – Die Katze erwiderte: »Es gibt Gelbweiße. Graublaue. Schwarzrotgoldene, i gitt! Einige sind wie Senf mit Stiefelwichse. Aber die eigentlichen sind gelb-braun-rot. Am vorigen Mittwoch begann die neue Epoche der Weltgeschichte. Seither versuchen volksfremde Katzen sich gelb-braun-rot anzumalen. Ist das organisch? Ich beantrage die eugenische Sterilisation zugunsten der reinblütig Dreifarben-Einheitskatz.«
»Schrecklich!« stöhnte Fancy. »Sie sind ja verhext. Oder ich bin verhext.«
»Das kommt vom Radio«, sagte die Katze. »Seit drei Jahren hören wir im Rundfunk Reden. So was verträgt der dickste Wald nicht.«
In diesem Augenblicke kam ein langhaariger Dackel auf die Katze zugesprungen, und die Katze sprang aus dem Fenster mit dem Rufe: »Katzheit erwache.« Aber auch der Dackel tat sehr erfreut, umwedelte Fancy und bläffte: »Liebe reizende Fancy. Sie kommen im epochemachendsten Augenblick nationaler Entwicklungsgeschichte. Die Sprachenfrage ist gelöst. Man bellt künftig nicht mehr Wau-Wau. Feinere Rassen bellen Woi-Woi. Was ist Wau-Wau? Ausdruck stichelhaariger Krummbeinseelenbelange. Kein Glatthaariger mit guten Behängen entwürdigt sich zu solchem Laut. Sprache ist Erdduft. Sprache ist Volksgemüt. Eigengewachsen!! Das ist die Parole in unserm Wald.«
Fancy war sehr bleich geworden. »Was ist das?« stöhnte sie. »Warum muß ich die Sprachen der Tiere verstehen? Die ganze Natur ist verstört.« »Woi-Woi«, kläffte der Dackel. »In den

Schulen muß man beginnen. Belle nicht wie der Landsfeind. Muttersprache – Mutterlaut. Kosmos erwache! Autarkie. Autonomie. Autochto–mono–mano–manie. Woi!«
»Hören Sie doch auf!« stammelte Fancy. »Ihr richtet euch alle nur zugrunde.« Da stürzte Tarzan ins Stübchen, der Schäferhund, fuhr dem Dackel ans Bein und boll gebieterisch: »Macht ist Recht. Hoch Karnivoria«, während der Dackel mit dem Gruße »Heil Schlammesselini« der Katze nachsprang.
»Zeitgenossen!« begann der große Tarzan. »Eine Weltepoche ist ausgebrochen. Eine Weltgeschichte. Dergleichen hat die Ewigkeit noch nie geschaut. Schafe wollen sich nicht scheren lassen. Und also hörte ich gestern einen Schöps blöken: ›Weide meine Lämmer.‹ Diese guten Hirten. Was wollen diese guten Hirten? Zunächst Wolle. Und wir sollen dazu Ja blöcken. Zuletzt am Osterauferstehungsmorgen fressen sie ihre Lämmer. Ist das Weltgeschichte?«
»Aufhören!!« Fancy fluchte förmlich. Sie hielt sich die beiden rosigen Öhrchen zu. »Gibt es keine Liebe mehr auf Erden? Nichts Zartes? Keine Kunst? Keinen Humor? Nichts als dicke Schlagworte. Versicherung, man sei vaterländisch. Fahnen? Feldzeichen? Und was steckt dahinter? Neidisch seid ihr. Jeder auf jeden. Und jeder brät sich die Extrawurst.«
»Dann scheren Sie sich doch zur Natur hinaus«, bellte der große Tarzan. »Meine von Gott gewollte welthistorische Sendung ist: die Herden hübsch zusammenhalten. Stramm gestanden. Gehorsam. Disziplin! Macht schafft sich Recht!« – Aber in diesem Augenblicke trat der alte Waldgott selber ins Stübchen. Tarzan kroch wedelnd untern Tisch. Fancy aber stürzte dem Alten in die Arme und schluchzte: »Vater Pan! Gibt es denn keine Rettung?« Der alte Waldschratt blickte gerührt auf das schöne Kind. »Fancy«, sagte er milde. »Die Natur ist verrückt geworden. Ehemals befand sie sich im leidlichen Einklang. Ein Idyll wars freilich nicht. Überall Kampf der Arten. Aber sie hielten einander doch Gleichgewicht. Und nie ist es vorgekommen, daß eine Sorte die andere völlig aufgefressen hat. Aber dann kam der Mensch. Man erfand die sogenannte heroische Weltanschauung. Die wurde verbreitet vermittelst Radio. Überall auf der Erde war die Luft erfüllt von Radiowellen. Und alle diese Wellen trugen Jahre lang immer dieselbe fabelhafte Rede. Dazu

Richard Wagner. Das wirkt ansteckend. Bei den Haustieren fing es an. Die Spatzen pfiffen von den Dächern: ›Spatzheit über alles.‹ Schließlich erklärten selbst die Waldkäuze: ›Alles Licht kommt von der Eule.‹ Die Schnecken gründeten den Verein: ›Fortschritt‹. Und die Flöhe erhoben zum Prinzip: ›Unvermischtes Eigenblut.‹ Sämtliche Ameisenhaufen erklärten sich für Mittelpunkte der Erde. Die Nachbarhaufen wurden als Konkurrenten beanstandet. So begann das allgemeine große Naturwettrüsten. Bekanntlich tragen Ameisen am Hinterleibe kleine Giftdrüsen. Darin bereiten sie ihre Säure. Mit diesen giftigen Säuren bespritzen sie sich gegenseitig. Sie nennen das: ›Sich literarisch betätigen.‹ Oder einfach: ›Kultur‹. Oder: ›Zeitung‹. Die Haufen oder wie man heute sagt: ›die völkischen Kollektivs‹ können alle einander nicht riechen. Aber legt man sie in eine humanitäre Zuckerlösung, dann belecken sie sich wechselseitig. Hörst Du, Fancy, durch die Nacht das furchtbare Quacken der Frösche? Sie halten gerade Reichstag. Sie haben beschlossen, daß vom ersten Mai an der Frühling sich nicht mehr grün manifestieren darf. Nur noch gelbbraun. Ikterus! Das muß die Leibfarbe der Natur werden. Auch die Färbungen und Vereinsabzeichen der Blumen und Schmetterlinge sollen künftig geregelt werden, alles kommt an auf richtige Symbole. Die politische Weltanschauung hat auch auf die Blumenwelt übergegriffen. Auch die Elfen und Nixen beginnen sich zu politisieren. Schon hörte ich, wie das Veilchen zum Schneeglöckchen sagte: ›Die nationalen Blauveigleinbelange erfordern die Ausrottung der Rosen.‹ Worauf das Schneeglöckchen erwiderte: ›Läuten wir Revolution.‹ Gestern bestellten die Krähen eine Zensur für Nachtigallen« . . .

In dieser Nacht verfiel die arme Fancy in Fieber. Morgens fand ich sie bleich und aufgelöst. »Ich habe furchtbar geträumt«, klagte sie. »Ich befand mich in der Heimat. Glocken dröhnten, Kanonen bollerten, Fahnen schwebten im Licht. An Mauern und Säulen klebte ein Aufruf ›An mein Volk‹.« Folgendermaßen begann er: »Wer sich international betätigt, begeht Landesverrat. Denken ist eine internationale Betätigung. Das Parlament hat daher auf Befehl unserer Volksregierung legal beschlossen, daß sich das Volk künftig wegen Volksverrat selbst bestraft, insofern es nicht landes- und blutsgemäß denkt. Logiker, Ethiker, Mathematiker und sämtliche

-isten mit Ausnahme von Nationalisten werden mit dem Tode bestraft, wofern sie künftig statt mit den Eingeweiden noch mit dem Gehirne denken.«

»Arme Fancy«, sagte ich. »Das sind freilich schwere Träume.«

»Höre weiter«, stöhnte sie. »Ich ging durch graue Straßen ohne Ende. Überall immer die selben Häuser. Über allen Häusern die selbe Radiowelle. Und die bekannte Rede: »O herrliches Vaterland. Für das und von dem wir alle leben.« In allen Häusern verschüchterte, stumme, fronende Menschen. Einer rief: »Bruder! Sei doch endlich unser Bruder! Oder ich mach dich kalt.« An den Zäunen wieder mal eine Kundgebung: »Die objektive Vernunft ging mit Tode ab. Zwei mal zwei ist fünf.« . . .

»Das sind wunderliche Fieberphantasmen«, sagte ich. »Fancy, ich muß glauben und vertrauen, Kind. Dazu bin ich Philosoph.« Da schrie sie verängstigt: »Um Gottes willen! Mensch! Werde Flaggentuchfabrikant. Oder Giftgaschemiker. Oder Sarglieferant. Das sind zukunftfähige Berufe. Philosophie ist der gefährlichste Beruf Europas.«

So fieberte sie. So redete sie irre. Da sah ich: Es muß etwas geschehen! Aber wohin? Aus Amerika, aus Japan, aus Indien, von den kleinsten polynesischen Eilanden kamen politische Nachrichten, daß alle Völker der Erde die neue Epoche der Weltgeschichte begonnen hätten. Es gab keine Rettung mehr. Nirgends eine unpolitische Zukunft.

Da hörten wir endlich von einem Verein »Eiserne Gemütsruhe« in Marienbad. Die Mitglieder dieses Vereins haben im Durchschnitt hundert Kilo Lebendgewicht. Das große Problem der Vereinsbrüder und -schwestern ist dieses: »Wie werde ich schlank?« Paragraph eins der Statuten: »Unser Verein ist international, und alle politischen Gespräche werden mit Ausschließung aus dem Verein bestraft.« Das war ein Hoffnungsstrahl in grause Nacht. Wir begaben uns in die Obhut dieser guten Menschen . . . Morgens üben wir Purzelbäume. Mittags fasten wir gemeinsam, nachmittags spielen wir Bridge auf Miramonte. Abends singen wir gemeinsam:

»Wir sitzen so friedlich beisammen.
Und haben einander so lie-ie-ieb.«

In dieser gesunden Luft erholt sie sich langsam. Meine arme holde Fancy. [1933]

Philosophie des Schlangestehens

Wie nur im Deutschen dieses Wort aufgekommen sein mag? In meiner Jugend habe ich es nie gehört. Aber heute ist es das verbreitetste Wort der deutschen Sprache. Überall wohin Du kommst im deutschen Reich, siehst Du vor den Milchläden, den Bäckerläden, den Schlächterläden, vor den Postschaltern und den Schaltern der Eisenbahnen in langer Reihe aufgereiht Alte und Junge, Männer und Frauen, welche stundenlang warten, bis sie zum Einkauf zugelassen werden. Ihnen zur Seite steht auf dem Bürgersteig ein Soldat mit gezücktem Spieß und bewacht die richtige Reihenfolge. Das ist, was man früher Polizei, aber heute Schupo oder Sipo nennt, und diese hungrigen, von der Polizei bewachten Menschenschlangen in allen deutschen Städten sind gleichsam das Wappen der neuen Republik ... Wartet man nun stundenlang in einer solchen Menschenschlange (man nennt das Butterpolonaise, Milchpolonaise, Markenpolonaise je nachdem), dann bilden sich von selber neue Regeln des Verkehrs. Es kommt vor, daß junge Leute den älteren den Vorrang gönnen oder daß ein höflicher Mann für ein junges Mädchen den Einkauf gleich mit übernimmt. Manche Leute verbringen ihre Vormittage (denn nachmittags wird zehnfache Taxe gefordert), im Warteraum der kleinen Postämter, um eine Briefmarke zu kaufen. Manche stehen einige Stunden und lassen sich dann von Kindern oder Freunden ablösen. Die meisten sind wie gallegeladene Raketen, welche jeden Augenblick losbrennen können. Man redet immer von der kochenden Volksseele. Beim Schlangestehen kann man diese Seele studieren. Die wenigen Menschen, welche Zeitungen schreiben oder Bücher schreiben oder öffentlich reden, haben es am besten; denn sie können jeden Tag ihre Galle ablassen und werden dafür noch bezahlt, aber das große Volk hat zu dieser Entlastung keine andere Gelegenheit als die Familie oder den Stammtisch und keine anderen Ausdrucksmittel als Tiernamen. Die Worte Esel, Schwein, Schaf usw. fliegen von Mund zu Mund. Dabei besteht doch die Tatsache, daß das Einkaufen in Deutschland ein Beschenktwerden ist. Komm ich z. B. zum Friseur, dann sagt der: »Gut, daß Sie gerade heute kommen. Heute kostet das Rasieren nur fünfzig Milliarden Mark, aber von morgen an hundert.« Käme ich aber erst morgen, dann würde er sagen: »Sie haben doch stets Glück; gerade eben hat die Friseurinnung beschlossen, daß von morgen ab das Rasieren eine Billion kostet.« Die Wahrheit ist, daß wir nur eine Scheinwirtschaft haben und ganz umsonst leben. Daher erwägen ganz kluge Volkswirte, ob wir nicht zur Geldwirtschaft der Urbewohner Polynesiens übergehen sollen. Diese bezahlen mit bunten Kieseln, wie man sie im Bette der Flüsse findet; solche Kiesel sind viel seltener als Milliardenscheine ... Wenn man nun aber als Philosoph täglich Schlange steht, dann vertreibt man sich die Zeit am besten mit Denken. Ich denke besonders viel über die soziale Revolution nach. Nietzsche hat bekanntlich gelehrt, daß die Menschheit drei Epochen habe; er nennt sie das Kamel-, das Löwen- und das Kindszeitalter. Erst sei der Mensch moralisch und lasse sich Alles aufladen. Dann werde er Alleszertrümmerer und Skeptiker; und zuletzt zum wiedergeborenen Kind. Ich habe das deutsche Volk jedenfalls nur im ersten Stadium gekannt; und ich glaube, es wird dabei bleiben. Und zwar aus folgenden Gründen. Nehmen wir z. B. nur mal die Leute in unserem Haus. Im vierten Stock unterm Dach wohnt Frau Schelleken, K. P. D., (d. h. Kommunistische Partei Deutschlands); sie ernährt sich als Waschfrau und hat vier Kinder und ist mit sozialem Zündstoff geladen; und ich brauchte ihr nur ein Wort zu sagen, dann schlüge sie mit mir die Fensterscheiben der Delikateßläden ein und machte Revolution. Aber das kleinste Kind bekommt die Brust. Wenn Frau Schelleken beim Schlangestehen randalieren wollte und es käme der Sipo und spundete sie ein, pflugs müßte Friedel (das jüngste) verhungern und Frau Schelleken ist also gar nicht in der Lage und ist viel zu verbraucht und müde, um Revolution zu machen und ihre Kinder verhungern zu lassen. Käme Hasemann im dritten Stock, U. S. P. D., (d. h. Unabhängige Sozialdemokratie Deutschlands); der ist Monteur im Körtingswerk Linden und möchte wohl Revolution machen, aber da ist Malchen! Diese ist verlobt mit Nowak, der bei der Post angestellt werden soll und dann wollen sie heiraten. Macht aber Hasemann Revolution, dann wird Nowak nicht angestellt und die Verlobung geht zurück und große Schande fällt auf die Familie und Malchen wird unglücklich, darum opfert Hasemann seine revolutionären Instinkte ebenfalls für das Glück seiner Familie. Behrends im zweiten Stock sind schon national und antisemitisch, und wenn sie Revolution machen, dann nur von rechts; aber Behrends ist bei der Sparkasse angestellt und haßt daher die großen Banken, die das Geschäft wegschnappen und will sie in die Luft sprengen; aber er wird es nicht tun, denn, wenn die Banken hopps gehen, dann geht die Sparkasse auch hopps und wovon soll er leben? Beckers freilich im ersten Stock sagen, sie seien »Edelkommunisten«, aber sie haben viel Geld verdient und haben nicht mehr nötig Revolution zu machen, und so weiß ich in unserem Hause überhaupt niemanden der Revolution machen würde außer mir, und wenn ich es ganz allein mache, dann hat es ja doch auch keinen Zweck ... Solche Gedanken bewegen mich jetzt, wenn meine Frau mich bittet, eine Postkarte einzukaufen. Dann stecke ich mein Stück Schwarzbrot in die Tasche und stelle mich in die Schlange, und das ist schon darum nötig, weil kein Mensch in Deutschland heute weiß, wieviel eine Postkarte kostet, denn wenn ich auch gestern die neuen Post- und Eisenbahntarife auswendig gelernt habe, heute sind sie doch wieder anders. In der Nähe meiner Wohnung gibt es zwei Briefkästen, welche zu verschiedenen Zeiten ausgeleert werden. Es kommt vor, daß Briefe, die ich in den einen werfe, ihr Ziel erreichen, aber solche, die ich um die selbe Zeit in den anderen werfe, mir zurückgeschickt werden als ungenügend frankiert, weil in der Zeit zwischen den beiden Entleerungen die Portosätze sich geändert hatten. Ich könnte dieses Leben nicht mehr aushalten und die Milch meiner frommen Denkungsart wäre bei dem ewigen Schlangestehn sicher schon zu gärend Schlangengift geworden, wenn ich nicht gerade diesem Schlangestehn eine Erkenntnis zu verdanken hätte, die für meine ganze Weltanschauung entscheidend wurde. Ja, ich kann wohl sagen, sie hat meinen ganzen Charakter verwandelt. Das will ich zum Schluß noch erzählen.

Es war auf dem Stettiner Bahnhof in Berlin. Eine ungeheure Reihe Menschen stand vor dem Billetschalter aufgereiht, denn alle wollten den Zug 3 Uhr 40 erreichen. Ich hatte mich eine Stunde vor Abfahrt des Zuges eingefunden und hatte somit wohl Anwartschaft, eine Fahrkarte zu bekommen. Aber inzwischen war es nun schon 10 Minuten nach 3 geworden und vor mir standen noch drei Personen, als erster ein dicker Mann mit einem Knaben. Ich berechnete, daß wenn der Schalterbeamte sich etwas beeilte, ich den Zug bequem erreichen würde; aber ähnlich rechneten wohl auch noch fünfzig Personen hinter mir, so daß keiner aus der Reihe wich, sondern alles wartete. Da plötzlich klappt der Beamte das Schalterfenster zu und läßt ein Pappschild herab; darauf steht mit Blaustift zu lesen: »Schluß des Schalters wegen Überfüllung des Zuges.« Eine tobende Wut ergriff den Menschenhaufen. Der Dicke mit dem Knaben, welcher gerade dran war, benahm sich wie rasend, trommelte mit seiner derben Faust gegen die Glasscheibe und schimpfte, seine Aussperrung sei ungesetzlich. Der Beamte kommt noch einmal ans Fenster, um den Dicken los zu werden. Der ändert sofort den Ton. Er wird weinerlich. Seine teure Mutter läge im Sterben und wolle ihn und den Enkel zum letzten Male sehen und es läge allein am Willen des Beamten, ob er noch den letzten Segen der Sterbenden empfinge. Er müsse noch mit dem Zuge fort; auf zweie mehr käme es auch nicht an. Ich dachte: »Dieser Halunke! Lügt einem edlen Beamten die Hucke voll.« Aber das Herz des Beamten war weich. Er sagte: »Na meinethalben, unter diesen Umständen sollen zwei Personen noch mit, dann aber Schluß!« Der Dicke bekam also noch eine Fahrkarte für sich und den langohrigen Jungen. Aber da hätte man die Menge sehen sollen. Es hagelte Flüche auf den Dicken. »Ungerechtigkeit, Schieberei, Durchsteckerei.« Wenn zwei mitkämen, dann könnten auch noch vier und fünfe mit, man solle eben mehr Wagen anhängen. Besonders die Nächststehenden gerieten ganz aus dem Häuschen und bedrohten den Dicken. Dieser drückte sich schleunigst durch die Kartensperre, aber als er hinter dem Sperrgitter stand und sein Billet geknipst war, drehte er sich um und schrie in die wütende Menge das Wort, welches ich lebenslang nie vergessen werde. Er rief: Ihr solltet Euch lieber freuen, daß wenigstens zwei noch mitgekommen sind! Die Wirkung war erstaunlich. Die Leute waren perplex. Dieser Egoismus war schon fast erhaben. Der Kerl verlangte, daß alle Zukurzgekommenen statt auf ihn zu schimpfen, sich darüber freuen sollten, daß es wenigstens ihm und seinem Jungen noch gut erging. Dies war so absurd, daß die Menschen nicht wußten, ob sie wild werden oder lachen sollten. Schließlich erscholl allgemeines Gelächter und der Dicke stimmte ein und schob ab . . . In tiefster Verstimmung kroch ich nun durch Berlins gräßliche Steinwüste. Denn ich hatte wirklich viel dadurch verloren, daß ich wieder mal den Anschluß verpaßte. Ich sollte diesen Abend in Stettin einen Vortrag halten über »Buddha und Christus«. Nun mußte ich im letzten Augenblick abtelegraphieren und das schuf große Verluste und Verwirrung. Ich gestehe, meine Gedanken waren blutig. Ich träumte davon, den edlen Schalterbeamten und sämtliche Beamten der deutschen Republik in die Luft zu sprengen. Dann dachte ich an Buddha und Christus und wie die sich wohl in meiner Lage benehmen würden. Da geschah es! Da kam die große Erleuchtung meines Lebens. Das Wort des dicken Mannes fiel mir ein. Mein Himmel! Das *war* ja Buddha! Das *war* ja Christus! Das hätte der heilige Franziskus nicht besser machen können. »Ihr solltet Euch lieber freuen, daß wenigstens zwei noch mit dem Zuge mitgekommen sind.« Hatte das nicht Gott durch den Dicken geoffenbart so wie er einst durch Bileams Esel sich offenbarte? Kann man nicht auch einmal von dieser Seite das Leben sehen? Wenn ich tobe und die Welt hasse, weil nur gerade ich und manche andere mit dem Zuge nicht mitgekommen sind, während doch der unwürdige Dicke und der dämelige Junge mitgenommen werden, die doch ganz sicher nicht in Stettin über Buddha und Christus reden müssen und eine ganz erbärmliche Flunkerei machen, um einen edlen Beamten zu rühren, ja, was ändere ich dadurch? Ich mache mein Unglück noch schwerer und helfe niemanden. Aber ich will versuchen, fromm zu werden vor dem Schicksal. Und indem ich solches dachte, kam ich an einem Luxusrestaurant vorüber. Da saßen hinter den glänzenden Glasscheiben ein paar dicke Herren, die hatten Bügelfalten und rauchten Importen und aßen Kaviar und tranken Burgunder. Da dacht ich: Es steht schlimm um Deutschland, wir hungern und werden immer dünner, aber Gott sei Dank! Ihr lieben Zeitgenossen dort gebt mir die tröstliche Gewißheit, daß die Lebensfreude noch nicht völlig verstarb, sondern daß es doch noch ein paar Menschen gibt, die inmitten unseres allgemeinen Elends sich ganz wohl fühlen. Vielleicht seid Ihr nur ein paar Schieber oder Mädchenhändler oder Taschendiebe, aber das hindert nicht, daß bei guter Erziehung Eure Söhne schon deutsche Lyriker sind und deren Söhne Privatdozenten der Ethik. Denn die Wege Gottes sind wunderbar. Und da ich Solches denkend weiterging, siehe, so kam mir entgegen ein junges Weib, schön bemalt im Antlitz und trug Reiherbüschel auf dem stolzen Haupt und ein Täschchen vom Krododil und an den Füßen hohe gelbe Stöckelschuh vom zartesten Leder des Kalbes. Und ich dachte im Herzen: Die Schuhe, auf denen ich laufe, sind meine letzten, und wenn die Sohlen durch sind, so laufe ich auf den Socken, aber Gott sei Dank! Du, meine liebliche Schwester gossest mir ins Herz die frohe Botschaft, daß Schönheit, Genuß und Wohlbehagen, noch nicht völlig verstarben in dieser gräßlichen Welt, und dafür segne ich Dich und Deinen Beruf. Und indem ich solches im Herzen dachte, durchzuckte mich Freude des Himmels und ich beschloß von Stund an meine Weltanschauung zu verändern, wozu meine Kritiker mir schon immer rieten, und diese ethischen Exerzitien fleißig fortzusetzen. Und wahrhaftig! Seitdem ich das tue, befinde ich mich im Einvernehmen mit der Natur und dem Kosmos, während ich doch früher allgemein für einen Krakeeler galt. Ja sogar meine Kollegen, die deutschen Dichter und Denker, sagen seither, ich sei ein ganz netter Mensch. Denn immer wenn ich höre, daß ein anderer deutscher Dichter und Denker die Erfolge oder Förderungen erntet, die mir von rechtswegen nie hätten fehlen dürfen, dann denke ich: Ach Gott ja, einige müssen eben den Anschluß versäumen und werden *nicht* mitgenommen, aber es ist gut, daß wenigstens der Dicke und der Junge noch mitkamen. – Neulich las ich, daß wir in Deutschland 300 ordentliche Professoren der Philosophie besitzen, also ebensoviel als es in Sparta Geronten gab; aber mir ist es nicht beschieden, in diese Schar der eigentlichen Denker aufgenommen zu werden, und darum mache ich es, wie der edle Spartaner, welcher nicht würdig befunden ward, der dreihundertste Geront zu werden und begeistert ausrief: »Wie herrlich ist mein Vaterland, daß es 299 Männer besitzt, die allesamt noch bedeutender sind als ich . . .« Wäre ich aber ein Kultusminister, so würde ich dafür sorgen, daß dieser Aufsatz in alle Schullesebücher käme, damit die Kinder lernen, was ich beim Schlangestehen gelernt habe, daß die höchste Weisheit darin besteht, neidlos sich freuen zu können an dem Glück, welches andere Leute haben: es wird einem freilich verdammt schwer gemacht, weise zu sein. [1923]

Geständnis eines Filmstars

Lebenslang habe ich über Gesetze der Kritik nachgedacht. Es sind Gesetze der Suggestion. Es ist schwer, zu »allgemeiner Anerkennung« zu kommen. Ist das aber einmal gelungen, dann hat man nichts zu tun als – Abstand zu bewahren. Im Anfang kommt viel darauf an, die Begeisterung von fünf, sechs berühmten Zeitungslöwen zu entfachen. Da die Mehrzahl der schreibenden Menschen völlig urteilslos ist, zugleich aber als »kompetent« gelten will, so werden sie unbewußt sich immer strecken nach dem Urteil der sogenannten »führenden Geister«. Von diesen sind am gefährlichsten solche Geister, die durch Erfolge (welche sie nicht selber machen) verstimmt werden. Es ist daher gut, ihnen den Glauben zu geben, sie hätten dich entdeckt und hochgebracht. Denn, wenn sie nicht durch Geld bestechlich sind, so doch sicher durch Eitelkeit und hochherzige Gefühle. Die meisten sind »negativistisch« eingestellt; das heißt, sie denken mit Vorliebe immer das Gegenteil der öffentlichen Meinung, sind also von der öffentlichen Meinung sehr abhängig: man bittet sie am besten um Schutz und zeigt, daß man unverstanden ist.

Einen besseren Maßstab als alle Kritik gibt dir die täglich einlaufende Briefpost, zumal die Liebesangebote. Ich erhalte durchschnittlich jeden Tag etwa fünfzig Gefühlsbriefe; mein Sekretär erledigt die meisten, ohne mir davon Kenntnis zu geben, indem vorgedruckte Postkarten mit Rollenbildern und Namenszug an die Verehrerinnen gesandt werden. Die ernsteren Fälle beantwortet er nach meinen mündlichen Tips, die ich gebe, nachdem er summarisch mich vom Inhalt der meist sehr langen Seelenbeichten unterrichtete.

Man darf annehmen, daß mindestens neunzig Prozent aller Frauen irgendwann einmal »Seelenbriefe« an Unbekannte schreiben. Kaum zehn Prozent aller Seelenbriefe werden an Schriftsteller, Dichter, öffentliche Redner, Politiker gesendet; weitaus die meisten erhalten Operettentenöre und Filmschauspieler, sodann die Geistlichen; – Artisten am Varieté kaum mehr als vielbeschäftigte Frauenärzte.

Die Menge des täglichen Seeleneinlaufs richtet sich nach den Filmen, die gerade laufen. Bei Filmen, in denen ich Helden- und

Phantasiegewänder trage, erhalte ich doppelt so viel Tageserotik als bei Filmen, in denen ich in modernen Kleidern auftrete; aber auch da macht es wieder einen Unterschied, ob in Bluse oder Frack. Am günstigsten sind Nacktrollen, nahezu ebenso günstig: glänzende Uniformen.

Was den Rollen*inhalt* betrifft, so entfesseln sentimentalische Schmachtrollen weit mehr weibliche Gefühlsstürme als Bonvivant- und Schwerenöterrollen. Die meisten Briefe kommen auf Hilflosigkeitsrollen, die zu Bemutterungsgefühl anreizen. Die Schreibenden stehen im Alter von 12 bis 80 Jahren.

Ich habe, um eine leidliche Statistik zu gewinnen, einige Zeit mit meiner Kollegin Putti del Kastelbranko unsere Tageserotik ausgetauscht; ihr Sekretär las und beantwortete meine Korrespondenz, und der meinige bekam die für Putti bestimmten Gefühlsbriefe. Da stellte sich heraus, daß die gefühlvoll schreibenden Männer viel einseitiger und eindeutiger vorgehen als Frauen. In den Briefen an Putti wird oft ganz grob von Liebe und Schönheitsreizen geschwögt. In den Briefen an mich herrschen immer vor die alleredelsten Gefühle und eine sittliche Grundstimmung.

Die Frauen zerfallen, grob gesagt, in Sehnsuchtsvolle und Leerlaufende. Die Sehnsüchtigen, kleine Tippmädchen, Bureauangestellte, Theaterelevinnen, wohlbehütete Haustöchterchen, kurz: Frauen und Mädchen aus engeren kleinbürgerlichen Zuständen, haben nichts zu geben als ihr gutes unschuldiges warmes Herz. Jede von ihnen schreibt, wie wenn sie die einzige und erste wäre, die an mich schreibt. Jede hat die Vorstellung, daß ich einsam, unverstanden, unglücklich sein müsse, aber daß nun *sie* und sie ganz allein mich zum ersten Male richtig erkannt haben und mir nun helfen kommen durch die »ganz große Liebe«. Die andere Gruppe, die Leerlaufenden, macht meist derbere Versprechungen; es sind Damen der Gesellschaft, gelangweilte Damen des Adels, Gattinnen reicher oder mächtiger Männer; sie schreiben auf fabelhaften Luxuspapieren und benützen mich als Abladestelle für Gefühlsschutt und Ausfüllsel leer laufender Träume. Eine sehr zahlreiche Gruppe bilden die »Tragisch-Problematischen«; sie wünschen von mir »Lebensinhalt«, schreiben überstiegen, geben sich lebensüberdrüssig, aber »machen zuvor noch einen letzten Versuch, endlich den

Kameraden, den Mann meiner Seele zu finden«. Etwa drei Prozent dieser Fälle verläuft *wirklich* tragisch. Durchschnittlich *ein* Brief in der Woche ist wirklich »letzter Brief«. Solche Briefe lese ich niemals. Sie würden meine ganze Lebenskraft brechen.

Sehr häufig erhalte ich Anfragen aus kleinen Städten des Auslands, ob ich gewillt sei, eine mir zugedachte Erbschaft anzutreten. Ich lehne das grundsätzlich ab. Es handelt sich meist um junge Mädchen, die ins Wasser gegangen sind oder Lysol geschluckt haben. Sie schreiben zuvor ein letztes Liebesbekenntnis, und man findet auf ihrem Herzen mein Bild in irgend einer großen Rolle. Das haben sie sich aus der »Illustrierten« ausgeschnitten. Diese Selbstmordbriefe sind oft so eingekleidet, als ob die Täterin für mich und zu meinem Wohlergehen in den Tod gegangen sei; sie hinterläßt mir ihre Gedichte und Tagebücher.

In jungen Jahren habe ich auf tragische Briefe stets väterlich freundlich geantwortet. Ich habe das längst aufgegeben. Antwortet man einer Tragisch-Pathetischen, so verwandelt sie sich mit Sicherheit in eine Klebe oder Klette. Die kleinste Antwort auf einen Leidensbrief hat zur Folge, einen mindestens doppelt so langen zweiten Brief, der abermals Antwort erfordert. Jede glaubt, ihr Schicksal sei so wichtig, daß ich alle meine Arbeit unterbrechen und mich nur mit ihr beschäftigen werde.

Es ist geschehen, daß bei Gastspielen in der Provinz schwärmerische Mädchen mir ganze Pakete Gemüt ins Auto warfen, Manuskripte, die von nichts handelten als von ihren großen und reinen Gefühlen. – Antworte ich oder lasse ich mich gar hinreißen zu der kleinsten Zärtlichkeit, dann sind die Folgen unabsehbar. Es ist geschehen, daß das Streicheln einer begeisterten Kinderwange beantwortet wurde mit der Erklärung, nun sei sie für Lebenszeit mein; sie lege ihr ganzes Schicksal vertrauend in meine Hand. Ich bin durch meine Gutmütigkeit, durch eine Anwandlung von Mitleid, vielleicht auch durch meine Schwäche oder durch eine gelegentliche Wallung der Sinnlichkeit hundertmal in die verzwicktesten Lagen geraten. Um Frauen zu erobern, deren Ideal, oder ich will besser sagen, deren Illusionsfassade man ist, dazu bedarf es nur eines einzigen unbesonnenen Augenblicks. Aber nahezu unmöglich wird es, die Gerufenen wieder loszuwerden. Sie nisten sich ein, wenn nicht in meinen Großmut oder in meine Schwächen, so doch in das fatale Gefühl, ihnen nun verpflichtet oder für sie verantwortlich geworden zu sein.

Ich kann über diese Sachlage urteilen, als handele es sich um einen Fremden. Es geht ja gar nicht um mein empirisches Ich. Es geht um eine Einblendung lebenshungriger Herzen, zu der ich den Anlaß bieten muß. Aber gefährlich ist es, diese Illusion zu zerstören; meistens auch ganz vergeblich. Es geht dabei genau so zu, wie bei den Illusionen, die wir »Weltgeschichte« nennen. Der wirkliche Napoleon, Friedrich, Bismarck, Goethe, Hindenburg hat gar nicht die Macht, sein historisches Ölbild zu zerstören. Man sieht den wirklichen nicht mehr, und zuletzt sieht er auch sich selbst nicht mehr.

Ich habe versucht, Schwärmerinnen in meine Nähe zu ziehen, damit sie an der Wirklichkeit genesen. Denn was bin ich wirklich? Ein mit Arbeit überlasteter, von aller Welt verbrauchter, einsamkeitsbedürftiger, von der Liebe der Frauen fast lebensgefährlich umdrohter, grübelnder Hamlet, belastet mit schlechtem Schlaf und träger Verdauung, im Sommer von Heuschnupfen geplagt und im Winter oft halb verrückt vor Überarbeitung und Nervosität. Viele Verehrerinnen haben das klar gesehen. Hat es genützt? Jede wähnt: *sie* gerade fehle mir und eine solche Liebe wie die ihrige, alles tragend und alles verstehend, müsse mich retten; worauf sie sich an mich hängt und mich neu verstrickt!

Viele Männer hassen mich, denn sie hegen Argwohn, daß ich ihnen die Herzen ihrer Frauen nehme. Ich aber, der Herzensbrecher, der Frauenliebling, der Don Juan, der Blaubart, ich bin der unseligste der Menschen, behängt mit tausend Schicksalen, die ich nicht gewollt habe. Denn mit meiner braven treuen Haushälterin, meiner 70jährigen Frau Buttersack, die mich vollauf betreut und alle meine Bedürfnisse kennt, würde ich völlig zufrieden leben, wenn die Welt, die mich als Illusionsfassade gebraucht, mich dankbar in Ruhe ließe. Aber nein! Sie begnügen sich nicht mit den Träumen, die ich schenke; sie wollen mich mit Haut und Haar. Und ich muß den Frauen und Mädchen, welche meine Ruhe und jede freie Minute mir rauben, obendrein noch danken und – das Bitterste von allem! – es ergeht mir wie dem Fräulein in der Konditorei, das den ganzen Tag beliebig viele Süßigkeiten essen kann: ich mache mir nicht viel aus dem weiblichen Geschlecht und ich würde vielleicht eine gute Zigarre oder Eisbein mit Sauerkraut vorziehen den meisten Wonnen, die mir täglich in fünfzig Briefen verheißen werden. [1928]

Wir psychoanalysieren einander

Wenn wir in Berlin an der Gedächtniskirche im Romanischen saßen und gar nichts Gescheites mehr wußten, dann gab schließlich Fischer die Parole: »Kindlein, psychoanalysieret einander!« Doktor Deuteweiß, ein Anhänger der rechtgläubigen Schule, begann: »Hegemann, was haben Sie letzte Nacht geträumt?« Hegemann, am Strohhalm suckelnd, blickte in die Tiefe seines Innern und holte hervor: »Luftschiff . . . Reisekoffer . . . Pulle Sekt.«
»Halt!« sagte Deuteweiß. »Das genügt! . . . Luftschiff ist die Verdrängung von Luftschiff . . . Reisekoffer, Pulle Sekt, das sind Hohlräume. Also wahrscheinlich Urerinnerungen aus Ihrer Embryonalzeit. Geeignete Mutterböden für Ödipuskomplexe. Darf ich übrigens fragen: Warum haben Sie, als Sie ›Reisekoffer‹ sagten, den Bleistift in die Westentasche gesteckt?« »Soll ich wissen!« murmelte Hegemann. »Aha!« konstatierte Deuteweiß. Doktor Rumpel, ein »cyklothymischer Pykniker«, blickte flüchtig von der Lektüre der »Vossischen« auf und murmelte: »Mir wird fies davor!« Aber Klugschmuhs, der Gegner der rechtgläubigen Schule, welcher das berühmte Werk »Die Menschheitssymbolik« geschrieben hat und nachwies, daß die Sexuallehre Notausgang unserer enttäuschten Ideale ist, begann nunmehr feierlich: »Meine Herrn! Die Theorie von den Verdeckungen, man sollte besser sagen: Verdrekkungen, ist absolut falsch! Nehmen Sie mal an: ich verdränge jetzt einen Wunsch. Beispielsweise meinen heißen Wunsch, Putti Müller zu besitzen«. – Die kleine Putti von der Alhambra schrie jetzt dazwischen: »Nichts zu machen!« Aber Klugschmuhs fuhr fort: »*Warum* verdränge ich? Zweifellos weil ich mir meine Ideale bewahrt habe. Beispielsweise mein Ideal der Reinheit. Oder mein

Ideal: Eheliche Treue. Aber woher, so frage ich, kommen nun meine Ideale? Zweifellos doch wiederum aus Trieben! Also: Ich finde hinter Triebschicht Nummer Eins mein Ideal. Hinter dem Ideal finde ich die Triebschicht Nummer Zwei. Finde ich nun hinter der Schicht Nummer Zwei wieder eine unbewußte Zielvorstellung? Und dahinter neuerdings eine instinktive Schicht?! . . .« »O Gott wie schwierig«, seufzte die kleine Putti. Doktor Rumpel aber, an der Zigarre ziehend, sagte: »Die menschliche Seele ist paläontologisch geschichtet. Hinter den Reptilien kommt die Devonzeit. Dann im Kambrium findet man einige niedere Tiere. Dahinter wieder Vulkanisches. Dann kommen vereinzelte Protozoen vor. Man nennt das Tiefenpsychologie.« »Gott, wie spannend!« seufzte Putti. Aurora del Kastelbranko, eine bekannte Filmdiva, begann jetzt klagend mit ihrem süßen Stimmchen: »O meine Herren! Ich leide an veralteter Schizophrenie auf der Basis zweier seelischer Traumatas. Da sagt nun mein Freund Rechtsanwalt Goldmann: ›Aurora‹, sagt er, ›geh aus, mein Herz, und suche Freud.‹ Ich gehe also zum Professor. Nach der zweiten Sitzung sagt er: ›Gnä' Frau, Sie haben Hemmungen. Wir müssen Ihr Triebleben befreien.‹ Darauf lockert er also mein Triebleben, und zwar mit Erfolg. Aber durch die Beseitigung meiner psychischen Hemmungen hat doch der Professor mein Triebleben so gelockert, daß ich mich wieder nach Hemmungen sehne. Ich geh also zu einem anderen. Am Kurfürstendamm. Dieser psychoanalysiert und sagt: ›Gnädige‹, sagt er, ›Ihnen fehlen Hemmungen, wir müssen Ihr Triebleben binden‹. Die Fachleute nennen das ›überkompensieren‹ oder ›sublimieren‹. Na also, was soll ich sagen? Der Doktor sublimiert mich und überkompensiert mein Triebleben; wieder mit Erfolg. Und nun habe ich doch genau den alten Zustand. Ich bin also wieder angelangt, wovon ich ausging: Veraltete Schizophrenie mit zwei psychischen Traumatas. Und diese Kostenrechnung! Das Leben ist mies!« – Sie nippte an ihrem Absinth. Doktor Goldmann aber, der sich geärgert fühlte, dozierte jetzt: »Das ist's ja gerade Aurörchen. Ideale machen deine Triebe krank, und Triebe machen deine Ideale kaputt. Dem Pathologen ist alles pathologisch.«
»Halt!« rief jetzt Fischer, denn er glaubte sein Thema sei gekommen. »Die Kunst! Die Religion! Das Genie! O meine Herren!

Wissen wir denn nicht alle aus Erfahrung, daß die Genialität pathologisch ist?!« Nunmehr aber begann Studienrat Stupidius: »Ich erinnere Sie, meine Herren, an das Motto, welches Freud über seine gesammelten Abhandlungen setzte: »Flectere si nequeo Superos, Acheronta movebo.« »Was heißt denn das?« fragte Putti lieblich.

Doktor Rumpel, der cyklothymische Pykniker, welcher immerfort symbolisch in seiner Schokolade rührte, sagte: »Liebes Kind, man kann es am besten folgendermaßen übersetzen: ›Da wir das Große durchaus nicht klein kriegen können, so wollen wir es wenigstens aus unserm Kleinen erklären.‹« – »Gott, wie interessant«, sagte Putti. Aber Rumpel fuhr fort: »Das Beste an der Psychoanalyse ist, daß jeder Kollege die verkehrten Theorien seines Nachbarkollegen totanalysieren kann. Wenn zum Beispiel Adler die Neurosen unserer Seele erklärt aus verklemmten Erfolgsbestrebungen, nun – was ist das? Es ist die Theorie eines Strebers! Wer selber Erfolg sucht, wittert hinter der blühenden Rose Erfolgsucht. Und wenn Jung die Psychosen unserer Neuzeit erklärt aus der Isolierung eines abgedrängten Ich, welches den Anschluß versäumt, nun – was ist das? Es ist der Notausgang eines in die Schweiz seiner Gefühle zurückgezogenen Eigenbrötlers, der den Anschluß versäumte. Daher sage ich: Erlösung den Erlösern und Psychoanalyse den Psychoanalytikern.« . . . Tiftelmeier, ein Philosoph, der als solcher alles besser weiß, klopfte längst wortbegehrend an seine Kaffeetasse und begann: »Meine Herren, wenn Sie hier Psychoanalyse spielen, dann müssen Sie auch methodisch vorgehen. Die Wissenschaft konstatiert: Es gibt zwei Methoden des Psychoanalysierens. Ich nenne die erste: die Methode der unendlichen Reihe. Und ich nenne die zweite: die Methode des dualistischen Schwibbspiels.«

»Was meinen Sie damit?« schrie Deuteweiß. »Zwei Methoden, dualistisches Schwibbspiel? Geben Sie mir doch mal den Puls! Wovon haben Sie heute Nacht geträumt?« Tiftelmeier aber ließ sich gar nicht beirren. »Meine Herren«, fuhr er fort, »Methode Eins ersehen Sie aus dem folgenden Beispiel: Rühle hat ein Buch geschrieben, welches beweist, daß der Marxismus das Produkt einer Verdauungsstörung ist. Nämlich: Karl Marx fand das meiste im Leben unverdaulich, und da hat er nun seine Obstipationen wissen-

schaftlich abreagiert. Dieser Nachweis wäre für die Sozialdemokratie vernichtend, wenn nicht zum Glück Franz Pfemfert vor den Wahlen nachgewiesen hätte, daß Rühles Theorie die Folge ist einer seelischen Atemnot, denn Rühle leidet an einem psychischen Asthma, das ihn verhindert, in einer Höhenlage von über Tausend atmen zu können. Damit wäre also wieder die Theorie Rühles zusammengebrochen, wenn nicht Kerr die Leber Pfemferts in die Debatte geworfen hätte. Nimmt man die Hypothese Kerrs an, daß Pfemfert grüngelbsichtig ist, dann ist seine Gegenkritik so lange erledigt bis man die viszeralen Produktionsbedingungen Kerrs durchlichtet hat. Dies wäre ein Beispiel für die Methode der unendlichen Reihe.«
Doktor Rumpel warf dazwischen: »Das Wesen der Kultur besteht darin, daß jeder gebildete Affe dem anderen auf die Schulter steigen und auf den Kopf spucken kann.« Tiftelmeier als Philosoph fuhr fort: »Und nun die *andere* Methode: das dualistische Schwibbspiel! Man nehme zwei Phänomene A und B. Beispielsweise: Das Erotische und das Logische. Oder: Die Religion und das Sexualleben. Oder sonst eine der vielen hübschen Antithesen. – Weist man nun nach, das Phänomen A sei die höhere Stufe vom Phänomen B, also beispielsweise das Logische sei die ›Überkompensation‹ des Erotischen oder die Religion sei die ›Sublimierung‹ des Sexuellen, – dann läßt sich natürlich auch umgekehrt nachweisen, das Phänomen A sei eine Verfallstufe des Phänomen B, also beispielsweise das Erotische sei die Entgleisung des Logischen oder das Sexuelle sei die Verdünnung des religiösen Urtriebes. Sie verstehen! In der Psychoanalyse geht alles auch immer umgekehrt! Wenn Professor Freudig nachweist, daß Religion aus der libido kommt, dann weist Professor Leidig nach, daß libido eine Form von Religion ist, und wenn Leidig sagt: Träume kommen aus dem Wachbewußtsein, dann sagt Freudig: Umgekehrt! Wachbewußtsein steigt aus Träumen!« Die kleine Putti seufzte: »Wie schwierig!« Doktor Klugschmuhs aber griff den Faden auf: »Die Frage ist eben, ob nicht künftig die Patienten erst ausgebildet werden müssen, ihre Ärzte zu psychoanalysieren. Wenn zum Beispiel der Analytiker mein Verschreiben oder Versprechen, mein Versehen oder Vergreifen, ferner mein Träumen oder meine unbewußte Ausdrucksbewegung für sinnvoll hält, dann

frage ich mich: Woher nimmt er sein Auslegeprinzip? Ist nicht zum Beispiel das Auslegen eines Traumes, ja vielleicht schon das bloße Erinnern eines Traumes ein sinnvolles Zurechterücken des Geträumten? Dann empfängt aber dieses Geträumte seinen Sinn doch nur von Gnaden eines deutenden Bewußtseins!? Damit also wäre der Arzt und nicht der Patient das eigentliche Objekt der Psychoanalyse!«

»Gott, wie schwierig«, seufzte Putti. Doktor Deuteweiß aber schrie dazwischen: »Sie wollten soeben schmierig sagen. Der Beweis ist geglückt. Es gibt symbolische Fehlleistungen.« Doktor Klugschmuhs, sein Gegner, brauste auf: »Kollege, das ist eine ganz gemeine Unterstellung!« Deuteweiß brüllte zurück: »Warum sagen Sie jetzt Unter-, warum nicht *Über*stellung: Merken Sie was, meine Herren?!« Hegemann seufzte: »Kann man denn gar nicht mehr denken, ohne daß diese Psychoanalytiker ...« dabei warf er die Orangeade um und sie floß Aurora übers Kleid. Aurora del Kastelbranko kreischte auf, und Deuteweiß konstatierte: Eine symbolische Fehlleistung!

Doktor Rumpel, der cyklothymische Pykniker, sagte, eine frische Zigarre ansteckend, sein Lieblingswort: »Davor kann einem fies werden.« [1928]

Psychologie des Rauchens

Ein leichtes Thema, ein harmloses Thema. Angenehm zu behandeln bei einer guten Zigarre. Aber man lächle nicht. Auch das Rauchen hat tiefe philosophische Untergründe ... Eine Milliarde Menschen übt täglich, stündlich diese Gewohnheit. Darf man da wirklich sagen: »Das ist Laster, das ist Unnatur!?« Unnatur ist es schließlich auch, Kleider zu tragen und Bücher zu lesen. Ja, die gesamte Zivilisationsmenschheit ist eine einzige Unnatur. Man rede auch nicht von Giftigkeit des Nikotin. Weit giftiger noch ist das Theobromin der Schokolade, das Teein des Tees, das Koffein des Kaffees, von Alkohol ganz zu schweigen. Für Wachstum und

Wohlsein sind aber viele Gifte, Salze, Alkaloide ganz unentbehrlich. Wir leben nicht von Brot allein. Wir würden verhungern, wenn wir nur reine Nährstoffe zu uns nähmen. So ist also die Grenze zwischen Gesundheitsfördernd und Gesundheitsschädlich nicht ganz leicht zu ziehen. Freilich müssen wir den folgenden Fehlschluß meiden. Man hört oft: »Mein Großvater hat täglich zehn Zigarren geraucht und zwei Flaschen Wein getrunken und ist dabei hundert Jahre alt geworden.« Ja, was beweist das? Es beweist nur, was dein Großvater alles vertragen konnte. Und auch die Logik: »Wenn ich krank bin, dann schmeckt mir die Pfeife nicht«, beweist noch lange nicht, daß die Pfeife zur Gesundheit gehört. Aber lassen wir alle Wertfragen. Irgend ein Laster hat jeder, und das Rauchen ist noch das harmloseste. Es ist allerdings nur eine schlechte Gewohnheit, aber das ganze Leben ist nur eine schlechte Gewohnheit. Jedenfalls dürfte es der Mühe wert sein, über die Frage nachzudenken: Woher kommt das Rauchen?

Da ist nun die Feststellung wichtig, daß das Rauchen nichts Körperliches ist. Die leise Betäubung, die leichte Nervenlähmung, der sanfte Dämmer- oder Rauschzustand, nun ja, das mag durch Gewöhnung schließlich auch eine Rolle spielen, aber wichtig scheint mir nur das Seelische des Rauchens zu sein. Ja, es ist ein tiefer, seelischer Vorgang und nicht einmal der Tabakgenuß ist dabei wichtig (denn man könnte ja den Tabak auch kauen oder schnupfen), sondern eben nur das Rauchen, das Imbrandhalten des glimmenden Stengels und das Träumen hinter dem Rauche her. Dann nämlich greift man zur Zigarre, wenn innere Sammlung geboten ist. Auf dem Theater, im Filme kehrt immer die bekannte Situation wieder. Zwei Politiker, um Leben und Tod ihrer Staaten verhandelnd, zwei Bankherren, um Millionenunternehmen konferierend, zunächst zünden sie sich die Zigarre an. Der Alpinist, über dem Abgrund schwebend, der Boxer, zum Entscheidungskampf antretend, zunächst nimmt er einen Zug aus der Zigarette. (Übrigens ist kein Zug so schön wie dieser erste Zug.) Man könnte glauben, dieses sei nur ein schöner Gestus. Er solle besagen: »Du siehst, ich bin furchtlos. Ich habe meine Nerven beisammen. Mir ist alles Wurst.« Aber es handelt sich um mehr. Rauchen ist wirklich das einzig mögliche Mittel, um Leidenschaften zu unterdrücken.

Man versuche nur, in Entrüstung oder Wut zu rauchen. Es geht nicht. Bismarck erzählt, daß er während der Friedensverhandlungen in Versailles acht gegeben habe, wie viele Zündhölzer sein Gegner Jules Ferry zum Imganghalten seiner Zigarre verwandte, und er sei sehr beruhigt gewesen, als er gesehen habe, daß die Zigarre immer wieder ausging. Diesem Bismarckschen Gedankengange wollen wir nachgehen. Er führt zur Psychologie des Rauchens. Mörike dichtet: »Schnurrbartbewußtsein trägt den ganzen Mann und straff gespannter Hosen Sicherheitsgefühl.« Gewiß! Aber was besagt das Mannserlebnis des gezwirbelten Schnurrbarts oder das Herrengefühl der Bügelfalte gegen das Daheim- und Bei-sich-selber-Erlebnis der Zigarre, dieser Heimat in fernster Ferne. Sie ist der Knotenpunkt, das Kristallisationszentrum, die Drüse der Gefühle, Haltung gebend wie der Marschallstab dem Feldmarschall, der Taktstock dem Kapellmeister. Man kann auch ohne Taktstock dirigieren, aber es gibt Musiker, die sich dann so entatmet fühlen, wie der Gewohnheitsraucher ohne Zigarre. Dieser Vergleich läßt sich lehrreich verfolgen. Auch der Stock, zumal der überflüssige Spazierstock, gehört zum Inventar der sogenannten Männchengefühle. Es kommt nicht nur darauf an, daß man eine Zigarre im Munde hat, es kommt auch darauf an, wie man sie hält. Wenige Menschen gibt es, die richtig rauchen. Die meisten rauchen zu hastig. Infolgedessen atmen sie Kohlenoxyd ein, was beim Schiefbrennen und Verkohlen des Deckblattes entsteht. Wie aber der wirkliche Weinkenner nicht den Wein herunterschüttet, sondern zunächst langsam mit der Nase genießt und seine Blume prüft, so wird der richtige Raucher nicht während des Rauchens sprechen und Geist verzapfen, sondern wunschlos glücklich versinken.
Es dürfte nun von hohem Interesse sein, die Gefühle großer Männer beim und für das Rauchen kennen zu lernen. Leider besitzen wir da nur negative Aufzeichnungen. Kant hielt das öffentliche Rauchen für eine Barbarei. Zu jener Zeit war es noch verboten, auf den Straßen zu rauchen. Kant rauchte morgens um fünf nach dem Frühstück zwei lange Pfeifen in tiefster Heimlichkeit. Man rauchte lange Pfeifen, weil man glaubte, der Rauch müsse sich abkühlen und das Nikotin im Pfeifenrohre niederschlagen; sonst sei der Tabak gesundheitschädlich. Kant vergleicht das öffentliche Rauchen mit

dem Sichparfümieren der Damen und dem Klavierspiel. Dies alles haßt er. Es sei eine Flegelei, Nase und Ohren der Mitmenschen mit Genüssen zu traktieren, die sie nicht zu haben wünschten. Dies gehöre unter die sogenannten Immissionsdelikte, gegen welche das bürgerliche Gesetz Strafen verfügen müsse. Goethe war gegen das Rauchen noch viel mehr eingenommen. Eine ganze Reihe Verschen geben seiner Abneigung Ausdruck. Am Frauenplan durfte nicht geraucht werden; ihm war der Tabakrauch so zuwider, daß der Aufenthalt in einem Zimmer, darin geraucht wurde, bei ihm Vergiftungserscheinungen zur Folge hatte. Schopenhauer rauchte zwar, aber sehr mäßig und immer nur zwei Drittel der Zigarre, das letzte Drittel warf er fort, weil er behauptete, daß das schädliche Nikotin sich im Stummel sammle. Heine erklärte, der höchste Liebesbeweis, den er zu bringen vermöge, bestände darin, daß er sich an Zigarrenrauchen gewöhnen könne. Das sind vergangene Tage. Heute rauchen auch die Frauen. Die Minnelyrik der Vergangenheit ist auf ein so durchaus anderes Frauenideal eingestellt, daß man sich nicht vorstellen kann, wie Walther von der Vogelweide oder wie Goethe für ein modernes Mädchen mit Bubikopf und Zigarettendose gefühlt hätten. Wahrscheinlich genau so wie der größte Frauenlob unserer Tage, Rudolf Hans Bartsch, der noch nie ein Buch geschrieben hat, in dem nicht ein Fluch vorkäme auf Frauen und Mädchen, die Zigaretten rauchen. Und es ist wahr, es gibt nichts Abkühlenderes. Selbst mit der Venus von Milo wäre man innerlich fertig, wenn sie eine lange Importe in den Mund steckt und den Rauch durch die Nase bläst. Aber wenn ich auch nicht wünschen kann, daß meine Töchter Zigarren rauchen, so wünschte ich doch, daß sie einen Kettenraucher zum Manne nehmen. Das ist sozusagen die praktische Anwendung der Psychologie des Rauchens. Denn man überlege, wie schwierig es ist, die Zigarre in Brand zu halten, zum Beispiel während eines Anfalles von Eifersucht oder von Wut über zu große Haushaltsrechnungen; alle diese sogenannten Männchenaffekte kommen bei Kettenrauchern nicht vor, denn dabei würde die Zigarre ihnen ausgehen oder schief angeraucht werden. Darum lieben vernünftige Frauen den rauchenden Mann und wissen, warum. Nur das entartete Weib benimmt sich wie jene Dame mit einem Schoßhündchen, die mir im Eisenbahnabteil gegenübersaß und mir giftige Blicke zuschoß, als ich eine Zigarre anzündete, weil es ein Rauchabteil war. Sie wurde darüber so nervös, daß sie aufsprang, mir die Zigarre aus dem Munde nahm und zum Fenster hinauswarf, worauf ich ebenfalls aufstand, ihr Schoßhündchen nahm und hinterherwarf, denn was ihr das Schoßhündchen bedeutete, das bedeutete mir meine Zigarre. [1926]

Worüber ich mich immer wieder ärgere

Antwort auf eine Enquête

Zunächst einmal diese dummen Fragen! – An jedem schönen Morgen, den Gott werden läßt, bringt die Post Berge bedrucktes Papier. Darauf stehen peinigend die persönlichsten Gewissensfragen. »Halten auch Sie den Alkohol für ein Völkergift?« »Bevorzugen Sie blonde oder brünette Frauen?« »Wie fühlen Sie sich in Ihrer Ehe?« – So etwas nennt man in Deutschland: eine »Enquête«. Ein elendes Welschwort, worüber man sich ärgern muß, wie über alle diese albernen Modeworte, zum Beispiel: »fabelhaft, kosmisch, seelische Ballung, verdrängte Komplexe, Erlebnis, Leben« und all solchen Unsinn ...
Worüber sonst noch ich mich ärgere? Wenn man ein Philosoph ist und an reinliches Denken gewöhnt, dann ärgert man sich über die Unsolidität der Begriffe, indem doch zum Beispiel: Ärger, Kummer, Zorn, Verstimmung, Unbehagen, Gram und manches andere erst einmal gewissenhaft unterschieden und definiert werden müßte. Wenn ich einen Zorn erlebe, dann ist das ein sogenannt sthenischer Affekt. Meine Adern schwellen, meine Stirn wird rot, ich boxe, strampele, schlage um mich; kurz: es handelt sich um eine *gesunde* Entladung. Erleide ich dagegen eine Kränkung (das Wort hängt ethymologisch mit krank und Krankheit zusammen), dann bin ich, wie man in Bayern sagt, »aufgeschmissen«, druckse nach Innen, nage mich an, fühle mich wehrlos; und das ist ungesund. Was man aber gemeinhin Ärger nennt (Grantigsein, Zuwidersein),

das ist eine mittlere Proportion zwischen Wut und »Laus über die Leber laufen«, zwischen Zornigwerden und »gekränkter Leberwurst«; in welcher wunderlichen Bezeichnung unsere Sprache festgelegt hat, daß es sich um Vorgänge in der Leber, also um Gallensekretion handelt. Ähnlich nun wie die Reue immer ein Janusgesicht hat, ein nach vorwärts blickendes, guter Vorsätze voll, ein nach rückwärts blickendes, trostlos erkennendes, so hat auch der Ärger immer ein Doppelgesicht, eine sthenische gesundheitsfördernde und eine asthenische selbstvergiftende Komponente, und es ist daher eine der wichtigsten Aufgaben künftiger Pädagogik, die Menschen zu lehren, wie man sich auf *richtige* Weise ärgert. Schopenhauer sagt, daß man sich nicht vor der Mahlzeit ärgern dürfe, weil sich dann die Galle in den Magen ergieße und die Mahlzeit unbekömmlich mache. Onkel Bräsig dagegen sagt, daß um guten Appetit für das Mittagessen zu haben ein »gesunder Hofjungenärger« zuvor notwendig sei. Man ersieht aus so entgegengesetzten Behauptungen, daß es nicht bloß auf den Grad des Ärgers sondern auch auf die Art des Ärgers ankommt.

Ich will hierzu nur das Folgende andeuten. Galle dient bekanntlich zur Verseifung der Fette. Neigt daher der Mensch zur Bildung von Fettpolstern und überhaupt zum Vegetativen, dann ist ihm anzuraten, bei der Wahl seiner Frau und seiner Freunde auf maßvolle Gelegenheit zum Sichärgern bedacht zu sein. Marienbader Kuren, Entfettungskuren von Schweninger, Ebstein u.s.w. sind ganz überflüssig, wenn man nur die richtige Ärgerdiät einhält, am Vormittag ein bescheidenes Maß von Berufsärger, nach dem Essen aber ein gallenloses Funktionieren – schon die sogenannte Humorallehre des Hippokrates verzeichnet die Beobachtung, daß dicke Leute (Phlegmatiker, von phlegma = Schleim) in der Regel nicht viel Galle haben, daß dagegen die gallenreichen Naturen (Choleriker von cholos = Galle) nur mühsam Fett ansetzen. So viel sei bemerkt zum Physiologischen und Psychologischen der Frage. Nunmehr aber komme ich zum eigentlich Autobiographischen. »Worüber ärgern Sie sich?« Als selbstverständlich setze ich voraus, daß je nach der augenblicklichen Notwendigkeit uns dieselben Phänomene bald einmal ärgern, bald auch belustigen *können* und daß wofern man überhaupt keinen Grund hat, sich zu ärgern, man auch darüber sich ärgert, *daß* man keinen Grund hat; was eine der schlimmsten Arten von Ärger ist.

Ich muß nach ehrlicher Selbstprüfung gestehn, daß es überhaupt nichts gibt, worüber ich mich nicht bereits einmal geärgert habe. Selbst die schönsten Erlebnisse: die Liebe, die Musik, der Wein, das Wandern sind mir schon zu Quellen unaufhörlichen Ärgers geworden. Daher könnte ich einfach in Bausch und Bogen antworten: ich ärgere mich über das Bestehen des Weltalls im allgemeinen und im besonderen über meine eigene Existenz. Aber ich will mich (denn sonst fände ich kein Ende) beschränken auf einige besonders einschneidende, täglich wiederkehrende Ärgernisse meines Privatlebens, insofern es vermeidbare Übel sind, die wir einander überflüssigerweise bereiten, denn mit Recht sagt Lichtenberg, daß es dumm und sinnlos sei, über Unvermeidliches sich zu *ärgern*; vor dem Schicksal könne man wohl Schmerz empfinden aber keinen Ärger. Ich lasse also ganz beiseite den großen kosmisch-außermenschlichen Ärger von seiten der Natur. Man mag nämlich noch so tief den Wald, das Wasser, den Wind und die Wolken lieben, daß die Natur sehr unbequem ist, daß es sich besser auf einem Sopha als auf einem Baumstumpf schläft, daß Flöhe, Wanzen, Läuse widerliche Geschöpfe sind, daß die Mücken und die Fliegen auch die schönste Landschaft zerärgern können, daß Würmer, Schlangen, Mäuse, Giftspinnen, Moschustiere, Bombardierkäfer, Polypenstöcke, Algen, Fliegenpilze, (ich schweige von Raubtieren) auch das Paradies verwidern können, kurz, daß Mutter Natur grausam, unwirtlich, gefährlich und gar nicht bequem ist, das wird auch der glühendste Lebensrauschenthusiast und Dionysiker nicht bestreiten. Vollends schweige ich von dem mechanischen außermenschlichen Ärger durch tote Objekte. Wenn ich alle die Qualen aufsummierte, die mir allein die Schuhe und die Knöpfe bereitet haben, nein auch nur mein Zahnbürstel, wenn es wieder einmal in den Eimer fiel, so würde die Summe genügen, um Leibnizens Theorie zu widerlegen, wonach diese Welt die beste aller denkbaren Welten ist. Ich habe in meiner Jugend geglaubt, daß keine zehn Ochsen mich je zwingen könnten zu heiraten, heute weiß ich, daß die Bosheit eines einzigen Hemdenknopfes dazu genügt, um die Unentbehrlichkeit der Frau zu beweisen. – Wenn ich morgens meine

Stiefel zuschnüre – (diese Kanalljen von Mädchen haben die Eigentümlichkeit, die Knoten, die ich in den Schnürbändern belasse, beim Stiefelputzen *nicht* aufzudröseln. Nein, sie verpichen sie vielmehr mit Stiefelwichse, so daß ich an jedem Morgen fünf Minuten lang mit dem Entwirren der Knoten zu tun habe, woran ich mich krank ärgere) – wenn ich also morgens meine Selbstbinderkrawatte zurechtknote und wenn ich dann abends die Stiefel wieder aufschnüre und den Selbstbinder wieder auseinandernehme, dann denke ich dabei regelmäßig das Folgende: »Und das geht nun siebenzig Jahre lang so fort, 70 mal 365 Tage lang jeden Morgen Stiefel zuschnüren, um abends sie wieder aufzuschnüren; jeden Abend Krawattel ablegen, um morgens es wieder anzulegen. Und das tun sechzig Millionen Deutsche bei Sonnenaufgang und bei Sonnenuntergang, und das ist das Leben.« – Bei solchen Gedanken ergreift mich ein weit schlimmerer Weltschmerz, als wenn ich in den Zeitungen lese, daß ich ein auszurottender Schädling sei, daß ich Hindenburg geschmäht hätte, daß ich in Deutsch und Religion immer noch keine Normalnummer erlangt habe und daß die deutsche Jugend mich verachte. Das alles kann ich ertragen; aber dieser tägliche Kleinärger mit Schlips und Stiefeln stellt mir allzudeutlich die ganze Aussichtslosigkeit und Ameisenhaftigkeit unseres Menschenlebens vor Augen.
Ich möchte nicht in diesem Zusammenhang von den Frauen reden. Das aber weiß jeder, daß die Frauen Meisterinnen sind, um uns auf Erden den Himmel zu bereiten, aber daß sie – und zwar alle ausnahmslos – die Eigenschaft haben, wenn wir entzückt, begeistert erhoben oder versunken sind, uns mit den kleinlichsten Bagatellen zu sekkieren, etwa in einer Minute des Überschwangs hineinreden: »Liebster, weißt du auch, daß du schon wieder einen Fleck auf deiner Weste hast? Liebster, hast du daran gedacht, daß Tante Olli morgen Geburtstag hat? Liebster, möchtest du die Leber gebacken oder gedünstet?« Dererlei Ärgernisse durchziehn das Mannesleben mit dunkler Gallenspur. Dazu kommt, daß an jedem Tage mindestens *ein* Kind hustet oder Zahnweh hat; daß es keinen Spaziergang gibt, auf welchem nicht die ältere Tochter ihre Handschuh und die jüngere ihr Taschentuch irgendwo liegen läßt, und dazu kommt, was ich die tägliche »Pompadourtragödie« nenne; meine Frau trägt

einen Beutel, in den sie alles tut, was sie nicht verlieren will und kein Tag vergeht, wo sie nicht diesen Beutel verloren hat und die ganze Familie ihn suchen geht. So etwas ärgert. Aber ich will vom *Weltärger*, nicht vom Familienärger reden. – Schleiermacher ruft: »Wie kann man nur in ein liebes Menschenantlitz sehn ohne sich zu *freuen*.« Ich gebe mir redlich Mühe, aber die meisten Gesichter ärgern mich. Und ich brauche nicht einmal in die Gesichter zu schauen; überall finde ich ärgerliche Spuren: Cigarrenstummel, Blechdosen, alte Zeitungen, Haarnadeln und viel Schlimmeres. Ich habe in jüngeren Jahren einen großen internationalen Verband zum Schutze vor unnötigem Lärm begründet. Dieser Bund gegen den Lärm hat in allen Ländern Europas und weit über Europa hinaus Erfolg gehabt. Nur in Deutschland ist in Folge des Weltkrieges mein Antilärmverein wieder zugrunde gegangen, und wer hätte wohl heute den Mut, ihn wieder aufleben zu lassen? Aber als Begründer der Antilärmliga brauche ich nicht lang zu klagen, was ich mich Tag um Tag geärgert habe über das Teppichklopfen zur falschen Zeit, über das grauenhafte Klaviergeklimper unter, ober, hinter und über mir, über Autos und Motorräder, über Fabrikpfeifen, Sirenen, Grammophone, maßloses Glockenläuten, Peitschenknallen, Hämmern, Poltern, Rammeln und Rasen, Geklapper und Geplapper, Getute und Getate Tag für Tag; ohne Stille, Selbstbesinnung, Verantwortung, Zartheit und Schönheit. Überhaupt diese Barbarei der Sitten! Das freche Angestarrtwerden in der Eisenbahn, in der Elektrischen hat mir das Leben oft zur Hölle gemacht. Gehe ich aber einsam im Wald weltfern, menschenfern, zeitfern, ganz sicher erscheint alsbald eine bankdirektoriale Dame, moschusduftend, mit Bubikopf und lispelt: »Könnten Sie mir sagen, mein Herr, wie viel Uhr es ist?« Wenn ich mich nun aber in die fernste Ecke eines Cafés setze, den Rücken zum Lokal gewandt, mit dem einzigen Wunsche, ungestört zu sein, das ganze Lokal aber ist leer und nun erscheint ein zweiter Gast, – todsicher wählt er von den tausend leeren Stühlen, auf die er sich setzen könnte, gerade den einen, Dir gegenüber; beginnt alsbald ein Gespräch und stellt sich vor als naher Bekannter eines nahen Bekannten und bittet Dich um eine Gefälligkeit und Du darfst wohlerzogen und höflich, Dir nicht einmal merken lassen, wie sehr Du Dich ärgerst. – »Worüber ärgern

Sie sich?« Wie wäre wohl je dieses Thema zu erschöpfen! Betrachten wir zum Beispiel die tägliche Last der Korrespondenz! Unter tausend Menschen gibt es kaum einen, der die gute Gewohnheit hat, schon über dem Briefanfang nicht nur das Datum, sondern auch seine Adresse zu vermerken. Einige Leute üben die Gewohnheit, auf der Rückseite des Briefumschlags die Adresse des Absenders zu vermerken. Wirft man den Umschlag fort, so ist die Adresse verloren. Andere Briefschreiber geben nur in ihrem ersten Brief ihre Wohnung und Anschrift an und erwarten fortan, daß man bei allen folgenden Briefen diesen ersten wieder hervorsucht. Wieviel Kraft und Zeit habe ich doch schon durch diese Rücksichtslosigkeit verloren und wehe mir, wenn ich es versäumt habe, die Adresse eines mit dem ich Briefe tausche, sofort in ein besonderes Notizbuch einzufangen. Ich habe die Gewohnheit, jeden empfangenen Brief umgehend zu beantworten, aber wie oft mußte ich unpünktlich und unhöflich erscheinen, weil keine Beantwortung möglich war. So schreibt eine alte Freundin von Zeit zu Zeit immer denselben Klagebrief: Wie es nur möglich sei, daß ich so vollständig sie vergessen konnte; womit sie mich verletzt habe und ob ich nicht wenigstens auf einer Postkarte mitteilen wolle, wie es mir erginge; und jeder dieser Briefe erneuert meinen Ärger, denn meine Antworten kommen als unbestellbar zurück, und sie denkt gar nicht daran, mir ihre neue Adresse anzugeben, sondern zieht es vor, Jahr um Jahr mich anzuklagen, daß ich unzuverlässig und treulos sei. Ein anderer abscheulicher Fall von Rücksichtslosigkeit, der mich beständig ärgert, ist das anspruchsvolle Verschwenden mit Titeln und Namen. Ich korrespondiere mit einem besseren Beamten, der heißt Hans Meyer. Aber er nennt sich Hans A. R. Meyer. Und nicht einfach Meyer sondern Meyer-Stolzenau. Dazu die Titulatur: Ministerialdirektor a. D. Wirklicher Geheimer Regierungsrat, Professor, Doktor juris et phil. Er wäre beleidigt, wenn ich einfach adressierte: Herrn Hans Meyer und ich muß jedesmal weitläufig nachschlagen, um ja nichts auszulassen. Ich will nichts sagen gegen die russischen und polnischen Namen mit den vielen ccc, zzz, sss, die ich immer erst nachschlagen muß; die Leute können schließlich nicht dafür, daß sie so heißen; aber das ist reine Bösartigkeit, wenn sich der eine meiner Korrespondenten M. I. C. Schmidt nennt und der andere C. A. I. Schmidt und nun von mir verlangt wird, daß ich bei Beantwortung von Briefen diese schikanös verlängerten Vornamen und Doppelnamen immer richtig anwende. Ich will hier schweigen von der Tatsache, daß die meisten Menschen jeden Satz mit »übrigens« beginnen und daß ich noch Gallenfieber bekomme von diesem elenden »Nich?« und »nich wahr?«, womit heute jeder Satz suggestiv durchbrochen wird; die unwahrscheinlichsten, verwegensten und zweifelhaftesten Dinge werden einem aufgedrängt durch dieses Zustimmung voraussetzende nöch? und nöt? – Ich schweige auch davon, daß die meisten die frevelhafte Angewohnheit haben, beim Umblättern von Buchseiten oder von Zeitungen sich die Finger zu netzen, das heißt in grobem Deutsch gesagt: sich anzuspeicheln; eine Gewohnheit, die mir das Lesen von Zeitungen oder Journalen in Cafés und Restaurants sehr verekelt; man muß sich waschen, wenn man auch nur ein Zeitungsblatt angefaßt hat. – Wie sollte ich ein Ende des Ärgers finden, wenn ich hier aufzählen wollte alle die Rohheiten, Stumpfheiten, Gemeinheiten des Herzens, die mich zum Buddhisten und Pessimisten machen? Am meisten ärgert mich eine verkehrte Art von Ritterlichkeit und Höflichkeit, wenn etwa Jünglinge vom Sitze aufspringen, sobald eine gutgekleidete und gepflegte Dame erscheint, aber daneben steht eine von der Arbeit kommende müde Frau aus dem Volke, und niemand hilft ihr oder schafft ihr Platz. Überhaupt ist die alberne Weiberveneration mein beständiger Ärger: man gibt einem jungen Mädel mehr Trinkgelder als einer alten Frau und verfährt gegen die hübschen höflicher als gegen die häßlichen; umgekehrt aber *sollte* es sein. Dann wie diese Viecher sich beim Essen benehmen, ohne Andacht, ohne Ehrfurcht, ohne Gefühl dafür, daß auch Essen und Trinken eine Religion, eine heilige und zu heiligende Handlung ist. Ich ekle mich, wenn ich sehe, daß jemand ein feines und edles Gericht herunterschluckt, als äße er Kartoffel und Bohnen; ich liebe Menschen, die auch menschlich zu essen und zu trinken verstehn. Am meisten ärgert mich, wenn dicke Leute beim Suppenessen schlürfen und dann zwischenherein das Weinglas ergreifen und trinken, ohne sich zuvor den Mund abzuwischen, so daß die Weingläser Fettränder bekommen. Dies beobachtete ich einmal bei einem Diner von Professoren, alle Weingläser hatten Fettrand, außerdem aßen zweie Fisch mit dem Messer und kratzten sich mit Brot die Teller aus. (Letzteres finde ich übrigens nicht durchaus disästhetisch; ebensowenig das sogenannte Einstippen in Kaffee.) Ganz gräßlichen Ärger aber erlitt ich im Pschorrbräu; ein quidam ignotus mit Schweinsgesicht saß mir gegenüber und schnitt, während ich speisen wollte, sich öffentlich seine Fingernägel; die abgesäbelten Nagelteile sammelte er sorglich auf einer Papierserviette. Ich dachte: »Schwein! Aber er wird seine Nägel nun in den Kohlenkasten tragen.« Weit gefehlt! Als er fertig war geschah das Erstaunlichste. Er blies gegen den Haufen abgeschnittener Nagelteile und pustete alles schräg über den Tisch hinüber. Als er sah, daß einiges gegen meinen Suppenteller flog und daß ich verdutzt aufsprang, sagte er nur gemütsruhig: »Hoppla!« und – lachte. Derartige Mitmenschen laufen uns täglich über den Pfad, und ein Engel müßte sein, wer sich da nicht ärgert. – Zum Beschluß will ich nur noch hinweisen auf das eigentliche Museum und Magazin alles gegenseitigen Sichärgerns; das aber sind die Tageszeitungen. Dadurch, daß ich nur selten eine Zeitschrift lese, hat sich mein allgemeines Stimmungsniveau sehr gehoben und die ärgerzeugende Reibungsfläche verringert. Nie aber vermöchte ich eine Zeitung zu lesen ohne meine Stimmung und mithin mein ganzes Lebensgefühl zu beeinträchtigen. Nietzsche nennt die Zeitungen: »Die täglich erbrochene Galle« und Carlyle: »the social gossip«. Dieser soziale Klatsch und diese tägliche Abreaktion der Galle verbirgt sich hinter sehr stolzen Namen. Man nennt sie Moral, Idealismus, Ethik, ja Kultur. Es handelt sich aber nur um die Methode, wie geltungswillige Sterbliche ihre Galle und ihren Ärger loswerden. Denn das scheint ja nun einmal Weltgesetz zu sein, daß wir Menschen dazu da sind, um einander zu ärgern. –

Aber nun möchte ich diese Antwort auf die Umfrage: Warum ärgern Sie sich? nicht so ins Negative ausmüden lassen. Wenn es nichts gibt, worüber ich mich nicht zu ärgern vermöchte, so liegt darin auch der andere Bescheid, daß es nichts gibt, worüber ich mich nicht zu freuen vermöchte. Und so wie keiner tiefer zu lieben vermag, als er auch zu hassen befähigt ist, so dürfte Grad, Stärke und Innigkeit unseres Ärgers auch bestimmend sein für Grad, Stärke und Innigkeit unserer Weltfreude; heißt es doch vom Gotte des alten Testamentes: Gottes Liebe ist Gottes gestiller Zorn. Es kommt eben darauf an, daß es nicht beim bloßen »Ärger« bleibt; sondern Ärger ist dazu da, um sich auszuwachsen zu der von Goethe gepriesenen »großen Unzufriedenheit«, ohne die noch nie etwas Gutes und Wertvolles geschaffen wurde. In allen besseren Naturen wird der Ärger zum Weltschmerz. Dieser aber ist nicht mehr willkürlich oder subjektiv. Er erkennt, daß wir nicht allein leiden müssen, daß vielmehr Leid und Hemmung die wesentliche Natur fast aller Menschenleben sind, ja daß die andern eigentlich noch weit mehr Grund haben, sich zu grämen als wir selber und daß zuguterletzt aller Ärger nur in uns selber und in unserer menschlichen Grenze und Schwäche seinen Quell hat.

»Warum ficht Dich so manches Übel an?
Weil Gott Dich vor Dir selbst nicht schützen kann.«

Ist man aber erst so weit gekommen, daß dieses Gefühl für die eigene Schuld zum Grundgefühl des Lebens geworden ist, dann verwandeln die vielen kleinen Quälgeister plötzlich ihr Antlitz und werden zu Quellgeistern. Es gibt dafür ein wundervolles altes Motto. Die Königin Elisabeth von England führte es im Wappen als Wappenspruch: Ubi fel ibi mel. Zu deutsch: Man hat in der Seele so viel Honig als man Galle hat. – – Aus Gallen Honig bereiten, darauf kommt es an. Und ist dieses nicht das eigentliche Werk der Kunst? Baut nicht gerade das Ungenügen an der überall hemmenden und drückenden Wirklichkeit die großen Reiche des Trostes und der tröstenden Schönheit? »Indignatio facit versus.« In früheren Zeiten hat man Tinte bereitet aus den Gallen der Gallwespe und das ist ein Symbol. Die vollkommen gallenlosen Leute besitzen kein Tintenfaß; das Bekenntnis hat auch Goethe gemacht als er sang:

Meine Künstlerglut war sehr gering
Wenn ich dem Guten entgegenging.
Dagegen brannte sie lichterloh
Wenn ich vor drohendem Übel floh.
Zart Gedicht wie Regenbogen
Wird auf dunklem Grund gezogen.

Darum behagt dem Kunstgenie
Das Grundelement der Melancholie. –

Also: Möget Ihr gütigen Götter nur getrost mir neuen Ärger bringen, wenn ihr mir nur die Fähigkeit gebt, aus Galle Honig zu bereiten. Es gibt aber im Menschenherzen einen Genius mit einem Zauberstab, der wandelt im Nu all das Ärgerliche in etwas Süßes um. Er bedarf sogar alles Kleinen, Dummen, Gemeinen, Törichten dieser Welt, um durch dieses Transparent das Große, Weise, Ungemeine und Göttliche *erblicken* zu lehren. Wer diesen Zauberstab hat, der ärgert sich nie vergebens. Er heißt: *Humor*. [1925]

In Harmonie mit dem Kosmos

»Ach«, sang die süße Lieselott, während sie durch den Wald schritten, »in Harmonie mit dem Kosmos leben, wie tut es wohl!«
»Was verstehen Sie«, murrte der Philosoph, »unter der ›Harmonie mit dem Kosmos‹?«
»Diese Stämme«, sang Lieselott, »rauschen in alle Ewigkeit das uralte Lied der Schöpfung. Den Weltchoral zu Ehren Gottes! Der Wind wogt durch die Wipfel, und alle stimmen ein und streben selig empor zum Licht«. – »Mein Fräulein«, sagte der Philosoph, »die Stämme hier haben gar keinen anderen Trieb als den, einander zu überräubern. Sie stehen zu dicht! Sie bedrängen sich gräßlich. Da gibt es gar keine andere Rettung, als daß jeder in die Luft klettert, so hoch als immer möglich. Das nennt man *Fortschritt.* Und nun erst das Proletariat, das Unterholz, haben Sie eine Ahnung? Das würgt und umklammert und meuchelt sich auf Tod und Leben. Und dahinter wieder lauern die Flechten und Moose, Schmarotzer, die auf die Verwesung des ganzen Waldes hoffen. Das Waldweben ist ein Räuberlied. Der Waldboden: eine Kolonie von Milliarden sich verzehrender Mikroben. Droben im Blau über dem Weltchoral hängen ein paar tüchtige Raubvögel; die spähen nach Fraß.«

»Das mag sein«; sagte Lieselott, »aber wie schön ist das anzusehen! Welch ein Wunder! Aus allen Lebenstiefen hebt sich die Gestalt. Sie trägt das Geheimnis des Entstehens. Das Wunder der Schöpfung.«
»Das werde ich Ihnen erklären«, brummte der Philosoph. »Es entsteigt alles aus sogenannter Liebe. Denken Sie sich: hüben einen Samenfaden. Zappelig, gefräßig, überwältigungssüchtig. Und drüben: eine Eizelle. Ruhig, gefräßig und listig. Er packt sie und glaubt, sie fressen zu können. Sie klemmt den Kopf des Fadens fest und sein Schweif zappelt gräßlich. Sie aber beginnt ruhig gefräßig ihn aufzusaugen. Er stößt, sie saugt. Wer dabei siegt? Keines. Jedes hat zuletzt das andere gefressen. Es ist ein neutrales Drittes erzeugt. Das nennt man Liebe. Und nun haben wir also ein Embryo. Wünschen Sie etwa, daß ich fortfahre?«
»Bitte, es ist so poetisch.«
»Schön! In dem Neugewordenen rumort die gräßlichste Wut aller Atome gegen alle. Die Biologie nennt das: ›die Germinalselektion‹. Nach langen gräulichen Katzbalgereien stellen sich endlich zwei einander grundfeindliche, auf ewig verzwistete Systeme her: das Vegetative und das Animalische. Nun, das wissen Sie ja doch von sich selber, daß Ihr Magen Ihrem Gehirne die Kraft wegfrißt.«
»Nein, es ist bei mir umgekehrt, mein Gehirn zehrt immer an meinem Magen.«
»Kommt aufs Gleiche hinaus! Man kann jedenfalls nicht in Ruhe sichs schmecken lassen, wenn das Gehirn voller Sorge ist, und man kann wieder nie richtig denken bei vollem Magen. Das ist also eine Urdissonanz. ›Satte Leute sind dumm, kluge hungern.‹ Und so steht es um die Harmonie des ganzen Organismus.«
Lieselott machte große Augen und seufzte: »Aber wieso?«
Der Philosoph dozierte: »Als ich Zähne bekam, sagte der Arzt zu meiner Mutter: ›Um Himmels willen, das Kind bekommt Zähne, das nimmt den Knochen den Kalk, darum bleiben die weich‹ . . . Meine Zähne lebten also damals auf Kosten meiner Wirbelsäule. Später entwickelte sich dann meine Niere auf Kosten meiner Nase. Als ich Heuschnupfen bekam, sagten die Medizinmänner: Ihr nervus vagus ist reizbar. Das schädigt das Herz. Und das Herz arbeitet auf Konto der Gefäße. Und die Gefäße nehmens von den Drüsen, und wie schädigt das den Magen. – Der Magen leidet, weil

die Leber sich dickemacht. Warum ist die Leber zu dick? Der Imperialismus eines Lungenflügels ist schuld daran, aber das kommt wieder von dem Expansionsdrang der Bronchien, die das Opfer sind meiner Nase. Oder man kann auch alles umgekehrt sagen. Es stimmt immer. Die Ärzte wissens nicht, aber ich weiß: Ich bin ein Gasthaus, in dem lauter Gäste sitzen, die sich raufen.«
Lieselott seufzte: »Gott, wie Sie reden können.«
Der Seufzer brachte den Philosophen vollends in Wut. »Als ich zehn Monate alt war, da trat der Genius der Natur an meine Wiege und sagte: Du hast die Wahl. Willst du erst sprechen und dann laufen oder erst laufen und dann sprechen? Kinder, die früh laufen, sprechen schlecht, aber Kinder, die großartig sprechen, lernen schlechter laufen. Ich habe nun eben das Sprechen bevorzugt. Der Genius segnete mich mit einer krankhaften Hypertrophie des Sprachzentrums im linken Schläfenlappen. Infolge dessen wurde ich Schriftsteller. Als solcher mußte ich lernen, daß es weit unwichtiger ist, sprechen zu können als davonzulaufen. Ich liefe gern davon, aber ich muß sprechen. Und nun erst mein armes Gehirn.«
»Um aller Heiligen willen«, schluchzte das Fräulein, »was ist denn mit Ihrem Gehirn?«
»Eine chambre particulière, darin sitzt mein Doppel-Ich. Der eine ist Dichter. Der andere ist Kritiker. Mein kritisches Ich macht zu allem, was mein Dichter-Ich träumt, seine Sprüche und vermiest mir die ganze Dichterei. Mein Dichter-Ich befindet mein kritisches Teil satanisch und hält sich selber für mein besseres Ich. Jeder verhindert die Leistung des anderen. Sie raufen den ganzen Tag. Bald liegt der eine unten, bald der andere. Beide haben blaue Flecken und tragen Prothesen. So ist aus mir nichts geworden.«
Die süße Lieselott seufzte: »Sie sind eben zu vielseitig.«
»Sehr vielseitig«, raunzte der Philosoph, »besonders mein Herz. In dem siehts aus, wie in einem fidelen Weinausschank. Immer zwölf süße Mädeln auf einmal. Alle zanken sich. Schließlich werfe ich immer alle hinaus. Aber brauche dann wieder zwölf neue.«
»Sie müssen sich beschränken lernen«, sagte Lieselott ernst, »das kommt mit dem Alter.«
»Ha!« schrie der Philosoph. »Das Alter! Mir wackelt schon ein Zahn.«

Lieselott beschwichtigte ihn: »Das kommt mal vor. Mir wackelt auch einer, und als mein Weisheitszahn durchwollte, mußten zwei andere entfernt werden.«
»Da haben wirs«, sagte er tiefsinnig, »Sie verkalken.« Da sah sie ihn beleidigt an.
»Passen Sie auf und ahnen Sie philosophische Zusammenhänge. Sie fühlen feurig, leidenschaftlich. Ihr Blutdruck ist zu hoch. Das halten Ihre Gefäße nicht aus. Damit sie nicht brüchig werden, müssen Sie sie ausbessern mit Kalk. Woher nehmen Sie Kalk? Zunächst aus dem Kiefer. Da fangen denn also die Zähne an locker zu werden. Also: meine Blutgefäße leben nun auf Kosten meiner Zähne, welche damals auf Kosten meiner Wirbelsäule gewachsen sind . . .«
»Das ist ja furchtbar«, seufzte Lieselott.
»Na also, da haben Sie die Harmonie in der Natur. Was haben meine Füße meiner Aorta getan?« Ich habe kalte Füße. »Ja«, sagt der Arzt, die Aorta verweigert die Versorgung, der Weg ist ihr zu weit.« Ich werde dick. »Sie müssen turnen«, sagt der Arzt. »Ihr Bindegewebe wächst auf Kosten Ihrer Muskelfibrillen. Also: alle meine Gewebe verzanken sich und ich muß es büßen. Übrigens, wenn ich Ich sage, so ist das nur eine Redensart, denn ich bin gar nicht vorhanden.«
»Mein Gott!« rief das holde Mädchen. »Sie gehen doch neben mir.«
»Jawohl! Als ein momentaner Gleichgewichtszustand einander fressenwollender Atome. Weiß ich denn überhaupt, was ich bin? Bin ich etwa meine Drüsen! Oder mein Liebesleben oder mein Gallenleben? Meine Organe tun ja doch was sie wollen und ich habe das Nachsehen. Wenn aber sämtliche Organe sich gefressen haben, gibt es dann noch: Staat? Und was ist das: »die Menschheit«, wenn erst sämtliche Völker sich werden erschossen haben?« – Das süße Mädchen hatte zu ihrem Glück ein philosophisches Kolleg gehört und so hauchte sie einige Schlagworte: »Das Ganze ist mehr als die Summe seiner Teile«, »Ganzheitsbezogenheiten«, »Gestaltqualität«, »Teleologie«. Da wurde er rasend.
»Geschwätz!« brüllte er. »Die bekannten Idiotismen. Natürlich! In der Mitte thront immer das souveräne Ich. Und das Ich meint immer, es wäre da. In Wahrheit ist es schon futsch im selben Moment, wo der Magen anfängt, sich selber aufzufressen. Das tut er

nämlich. Wenn man nicht wieder was anderes hineinstopft, frißt er sich selber. Das ist beginnende Unsterblichkeit: »Endlich darf jede Zelle jede andere fressen.«
»Sie glauben nicht an Unsterblichkeit?« hauchte sie entsetzt.
»Natürlich glaub ich daran. Die Sache ist so: In einem Termitendarme sitzt ein Bakter, in dem Bakter sitzt ein Enzym. Die Termite nagt Holz. Sie verschluckt Holz, aber das schadet nichts. Denn das Enzym im Bakter setzt chemisch um und verdaut. Ist es damit fertig, verdaut das Bakter das Enzym und die Termite verdaut das Bakter. Darauf wird sie von einer Blattlaus verdaut, die von einer Ameis verdaut wird. Den Ameis verdaut ein Schneck und den Schneck ein Wurm und den Wurm eine Eidechse und die Eidechse eine Maus und die Maus eine Ente und die Ente verdaue Ich. Jetzt stehe ich also am Ende eines Verdauungsprozesses und nenne mich: die Krone der Schöpfung.«
Lieselott erinnerte sich, etwas Ähnliches schöner gelesen zu haben. Sie zitierte Raoul Francé: »Das ist der Kreislauf der Natur: die Gebirge werden von den Wassern abgetragen und aus den Wassern wachsen neu die Gebirge.«
»Quatsch!« schrie er geärgert. »Es gibt überhaupt keinen Kreislauf. Es ist eine hoffnungslose Kontinuität der unendlichen Langeweile. Auf jeder beliebigen Stufe der allgemeinen Einverleiberei oder Umverleiberei kann euer Gott, das Ich behaupten: Jetzt sei der Kulm erreicht und ginge die Reise vom Leben zum Tode wieder rückwärts ins Leben hinein. Ich aber glaube, denn ich bin ein religiöser Mensch, es gibt weit über die Menschheit hinaus noch ein Weiterfressen. Warum sollen wir die Zu-Ende-Fresser sein! Auch ich bin schon die gut vorpräparierte Nahrung für wieder was Höheres. Ein Gott wacht über mir und nimmt mich in sich auf, wenn ich reif bin. Sich willig einverleiben lassen, das heiße ich fromm sein. Aber gemach! Auch der Gott wird weiter einverleibt von einem Übergott und der Übergott von einem Obergott und zu alleroberst – ich habe mir meinen Kinderglauben bewahrt – wacht der Alles- und Alle-Verschlinger, der Endeinverleiber. Dem wird übel. Er gibts wieder von sich. Er entläßt die Welt aus seinem Innern. Und dann kann der Turnus von neuem beginnen. Dieses würde ich glauben, wenn ich nicht soeben bewiesen hätte, daß ich überhaupt nicht bin.«

Sie sah ihn entsetzt an mit ihren seelenvollen Mädchenaugen; endlich sagte sie vorwurfsvoll: »Es fehlt Ihnen eine harmonisch befriedigende Weltanschauung.«
»Das sagen meine Kritiker auch«, seufzte der Philosoph. [1930]

Helgoländer Elegie

Wenn das, was ich hier schreibe, je ein Mitmensch zu Gesichte bekommt, der den »Heuschnupfen« kennt, dann drücke ich ihm die Hand, denn er ist mein Leidensgefährte.
Jedes Jahr, sobald der erste Blütensamen in der Luft fliegt, genau am 27. Mai, setzt sich der Heuschnupfler morgens früh an den Rand seines Bettes und beginnt zu niesen: zehnmal, zwanzigmal, hundertmal. Und die Kinder, welche das hören, sagen: »Sommer ist da! Vater hat zu niesen angefangen.« Und so niest sich der Heuschnupfler durch den Mai und durch den Juni, bis tief in den Juli hinein, bis zur Schnitterzeit, wo alles Gras in Heu gewandelt ist und kein Pollenstaub mehr in der Luft fliegt. Aber was ein richtiger Heuschnupfler ist, der verbindet seinen Heuschnupfen mit einem Heuasthma und sein Heuasthma mit einem Heufieber. Er kann an keiner Wiese vorübergehn, ohne zu husten und zu prusten. Und die Bauern benützen seine Nase als Signalnase, denn bei trockener Luft niesen wir mehr als bei feuchter, und bei Südwestwind niesen wir stärker als bei Nordost, wir Heuschnupfler.
Fragt man nun die Ärzte, was das bedeuten soll, dann sagen sie ein lateinisches Wort und verschreiben ein unfehlbares Mittel: der eine Kalkkauen und Kalkschlucken zwölf Monate lang; der zweite ätzt die Schleimhäute deiner Nase mit Elektrizität; der dritte verkrustet deine Nase mit Phosphor und Schwefel; der vierte impft dich mit zehnerlei Grassamen; der fünfte spritzt zehn andere Grassamen unter die Haut. Denn darin sind sie alle einig: Vom Grase *kommt* es! Und wenn kein Gras mehr wächst, dann gibts auch keinen Grasschnupfen mehr. Aber weil es 7815 verschiedene Grasarten gibt (Die Ärzte sagen »Graminaceen«), und weil man nie genau weiß,

auf welche von den 7815 Grasarten just *deine* Nase eingestellt ist (die Ärzte sagen: »reagiert«), und weil man dir doch nicht gut die Pollen von allen den 7815 einimpfen oder unter die Haut bringen kann (was die Ärzte »immun machen« nennen), so begnügen sich die Ärzte damit, festzustellen, daß der Heuschnupfen nur in den seltensten Fällen zum Tode führt, weil er ja bis ans Lebensende zu dauern pflegt, und empfehlen dir Helgoland als internationale Strafkolonie für Heuschnupfler, den einsamen roten Felsen in der Nordsee, wo kein Gras wächst.

Nachdem ich zehn Jahre lang gebeizt, geschnitten, geimpft, gespritzt, verkalkt und durchschwefelt worden bin, hatte ich mich bereits in Demut mit dem Schicksal abgefunden; da kam in dem garstigsten aller Sommer, im Dauerregensommer 1927, Fancy zu mir, während ich hustete und schnupfte, sah mich energisch an und sprach: »Das geht so nicht länger, mein Junge. Morgen fahren wir in die Heuschnupfenkolonie nach Helgoland. Ich telegraphiere dem Vorstand.«

Als wir in Bremerhaven das große Lloydschiff bestiegen (es heißt die Kobra, weil es so schlängert), da war das Meer zwar wüst und wild, aber die Schiffsgesellschaft in der besten Laune, so daß bei der Abfahrt der Männergesangverein Alauda sang: »Das Schiff streicht durch die Wellen, Fridolin«. Aber das änderte sich hinterm Leuchtturm ›Rote Sand‹; da wurde der Männergesangverein stumm und ging auf Hinterbord, und wir empfanden die ganze Ohnmacht und Vergänglichkeit des Menschengeschlechts. Die Wogen brandeten, und wenn ein Feuilletonist zugegen gewesen wäre, er hätte sicher gesagt: *»turmhoch«*. Und das Schiff schaukelte und der Feuilletonist hätte gesagt: *»Wie eine Nußschale«*. Mir wurde sehr schlecht; aber ich raffte mich zusammen, weil an unserem Tische ein Jüngling saß, der mich andauernd beglotzte, und dem ich sogleich ansah, daß er irgendwas von mir wußte oder wollte. Fancy flüsterte: »Du, das ist ein Lyriker.« Aber als nun alle nach Backbord gingen, da ging auch ich nach Backbord. Der Jüngling folgte schüchtern, und grade in dem Augenblick, wo ich tiefe Sehnsucht nach Einsamkeit spürte, da überwand der Fremde seine Schüchternheit, sprach mich mit Namen an und versicherte, er sei ein Anhänger meiner Philosophie. Nun ist das ja doch nett, und welcher Mensch wäre nicht empfänglich dafür, wenn er mitten auf dem Weltmeer unter wildfremden

Völkern unerwartet die Bestätigung erhält, daß er als Philosoph verehrt wird; ja der Jüngling sagte sogar Zitate und gestand schüchtern, daß er ebenfalls dichte. Aber ich war in einer Stimmung, in der ich am liebsten die Schiffsmannschaft angefleht hätte: »Werft mich über Bord zum Fraß für die Schellfische! Alles ist mir recht, wenn ich nur von diesem Schiffe herunterkomme.« Indes der Jüngling, welcher, wie alle Dichter und Sonnen sich nur um sich selber drehte, merkte nichts davon, sondern fragte, ob es mich nicht interessiere, eine kleine Kostprobe seiner Lyrik zu genießen; er habe etwas in der Busentasche. »Es sind meine ›Eleusinischen Gesänge‹, Oden in der Art von Hölderlin, denn Hölderlin und ich haben etwas Verwandtes.« Ich hatte nicht mehr die Kraft »Nein« zu sagen, und während ich mich an den Schiffsrand anklammerte und dasaß wie Iphigenie, spazierte Fancy, die ich nicht beaufsichtigen konnte, seelenvergnügt auf dem Oberdeck und rauchte Zigaretten. Ich aber mußte mitten in der Nordsee die »Eleusinischen Gesänge« erdulden, während sich die Wellen am Schiffe brachen und auch mir sehr schlecht ward. Der Dichter aber sagte beglückt, er habe nicht gehofft, daß sein bescheidenes Werk so einschneidend auf mich wirken werde. Er wurde erst still, als auch ihm sehr übel geworden war; da halfen wir denn liebevoll einander, während wir über Rilke und Werfel weitersprachen.

Gott sei Dank, nach vier schrecklichen Stunden kam die rote Klippe Helgoland in Sicht. Auf dem Landungsstege sahen wir trotz Regen und Wind einen Truppe von etwa vierzig Männlein und Weiblein stehn, welche mit großen Schnupftüchern kräftig winkten. Das war die Heuschnupferkolonie, welche durch Fancy von unserer Ankunft unterrichtet war. Und als wir näher kamen, da war es, wie wenn ein Salutschuß zu unserm Willkomm geschossen wurde. Es war aber keine Kanone, sondern die Heuschnupfler niesten uns: Willkommen. Wir wurden nun ausgebootet; mir war wirklich sehr schlecht, und ich sah gritzegrün aus, aber beim Betreten des Landungssteges befand ich mich plötzlich vor zwei Fotografen, welche ihre Kameras auf mich richteten. Ich schrie: »Ich *will* nicht«, aber gerade in diesem Augenblick hatten sie schon geknipst, und die Heuschnupfler kamen, an ihrer Spitze unser Ehrenvorsitzender, Gymnasialprofessor Tiburtius aus Anklam, welcher schon seit siebenzig Jahren chronisch niest. Und dieser begann eine Empfangsrede, in welcher er sich historisch verbreitete über die berühmtesten Heuschnupfler des Altertums, Julius Cäsar und Alexander den Großen, über die Geschichte des Heuschnupfens und die glückliche Lage Helgolands. Unsere Kleider waren ganz durchnäßt, so daß ich froh war, als endlich das dreifache »Prosit« erscholl und die Bundesbrüder mich und Fancy zu unserm Quartier brachten, am Nordstrand, in Villa »Frohsinn«, wo bereits zwei andere Heuschnupflerparteien untergebracht waren, und wo ich mich erschöpft und erkältet, sogleich ins Bett packte und heißen Eiergrog zu trinken begann.

Hier nun wäre einiges über Helgoland zu sagen, jene Felseninsel, auf welcher früher Helgi, der Drachentöter, der Vater Brunhildes, residierte, auf welcher aber heute 530 Logiswirtinnen sich befinden und 1315 Grogstuben. Will man von Helgoland eine richtige Vorstellung gewinnen, so denke man sich auf einem wogenumbrandeten Luxusdampfer, welcher ein breites Oberdeck und ein kleines gemütliches Unterdeck besitzt. Das Oberdeck heißt das »Helgoländer Oberland« und das Unterdeck das »Helgoländer Unterland«, und beide sind durch eine Treppe verbunden, auf welcher den Tag über die Kurgäste auf und ab steigen von den oberen Restaurants zu den unteren, oder umgekehrt. Helgoland hat aber auch eine Vogelwarte, ein biologisches Institut und eine große Vergangenheit. Es gab eine Zeit, wo alle Größen der deutschen Dichtung und Zunft sich sommerlich im Helgoländer Kurhaus trafen. Heute aber ist Helgoland sozusagen die Tanzdiele in der Nordsee und der Wochenendsausflugort für alle Bremer und Hamburger Jünglinge und deren Bräute. Der Norddeutsche Lloyd und die Hamburg-Amerika-Linie verausgaben billige Sonntagsfahrkarten, und die Eisenbahnen stellen Sonderzüge bis Bremerhaven und Cuxhafen. Und so gibt es Sonntage, wo auf dem kleinen Felseneiland bis zu zehntausend Menschen sich drängeln. Sie hocken in den 1315 Grogstuben, machen Jazzmusik und tanzen schreckliche Schiebetänze. Die Folge davon ist, daß am Wochenende die gediegen leidenden Kurgäste keinen ruhigen Winkel haben und nach Westerland auswandern. Nur wir Heuschnupfler bleiben. Wenn dann das schreckliche Wochenendspublikum wieder fort ist, dann hört man auf der einsamen Insel nur das Klatschen der Fluten, den Schrei der

Möven und das laute Bellen unserer einsamen Heuschnupferkolonie, die auf dem Felsen brütet. Diese Kolonie, verkettet durch die Träne gemeinsamen Leides, aus Männern und Frauen aller Länder und jedes Alters zusammengesetzt, hält so treu zusammen wie einst in Holland die »Sondersiechen«, die sogenannten ›Leprosen‹. Es gibt sogar ein schönes Bundeslied, welches in Esperanto gesungen wird nach der Melodie »Wem Gott will rechte Gunst erweisen«. Dieser Sommer 1927 war doch der widerlichste, den ich je erlebt habe. Es regnete und fror. Mein Aufenthalt auf Helgoland war nichts als eine lange Kette von Dauerpünschen und Eiergrogs in den 1315 Grogstuben. Um ein wenig wärmer zu werden, ging ich zuweilen in die Nordsee, da die Wasserwärme immer noch erträglicher war als die Luftkälte. Es stellte sich auch heraus, daß auf dem Oberland, wo ein paar Ziegen und Schafe weiden, immer noch drei Kartoffelfelder und zwei Grasbüsche zu finden sind, und das genügte, um mir auch den einzigen Spaziergang, den es auf Helgoland gibt, unmöglich zu machen, vom Briefkasten bei der Apotheke bis zum Lummenfelsen. Denn wenn ich im Oberland an den zwei Grasbüschen vorbeikam, so mußte ich niesen und bekam dann eine Glaserrechnung für die im Unterland zersprungenen Fensterscheiben. Es blieb mir also gar nichts übrig, als dauernd im Bett zu liegen und Grog zu trinken. Ich muß nun allerdings rühmen, daß unser Heuschnupflerbund alles mögliche tat, um für die Leidensgenossen die Verbannung in die Sommerfrische erträglicher zu machen. Schon am Tage nach meiner Ankunft war im Kurhaus eine Heuschnupf-Reunion mit Tanz, woran sich Pfänderspiele mit Küssen anschlossen und ein Preisringen, welches den Spielen der Meistersinger nachgebildet war, sowie dem großen Match des Helgoländer Schwimmclubs. Ein Gönner unseres Bundes hatte als ersten Preis für Dauerschnupfler eine silberne Zigarettendose gestiftet mit der Inschrift: »Zum Wohl«. Der zweite Preis für die *empfindsamste* Nase bestand in einer Flasche Antipollin, einem neuen, angeblich unfehlbaren Mittel gegen Heuschnupfen. Sodann waren noch zehn Trostpreise ausgesetzt, bestehend in Schwarz-weiß-rot-karierten Taschentüchern mit einem Hakenkreuz und der Inschrift: »Deutschland vollend es«. Aber gerade bei dieser Gelegenheit kam es zu einer traurigen Zerklüftung in unserm gemütlichen Klub. Den ersten Preis nämlich gewann Frau

Magistratsobersekretär Nowak aus Barmen, welche nach der Zählung von Professor Tiburtius 64 mal hintereinander nieste, ohne abzusetzen; aber Herr Bankbeamter Krüger aus Uelzen, welcher es nur auf 49 mal brachte, trat hervor mit der Anklage, Frau Nowak habe betrogen und er fordere die Durchsuchung ihrer Gewänder. Dazu wurde denn nun auch eine Untersuchungskommission gebildet, welche mit Frau Nowak, die sich sträubte, auf die Toilette des Kurhauses ging und in ihrem linken Strumpf versteckt ein Päckchen Schneeberger fand. Es war also klar, daß sie mit Niespulver künstlich des Herrn Bankbeamten Krügers Rekord überboten hatte. Daraufhin stellte Baronin Knigge den Antrag, Frau Nowak aus dem Verein auszuschließen, aber Rechtsanwalt Goldschmidt aus Breslau warf sich freiwillig zum Verteidiger auf: »es könne der Beste mal einer Versuchung unterliegen«. Und Frau Nowak, als Nichtraucherin, wollte die silberne Zigarettendose dem Vereine zuwenden. Die Folge dieses Abends war eine Spaltung des Heuschnupflerbundes in zwei Parteien: die Partei Krüger und die Partei Nowak. Ich selber verhielt mich bei dem allem neutral, obwohl ich von diesem Abend keinen Gewinn hatte als einen der zehn Trostpreise mit Hakenkreuz und der Inschrift: »Deutschland vollend es«. Man erregte sich bei diesem Streit, und es zog im Kurhaus so schrecklich, daß wir zu dem Heuschnupfen, den wir ohnehin hatten, einen natürlichen Schupfen bekamen. Am folgenden Tage konnte ich daher kein Glied rühren. Ich kam aus dem Niesen nicht mehr heraus, und selbst der Eiergrog schmeckte nicht mehr. An diesem Tage aber geschah es, daß die Enkelin der Besitzerin von »Villa Frohsinn« zu mir kam und mich um Rat bat; ich hätte doch gewiß Erfahrung mit dem Heuschnupfen und könne ihr raten, was dagegen zu machen sei; sie sei geborene Helgoländerin und sei noch nie von der Insel heruntergekommen; aber sie leide seit dem zehnten Jahre daran, ob sie es nicht doch mal mit dem *Festland* versuchen solle.

Als ich das hörte, rief ich nach Fancy. Die kam lachend, denn sie weiß nicht, was Heuschnupfen ist . »Fancy«, sagte ich, »das Meer ist wild und die Heimfahrt ein Wagnis. Aber ich habe erkannt, daß der Heuschnupfen unheilbar ist. Noch heute fahren wir. Denn wenn ich nun doch schon mal an Heuschnupfen sterben soll, dann will ich es in der Heimat tun.« [1927]

Die Jugend tagt

Der Hohe Meißner, eine Waldlandschaft im Kreise Eschwege, welche noch einige Spuren waldursprünglicher Urnatur zeigt, der Hohe Meißner war dazu ausersehen worden, alle Gruppen unserer deutschen Jugend (politische, religiöse, kommunistische, nationale, proletarische, bürgerliche) zu gemeinsamer Herzensaussprache zu vereinen.

Das mächtige Bergplateau ragt aus menschenbesiedelter Ebene mit sieben Wald- und Wiesenkuppen. Sie führen die Namen: Katzenrücken. Ochsenkoppe, Hundsrück, Schafberg, Kälbersattel, Hahnenhügel und Eselsköpfchen.

Alle diese von erratischen Blöcken der Eiszeit übersäten Hügelwellen umstehen einen spitzen vulkanischen Kegel, welcher, dem Parnasse gleich, die Gegend beherrscht. Er heißt die Kalbe.

Nach langen Diskussionen war in den Jugendbünden beschlossen worden, daß die Führerpersönlichkeiten sich auf der Kalbe versammeln sollten. Die einzelnen Verbände wollten dann die sieben umliegenden Wiesenkuppen unter sich aufteilen.

Die nationalen Verbände sollten das Eselsköpfchen haben. Der Jugendbund Eros den Hundsrück. Die fünf vegetarischen Wanderbünde und der Studentenbund Ethos den Kälbersattel. Die religiösen Verbände den Schafberg, welcher den breitesten Rücken hat. So sollte sich die Jugend über das Gebiet des Meißner verteilen und dann Stafetten aussenden auf die Kalbe, um die daselbst versammelten Führerpersönlichkeiten zu holen. Diesen sollte aber nicht vorhergesagt werden, worum es sich handele. Die Jugend behielt sich frei, bald diese, bald jene Führerpersönlichkeit bald auf diesen, bald auf jenen Hügel des Hohen Meißner zu berufen, um sie daselbst über alles, was ihr auf dem Herzen liegt, zu befragen und auszuhorchen.

Zum Glück für uns alle ist Poldel Casanova Langsterbehn (in der »Jugendbewegung« einfach der Poldel genannt) ein strategisches Talent. Poldel setzte auseinander, daß die topographische Aufteilung der Gegend nicht nach Gruppen und Vereinen erfolgen dürfe, sondern nur nach Diskussionsthemen. »Denn«, so sagte Poldel mit

Recht, »die einzelnen Verbände sind sich bereits klar über ihre Grundsätze und Weltanschauungen. Die Jungens und Mädels in den Verbänden kennen sich schon genau. Fruchtbar wird die Tagung der deutschen Jugend nur dann, wenn man Buben und Mädel, proletarische wie bürgerliche, unpolitische wie politische, freidenkende wie katholische, bunt durcheinander plaziert. Und das muß nach Diskussionsstoffen geschehen. Dann kann jeder das Menschheits- oder Kulturproblem aussuchen, welches er von unsern Führerpersönlichkeiten gelöst haben will.«

So sagte der Poldel. Man beschloß demgemäß, bunte Reihe zu machen. Auch unter den Führerpersönlichkeiten. Denn wenn die Führerpersönlichkeit uns nicht Auskunft geben kann über alle Menschheitsprobleme, wozu ist sie dann eine Führerpersönlichkeit?

Nun darf aber auch die Jugend nicht einseitig beeinflußt werden. Sie muß sich selbst ein Urteil bilden können. Und damit das geschähe, so beschloß man, daß über jedes Thema zwei polar entgegengesetzte Führerpersönlichkeiten gehört werden sollten, ein »Referent« und ein »Korreferent«, wobei sich übrigens bald herausstellte, daß dies auf dasselbe hinauskam, als wenn man ganz beliebige Führerpersönlichkeiten herausgriff und sie gleichzeitig um ihre Meinung bat.

Als Ehrenpräsidenten über das ganze wurden ausgewählt zwei um die »Jugendbewegung« hochverdiente Männer. Der Verfasser des grundlegenden philosophischen Buches: »Der platonische Eros auf logomathischer Grundlage«, sowie der Verfasser des ebenso grundlegenden anderen philosophischen Buches: »Das absolute Logos auf physiologisch-erotischer Basis.« Diese beiden waren der ehrwürdige Philosoph Longinus Somnifer und der bacchische Gründer der Siedelung »Kosmosblütendorf«: Dionysios Wortestock. Beide Herren sollten auf der vulkanischen Kegelspitze der Kalbe einander widerlegen. Das Thema dazu wollte die Jugend sich vorbehalten.

Am 28. August, dem Geburtstage unseres Goethe, in der Morgenfrühe gegen vier, klomm von Abend her, gestützt auf die Schulter der blonden Anneliese Sinntneß, der hochgestimmte Longinus Somnifer die gewaltige Steinhalde zur Kalbe hinan. Und gleichzeitig klomm auf der Gegenseite, von morgen her, gestützt auf die Schulter der schwarzen Rationella Rabies, der hochsinnige Dionysios Wortestock am Bergeshange empor.

Man war auf beiden Seiten siegessicher und für jedes Thema gerüstet. Somnifer, welcher soeben den achtzigsten Geburtstag zur Freude des Landes gefeiert hatte, bedachte wie Zarathustra im Wandern, daß er sich nun schon seit achtzig Jahren und neun Monaten soziologisch betätigte und daß in Deutschland außer ihm keiner lebe, der die sechs Bedeutungen der Idee und die sieben Erosarten unterscheiden könne. Und wenn auch Wortestock viel lauter schreien konnte – was die Geduld anging beim logisch Disponieren, so konnte keiner Somnifern überwinden, denn Somnifer zählte zu den Seltenen, denen Philosophie auch den Schlaf ersetzt. Galt es begrifflich disponieren, so brauchte er nicht zu schlafen. Denn dann wurde er reines intellegibles Ich und trat heraus aus dem »bloß Empirischen«.
Aber auch Wortestock wußte sich unwiderleglich. Und im Wandern repetierte er alle ihm bekannten Gegensätze der deutschen Sprache, oder, wie er das lieber nannte, alle »Antinomieen«. Denn darin war er nun wieder Somnifer über. Durch lange Übung hatte er viele hundert Gegensätze, wie z. B. Eros und Logos, Weltseele und Weltgeist, empirisch und metaphysisch, hydrotisch und pyrotisch, und vieles andere an sich vereinheitlicht, so daß er, was immer auch ein Gegner vorbrachte, leicht dazu die polare Gegenbehauptung fand, worauf er zuletzt beides, Behauptung und Gegenbehauptung, positiv bejahend mit einer seiner berühmten »kosmischen Synthesen« überbaute, so daß in seiner Gegenwart Diskussionen immer und nie zu Ende kamen.
Während so unsere beiden Ehrenpräsidenten zum Gipfel strebten, wanderte Deutschlands Jugend zu den sieben Nebenhügeln.
Der prachtvolle Augustmorgen des Goetheschen Geburtstages sah Deutschlands Hoffnung, mehr denn zwanzigtausend Hornbrillen und Ledermappen, aus allen Gauen der Heimat zum Hohen Meißner wallen. Der erste Sammelpunkt war die Burg Logiehenstein. Dort beschloß die Jugend zu übernachten.
Freilich ist diese weltbekannte, durch Spenden der Nation erhaltene Jugendherberge durch unsere Wandervögel schon recht verwohnt. Die Jugend, welche Nächte durch dort diskutiert, wirft nicht nur ihr Frühstückstullenpapier, sondern auch ihre Broschüren und Zeitschriftenreste achtlos umher, und unsere von den Menschheits-

problemen viel zu sehr beschäftigten Wandervogelmädel vergessen dann immer am Morgen, ehe sie aufbrechen, den Fußboden von Flugschriftenresten der letzten Nacht zu reinigen. Es sieht daher schlimm dort aus. Aber immerhin erspart man dank des vielen Druckpapieres an Stroh. Der Poldel, welcher unseren Auszug zum Hohen Meißner organisierte, hatte die Nacht (eingemuschelt in Druckbögen von »Untergang des Abendlandes«, »Wiederaufbau Europas« und »Weckruf an die Menschheit«) recht gut geschlafen. Nun sah er all diese Jungens und Mädels froh durch die deutschen Wälder ziehen.

Die Mädels hatten nach Sitte der Zeit sich einen Bubenkopf geschnitten oder trugen ihren schönsten weiblichen Schmuck aufgerollt in Entsagungsknoten. Die Buben hatten jeder eine Hornbrille und eine Ledermappe, worin sie ihre Broschüren und Mundvorräte zum Gipfel trugen. Vom Sirius aus gesehen schaute es aus, wie wenn Scharen großer grauer Spinnen durch die Landschaft krochen, wobei ja auch jedes Spinnenweibchen gleich ein Männchen im Beutel trägt. – Man hatte beschlossen, sieben thematische Gruppen abzuzählen. Die sieben Themata sollten dann polar gegliedert werden.

So sollte zum Beispiel Amandus Polygamios Heiliger, das Haupt des katholischen Quickborn, auf dem Kälbersattel sprechen über »Die Würde des rituellen Lebens«, worauf Nathan Springquell, ein Jungzionistenführer, als Gegenleistung das Thema behandeln wollte: »Meine Gedanken über die Liturgie«. In gleicher Weise hatte man für sämtliche Hügel gegenpolare Redner vorgesehen, in der Erwägung, daß die Pfeile um so höher zur Sonne fliegen, je stärkere irdische Spannung sie beflügelt. Auf Eselsköpfchen zum Beispiel redete der Führer der Kommunistischen Jugend, Raufebald Spaltefroh, über »Das Recht der Nationalität« und hinterher der Führer unserer nationalen Jugend, Spaltelieb Raufebald, über »Liebet Eure Feinde«.

Immerhin zeigte es sich bald, daß weitaus die Mehrzahl der Buben und Mädel sich für die Kalbe entschied, woselbst als Thema »Die sexuelle Frage« diskutiert werden sollte. Als Referenten für dieses Thema wählte man den achtzigjährigen Longinus Somnifer, als Korreferenten Dionysios Wortestock. Als die Schar der sechstausend Knaben und Mädchen, welche die sexuelle Frage lösen wollte, auf dem Koryphäengipfel angelangt war, da begrüßten sie zunächst die ehrwürdigen Somnifer und Wortestock mit dreimaligem freideutschem Heil! Dann machten sie die große Frühstückpause. Und dann begann man nach einem geeigneten Platz zum Diskutieren zu suchen.

Der Poldel, welcher im Aufsuchen der Diskussionsplätze die meiste Übung hat und uns alle anführt wie ein Leitbock, der die Herde nach den Tränkeplätzen des Lebens leitet, der Poldel hatte auf dem Gipfel der Kalbe bereits einen geeigneten Platz entdeckt.

»Kameraden«, sagte der Poldel, »hier seht Ihr Reste eines Thing oder eines heiligen Vehme. Hier haben schon unsere Vorfahren dunkle Sprüche geraunt und ihre Opfer geschlachtet. Hier unter dieser uralten Wettertanne lasset uns diskutieren.«

Der greise Somnifer, welcher wie unsere alten Barden, rüstig an der Spitze schritt, begann seine Brille zu putzen, blickte dann vorsichtig am Stamme des mächtigen Baumes empor und sagte langsam: »Herr Poldel, ich glaube, es ist keine Tanne. Das ist eine Föhre.« Rübe aus Wolfenbüttel, welcher Naturwissenschaft studiert, rief mit seiner hellen Knabenstimme dazwischen: »Es ist eine Fichte.« Aber dies erregte den Widerspruch anderer Naturkenner, welche bewiesen, daß es eine Kiefer sei. Und so entstand sogleich ein Meinungsstreit, bis Wortestock mit der ihm allein eigenen Fähigkeit zur großen kosmischen Synthese auch in diesem Falle »das Wort der Situation« fand. »In strittigen Lagen der Empirie«, sagte Wortestock, »soll der Mensch auf apagogischem Wege sich zu einer befriedigenden Weltanschauung durchringen. Suchen wir nach negativen Instanzen, deren Dasein das Sosein dieses Baumes ausschließt, so ist es jedenfalls sicher, daß es keine Linde ist. Denn unsere Vorfahren pflegten Linden entweder in Burghöfe zu pflanzen oder auf Dorfplätze. Aber auf dieser diluvialen Halde findet Ihr weder Reste von Burgruinen noch solche eines alten Ziehbrunnens.«

Die Jugend beschloß mit Stimmenmehrheit, bei dieser Definition sich zu beruhigen und nunmehr die Lösung der sexuellen Frage in Angriff zu nehmen. Zuvor aber sollte der Poldel seinen bekannten Vortrag halten: »Die Neugemeinschaft: Sonnengeschwister oder: Zurück zur Natur.«

Während der Poldel seinen durch die bessere deutsche Presse schon zur Genüge bekannten Vortrag hielt: »Die Neugemeinschaft: Sonnengeschwister oder: Zurück zur Natur«, tagte auf einer im Morgentau blitzenden Waldwiese am Frau-Hollen-teich, welchen tausendjähriger Wald umrauscht, eine Versammlung anderer Art.
Die Waldfräulein, die Erdmännlein, die Wolkenfrauen, die Faune und Wasserjungfern kamen dort zusammen aus allen Schlünden des Hohen Meißner. In der Mitte auf einem Findling der Urzeit präsidierte der alte Pan. Die Gesellschaft war wüst aufgeregt.
Ein Waldschratt ergriff das Wort: »Seit drei Tagen wimmeln unsere Wälder von Ledermappen. Das Gerücht geht, die deutsche Jugend will hier tagen. Ach, Ihr lieben Geschwister! Wir wohnen hier die tausend Jahr. Dies war die letzte Stätte, wo wir sicher waren. Wohin sollen wir nun flüchten?«
»Verflucht!« polterte der älteste Faun. »Alles liegt schon voll Papier. Diese Gattung zieht Redespuren hinter sich, wie die Waldschnecken ihren silbrigen klebrigen Schleim.«
»Genossen«, begann der Nickelmann, »wir müssen sozialisieren.«
»Sehen Sie dort hinauf«, fluchte der Faun, »dort wohnt Erda, die Baumnymphe. Poldel sagt, sie sei eine Tanne. Rübe aus Wolfenbüttel, ein Naturforscher, nennt Erda eine Fichte und Wortestock hat bewiesen, daß sie keine Linde ist. Zehntausend Kinder haben wir zusammen gezeugt. Jetzt hocken dort sechstausend Hornbrillen und Bubenkopfmädel und diskutieren die sexuelle Frage.«
»Schmettern wir sie zusammen«, brüllte der alte Pan.
Da jauchzte die Gemeinde: »Heraus Ihr Wolkentöchter. Wettert Ihr Donnerdämone. Winde, prasselt ins Horn . . .«
Der ehrwürdige Somnifer hatte schon zwei Stunden lang logisch disponiert. Er machte gerade die erste Pause, welche Wortestock zur ersten kosmischen Synthese großzügig benutzen wollte: da ging es los: Wasser prasselten. Winde schnoben. Erda knarrte mit allen Ästen und warf ihre Nadeln auf Somnifers würdiges Haupt. Aber was ahnen die armen Naturgeschöpfe von der sittlichen Würde des intellegiblen Ich?
Keine Macht der Welt kann eine Führerpersönlichkeit, in dem Augenblick, wo sie endlich mal zum Reden kommt, davon ab-

halten, das Wort zu ergreifen. »Deutsche Jugend!«, begann Wortestock, »jetzt gilt es zu beweisen, daß die Urkraft des deutschen Volkes nicht verstarb. Unsere Vorfahren haben mit Kanonen gekämpft. Wir kämpfen mit der Macht der Idee. Nicht durch Heeresgewalt siegen wir, sondern durch die Macht unseres Geistes. Einige haben Regenschirme; ich einen Gummimantel. Wir wollen tiefer in den Wald hinein. Ich weiß eine sturmfreie Waldwiese am Frau-Hollen-teich. Und wenn die ganze Natur lostobt. Der objektive Geist ist stärker. Er wird die sexuelle Frage lösen.«

Da zogen sie denn tiefer in den Wald. Und kamen zu der Stelle, wo in der Morgenfrühe die Waldgeister getagt hatten.

Wortestock erkletterte mit Hilfe der Jugend den Findling aus der Urzeit, darauf der alte Pan präsidiert hatte. Dann erhob er mächtig seine Stimme und begann eine großzügige kosmische Synthese. Da standen und staunten rundum Waldschrätte, Faunen, Wasserfräulein und Wolkenmädchen. Sie ahnten beschämt die Macht des deutschen Geistes. Aber am Waldrand stand der alte Pan und weinte.

Und es wurde Nacht. Und es wurde wieder Tag. Und es wurde abermals Nacht. Und abermals wurde es Tag. Und es verflossen zwei Monde. Und es verrauschten zwei Jahre. Aber die Diskussion nahm kein Ende.

Denn immer, wenn Wortestock positiv bejahend eine großzügige Synthese gebaut und die beiden Antinomieen wieder kosmisch geeinigt hatte, dann kroch Somnifers stärkeres noologisches Genie wie ein langer Regenwurm daran empor und fand denn auch schließlich an der Spitze eine kleine Lücke und bohrte da hinein und spaltete die kosmische Einheit wieder in zwei dialektische Hälften. Aus denen mußte dann Wortestock eine neue, noch nagefestere kosmische Synthese bauen.

So wuchsen ihre Geister durch die Zeit hinaus ins Absolute. Nicht bloß Empirisches klebte mehr ihnen an. Jenseits von Raum und Zeit wurden sie essentiale platonische Ideen, welche nicht mehr schlafen, trinken oder essen, sondern dauern als phänomenologische Bewußtseins-Tatbestände von adäquater, immediater und intuitiver Gültigkeit.

Was aber ist aus der deutschen Jugend geworden?
Was aus den Elementargeistern am Frau-Hollen-teich?
Die Elementargeister sind ausgewandert auf primitivere Gestirne.
Die deutsche Jugend aber (das muß leider gesagt sein) erwies sich als noch nicht reif für unsere der Menschheit vorangeeilten Führerpersönlichkeiten.
Schrecklich endete die Tagung auf den sieben Hügeln, wo die polar gespaltenen antithetischen Führerpersönlichkeiten dasselbe Problem von zwei verschiedenen Gesichtspunkten aus behandelten.
Man fand auf Kälbersattel und Eselsköpfchen unter Trümmern von Hornbrillen nur noch zerstreute Gliederreste. Neun Beine und eine Nase wurden agnosziert als die von Polygamios Heiliger, Nathan Springquell, Raufebald Spaltefroh und Spaltelieb Raufebald. Sie ruhen vereint auf dem Ehrenfriedfhof in Schwätzingen. Pioniere der Neuzeit. Über ihrem Grab trauert das Standbild der deutschen Jugend, die Muse, welche in Fichtes »Wissenschaftslehre« liest.
Aber auch auf der Kalbe nahm die Sache ein schlimmes Ende. Oder eigentlich überhaupt kein Ende. Denn die sexuelle Frage wurde nicht gelöst. Knaben, welche in bartloser Unschuld auf Fahrt gegangen waren, kehrten zurück als Greise ungepflegten Vollbarts. Die Schönheit der Mädchen alterte; Ledermappen knarrten um das schlotternde Gebein. Minderwertige Elemente retteten sich zurück in empirische Raumzeitlichkeit. Bessere starben vor Entkräftung. Nicht der Poldel, nicht Rationella, nicht Anneliese erwiesen sich dauerfest im Absoluten verankert. Nur Somnifer und Wortestock bestanden jede Feuerprobe des Geistes.
Der Seher blickt in die Zukunft.
Ein neues Deutschland will kommen. Eine neue Jugend tagt.
Pan und die Dämonen sind verschollen. Die Gegend im Kreise Eschwege wird industrialisiert. Sie gehört Stinnes. Dieser errichtete am Frau-Hollen-teich eine Papierfabrik. Aber inmitten der nützlich gewordenen Welt bewahrte man einen Naturschutzpark. Darin diskutieren Longinus Somnifer und Dionysios Wortestock. Sie ragen durch die Zeiten. Redende Denkmale für die metaphysische Wetterfestigkeit des platonischen Eros und für den deutschen Idealismus.

[1923]

Der positive und der negative Meyer

Manche Einwohner unserer Stadt erinnern sich wohl noch des merkwürdigen Zwillingsbrüderpaares Meyer, welches um 1900 allgemein bekannt war als der positiv-bejahende und der destruktiv-verneinende Meyer, und von denen merkwürdigerweise der positive Meyer den Abscheu unserer ganzen Bevölkerung zu tragen hatte, während der destruktive Meyer wie Pastor Wachtel von St. Ägidien bei der Beisetzung sagte: »nur Liebe gesäet und nur Liebe geerntet hat.«

Wenn ich in die Erinnerungen der Kindheit tauche, dann sehe ich wieder vor mir das gutherzige Vollmondgesicht des bejahenden und das verknitterte Brunnenvergiftergesicht des negativen Meyer, und dann ist es mir, als ob sie beide zusammengehörten wie die Anode und Kathode des elektrischen Stroms.

Ein Menschenkenner hat geäußert, daß die Brüder so feindlich geraten seien, weil jeder die Eigenart des andern nicht leiden mochte und sich nun zum äußersten Punkte des entgegengesetzten Typus entwickelte; aber wie dem auch sei: seit Abel und Kain, Jakob und Esau ist die Welt durch den Kampf feindlicher Brüder vorangekommen. Und so haben auch die zwei Meyers sich zu denkwürdigen Gestalten entwickelt, weil jeder von ihnen den andern zu widerlegen trachtete.

Enak Hellmuth, (so hieß der positive Meyer), war der sanfteste, frömmste Mensch, den man sich denken kann, ganz Ehrfurcht, ganz Liebe und von Natur ganz konservativ, obwohl er Pazifist, Sozialist, Weltreformer, Menschheitsapostel war. Gottlieb Friedrich dagegen (so hieß der negative), glaubte an garnichts.

Der positive Meyer war so ehrfürchtig, daß er überall den Spuren der großen Männern nachgehend, die Angedenken der Geschichte sammelte, so daß er von lauter Andenken und Symbolen umgeben war. Er besaß das Lineal, welches Goethe benutzt hatte, den Korkzieher Robespierres, einen Uniformknopf Bismarcks, einen Vatermörder Kants, den Nagelreiniger Schopenhauers, einen Milchzahn des Heinrich Mann, die Rizinusflasche des Thomas Mann, den Hühneraugenring der Frau von Ludendorff, kurz: jeder Gegenstand seiner Wohnung hatte historisch-symbolisch-kulturelle Bedeutung. Dazu die Erinnerungen an viele Bräute, Kusinen und Tanten. Der negative Meyer dagegen hatte überhaupt keinen Sinn für Symbole. Er ließ sich aus dem Totenschädel eines berühmten Professors der Logik ein Nachtgeschirr drechseln. Aus dem hinterbliebenen Gebisse seiner Braut lötete er die Platinstifte und ließ einen Kaffeelöffel daraus machen. Er zog einer Tante die Haut ab zu einem Schweinslederband für Manns Gedichte, stopfte sich mit der Mumie Pharaos des dreißigsten eine Seegrasmatratze und rühmte sich frech, in Australien von einem Missionär gekostet zu haben. Und während der positive Meyer jeden Glauben ehrte und je nachdem mit gefalteten oder gekreuzten Händen, bedeckten oder unbedeckten Hauptes, bald knieend, bald stehend zu sehn war in Synagogen, Pagoden, Münstern und Moscheen, – hielt der negative Meyer alle Volksüberlieferungen für Quatsch, ja, um zu beweisen, daß alles Aberglaube sei, tat er geflissentlich immer gerade das, was nach der Meinung der Welt die Götter herausforderte. Er war der Vorsitzende eines antimetaphysischen Spötterklubs, genannt »Die fidelen Dreizehn«. Die Mitglieder dieses Vereins hatten die Pflicht, ein Mal im Monat mit Totenschädeln zu kegeln, Freitags zu verreisen, grundsätzlich an Schafherden nur von rechts vorüberzugehen, am frühen Morgen Spinnen aufzusuchen und begegnenden Leichenzügen von rückwärts vorüberzuschreiten, ferner: grundsätzlich nie auf Jagd zu gehen, ohne sich von einem alten Weibe »Brich Hals und Beine« wünschen zu lassen, Eulen und Totenkeuzchen auf Hochzeiten mitzubringen und Raben bei Kindstaufen als Glückspropheten zu verwenden. Kurz, dieser Verein »Die fidele Dreizehn« tat immer das, was nach dem Glauben der Welt Unglück bringen mußte. So setzten sie sich zu 13 am Freitag vor einem unverhängten Spiegel zu Tisch, sangen »Gaudeamus Igitur«, warfen die Salzfässer um und schnitten das Tischtuch zwischen sich entzwei.

Es braucht nicht gesagt zu werden, daß der positive Meyer Antialkoholiker und Vegetarianer war; der negative zum Trotze fraß Froschschenkel, Nachtigallenzungen und Lerchenbrüste und trank dazu Weine aus Tokai und Achaia, um zu beweisen, daß sein Bruder ein Trottel sei und er selber ein aufgeklärter Mann. Keiner wird mir glauben, wenn ich erzähle, was der positive Meyer in seiner

Hosentasche trug. Wenn Enak Hellmuth in mein Elternhaus kam, dann bettelten wir Kinder: »Lieber Meyer, bitte zeige uns, was hast Du in der Hose.« Und dann kramte er aus: Nägel, einen Hammer, ein Messer, Bleistifte, Hustenbonbons, Kamillentee, Wundpuder gegen Schorf und Wolf, sterilisierte Watte, Sicherheitsnadeln, Ersatzpropfen, Patentscheren, Mullbinden, Bindfaden, Gummi, Klosettpapier, Familienseife . . . kurz: unser lieber guter Meyer führte alles bei sich, wodurch er irgendwie der Menschheit hülfreich und nützlich sich beweisen konnte. Kam er nun irgendwoher, in das Wartezimmer des Zahnarztes, ins Bureau des Vereins für Feuerbestattung, in das Vorzimmer des Bürgermeisters, sofort spähte er um sich: »Wie kann ich mich der Menschheit nützlich machen?« Da hingen zum Beispiel auf Postamt 7 Wilhelm II und Augusta Viktoria so, daß sie einander die Rücken kehrten; sofort holte Meyer eine Leiter und hing die Bilder um, so daß sie von da ab einander freundlich anlächelten. Kurz vor der Operation seines Blinddarms sah man ihn in der Chirurgischen Klinik die Porträts berühmter Chirurgen, welche dort schief hingen, gerade rücken und während ihm ein Zahn angebohrt wurde, kittete er ein Goldfischglas. Stets führte er Vogelfutter bei sich sowie Ameiseneier und fütterte im Winter Frösche. Kurz: die Lücken im Weltbau auszufüllen, das war der Trieb seines edlen Herzens. »Na, wo fehlts denn?« redete er die Kinder an, und dann verklebte er sie mit Englisch Pflaster oder legte ein Bruchband an. Den Obdachlosen im Stadtpark brachte er Kopfkissen hinaus und fragte zärtlich: »Müde – müde?« Ganz anders war der destruktiv verneinende Meyer, dessen Lieblingssprüche lauteten: »Tu nichts Gutes, kommt nichts Böses«, »Alles muß verrujiniert werden«, »Die Menschheit krepiert vor Faulheit, wenn man sie nicht schindet!« Dieser Meyer II verkehrte nur in den bestessenden Aktionärskreisen und ließ sich, ehe er eine Einladung annahm, erst das Menü vorlegen und forderte Kochproben von den Köchinnen. Hatte er im Vorzimmer des Kultusministeriums oder im Bankhaus Bleichröder zu warten, so tat er insgeheim so viel Schaden als er konnte. Er nahm das Taschenmesser, ritzte die Klubsessel an, spuckte, wenns niemand sah, auf den Smyrnateppich, reinigte seine Stiefel an den Gobelins. Er durchprickte mit einer Stecknadel Bleichröders Porträt, gemalt von Liebermann, zerschnitt die Saiten einer Geige, kratzte an einer Bronze. Auf dem Ball bei Rothschild trug er Sporen und trat wie versehentlich auf die Damastschleppe der Frau des Hauses; er verwickelte sich in das Gazekleid einer Ministersgattin, riß Löcher, dekolletierte und ruinierte die Frauen. Es gab keine Gesellschaft, in der er nicht ein paar Sektkelche zerbrach, wertvolles Porzellan fallen ließ, mit Vorliebe Erbstücke und Prachtstücke der Familie. – Den Damen reichte er Teller, die nur an *einer* Seite angewärmt waren, so daß die Damen sich verbrannten, worauf er die Brandblase mit Höllenstein ätzte. Dieses alles also geschah aus Grundsätzen! Denn während der positive Meyer eine altruistische Weltanschauung hegte und stets seinen Tolstoi oder Ghandi im Busen trug, bekannte sich der destruktive Meyer als Anhänger Bakunins, welcher bewiesen habe, daß das einzige positive Handeln das Zerstören sei. Schon, damit das Proletariat nicht hungere und damit die Überproduktion an Luxusgütern ausgeglichen werde, müsse man in den Häusern der Reichen so viel aufessen oder verheeren als möglich. Übrigens seien die Damen der großen Welt dankbar, wenn man ihnen Kostüme zerreiße. Millionäre langweilten sich unsäglich. Die einzige Emotion, die ihnen wirklich noch zu Herzen gehe, sei der Verlust. Einer Geheimrätin, der man das Brüsseler Spitzenfichu zerreiße, erspare man dafür Marienbad. Wenn Bleichröder in seiner Nase die Stecknadel entdecke, so bestelle er bei Liebermann ein neues Bild und ärgere sich so, daß er vor Verkalkung sicher sei. Drehe man einer Dame der Hochfinanz den Diamantensolitär vom Finger, so halte sie das für Liebesgunst und habe Gelegenheit, sich einen noch schöneren zu wünschen. Kurz: der negative Meyer begründete seine Wüstheiten teils philosopohisch, teils als Nationalökonom.

Man kann sich nicht genug verwundern, wie doch dem edlen Meyer I, einem der harmlosesten Menschen, die je gelebt haben, alles mißlungen ist, während der ruchlose Meyer II allgemein geliebt wurde. Der edlere Meyer bekam bei jeder Gelegenheit die Prügel. Wenn zum Beispiel vor den Wahlen oder wenn im Bürgervorsteherkolleg die Parteien aneinander gerieten, dann stiftete Meyer Frieden. Er versöhnte die Konfessionen, baute goldene Brücken, zeigte jeder Partei ihre Schwächen und die Rechte der Nachbarpartei. Er sprach: »Erkenne Dich selbst!«, »Kehre vor der eignen Tür«, »Liebe Deinen Nächsten«, »Edel sei der Mensch, hülfreich und gut«. Und was war die Folge? Überall wo Meyer I erschien, einten sich in der Tat alle Parteien, Konfessionen und Gruppen in der Erkenntnis, daß er, Meyer I, ein unerträglicher Zänker sei, den man gemeinsam an die Luft setzte und die Schuld zuschob an sämtlichem Elend der Welt. Ach! Mir blutet das Herz und ich verzweifle an der Entwicklungsmöglichkeit des Menschengeschlechtes, wenn ich bedenke, wie Meyer I, dieser rosige Mensch, auf Erden verprügelt worden ist.

Da fährt etwa ein Wagen schwerbeladen mit Holz durch den Stadtpark. »Ei, ei!« redet Meyer den Fuhrmann an, »die lieben Gäule! Komm, wir helfen dem Pferdchen ziehen!« . . . Schwupps! hat er einen mit der Peitsche übergezogen. Zutunlich nähert er sich dem Dienstmann Kulicke: »Na? Mit dem Verdienst zufrieden? Nicht überanstrengen! gut ausschlafen! wenig Alkohol!« Schwapps! haut ihm Kulicke eine hinter die Ohren. Überall Liebesapostel, wurde er doch überall hinausgeschmissen. Aber nichts konnte ihn enttäuschen. Ehepaare, die er versöhnte, fielen gemeinsam über ihn her und behaupteten, sie wären nie verzankt gewesen, Meyer nur habe bösen Stunk gemacht. Prozeßgegner, die er zum Vergleich brachte, schickten ihm gemeinsam eine gepfefferte Rechnung. Liebesleute, deren Bekanntschaft er vermittelte, fanden sich in der Erkenntnis, dieser Meyer sei ein Bösewicht. Verkannt wurde sein Los. Und selbst die giftigsten Feinde waren einig in der Überzeugung, der arme Meyer sei eine unleidliche Type. – Ganz anders beim Bruder! Diesen achteten und ehrten alle, und er hätte zufrieden leben können, wenn nicht die gallenlose Menschenliebe, die unbelehrbare Gutmütigkeit seines Bruders ihn so gegiftet und zu Wut gereizt hätte. Nie konnte er lassen, Meyer I zu demütigen, während dieser fortfuhr, seinen Bruder zu vergöttern und brüderlich zu lieben. Wo immer der destruktive Meyer erschien, da dachten die Menschen: »Vorsicht! Ein rücksichtsloser Kerl! Ein Halunke! Er liebt niemanden als nur sich selbst.« Eben darum versuchte nun Jeder, ihm Liebes zu erweisen. Jeder hoffte, er werde sich bei Meyer einschmeicheln und werde die Galle des alle zermalmenden Meyer auf die Schwächen und Laster des Nebenmenschen ablenken. Obwohl Meyer II unfähig war die geringste positive Arbeit zu leisten, schob man ihn ab auf immer höhere Verwaltungsposten, damit er auf dem niederen Posten nicht länger Schaden stifte. Aber grade weil alle vor ihm krochen, wurde die Tyrannenlaune Meyers immer gräßlicher. Am qualvollsten litt er, wenn sein edler Bruder kam und ihm heute eine Tüte Rosinen und morgen seinen Lieblingsfisch Kabeljau zum Geschenk brachte, und wenn er ihm den Kabeljau und die Rosinen an den Kopf schmiß, Enak flötete mit seiner versöhnlichen Stimme: »Aber *Gottlieb*, ich habe Dich ja nicht kränken wollen.« Es half nichts, selbst wenn man Enak einen Tritt in den Hintern gab, solche Menschengüte war unbesieglich, und das machte Friederich Gottlieb zum wilden Menschenfeind.

Was soll ich noch lange vom Leben der beiden erzählen; man kürzt mir ohnehin immer mein Feuilleton. Es kam alles, wie es kommen mußte! Der arme positive Meyer wurde totgeschossen von bösen Buben. Es war einer dieser mit Recht so beliebten Fememorde; die Richter sprachen die Mörder frei, weil sie sich in dem subjektiv berechtigten Glauben befunden hätten, einen politischen Schädling und Vaterlandsfeind unschädlich machen zu müssen. Der negative Meyer aber starb eisgrau einen standesgemäßen Tod: an verdorbenem Kaviar, und unsere Stadt setzte ihm das Denkmal auf dem Bahnhofplatz, darauf sein Medaillonbild von einem Engel bekränzt wird und die Inschrift steht: »Dem Wohltäter der Armen«, denn er hinterließ ein schönes Vermögen, womit die Stadt das christliche Jünglingsasyl gebaut hat ... In philosophischen Kreisen besteht das Vorurteil: die Liebe sei eine Himmelsmacht und eine Zentralkraft, welche diese schäbige Welt zusammenhält. Dagegen der Haß wirke »subversiv«. Das Gegenteil ist richtig! Wie denn überhaupt vor allen Dingen immer das *Gegenteil* richtig ist. Liebe ist eine auflösend-zentrifugale, formzerstörende Großmacht. Würden die Geschöpfe sich gegenseitig lieben, so würde jedes aus sich selber herausfallen, um im anderen unterzugehen. Das heißt: Die Welt würde zusammensinken in einen chaotischen Urbrei. Zum Glücke aber hassen sich alle kräftig weiter und zwingen einander dadurch mit männlichem Widerstand, Eines das Andere zu *erhalten*, wie denn auch, nach neueren Forschungen sowohl die Atome wie die Sterne nur dadurch in leidlicher Harmonie fröhlich singend einander umkreisen, weil jeder Stern und jedes Atom danach strebt, alle andern aus ihren Bahnen zu reißen, und so hat denn Meyer II Recht behalten mit seinem *Grundsatz:* »Das einzig positive Weltgesetz lautet: ›Alles muß verrujiniert werden.‹« [1928]

Wie werde ich gebildet?

Ich habe eingesehen, daß es dringend notwendig ist, den Zeitgenossen ein kleines Nachschlagebuch in die Hand zu drücken, in welchem diejenigen Worte verzeichnet stehen, welche gegenwärtig in den Kreisen der höchsten Bildung üblich und unerläßlich sind, um mitreden zu können. Denn »Bildung« ist ja nichts anderes als die Fähigkeit, in einer Welt, in welcher alle reden, gleichfalls mitreden zu können. Hierzu bedarf es (wenn man im übrigen sich nur fesch zu kleiden weiß), nur ganz weniger Vokabeln; durchweg Fremdworte, welche man möglichst leicht und unbefangen, immer aber doch ein ganz klein wenig ironisch, als sei das Modernste schon nicht mehr *ganz* modern, ins Gespräch einfließen lassen möge. Ich kenne beispielsweise ein sehr hübsches junges Mädchen, welches seine ganze gesellschaftliche Existenz mit zwei Worten bestreitet, mit den beiden Worten: sympathisch und erotisch; die sie aber außerdem noch falsch ausspricht; sie sagt immer: sympatsch und erotsch; die a und o ganz kurz gesprochen. Wenn beispielsweise die Rede kommt auf einen Dichter, Künstler, Schauspieler, dann wirft sie so kurz hin: »O, ich finde ihn doch recht sympatsch'; und wenn die Rede ist von den ›modernen Problemen‹, dann sagt sie lieblich und nachdenklich: »Ich glaube dies Problem ist wohl mehr erotsch'.« Damit kommt sie überall durch und gilt für »interessant« . . . Ich gehe nunmehr daran, einige Worte aus dem Bildungsjargon der Gegenwart zu erläutern, welche Worte der sich bildenwollende Leser auswendig lernen möge.

Das Irrationale. Bei allem, was der Mensch nicht kennt und weiß, also bei dunklen, okkulten, mystischen Gelegenheiten, also auch, wenn die Rede kommt auf Geistersehn, Fernwirkung, Träume,

Astrologie (welch letzteres im Augenblick »totschick« ist), so reiße der Leser die Augen auf, richte sie tiefsinnig auf einen imaginären Punkt im Weltall und sage: »Wir rühren hier an das Reich des Irrationalen.« Man kann auch sagen: »Ich glaube fest an das Irrationale.« »Es muß doch etwas Irrationales geben.« »Meinen Sie nicht auch, daß die Tiefen der Natur irrational sind?« Ferner: »Der Intellektualismus hat abgewirtschaftet.« »Wir leben gegenwärtig wieder in einer Epoche des Irrationalen« usw. Kein Mensch weiß, was er sich dabei denken soll; aber dies ist gerade »le dernier cri de la saison«: Mit den Mitteln des Denkens auch das Denken zu widerlegen und – indem man denkt – nicht zu denken.

Kosmisch. Dies sage man angesichts von Familienporträts, Fotos berühmter Personen, Bauwerken, Hochgebirge, Pyramiden usw. Man will mit diesem Worte gleichfalls andeuten, daß etwas über unsern Horizont geht. Es ist zur Zeit sehr vornehm von sich selbst zu sagen: »Ich lebe in kosmischer Verbundenheit«, »Ich denke kosmisch«, »Hilde und Fritz fanden sich im Kosmischen«, »Mizi und ich leben in Harmonie mit dem Kosmos.« (Varianten sind: »In Allverschlungenheit«, »In erfreulicher Gottnähe«, »In Harmonie mit dem Unendlichen oder Irrationalen«; »ultrakausal«, »transmundan«, »metaphysisch erleben« usw.)

Ressentiment. Dieses durch Nietzsche berühmt gewordene Wort (zu deutsch: Rückschlagsgefühl) ist durch zu viel Literatur und Philosophie bereits schon etwas abgegriffen und wohlfeil geworden, doch in besseren Gesellschaftsschichten noch immer sehr brauchbar, um allen schöpferischen Tatsachen und Menschen gegenüber eine gewisse überlegene und kritische Haltung zu markieren. Das Wort hat den Vorzug, daß man sich bei seiner Verwendung keinerlei Zwang aufzuerlegen braucht, denn es paßt *immer*. Wenn z. B. ein Kind hungert und darum nach Brot schreit, wenn eine Frau ertrinkt und darum einen Rettungsgürtel verlangt oder wenn ein Mann einen Fußtritt bekommt und sich dagegen wehrt, wenn jemand über Schlechtigkeit, Bosheit, Unrecht, Dummheit oder sonst etwas klagt oder überhaupt nur redet, immer kann man mit Aussicht auf besten Erfolg sagen: Dieses Geschöpf handelt aus Ressentiment. Ich habe neulich sogar den Satz gelesen: »Anerkennung ist die feinste Art von Ressentiment«, und einer meiner

Kritiker hat mir bewiesen, daß ich die Menschen nur aus »Ressentiment« liebe. Man sieht also, daß man sich bei Anwendung dieses Wortes gar nicht zu genieren braucht.

Komplexe (verdrängte, verdeckte, intime, sublimierte, überwertige, zentrale, pervertierte u. dergl. mehr). Eine ganze Reihe bildungswichtiger Ausdrücke stammen aus den Schriften seelenkundiger Mediziner, Psychiater, Nervenärzte, Pathographen. Diese Kategorie von Denkern hat nämlich den großen Vorzug, daß sie in keiner Weise schöpferisch naiv zu denken braucht, da ja gerade das Naive und Schöpferische von ihr psychochemisch zerlegt und auf seine psychologischen oder gar physiologischen Bedingtheiten hin untersucht werden muß. Das gibt immer fabelhafte Überlegenheitsgefühle. Man ist z. B. zwar durchaus kein Goethe, aber man weiß doch genau, warum Goethe gerade Goethe werden mußte und kennt die »Untergründe« all seiner Entäußerungen; ist also in dieser Hinsicht ihm zweifellos überlegen. Wenn sich also irgendwo Lebendiges naiv lebendig entäußert, so lasse man gewähren und menge sich beileibe nie in die Sachinhalte, sondern sehe sich psycho- und neurologisch die Abläufe und formalen Bedingungen genau an; man lasse die Leute dumm und unbefangen sich bewegen und murmele dazu bisweilen: »Haha! das wäre also ihr überwertiger Komplex«, »So so, da hätten wir also das Phänomen der Verdrängung«, »Verstehe, verstehe, hier liegen in der Tiefe starke verdeckte Komplexe.« Wenn einer verliebt ist, hat er den erotischen Komplex; wenn einer Geld sucht, hat er den Geldkomplex; wenn einer Bücher sammelt, hat er den bibliomanen, wenn einer Bücher schreibt, den graphomanischen Komplex; kurz, man etikettiere fleißig und lasse sich auf nichts ein.

Überkompensation. Überkompensation, ein allerneuestes Bildungswort, ist von prima ff. Schlagkraft. Es macht die größten Neider stumm und man kann es getrost immer und bei jeder Gelegenheit anwenden. Sagt z. B. einer: »das Leben ist traurig«, so denke man: »Das sagt dies Individuum nur, weil er selber so ein trauriger Kerl ist. Darum hat er sich eine Meinung gebildet, die ihm vor sich selber rechtfertigt und ihn glauben macht, daß alles Lebendige das sei, was er selber ist.« Man sagt in einem solchen Falle fein lächelnd: »Das ist eine Überkompensation.« Sagt das andere

Individuum aber das Gegenteil: »Die Welt ist doch lustig«, dann denkt man: »Ein faules Flittchen Juchhe; kaum ernst zu nehmen, hat weder den Willen, noch auch die Kraft, seine Menschlichkeiten ernsthaft in Zucht zu nehmen und bildet sich daher eine Weltanschauung, bei welcher Subjekte, wie er, nicht zu kurz kommen.« Man sagt also auch in diesem Falle mit bohrendem Blick: »Das ist eine Überkompensation.« Es hat aber auch guten Sinn z. B. zu sagen: »Daß die Menschen Geist haben, ist eine Überkompensation.« »Die Kultur ist eine Überkompensation.« »Die Welt ist unsere Überkompensation.« »Der Mensch ist die Überkompensation der Natur«; »Die Natur ist die Überkompensation des Menschen« usw. Diese Wendungen sichern jedem, der sie auswendig lernt, die unbedingte Überlegenheit; sie besagen schließlich nur, daß immer das eintritt, was notwendigerweise eintritt. Sie sind also echt tiefsinnig.

Differenziert und eigene Note. Diese Ausdrücke sind eigentlich schon zweite Garnitur und Moden aus der vorletzten Bildungssaison; indessen ist es doch immer noch zweckmäßig, vor einem Gemälde oder beim Hören eines Gedichtes zu sagen: »Ich vermisse die eigene Note.« Oder: »In der Tat, eine intim differenzierte Persönlichkeit.« Man kann auch ganz gut von sich selber sagen: »Ich bin eine differenzierte Frau«, »Ich bin ein Mann mit aparter Note«; besser jedoch sagt man gegenwärtig: »Ich bin irrational« oder »Ich bin kosmisch.«

Faustisch-magisch-apollinisch. Diese Worte bieten eine famose Handhabe zum Herausstilisieren einer »eigenen Persönlichkeit«. Die älteren Bezeichnungen: »Ich bin dionysisch« oder: »Ich bin apollinisch«, von Nietzsche-Burckhardt geprägt, sind durch zu lange Verwendung an den kosmischen Abenden bei Wolfskehl und an den Jours bei Georg Simmel allmählich schon unmodern geworden und werden in ganz esoterischen Kreisen nicht gern gebraucht. Das von W. Ostwald aufgebrachte: »Ich bin Klassiker« oder »Ich bin Romantiker« oder das von Karl Lamprecht seinerzeit bevorzugte: »Ich bin reizsam« oder »Ich bin lenksam« hat sich gleichfalls überlebt und gilt nicht als besonders intim, man bevorzugt in gegenwärtiger Saison die durch Spengler modernisierten Wendungen: »Ich bin faustischer Mensch« (oder auch: »Ich bin gotisch«;

aber ja nicht: »Ich bin Faustmensch«). »Ich habe euklidisches Naturell«, »Ich habe eine magische Natur«. Die letztere Wendung heißt so viel, wie: Ich bin Israelit. Die erste: Ich bin Antisemit. Wenn man katholisch ist, sagt man am besten: »Ich bin bernhardinischer Mensch« oder »Ich bin franziskanischer Mensch«. (Ersteres bei schlechter, letzteres bei guter Laune.)

Phänomenologisch, eidetisch, Gestaltqualität. Es ist endlich für die Bildung vom höchsten Werte, wenn man sich die jeweiligen Jargonworte aus der akademischen Philosophie seines Zeitalters merkt und einprägt, um dadurch zu dokumentieren, daß man ein Mensch up to date ist. »Phänomenologie«, ähnlich auch Morpho- und Charakterologie ist eine gegenwärtig sehr beliebte Bezeichnung; dagegen ist z. B. Soziologie schon wieder etwas unmodern geworden; gut hingegen sind neue wissenschaftliche Worte, wie z. B. geopolitisch, psychogeographisch, psychosozial, soziopsychisch. Die Worte sind schwer auszusprechen und schon darum sehr vornehm. Das Wort phänomenologisch, durch E. Husserl »modern« geworden, kann man getrost überall anwenden, wenn man sich nur vornimmt a) immer etwas Triviales und Selbstverständliches, b) niemals etwas Sinnenfälliges (also nichts Sichtbares, Riechbares, Schmeckbares) damit zu verbinden. Erfüllt man diese beiden Bedingungen, so ist man auch befähigt, den philosophischen Doktortitel zu bekommen. Man hüte sich, konkrete Gestalten, also z. B. Filzpantoffel, Blumen, Kohlenschaufeln, Schafe »phänomenal« zu nennen; wohl aber redet man mit Vorteil z. B. von »Phänomenologie der Liebe«, der Phantasie des Wahrnehmens, des Sichärgerns. Man sagt dann als Philosoph: »Zum Phänomen des Sichärgerns gehört essentialeidetisch a) ein sichärgerndes Subjekt oder psychisches Substrat: b) ein intentionales Objekt, welches im Akterlebnis des Sichärgerns fundiert ist, und c) die Relation oder Bezogenheit des sichärgernden psychischen Substrates auf das intentional apperzipierte Objekt des Ärgers. – Die »Phänomenologie der Liebe« (eines der beliebtesten Gesellschaftsspiele in Philosophenkreisen) enthüllte sich sehr einfach als das Folgende: a) das Erlebnis des Liebens *selber*, also ein »bloßes intendierendes Aktphänomen«, b) ein Inbeziehungsetzen intendierender Aktphänomenalität zum relationsphänomenal fundierten Gegenstande und c) ein akzessorisches, keineswegs logisch konkludentes Werthaltungsakterlebnis, ohne die beim Übergang zum Ästimationserlebnis unerläßliche Gültigkeitstönung an Hand nomothetischer Bewußtseinspostulate.« – Dergleichen läßt sich binnen weniger Monate leicht lernen. Man blicke dabei geradeaus und schiele mit dem rechten Auge nach links und mit dem linken nach rechts. Man merke auch Ausdrücke wie: »adäquate, immediate, intuitive Evidenz« oder »essential eidetische Wesenserkenntnis.« Also beispielsweise: Ich finde durch »reines Schauen« mit »adäquater, immediater und intuitiver Evidenz«, daß, wenn ich Etwas will a) *Ich* (und nicht etwa mein Bruder) Etwas will, b) Ich *Etwas* will und c) Ich etwas *will* (und nicht etwa bloß »begehre«, »ersehne« oder dgl., d) das, was ich will, ausdrücklich will, mithin billige, also innerlich dazu »Ja« sage (wir nennen das, wenn wir Philosophen unter uns sind, »den immediaten Tatbestand eines phänomenalen Fiat!«). Von alle, dergleichen Erkenntnissen kann man sagen, sie seien »rein analytische, a priori gewisse, eidetische, durch innere Selbstschau gewonnene unwiderlegliche Wahrheiten mit kataleptischer (nicht: epi-leptischer) Evidenz« . . . Das Wort »Gestaltqualität (durch Hans Cornelius berühmt geworden, von Chr. v. Ehrenfels geschaffen) darf man in der gegenwärtigen Saison ebenfalls getrost und ungeniert verwenden für alles, was Form oder formal ist; aber beileibe nicht für lebende Gestalt; da bedeutet es das Gegenteil. Man lasse es wie schmelzenden Zucker die Lippen herabgleiten, denn es gilt in hervorragenden Kreisen als »prima« . . . [1924]

Geometrie der Dummheit

Nehmen wir an, die Welt sei eine Kugel, so können wir unser Verhältnis zur Welt durch drei Linien dargestellt denken: den Radius, die Sekante und die Tangente. Die erste dieser Linien ist ein Gleichnis jener Eigenschaft, welche Kant bezeichnet als »den Hauptvorzug des Menschen vor dem Tier«, aber zugleich auch als »die unter den Menschen seltenste aller Eigenschaften«: das Urteilsvermögen.

Die beiden anderen Linien dagegen sind Gleichnisse eigentümlicher Formen der menschlichen Dummheit.
Es gibt somit: Radiale Intelligenzen; Sekantenintelligenz und Tangentialintelligenz. Wir wollen sie nun der Reihe nach betrachten.
1. Die radiale Urteilskraft ist die Fähigkeit des denkenden Subjekts, von jedem beliebigen Punkte aus gradenweges in den Mittelpunkt des Gegenübers gelangen zu können. Man kann diese Fähigkeit auch bezeichnen als den Sinn für geistige Pointe oder für das Wesentliche einer Lage, Person oder Sache. Die deutsche Sprache hat dafür das schöne Wort: kerntreffend. Die hebräische Sprache gebraucht dafür das unübersetzbare Wort: tachles, welches hinzielt auf das Vermeiden aller entbehrlichen Präliminarien, Redeblüten und Umschweife. Diese Begabung für das Sachliche, Wertvolle und Kernhafte, diese Fähigkeit blitzschnell in jeder Situation das grade jetzt Entscheidende herauszufinden, macht das Wesen der Klugheit aus. Man findet sie in allen Berufen und Schichten nur bei den genial Veranlagten. Es ist die Fähigkeit des Epigrammatikers, mit drei Worten den Kern der Sache zu treffen, es ist die Fähigkeit des Dramatikers, im Dialog grade das aufzudeuten, was Blitzlicht in die letzte Tiefe wirft: es ist die Fähigkeit des guten Disponenten, des geborenen Organisators, des Strategen, des Meisters im Schach, kurz es ist das Vorrecht der zur Führerschaft bestimmten Köpfe.
Man findet sie leicht heraus bei jeder beliebigen Probe auf radiales Denken. Frage einen Mann auf der Straße nach dem Wege. Der Mann mit radialer Intelligenz erfaßt deine Lage und antwortet, was Du wissen willst und mußt; kein Wort zu viel, keines zu wenig. Ganz anders verfahren die zahllosen Sekanten- und Tangential-Individuen, wie wir im folgenden darlegen werden. Schicke verschiedene Personen auf die Post oder an die Bahn, um Erkundigungen einzuholen und Du wirst alsbald bemerken, welche von ihnen radial, welche in Sekante oder Tangente urteilen. Die radiale Urteilskraft zeichnet sich dadurch aus, daß sie jedes »Problem« abkürzt, vereinfacht und leicht macht; die beiden anderen machen es schwer. Die radiale Urteilskraft geht gradwegs zum Mittelpunkt. Daher der alte Erfahrungssatz: »simplex sigillum veris«, »Der Stempel der Klugheit ist die Einfalt«. Wenige Worte, aber innig und tief; Widerwille gegen unnötige Dialektik oder Rabulistik, redliche

Wahrhaftigkeit, äußerste Geballtheit des Gefühls, randvolle Form, naive Schlichtheit in Gebaren und Wort, – das sind die Merkmale der wirklich klugen, der genialen und immer bescheidenen Menschen. Sie machen von sich und der Welt nicht viel Wesens. Aber sie sind wesentlich, unmittelbar und stehn sogleich im lebendigen Mittelpunkt.

2. Die *Sekantenintelligenz* erscheint der radialen immer weit überlegen. Sie ist auch in der Tat die umfänglichere und reichere Intelligenz. Sie ist es dadurch, daß sie stets ein großes Stück der Kugel oder des Kreises voll beherrscht. Es ist sogar möglich, daß unter denjenigen Punkten, die in den Ausschnitt der Sekantenintelligenz fallen, sich auch der Mittelpunkt befindet. Dennoch hat diese Herrschaft auch über den Mittelpunkt nichts zu tun mit der Fähigkeit, von jedem Punkte der Peripherie aus spornstracks in den Mittelpunkt gelangen zu können. Man kann diesen Gegensatz wohl bezeichnen als den des wissenschaftlichen und des philosophischen Kopfes. Der wissenschaftliche Mensch ist Herr und Meister eines mehr oder minder großen Wissensgebietes. Da ist er zu Hause und kennt sich aus. Der philosophische Kopf dagegen übersieht vielleicht nur eine kleine Anzahl von Punkten im Raum, ja beharrt möglicherweise lebenslang an einem einzigen begrenzten Ort. Da man aber in die Tiefe gehend von jedem beliebigen Punkte aus zum Mittelpunkt gelangt, so ist es für unsere Urteilskraft gleichgültig, von welcher Art und Ausdehnung unsere Kenntnisse sind. So wäre denn das Denken in der Sekante recht eigentlich die geistige Natur des »Fachmanns«. Es ist das eigentlich autoritative Denken, welches keinen Widerspruch duldet, die Sache beherrscht und jeder Anerkennung würdig ist, aber dennoch im gegebenen Fall oft übertroffen wird vom »Mutterwitz« des »gesunden Laienverstandes«, von welchem der Spruch gilt: »Denn was kein Verstand der Verständigen sieht, das übet in Einfalt ein kindlich Gemüt.« Besonders häufig scheint das Denken in der Sekante auf dem Gebiet der Medizin geübt zu werden. (In der Jurisprudenz ist das Denken in der Tangente häufiger.) Da findet man denn Ärzte, die alle Einsichten besitzen in alle Möglichkeiten eines bestimmten Falles, nur nicht grade das in *diesem* Falle Notwendige treffen. Was man gemeinhin »Geistesgegenwart« nennt ist der Ausdruck dieser intui-

tiven Begabung, den Kern der jeweiligen Besonderheit schnell erfassen zu können.

3. Was aber besagt alle Dummheit der Sekantenmenschen gegen die unbesiegbare, gar nicht zu fassende Dummheit der *Tangentialdenker*, wie man sie zumal unter gelehrten Richtern, ja unter bedeutenden Theoretikern findet, deren Merkmal ist, daß sie einen bestimmten Punkt herausgreifen und nun quer durch diesen einen Punkt hindurchdringend in der Tangente abdenken. Handelt es sich um einen Angeklagten, so wird das »Delikt« so behandelt, als ob dieser Mensch in seinem ganzen Leben nun nichts getan habe als grade nur diese eine Tat. Nie wird der Zusammenhang mit der Natur der immer nur einmaligen Umstände geklärt. »Tatbestände« schweben abstrakt im luftleeren Raum. Sie werden formal abgelöst von Blut und Leben.

Es kann nichts Schrecklicheres geben, als unter die Macht solcher Tangentialmenschen zu geraten, die immer nur einen einzigen peripheren Punkt erfassen und ihn so behandeln, als wenn nun dieser grade das Wesentliche und der Mittelpunkt sei. Das sind die Ärzte, die am »Symptom« haften; die Gelehrten, die immer nur das Sachliche, nie die Seele sehn; die Vorgesetzten, denen alles *gleich* Wesentlich ist; die Pedanten, welche noch angesichts des Todes unfrei an einer Formfrage kleben. Die Tangentialintelligenz kann in dem einen Punkte, den sie erfaßt, ungemein scharfsinnig sein; niemals aber tiefsinnig, denn sie lebt ewig nur an der Peripherie. Dies Vorbeidenken in der Tangente ist so verbreitet, daß man getrost annehmen darf, die Mehrzahl aller Urteile in Parlamenten, Sitzungen gelehrter Körperschaften, in Büchern und Zeitungen bestehe aus Tangentialsätzen. Man trifft in jeder Lebenslage Menschen an, die von Allem, was sie sehn und hören, nur einen einzigen Punkt erfassen und dieses Begriffene nun breittreten, auswalzen, zu Quark treten. Sie beurteilen den Theaterabend, das Konzert, den Vortrag, das Buch aus einer einzelnen Wendung, einem einzelnen Moment und behandeln den Einzelpunkt nicht anders, als sei nun grade dieses Eine, was sie ergriffen und aufgegriffen haben, der Kern der Sache. Von dieser Art sind fast alle Bücherkritiken, wohl die meisten aller Zuschriften an Redaktionen, an Stimmen aus dem Publikum, anonymen Briefen, Beurteilungen von Außen her. Diese

»öffentlichen Meinungen« wissen im Kern nicht, um was es sich handelt, aber sie haben da einen einzelnen Punkt – (und wehe! drei Mal wehe! wenn sie in diesem Punkte Recht haben) –, und nun besteht das ganze Phänomen nur in diesem einen Punkt, den sie begriffen haben, um in der Tangente an der Sache vorbeizudenken . . .

Wenn der Leser diese bitteren Bemerkungen mit Nachsicht hingenommen hat, so muß ich fürchten alles Wohlwollen zu verlieren, indem ich nun dazu übergehe, den seelischen Untergrund des Denkers in der Tangente zu enthüllen. Es handelt sich nämlich in Wahrheit nicht um einen Mangel des Kopfes, sondern um Mängel des Herzens, um ein sozusagen trieblos und instinktarm gewordenes Denken. Ja, die Dummheit der Tangentialköpfe besteht darin, daß sie überhaupt *denken.* Sie würden sicherer gehn, wenn sie sich getrost ihren Instinkten überlassen könnten, wie denn der Vorzug des radialen Denkens gar nichts Anderes ist, als die Bindung des Denkens an den Instinkt, an Gefühl und Blut. Für diese Eigenart der Dummheit ist sehr bezeichnend das deutsche Wort: Hirnverbrannt und das französische: stupéfait.

In seinen äußersten, oft krankhaften Formen erscheint das Denken in der Tangente als logischer »Paralogismus« oder als jene wunderliche »Spitzdummheit«, die man im Altertum Oxymoron nannte; sie ist das Merkmal solcher Leute, die »aus lauter Klugheit dumm sind«.

Ich will zum Schluß einige Beispiele anführen, für die, so verschieden sie auch untereinander sind, die Form des Tangentialsatzes kennzeichnend ist. Das heißt, in allen diesen Fällen wird ein Punkt der Sache begriffen, dann aber versagt der Instinkt und das führerlos gewordene Denken jagt wie ein losgerissenes Pferd in der Tangente seitwärts vorbei.

Zur Zeit des Weltkrieges ging ich mit einer jungen Nichte im Walde spazieren, als uns ein Soldat begegnete, dem die Augen ausgeschossen waren. Abends erzähle ich von diesem Fall und sage wie herzzerreißend der Anblick des Soldaten gewesen sei, worauf das junge Mädchen mich unterbricht mit dem Ausruf: »Du lügst ja!« Gebeten, doch zu erklären, inwieweit ich denn löge, sagt sie: »Es war kein Soldat, es war ein Offiziersstellvertreter.« – In einer

Volkshochschulklasse versuchte ich mit den Schülern den Begriff »Arbeit« zu definieren. Wir gelangten schließlich zu der Definition: »Arbeit ist Verwertung von Energie mit dem Bewußtsein eines Zweckes.« Als Beispiel führte ich an: »Wenn ich zu meinem Vergnügen tanze, so leiste ich keine Arbeit; tanze ich aber zu dem Zwecke, um meine Muskeln zu stärken, so leiste ich Arbeit.« Darauf hebt ein Hörer den Finger und fragt: »Glauben Sie denn, daß man durch Tanzen die Muskeln stärken kann?« – Ein Pferdehändler bietet ein Pferd zum Verkauf und sagt, um die Schnelligkeit des Pferdes zu beleuchten: »Wenn Sie mit dem Gaul morgens um sechs aus Magdeburg abreiten, so sind sie schon um sieben in Gommern.« Der Mann wäre bereit das Pferd zu kaufen, aber seine Frau wendet ein: »Ach, Mann, was willst Du denn morgens um sieben in Gommern?«

Dies sind ein paar Beispiele für Tangentialsätze, wie man sie in jedem Gespräch entdecken kann. Hie und da ist es möglich, dem Irrenden zu zeigen, worin der Fehler seines Urteils bestehe, im allgemeinen aber ist dieses jene Sorte von Dummheit, mit welcher auch Götter vergebens kämpfen, denn das Unglück besteht nicht darin, daß wir Menschen *falsch* denken, sondern, daß wir überhaupt denken. Wir können uns nicht mehr wie das Tier auf Instinkt und Gefühl verlassen. Wir können uns *noch* nicht verlassen auf die wache und bewußte Erkenntnis. Und so gilt der Satz Shaws: »Das Denken ist ein Unglück.« [1928]

Der Witz

»Weil Kürze denn des Witzes Seele –«

Aus den vielen hundert Erklärungen des Komischen will ich drei herausgreifen. Zunächst die bündige kategorische Behauptung Schopenhauers: »Witz ist nichts als falsche Subsumption«. – Ist das richtig? Daß ein irrtümliches Einordnen beim Witze mit im Spiele ist, das ist zweifellos richtig. Warum aber ist nicht jedes logische

Danebengreifen, jeder Paralogismus witzig? Wenn ich als Physiker magnetische Vorgänge unter elektrische »subsumiere«, als Mathematiker verwandte Größen für dieselbe Größe halte, als Historiker Nebensächliches zur Hauptsache mache, so ist das alles gar nicht witzig. Vielleicht kann es »komisch« werden: wenn es z. B. Gewohntem und völlig Gesichertem widerstreitet, wie denn zweifellos keinerlei »falsche Subsumption« uns lachen macht, wofern sie nicht irgend eine Form der Gewohnheit durchbricht. Warum lachen die Kinder beim Anblick eines Negers? Warum wirkt der als Frau verkleidete Mann »komisch«? Nur darum, weil die Einordnung unserer engen Gewohnheit widerstrebt. Sind wir den Anblick schwarzer Leiber so gewöhnt wie den Anblick weißer, sehn wir (wie in Schottland) täglich Männer in Weiberröcken, so ist daran gar nichts »Komisches« . . . Zu zweit erinnere ich an die glänzende Formel von Theodor Lipps. Kein anderer Psychologe hat alle Formen des Witzes und des Humors so durchdacht wie Lipps. Sein Grundgedanke ist dieser: Zu allen Auffassungsakten gebrauchen wir »psychische Energie«. Gesetzt nun, eine Wahrnehmung droht mit Schwierigkeit. Sie ist ungewohnt, überraschend, gefährlich. Sie entpuppt sich aber als »harmlos«. So wird »psychische Energie« frei und – verpufft in Gelächter. Beim Witz nun wird »Spannung« rege. Wir sind scharf auf Ernstes eingestellt. Aber es geschieht dann Spielerisches. Wir reagieren mit einem Gefühl der Befreiung. Ähnlich den ästhetischen Erlebnissen des Anmutigen, Leichten, Lieblichen. »Die Berge kreißen, aber geboren wird – ein lächerliches Mäuschen.« – Kein Zweifel, daß dieser Gedankengang von Lipps die Voraussetzung war für die Analyse Bergsons. Bergson ist viel flacher als Lipps. Aber seine Studie »Das Lachen« hat den Vorzug, daß sie nur einen einzigen Punkt herausgreift und all die überbunten Erscheinungen der Komik nur aus diesem einen Punkte erklärt. Bergson macht aufmerksam auf die Antithese: Natürlich/Mechanisch. Einem steifen Herrn in Bratenrock und Zylinder weht auf dem Boulevard der Hut weg. Er läuft hinterher, aller Feierlichkeit vergessend. Zu einem großen Gelehrten kommt im ungeeignetsten Augenblick sein Töchterchen mit der Bitte: »Papa, knöpf mir das Höschen zu.« Warum lachen wir? Nicht, weil eine »falsche Subsumption« vorgeht. Nicht, weil wir, auf Erhabenheit gerichtet, eine »Simplizität« erleben. Sondern weil das Mechanische (die zweite Natur) durchbrochen und ad absurdum geführt wird durch die unausrottbare, einfältige und natürliche »erste Natur«. So wird nach Bergson das Lachen zur erlösenden Rache der gesellschaftlich und kulturell verbrauchten Menschheit an der künstlichen Natur: Logik und Ethik. Die Komik hält dauernd das Gefühl wach: Eigentlich ist das Menschengetue ja Unsinn. Im Witz zerbricht der »Blitz des Natürlichen« ein nur angelerntes willkürliches Gehaben ...

Ich will nun das Recht dieser drei Erklärungen dahingestellt sein lassen. Ich will aufmerksam machen auf einen anderen, neuen Gesichtspunkt, der bisher nicht berücksichtigt ist. Eine Ergänzung zu vielen Abhandlungen über Witz, Komik, Satire, die ich geschrieben und veröffentlicht habe. Mein Ausgangspunkt ist eine in hundert Schulstunden, Kollegien, logischen Übungen erprobte Erfahrung. Die Quelle fast aller Mißverständnisse und Dummheiten. Ich bezeichne sie mit dem Begriffe »Tangentialsatz«. Die Menschen bilden fortwährend »Tangentialsätze«! Was heißt das? Unsere Auffassung tritt nicht in den Kreis ein (und kommt darum auch nicht zum Mittelpunkt), sondern sie erfaßt irgend einen Punkt an der Peripherie und denkt dann gleichsam in der Tangente ab ... Als Studienobjekt bei Ergründung des »tangentialen Denkens« diente mir meine kleine Nichte. Wir gingen (um ein Beispiel zu zeigen) gegen Ende der Kriegsjahre im Stadtwald bei Aachen spazieren. Ein Blinder in Uniform, von einer Frau geführt, begegnet uns. Bei Tische erzähl' ich das. »Es ist schrecklich, dem Soldaten waren die Augen ausgeschossen.« Meine Nichte sagt entrüstet: »Onkel, Du lügst ja.« Ich forsche, wieso denn das Gesagte gelogen sei. Sie erwidert: »Er war kein gewöhnlicher Soldat; er war ein Offiziersstellvertreter.« Dies wäre ein ganz krasses Beispiel für »Tangentialsätze«. Die Aufmerksamkeit des jungen Mädchens war eingestellt auf die Achselstücke, die ich meinerseits nicht bemerkte und die angesichts des schweren Menschenschicksals auch nicht in Betracht kamen. Man analysiere nun jeden beliebigen »Witz«; man wird darin ähnliches Abgleiten in der Tangente bemerken wie bei aller menschlichen Einfalt, Beschränktheit und Klugdummheit. Der Unterschied ist nur der, daß beim Witz die uns sonst verborgene menschliche Beschränktheit wie mit Blitzlicht überraschend offenbar wird, so daß wir, über sie zu triumphieren und ihrer zu spotten wähnend, selbstgefällig über unsere Einsicht wie über die Grenze der anderen lachen oder lächeln. Gewisse Gemütseinstellungen, die tiefste Demut und die höchste Weisheit, schließen daher den Witz aus.

Dies wäre mein Kern. Nun gibt es aber mehrere Spielarten des Witzes. Es ist z. B. möglich, daß der Ton weniger auf der Erleuchtung als auf der Dummheitsenthüllung liegt. Dann wird das Erlebnis des Komischen, die Karikatur, Persiflage, Satire, entweder selbstgerecht oder boshaft oder gar (wie z. B. bei Wilhelm Busch) grausam. Es kann aber auch auf hohen Stufen des Witzes die Dummheitsentlastung eine bloß gespielte sein, so daß der helle Verstand grade darin sich offenbart, daß er gleichsam mit der Dummheit spielt (wie der Gefangene in Ketten tanzt), daß er sich künstlich dumm stellt und dabei der Überlegenheit froh wird. Endlich gibt es eine Stufe des Witzes, die bereits »Humor« ist. Auf ihr vollzieht sich die Entlarvung der Einfalt zwar unwillkürlich, unbeabsichtigt; aber es wird grade dank und vermöge der Einfalt ein »positiver Wert« sichtbar (etwa Treuherzigkeit, Güte, Natürlichkeit, Liebenswürdigkeit); wir reagieren lachend und zugleich gerührt, ähnlich wie beim Tragischen, dem Gegenspiel des Humors, etwas Negatives, Leiden, Tod, Untergang durchaus nötig ist, um »positive Werte« (menschliches Heldentum und menschliche Würde) sichtbar zu machen, eine Wahrheit, auf die, wenn auch in sehr primitiver Weise, Franz Brentano zuerst verwies.

Die allgemeine These werde nunmehr durch einige wenige Beispiele erläutert. Zunächst verweise ich auf jenes Gebiet, das man »Paradox« nennt. Man muß dabei echtes und unechtes Paradox unterscheiden. Das unechte hat nur die Form des Überraschenden und kann grade von den geistlosesten Köpfen jederzeit mit unheimlicher Produktivität nachgeahmt werden. (Was ist ein Paradox? Wenn eine Kuh stiert. Wenn ein Rechtsanwalt links am Walde geht. Wenn der Camembert aus dem Rock fort ist. Wenn das Goethedenkmal durch die Bäume schillert; und dergleichen billiges Wortspülicht mehr). Jedes echte Paradox ist »Oxymoron« (Spitzdummigkeit), d. h. es offenbart just vermöge der Albernheit einen mehr oder minder tiefen Sinn; was beim nur formalen Witz nie der Fall ist.

Ich wähle als erstes Beispiel eine bestimmte Form des »Oxymoron«, den sogenannten »jüdischen Witz«. Es muß jedoch bemerkt sein, daß auch alle anderen spezifischen Formen von Witz, z. B. der Mikoschwitz, der Frau v. Pollak-Witz, die Kasernenhofblüte, der Börsenwitz, der Raffkewitz usw. genau das gleiche Merkmal haben: das künstliche »Verkorksen« der Pointe, das In-der-Tangente-abdenken, wobei (wie z. B. in der Karikatur) das Wesenhafte einer Natur gleichsam durch das Transparent der Dummheit hindurch belichtet wird. Es macht dabei einen Unterschied, ob das Abdenken in der Tangente zu formalen oder realen Widersprüchen führt. Und vor allem macht es einen Unterschied, ob es naiv (wie z. B. beim Kinderwitz) oder beabsichtigt zum Ausdruck kommt. So ist z. B. der sogenannte jüdische Witz (wenigstens der moderne) um ein gut Teil wacher als andere im übrigen gleiche Formen von Vollwitz. Immer aber handelt es sich (das ist der Kern meiner Psychologie des Witzes) um das Erfreulichwerden der eigenen und fremden Dummheit, so daß der Witz auf menschlichen Mängeln aufgebaut ist, nicht anders wie die Musik auf der Dissonanz.
Die sogenannten jüdischen Witze sind keineswegs Erweise einer »geistigen Überlegenheit«, dagegen sehr oft Erweise unablegbarer Dummheit, jener Dummheit, die nicht in den Kern dringt aus lauter Übergescheitheit, Gewitztheit und Zweckbefangenheit des Denkens. Der jüdische Witz verspottet eine Klugheit, die keine ist . . .
Nehmen wir einige Beispiele. Ein Jude und ein Katholik streiten sich um den »Wert« der Religionen. Was kann man denn als Katholik werden? fragt der Jude, und der andre erwidert: Bischof, Erzbischof, Papst. »Kann man damit denn auch lieber Gott werden?« fragt der Jude unerbittlich weiter. »Nein! lieber Gott kann man freilich nicht werden.« »Sehen Sie«, sagt der andere, »aber ein Jude hat die Karriere gemacht.« Hat man nicht das Gefühl, als wenn ein paar Ameisen an einem Münster herumkriechen und es begutachten? Ganz ähnlich liegt die »Dummheitspointe« bei diesem: Ein Jude hat seinen Sohn taufen lassen. Der Rabbiner fragt erzürnt: Was wirst Du sagen, wenn Jehova Dich frägt nach Deinem Sohn. »Nun«, erwiderte der Getadelte, »ich werde zu ihm sagen: Und Ihr Herr Sohn?« – Noch eine Stufe höher (weil von naiverer Dummheit) ist dies: Die Filia hospitalis bringt Zwillinge zur Welt, deren

einer nach der Geburt gestorben ist. Die beiden »besseren Zimmerherrn«, ein Jude und ein Christ, könnten beide der Vater sein. Blitzschnell überlegt der Jude: Vielleicht ist eines von mir, eines von ihm und beugt sich trauervoll über das Totgeborene: »Mein armes Kind.«

Ein dem »jüdischen Witz« ganz gleichartiger Typus ist der übliche Leutnants- und Militärwitz, nur daß bei dem wechselweisen Sichaccentuieren von Dummheit und Klugheit das Dumme einseitig unterstrichen wird. Etwa: Leutnant v. Itzenplitz hört in Gesellschaft folgendes Rätsel: Was ist der Unterschied zwischen Minna v. Barnhelm und einem Kürassierhelm? Antwort: Minna v. Barnhelm ist von Lessing; der Kürassierhelm von Messing. Im Kasino gibt er das so wieder: »Meine Herren, was ist der Unterschied zwischen Minna v. Barnhelm und einem Kürassierhelm? Sehr einfach doch, meine Herren. Minna v. Barnhelm ist von Schiller und der Kürassierhelm, äh, äh, schillert auch.« Im Gegensatz zum jüdischen Witz wird hier die grundlegende Dummheit stärker betont, oft bis ins Bodenlose: etwa wenn man den Leutnant sagen läßt »Jöthe? Jöthe? den Namen hab ich doch mal jehört. Is das nich der Kerl, der mal kleines Rencontre gehabt hat mit einem Jötz von Berlichingen?« . . . Ich wähle nunmehr folgenden Fall, um die zwei ungleichen Pointierungen nebeneinander zu zeigen. Der Lehrer stellt die Frage: Wieviel Haare hat ein Pferd? Er fügt hinzu: »Wer mir die Frage beantworten kann, braucht keine andere mehr zu beantworten.« Sofort meldet sich der kleine Moritz und sagt: »2 Millionen 189 657 Haare.« Erstaunt fragt der Lehrer: »Woher weißt Du das?« Der Junge antwortet: »Sie haben gesagt, ich brauch auf keine andere Frage mehr zu antworten . . .« Dies erzähl ich in einer Gesellschaft. Nächsten Tages erhalte ich von einer Dame einen Brief. »Geehrter Herr, Sie haben einen so reizenden Witz vom Pferd erzählt; leider habe ich die Zahl dabei vergessen; würden Sie mir diese wohl gütigst mitteilen.« Hier sieht man nebeneinander erst die »jüdische«, sodann die »leutnantmäßige« Pointierung.

Der Witz wird immer näher dem Humor kommen, je unbewußter die schiefe Pointe ist; dagegen wird er dadurch immer weniger »geistvoll«. Dieser Gegensatz ist innerhalb der »jüdischen« Witzart sehr leicht aufzuweisen. »Geistvoll« ist die Antwort des Bankiers, der, darauf hingewiesen, daß seine sehr schöne Freundin ihm nicht treu sei, erwidert: »Ich will Ihnen was sagen, ich will lieber mit 20 Prozent bei einer guten Sache beteiligt sein, als mit 100 bei einer miesen«; fast »Humor« schon ist die nachdenkliche Antwort des Soldaten Rosenblüt, der auf die Frage des Leutnants: »Warum soll der Soldat freudig für Gott, König und Vaterland in den Tod gehen?« zögernd erwidert: »Sie haben Recht, Herr Leutnant, warum soll er?«, eine Antwort, die in noch naiver Weise das Dubiose der Frage ans Licht zieht.

Ich unterscheide somit beim Witze zwei Skalen. Die eine: Vom formalen Paradox zum realen Paradox. (Ein »reales Paradox« ist, um ein Beispiel zu geben, dies: Einer der geistvollsten deutschen Finanzmänner, Carl Fürstenberg, ließ sich zum 50. Geburtstag ein Familienalbum schenken mit den Bildern aller irgend erreichbaren Anverwandten. Man fand diesen Familiensinn sympathisch. Eines Tages kommt ein Verwandter zu ihm und bittet, das Bild eines ganz entfernten Vetters sehen zu dürfen. »Mein Lieber«, sagt der Bankier, »ich habe das Album dem Portier unsrer Bank gegeben und ihm gesagt: Prägen Sie sich alle diese Gesichter ein. Immer wenn eine von diesen Personen kommt, bin ich nicht zu Hause.«) Die zweite Skala läuft vom bewußten zum naiven Paradox. Das völlig naive Paradox ist bereits Humor . . . Zwei erlebte Beispiele: Meine Kinder, 10 und 8 Jahre alt, bekommen morgens Milch und Apfelschnitten. Es ist ihnen befohlen, erst die Milch auszutrinken, bevor sie an das Obst gehen dürfen. Jede sucht möglichst schnell auszutrinken, um möglichst viel Apfelschnitte zu erwischen. Dabei ist aber die größere vor der kleinen im Vorteil. Sie kann schneller trinken und beginnt schon den Obstteller leer zu essen, während die kleine immer noch an der Milch verzweifelt schluckt und würgt. Plötzlich beginnt die große, während sie den Teller leerer und leerer werden sieht, zu weinen und ruft: »Trink doch schneller, Miez, ich esse Dir ja all Deine Apfelschnitte fort.« Dies ist bereits Humor, dessen Natur es ist, durch das Negative hindurch wesentliche Schönheit, Werte sichtbar werden zu lassen. An der Grenze beider Gebiete liegen Fälle wie dieser folgende: Es ist wohl an 25 Jahre her. Ich verkehrte in München in einem Dichterkreis, die »Dichtelei«, lauter geniale Zukunftseroberer. Dazu gehörte auch der Dichter

Max Halbe. Er hatte eine sehr schöne, aber gar nicht literarische junge Frau. Frank Wedekind pflegte von ihr zu sagen: sie litte am Marterpfahle der Bildung. Halbe gäbe ihr täglich quälende Aufgaben: sie müsse, um ihren Mann völlig verstehen zu können, täglich einen Abschnitt über das Wesen des Genies lesen; zur Zeit läse sie gerade Rousseaus Konfessionen. Es geschah nun dies. Halbe reiste zur Erstaufführung eines seiner Stücke nach Wien. Als er nach bestandenem Theaterabend wieder nach München zurück will, stellt sich heraus, daß im Hotel seine Stiefel verschwunden sind. Dies benutzen die Freunde, um ihn zu bestimmen, noch ein paar Tage zu bleiben. Hans Olden übernimmt es, an Frau Halbe zu telegraphieren. Er telegraphiert: »Max an Abreise heute verhindert, weil Stiefel gestohlen.« Umgehend kommt folgende Rückantwort: »Kann es kaum fassen. Nehmen Sie sofort tüchtigen Rechtsanwalt ...« Man hatte der armen jungen Frau so viel vom »Wesen des Genies« erzählt, und daß Dichter eine besondere Menschensorte seien, daß sie, in Erinnerung an die Diebstähle Rousseaus, eben – Alles für möglich hielt. – In diesem Fall beleuchtet der Witz: Menschlichkeit, Seelenabgründe, Lebenszustände positiver Art, steht also an der Grenze zum Humor. – Zum Schluß möchte ich hinweisen auf Grenzgebiete, welche meine Theorie des Witzes bestätigen. Erstens: das Aneinandervorbeireden im täglichen Dialog. Zweitens: die unaufhörliche Verwirrung, welche die bloß subjektive Erfahrungsassoziation stiftet. Als Beispiel für den ersten Fall gelte dies: Der Hausherr leidet immer unter dem Lärm der Hausfrau. Jeden Mittag zerstört das Knarren ihrer Schuhe seinen Mittagsschlaf. Er schimpft über ihren Lärm. Sie dagegen, als sie hört, daß er zwei Stunden verschlafen habe, argumentiert, es sei höchste Zeit gewesen, daß er aufwache. Jeder hat Recht; jeder verfolgt seinen eigenen prinzipiellen Gedankengang. Es ist aber gar nicht möglich, den Fall auszuwerten, solange nicht Beides, einmal die Lärmfrage, zweitens die Frage des langen Schlafes getrennt behandelt werden. Ich bezeichne solche Fälle als »Waschfrauenpsychologie«, denn man beobachtet, wenn Frauen am Waschfaß zanken, regelmäßig diese Art Argumentation. Die eine sagt: »Du hast Löffel gestohlen.« »Was«, sagt die andere, »das willst Du behaupten, die sich nachts herumtreibt?« In der Tat sind alle

»natürlichen« Dialoge von diesem Typus. Jeder folgt seinem eigenen Gedankengange und redet am andern hoffnungslos vorbei. Man braucht eigentlich nur die Gespräche des täglichen Lebens zu wiederholen, um in den Ruf zu kommen, Humorist zu sein. – Als Beispiel für die unfreiwillige Komik der Erfahrungsassoziation wähle ich folgende Erzählung des Bildhauers Friedrich Tieck, eines Neffen des Dichters Ludwig Tieck in Dresden. Er befindet sich gelegentlich eines Festes, an der Hoftafel, einer alten Exzellenz gegenüber, welche dem Künstler gern etwas Verbindliches sagen will. Während des Mahles stößt also Exzellenz mit ihm an und sagt dabei: »Prost, Oranien!« Es läßt nun Tieck keine Ruhe, was wohl der Sinn dieses »Prost, Oranien« gewesen sei. Seine Nachforschungen ergeben folgendes: Der hohe Herr hatte zunächst ihn, den Bildhauer Tieck, verwechselt mit seinem Onkel, dem Dichter. Diesen aber verwechselte er wieder mit einem anderen Dichter, mit Ludwig Tiedge, weil er denselben Vornamen und einen ähnlichen Nachnamen führte und auch in Dresden lebte. Das seinerzeit sehr berühmte Hauptwerk Tiedges war das Epos »Urania«; aber diesen Namen verwechselte die Exzellenz mit Oranien; und so kam er dazu, um einem Künstler Anerkennung zu bezeugen, ihm zuzutrinken mit »Prost, Oranien«.

Um alles zusammenzufassen: Meine Erklärung des Witzes legt im Gegensatz zu andern Erklärungen den Hauptton auf das Negierende, auf den »Dummheitscharakter« der Komik. Der Mensch besitzt diese Waffe, um sich an seiner eigenen und der fremden Dummheit zu freuen. Der Witz fügt sich somit ein in die Reihen all der vielen Werte, welche charakterisiert werden können durch die Formel: Aus der Not eine Tugend machen. Er steht in dieser Hinsicht am nächsten dem Wesen des Geistes überhaupt. – Ähnlich wie die Tragödie unser Weg ist, um aus Not, Leiden, Armut, Entsagung, Untergang usw. erhebende Genüsse und Freude zu gewinnen (so wie ein Kaktus nur »aus Angst« blüht), so muß der Mensch sein Schicksal (und das eigentlich Schicksalhafte ist nichts als unsre Dummheit und Schranke) besiegen im Spiele des Witzes, der Satire und Ironie. Wir sind Gefangene in Ketten. Die Ketten sind unablegbar. Aber wir können mit ihnen Musik machen. [1926]

Schmerzensruf eines Normalen

»Ungleich fügen die Götter die Lose der Menschen.« Das meine gestalteten sie schwer, indem sie mich als einen ganz gewöhnlichen, gesunden Jungen geboren werden ließen. Als einen Jungen ohne Pathologik, ohne Psychose, ohne Perversion, Verdrängung, Verdeckung und Minderwertigkeitskomplex. Und leider auch ohne körperliche Besonderheit und Anomalie. Mithin ohne die mindeste Veranlassung unter den Menschen etwas Bedeutsames zu leisten. Und auf Leistung kommt es doch an . . .

Begeben wir uns zunächst in ein künstlerisches Kabarett. Da wäre zuerst »der Ansager«, in Deutschland Konferanzje genannt. Er ist zwar nie ganz so blöde wie er sich stellt. Aber ein gelinder Grad von Imbezilität ist ihm doch schon von Natur mitgegeben. In der Schule konnte er nichts lernen. Manchmal hat er die Augen eines Blödels. Manchmal ist er versoffen oder sonstwie vertrottelt. Manchmal hat er abstehende Ohren oder ein verknautschtes Gehirn. Daraus läßt sich immerhin etwas machen. Eine Type, eine interessante Nummer. Man braucht nur solche Defekte, die man schon von Natur hat, noch etwas zu übertreiben. Wer abfallende Schultern hat, läßt sie vom Schneider noch unterstreichen. Wer eine zu große Nase hat, zupft sie sich noch mächtiger. Bei mir ist leider alles normal. Kommt sodann eine Sängerin, Chansonniere genannt. Wie sieht sie aus? Zu dick oder zu dünn, zu wenig oder zu viel. Apachenbraut, Grisettchen, kleine Nutte, Schlampine, Schlampampe, dergleichen brauchte eigentlich nur sich hinzustellen und sich selber zu übertreiben und das Publikum würde sagen: »Sie hat eine eigene Note. Sie wirkt ganz naturecht.« Hat zum Beispiel ein Mann übermächtige Muskeln, dann ist er: »Rudi der Eisenkönig«; »Jack der Unbesiegte«; »Franz, der stärkste Mann der Welt«. Hat man Muskelschwund, so macht man die Nummer: »Das lebende Skelett«. Einer ist ganz Magen (kann Glas schlucken, kann Nägel verdauen); der zweite ganz Kehlkopf (Bauchredner, Tierstimmenimitator); oder einer hats im Handgelenk (Zauberkünstler, König der Taschendiebe). Kurz: irgendeine gewinnbringende Entartung der Natur hat ein jeder und kann sie verstärken, ausbilden, unterstreichen. Dann *ist*

man immerhin Etwas und macht im Leben eine Nummer. Aber ich? Schon der Doktor sagte, als ich geboren wurde: »Ein harmonisch gelungenes Exemplar. Dieser Knabe ist auf das schönste normal.« Verflucht sei es! Dreimal verflucht!
Nehmen wir nun ein anderes Gebiet: die sogenannten Intellektuellen. Das sind eine Unzahl Leute, die dasitzen und schreiben: Zeitungen, Zeitschriften, dicke Bücher. Nun ja! In unserer Jugend haben wir ja alle mal gedichtet. Aber diese Leute dichten nun immer so weiter, immer weiter. Und warum? Die Wissenschaft hat längst festgestellt: es handelt sich um sogenannte Überwucherungen, Hypertrophien im zweiten Ventrikel des Gehirns, am sogenannten Redezentrum. Die Leute leiden an unhemmbarem Bedürfnis zu schwatzen. Versuche man mal, so einen Schriftsteller zu veranlassen, nicht mehr zu schreiben. Man wird sehn: er kanns nicht lassen. Das ist eine Erkrankung, aus der sich allerlei machen läßt: Politik, Literatur, Wissenschaft. Und nun sind diese Intellektuellen auch sonstwie noch auf vielerlei Weise entartet. »Ja«, rufen die Ahnungslosen, »unsere berühmten Leute sind nach oben hin entartet. Schiller, Beethoven, Kant, Schopenhauer, Strindberg und so weiter.« Ja, Kuchen!! Was hat die Wissenschaft festgestellt? Nach Unten hin sind sie entartet. Aber ihre Entartungen haben sie dann »kompensiert«. Oder wie man heute sagt: Die berühmten Leute haben sich überkompensiert. Also zum Beispiel: der Fall Kant. Ein Begriffskrüppel, Stubenpflanze, Schwächling, lebensunfähig in Wetter und Wind, triebverarmt, verkümmert; was macht er? Er macht aus seiner Not eine Tugend. Er wird ein ganz großer Logiker. Homer hatte keine Augen, darum sah er die klarsten Bilder. Beethoven hörte keine Töne, darum hörte er die herrlichste Musik. Schiller hatte keine Lunge, darum redete er so gewaltig auf Papier. Ach, wie viele berühmte Lyriker hatten die Schwindsucht: Novalis, Hamerling, Keats, Jacobsen, Lenau; nun: darum eben dieser süße ätherische Hauch; den kann man sich mit der Gesundheit nicht geben!! Und wenn Schopenhauer nicht ewig verstopft und in gräßlicher Laune gewesen wäre und wenn Michelangelo nicht seine zertrümmerte Nase gehabt hätte und Anakreon seinen Buckel und Byron seinen Klumpfuß, gar nichts wäre aus ihnen geworden. Denn was hätten sie für Anlaß gehabt, sich selber, wie man sagt, zu überkompensieren. In

einigen Fällen, bei Shakespeare, Bellmann, Grabbe war wenigstens die Neigung zum Trunke im Spiel; in anderen Fällen bei Hutten, Leopardi, Nietzsche, Poe wenigstens etwas Syphilis. Aber Einer *ohne* Das Alles? Einer, der gar nichts zu überkompensieren hat. Ein Normaler, was soll der noch auf Erden? Er kann in der Sonne dösen und die defekteren Mitbrüder beneiden.

Um Gottes willen, jetzt kommt Ihr mir sicher mit: Goethe. Der Deutsche kommt in solchen Fällen immer mit: Goethe. Erstens hat die Wissenschaft längst festgestellt, daß auch dieser an so und so vielen erblichen Belastungen erkrankt war: Erotomonomanie, Hypochondrie, manisch-depressiven Gemütszuständen, zyklothymer Gefühlspsychose und so weiter, und zweitens hat gerade Goethe immer wieder von sich selbst bekannt:

»Meine Dichterglut war sehr gering,
Wenn sie dem Guten entgegenging,
Dagegen brannte sie lichterloh,
Wenn ich vor drohendem Übel floh.«

Denkt man nun aber folgerichtig weiter, dann kommt man dahinter, daß eigentlich alles, was die Menschen Arbeit, Leistung, Wert und Werk, ja daß schon, was wir Beruf nennen, nichts anderes ist als ein großes Spezialitätentheater, ein Entartungskabinett von lauter künstlich vereinseitigten Ausfallserscheinungen. Man entwickelt in sich ein Organ und dieses eine Organ wächst gewaltig, weil alle anderen Organe eben entarten und fehlen. Man ist stolz darauf, etwas zu können, weil man tausenderlei, was man von Natur wegen eigentlich *auch* können müßte, aber schon nicht mehr kann und schon nicht mehr besitzt. Das nennt man »Arbeitsteilung«. Der Beruf zerstört die gesunde Natur. Er vereinseitigt künstlich; es gibt Menschen, die tippen tagein tagaus Schreibmaschine, und andere die zählen tagein tagaus die Geldnoten auf der Sparkasse; das können sie meisterhaft, aber sonst können sie auch gar nichts. Ich dagegen bin zu sämtlichen Erfordernissen der Kultur unverwendbar, weil ich nicht einseitig begabt und noch normal bin. Ich bin ein erfreuliches Stück Natur; ohne Bedürfnis nach Tintenfaß und Überkompensation. Darum muß ich krepieren.

Ich gehe aber noch weiter ... Hat man bemerkt, daß die moderne Kunst des Porträts im Begriff steht, zur Kunst der Karikatur sich zu

wandeln? Etwas Harmonisch-Schönes sieht man nur noch auf der Photographie, niemals auf Porträts. Sogar wenn die berühmten Leute verstorben sind, so sieht man in den Journalen von ihnen nur gräßliche Verfratzungen, die übrigens »sprechend ähnlich« sind. Was besagt das? Es besagt, daß es an der Zeit ist, den Kulturbedarf an berühmten Berufsgrößen durch Entartungsfarmen zu befriedigen. Man kann sie vergleichen mit den Instituten zur Tierausnützung, etwa mit Straußenfarmen oder Farmen für die Pelztiere. Unsere Universitäten in Deutschland sind bereits auf diesem Wege. Mit den Methoden der experimentellen Psychologie, mit den sogenannten Eignungsprüfungen und Ausleseverfahren wird zunächst die Jugend geprüft, nach welcher Richtung hin, ob auf Muskel, Nerven, Gehirn, ob auf Turnen, Lernen, Bücherschreiben, Musizieren ein jedes Menschenkind entartungs-, das heißt ausbildefähig ist. Bei den Haustieren ist es schon geglückt. Es ist gelungen, die kluge schöne wilde Gans völlig zu verdummen und ganz auf Gänseleber hin zu degenerieren; es ist gelungen, das schöne stolze wilde Huhn völlig zu vertrotteln und ganz auf bürgerliches Eierlegen hin zu trainieren. O, in welchem Maße wird die Menschenwirtschaft noch fortschreiten, vermittels Überkompensieren von zuchtgemäßen Entartungen der Natur. Bisher hat man freilich nur auf einem einzigen Gebiet schon Vollendetes erreicht, auf dem Gebiet der Literatur. Wenn man die führenden Größen des Zeitalters so in größeren Rudeln beisammen sieht, so hat man oft den Eindruck, daß sämtliche Sanatorien, Irren- und Krankenhäuser ihre ausgesuchtesten Exemplare an die deutsche Literaturgeschichte abgegeben hätten. Schon gibt es Familien, deren einer Teil sich dem Trunke, deren anderer Teil sich der Lyrik ergab. Schon gibt es Kulturgeschlechter, deren eine Hälfte melancholisch entartete, während sich die andere in die Kulturgeschichte rettete. Denn was macht uns zum »Repräsentanten der Kultur«? Ein wohlgepflegter Knax. Ich lechze nach Knax. Denn es ist entsetzlich »in schönstem Sinne normal« zu sein. Man kann sich dann höchstens als das letzte Exemplar einer aussterbenden Gattung ausstellen lassen.
Nein! So geht das nicht weiter! Ich habe durch natürliche Zuchtwahl – die moderne Wissenschaft nennt das »Eugenese« – endlich dafür gesorgt, daß wenigstens meine Kinder nicht dasselbe Elend zu

tragen haben, welches mein bißchen Leben so verhunzt hat. Die Kinder sollens im Leben zu etwas bringen. Ich sichere ihnen irgendeine Art partiellen Knaxes und schaffe ihnen die Möglichkeit, sich, wie die Wissenschaft lehrt, gewinnbringend zu überkompensieren. Und wenn ich sie einsperren und hungern lassen muß: sie sollen sich zur Bedeutendheit hinanhärmen. Ich habe nach diesen Grundsätzen mir das Weib gewählt und, altgeworden, kann ich nun zu meinen Kindern sprechen: »Meine liebe Tochter Annelie, ich hinterlasse dir weder Geld noch einen guten Ruf, aber die schwierige Krakehlsucht und den Kropf von Mama, kultiviere beides zu Kürbisgröße; es wird dir zum Säckel Fortunats werden. Und du, Tomi, mein Junge: Geld erbst du keines, aber von Großvater den höchst schoflen Charakter und die erbliche Entartung mütterlicherseits, und natürliches Deutsch kannst du ja auch schon nicht mehr schreiben, also arbeite und überkompensiere dich, eines Tages bist du vielleicht der führende Repräsentant der deutschen Kultur.
[1927]

Die armen Tierchen

Immer wenn ich gegen die Menschen knurre, dann sagt Fancy: »Tritt sie nicht tot! Es sind arme Tierchen!«
Aber: Ich bin noch ein ärmeres Tierchen! Einzig, weil ich kein »armes Tierchen« bin.
Das will ich beweisen!
... Wenn ein starker Kerl an Eure Türe pocht, ein Edelräuber und brüllt: »Schafft Gerechtigkeit, Menschen! oder ich schlage alles kurz und klein!« Was tut Ihr? Ihr telephoniert an die Polizei. Obwohl doch der starke Kerl mindestens ebenso im Rechte ist wie Napoleon als er seine Feinde totschlug oder wie Cecil Rhodes, als er Afrika ausräuberte. – Wimmert dagegen ein halbtotes Wehmutskelett: »O mein geliebter Bruder, schenke mir doch ein Stücklein Brot!« Ach ja! Da erweist Ihr gute Herzen! Das heißt: Ihr verspürt

den Machtkitzel gnädig zu sein gegenüber einem Leben, das *noch* defekter ist als das Eure . . .
»Halt!« sagt Fancy, »sei doch nicht giftig! Eine Mutter liebt ihr schwächeres Kind eben zärtlicher als ihre starken Kinder . . .«
Zum Teufel! Das ist ja gerade die Gemeinheit, wodurch die Welt zu einer Verschwörung wird: der Schwachen gegen die Starken, der Kranken gegen die Gesunden, der Talente gegen das Genie. Darin besteht ja gerade die Gemeinheit, daß der Defekte für seinen Defekt eine Unsittlichkeitsprämie erhält, daß jede faule Abfindung alsbald sich mit Erfolgen bezahlt macht. Indes doch das Schicksal für jeden Ganzen, jeden Eigenstarken eine Tracht Prügel bereit hält . . .
Wahrhaftig! Dieses Jahr war doch wieder eine einzige drückende Kette von Mißerfolg. Ich habe mein Weltsystem vollendet. Verleger Nummer zwanzig, dem ich es zudachte, schrieb den folgenden Brief: »Lieber Freund, ich beglückwünsche Sie zu diesem herrlichen Werk. Sie werden mich ganz begreifen und werden es mir nachfühlen können, daß ich für ein Werk, das für die Nachwelt bestimmt ist, kein Risiko übernehmen kann. Es ist zu ernst und zu eigenwillig, um äußeren Erfolg erwarten zu können. Sie aber werden sich wahrlich an den inneren Erfolgen genügen lassen.«
Gut! Ich habe also das Weltsystem in hundert Feuilletons zerschnitten. Davon kann ich immerhin Brot kaufen. Sodann: Ich hatte mich doch um die Stelle beworben. Geheimrat Klugschmuhs, der sie zu vergeben hatte, schrieb folgendermaßen: »Hochverehrtester, Sie werden mich zweifellos begreifen und es mir nachfühlen können, wie bitter es ist, nicht helfen zu können, wo man doch so gerne helfen möchte. Sie sind ein Eigenbrödler und ernsthaft; wenn ich aber einen solchen auf diesen Posten bringe, dann *muß* das schließlich doch Anstoß erregen; das werden Sie mir nachfühlen . . .«
Götter! Befreit mich dann doch wenigstens von der ewigen Bettelei: »Geben Sie mir ein paar Zeilen an Verleger Zwanzig.« »Schreiben Sie, bitte, über mich und meine Lage an Geheimrat Klugschmuhs . . .« »Sei edel!« sagt Fancy. »Es sind arme Tierchen!«
So habe ich denn für die »armen Tierchen« »Referenzen«, das heißt Bettelbriefe geschrieben. Verleger Zwanzig hat denn auch Schafmichels »Kosmisches Weltsystem« gedruckt. Und Geheimrat Klugschmuhs hat an Schlafmütze die mir verweigerte Stelle gegeben.

Schafmichel grüßt mich seither nicht mehr. Schlafmütze sagt, ich sei »zwar anregend, aber nicht wissenschaftlich-exakt«.
»Siehst Du«, sagt Fancy. »Dein Name gilt was« . . . Ja gewiß! Sie werden hundertmal eher jedes »arme Tierchen«, das sich von mir »protegieren« läßt, auch ihrerseits protegieren, ehe einer auf den Gedanken kommt, daß es notwendig sei, *mich* zu protegieren. Warum ist es so?
Lammfrohe Kalbsaugen . . . diskretes Schweigen . . . keinerlei verpflichtende Gedanken . . . jene allgemeine Übereinkunft, daß Wein besser ist als Bier und Sekt besser als Wein . . . ein Talent, gewiß! Aber eines ohne Dämon . . . eine Begabung, welche man so hat, wie man etwa auch ein Überbein hat . . . ein Genius, mit dem »sich was machen läßt« . . . eine Überzeugung, welche *so* kann und *so* kann und auch noch ganz anderswo kann . . ., wer mit diesen gar nicht so seltenen Seelengaben gesegnet ist, der mag sich freuen! Er ist ein »armes Tierchen«. Und es werden sich Leute finden, die ihm helfen. Kaspar Hauser, Anastasia von Rußland, die schrecklichen Idioten Dostojewskis finden immer Leute, die sie mitdurchfüttern. Darum, weil sie nichts anderes sind als »arme Tierchen«. Aber Weltverbessererwillen, Urteil, Überlegenheit . . . ja! das sind *wirklich* »arme Tierchen«. Abseitigkeit ist Abwegigkeit!
Ich habe noch nie gesehen, daß eine edle Frau Tränen vergossen hat über das grauenhafte Schicksal der herrlichen Raubtiere, welche alle weggeschossen werden, damit der Mensch breit-behaglich auf der Erde in Massen die Welt »vermenschlichen«, das heißt schablonisieren, verameisen, verkötern kann. Aber ich habe gesehen, wie Eleonora Duse Tränen vergoß über das Los eines an Asthma leidenden verfetteten Pinschers. Fancy sagt: »Sie sind arme Tiere.« Aber Jaguare, Krokodile und Schlangen sind *auch* arme Tiere. Wer weint um sie? Goethe hat ganz recht: »Der Mensch liebt den Hund, weil er fühlt: der Hund ist genau so ein erbärmlicher Wicht wie ich selber im Grunde einer bin. Löwen und Schlangen protegiert niemand.«
In Neapel hat ein Familienvater seine zwölf gesunden Kinder verstümmelt, um ihnen eine Existenzmöglichkeit zu verschaffen. Die Familie war dem Hungertode nahe, als der Erzeuger endlich auf den Gedanken kam, eine Schnorrerschule zu errichten. Er sägte

wahllos Arme, Beine und Nasen ab, bis die wohlgeratenen Kinder erwerbsfähige arme Tierchen waren. Jetzt leben alle ganz komfortabel von der allgemeinen Mißachtung, deren sie sich erfreuen. Ich aber kann an der Achtung meiner Mitmenschen verhungern ... Fancy soll mich in Ruhe lassen mit ihrem ewigen: »Hilf doch! Es sind arme Tierchen.« Mein ganzes Unglück ist, daß ich kein armes Tierchen bin. Dann hätte ich längst mich von mir selber an einen Mann von Einfluß empfehlen lassen. Ich säße in Amt und Würden. Ich brauchte auch nicht dieses Feuilleton zu schreiben, um mir dadurch vielleicht im günstigen Falle die Erlaubnis erkaufen zu können, meine Werke ungedruckt für die Nachwelt hinterlassen zu dürfen, ohne dafür von der Mitwelt verprügelt worden zu sein, arme Tierchen, die wir sind. [1928]

Letzte Worte

Wer ein Dichter, ein Denker, ein Künstler ist, der kann sich gar nicht früh genug auf seine »letzten Worte« vorbereiten, denn, obwohl der Augenblick des Sterbens wahrscheinlich nur ein Übergang im Ewiglebenden ist wie jeder andre Augenblick auch, so hat ihn doch die Angst und der Aberglaube mit großem Geheimnis umkleidet, und daher pflegt Klio, die lächerliche Muse, justament gerade auf den »letzten Augenblick« zu achten, und was von einem großen Menschen und stolzem Leben im Munde der Nachwelt übrig bleibt, das ist oft nichts als ein mißverstandes und ursprünglich anders gemeintes oder auch nur erfundenes »letztes Wort«. Was hat man doch alles aus Goethes angeblichem letzten Wort: »Mehr Licht« herausgefiltert, und doch steht fest, daß der Kranke lediglich dem Diener sagen wollte, er möge unterlassen, die Fenstervorhänge zu schließen; das war im Jahre 1832; aber in demselben Jahre wurden die schwedischen Zündhölzer erfunden, wurde in den Straßen das Petroleumlicht durch das Gaslicht ersetzt, wurden die ersten Lichtbilder angefertigt und die ersten elektrischen Maschinen gebaut; ein Philosoph mag also behaupten, das alles sei die Erfüllung von Goethes letztem Wunsch und die Vision des scheidenden Sehers. Es ist aber doch eine rechte Dummheit, ein allfälliges übervolles Menschenleben gerade aus dem Zufall des letzten Augenblickes erkennen und beurteilen zu wollen, und ganz besonders tragisch wird solches Schicksal, wenn durch einen Zufall der letzte Augenblick im Gegensatze steht zu allem, was der abgeschiedene große Mensch eigentlich gewollt hat; dann gibt es eine Geschichtsfälschung, welche zeigt, daß der historisch gewordene Mensch sich wie Nero einen guten Abgang sichern sollte. Drei Beispiele aus der Geschichte der Philosophie haben mir immer als wahre Schreckgespenster vorgeschwebt; der Tod des Tycho de Brahe, der Tod des Lammetrie und der des großen Descartes. Tycho de Brahe starb an einer Urämie, das heißt, am Eintritt des Harnstoffes ins Blut, der durch einen Blasenriß zustande kam, als der zur königlichen Tafel zugezogene große Denker sich genierte, während des Essens aufzustehen und hinauszugehen. Gibt es eine lächerlichere Vollendung? Der Geist, der Sternenwelten lenkt und über all das kleine menschliche Ameisengekribbel längst erhaben ist, stirbt daran, daß er sich vor Hofschranzen geniert, das Essen zu unterbrechen. Ganz ebenso dumm ist das fratzenhafte Ende des Lammetrie, der, falls seine alten Biographen recht erzählen, an der königlichen Tafel in Sanssouci einen Schlagfluß erlitt, als infolge heftigen Lachens über einen Scherz eine mit Fisch gefüllte Pastete ihm im Halse stecken blieb. Weil nun dieser folgerichtige Denker ein verrufenes, weil unverstandes Werk hinterließ unter dem Titel: »L'homme machine«, (ein Werk, das vollkommen richtig den methodologischen Grundsatz vertrat, daß alle Wissenschaft vom Wirklichen notwendig auf mathematische Mechanik hinauslaufen muß), so wurde von Übelwollenden der Zufall seines Todes ausgenutzt, um ihn zum »Materialisten« zu stempeln, ähnlich wie man später Darwin oder Häckel »Materialisten« nannte, Männer, die unbeschadet ihrer wissenschaftlichen Theorien durchaus hochgesinnte, gläubige Ideologen gewesen sind. Die im Halse stecken gebliebene Pastete wurde für den Massenwahn zum Symbol. Der Verstorbene lebte in der Wissensgeschichte nun weiter als ein Fresser und Säufer, und ist wahrscheinlich der nüchternste und bescheidenste Wassertrinker gewesen. Man kann eben nicht vorsichtig genug sein bei der Wahl der passendsten Todesminute. Besonders lehrreich scheint mir der Tod des großen Descartes, denn dieser starb zweifellos am frühen Aufstehen, und das sollte sich meine Tochter merken, die immer schilt, wenn ich morgens länger als bis neun im Bette liege. Descartes hatte in kleinen holländischen Dörfern bescheiden und einsam gelebt, bis er schließlich Folge leistete der immer wiederholten Einladung der Christine von Schweden, der Tochter Gustav Adolfs, die den Ehrgeiz hatte, einen Hof von großen Gelehrten und Mathematikern um sich zu versammeln. Zu den Pflichten des Hofranges, den Descartes bekleidete, gehörte es, morgens beim Lever der Königin anwesend zu sein. Christine war ein Morgenmensch, das sind solche Menschen, die ihre größte Frische und Lebendigkeit morgens nach gut verschlafener Nacht genießen, während Descartes, wie die meisten Gelehrten, morgens kachektisch, abends elektrisch war. Christine aber stand morgens um fünf Uhr auf und wünschte dann philosophische Gespräche. Descartes hielt das einige Wochen aus, dann erkrankte er und das Frühaufstehen in Gemeinschaft mit dem ungewohnten Klima beschleunigte seinen Tod. – Diese drei Beispiele aus der Geschichte der Philosophie beweisen auch, daß der Umgang mit Königen für Philosophen tödlich ist . . . Diese und viele andere Beispiele dürften es empfehlenswert machen, sich für die letzten Augenblicke rechtzeitig mit ein paar passenden Worten zu versehen, damit keine Geschichtsirrtümer eintreten, denn nicht jedem ist ein so stilgemäßer Tod beschieden wie jenem Anatomen, der im Verlöschen seinen eigenen Pulsschlag nachprüfte und hinüberging mit dem Worte: »Die Aorta steht schon still« oder wie dem alten Professor Plötz, Verfasser einer französischen Grammatik, welcher Abschied nahm mit dem Worte: »Je meurs, man kann auch sagen: Je me meurs!« . . . Ich habe mir vorgenommen, zu meinem letzten Augenblick meine vielen Gegner einzuladen, um ihnen doch endlich auch mal eine Freude zu machen und dann will ich zu ihnen sagen: Meine Herren, ich gebe jetzt meinen Geist auf; ich wünsche, *Sie* könnten das für mich besorgen, denn bei Ihnen ginge dies entschieden viel leichter vor sich als es mir fällt.« [1926]

III.

»Man könnte das ganze Weltall betrachten als ein Bilderbuch von Spuren.«

Sozialphysiognomische Essays (1926–1932)

Prag und die Prager

Das Gesicht der Städte

Städte haben Gesichter. Man kann sie sehen, wenn man forscht mit treuer Liebe. Aber einige Gesichter lassen sich nur schwer erkennen. Das Gesicht der Stadt Magdeburg kann ich nicht erkennen. Sie trägt eine Maske aus gelbem Backstein. So blickt ein Beamter, der niemals Mensch ist. Das Antlitz von Mährisch-Ostrau läßt sich nur schwer erkennen ... Es ist Kohlenstaub darüber gebreitet. Prag aber zeigt ein freies aufgeschlossenes Gesicht. Wie soll ich es deuten? ...

Alles Menschliche läßt sich zurückführen auf Tier- und Blumengesichter. Bald tritt diese, bald tritt jene Naturseele im Menschen hervor. Und so wie die Menschen sind, so sind unsere Städte. Berlin erinnert an Mimi. Das ist das dressierte Hippopotamus in Schönbrunn: ein Dickhäuter, ein sagenhaftes Mammut. Paris? Eine leichtfüßige Giraffe. Funkelnd das Fell; zu kleiner Kopf, zu langer Hals; riesenschlanke Beine, Grazie nie ohne Würde. Hamburg ... oh, köstlicher, frischer Schellfisch! Dresden: Du liebes graues Perlhuhn, so vornehm, so sauber, so bürgerlich (etwas dumm); Postdam: ein verschnupfter Pfau: schlägt Rad, hat eine heisere, schnarrende Stimme. Hannover, meine Heimat: ein Haidschnuckenschöpsengesicht, sehr lieb, sehr treu, aber nicht ohne bösartige Voreingenommenheit. Prag jedoch ... Prag hat das Antlitz einer Ziege; und zwar einer männlichen, also eines Bockes. Warum? – Es gibt kein klügeres, kein neugierigeres, genäschigeres Naturgesicht; alles beknabbert sie, alles beschnuppert die Ziege ...

Als ich ein Knabe war, da schenkte mir mein Vater eine Ziege. Sie hieß Lämmi. Sie zernagte alles, zerkleinerte alles. Besonders gern meine Schulbücher und morgens die Zeitung. Ich fütterte Lämmi jeden Morgen mit dem »Hannoverschen Kurier«. Mein Vater verbot mir das. Er meinte, der Kurier könne Lämmi schaden. Ich tat es aber *doch.* Denn immer, wenn morgens die Zeitung kam, so stellte sich Lämmi ein und wünschte davon zu fressen. Erst fraß sie den Kurszettel; dann Familiennachrichten. Zuletzt den Leitartikel. Mehrfach wurde ihr davon übel ...

In Prag gibt es viel Bücher und Zeitungen, die besten Mehlspeisen, herrliche Konditoreien . . .
Ich weiß nicht, ob die Wissenschaft der Soziologie bereits so weit vorgedrungen ist, um eine vergleichende Statistik des Liebeskonsums in Großstädten aufstellen zu können. Ich glaube, daß Prag in einer solchen Statistik eine ehrenvolle Stelle behaupten wird. Darin, sowie auch in der schönen Altertümlichkeit seiner Hotels und Mietwohnungen ist es durchaus mit Paris vergleichbar. (Übrigens nennt man in Ägypten die Giraffen: Ziegen der Wüste.)
Da das Wachstum der Bevölkerung mit Liebe immerhin einige Zusammenhänge hat, so scheint mir, Prag marschiere auf dem Wege zur Weltstadt. Ein Symptom dafür ist die wachsende Anzahl von Kinderwägen mittags auf dem Altstädter Ring. Dort werden die Säuglinge gesonnt. Ich zählte bei meiner letzten Anwesenheit 243 tschechische und 31 deutsche Kinderwagen. Und ich dachte in meiner Seele: »Gott segne Euch. Macht so fort zu Ehren der Heimat. In fünfzig Jahren werdet Ihr eine Million sein . . .« Ich will nur noch sagen: Als Lämmi groß wurde, da ward aus ihr ein Bock. Da sagte mein Vater: »Wir müssen ihn schlachten. Denn er ist stößig und nicht stubenrein.« Da weinte ich bitter. Nie habe ich die Trennung verschmerzt . . . Wenn ich hinabschaue vom Hradschin auf die Moldau und auf die geliebte Stadt, die hunderttürmige, dann bricht wieder die alte Wunde auf. Ich sehne mich heimwärts. Nach meiner Jugend. Nach meiner Ziege.

Es ist nur ein Traum

Ihr kennt das schöne Gedicht Platens: »Venedig liegt allein im Land der Träume.« Nur ein Spuk scheint Venedig zu sein, die Stadt der Abenteuer. Aber gilt das nicht viel mehr noch von Prag? Ein Geheimnis will ich entschleiern. Die Geschichte vom Golem, dem Traumwesen, welches der weise Rabbi Löw gemacht hat, diese unheimliche Geschichte, ist durchaus wahr. Prag selber ist der Golem . . . Als ich zum erstenmal nach Prag kam (ich war ein Knabe von 15 Jahren), da sah ich nichts als einen Fluß, einen Burgberg und eine unheimliche Menge alter Häuser, und ich begriff nicht, warum davon die Menschen so viel Wesens machten.

»Papa«, sagte ich, als mein Vater mir die Stadt zeigte, »Papa, wann stürzt denn Prag zusammen?« Mein Vater aber erwiderte folgendermaßen: »Prag ist in Reparatur. Wo ein alter Mauerstein zerbröckelt, da ersetzt man ihn durch einen neuen. Die Kirchen und die alten Paläste halten sich aufrecht; sie tragen meistens ein Korsett; das sind die hölzernen Baugerüste. Wann immer du nach Prag kommst, die Stadt wird gerade gewaschen und frisch onduliert. Das ist genau wie beim Zahnarzt. Der gute Zahnarzt reißt keine Zähne. Mittels Goldfüllung konserviert er das Historische. Mein Kind! Es ist gut, daß du früh das Historische schätzen lernst.« So sprach mein Vater. Aber als ich ein Mann geworden war und deutscher Schriftsteller, da stellten meine Kritiker fest, daß ich einen Defekt habe. Mir fehlt das »historische Organ«. Daher kam es, daß ich als Kind Prag nicht verstand. Denn die Stadt ist furchtbar historisch. Auf dem Hradschin zum Beispiel sprechen die Eingeborenen folgendermaßen: »Beachten Sie dort das Fenster. Daraus wurden im Jahre 1618 die kaiserlichen Räte Martinitz und Slavata geworfen. Sie fielen dort unten auf den Misthaufen. Damit begann der Dreißigjährige Krieg. Betrachten Sie den Sarkophag: Darin befand sich die Hand des heiligen Wenzel, als sie sich noch darin befand.« An jeder Stelle heißt es: »Hier ist der und der hingerichtet worden.« Ich habe 33 Mal die Reste der Fahne gesehen, die Kaiser Ferdinand den Juden schenkte. Ich habe hundertmal die Stelle gesehen, wo der heilige Nepomuk ins Wasser fiel. Ich habe tausendmal gezeigt bekommen die wieder angefügte Nase Tycho de Brahes. Aber immer, wenn ich wieder nach Prag komme, dann sagt der nächstbeste Eingeborene: »Sie sollten unbedingt unsere Sehenswürdigkeiten sich sachkundig erklären lassen.« Dann führt er mich wieder zu der Fahne, zu dem Fenster und zu der Nase. Und dabei fehlt mir doch das »historische Organ«. Merkwürdig aber ist dies: Jeder Prager führt mich zu denselben alten Gegenständen. Und jedesmal ist es ein anderes Prag. Aus den alten Steinen steigt: tschechische Geschichte, deutsche Geschichte, jüdische Geschichte, Kirchengeschichte. Genau wie der Golem immer andere Formen annimmt . . .

Ich mußte einst junge Franzosen in Geschichte unterrichten. Sie lernten willig, aber als ich erzählte, Karl der Große sei ein deutscher Kaiser gewesen, da verlor ich ihr Vertrauen. Sie lächelten und erzählten später zum Beweise meiner Unfähigkeit, daß ich behauptet habe, Charles Magne sei ein Deutscher. Ähnlich erging es mir in Prag. Seine Geschichte ist für mich zu kompliziert. Ich finde mich nicht durch. Um aber allen Freunden gerecht werden zu können, so habe ich mir bezüglich Prags eine Permutations- und Kombinations-Methode ausgesonnen. Ich schreibe zunächst auf: die Namen verschiedener Nationalitäten. Zum Beispiel: Tschechisch, Slowenisch, Slowakisch, Deutsch, Ungarisch, Hannakisch, Österreichisch, Jüdisch: sodann die Namen von Religionen: Katholisch, Römisch-Katholisch, Griechisch- oder Russisch-Katholisch, Evangelisch, Altlutherisch, Reformiert. Sodann die Namen von Weltanschauungen, wie zum Beispiel: Theosophie, Anthroposophie, Monismus, Christian Science, Mazdaznan. Und nun permutiere und kombiniere ich reihenweise. Zum Beispiel aus Reihe eins: Lerne unterscheiden tschechische Slowenen von slowenischen Tschechen, deutsche Tschechen, tschechische Deutsche, tschechische Juden, jüdische Tschechen, jüdische Deutsche und so weiter, aber bedenke immer (und nun kommt Reihe *zwei*), daß diese sein können: römisch-katholische Deutsche oder griechisch-russisch-katholische Tschechen, mosaische Israeliten oder israelitisch-jüdische Deutsche usw., welche jedoch ihrer Weltanschauung nach einzuteilen wären in deutsch-tschechische Theosophen, tschechisch-deutsche Anthroposophen und griechisch russisch katholisch mosaisch deutschreformierte slowenisch anthroposophische Israeliten. Mit dieser Methode habe ich ausgerechnet, daß es in Prag gibt 23 Nationalitäten mit 243 Religionen und 2518 Weltanschauungsmöglichkeiten. Gewiß ein »heißer Boden«, und obwohl ich *alle* liebe und keinen verletzen will, so ecke ich doch immer an. Ich möchte dort kein Staatsbeamter sein. Aber wenn man schon in Prag Beamter ist, dann möge man sich trösten: Es ist alles nicht wahr! Es gibt gar kein Prag! Prag lebt nur in den Vorstellungen seiner Menschen! In Wahrheit ist das ganze Leben dort ein *Traum* . . .

Unser kleines Zimmer

Als wir jung waren, da waren wir voll Hoffnung. Als wir voll Hoffnung waren, da warteten wir auf das Wunderbare. Wir hatten 60 Mark im Monat und lebten in einem einzigen kleinen Zimmer, meine junge Frau und ich. Aber wir glaubten, daß das nicht so bleiben werde. »Alles ist nur Übergang.« Meine Frau sagte: »In ein paar Jahren hältst Du Dir einen Kammerdiener.« Ich erwiderte: »Wir verloben ihn dann mit Deiner Kammerzofe.« Vorläufig aber hatten wir nur das eine kleine Zimmer. Und da es sehr schwer ist, in einem einzigen kleinen Zimmer beisammen zu leben, ohne sich bald dicke satt zu bekommen, so klaute ich aus der Universität ein Stück Kreide und zog auf dem Holzfußboden sorglich 12 Quadrate und jedes dieser Quadrate bekam einen Namen. Dort, wo der Holztisch stand, an dem ich schrieb, da war »das Arbeitszimmer«. Und daneben das kleine Bört mit meinen Büchern hieß »die Bibliothek«. Und die Ecke mit unserem Spiritusbrenner war natürlich die Küche. Und der Waschtisch und Eimer hieß: das Toilettezimmer. Es ist nun aber eine sichere Tatsache, daß der Mensch, um einen höheren Lebenszustand erreichen zu können, immer so tun muß, als sei der schon da. Wenn man die Absicht hat, »angesehene Familie« zu werden, so kann man damit nicht früh genug beginnen. Wir gewöhnten uns also an große Form. Wir ließen den Gedanken an unsere proletarische Wirklichkeit gar nicht aufkommen. Meine Frau sagte zum Beispiel »Ich möchte Dich doch bitten, die Stiefelwichse nicht in die Bibliothek zu legen. Dergleichen gehört in den Vorraum zur Küche.« Ich erwiderte: »Meine Liebe, da finde ich im Herrenzimmer (dies war der Stuhl mit meiner Zigarrenkiste) eine Haarnadel; ich beschwöre Dich, achte darauf, daß Möbel aus den Schlafräumen nicht in die Gesellschaftszimmer gelangen.« An diese aristokratische Lebensform gewöhnten wir uns. Sie machte unser Leben reich und bunt. Und wenn jemand uns sprechen hörte, dann dachte er: »Ein vornehmes Paar, Sie bewohnen viele Appartements, »hochherrschaftliche«. Aber das Merkwürdigste war: Wir selber glaubten daran. Wir bewohnten wirklich 12 Appartements. Was tat es, daß die Wände zwischen den Gemächern aus Luft waren? Wir lebten genau, als wenn wir ein ganzes Haus zur Verfügung hätten. Wir befleißigten uns züchtiger und vornehmer Umgangsform. Und das trug Früchte. Wir wuchsen ganz von selbst hinein in ein höheres Leben. Und als wir schließlich wirklich in der Lage waren, ein ganzes Haus zu beziehen, da seufzten wir: Es hat sich zwar gar nichts geändert an unseren Gewohnheiten. Aber früher war es doch leichter, doch gemütlicher!

Muß ich die Moral dieser Geschichte erläutern? Die Einwohner von Prag leben eigentlich in – Krähwinkel. Alle Leute treffen sich dreimal an jedem Tage am Graben oder auf dem Wenzelsplatz; bei Berger oder im Repräsentationshaus. Jeder weiß, was der andere zu Mittag gegessen hat und was er zu Abend essen wird; und sollte man's nicht wissen, dann braucht man nur im Ministerium anzuläuten, dann erfährt man es gewiß. Aber dabei befleißigen sich die Herren und noch mehr die Frauen durchaus pariserischer Gewohnheiten. Prag ist ihnen das Weltzentrum. Und wenn ein Pariser nach Prag kommt, dann denkt er: »Donnerwetter! Da muß ich mich ja zusammennehmen. Das ist ja die exquisiteste Gesellschaft Europas.« Das Merkwürdigste aber ist: Die Prager glauben das selber. Und was wird die Folge sein? New York wird ein Riesenmarkt werden, London eine Börse, Berlin ein Wassertopf, Wien verliert seine Musik, München sein Schwabing. Aber Prag . . . Prag ist in fünfzig Jahren die gebildetste Stadt der Welt. [1926]

Raubkatze und Chauffeur

Wenn der europäische Mensch nach Indien oder nach China kommt, so ist er zunächst außerstande, die Gesichter der Eingeborenen auseinanderzuhalten. Alle jungen Mädchen scheinen gleichartig zu sein. Alle alten Männer miteinander vertauschbar. Er sieht nur den Gesamthabitus. Nicht aber dessen Schwebungen und Wandlungen. Man sollte somit meinen: Erst die Gewohnheit erschlösse den Blick für Einzelheiten. Nun aber besteht auch die umgekehrte Erfahrung: Dort, wo wir den Erscheinungen allzu nahe wohnen, umdroht uns die Gefahr des Verallgemeinerns. Die Gewöhnung verstumpft unsern Sinn für Feinheiten und Unterschiede. Aus diesen beiden Irrtumslagen heraus, aus dem Zu-Nahe und dem Zu-Ferne mag es zu erklären sein, daß die Gesichter von Völkern, der Stil von Epochen der Kunst, das Typische an Städten, Dörfern, Landschaften immer erst hervortritt, wenn die Gesichte schon vergangen sind. Niemand kennt den Charakter der lebenden Gegenwart. Niemand begreift seine Zeit. Nur aus einer gewissen Entfremdung wird im nachhinein das Antlitz der Gemeinschaft konstruktiv sichtbar. So entstehen Formen immer erst dann, wenn die Gestalten tot sind. Ja, das Feststellen des Lebens ist schon ein Abtönen des Lebens. Da möchte ich nun fragen: Welches Antlitz tragen wir? Welche Merkmale, die wir selbst an uns nicht wahrnehmen, werden der Nachwelt für uns charakteristisch erscheinen? Um auf diese Frage antworten zu können, müssen wir daran erinnern, daß jede Charakterisierung lebender Wesen sich nur stützen kann auf Ähnlichkeiten. Wir denken, wenn wir eine Gestalt »charakterisieren«, immer an eine andere, uns noch näher vertraute. Daher pflegen wir z. B. die Menschen nicht zu kennzeichnen, indem wir Steine, Metalle, Erze, Arten von Erden, Flüssigkeiten oder bildsame Stoffe nennen, die uns den Gesichtern verwandt erscheinen (was eine recht gute Klassifikation für Physiognomiker wäre), nein! wir bleiben innerhalb eines ganz kleinen Kreises uns aus dem Alltag vertrauter Bilder und vergleichen etwa die Menschen mit Hunden, Schweinen, Eseln, Schafen, Ochsen, Pfauen, so wie die Scheltworte tun, oder wir ergreifen Vergleiche aus dem bekanntesten Pflanzenreich (Rose, Veilchen, Orchidee, Stachelgewächs), wagen höchstens Mal einen matten Ausflug in den Bereich der Steine. (Mann aus Erz, Herz wie Kristall, goldenes Gemüt.) Halten wir uns nun innerhalb dieser ganz engen, für wissenschaftliche Charakterologie ganz ungenügenden Bezeichnungen der Alltagsprache, dann merken wir an der Physiognomie unseres Zeitalters den folgenden Umstand: Die aus dem Pflanzenreich entlehnbaren Bilder treten zurück zugunsten der aus dem Tierreich entnommenen. Es geschieht seltener, daß wir Menschen mit Blumen vergleichen als mit Tieren. Und in der Tat scheinen die Gesichter minder vegetativ, aber animalischer geworden zu sein. Einige leicht nachprüfbare Beispiele werden es bestätigen. Man nehme eine Reihe von Köpfen führender Persönlichkeiten aus unsern Tagen (wie sie in jeder Bilderzeitschrift täglich zu sehen sind), und halte daneben die Gesichter der öffentlichen Männer und Frauen aus der Goethezeit oder aus dem Zeitalter der Romantik. Man wird finden, daß die Menschen der Romantik alle etwas Baumartiges, die Menschen von heute ausnahmslos etwas Animalisches im Ausdruck tragen. Dies

gilt nicht nur für die Gesichter der Staatsmänner, Politiker, Praktiker, Industriellen, sondern auch für jedes Gesicht aus Kunst und Traum. Für Musiker, Schriftsteller, Dichter von heute wird man nur schwer die Entsprechung im Blumenreich, viel leichter dagegen eine Analogie aus dem Tierreich auffinden. Einmal aufmerksam gemacht auf diesen Umstand, wird man immer wieder bestätigt sehen, daß die großen Männer etwa um die Mitte des 19. Jahrhunderts allesamt an schöne alte Bäume erinnern. Gesichter wie die der Naturforscher und Philosophen der Romantik: Carus, Schubert, Bachofen, der Kopf Adalbert Stifters oder die Musikergesichter der Vorwagnerzeit: Haydn, Bach, Mozart, Schubert kann man nur recht schwer durch Animalisches charakterisieren, dagegen fühlt man unmittelbar die Baum- und Pflanzenseele in diesen stillen bildenden Gestalten, derengleichen man unter den heute Lebendigen nur noch selten begegnet.
Forschen wir aber nach dem Grund- und Generalnenner im Antlitz der Gegenwart, so möchte ich (das Ergebnis dieser Betrachtung vorwegnehmend), die Behauptung verfechten: Alle Männergesichter nähern sich dem Typus: Chauffeur. Alle Frauengesichter wandeln sich hin auf den Typus: Gepflegte Raubkatze. Wir müßten allzuweit ausgreifen, wollten wir darlegen, warum die etwa seit Goethes Tode mächtig einsetzende Technisierung und Industrialisierung der Erde, das Überwinden von Zeit und Raum durch Eisenbahn, Dampfschiff, Auto, Luftschiff, vor allem aber die Elektrifizierung der Welt und die Möglichkeit des Rechnens mit (vermeintlichen) Naturkräften, ja ihrer aller Umsetzen in Bewegung, warum dieses alles und die somit emporgestiegene Weltherrschaft des kaukasischen Menschen das Antlitz dieses Menschen der vegetativen Natur entfremdet und animalischer gemacht hat. Nur dies Eine sei angedeutet, daß jeder Sieg des Willens auch Verarmen an Schicksal in sich trägt. Die immer mehr selbsttätige (autonome) Menschheit, welche ihr Schicksal rechnerisch selbst bestimmt, entfremdet sich dadurch den außermenschlichen Gewalten. Es ist nun aber sicherlich ein Trug, daß wir einen Baum oder auch nur eine Pflanze, von uns selber ausgehend, für etwas dem Individuum oder auch nur dem Exemplar Vergleichbares halten. Wahrscheinlich ist die Pflanze ein labiler, durch bildende Prinzipien nur momentan

zusammengehaltener Staat von Elementen. Also vollkommen abhängig von äußeren Erleidnissen. Kaum je befähigt zu einer dem Wollen oder Handeln analogen Zuständlichkeit. Ganz anders im Tier! Je mehr das Tier auf Selbsterhaltung gestelltes, also raubendes und mordendes Tier wird, um so näher kommen seine instinktiven Triebdränge jener wachen Gespanntheit und zielstrebigen Verengung, aus welcher, notgestachelt, sich der Geist und der geistige Wille entbindet. Der Mensch von heute aber ist das verengteste, der lebendigen Wirklichkeit am wenigsten eingesenkte, also am weitesten aus dem Leben herausgetretene Tier. Man vermöchte mich nun billig hinzuweisen auf die ungeheure Weite unseres Erfahrens, Wissens, Wahrnehmens. Auf die riesige Welt der Objekte, die wir von dem Tier voraushaben. Man könnte mich fragen: Ob denn diese riesige Welt Verarmen und Verengen des Lebens sei? Aber dann hätte man nicht gefühlt, daß jede Erweiterung der äußeren Erfahrung auch Einbußen mit sich bringt an Innigkeit, Innerlichkeit, Sicherheit und Tiefe des Instinktiven. Daß wir also für Anreicherungen des wachen Geistes sehr teuer mit der Seele zahlen. Nun möge jeder sich selber prüfen, in wie vielen Augenblicken seines Menschenlebens er ohne Absicht, ohne jeden Zweck, ganz gelöst und versunken, gleich einem Baume, geblüht hat? Der Mensch von heute ist durchweg ein Wesen des Interesses. Interesse, das bedeutet wörtlich: Dazwischensein. Es soll heißen: Der Mensch ist immer gespannt auf ein »Ding«. Subjekt gerichtet auf Objekt. Niemals aber ist er jenseits dieser Subjekt-Objekt-Relation in den Dingen selber darin. Das gespannteste, typisch zielgerichtete Antlitz ist das Antlitz des Chauffeurs. Völlig gesammeltes, in sich selber gespanntes Subjekt. Gerichtet auf eine immer wechselnde Vielheit zahlloser Gegenstände und Widerstände. Dieser Zug von wacher Bewußtheit und Willenangespanntheit ist der gemeinsame Familienzug einer Zeit, in welcher die träumerische, sinnige, pflanzenhafte Seele im Schwinden ist. Die »großen Männer« von heute sind ein allesamt gleichartiger Chauffeurtypus. Man betrachte (um Beispiele zu haben), was von der einen Seite, etwa Wilhelm Oswald, von der anderen etwa Emil Ludwig, (welche beide Bücher über »Große Männer« geschrieben haben) unter »Führer der Kulturmenschheit« verstehen. Es lauern durchweg Erfolgs- und Übermächtigungsabsichten (also Willensziele) hinter diesen Unbegriffen von »Größe«. So wird denn die Zukunft aus unserm Zeitalter das allbeherrschende Gesicht des Steuermanns oder Chauffeurs hervortauchen sehen. Demgegenüber wird nun behauptet, daß das Weib »naturnäher« und minder zweckverhaftet erscheine. Und das ist richtig, insofern als das Instinktive und Tierweltverwandte (also minder Kalkulative und Sekulative) in der relativ beschaulicheren und im Durchschnitt passiveren Frau immer wesenhaft bestimmend ist. Innerhalb der Tierwelt aber dürfte das langsam vom Menschen verdrängte Raubtier (eingeschlossen die Raubaffengeschlechter) das wacheste, auf Beute und Besitz eingestellteste Geschöpf sein. Jeder, der eine Hauskatze besitzt, kann diese immergespannte Neugier und Eigenbezüglichkeit des domestizierten und somit menschähnlich gewordenen Raubtiers beobachten. An diesem Punkte, und an diesem Punkte allein, erweist sich die relative Natürlichkeit und Lebensnähe der Frau. Was das Weib von heute mit einer Buche, einer Linde, einer Lotosblume oder Rose gemeinsam hat, das werden die Lyriker wissen, die diese veralteten Metaphern übernehmen. Ich aber weiß es nicht. Ich sehe einzig und allein die Pantherkatzenähnlichkeit im Typus dieser immergleichen Frauen und Mädchen, die, sei es in New York oder London oder Berlin oder Paris, pelzbehängt, gleich Katzen immerfort sich selber beleckend und umhätschelnd, beutelustig und sinnengierig, krallwach und so traumlos als seelenverarmt, vergnügt und energisch dahinleben. So aber muß jeder die Männer und Frauen unserer Zeit sehen, dem es gegeben ist, denkend Distanz zu gewinnen und somit Wahrnehmungen vorwegzunehmen, die in fünfzig Jahren kein Sehender bezweifeln wird.

[1929]

Josephine

Wenn Paris von Josephine schwärmt wie einst von Bonapartes Josephine, so ist gemeint: ein etwa zwanzigjähriges kaffeebraunes Tanzmädchen, welches, in einer Revue auftretend, eines Tages entdeckt und dann von Literaten, Journalisten, Managers »gemacht« wurde, nunmehr aber, im Jahre 1928, Europa und Amerika bereisend, Millionen in Dollar, Mark und Kronen einkarrt und die Gemüter der Menschen bezaubert: ein Phänomen, nachdenkenswert auch für Philosophen.

Betrachtest du unbefangen diese Josephine Baker, so tauchen vor dir auf: fremde Tier- und Pflanzenwelten, eher australische, malaiische als afrikanische. Du erblickst Gazellen mit leichten Gliedern, Zebras in wirrer Buntheit, das große traurige Auge der Antilope und die grotesken Sprünge der Känguruhs. Du träumst von dem fernen Tangata, träumst von Mädchen, welche Gauguin malte, und von den Taupo, jenen Dorfschönen, die bei den Festen des Rausches die Speisen vorkauen und im Urwald tanzen nach polynesischem Brauch.

Diese Josephine singt ein kleines Liedchen, darin sie von sich selber spricht: »Wer bin ich? Was bin ich? Ich kann gut sein, kann bös sein. Ich bin klug, bin dumm. Ich bin schön, bin häßlich. Ich bin wahr, bin falsch. Wer bin ich? Was bin ich?«

Das eigentliche Talent der Baker ist die derbkomische Burleske. Sie ist zunächst eine gute Bauchtänzerin. Sie vollführt mit dem graziösen Becken ungeheuer komische und sehr derbe Windungen. Dabei grinst ein holdes Frechheits-Gesichtchen. Ein großer blutroter Mund weist bleckend der Zähne Elfenbein. Die riesigen Augen rollen wie Kugeln und lassen nur Weißes sehn.

Sie erinnert (die Musen mögen diesen Vergleich verzeihen) an meine liebe Freundin, an Missi, eine Schimpansin im Zoologischen Garten, eine kleine drollige Äffin, welche Schwünge und Sprünge produziert in reinem Übermut und (wenn sie dabei Zuschauer hat) sich aus Bosheit und vor Stolz nicht zu lassen weiß. Josephine hat wie Missi einen wunderschönen Körper, herrlich proportioniert; am schönsten sind die kleinen Brüste und kleinen Kniescheiben. Sie tanzt primitiv und so geschlechtlos, daß man nicht weiß, ob man ein Mädchen oder einen schönen Jüngling vor sich hat.

Ich sah Josephine gelegentlich einer Matinée. Ihre übermütige Laune trieb Ulk mit den würdigsten Herren in weißgestärkter Hemdbrust und mit den schönstbemalten, bestparfümierten Damen. Sie trat von der Bühne unter das Publikum und suchte sich

Partner aus. Einem alten Herrn mit wenigen Haaren drehte sie (wozu sie das Öl aus ihrem eigenen tiefschwarzen Glatthaar preßte) aus den spärlichen Haarresten komische Schwänzchen; einem zweiten stahl sie das Monokel und zwang ihn, es von schwieriger Stelle sich wiederzuholen; einem Herrn mit Künstlermähne begann sie das Haar scheinbar nach Ungeziefer abzusuchen; und einen ernstblickenden Gelehrten nötigte sie aufs Podium, damit er mit ihr tanze, wobei sie vormachte, was er nachzumachen habe: Bauchdrehen und Beineschwenken. Als sie keine Lust mehr hatte, vor dem Vorhang zu erscheinen, streckte sie durch eine Öffnung des Vorhangs nur ihr nacktes schwarzes Hinterteilchen und niemandem fiel ein, ihr auf die dargebotenen Erziehungsflächen einige belehrende Klapse zu verabfolgen.

Nach den Vorstellungen war das Theater von Neugierigen umstellt, welche die Gefeierte sehen wollten. Die Fenster der gegenüberliegenden Häuser waren dicht besetzt, und in den Straßen, die ihr Auto passierte, bildeten die Leute Spalier und schrien Heil. Tanzte Josephine nicht im Theater, so begab sie sich für ein Viertelstündchen in ein mondänes Tanzlokal. Die Unternehmer boten große Honorare, damit sie auf dieser oder jener Diele ihren Tee nähme, denn wo sie erschien, das Jakobinermützchen auf dem frechen Köpfchen, da gab es bald Stimmung, indem sie alle durcheinanderwirbelte und mit allen Hanswurstereien trieb.

Gibt es für diese Zeiterscheinung eine Erklärung?

Die weißhäutige Zivilisationsmenschheit in Europa-Amerika ist krank. Ihre Krankheit aber heißt: Kultur. Diese sogenannte Bildung lastet schwer auf der ursprünglichen natürlichen Affenheit dieses Geschlechts. Aber alles, was die ehrwürdigen Herren und schöngepflegten Damen von der noch naturverwurzelten Affenheit unterscheidet (daß wir von silbernen Schüsseln essen; daß wir Bücher lesen und schreiben; daß wir Telephon und Elektrizität haben; daß wir uns gegenseitig Herr Doktor nennen oder Herr Baron), alle unsere vielberedeten Errungenschaften, alle unsere Wahrheiten, Erkenntnisse, Konflikte, Probleme sind eigentlich gar nicht so feierlich und so wichtig zu nehmen. In allen *wirklich* ernsten Augenblicken, zum Beispiel beim Ausbrechen von Kriegen, Revolutionen, ja schon einer Volkspanik, zeigt es sich, daß die

Bildungsfassade nur ein das Leben schmückendes Ornament ist. Diese Kultur ist nicht die natürliche Haut der Menschen, sondern das sie bekleidende, verbergende und schmückende Hemd.
Nun tritt unter ein durch die Halbheit vermeintlichen Geisteslebens belastetes Geschlecht (welches, wie allbekannt, zu leiden hat unter »Verdrängungen«, »Verdeckungen«, »Komplexen«, »Kompensationen« und »Überkompensationen«) – nun tritt unter die längst domestizierten, gebildeten Kulturtiere gesund, einfältig und mit reinem Gewissen ein unverdorben natürliches nacktes Affenkind, wackelt mit reizendem Bauch, spuckt auf alle Bildung und gibt sich nackt. Und der in hochpolitischen Konferenzen, Transaktionen und Fusionen ergraute Geschäfts- oder Staatsmann wackelt vor dem Tode auch noch einmal wie in Urwaldzeiten, und seine brillantbehängten Damen verspüren fernes Wehen aus unser aller Urheimat, wo wir, wechselseitig liebend, noch freie Affen waren. »Zufrieden jauchzet groß und klein: Hier bin ich Aff, hier darf ichs sein.«
Dieses, verehrte Zeitgenossen, dieses ist der *Sinn* eures Phänomens: Josephine Baker.
Aber nun hört auch dieses: In den Rinnsalen unserer Städte sterben die Kinder der weißhäutigen Kultur. Millionen schleppen sich durch unsere Steinwüste: schlecht geboren, schlecht geborgen, schlecht behütet. An Straßenecken bieten halbwüchsige Mädchen die armen Leiber feil. In Kellerhöhlen grübeln die verworrenen, ungeschulten Gehirne der Knaben über Erlösung. Denker machen aus diesem Elend fremdwortreiche Systeme, Dichter keltern aus diesem Elend artistischen Wein für gern gerührte Genießer. Aber Pippa tanzt, Josephine tanzt.
Berlin, Paris, London zahlt für einen Parkettsitz so viel Geld, daß eine Arbeiterfamilie eine Woche leben könnte von dem, was Josephine an einem Abend mit ein paar komischen Sprüngen ertanzt.
Ich aber, abseits sitzend auf meinem Stein, verhülle die Augen und erkenne: Wozu philosophieren? Wozu noch denken in einer Gesellschaft, die eher hundert Dollar hergibt für virtuose Affenkünste als auch nur einen Dollar für das Leben der Seele.
Tritt Goethe in Wettbewerb mit dem dressierten Pudel, dann siegt der Pudel. Goethe mag einen Wechsel ziehen auf die Nachwelt, die

doch auch nichts anderes sein wird als diese Gegenwart: ein Kampf von Hunger, Liebe und Eitelkeit. [1928]

Der wilde Esel und der zahme Esel

In Berlin ist eines mir immer verwunderlich gewesen: Wenn du auf dem Bahnsteig stehst im Bahnhof Zoologischer Garten, mitten unter Kohlenstaub und Lichtreklame, und um dich herum schweben die modernen Stilfrauen, die auf den Beinen durchbrochene Seide tragen, um den Hals Fuchspelze und auf dem Kopfe eine Reiherfeder, und nun fällt dein Blick durch die Glasscheiben der Bahnhofshalle, siehe da! plötzlich ersteht unter den alten Bäumen des Tiergartens eine wilde Urnatur: Elefanten, Löwen, Nilpferde, Bären und Paviane. Sie alle leben entlang dem Kurfürstendamm. Und das Wunderbarste ist: Hinter den Fenstern des Aquariums, gegenüber dem Edenhotel, wo man tanzt zum Fünf-Uhr-Tee, da liegen seit 200 Jahren drei Riesenschildkröten. Sie liegen beschaulich da und lassen an sich vorüberrauschen diese ganze Bildungsmenschheit mit ihren Ledermappen und Hornbrillen, ihren blutroten oder gelben Romanbüchern, ihren Pudertäschchen und Pompadours; Geschlecht auf Geschlecht. Dort nun, wenige Schritte seitwärts vom Straßenpflaster, auf welchem die Menschen- und Autoschlange Tag und Nacht vorüberrauscht, wohnen meine zwei besten Freunde. Am Rande des Zoo liegt das Haus, wo, neben Zebras, Tapirs und anderen Anverwandten, die beiden Esel stehen, der gezähmte, den ich Logos, und der wilde, den ich Eros benannt habe, zwei miteinander nahe verwandte, aber doch zugleich polar verfeindete Geschöpfe. Vor ihrem Stallgehege stand ich an manchem Sonntagmorgen mit Salzbrezeln; denn die fressen sie beide gern. Der zahme ist ein fester Charakter, würdig und wohlerzogen. Der wilde ist charakterlos und unmoralisch. Unter allen meinen Bekannten kenne ich keinen begabteren Schwindler. Sobald man nämlich in die Nähe des Gatters kommt, so beginnt er zu schreien. Das klingt wie klägliches Kinderweinen. Du meinst, da töne das

ganze Leid der noch unerlösten Natur, welche, laut der berühmten Stelle im Römerbrief, sich bekanntlich danach sehnt, durch die »Kinder Gottes« (gemeint sind die Menschen) sich erlösen zu lassen. Aber er will gar keine Erlösung; er will dem zahmen Esel das Brot wegschnappen. Er stellt sich nur so an, als ob er am Verhungern sei. Und die Besucher (ich habe es oft beobachtet) fallen immer darauf herein; die Mütter sagen: »Oh, das herzige Tier!« und die Kinder: »Mutti, wir wollen dem Eselein das Brot geben!« Dabei schreit der Heuchler nur, solange als noch Brot in der Tüte ist. Bei mir schreit er nicht, denn er weiß, daß, sobald er damit anfängt, ich die Brezeln dem manierlichen und vornehmen Kulturesel gebe. Wenn er aber sieht, daß die Tüte geleert ist, dann hört er auf zu schreien und aus seinem Auge blitzt eine boshafte Ironie. Hinzu kommt ein zweiter Trick. Im Gegensatz zum zahmen Esel, welcher, wie die meisten Gelehrten, infolge von Wissenschaft verdummt ist, hat Eros gelernt, Verbeugungen zu machen. Der Wärter, Herr Lehmann, hat mit viel Geduld es ihm beigebracht. Er scharrt die Erde mit dem rechten Vorderhuf, knickt dabei mit dem linken Knie ein und tritt nach rückwärts. Er denkt: »Geht's nicht mit Geschrei, dann geht's mit Schmeichelei.« Und meist verbindet er beides, jammert kläglich und verbeugt sich dazu. Und die Mütter finden das »rührend« und »reizend«, und so erntet dieser Dämon all das Brot, welches der immer magerer werdende arme Logos durch Tugend und Bravheit nicht verdienen kann.
Rund um das Stallgehege, darin Logos und Eros ihre Tage verbringen, ist die Stadt Berlin gebaut. Ihre Hauptverkehrsader ist der Kurfürstendamm. Sein Mittelpunkt ist das Romanische Café, wo Höxter sitzt und Kultur produziert. Um diesen Mittelpunkt herum laufen viele Straßenzüge voller Steinhäuser, in denen Millionen Menschen für Fortschritt sorgen und die Menschheit heben. Auch ich habe in vielen dieser Häuser Tee getrunken, Unsinn geredet und Unsinn mit angehört. Dabei habe ich immer gefunden, daß alles, was die Leute dichten und trachten, doch immer hinauskommt auf die zwei Esel.
Dem Eingang zum Zoo gegenüber befindet sich eine Familienpension, wo ich mit meinem Sohne wohnte. »Mein lieber Sohn«, sagte ich, »jedes Wesen sucht Freude; nur machen es die einen mit Moral

und die anderen ohne.« Er erwiderte: »Papa, bei deinen Grundsätzen könnte das Menschengeschlecht nicht bestehen.« Ich sagte seufzend: »Es handelt sich immer um das Zwei-Esel-Problem.«

Dem Café der Schaffenden gegenüber liegt das Parkhotel. Dort habe ich mit Sir Galahad Tee getrunken. Dieser Gralsritter fragte: »Was halten Sie von der deutschen Literatur?« Ich erwiderte: »Mein Liebling ist Rudolf Hans Bartsch. Aber ich weiß natürlich, was Sie jetzt fragen werden: ›Finden Sie nicht, daß Thomas Mann bedeutender ist?‹ Ich gebe zu, daß dieser Autor in einer silbernen Muschel wohnt. Und bohrt man tiefer, so stößt man auf eine goldene Muschel. Und bohrt man noch tiefer, so stößt man auf eine Muschel von Diamant. Und darin endlich sitzt er selber: Ein wehmütiges Klümpchen Salzschleim.« Der edle Ritter lachte und meinte: »Die Dichter nach Ihrem Herzen sollten statt zu schreiben, lieber spazierengehen.« Da seufzte ich und dachte an meine beiden Freunde gegenüber. Es war ja doch nur wieder das alte Zwei-Esel-Problem.

Und so war's immer! In allen Stuben und in allen Zungen stritten die Menschen über: Hie Geist – Hie Liebe; Hie Bewußtsein – Hie Unbewußtes; Hie Werk – Hie Leben; Hie Mann – Hie Weib: Hie Europa – Hie Asien. Ich weiß nicht, in wie viele solcher Begriffsspiele die Menschen sonst noch ihr großes Geheimnis wickeln: Es dreht sich doch nur um die zwei Esel!

Gerade gegenüber dem Stalle wohnt Falkenberg. Falkenberg ist Irrenarzt und psychoanalysiert die anderen. Von seinem Schreibtisch aus kann man gerade auf das Eselhaus sehen. Dort habe ich gesessen und mit Falkenberg Punsch getrunken. Falkenberg sagte: »Ihre Weltanschauung ist ein Verdrängungsphänomen. Sie haben einen Komplex, eine Konversion und eine Überkompensation.« Als ich fragte: »Wieso?«, da sagte er: »Es handelt sich um einen Bruch zwischen dem Logischen und dem Erotischen.« Und als ich betroffen aufschrie: »Was soll ich dagegen tun?«, da sagte er: »Streben Sie künftig zur kosmischen Synthese.« In der Nacht darauf träumte mir Wüstes; ich glaube, sein Punsch war schlecht; aber als ich am Morgen in meinem Traumbuche nachschlug, was Fliegen, Zähne und Eisenbahnzüge bedeuten, da fand ich natürlich: wieder die beiden unversöhnlichen Esel. – Es war ein schöner Sonntagmor-

gen. Der Frühling duftete am Landwehrkanal. Im Tiergarten lag schon das erste Stullenpapier. In der Puppenallee saß ein Kohlweißling auf einer Kuhblume. Die Moabiter Jungens schlugen schon Pindopp auf'em Borsigsteig. Und hinter den neu ausschlagenden Bäumen hielten die jungen Mütter ihre Kinder ab. Lenz war da! Da ging ich in den Zoo, meine Freunde zu besuchen. Sie waren während der Nacht produktiv gewesen, und der Wärter Lehmann war damit beschäftigt, die Produkte ihres Innenlebens zu verlegen. »Guten Morgen, Herr Lehmann!«, begann ich, »wollen Sie 'ne Zigarre?« Lehmann sagte gönnerhaft: »Na, Ihnen zuliebe!« Da faßte ich mir ein Herz und begann meinen lange überlegten Plan auseinanderzusetzen: »Herr Lehmann, hier der zahme Esel namens Logos und dort der wilde Esel namens Eros, wollen wir sie nicht endlich zur kosmischen Synthese verbinden?« – Lehmann sah mich an, als glaube auch er an meinen Komplex, meine Konversion und meine Überkompensation. Endlich sprach er langsam: »Wat Se möchten, dat weeß ick, dat durchschau ick. Aber sie *nimmtene nich an*!« »Was?« schrie ich. »Wer nimmt wen nicht an? Wehrt sich Eros gegen die Übermächtigung durch den Logos? Stößt auf ewig der Logos den Eros von sich?« – »Männeken«, sagte Herr Lehmann, »der, welchene Sie den Eros nennen, det Luder is eene *Sie*!« Da begannen sich alle meine Begriffe zu verwirren. »Herr Lehmann«, sagte ich, »es widerspricht der Philosophie! Oswald Spengler sagt: ›Das Zeugende ist *männlich*.‹« Aber Herr Lehmann fuhr unerbittlich fort: »Det hab ick doch jeahnt, det der Herr so wat von die Esels wollen. Denn wat hat sonst eener alle Sonntagmorjen bei die zwee Esels zu kieken? Aber nu will ick Sie mal uffklären. Wat der zahme is, dat is en wüsten Bock. Un der möchte schon. Aber wat der wilde is, der macht so wat nich. Un so jibt det nie ne Rasse!«
Da versank ich in tiefes Sinnen. Ich fühlte: Hier wankte der Boden aller Philosophie. Endlich raffte ich mich auf zu einer letzten Kundgebung: »Lieber Herr Lehmann! Sehen Sie da drüben die Fenster am Kurfdürstendamm? Dahinter sitzt Falkenberg. Er schreibt an seinem Buche über die kosmische Synthese. Er meint, es ginge *doch*. Sie müssen nur dem Eros-chen ein bißchen lieb zureden.« – Aber Lehmann paffte seine Zigarre in die blaue Morgenluft und lächelte kopfschüttelnd: »Männeken, glooben Se 't

man. Es jeht *nich*. Wenn man so wie icke mit die Natur lebt, da weeß man's! Wat die Leute in die Büchers schreiben, det is man allens Quatsch!« [1926]

Hund und Katze

O tiefer Zwiespalt der Menschennatur! Wo gibt es eine Seele, darin sie nicht Krieg führen: Der Hund und die Katze? In jedem von uns belfert ein Moralist. In jedem von uns putzt sich das Kätzchen. Und dieser Gegensatz: »Hie moralischer Mensch – hie ästhetischer Mensch«, ist er nicht der letzte und der tiefste, darauf alle die vielen Gegenspiele der Philosophie und alle Entzweitheiten der Dichter immer wieder zurückführen? . . . Indem ich dies niederschreibe, blicke ich auf das warme Strohkörbchen neben meinem Schreibtisch. Darin schlafen sie ganz friedlich, eng aneinandergeschmiegt: Bob, mein kleiner Hund, und Nath, mein Kätzchen. Sie schlafen. Jawohl! Aber in meinem Herzen schlafen sie nie! . . . »Laßt mich mir selber«, sagt die Katze, »bessert nicht immer an mir. Ich bin nun mal unsozial. Ich bin kein politisches Tier. Ich blühe schön und geschlossen wie die Bäume, wie die Blumen. Eure Weltgeschichte kann mich nur stören.« – Der Hund erwidert: »Du hast kein Gemüt! Der Deutsche hat Gemüt. Das edlere Tier hat Gemüt. Weißt du denn nichts von Buddha? Vom Leiden der Kreatur? Ich brenne von Mitgefühl. Ich glühe nach Gerechtigkeit!« . . . »Ach gottedoch!« spöttelt die Katze, »ihr, Propheten, ihr mit der ›heiligen Sendung‹, mit der ›Höherentwicklung der Tierheit‹. Wo sitzt denn dein Wehweh? Besserst die Welt und bist unappetitlich. Seid doch *selber* so schön, so untadelig, so wohlgeboren, daß alle Natur sich sehnen muß, so zu werden wie *ihr*. Aber wahrlich! Ich wenigstens trage kein Verlangen nach deinem ›höheren Selbst‹. Ich vertrage keinen Armeleutgeruch.« . . . »Wau, wau«, sagt wütend der Hund. »Du tust so vornehm wie Goethe. Aber fühlst du auch wie Kant? Bist du edel wie Schiller?« . . . »Von mir aus!« schnurrt die Katze. »Ich miauze auf Goethe und Schiller.«

Und so geht das nun den ganzen Tag. Ewiger Krach in meinem Herzen. Und ich glaube, es ist etwas Mystisches, etwas Metaphysisches, daß die Natur gerade diese beiden Hausgenossen dem Menschengeschlechte beigesellt hat. Ja, ich glaube, daß der letzte Gegensatz der Seele sich darin kundtut. Darum habe ich mich auch daran gewöhnt, alle meine Bekannten einzuteilen in Katzenmenschen oder Hundemenschen. Und auch alle Dichter, Künstler, Denker teile ich so ein, je nachdem sie mehr moralisch, logisch, ethisch, altruistisch sind oder aber mehr ästhetisch, religiös und eigenbezüglich. Ich habe auch bemerkt, daß hilfsbereite, tüchtige, mitleidige Menschen alle den Hund vorziehen, dagegen die selbstgenügsamen, ungeselligen Eigenbrötler und Schöngeister lieben die Katze, obwohl es auch vorkommt, daß »der Wille zum Gegenich« bei der Wahl entscheidet, so daß die Seele nach ihrem Gegenpol hindrängt oder gar im arglosen Tier sich selbst zu hassen beginnt ...

Wenn ich nun aber selber entscheiden sollte, wen ich mehr liebe – hie Bob, hie Nath! –, so weiß ich nicht mehr aus und ein; so etwa wie Jesus, als er gefragt wird, ob er Maria vorziehe oder Martha. Er antwortet sehr staatsmännisch: »Maria hat das gute Teil erwählet«, wobei ja ganz dahingestellt bleibt, ob das Marthas nicht das bessere ist. Und jedenfalls, wenn ich eine von beiden heiraten müßte, so wählte ich natürlich Martha, obwohl mir eigentlich Maria die liebere wäre. Es ist nun eben mal die große Frage, ob man die Viecher dieser Welt werthalten soll nach dem, was sie tun, oder nach dem, was sie sind. Es ist doch etwas Wunderschönes, vor der Kobra beten, während sie uns zerreißt. – »Es kommt auf den Menschen an und nicht auf die Erde«, sagt der Hund; aber die Katze erwidert: »Umgekehrt! Ich liebe die Scholle, die Menschen liebe ich nicht.« – Ja, ich verstehe ganz, daß verschollene Völker zur Katze gebetet haben; aber es ist mir unbegreiflich, wie man einen Hund anbeten kann; dazu ist er viel zu menschenähnlich.

Bohren wir tiefer! Ein metaphysischer Gegensatz besteht wohl überhaupt zwischen Raubtieren und Herdentieren. Die Raubtiere, grausam, herrisch, unbarmherzig, leben immer nur einsam und zweisam. Die Hufer dagegen, wie Pferde, Schafe, Kühe, Esel, Menschen, sind das, was Aristoteles nannte: »Zoon politikon«:

Lebensreformer, Gemeinschaftsgründer, Staatssäulen. Das ist schon darum notwendig, weil sie in einzelnen Exemplaren gar nicht zu leben vermöchten; sie sind sowohl zu schwach als zu feige, und nur das Herdenleben gibt ihnen Bedeutung. Es wäre für sie furchtbar schwer, nicht moralisch zu sein. Auch sind alle Herdentiere erotisch. Sie verlieben sich fortwährend untereinander sehr leicht und ziemlich wahllos. Raubtiere dagegen sind streng monogam und verlieben sich nur *ein Mal* im Leben. Bob hat fortwährend zärtliche Gelüste. Nath dagegen ist sich selbst genug. Ich glaube überhaupt, daß Bob sich selber leichter aufgibt, ja geradezu ein mittelpunktflüchtiges Prinzip verkörpert. Er wirft sich immer in fremdes Leben hinein. Nath dagegen würde es gar nicht einfallen, mir ins Wasser nachzuspringen, und wenn ich vor ihren Augen elend ertränke ... Bohren wir noch tiefer! Es könnte vielleicht auch sein, daß die tiefsinnige Polarität der Geschlechter, der weibliche und männliche Pol irgendwie im Gegensatz »Bob und Nath« verborgen läge. Darum sagen Frauen, wenn sie sich beschimpfen: »Sie falsche Katze«; dagegen Männer schimpfen sich lieber: »Sie Hund!« Zweifellos sind auch die Frauen ästhetischer, weswegen Goethe sagt: »Das Temperament der Frauen ist so nah mit Kunst verwandt«; dagegen die Männer sind moralischer und haben meistens schlechte Gewissen. Frauen sind nicht so leicht verliebt wie Männer: Männer beschäftigen sich mehr mit Politik und laufen in Massen zur Wahlurne; und so noch vieles mehr! – Sämtliche Geschöpfe, die sich dem Menschen angeschlossen haben, sind durch die Verhäuslichung verändert worden; sie haben die Laster der Zivilisation übernommen. Der Hund aber wurde am menschenähnlichsten. Er sieht daher immer aus wie ein ertappter Verbrecher. Sein Gewissen ist nie ganz rein; Nath dagegen hat überhaupt kein Gewissen. Bob hat nicht mehr die Kraft und hat auch nicht mehr den Trieb: nichts zu sein als ein wilder Wolf. Er hat bereits eine zweite Natur. Eine Kulturseele, eine sittliche Persönlichkeit, ein sogenannt besseres Ich.

Dies alles ist seiner ursprünglichen Wolfsnatur aufgepfropft. Und nun beginnt der Zwiespalt! Er ist kein richtiges Tier mehr, aber auch noch kein Engel. Er ist, wie Kant sagt: »Der Bürger zweier Welten«; er muß, wie Richard Wagner sagt, »sich von sich selber erlösen«: er ist, mit Goethe gesprochen: »ein Tier, das sich selber nicht mehr lieben kann«, ein »Heautontimorumenos«, das heißt: ein Selbstverächter. Nur zuweilen bricht die ursprüngliche alte Wolfsnatur freierdings wieder durch. Das ist dann ein richtiges Aufatmen, ein erlösender Augenblick. Das arme Tier! Beständig steckt es die am Boden hinschleifende Nase in jeden Dreck und spiegelt doch schon im rührenden Auge die Sternenwelt. Er blickt schon über die Erde hinaus. Er bellt sogar schon den Mond an. Nath dagegen dreht sich wie die Sonne um sich selbst. Ihre Seele ist ohne innere Schönheit. Sie verzichtet auf die Ersatzmittel und Notbehelfe des Lebens, auf Tugend und edlen Charakter. Sie ist keine wertvolle Natur. Aber gerade darum wirkt sie so geschlossen, so reizend liebenswürdig. Ich will sogar noch einen Schritt weitergehn! Ich finde, daß die Wesen immer unerfreulicher werden, je wertvoller sie werden. Ich habe verschiedene wertvolle Menschen in meiner Bekanntschaft. Sie sind im allgemeinen liebe gute Menschen. Aber in den Stunden, wo sie »bedeutend« sind, da werden sie unausstehlich. Ich ertrage überhaupt nur schwer die Gegenwart »bedeutender Persönlichkeiten«. Diese haben meistens schlechte Laune. Alle moralischen Wesen haben Galle. Sie sind gnittlich, übelnehmerisch, abhängig von andern. Moral ist Sich-schlecht-befinden. Aber Katzenmenschen ist das alles einerlei! Sie haben unwandelbare Selbstachtung. Sie kümmern sich überhaupt nicht um andere, Nath hat gar nichts Sentimentalisches. Sie ist naiv wie Homer. Sie raubt, stiehlt, nascht; selbstverständlich und selbstherrlich; urböse Natur. Und nachts, wenn alle braven Hunde schlafen oder das Haus bewachen, zieht sie aus auf schlimme und dunkle Abenteuer. Man merkt wohl: Ich bin unglücklich verliebt in Nath. Aber indem ich das eingestehe, fühle ich doch schon gegen Bob mein *eignes* schlechtes Gewissen. Ich weiß es ja, ich habe in der ganzen Welt keinen wahren Freund als nur ihn. Bob ist mein selbstloser, opferwilliger, mein hingegeben treuer Freund. Er liebt mich als sein Vorbild und Anbild. Nath dagegen läßt sich meine Zärtlichkeiten nur gerade eben gefallen. Wenn ich ihre Kälte und Selbstgefälligkeit sehe, dann werde ich ganz gefühlvoll, gerührt und moralisch entrüstet und sage: »Mein lieber Bob!« Aber wenn ich in sein Sünderauge blicke, auf diese wehmütige Hündischkeit, die immer

Prügel begehrt . . . wenn ich ferner diese moralische Genugtuung, diese Selbstgerechtigkeit beobachte, mit der er seine Nase steckt in Heringsköpfe, Aschenreste, Müll, vor Freude wedelnd, wenn er wiedermal was Dreckiges entdeckt (wo er sich doch ehren müßte durch Vorübergehen); und wenn ich daneben diese reizende Nath beobachte, wie sie sich hundertmal leckt und wäscht und ganz verzweifelt tut, wenn etwas Dreck an ihr zierliches Fellchen spritzt, dann sag' ich doch wieder: »Nath, geliebte Nath!« Aber andrerseits . . . Nein! jetzt hör' ich auf! Ich bringe dies Hin und Her meiner Gefühle doch niemals ins reine. Jetzt liegen sie friedlich in dem Strohkörbchen neben meinem Schreibtisch, dicht beieinander, meine beiden Kinder. Ich streichle sie leise. Ich möchte, sie lägen auch in meinem Herzen so friedlich schlafend und zankten sich nie.

[1926]

Die Häher

Große Vögel mit stumpfen hakigen Schnäbeln; auf mittelhochläufigen Füßen; mit stark gerundeten Flügeln. Oberseits: grau und dunkel. Unterseits: braun und hell. Mit weißen Hollenfedern. Mit hellen Bürzeln. Mit schwarzen Schulterschwingen. Mit himmelblauen Oberflügeldeckfedern. Also buntscheckig und vielfarbig zusammengestückt wie das Kleid eines Narren. Rastlose Spaßvögel, Flittchen Juchhes, immer umherwippend und auf Gaunerei bedacht. So sind sie: die Hofnarren des Waldes.

Und wie ihr Kleid, so ist ihr Lied, und wie ihr Lied, so ist ihr Leben. Das Altertum nannte sie: garruli; zu Deutsch: Schwätzer. Denn sie machen dem Walde die Zeitung. Es gibt nichts, was sie nicht an die Öffentlichkeit bringen. Schnürt die Petze spähend durch den Busch, der Häher meldet es dem Jäger. Beschleicht der Jäger das Rehwild, wenn es aus der Dickung auf die heidwüchsige Blöße wechselt, der Häher vergrämt den Bock. Jetzt hält er Klatsch über den Bussard, der geruhig oberm Kieferstangenholz rüttelt, und dann tratscht er von seinem Todfeind, dem Habicht, der auf dem alten Eichenüberhälter horstet. Und da ist kein Geräusch, das er nicht sofort weitertelegraphiert. Denn er ist zwar kein Originalgenie und ist durchaus kein Charakter, aber er hat Talente, und zwar nachahmende, auf Gelehrigkeit angewiesene Talente, und wie alle minder Ursprünglichen ist er ein großartiger Karikaturist. Das nun ist seine größte Freude: alles auch machen können: Plaudern wie der Pirol, Schnalzen wie das Eichkätzchen, Miauen wie ein Bussard, Trompeten wie ein Kranich, Flöten wie der Star, Schnurren wie die Bienen, Planschen wie die Frösche und Läuten wie das Käuzchen. Den ganzen Wald kennt er und hält alle zu Narren.

Wir Menschen kennen nicht die Musik der Geräusche. Auch unser Lied baut auf klaren Tönen. Erst neuerdings ist man darauf verfallen, dem Orchester der Töne die wunderlichen Stimmungen aus Geräuschen beizumengen: Freches Klirren in Glas, jähes Knittern von Papier, frohes Schwingen des Stahls; den Glanz metallischer Geräusche, die Trauer hölzerner Geräusche; verstopftes, quiksendes, klitschendes, schütterndes Geräusch. Wir nennen diesen Unfug und Spaß: Jazzband. Eine solche Jazzband machen die Schalknarren: die Häher. Wer ahnt, wie unermeßlich die Seelen der Geräusche sind? Der Blinde ahnt es. Denn das Geräusch von Stoffen, Gegenständen, Geräten ersetzt ihm alle ihre Formen und Farben. Wie knistert Seide? Wie rauscht der Atlas? Wie rollen die Räder in der Nacht? Wie schlagen die Fittiche? Wie schreiten die Füße? Aber vor allem: Wie singen die Bäume? Weiß man, wie anders die ängstlichen Blätter der silberblassen nervösen Pappel zu Boden sippern als die müde tanzenden Blätter von der Linde? Wenn Eichenkronen knarren im Sturm, dann jagt Wode über den Wald, aber im Gewoge des weichen Buchenlaubs weint Freya, und Loke harft auf den Nadeln der Wettertanne. Ganz zart flöten die Weiden; tief schwermütig geigt der Wassermann aus dem Schilf; unheimlich ächzen die Binsen; süß locken flüsternde Farne, und langhin gedehnt schleift das Kleid der Nebelschwestern im Rohr. Alles das kennt die Jazzband der Häher. Aber vor allem kennen sie die Stimmen und Leitmotive aller Vögel in Busch und Ried, in dem Bruch und auf der Wiesenhecke, in der Feldmark und auf der Heide, in Risch und Rohr, in der wilden Wohld und im heimlichen Tal; alle Rufe von Lerchenstieg bis Uhlenflucht. Sie kennen das wilde Lied der Rohrdrossel, die nur bei Sturm singt in die Weite mit

Wind und Welle; das Lied der Wasser und Stürme. Sie kennen den Balzschrei des Birkgevögels und die süßen, feinen, bescheidenen Liedchen der kleinen Pieper im Moor und den Sang der Waldvögel. Die stolzesten und einsamsten, der Schwarzspecht, der Brachvogel werden von ihnen begutachtet, denn alles müssen sie durchhecheln, in alles stecken sie den krummen Schnabel; rastlos neugierig, geschwätzig, niemals einsam und selten am selben Fleck; Hans Dampf in allen Gassen und mit der halben Tierwelt auf du und du. Versagt ist ihnen der freie Flug ins Leere. Und wenn diese frechen Prahlhänse und Hanswürste in den freien Himmelsraum kommen, dann werden sie hilflos schüchtern und jämmerlich kleinlaut. Versagt ist ihnen auch das eigene Lied. Es gibt kein Lied, das sie singen müssen; aber es gibt auch keines, das sie nicht nachahmend und reflektierend singen können. So sind sie eigentlich schöne Unfruchtbare. Aber dieser Fluch ist ganz ohne Tragik.

Es gibt einen Vogel, der den Fluch der Unfruchtbarkeit als Tragik trägt. Das ist der Strauß. Er ist als Vogel geboren, aber stumm, ohne Lied. Er hat Flügel, aber sein Leib ist so massig und schwer, daß er ihn nicht emporheben kann. Und da er nun nicht schweben darf über Wäldern und Seen, so bildet er sich im Sande der Wüste aus zum schnellsten aller Läufer. Man bewundert ihn, aber sein trauriges Auge weiß: Es war nur Notausgang. Das ist die Tragödie des Vogels ohne freien Flug und ohne eigenes Lied. Die Häher machen aus diesem Geschick eine witzige Posse. Es gibt ja auch unter Menschen Witzbolde, Unfruchtbare, die aus ihren Nöten Tugenden machen. Sie übertreiben und schaustellen ihre Defekte und machen so einen Stil daraus. Die Hofnarren der Könige waren fast immer Krüppel oder Bucklige; aber gerade daraus bezogen sie ihren Witz. So machen es die Häher. Wenn man eine Schar beisammen sieht, schwatzend, nickkoppend, tratschend, ratschend, querrend, plärrend, schnurrend, burrend, hampelnd, strampelnd, quiekend und schnalzend, so glaubt man in ein Tollhaus zu schauen. Sie haben Schönheit, aber keine Würde. Der eine gefällt sich in albern übertriebenen Sprüngen, hopst und schaukelt und spielt Ball mit Maikäfern. Der Zweite wetzt seinen Schnabel messerscharf, aufblockend und dann wieder vom Stein hüpfend und plötzlich gegen einen Baumstamm trommelnd, als sei er ein Specht. Ein Dritter stochert im Maulwurfshügel herum und trägt dann ganz sinnlos Moos und Hölzchen auf einen Haufen. Sie überlassen sich ihren Launen, nervöse Übertreiber und voll Hysterie. Jeder brave Vogel hat seine festen Gewohnheiten, auf die man rechnen kann. Der Häher, dieses Zerrbild des Genies, lebt unberechenbar, weder ordentlich noch unordentlich. Zuweilen baut er Nester aus Mooswerk und Fallaub, die unübertreffliche Meisterwerke sind. Ein andermal aber genügt es ihm, aus Mulm und Seggen liederlich eine Mulde zusammenzustoppeln. Er baut in den höchsten Wipfeln; er baut flach am Erdboden. Bald einmal kugelrund, bald einmal eckig, legt und bebrütet einmal zwei Eier, das andere Mal neune. Das eine Mal sind sie blau und bunt, das andere Mal farblos und grau. Und wie er die Stimmen und Kleider nachahmt, so hat er auch für sein Ei bald dieses, bald jenes Vorbild. Tagelang ist er tugendhaft, lebt als Vegetarianer, nascht nur ein paar Brombeeren und frißt Eicheln. Dann plötzlich treibt er Völlerei, trinkt dem Zaunkönig die Eier aus und greift die armen Rotkehlchen. Tagelang freut er sich mit den kleinen Buchfinken, plaudert und ist nett mit ihren Jungen; dann eines Tages hat er mörderliche Gelüste, gefällt sich in der Sperberrolle und fällt über die Nester her vor Tau und Tag. Wo die Rehe im raumen Holze nach Mast plätzen, da schnappt er ihnen die Eicheln fort und kröpft sie ein zu Hunderten; plötzlich aber packt ihn der Gedanke: »Du könntest im anmoorigen Bruch einen Frosch fangen,« sofort würgt er das Eichelgewölle wieder heraus und streicht ab, fängt sich aber keinen Frosch, sondern, weil ihn inzwischen wieder eine neue Laune anwandelt: ein paar süße Schildläuse in der Buchenjugend; dann fallen ihm wieder die ausgespuckten Eicheln ein, und er hüpft zurück, aber nicht, um sie zu verspeisen, sondern um Eichbäume zu pflanzen. Er buddelt in den Moosboden Loch bei Loch, steckt die Eicheln hinein und macht die Löcher sorglich zu. Der Forstmann weiß nicht, soll er schelten, daß der Häher Buchen und Eichen fortfrißt, oder soll er ihn loben als Buchengärtner und Eichenpflanzer. Man weiß auch nicht, ob man ihn Zugvogel oder Standvogel, Nesthocker oder Nestflüchter nennen soll. Er hängt im allgemeinen treu an seinem Heimatrevier. Aber eines Tages packt ihn Fernweh, und nun wandert er, obwohl dort weit schlechtere Nahrung ist, auf die Heide oder reist in ein fernes Gebirge oder vertauscht den Laubwald mit dem Nadelwald; und ganz nach Laune kommt er gelegentlich zurück oder wandert um die halbe Erde. Und wo immer er hinkommt, er macht sofort, ländlich sittlich Bekanntschaften, klatscht mit seinesgleichen und dient als Radio, indem er die Künste nachahmt und alle Gefahren weitermeldet, sich nützlich macht und für unnützen sozialen Klatsch sorgt. Dieser Vogel aber ist der einzige, der nicht ausstirbt, sondern in Europas und Amerikas Wäldern sich vermehrt, während die stolzen Raubvögel und die holden Singvögel Art um Art dahinschwinden. Und so besteht das merkwürdige Paradox, daß im Walde immer weniger gesungen und immer mehr über Gesang geredet wird, und daß, je weniger in der Natur noch los ist, doch um so mehr dieses wenige zur Quelle wird für die Kritik, die Karikatur, die Nachahmung und den sozialen Klatsch. Ich hab' es ja immer gesagt: Die Kultur und die allgemeine Bildung werden wachsen im selben Maße, als die Helden aussterben und die Dichter eingehen. [1926]

Die Hyänen

Es gibt im Zoologischen Garten einen Winkel, an den ich jahrelang nur mit Schaudern denken konnte, mit einem Schaudern, das auf eine ganz frühe Jugenderinnerung zurückgehen mochte. Es ist der Käfig hinter dem Raubtierhause, in welchem solange ich zurückdenken kann, zwei Hyänen leben. Sie wandern wie zwei verfluchte Unholde ruhelos im Irrsinn hinter den Eisenstäben her und hin und hin und her; wie ein ruhelos fragender Gedanke im Hirn, der keinen Ausweg finden kann. Der Käfig hat wohl nicht mehr als vier Meter Breite und zwei Meter Tiefe. Der Boden ist mit schmutzigem Sande bedeckt. Die Hyänen halten ihre Hälse gestreckt; sie lauern gespannt in den Wahnsinn hinein; ihre Lichter sind blutunterlaufen und lauern tückisch und matt. Man erzählte mir, daß ich als kleiner Knabe geschrien habe, sooft ich in die Nähe dieses Käfigs kam. Ich entsinne mich, daß man mich zur Strafe zwang, stillzustehn und den Hyänen in ihre kranken Augen zu blicken. Das war wie Versinken in Höllengrauen. Es läuft mir noch den Rücken entlang, wenn ich es mir vergegenwärtige. In der Schule erzählte ein Lehrer, daß die Hyänen bei Nacht und von Leichen leben und überall erscheinen, wo sie Aas wittern. Zu feige, um selber zu morden, hängen sie sich doch an die Spur der mörderisch schönen Raubtierkolosse und nähren sich grausam im Dunkel der Nacht von verwesendem Luder. So stellte ich als Kind mir die Hyänen immer vor; bei Nacht auf Kirchhöfen Leichen aufscharrend. Ich konnte ihren Blick nicht ertragen; nicht weil ich mich davor fürchtete, sondern weil dies Stück Seele, wenn ich darein versank, sofort wie Gift abgestoßen und ausgestoßen wurde. Am gräßlichsten aber war mir ihr Anblick nachmittags, wenn die Stunde der Fütterung nahte. Dann bemächtigte sich der Tiere ein Irrsinn, dem sie hilflos ausgeliefert waren. Sie jagten in irrer Gier fortdauernd die paar Schritte auf und ab. Der Sand stob empor und bildete eine Wolke. Das dauerte, bis der Wärter kam und ihrem Wahnsinn ein Stück blutigen Kadavers hinwarf ... Diese Eindrücke aus der Kindheit waren schon zu Träumen verblaßt in der Zeit, wo ich als Student oft vor die Hyänen trat und sie ruhig erforschte. Sie waren mir immer noch das abstoßendste Stück Leben, abstoßender selbst als die Totenkopfgeier und die rätselhaften Schlangen. Aber ich erinnere mich noch des Augenblicks, wo mir vor diesem Hyänenkäfig im hannoverschen Zoologischen Garten der Gedanke aufging, den ich dann jahrelang nicht verloren habe. »Jedes Tier«, so sagte ich mir, »ist das unmittelbare Gestaltbild seines Wollens und seiner Triebballung. Ein schönes und starkes Wollen, wie das des Tigers, offenbart sich als schöne, starke Gestalt. Aber wenn ein Geschöpf feige, heimtükkisch, perfid, schleichend denkt, wie diese Hyänen, so muß es auch diesen geduckten, verbrecherischen Gang, diese nachtäugigen Lichter, diese kleine Mörderstirn haben. Die Natur lügt nicht. Hier zeigt sie den gestaltgewordenen Leichenraub. Und weil sie sich von Aas nähren, so sehen sie selber aus wie verschimmelnde Leichen, scheckig und wie für die Gruben des Schinders bestimmt. Darum stinken sie abscheulich und ducken sich durchs Leben, schielend wie das böse Gewissen. Das ist der Ausdruck geschlechterlangen schlimmen Tuns; ein liebgewonnener Meuchelmord.« – Dabei beruhigte ich mich lange. Einmal aber kam mir vor demselben Käfig ein ganz anderer Einfall. Ein Problem ging mir auf, daran ich noch heute grüble. Sollten diese Tiere wirklich so fluchwürdig häßlich sein, weil sie geschlechterlang immer Fluchwürdiges und Häßliches taten? Könnte nicht gerade umgekehrt dieses hier eine Seele sein, verflucht, das Häßliche tun zu müssen, darum, weil sie häßlich ist? Bangestes aller Rätsel! Was ist das Erste? Ist Gestalt, Charakter, Typus der Ausdruck und Niederschlag einer Tatenreihe? Oder ist umgekehrt alles Tun und damit auch alles Schicksal nur das notwendige Ausleben eines verfluchten und gehaßten Geschlechts? . . . Von Stunde an war mein Kindergefühl verflogen. Die Hyänen waren mir nur noch schauerlich, aber nicht mehr abstoßend und abscheulich. Sie schienen mir belastete Lebensmächte, unerlöst und unerlösbar; verdammt, in dieser Welt schöner Tagesgestalten, heimtückisch und mitternächtig, gleich der Erichtho, zu hausen; von allen gemieden und zur Häßlichkeit vorbestimmt. Ich fühlte nicht mehr wie als Kind: »Wer so aussieht, der hat etwas Garstiges getan«, sondern: »Wer so aussieht, der muß ja Garstiges tun. Er kann nicht anders.« Von diesem Gefühl des Schauders vor dem Verbrechen als Sternenverhängnis ist es aber gar nicht mehr weit bis zum Mitleid für den zum Tragen seiner Schuld Verdammten. Freilich so weit brachte ich es nie, wie der Hindu vor den Hyänen zu sagen: »tatwamasi«. Ich vermochte nie zu fühlen, daß in dem ewigen Gestaltenwandel der Lebenskeime auch ich selbst einmal wiederkehren werde als diese leibgewordene Gier nach Schändung und Mord; lieber (so dachte ich oft) möge aller Lebenswille der Erde erlöschen, nein, lieber will ich mit Jesus künftig das leidendste aller Leidensschicksale auf mich nehmen als verflucht sein, als ein solches Stück Bosheit leben zu müssen.

Da kam Jahre später ein Erlebnis, bei dessen Erinnerung fast Tränen aufstoßen. Ich sah – was ich nie für möglich gehalten hätte – ein paar dressierte Hyänen. Ein wunderbarer Mann, ein ganz einfacher, hatte mit unendlicher Geduld, mit unbegreiflicher Selbstlosigkeit es über sich vermocht, ein paar junge Hyänen zu seinen täglichen Lebensgefährten zu wählen. Er streichelte sie, küßte sie, ohne Grauen, ohne Ekel, und diese Geschöpfe wurden wie ein paar zahme, junge Hauskatzen, zutunlich, gutartig, freundlich; und sie schienen mir nicht einmal mehr ganz häßlich; sie trugen ihre

Nacken nicht mehr gebeugt, sie blickten nicht mehr verprügelt, getreten, sie hatten klare, gute Augen. So war denn also auch dieser zum Grausamen verfluchte Dämon nicht völlig unerlösbar? Und wie sollte ich das nennen, was diese Erlösung zuwege brachte? Es ließ sich doch nur Liebe nennen. Und wieder hatte sich mein altes Kinderproblem verwandelt. – Wenn ich als Mann vor den Käfig mit den Hyänen trete (und ich stehe oft und gern davor und spüre weder mehr den Ekel des Kindes noch auch das Grauen aus den Jünglingsjahren), so denke ich: »Jahrtausendelang zu Untat verdammte, zu Irrsinn niedergetretene Natur, auch du bist nicht ganz unheilbar, wenn einst der Heiland kommt für euch Tiere. Dann gibt es hoffentlich keine Käfige und keine zoologischen Gärten und keinen vor Hyänenkäfigen grübelnden Philosophen mehr ...« Ich verstehe jetzt die Geschichte, die der letzte große Weise, die der erst vor wenig Jahren verstorbene Swami Vivekananda erzählte: Zu einem Ganzvollendeten kommt ein Unglücklicher, den die Kobra gebissen hat, und klagt die gräßliche Schlange an; aber der Ganzvollendete erwidert: »Du hast wohl nicht die ganze Schlangenwelt mit ganzer Seele geliebt.« Ich verstehe jetzt den Satz der deutschen Mystik: »Wenn wir das Wasser liebten als uns selbst, so würden wir nicht ertrinken. Wenn wir das Feuer liebten als uns selbst, so würden wir nicht verbrennen.« Damit aber entstand mir wieder ein ganz anderes Rätsel. Warum wird es mir auf ewig unmöglich bleiben, auch die Hyänen zu lieben »als mich selbst«? Warum wird diese Forderung unermeßlicher kosmischer Einheit auf ewig unerfüllbar bleiben? Warum wird nie der Erlöser kommen, der auch diese unseligen Verdammten miterlöste? Hätte denn Buddha das vermocht? Hätte denn Christus das vermocht? Nein, nein, nein! Zur Liebe gehört doch auch wohl Kraft des Ausstoßens und Abstoßens. Ich bin, so sagt der Gott des Alten Testaments, das Licht *und* die Finsternis, der liebende *und* der zürnende. Ich bin nicht nur die Liebe; ich bin auch der Zorn. Muß denn nicht die Liebe gerade das hassen, was auf ewig aller Liebesmacht im Wege steht? Ich habe in den Jahren nach dem Kriege diese Frage oft gestellt im Angesicht der gnadenlos gequälten, gnadenlos bösen raubgierigen Kreatur. Ich fand darauf keine Antwort. Aber einmal überkam mich vor dem Hyänenkäfig wieder das längst vergessene

Ekelgrauen aus der Kindheit. Und nun möchte ich jetzt als Alternder glauben, daß das Kindheitserlebnis vor den Hyänen doch das richtigste und tiefste gewesen ist. Nur meine Ausdeutung war falsch. Nicht den Hyänen und ihrer gräßlichen Natur galt der Ekel und das Grauen. Er galt (und damals war ich ein schuldloses Kind) mir selber. Er galt: *meiner* Schuld. Ich wußte damals, daß das unerlösbar Grauenhafte in der Natur aus dem Menschen selber, aus der menschlichen Urschuld entsprang. Gerade darum, weil ich nicht restlos lieben kann, gerade darum ist auch Verbrechen in der Welt. Die gräßliche Physiognomie dieser Tiere; es ist mein Antlitz, es ist mein Antlitz. Davor schrie ich immer als Kind. So bin ich denn schließlich doch noch hingelangt zum tatwamasi der Hindu? Ach, mir scheint, es liegt nicht allzuferne auch dem gerade entgegengesetzten christlichen Lebensgefühl. Denn jetzt im Alter stehe ich oft vor dem Käfig der Hyänen, sehe den Tieren wissend in die kranken Augen und sage zu ihnen: »Es ist meine Schuld. *Meine* Schuld. Ich weiß, ich weiß . . .« [1926]

Ameisen

Milliarden und aber Milliarden; große, kleine, rote, schwarze, geflügelte, ungeflügelte, gestachelte, ungestachelte. Waldameisen, Rasenameisen, Ernteameisen, Spinnenameisen, Visitenameisen . . . Völker und immer neue Völker! Als Wolke, den Himmel bedeckend; als lebendes Floß auf dem Wasser treibend. Riesenstaaten, jeder im Kampf gegen jeden anderen! Wo wollen wir stehenbleiben? Welchen Staat betrachten? – Jenseits der Blöße liegt Afrika; vor dem Bühel: Australien; hinter dem Bruchwald: Europa. Dort wo der Farn bollwerkt, der Kribbelhaufe ist Japan, der unter den Föhren heißt Preußen; der im großen Tümpel: England. Gut denn, sehen wir uns Amerika an.

In einem Kunstbau von vierhundert Stockwerken übereinander siehst du Gänge, Irrgänge, Zwischengänge, Straßen kreuz und quer. Daran sind Häuschen gebaut, gestützt auf Balken, Pfeiler und

Säulen. In den Straßen, Häusern und Stuben wimmeln ungezählte Milliarden industriell und kommerziell tätiger, logisch und ethisch disziplinierter Amerikanos.
Sie zerfallen in drei Stände. Erstens: Weibchen, von Natur dazu bestimmt, Eier zu legen und Mutter zu werden. Zweitens: Männchen, von Natur dazu bestimmt, Borke zu zernagen und Persönlichkeiten zu werden. Drittens: Proleten, von Natur dazu bestimmt, das »Fundament des Staates« zu bilden, das heißt: Klasse I und Klasse II zu bedienen. Dazu siehst du dort noch eine vierte, etwas größere Art, ausgezeichnet durch blanke Brustschilde und eine stärkere Fangschnauze. Das sind die Soldaten.
Über den Völkern und Staaten wandern Wolken. Sie wissen es nicht. Über den Eierhaufen und Nagebergen raunen Stürme in den Kronen des Urwaldes. Sie wissen es nicht. Die Hauptsache ist der Haufe. Der Haufe ist Gott. Und jeder tritt für jeden ein. Und jede Art haßt die andere Art. – Also sprach ein Präsident a. D.: »Ist es nicht herrlich bei uns in Amerika? Die soziale Fürsorge blüht. In jedem Haufen dienen die reinlichsten Zellen für Kranke und Verwundete. Sie werden aufs sorgfältigste geleckt und gebürstet. Auch die Brutpflege ist musterhaft. Eier, Larven und Puppen werden spazierengetragen. Bei schönem Wetter kommen sie ins Freie. Wird das Wetter rauh, dann kommen sie ins warme Souterrain.«
Ein Revolutionär erwidert: »Aber die soziale Frage: Wir halten uns Ställe. Darin werden die Blatt- und Schildläuse vermauert. Diese scheiden aus, hinten und vorn, wasserhelle Tröpfchen von süßestem Pflanzenseim. Zu den Melkzeiten, dreimal täglich, drücken wir sie aus. Davon leben wir; es ist eine Gemeinheit.« –
Ein Vaterländischgesinnter sagt: »Die Rassenfrage: Es leben in unserem Staate zwei Drittel volksfremde Elemente. Anpassung meine Herrn! Da sind die Goldkäfer. Zahlungsfähig immerhin; aber ich frage: sind sie arisch? Und die Stützkäfer und die gelben Keulenkäfer! Kolonisieren ist selbstverständlich! Da sind die Gastameisen, da sind die Amazonenameisen. Die Religion der letzteren ist der Buddhismus. Sie sind so stinkend faul, daß wir ihnen zu ihrem Heil die Segnungen der Industrie bringen müssen. Aktivismus! Das ist das Glaubensbekenntnis eines einfachen und schlichten

Mannes, der es gut meint.« – Da beginnt eine schöne, wohlgepflegte Gastameise, die als Parasit im Stocke lebt: »Ich bin ein Dichter. Eigentlich sind alle Ameisen eine Art von Vögeln. Zum Fluge sind wir geboren, und alle bringen Flügel mit auf die Welt. Wir behalten sie bis zur Zeit der Ehereife. Im Winter sitzt man am besten in der Erde. Kommt dann der Frühling, – Teufel, wie gärt das Ameisenblut! Wir besteigen einen Grashalm; wir betrachten die große Welt vom Blatte aus. Und plötzlich gibt der Staat das Signal: ›Verheiratet euch!‹. – O dionysische Wüstheit der Raserei. Der ganze Ameisenstaat erhebt sich in die Lüfte. Alles lebt und liebt. Aber Jungfrauen bewachen unser Fest. Sie hängen sich an die wüsten Männchen und beißen ihnen die Flügel ab. Sie hängen sich an die befruchteten Weibchen und beißen ihnen gleichfalls die Flügel ab. Dann zerren sie Männchen und Weibchen zu ihrem Heil nieder in die Erdlöcher. Wer noch Flügel behält, kommt draußen um. Einmal muß doch der Ameis vernünftig werden, Geld verdienen und keine brotlosen Künste treiben. Der Ernst des Lebens beginnt, das Weibchen legt Eier, und alles kommt in Ordnung.« – »Und du?« – brummt unwillig ein Beamteter, der einen Balken schleppt. »Ich bin Kulturameise und erhalte die Gemütsindustrie; morgens gebe ich zwei süße Tropfen von mir; die Weibchen kommen und lecken; das nennt man ›geistige Produktion‹ oder auch ›Leihbibliothek‹.« – Eine von der derberen Sorte aber sagt: »Ich bin Soldat. Wer den Frieden will, rüste den Krieg! Die blutroten Raubameisen drüben denken an Umsturz, und bei den schwarzen Höckerdrüsenameisen geht es auch verdächtig zu. Es gibt Weltkrieg. Ich sage es euch.« – Haucht eine Arbeitsjungfrau: »O Gemeinschaftsseele! Wir fressen immer nur die andere Art, aber wenn es auf Raub geht, stürzen wir uns in die nächste Regenpfütze und bilden mit unseren Leibern die Brücke; darauf schreitet das herrliche Geschlecht der Zukunft in das Morgenrot des goldenen Ameiszeitalters.« Murmelt ein sammelnder Gelehrter: »Wer kennt alle Sprachen der Welt. Jede von den dreitausend Ameisarten riecht anders. Und schon jeder Haufe riecht anders. Wir erkennen uns, indem wir uns beriechen. Aber wir machen auch mit den Reibleisten am Hinterleibsring Geräusche. Sie hört nur das feine Ameisohr. Sprache ist das Geschenk der Gottheit.« Ein Philosoph fragt: »Sind wohl auch Menschen vernunftbegabte We-

sen?« »Nein«, erwidert der Alterspräsident, »denn sie stecken immer die Nase in die Luft, wo nichts los ist. Wir aber haben sie an der Erde, wo so viel los ist!« – Ein Ethiker aber verfügt: »Spritzen wir Ameisensäure. Ameisensäurefontänchen, als tägliche Zeitung, aus dem Hinterteilspritzchen. Boxt nieder eure Widersacher, aber erhebt die Seelen zu Gott. Denn Gott ist die große Ameisheit.« –
Jubelt der ganze Riesenhaufe zu Gott empor: »O Komfort! o Bildung! Bald ist die ganze Erde ein Netz der Bequemlichkeiten. Und überall, wohin man kommt, gibt es: Ameisen.«
Die Wälder stöhnen und halten Zwiesprache mit dem Sturm. Sie wissen es nicht. Die Wolken segeln in das Traumland der Sehnsucht. Sie wissen nichts davon. Hier der Ameisenhaufe ist der Kosmos. Auf der Eiche darüber hockt schon der bunte Specht. Er plappert und klappert: »Heißa, bald kommt der Tod! – Fressen wir mal wieder zehn Milliarden. Es gibt ja so viele.« [1926]

Der Hühnerhof

Überlege ich mir: »Was macht den Anblick eines Hühnerhofes zum unerschöpflichen Quell immer neuer Freuden?«, dann überfällt mich zunächst der folgende Gedanke: Wir haben am Hühnerhof das klassische Schulbeispiel für die Wirkung der Verbürgerlichung auf die ursprüngliche Natur! – Der wilde Hahn, das frei lebende Huhn, eines der stolzesten und klügsten Tiergeschlechter, ist mehrere tausend Jahre hindurch von seiten des Menschen ausgenutzt und, was man so nennt, kultiviert worden. Es ist somit an einem Stück freier und wilder Urnatur von seiten des Menschengeschlechts dasselbe ausgeübt worden, was das Gesetz der Not am Menschengeschlechte im Großen geübt hat: ein todumdrohtes Gemeinschaftsleben ist in eine organisierte und zweckbedingte Kulturgesellschaft allmählich überführt worden. Und nun können wir durch Betrachtung eines Hühnerhofes sehr einfach und liebenswürdig studieren, welche Wirkung diese Verwirtschaftlichung am Naturleben gezeitigt hat.

Die erste und oberste Wirkung nun, die wir am Hühnerhof bemerken, ist eine geradezu märchenhafte Verdummung; und zwar eine Verdummung, die sich selber für einen höheren Fortschritt an Wissenschaft und Versittlichung hält. Betrachten wir zunächst die Männchen, die Hähne, um sodann zu ihrer Damenwelt überzugehen.

Gibt es wohl in der ganzen außermenschlichen Natur noch einmal etwas zugleich so Eingebildetes und so Verdummtes wie einen Hahn? Welche Typen immer man in diesem Federvieh unterscheiden mag (einige gleichen Reserveleutnants, andere mehr Korpsstudenten, einige benehmen sich professoral, andere bankdirektorial, einige ähneln preußischen Assessoren, andre mehr italienischen Tenoristen), gemeinsam bei ihnen allen ist dies: Sie sind samt und sonders von Gott, das heißt von aller Natursicherheit und unmittelbaren Triebklugheit verlassen. Die »Institution«, die sachliche Vernunft eines mechanischen, das heißt organisierten Gefüges, nämlich die Wirtschaft des Hühnerhofes, die ihren Staat und ihre gottgewollte Obrigkeit ausmacht, hat ihre natürlichen Triebgefühle aufgesogen und allmählich ersetzt. Innerhalb der Hühnerwirtschaft sind sie daher Helden, Götter, Fachleuchten, Würdegreise, nützliche Mitglieder des Hühnergeschlechts. Außerhalb ihres vernunftgewollten Staatsgefüges, wieder in wilde Natur zurückversetzt, sind alle diese unermeßlich eingebildeten großen Bonzen die unberatensten, ahnungslosesten und hilfsbedürftigsten aller Erdengeschöpfe. In der Sicherheit ihrer Kulturgesellschaft freilich machen sie sich tagaus, tagein voreinander und besonders vor ihren Damen grenzenlos wichtig. Geschwollen von Selbstsicherheit schreit so ein Kerl auf seinem wohlgeschützten Miste den ganzen Tag lang: Gikkelgokkelguh oder Kikeriki. Haremsbesitzer und Sultan von mindestens acht, zuweilen bis dreißig hochbeglückten Hennen, hält er sich unbedingt für den Mittelpunkt der Schöpfung und für das Endblütenergebnis jenes von Leibniz bis zur Darwin erträumten »Evolutionsprozesses«: »Von der Monade zum vollkommenen Hühnerhof, dem Ziele aller Logik und Ethik.«

Einen der tiefsten Einblicke in die Seelenkunde der Hühnergesellschaft verdanke ich einer Reisenotiz des Lord Duffērie (»Briefe aus hohen Breitengraden«). Dieser erzählt: »Auf unserer arktischen

Fahrt hatten wir einen Hahn an Bord. Als das polsuchende Schiff immer mehr nach Norden vorrückte und die Nächte immer kürzer wurden, da begannen sich dem edlen Vogel die ewigen Gesetze des Himmels selbst zu verwirren: schlaflos und immer zum Schrei gerüstet, reckte er das Haupt, und als gar das eitle Tagesgestirn nie mehr von dannen wich, krähte er nur noch leise in sich hinein, bis er endlich verzweifelnd über Bord sprang und sich in den Ozean stürzte.« – Der Naturforscher, der den Selbstmord mitteilt, hat die Psychologie der Hähne noch nicht gekannt, wie ich sie kenne. Die Sache ist nämlich diese: Der Hahn hat seit Jahrtausenden die Obliegenheit, den Sonnenaufgang, also den Beginn des neuen Tages zu verkünden. Wir Menschen glauben, daß er der »Melder des ersten Lichtes« sei. Vom Standpunkt des Hahnes aus aber besteht die Überzeugung, daß erst dann, wenn er dazu gekräht hat, die Sonne berechtigt ist, nein! die Sonne gezwungen ist, aufzugehen. Der Hahn, er mag nun bankdirektorial, regierungsassessorisch, pastoral, professoral oder sonstwie eingestellt sein, der Hahn ist überzeugt, daß ohne amtlichen Stempel von seiten der als Hühnerhof erscheinenden sittlichen Weltordnung (eben das »Kikeriki«) die Sonne weder sittlich berechtigt ist, aufzugehen, noch überhaupt zum Aufgehen die moralische Möglichkeit besitzt.
Über die bürgerlich ethischen Tugenden des Hahnes (unübersteigliche Dummheit, bodenlose Einbildung, Sichselberwichtigmacherei, feierliches Weltmittelpunktsbewußtsein, Mangel an Humor) ließe sich ein schönes Buch schreiben. Übrigens wird er schon im Talmud als Vorbild des Menschengeschlechtes gerühmt. Rabbi Jochanan sagt: »Wäre uns das Gesetz nicht gegeben, so hätten wir feine Sitten vom Hahne gelernt, der mit dem Weibchen schön tut, es zu gewinnen. Ich will dir ein Kleid kaufen, raunt er der Henne buhlend zu, ein Kleid, das bis zum Boden reicht, und nach errungenem Siege schüttelt er feierlich das Haupt und ruft: »Es falle mir der Kamm ab, wenn ich habe und nicht kaufe.« – Wie fein ist hier die Beziehung zum modernen kommerziellen Familienleben schon herausgefühlt. Aber ich will nur eine einzige Ähnlichkeit herausgreifen, weil sie für die Umwandlungen der Naturinstinkte durch Einwirkung einer zielstrebigen Erwerbs- und Nutzwirtschaft ganz besonders belehrend ist. Der Hühnerhof stellt uns ein unendlich tiefsinniges

Gleichnis vor Augen für die vollständige Zersplitterung des göttlichsten Eros zugunsten sexueller Vernützlichung oder Verspieltheit. Der wilde Hahn ist (neben dem Menschen) eines der wenigen streng einehigen Geschöpfe; zugleich ein Dämon an Geschlechtsgewalt, der kaum seinesgleichen hat. Im Naturzustande balzt er blindwütig um die erwählte Henne in Kämpfen, Wettspielen und bacchischen Tänzen oft bis zur Vernichtung des eigenen Lebens. Dieser fanatischen Liebeskraft entspricht seine fanatische Treue; da ja beides der Ausdruck der *selben* starken Urgewalt ist. Er horstet mit seiner Henne als der stärkste Liebhaber, der treueste Ehemann, der zuverlässigste Vater. Nun aber sehe man sich den Burschen an innerhalb des polierten Hühnerhofes. Ja! Er ist »ritterlich«, er »macht die Cour«, er bläht sich auf, aber er ist so unfähig zu großer Leidenschaft wie zu vereinheitlichender Treue. Dabei ist er ein Moralbonze, obwohl er jede Viertelstunde eine andere hat. Die große Klugheit der Natur, die sich immer und überall als unzerbrechliche Richtungssicherheit und Einheit äußert, ist verlorengegangen, eben darum, weil die Ordnung des Hühnerhofes und der Nutzzweck der Eierlegebewahranstalt der Natur das Denken abnimmt. Damit verbröselt, verplempert und zersplittert unausbleiblich die Macht des Instinktiven.

Werfen wir nun noch einen Blick auf die Damenwelt. Es gibt nichts Ziepigeres, Unfreieres, Unerlösteres, Beengteres. Und dabei diese Wichtigkeit. Dieses Gegacker und Gepicke, dieses Getate und Getute, früh und spät. Welche hausmütterliche Gluckenbeengtheit. Jenseits des Gartenzauns, wo die Kürbisse liegen und die Reseden blühn, ist die Welt zu Ende. Damen der besten Gesellschaft, hochwichtige Persönlichkeiten innerhalb ihres Gackerbereiches! – aber jenseits des Gartenzauns, da beginnt eben schon »das Irrationale«. Da wohnt der große Gott Wauwau, welcher nach Glucken schnuppert. Da streift einher der Teufel, die Mietzekatze, welche Küken zerreißt. Greife dir mal eine mit der Hand, und sie schreit die ganze Nachbarschaft zusammen, vor Entsetzen. Aber wenn sie ihr Ei legen, dann rufen sie die Sterne zu Zeugen an für ihre welterhaltende Tüchtigkeit. Es ist also klar, warum die Beobachtung eines Hühnerhofes so viele Freuden uns bringt, idyllische, tragische, komische. Wir haben an ihm die menschliche Gesellschaft auf kleinstem Raume.

Ich will mich auf die Hühner beschränken. Es ließe sich aber leicht beweisen, daß an sämtlichen verbürgerlichten Tieren, vielleicht sogar an den Pflanzen dieselbe Naturveränderung vor sich geht, die wir Menschen durch die Kultur erfahren. Schon Aristoteles hat den Gedanken geäußert, daß eine Charakterographie der Menschen beginnen müsse bei dem Vergleich der Menschen mit den ihnen beigesellten und zu ihren Geschöpfen gewordenen Haustieren. Es gibt nach jahrtausendelanger Naturzüchtung zweifellos heute schon Menschentypen, die vergleichbar sind mit Böcken und Ziegen oder mit Gänsen oder mit Schweinen, oder die an Hund, Pferd und Katze erinnern. Würden wir den Geflügelhof erweitern, so könnten wir leicht alle Arten und Urbilder der Gesellschaft wiederkehren sehen. Wer erinnert sich nicht zum Beispiel beim Anblick grauer Perlhühner an manche altadelige feine alte Jungfer, beim Anblick der Pfauen an unsere Dichter und Literaturgrößen? Die Schafe mahnen an die Wählermassen und die rechnenden Pferde an gewisse Kreise der Industrie. Es genügt aber völlig, wenn man gleich mir einen Hahn und fünf Hennen sein eigen nennt. Betrachte ich diese kleine Hühnerfamilie, so finde ich zu allen Vorgängen in meiner eigenen Familie sofort die Entsprechung. Heute hat sich ein Kind verlaufen, morgen hat sich Mutter erkältet, übermorgen mag Vater nicht fressen, und obwohl ich keine fünf Frauen habe, stehe ich doch jeden Morgen vor dem Hühnerstall und spreche mit Buddha: »brahma smi«; »Das bin ich selber.« [1926]

Die Bilche oder Der Untergang der Aristokratie

Wenn in Vollmondnächten des Sommers der Nachtwind klagt durch die verschollenen Gärten der Vorzeit, wenn die zerbröckelnden Apolle und Dianen erwachen in den Parks alter Barockschlösser, wo die Wappenbilder der großen Herren an zerfallenem Mauerwerk frieren; ja – da kann es noch bisweilen geschehen, daß durch die hundertjährigen Ulmengänge eine gespenstige Kolonne von Geschöpfen huscht, die, seitdem die ganze Welt bevölkert ist von nützlichen Hühnern, gemästeten Schweinen und milchgebenden Kühen, sich in die letzten ungenützten Gärten menschenscheu zurückgezogen haben, um in Schönheit dort auszusterben. – Das sind die Bilche, die Gartenschläfer, – Murmeltierverwandte. Halb Eichhörnchen von zierlichster Rassigkeit, halb süße Mäuseschnäuzchen, hellgraue Köpfchen mit großen dunklen Perlaugen wie Glasknöpfe; müßiggängerisch und raubgierig, lüstern und böse, menschenscheu und lichtfern, aber von so ausgeprägter adeliger Schönheit, daß ich klagen muß: »Wieviel ärmer an Schönheit wird nun bald die Erde sein, wenn sie auch dich nicht mehr zeugen wird, kleines herzloses, nutzloses, wunderschönes, geliebtes Mörderchen.« – Jean Baptist Porta, der große Charakterognomiker zur Zeit der Renaissance, hat den Gedanken ausgeführt, daß nicht nur jedes Menschengesicht ein heimliches Tiergesicht berge, nein, daß auch alle Gesellschaftsschichten und Völkertypen vorbildliche Lebensgepräge in der außermenschlichen Welt hätten und daß wir, um Erdengeschichte und Menschenschicksal zu verstehen, nur die Augen zu öffnen brauchten für die Sprache der Gestalten, wie sie die Natur offenbart in unsern Brüdern, Pflanze und Tier. Indem ich nun diesem Gedanken des Porta nachsinne, wird es mir klar, daß in der Tat eine magische Beziehung besteht zwischen den Wappenbildern und Gräbern der untergehenden Ritter- und Herrenwelt und den gespenstigen Gartenschläfern, die auf diesen alten Herrensitzen absterben. Sie sind einst mit den Römern von Spanien, Italien und Griechenland in großen Scharen eingewandert nach Österreich, Deutschland, Böhmen, Mähren, Schlesien, bis in die stillen Täler des Harzes. Die Römer hielten sie (die das Volk mit den gewöhnlichen Siebenschläfern verwechselt), ihrer anmutigen Schönheit wegen, heilig. Die großen Herren züchteten sie auf ihren Landsitzen, wo auch die Bilche als Grandseigneurs lebten. Martial schon fühlte ihre Verwandtschaft mit den vornehmen Nichtstuern, die alles Leiden der Welt zu verschlafen wissen, und spottete:

»Winter, dich schlafen wir durch und
strotzen von blühendem Fette;
Just in den Monden, wo uns nichts als der Schlummer ernährt.«

Mögen die Götter mir verzeihen: ich liebe alles, was schön, zierlich und unnütz ist und sogar dann, wenn es einen so hundsmiserabel schlechten Charakter hat, wie die in Deutschlands letzten Eichen zuweilen noch hängenden letzten Gartenbilche. – Und da es doch nun einmal eine mählich degenerierende Gattung ist, so dürfte es von Wert sein, hier aufzuzeichnen, was sich über den zoologischen Charakter der aussterbenden Edelbilche noch ermitteln läßt. Da ergibt sich nun dieses:

Sieben Monate lang, von Oktober bis Mai, schlafen die edlen Geschöpfe. Kein Licht und keine Wahrheit vermöchte sie aufzuwecken; man kann sie im Schlafe forttragen oder auch elektrisieren. Im Mai aber wachen sie auf und beginnen sofort sich zu paaren. Bei der Paarung sind sie händelsüchtig und bissig. Die Männchen kämpfen um das fetteste Weibchen. Sie fordern sich zu sehr ernsten Duellen. Es kommt oft vor, daß einer der Gegner vom andern totgebissen und sofort gefressen wird. Bei der Brutpflege sind sie sorgsam, aber lieben ihre Jungen nicht zu verzärteln. Sie halten die Jungen frühzeitig an zu Kämpfen und Beiß- und Nageübungen, und obwohl sie sonst sehr reinlich sind, so haben sie doch fast nie saubere Nester und erobern sich lieber neue Nester, als daß sie den Schmutz aus den alten beseitigen. – Es gibt kein Nagetier, das es ihnen an Gefräßigkeit zuvortut. Sie fressen solange sie fressen können: Eicheln, Haselnüsse, Bucheckern, Walnüsse, Kastanien, Eier, Weißbrot, Schinken, Delikatessen, und wenn nicht genug da ist, so fressen sie auch ihre Verwandten, am liebsten das gemeinere proletarische Murmeltier. Sie sind typisch »asozial« und »egozentrisch« (eigenbezüglich). Jede Gartenschlafmaus ist eine kleine Welt für sich und ständig bereit, die andere zu fressen; doch halten sie nach außen gegen ihre Feinde, Marder, Iltis und Wildkatze, streng zusammen und wahren somit ihre Standesinteressen. Wasser lieben sie nicht, sondern ziehen Früchte vor und begeben sich besonders gern in die Weinberge. Gerne plündern sie Singvögelnester. Sie sind geistig nicht sehr beweglich, aber sehr mutig. Sie sind fortwährend in gereizter Stimmung, und auch die Jungen sind so abweisend und hochmütig wie die Alten. Es ist noch niemals gelungen, sie zu zähmen. In Gefangenschaft hassen sie den Wärter und fauchen ihn an, er mag ihnen noch so viele Guttaten erweisen. Ihre größte

Tugend ist ihre Schönheit. Sie sind unendlich schöne und reinliche, aber langweilige Tiere. Sehr gern dringt der Gartenschläfer in die Gehöfte der Bergbauern und raubt sich Eier, Brot, Speck und Schinken. Sie sind verwöhnteste Gourmets. Nur die besten und saftigsten Früchte wählen sie, beißen aber probeweise auch alle andern mal an und zerstören somit mehr, als sie zum Leben nötig haben. Es gibt kein Mittel, sie abzuhalten. Sie schlüpfen durch die Maschen der feinsten Netze und zernagen die festesten. Sie klettern über Spaliere und beißen sich selbst durch Drahtgeflechte durch: Sie vereinen den Blutdurst des Wiesels mit der Nagefreudigkeit der Ratte. Sie müssen auch voreinander auf der Hut sein. Wenn zum Beispiel eines früher als die andern einschläft, so fallen die Genossen über dieses her und fressen es auf. Aus diesem Grunde handeln sie immer solidarisch. Sie schlafen alle gemeinsam ein; sieben Monate lang. – Die Bauern und die ganze arbeitende Menschheit hat sich verschworen, die schönen Geschöpfe auszurotten. Man haßt sie besonders deswegen, weil weder ihr Fleisch eßbar ist, noch ihr Fell sich nützlich verwenden läßt. Man kann schließlich diesen Haß gegen die Bilche begreifen, denn sie haben durchaus keinen guten Charakter. Aber wer die schönen Geschöpfe in ihrer vornehmen Zurückgezogenheit in den verschollenen Parks und versunkenen Adelsgärten gesehen hat, wer die Schönheit der alten Erde liebt und die Häßlichkeit der neuen durchschaut, der muß meinen Seufzer nachfühlen: »Gelieber Herr v. Bilch, wie schade, daß nun auch *Sie* aussterben.« [1926]

Spinne und Fliege

Ein Loblied möchte ich anstimmen, ein Liebeslied für dich Vielverkannte, Bestverleumdete, du Dichterseelchen, zierliche kleine Spinne. Denn wenn der schöpferisch bauende Geist, der die Wandelwelt lebender Gestalten noch einmal nachschafft als ein Reich künstlicher Formen, irgendwo sein Urbild hat, dann hat er es in dir, die du dich hingibst an dein Werk. Denn wo gibt es noch einmal solches Gewirke wie die silbernen Bauten der Spinne, zart wie Schmetterlingsstaub, zähe wie Wachs der Biene. Höchst kunstvoll entwirft sie, Arachne, die Weberin, von außen nach innen bauend erst den Grundriß; füllt ihn dann aus mit zahllosen Gängen, welche alle münden in die Form der Spirale, jene Figur, die Leibniz zugleich für Symbol des Lebens und des Todes (involutio et evolutio) hielt und auf seinem Sarge anbringen ließ. Der schöpferisch gestaltende Schönheitstrieb, der Wesenskern alles Lebens, hier träumt er so stark, daß das Geschöpf dahinstirbt an seiner Schöpfung. Und darum möchte ich alle Schaffenden, alle »künstlerisch Produzierenden«, diesen ekelsten Abwurf der menschlichen Eitelkeit, vor ein in der Sonne schillerndes Spinnennetz führen und sagen: Zerstört es! Das winzige Geschöpfchen baut sofort neu. Zerstört zwanzigmal, zerstört hundertmal! Der kleine Dämon zieht immer neu die Fäden sich aus dem Leibe; sein Werk wird zwar immer ätherischer, immer zarter, aber bauen muß die Spinne, bis sie bauend sich erschöpft und daran stirbt. Ich sah im Rathaus zu Danzig ein großes, brennendes Herz und darin die Inschrift: Placeam dum pereo (Mög' ich gefallen, indes ich vergeh'). Und das geschieht (jetzt knüpft eure Ohren auf, ihr »Schaffenden«), und das geschieht nicht für den Markt, nicht für die Geschichte; das geschieht auch dort, wohin nie ein liebendes Auge dringt: in der finstersten Gruft, in der entlegensten Höhle. Und darum lieben wir dich, süße, kleine Spinne, du Urbild der Dichter. Denn auch wir schreiben unser Gedicht in Wüstensand, mag auch morgen der Samum kommen, der es verweht, und der Tritt des Kamels, das ahnungslos darüber hinschreitet. Und auch darum lieben wir dich als die Wiederkehr unserer selbst, weil dein Werk zugleich dein Panzer ist, du schütztest dich gegen die Welt ...

Ich las in Paris auf einem alten Grabstein ein Wort, das mir unvergeßlich folgte: »Jetez l'ancre et laissez flotter«, »Wirf den Anker und laß dich treiben.« Über dem Grabe am Aste einer Weide schaukelte im Winde ein Spinnennetz. Ich beobachtete, wie der Wind es vom Zweige riß. Da wickelte sich die kleine Spinne fest in ihr Werk, ihr Gewebe, und gab sich ruhig dahin dem Winde der unbekannten Weite. Da entsann ich mich des Tieres, von dem ich Demut vor dem Schicksal lernte. Es war ein junges Kalb, das ich einst auf dem Wege zur Schlachtbank sah. Vor dem Tore des

Schlachthauses blieb es stehen und wollte nicht über die Schwelle. Die Metzgerknechte prügelten auf es ein. Alles war vergebens. Das Tier, dem wohl der Dunst von Blut aus dem Raume entgegenschlug und das sein Schicksal ahnte, rückte nicht vorwärts. Man schlug es mit Stöcken, man verknotete ihm den Schwanz. Schließlich ermüdeten die Peiniger, und es sah aus, als ob der trotzige Lebenswille sich durchsetzen werde. Da plötzlich senkte das junge Kalb den Kopf und stieß einen kurzen klagenden Schrei aus, wie ein Kind; dann schritt es freiwillig ohne Zwang über die Todesschwelle. Da sprach ich: »Du frommes Tier.« Denn dies ist Frommsein: freiwillig dem Schicksal sich hingeben, statt zu warten, bis wir unter Tränen es an uns geschehen lassen müssen ... Jetez l'ancre et laissez flotter.

Es ist kaum zu begreifen, wie man Spinnen häßlich finden und vor diesem harmlosen Seelchen sich fürchten oder gar ekeln kann. Ich rede nicht von den Riesenspinnen der Tropen, denen die Natur Giftdrüsen und Beißzangen zur Waffe gab. Unsre zierliche Hausspinne, die das Volk mit immer bezeichnender Namengebung, weil sie so dünne Beine hat, Schneider oder Bock nennt, und die ungemein fein gestaltete kleine Kreuzspinne, das sind wahrlich keine Gestalten zum Fürchten. Ich erkläre mir die Furcht einzig aus der Lautlosigkeit ihres schnellen Laufs. Dies schöne Geschöpf hat keinerlei Sprache und Ausdruck als einzig sein Werk. Es ist unendlich scheu und daher dem großen Haufen unheimlich gespenstig. (Es ist doch merkwürdig, daß das Wort Gespenst zusammenhängt mit Gespinst.) So erkläre ich mir auch den Aberglauben, daß »Spinne am Morgen Kummer bringt und Sorgen«, denn in der Tat wird das schöne Seelchen nicht ohne Not am hellen Morgen aus seiner Verborgenheit heraustreten.

Es ist bekannt, daß Spinoza Liebhaber der Spinnen war und sie in seiner bescheidenen Stube gerne duldete und zähmte, indem er ihnen Fliegen brachte. Schopenhauer schreibt davon, daß diese Wahlverwandtschaft auf einen Zug von Grausamkeit im Charakter Spinozas hindeute. Vielleicht schrieb Schopenhauer das, während an der Decke seines Zimmers Fliegenpapier hing, auf dessen süßem Leim Hunderte von Summern sich langsam zu Tode zappeln. Gewiß, es ist richtig: für menschliche Psychologie scheint im Wesen

der Spinne Grausamkeit zu liegen, wenn sie Netze ausspannt, darin Fliegen und Mücken hängenbleiben, so etwa wie wir Schinken in der Vorratskammer für magere Zeiten aufbewahren. Es gibt zudem Spinnenarten, bei denen die Weibchen, welche größer sind als die Männchen, sofort nach der Zeugung die Männchen töten und zu verspeisen beginnen; gleichsam als Urbild jener Frauen, die Homer »gynaikes phtisenores« (männermordende Weiber) nennt. Aber ich glaube, unsre menschliche Seelenkunde ist nirgend anwendbar auf Pflanze oder Tier. Die Natur erscheint dem Menschenauge nur darum grausam, weil sie durchweg Tod und Wollust ineinander schlingt. Wenn die Erzeugung von Gestalt nur möglich ist durch den Untergang und durch den Übergang in andre Gestalt, so müssen wir dies Mysterium schweigend hinnehmen als das Sternengebot alles Lebens. Fraglich aber ist mir immerhin, ob die Erde (auch außerhalb der Menschennatur und der durch Domestikation verunzüchteten Tierwelt) eine bös berechnende Lust am Quälen zeigt.
Es kommt hinzu, daß die Nahrung der Spinnen, die Fliegen, recht wie ihr eigentlicher Gegenpol anmuten: unschöpferisch, schamlos und unverschämt. Während die Spinne unverkennbare Beziehung zu Kunst und Genialität besitzt, ist die Fliege unverkennbar Fabrikware der Natur, überall in Masse schmarotzend und nur in Masse sich wohlfühlend, laut, neugierig, zudringlich, naschhaft, lüstern, wichtigtuerisch, alles umsummend, alles beschmutzend. Daher vergleicht Goethe das leere Getriebe der Menschen in den Straßen gerne mit dem zudrängenden Getue der Schmeißfliegen, überall wo es zu naschen und zu stehlen gibt, und Nietzsche warnt die Schöpferischen: »Sie wollen dein Blut. Sie sind dankbar, wenn du bescheiden genug bist, eitel zu sein. Geh in die Einsamkeit. Du bist zu gut, um Fliegenwedel zu sein.« Fritz Mauthner gibt an (er mag dafür die Verantwortung tragen), daß man bis um 1800 der Fliege acht Beine zuschrieb, einfach deswegen, weil Aristoteles das Tasterpaar mit Beinen verwechselt hatte und nun durch mehr als zweitausend Jahre kein Mensch je eine der zahllosen Fliegen, die ihn umsurrten, genau betrachtete und den Irrtum richtigstellte. Das ist ein schönes Beispiel, nicht nur für den Fluch des Autoritätsglaubens, sondern auch für die Schwäche und Gleichgültigkeit unsrer

Naturbeobachtung. Es gehört schon das träumerische, sinnige Gemüt Herbert Eulenbergs dazu, um aus der Fliege Katinka eine anmutige Romanprinzessin zu machen; in Wirklichkeit zeigt dies Geschöpf, welches der Volksglaube zum Begleiter des Teufels macht, deutlich, daß es gemein und bloßer Übergang zu höheren Seelenreichen ist; nährt es sich doch auch vorwiegend von Abhub und Abfall. Ich vermag mir nicht im mindesten vorzustellen, wie die Raumwelt der Fliege beschaffen ist, die sich in den fünfhundert facettierten Augen spiegelt, die über ihren ganzen Rücken hingesäet sind. Sie ist jedenfalls eines der motorisch-reizbarsten Geschöpfe; ungeheuer sicher und frech einzig darum, weil sie alles und jedes irgendwie wahrnimmt und in alles ihre Nase, d. h. ihren Saugrüssel steckt. Die Schamlosigkeit zeigt sich wohl auch in dem Mangel eines einheitlich triebhaften Eros. Während die Spinnen um ihre Weibchen kämpfen, ja offenbar werben und durch Schönheit locken wollen, leben die Fliegen in blinder Allvermischung, unaufhörlich und in hellem Lichte einander austauschend. Hier zeigt die Natur deutlich den Gegensatz von Erotik und Geschlechtstrieb. So hängt denn wohl auch die Naturkraft, die das Spinnenweibchen antreibt, das Männchen zu töten, irgendwie zusammen mit dem Dämon der Kunst, jener fanatischen Leidenschaft, die das Geschöpf zugleich vereinzelt und zum Opfer macht für ein Werk. Die Fliegen dagegen sind wie alle Massenwesen, ohne aussondernde und absondernde Leidenschaft; sie haben nur rastlose Begierden; damit erkläre ich mir auch die Beobachtung, daß die Fliege, wenn man sie vergiftet, möglichst schnell noch sich fortzupflanzen versucht; sie flüchtet sich gleichsam in ihre unausrottbare Gattung. Alles zusammengefaßt: Die Natur hat in dem Gegenspiel von Spinne und Fliege uns eine Beziehung vor Augen gebracht, wie wir sie auch als Menschen kennen in dem Kriege jener, die, fromm an Schicksal und Werk gebunden, sich gegen die Welt panzern müssen, mit den viel zahlreicheren, die lustig dahinleben: schicksalslos und werklos wie Fliegen. [1926]

Biene und Wespe oder Bürgerlich und Romantisch

Ein großer Weltkenner hat gesagt, man könne alles Leben einteilen in gesichertes und ungesichertes. Gesichertes Leben herrscht überall dort, wo die Geschöpfe sich freiwillig einer Gewöhnung unterstellen, das heißt, so wie festumrissen wohnen: seßhaft und bürgerlich! Ungesichert aber bleibt das Leben, solange die Geschöpfe auf gut Glück und Fatum vertrauen, ohne Verstandesordnung und Willkürberechnung. Man hat die Bienen in tausend und aber tausend Schriften als das Urbild aller bürgerlichen Tugend und Ordnung hingestellt. Fleißig, reinlich, vollkommen-berechenbar, unterworfen den geordneten Gemeinschaftsinstinkten, die dem Einzelwesen das Denken abnehmen und seinen Lebensweg zur »Funktion im Staate« machen – so sind die Bienen das Vorbild des idealen Organismus, darin jeder für jeden schuftet und zuletzt doch nur als »Kollektivum« lebendig ist. Man kennt und bewundert die unzerbrechliche Ordnung ihres Dreiklassenstaates, welchen Darwin die »Sackgasse der Natur« genannt hat, denn über ihn hinaus war keine Fortentwicklung mehr möglich, so daß nun andere Glieder des Wirbeltierstammes unter neuen Anpassungsbedingungen neue Gestaltwerdungen erlitten; die Bienen dagegen blieben vollendet und bezahlten ihr Bürgerglück mit Ewigkeit und Verstarrung.

Für alle Ewigkeit muß das Volk, die misera contribuens plebs, Blütenseim sammeln, Bausteine schleppen und Wachspaläste bauen, muß Blumen befruchten, Bienenbrot backen, Larven füttern, Stuben reinigen und die gnädige Herrin bedienen. Seit aller Ewigkeit legt die gnädige Frau alljährlich sechzigtausend Eier und läßt sich vom Volke betun und betuteln, bestreicheln und beschmeicheln. Seit aller Ewigkeit lebt da eine kleine Kapitalistenschar von der Arbeit der andern, aber in jedem neuen Herbst wird ihre Abkömmlichkeit klar, und es gibt mal wieder Revolution von seiten des Proletariats, und dann hebt im Frühjahr das Bienenstockspiel von neuem an. Das ist alles sehr sinnvoll. Aber was ist denn nun eigentlich der Sinn von all diesem Sinn? Ich möchte wohl wissen, wer was von all dieser Ordnung hat? Die Königin? Eine, unter

Millionen? Die wird, wie der Rektor der Universität Göttingen, alle vier Jahre neu gewählt und muß bis dahin nahezu eine Million Eier legen, nachdem sie gerade ein Mal im Leben die Freude der Liebe erfahren hat. Sie ist durchaus Gefangene ihres Volkes und kann mit Bismarck klagen: »Ich bin ihr Führer, also muß ich ihnen folgen.« Das Proletariat? Seine Lebensdauer ist kurz, und wenn sein Leben schön gewesen, so ist es Mühe und Arbeit gewesen. Eine fleißige, proletarische Arbeitsbiene hält die Plackerei knapp sechs Wochen aus; dann stirbt sie an allgemeiner Nervenerschöpfung. Die Drohnen? Immerhin, sie führen eine bienenwürdige Existenz, aber was heißt das in einem Staate, der so auf Logos gestellt ist, daß aller Eros dabei zum Teufel ging? Unter zehntausend wird kaum einer in den Himmel der Liebe eingelassen; dabei verliert er seinen Stachel und erfährt auf der Stelle die bekannte Zusammengehörigkeit von Liebe und Tod. Alle übrigen ernten, völlig ungeliebt, nichts als für vier Monate Freiabonnements auf Wohnung und Beköstigung und werden nach dieser kurzen Freude an den Tafelgenüssen des Sommers vom Volke verjagt, gehetzt und gezerrt, und wenn sie matt sind: totgebissen, und bekommen dann obendrein die üble Nachrede: »Freche Parasiten. Satte Bourgeois.« Und so hat denn an dem vollendeten Staat (welchen Kant und Hegel doch als das »Ziel der Weltgeschichte« bezeichnen) eigentlich niemand eine Freude als der göttliche Imker, der den Honig fortnimmt, ihn ißt oder verkauft und sich wohl ins Fäustchen lacht über Tiere, die ihr Leben hingeben für ein Werk, an dem sie selber kaputt gehn. Das aber wäre ja nun wohl so das Urbild aller Kultur, Literatur und Makulatur. Ganze Museen und Bibliotheken voll Honig hinterlassen und selber durchs Leben schwirren als dicke Talentdrohne oder als demütiger Arbeitseunuch oder als byzantinisch-gehätschelter Staatsdespot. Möge mir die göttliche Weltordnung dies Wort verzeihn: Ich liebe zwar über alles den Honig, aber ich liebe nicht seine Fabrikanten und halte es mit Plutarch, welcher gesagt hat: »Man soll die Kunst ehren und den Künstler verachten.« Aber die völlig unnützen Wespen, ja, diese liebe ich; sie sind weniger langweilig und weit naturnäher!

Die Wespen nämlich unterscheiden sich von den übrigen sogenannten Hartflüglern oder Immen (den Bienen, Ameisen und Hummeln) durch eine zigeunerhaft anarchistisch-individualistische Wüstheit, die jeden Volksstaat zertrümmert. Der deutsche Dichter Thomas Mann würde sie zweifellos »taktlos und desequilibriert« nennen. »In ein Wespennest stechen« ist bekanntlich sprichwörtlich geworden für die Unberechenbarkeit dieser elementarischen Leidenschaftsbolde. Nur sechs Monate lang leben sie. Bauen, Jagen, Morden, Füttern, Fressen und Lieben erfüllt dies kurze Wespenleben. Eine ungeheuere Zitadelle wird gebaut; an den Öffnungen zum Ein- und Ausfliegen mit Schildwachen versehen. Anfang Mai kriecht das unterm Laub überwinternde Weibchen aus der Erde und beginnt in einem hohlen Baumstamm die Eier abzulegen. Sechs Tage später kriecht eine zarte Larve aus und findet ein bereits gesichertes und vorgekautes Futter. Sie wandelt sich in eine Made, die Made in eine Puppe, und wenn genau ein Monat vorüber, so ist die Puppe eine neue junge Wespe geworden, mit dem süßen Köpfchen und der entzückenden, schlanken Wespentaille. Sie beginnt sofort, unendlich sauber, ihr Mädchenzimmer zu ordnen und »parthenogenetisch«, d. h. ohne Mann, Eier zu legen. So entsteht der große, heißlebendige Mütterstaat. Erst im September erscheinen die Männchen, aber dann ist das Schönste vorbei. Liebestragödien und Jagdabenteuer wechseln bunt; jähzornig und grausam. Sie sind unbeherrscht und wild. Eine Fliege, eine Spinne, ein Stückchen Fleisch verlocken sie unwiderstehlich. Sie wagen beständig ihr Leben. Sie sind keine sanften Vegetarianer wie Honigbienen und Hummeln, sondern fleischfressende kleine Kobolde. Sie können gut lieben und gut hassen; gut leben und gut sterben. Vor allem aber beseelt sie eines: unüberwindliche Opferkraft für die Brut. Sie sind das Reich der wilden Mütter, im Pflegen und Erziehen der Jungen nie ermüdend. So durchrasen sie ihren schönen Sommer, immer zu Abenteuer und Romantik geneigt. Aber wenn nun der Herbst kommt, der Wind kalt über die Stoppeln streicht und das Brot für die Brut immer knapper wird, da geschieht zuletzt etwas Mystisches, so merkwürdig, daß es wahrlich an letzte Erlösungsgeheimnisse rührt. Ein ganzes Volk tötet sich selbst. Und nur eine einzige befruchtete Wespe kriecht zu den Wurzeln und Quellen in die Erde und rettet das Gedächtnis der versunkenen Gestaltenwelt in das neue Weltjahr hinüber. Hat wohl Buddha das

Geheimnis des Nirvana in der Einsamheit bei den wilden Wespen erkannt? Das Geheimnis jenes heißesten »Willens zum Leben«, der sich zuletzt doch gegen sich selbst kehrt? Ein ganzes Volk tötet sich selbst, zerstört in rasendem Vernichtungsdrang die gewaltigen Zitadellen, die es den Sommer über mit aller Kraft des Fleißes erbaute, und ermordet seine Brut, die über alles geliebte. Sie nehmen ihr Werk mit in den Tod hinüber, als gönnten sie es nicht den Augen der kalten Nachwelt. Sie wollen lieber an sich selber sterben, als sich vom Frost, der die Steine anbeißt, langsam töten lassen. Und nur in einer Einzigen rettet sich der Keim und das Bild in den andern Sommer. Nur in ganz wenigen großen Augenblicken der Geschichte und nur in der Verzweiflung letzten Leides oder Stolzes haben wir Menschen Ähnliches vermocht; bei den Puniern, bei den Juden, bei den Inka, bei den Russen, Schopenhauer hat das Phänomen in das Verschen gepreßt:

»Wenn alles reißt, dann bleibt uns nur
Rückkehr zum Urquell der Natur.« –

Ich liebe dich, heiße, zornige, viel verleumdete wilde Wespe. Denn ich weiß, daß nur wer so groß und heiß lebt, auch froh zu sterben vermag: »Qui potest mori, nun potest cogi.« »Unbezwinglich ist, wer zu sterben weiß.« Wir kennen auch sonst Selbstzerstörung und Selbstmord in der Natur. Der im Eisen gefangene Fuchs beißt sich selbst die Läufe ab; der Skorpion kehrt in äußerster Not den Giftstachel gegen sich. Aber einzig ist die Tatsache, daß ein Volk von Müttern die geliebten Jungen lieber tötet, als sie der Not und Kälte preisgibt. –

Die Biene opfert das Leben dem Werk; die Wespe opfert alles Werk dem Leben. Sie ist tragisch und heroisch, und das heißt denn freilich unmoralisch und unbürgerlich. Im Bienenstaat offenbart sich nichts als klügste Politik und feinste Kultur. Im Wespenhaufen aber leidet und stirbt Gott selber.

[. . .] [1926]

Nanekobo

Nanekobo, ein Ziegenlamm, vier Wochen alt, ist die Mischung seiner Mutter Nanette und seines Vaters Kobold. Nanette, die Mutter, kam im vorigen Sommer zu uns, an Gestalt so wie Cheiron die junge Helena schildert: »Anmutig, zart und braun, ein schlankes Reh.« Sie lebte den Sommer über in unserm Garten, von unserm Garten. Schneller fressend als die Natur wachsen kann; die Gräser von der Wiese und das Laub von den Obstbäumen fressend, gedieh sie zusehends zu einer mannbaren Ziege und wurde im Herbst mit Kobold verheiratet, einem schwarzen Bock, welcher der Gemeinde dient, sämtliche Ziegen unsres Dorfes befruchtend, eine Tätigkeit, die mit fünf Mark für jede Ziege bezahlt wird, während ein Professor der Philosophie nur fünfzig Pfennig für die Kollegstunde erhält, so daß, da nach der Karmalehre jeder ehrliche Wunsch in einem späteren Lebenslauf Erfüllung findet, ich sicher weiß, daß ich in einem späteren Leben den Beruf des Philosophen anderweitig vertauschen werde. Als das einzige Ergebnis dieser Mischung unsrer Nanette mit Kobold erschien sieben Monate später, zu Anfang Mai, Nanekobo, auf dem Rücken und im Antlitz rehbraun wie seine Mutter, unterm Bauche und am Hinterteil schwarz wie sein Vater, und auch darin eine harmonisch gelungene Mischung, daß er sich auswies als das, was das Volk im Hannoverschen »Haferbock« nennt, das ist ein Lamm, welches weder Bock noch Ziege ist, also das, was die Romantik, was Schelling und Baader als das Ideal des vollkommenen Menschen hinstellten: ein Gynander, die Tugenden beider Geschlechter vereinend, die Schönheit des Weibes und die Kraft des Mannes. Die ersten acht Lebenstage verbrachte Nanekobo im Stalle bei seiner Mutter, die rastlos fraß und ihn säugte. Dann aber, als es warm wurde und die Wiese blühte, kamen Nanette und ihr Nanekobo ins Freie, Nanette tagsüber angepflockt, damit sie sich nicht die ganze Natur einverleibe, Nanekobo aber in Freiheit sich selbst überlassen.

Während Nanette sich an die Olga anschloß, die den Stall versorgt und ihr die Milch abnimmt, zeigte Nanekobo von vornherein eine Vorliebe Mann zu Mann, eine Sympathie die ich erwidere, indem ich täglich auf der Wiese mit Nanekobo spiele und seinen Charakter studiere. Der Charakter Nanekobos ist harmlose Freudigkeit, untermengt mit Neugier. Scheulos wagt das kleine Geschöpf sich in jeden Winkel des Gartens, während die Mutter zärtlich und warnend meckert; harmlos hüpft er zwischen den Beeten, und wenn die Sonne scheint und ihm wohl ums Herz ist, dann gerät er in einen Taumel des Übermuts und jagt ganz sinnlos aus lauter Lebensfreude immer im Kreise umher, springt an den Bäumen empor oder klettert mir auf den Rücken. Sitze ich im Garten, dann schleicht er hinterrücks heran, befindet sich plötzlich unter meinem Stuhl und beginnt mit seinen keimenden Hörnerchen zu stoßen. Dies ist eine Aufforderung mit ihm zu spielen. Wir spielen im Rasen Ziege. Mit tief gesenktem Kopft stößt man gegen einander und reibt sich die Stirnen. Man berennt sich gegenseitig mit dem Kopf und versucht übereinander hinwegzuspringen. Es ist eine Sportübung, die ich vom akademischen Leben her gewohnt bin. Ich entdecke immer neue Gleichheiten unsrer Seelen. Wir sind beide hervorragende Kopfarbeiter. Die Leistungen unsrer Köpfe machen uns zuweilen übermütig, und es bedarf dann kräftig zurechtweisender Gegenstöße, damit wir uns die Hörner ablaufen. Diese Gleichheit unsrer Naturen wird aber wohl wesentlich gefördert durch den Umstand, daß wir Milchbrüder sind. Nanette, ihrer fortwährenden Ernährungstätigkeit zufolge, gibt so viel köstliche Milch, daß Nanekobo und ich davon leben, und wenn es wahr ist, daß mit der Milch der Charakter der Ernährerin aufs Kind übergeht, so ist es auch verständlich, daß wir einander immer ähnlicher werden, so daß meine Kinder seither behaupten, ich mache nur dauernd Zikken, und meine Frau, ich meckere den ganzen Tag. Die wesentlichste Leidenschaft aber, die wir beide schon mit der Muttermilch eingesogen haben, ist die Vorliebe für Bücher. Nanekobo, dieser Säugling, der noch ganz von Milch lebt, der noch keine Kuhblume anknabbert, kein Salatblatt frißt, verschlingt doch bereits leidenschaftlich meine Bücher. Wo immer er Gedrucktes oder Geschriebenes sieht, da stürzt er drüber her. Was ist das für ein wunderbarer Trieb? Logarithmentafeln oder lyrische Gedichte, die Tageszeitung, Schiller, Goethe, Werfel, Wassermann, Brod, Roda Roda, ganz einerlei, alles schlingt er ein, unbegrenzt aufnahmebereit. So war auch ich in meiner Jugend. Und alle sagten, das wäre Allotria und prophezeiten mir ein schlimmes Ende. So reden denn auch heute noch alle, die in den Garten kommen, und prophezeien dem armen Nanekobo ein schlimmes Ende; ja, eine zarte Dame, die ihn streichelte, sagte dabei: »Wie entzückend ist Ihr Ziegenlamm, im Sommer ein reizendes Spielzeug für die Kinder, und zu Weihnachten ein saftiger Braten.« Das nenn' ich wahr und menschlich gesprochen, denn so sind wir Menschen. Für den Tierfreund ist es eine schreckliche Vorstellung, daß man Haustiere schlachten und essen kann. Ich hege das Tier, ich pflege es groß, wir spielen miteinander, es vertraut mir, es glaubt an mich, ich kenne seinen Charakter und weiß, es ist ohne Arg, und eines Tages fällt sein lieber Gott über das Geschöpf her, sticht es ab und ißt es auf, ist das nicht furchtbar? Und doch! Treiben wir nicht einen frommen Betrug, wenn wir uns nicht eingestehen, daß in dieser Welt immer eines das andere verspeist!

Im letzten Sommer befand ich mich in der Sommerfrische auf einem Bauernhof. Im Hofe lebten viele Hühner, und ein kleines Hähnchen, das morgens vor meinem Fenster krähte, schloß sich an mich an und teilte mein Frühstück. Der Bauer, der das gesehen hatte, wollte mir etwas Freundliches erweisen und schenkte mir das Hähnchen. »Das gibt, wenn's ausgewachsen ist, einen köstlichen Sonntagsbraten«, so sagte er, »die Bäuerin kocht ihn Ihnen in Nudelsuppe oder mit Reis«. Ich dankte. Der Mann wußte nicht, was er mir angetan hatte. Denn jeden Sonntag fragte er fortan: »Nun, wie wär's heute mit dem Hahn?« Und jedes Mal antwortete ich feige: »Er ist wohl noch ein bißchen jung.« Also durfte er mal wieder bis zum nächsten Sonntag am Leben bleiben. So rückte denn der Tag meiner Abreise immer näher und das Hähnchen war noch immer nicht geschlachtet. Das Hähnchen hieß bereits in der ganzen Nachbarschaft: »Das Hähnchen vom Professor«, womit die Leute sagen wollten, daß kein andrer es essen würde. Aber wie konnte ich denn mein Hähnchen essen? Jeden andern Hahn, ja, aber doch nicht meinen Hahn! Lebendig mitnehmen konnte ich ihn nicht, reiste ich ab, ohne ihn gegessen zu haben, so beleidigte ich meine Wirtsleute; für meine persönlichen Gefühle zu Ludwig (so hieß mein Hähnchen) hatten sie aber nicht das mindeste Organ. In dieser Verlegenheit vertraute ich den Herzenskonflikt einer in der Nachbarschaft wohnenden klugen Dame an und diese fand die geeignete Lösung. »Ich lade Sie zu einem Hahnenessen«, so schlug sie vor, »und dafür hinterlassen Sie mir bei der Abreise Ludwig. Ihre Bauersleute werden verstehen und billigen, daß wir unsre Hähne austauschen und daß mein alter Hahn früher geschlachtet wird als Ihr junger.« – So kam es denn auch. Der Hahn Ludwig wurde zu der Nachbarin hinübergeschickt, und dafür kam von dieser eine Einladung zum Hühneressen am Sonntag. Bei Tisch wurde gescherzt und gelacht. Große Schüsseln Huhn mit Reis wurden aufgetragen und mundeten den Eingeladenen. Beim Abschied fragte dann die kluge Nachbarin: »Nun, hat es geschmeckt?« Und alle sagten: »Ausgezeichnet«, und ich fügte hinzu: »Es ist doch nett, daß Sie meinem Ludwig das Leben gerettet haben.« Die Nachbarin aber erwiderte erstaunt: »Aber der war doch mit dabei.« Ich hatte es wohl geahnt; aber auf dem Heimweg sagte ich immer vor mich hin: »Mein Gott, wenn ich nur nicht jetzt gerade von ihm ein Stück erwischt habe; mir ist ganz übel.« Nun ja, so sind wir Menschen, verlogene Bestien, und Nanekobo hat ganz recht, wenn es sie auffrißt, unsere verlogenen Bücher. [1928]

Frösche

Es besteht kein Zweifel: Frösche sind gesellig. Es besteht kein Zweifel: Frösche sind ungesellig. Betrachten wir zunächst ihre Geselligkeit und sodann ihre Ungeselligkeit. Der Maßstab, an welchem der Trieb zur Geselligkeit gemessen werden kann, ist das Ausdrucksbedürfnis, das heißt der Drang nach wechselseitiger Mitteilung. Davon singt Zarathustra in seinem Nachtliede: »Ein Ungestilltes, Unstillbares ist in mir, das will laut werden. Nacht ist es, nun bricht wie ein Born aus mir ein Verlangen, nach Rede verlangt mich.« Das versteht jeder Frosch! Ihr Redebedürfnis gründet Geselligkeit. Ganze Nächte verquaken sie in intimen Zirkeln. Für den Schwatzbedürftigen ist Eremitage eine Strafe; der

Monolog der weltschmerzlerischen Einsamkeit: trauriger Ersatz für versagte gesellige Dialektik.
Ich habe an meinen Laubfröschen beobachtet, daß sie niemals alt werden, wenn ich sie vereinzele. Halte ich einen einzelnen Frosch im Wetterhäuschen, so quakt er selten und immer wehmütig und stirbt an Melancholie. Sorge ich dagegen für enthusiastisches Publikum, so beginnen sie alsbald im Chor sich politisch, philosophisch und kulturell anzuregen und erreichen, selbst bei den ungünstigsten Bedingungen, ein hohes Alter; ich glaube, daß sie über zehn Jahre alt werden.
Wer nun aber aus diesem Bedürfnis nach Kollegialität auf die soziale Natur der Frösche schließen würde, der würde irren. Kein anderes Geschöpf fühlt so anarchisch und subjektiv. »Getrennt hüpfen, gemeinsam quaken.« Jeder ist sich selbst der Nächste. Jeder denkt wie Peer Gynt: »Ike bin Ike.« Und wenn sie tagelang zusammenhocken, wie ein einig Volk von Brüdern, sie hüpfen wahllos wild auseinander, sobald das geringste Geräusch ausbricht. Jeder verkriecht sich im Schlick, ohne nach dem Nachbarn und Freunde auch nur den Kopf zu drehn. Kropotkin, der über die gegenseitige Hilfe im Tierreich so viel Schönes und Rührendes zu erzählen weiß, kann vom Frosch, der doch immer gesellig lebt, auch nicht das mindeste Beispiel gegenseitiger Hilfe berichten. Wir haben gesehen, daß Schwalben einander aus der Schlinge lösen, daß Störche, daß sogar die feigen, verbürgerlichten Hühner und ihre assessoralen Hähne, ja daß selbst die Tauben, diese ordinärsten, ganz menschlichen Tiercharaktere, einander zu Hilfe kommen. Alle Geschöpfe werden Helden bei Gelegenheit der Brutpflege. Niemals lassen sie die eigene Brut im Stich. Frösche aber sind so unheroisch wie lieblos . . . Lieblos? Gibt es denn ein Geschöpf, das mehr von Liebe quakt? »Liebe sei vor allen Dingen unser Thema, wenn wir singen.« In der Brunstzeit ist der Frosch so blindwütig verliebt und unzurechnungsfähig, daß kein anderes Tier (selbst nicht der in der Brunst halbverrückte, dauernd polygame Täuberich) sich so sinnlos und ungebührlich benimmt. Er umquakt tagelang die geliebte Unke. Wenn sie ihn erhört, dann steigt er ihr auf den Rücken. Da sitzt er stundenlang und quetscht und streichelt sie, so lange, bis der ersehnte Augenblick da ist, wo sie die Eier ablegt, über die er dann

sofort seinen Samen ergießt. Überraschst du den Frosch während dieser Tage frisch-fröhlichen Reiterlebens, so kannst du ihm den Kopf abschlagen (Der Physiologe sagt: »dekapitieren«), er läßt nicht los, während er doch im normalen Zustand schon beim Rascheln eines Blattes davonspringt. Aber hältst du das für Liebe? Nein, so hingegeben dieser Kaltblüter im Zustand der Verliebtheit ist, so gleichgültig benimmt er sich gegen Weib und Kinderschar, wenn die Liebeswut verflogen ist. Er frißt seine eigenen Kaulquappen, wie Saturn. Kein Frosch rettet den andern. Die Geschichte, daß ein gefangener Frosch von den Genossen gerettet wurde, indem sie ihm ein Bein abbissen, glaube ich nicht. Man mag selbst bei den Urodelen (Eidechsen, Salamandern) solche soziale Hilfe antreffen, bei den Anuren kommt sie nicht vor. Die Gesellschaft der Frösche ist nicht familiär, nicht altruistisch. Diese kalten Enthusiasten haben keine Wärme füreinander. Ich kann nur sagen, sie halten es wie Goethe von den Dichtern singt: »Dichter lieben nicht zu schweigen, müssen sich der Menge zeigen.« Sie paradieren voreinander, sie haben einander als Publikum nötig. Und das wäre das Geheimnis ihrer Geselligkeit!

So mag es denn wohl tief begründet sein, daß ich schon von früher Kindheit an, sobald ich einen Tümpel mit Fröschen erblickte, ein Symbol gefühlt habe, von dem ich nur ungern rede, weil es mir leicht verdacht werden und manchen werten Freund verletzen könnte. Wenn ich nämlich sagen sollte, welche Erscheinung in der Menschenwelt schon vorgebildet liegt im Dasein der Frösche, so kann ich nur sagen: »Kulturbetrieb« ... Denkt einmal nach! Da wäre zunächst das unwiderstehliche Bedürfnis nach musikalisch und artistisch gemeinter Produktion. Was all die Quasidichter und Quasikünstler auszeichnet, das ist eine auch anatomisch bedingte Hypertrophie der Sprechzentren im Schläfenlappen und der Ausdruckszentren im dritten Ventrikel des Großhirns. Dazu kommt das Bedürfnis nach gegenseitigem Übertreffen, Überklettern, Überbieten und Verachten. Wenn die Frösche, im Chore einander steigernd, eine kosmische Symphonie ertönen lassen, so muß man nicht glauben, daß sie einander lieben und miteinander harmonieren. Im Gegenteil! Sie fühlen sich als Konkurrenten. Jeder Musiker verachtet jeden. Sie können nicht einmal wie die Vögel im Schwarme fliegen. Sie können nicht einmal wie die Insekten im Reigen tanzen. Sie hassen alles, was tanzt und fliegt. Sie sitzen im Sumpf und »produzieren«. Und wenn der eine seine Verkündigung beginnt, so muß der zweite und dritte zeigen, daß er das auch kann, daß er es besser kann, noch schöner, noch richtiger, noch lauter. Auch die dionysische Exaltiertheit bei völlig mangelnder Opferkraft und Liebeskraft, auch die kalte Begehrlichkeit ohne Herzenswärme und Güte und die ewige Geschlechtswut bei diffuser Anarchie der Instinkte ist kein Einwand gegen die Verwandtschaft des Froschtümpels mit der Literaturgeschichte. Jeder verlautbart ein ehrgeiziges und eitles Individuum. Ohne Gemeinschaftsseele und ohne Anonymität. Und das Ganze heißt: »Produzieren«. Indes: Es gibt Unterschiede. –

Von den dicken Ochsenfröschen der Tropen, schreibt ihr bester Kenner folgendes: »Es sind massige, sehr dickköpfige Tiere mit niedrigen Stirnen und kurzen kaum sichtbaren Fettnacken, welche sich gewaltig aufblähn und in der Tat so laut schreien können wie ein kräftiger Ochse. Sie unterscheiden sich durch die Färbungen, an denen sie die eigene Art erkennen; auch scheinen diese Farben als Schreckfärbungen für die fremde Art zu dienen. Die Farben schillern Aschblau-Gelb oder Schwarz-Weiß-Rot oder Goldgrün-Blau. Die Arten fressen sich gegenseitig. Sie leben auf Bäumen im unwegsamen Buschwerk des Dschungel und vollführen, zumal nach Eintritt der Dunkelheit, ungeheuren Lärm, indem die Arten einander zu überbrüllen suchen.« ... Diese Sorte also wäre gleichsam die politische oder nationale Spezialität, welche über dem Strich in den höheren Regionen des Dschungelbetriebes nistet. Dagegen gemahnt die folgende Schilderung gewöhnlicher Wasser- und Wiesen-Frösche an das Leben von Feuilletonisten, Theaterkritikern oder kleinen Lyrikern. Brehm nämlich schreibt: »Die gemeinen, über die ganze Erde hin verbreiteten Wasserfrösche leben auf dem Schilf und unter den Blättern der Sumpfgewächse und Erlen. Wenn an warmen Tagen Regen droht oder abends vor Sonnenuntergang kommen sie aus ihren Verstecken und setzten sich auf die breiten Blätter der Seerosen. Alsbald beginnen die Halssäcke zu schwellen, der Leib wird aufgebläht, die lebendigen Augen quellen ekstatisch hervor; einer beginnt, und angeregt stimmen alle ein:

»Krax Krax! Tuu Tuu! Brekeke Brekeke. Brekekekex!« ... Das wäre denn also unsre gewöhnliche Wald- und Wiesenliteratur. Aber von den Prominenten, den Ganzfeinen, den erstklassigen Persönlichkeiten erzählt der Naturforscher folgendermaßen: »Vom schallenden Brüllen an bis zum Zirpen, vom hellen Pfeifen bis zum dumpfen Klagen herab, kann man alle Ausdrücke der Seele vernehmen. Heiser krächzt der eine, volltönend rohrt der andere, heuschreckenartig zirpt dieser, rindsähnlich brüllt jener. Wie fremdartige Vogelstimmen klingen die Laute westasiatischer Froschlurche, wie vereinzelte Paukenschläge die eines innerafrikanischen Frosches und ein anderer Frosch des dunklen Erdteils bellt wie ein Hund, und bei wieder einem anderen klingt es wie die Schläge eines Hammers auf Blech.«

Kurz die Literatur ist mannigfaltig. Die großen Dichter haben seit je diese Gleichniskraft der Frösche gefühlt. Das beginnt mit Homers Froschmäusekrieg, einem satirischen Kleinepos, in welchem die Frösche als wütige Politikanten auftreten. Des Aristophanes berühmte Satire schildert die Frösche als öffentlich Meinende, auf allen Märkten Besserwissende. Im Märchen ist der Frosch Symbol der Eitelkeit. Er will die Nachtigall überbieten, die Liebesruferin in stiller Nacht. Und er überbietet sie, aber merkt nicht, daß der Nachtigall Gesang sich in Einsamkeit verbirgt, während Frösche öffentlich singen müssen. Heine spottet: »Im Wasser, im Wasser, da ist es noch nasser als unter der Erden und ohne Beschwerden glotzt sich der Frosch die Sonne an, weil sie es doch nicht wehren kann.«

Worin also gründet die Komik der Frösche? Im Sichdickemachen und Gewichtigtun leerlaufender Ehrgeizlinge. Viel Lärm um Nichts. Schwache Gefühlchen, aber größtes Bedürfnis, sie preiszugeben. Untragische, unheldische, brav bürgerliche aber ganz von sich selbst und von ihrer Weltmittelpunktschaft erfüllte Narrenhaufen, von denen das Volkswort sagt: »Setze den Frosch auf einen goldnen Stuhl, er springt doch wieder in seinen Pfuhl.« Ich möchte den Fröschen gern gerecht sein. Denn wie viel Freude verdanke ich meinen beiden Fröschen Quackefroh und Quinkquilink, die mir Fliegen und Mehlwürmer aus der Hand nahmen und oft unters Hemd und in den Kragen schlüpften. Aber Gott helfe mir, ich kann nicht anders! Wenn ich als Alternder abends am sumpflauchübergrünten, von Entenflott bedeckten Teiche sitze und es mit ansehen und mit anhören muß dieses Brex und Kex, Getute und Getate, all diese ungemeine Bedeutendheit und Talentiertheit, dieses allseitige musische Überbieten und kritische Überschreien, all dieses tagtägliche Ethos und Pathos, das doch sogleich verlöscht im gutbürgerlichen Sumpf gewohnten Alltags, sobald der erste Kanonenschuß abgeschossen wird, – ach! dann spreche ich, (die Muse verzeih es mir): »Grüß Gott, liebe Zeitgenossen. Da ist ja der ganze Kürschnersche Literaturkalender.« [1931]

Der Floh

Um das wahre Wesen des Flohes zu ergründen müßt Ihr ihn einmal durch ein Vergrößerungsglas betrachten. Blicket hin: Welch ein heroisches Mitglied der tierischen Gesellschaft. Auf sechs bestachelten Eisenbeinen steht stramm ein von wilden Borsten starrender Leib in Harnischschienen. An den Spitzen der Beine sitzen Sporne und Zangen. Am Gefräß trägt er einen Rüsseldreizack, relativ mächtiger als ein Elefantenrüssel. Am Gesäß einen Pfriemen. Überall drohn Nadeln. Er sieht aus wie eine vollbestückte Liliputfestung. Er hat ein winzig kleines Köpfchen mit ironisch verkniffenen Schlitzäuglein. Aus den Schlitzen lauern Lüsternheit und hitzige Bosheit. Kein Insekt ist so kriegerisch. Du merkst sofort: ein hundertprozentiger Mann und sein Weib ein zweihundertprozentiger. Nicht Roß noch Reisige schützen vor ihnen. Immer sind sie auf dem Kriegspfad. Sie scheuen nicht Papst noch Kaiser. Was gilt ihnen Verdienst und Doktortitel? Ohn Ansehn der Person zapfen sie an Löwe und Lamm, melken Akademiker und Dame.

Von allen Naturfreunden ist der Floh als das merkwürdigste Naturwunder betrachtet worden. Schon Meister Freidank (1220) behauptet, daß kein Engel und kein Teufel, geschweige denn der Mensch Gott den Floh nachmachen könne (»der engel, tiuvel, noch der man, is keins ein vloh gemachen kann«) und Heinrich Heine läßt sogar Gott selber sagen: »Ich habe hunderttausend Jahre allein darüber nachgedacht, wie man die besten Doktores juris und gar die kleinsten Flöhe macht.« Es gibt eine so reiche Literatur über Flöhe, daß allein ihre Aufzählung einen dicken Band füllen würde. Nur ein paar Andeutungen: Ovids »Elegia de pulice« (10 n. Chr.). Fischarts »Flohhatz« (1570). Die französische Epigrammatik vom Floh. (Begründer Pasquier, 1590), Voltaires »Pucelle« (1770), Theodor Amadäus Hoffmanns »Meister Floh« (1800). Karl Immermanns »Lobrede auf den Floh« (1882). Das wären so einige der besten Werke über den Floh. Der Mensch hat immer gefühlt, daß der Floh von allen seinen Haustieren das anhänglichste und Blut von seinem Blute ist. Denn wenn der Satz richtig ist, daß jedes Wesen Das ist, was es ißt, so kann es nicht Wunder nehmen, daß ein Geschöpf, welches so intim mit uns und von uns lebt, auch von den Geistern unsres Blutes durchglüht wird. Der Floh gleicht dem Terrain, auf dem er lebt und bestätigt Montesquieus »Gesetz des Milieu«. Jedes Volk hat die Flöhe, die es verdient. Schafflöhe sind milder als Hundeflöhe. Hundeflöhe beißen Menschen nicht. Die französischen Flöhe sind kühn, frech, haben élan; die deutschen sind umständlich und gründlich, die englischen überhaupt nicht wegzubringen.

Fragen wir nun aber, was die Natur mit dem Bilde des Flohs symbolisierte, so kann die Antwort nicht schwer sein. Der Floh ist ein Witz der Natur mit stechender Pointe. Alles an ihm ist witzig. Seine Angriffslust kontrastiert mit seiner Geringfügigkeit. Seine unbedeutende Person ist zugleich die ehrfurchtloseste. Keiner aber kann sagen, daß der Floh einen gemeinen Charakter habe, wie ihn sein Gegenstück die Wanze zeigt. Im Gegenteil: alles am Floh ist ungemein, kühn und selbstherrlich. Er erinnert an den Triumph des Geistes, der ja auch nur Panzer der Schwäche ist. Er ist so überraschend und unberechenbar wie der Witz. Er macht die feierlichsten Menschendinge lächerlich. Im Staatsrat, beim Hochamt, bei der endlich zum Entscheid kommenden Liebeserklärung, während der Leichenrede, während des Vortrags, bei der Hinrichtung, kurz im unpassendsten Moment zeigt der Floh die Lächerlichkeit alles Irdischen. Die Natur wird witzig. Der Floh entsteht aus dem Flohei. Das ist ein hellseidener Kokon, darin ein weißes Würmlein liegt. Das Flohjunge sieht aus wie ein Engel: hellweiß und schuldlos. Erst später schwärzt es sich allgemach, nachdem es

Blut geleckt hat. Indem es mit unsrem Blute unsre Gedanken in sich aufnimmt, wird es immer dunkler. Alte Flöhe sind kohlschwarz. Sehr merkwürdig und ganz symbolisch ist die Beziehung der Flöhe zur Kultur. Sie sind mehr als jedes andere Geschöpf Kulturtiere und bevorzugen die westliche Zivilisation der weißhäutigen kaukasischen Menschheit. Der amerikanisch-europäische Floh (Die Zoologen nennen ihn sehr liebenswürdig »den Neckenden«, (pulec irritans), kam ursprünglich weder in Indien vor, noch in Afrika, noch in Australien. Die Európäer haben ihn eingeschleppt an die einsamen Gestade von Neuseeland, ebenso wie die Wanze, die Brennessel, den Wegerich, die Syphilis und den Alkohol. Die Eingebornen nennen den Floh a pa keba nobi nobi. Das heißt: der kleine uns beglückende Europäer. Jenseits des 31. Grades gibt es wohl noch die gefährlichen Erdflöhe, nicht aber unsern witzigen, intellektuellen, von Mensch zu Mensch hüpfenden Europafloh. In den Tropen geht der Natur der Witz aus. Ebenso versagt der Witz der Natur jenseits einer bestimmten Höhenzone. Auf hohen Bergen oberhalb der Menschenwelt beißt dich wie im Grabe kein Floh mehr. Gletscherflöhe, Eisflöhe beißen nicht. Das Versagen der blutsaugenden Flohkraft auf hohen Bergen ist um so merkwürdiger als dieses Geschöpf durchaus höhenwillig ist. Er versucht durch Springen so hoch zu kommen wie mindestens staubgebannte Geschöpfe durch Fliegen. Durch bloßes Wippen mit den Schenkeln schnellt der Floh zweihundertmal so hoch als er groß ist. Er hat unter sämtlichen Tieren die stärkste Muskelkraft. Es ist, wie wenn wir Menschen über Eifeltürme und Kölner Dome vergnügt hinweghüpfen würden. Das erstaunlichste Paradox des Flohs ist aber seine Vorliebe für gut gepflegte Leute. Während alle andern Parasiten der Unreinlichkeit nachlaufen, trachtet der Floh nach der besten Gesellschaft. Im Wohnen ist er wählerisch, im Essen aber ein Epikureer. Es ist zwar kein Gourmet, aber ein Gourmand. Seine Hauptcharaktereigenschaft ist rastlos neubegierige Lüsternheit. Er ißt sich selten satt, aber er nascht den ganzen Tag. Er bleibt wie manche Raucher oder Lebemänner nie lange bei einer Sorte. Ich habe mich bemüht, Forschungen über die Gewohnheiten der Flöhe zu machen. Einige sichere Regeln will ich preisgeben. Die eigentlichen Flohländer sind die Stätten der klassischen Bildung. Vor allem in Griechenland und

Italien leben die Flöhe in Millionenscharen. Da sie der klassischen Bildung nachgehn, so bevorzugen sie Priesterseminare, das humanistische Gymnasium, Kirchen, vor allem Musik- und Kunstakademien. Sie essen niemals, wo sie wohnen. Sie sind immer außerhäuslich. Sie reagieren auf Bluts- und Landesfremde. Treu verwurzelte Eingeborenenbevölkerung wird zwar von ihnen bewohnt aber nicht gebissen. Denn die Hauswirte der Flöhe sind nicht ihre Gastwirte. Vielmehr werden die Hauswirte durch längere Symbiose schließlich immun. Nur bei besonderem Zuckergehalt des Wirtes nehmen Flöhe mit einheimischem Blute vorlieb. Sehr gallenreiche Personen (Staatsmänner und Journalisten) werden nicht gebissen. Schon der Humanist Heinrich Bebel, ja schon Ovid behauptete, daß Frauen mehr als Männer, junge Mädchen mehr als ältere Ehefrauen und daß gallige zänkische Frauen am wenigsten gebissen würden. Zur Entscheidung der Frage fehlte es mir an Vergleichsmaterial. Immerhin kenne ich ein litauisches Volkslied, welches den Floh vorwiegend für einen Liebhaber der jungen Mädchen hält. In dem Liede heißt es:

> Der Floh, das Flöhlein,
> Das lüsterne Tierlein,
> Schlürft Mädchenblut gern.
> Bei Tagesanbruch,
> Zum Kühemelken,
> Weckt er die Mädchen.
> ’s ist seine Arbeit.
> (Danios, Litauische Volkslieder, Berlin 1893.)

Vollends rätselhaft aber ist, daß einige Naturforscher behaupten, daß nur weibliche Flöhe beißen. Es ist noch keineswegs entschieden, welches Geschlecht vorwiegend beißt und ob überhaupt beide Geschlechter beißen. Es gibt darüber so viele Meinungen wie Professoren.

In meiner Kindheit gab es in der Stadt Hannover einen ständigen Flohzirkus. Er befand sich in einer Zeltbude am sogenannten Klagesmarkt. Seine Besitzerin, zugleich Herrin und Nahrung, also doppelte Schicksalsgöttin ihres Personals, war eine Patientin meines

Vaters, welcher Arzt in Hannover war. Sie beschäftigte lebhaft unsre Kinderphantasie. Wir Kinder liebten ihre Flöhe heiß. Besonders einen großen schwarzen, welcher Amanda hieß und die bedeutendste Solotänzerin Hannovers war. Die Flöhe wurden dressiert, indem ihnen ein Endchen Golddraht hauchzart um die Taille geschlugen wurde. Sie konnten sich dann frei bewegen und dank ihrer starken Muskeln trotz des mitzuschleppenden Drahtes hoch und weit springen. Aber sie konnten jederzeit an dem Draht aufgegriffen, eingefangen und in ihre Kistchen auf weiße Watte gesperrt werden. Sie waren vor vergoldete kleine Wagen gespannt. Einige trugen schottische Röcklein, Amanda, unsre Prima Ballerina, ein Genierhöschen aus Tüll. Frau Wacker (das war der Name der Direktorin) erschien bei meinem Vater mit Klagen über ihre Verdauung. Er befahl, sie müsse zu ihrer Erholung einen Nährgehilfen engagieren. Der Nährgehilfe mußte zweimal am Tage morgens und abends auf dem Klagesmarkt sich beißen lassen. Er bekam dafür jedesmal vierzig Pfennig und einen Schnaps. Ich war in der Schule sehr schlecht, und hätte man mich damals gefragt, was ich werden wolle, ich hätte gesagt: Nährgehilfe. Aber mein Vater wollte es nicht. Wir überlegten, wen wir zu Frau Wacker schicken sollten. Unsre ganze Bekanntschaft wurde daraufhin durchgesprochen. Schließlich einigten wir uns auf Fräulein Groteguth. Das war eine blasse weinerliche Person, die für meine Mutter Näharbeiten machte. Wir Kinder nannten sie »Gemüt«, weil sie immer sagte, wir hätten keins. Wir schickten sie zu Frau Wacker und meine Schwester gab ihr einen Floh zum Ausbilden mit, den sie von Olga, unserm Mädchen, hatte. Frau Wacker dankte für das Geschenk, aber Fräulein Groteguth, der die feine Stelle eine willkommene Beihilfe gewesen wäre, hatte keinen starken Charakter und eine zarte Haut. Ich höre noch heute, wie sie auf Hannoverisch uns vorweinte: »Jöä, ich will jöä man nichts sägen auf Ädolfen, äber Ämandä, düsse Lork, . . ., die kann jöä nie genuch kriegen.« Das war also mißlungen. Sonntagmorgens kam zu uns immer ein »Invalide von Siebzig-einundsiebzig«. Er hieß »Herr Oppermann mit 'em Stelzbaan.« Er holte sich gewohnheitsgemäß »Sonntags nacher Kirche aanen Groschen.« Mein Vater sagte, der sei der beste Nährgehilfe. Er wäre dicklich und echthannoversches Vollblut. Wir

Kinder griffen es auf. Wir konnten es gar nicht erwarten bis Sonntagmorgen war. Da lauerten wir auf »Herrn Oppermann mit 'em Stelzbaan«. Und als er endlich kam, riefen wir: »Herr Oppermann, ob Sie nich Nährgehilfe werden wollen?« Es dauerte lange, bis er's begriff. Um es kurz zu machen: Er bekam die Sinekure, und es knüpften sich bald zarte Bande. Frau Wacker hat Herrn Oppermann geheiratet. Sie haben lange Jahre den Zirkus am Klagesmarkt, man kann wohl sagen, mit ihrem Herzblut genährt. Ich habe gelesen, daß Flöhe uralt werden. Was ist nicht alles aus meiner Vaterstadt geworden! Erst Königreich, dann Kaiserreich, dann Republik, Bismarck, Kaiser Wilhelm, Bennigsen, der Dichter Ferdinand Haars, der Bürgermeister Menge . . ., Amanda hat sie alle intim gekannt. Frau Wacker und Herr Oppermann sind schon lange tot. Aber Amanda, wer weiß, lebt vielleicht heute noch.

[1931]

Würmer und Insekten

Mollusken (Würmer und Schnecken) haben, wie sie an der Erde kleben, auch eine magische Beziehung zum Wesen der Erde. Man könnte sagen, daß durch die Röhren und Kanäle ihrer Leiber, welche den Wurzeln und Schäften im Pflanzenreich gleichen, aller animalische Stoff hindurchgeht, bevor er zum Schoß der Mutter Erde zurückkehrt. Denn die Mollusken, welche gleichsam eine eigene Mittelwelt bilden zwischen Pflanzen- und Tierreich, sind die Helfer der Blumen. Und welcher Gestaltenwandel immer unserem Leichnam bevorsteht, es ist unbestreitbar, daß zunächst die Würmer den entformten Stoff zernagen müssen, ehe er wieder auferstehen kann in der Schönheit und Seligkeit des Pflanzenlebens. Die Blume (aber nicht etwa der Mensch) ist der Stern und Kern der Natur, indem sie aus Verwesung und aus all dem durch Tier und Mensch geschaffenen Abfall des Kreislaufes wieder Frieden und Schönheit gewinnt. Sie filtert den belebenden Sauerstoff aus der vergiftenden Kohlensäure. Sie baut die organischen Formen aus dem zerfallenden Staub. Ja, das gesamte Wunder der Gestaltenwelt ist eigentlich das Werk der Pflanze. Dazu aber helfen der Pflanze die den Boden zerkrümelnden Würmer und Schnecken. Da nun diese den Bildmächten der Erde so innig verbunden sind, so ist ihnen auch ein ahnendes Vermögen zu eigen für alle Vorgänge im Erd-Innern, welche wir Menschen viel später bemerken. Aus dem Verhalten der Würmer können wir das Steigen und Sinken des Grundwassers und das Leben der Quallen ablesen. Schnecken beginnen aufwärts zu wandern, wenn die Flüsse emporsteigen. Manche Conchylien reagieren auf vulkanische Vorgänge des Erd-Innern weit früher als wir von diesen Vorgängen wissen. Wahrscheinlich wären auch die erdmagnetischen Vorgänge an den Weichtieren zu studieren, wenn wir Zugänge zur Seele dieser Geschöpfe hätten. Ihre Seele aber ist wie die Erde, langsam, langmütig, dumpf, träge und schwer. Der Hauptcharakterzug der Mollusken ist eine dunkle, immer gleiche Gefräßigkeit. Ihr Körpergewebe ähnelt dem Bindegewebe der Pflanzen. Vervielfältigung (Reproduktion), nicht aber etwa Empfindlichkeit oder Reizbarkeit ist der Wesenskern aller Weichtiere, welche, ähnlich den Pflanzen abgeschnittene Teile des Leibes aus ihrem schöpferischen Bildvermögen heraus zum Gesamtbild ergänzen.

Diesem erdgebundenen Leben der Tiefe gegenüber steht nun aber eine ganz andere, weit bewegtere Art von Gebilden. Nämlich die Insektenwelt, welche auf das lichterfüllte, bewegte Luftmeer angewiesen ist, so wie jene auf den unveränderlichen Mutterschlund der Erde.

Vergleichen wir nun diese zwei gegenpoligen Welten (welche sich nicht anders gegeneinander stellen wie Erde gegen Himmel, Seele gegen Geist), so ist uns zunächst auffällig, daß zwei primitive Organe dieses Gegenspiel verleiblichen, die Leber und die Lunge.

Am Leibe der Mollusken, zumal bei den Schnecken, ist die Leber das relativ größte Organ. Am Leibe der Insekten die Lunge. Betrachten wir nun durch das Mikroskop ein Leberläppchen und eine Lungenalveole, so bemerken wir einen verwandten Gegensatz, wie ihn die Unter- und die Oberwelt der Erde dem Auge bietet. Die Leber ist Ernährungs- oder besser gesagt Aufspeicherungs-Organ. Sie ist wie der Erdboden die Vorratskammer der Stoffe. Die Lunge dagegen scheint vergleichbar einem gotischen Bau, den Stoff aufzuzehren und aufbrennen zu wollen (daher bezeichnet die deutsche Sprache den allzu raschen Brand der Atmung als Schwindsucht). Müßte nun nicht ein guter Charakterologe auch in der Menschheit darauf achten, ob die Region der Leber oder der Lunge, die Gewebewelt oberhalb oder unterhalb von Nabel und Zwerchfell dominiert? Am merkwürdigsten aber ist doch wohl die Wiederkehr dieser die ganze Natur durchspielenden Polarität auf einer höheren Stufe der Gestaltenleiter. Der Gegensatz nämlich zwischen Insekt und Wurm kehrt auf einer höheren Ebene nochmals wieder als der Gegensatz der Amphibien und der Vögel. Bei den Amphibien, zumal den Schlangen, besteht eine mystische Beziehung zu Erdkräften, bei den Vögeln zum bewegten Äther und leichten Licht. Und wiederum ist der Charakter der kriechenden Geschöpfe der langsamen, dumpfen Pflanzenwelt verwandter, die Besonderheit der Insekten und Vögel aber ist leicht und beweglich wie das Licht. Verlangsamt man die Lebensbewegungen der Insekten und Vögel, so erhält man eine Mollusken- und Schlangenwelt. Beschleunigt man den Ausdruck der Schnecken und Amphibien, so erhält man Naturen ähnlich den Insekten und Vögeln. Wir können vermittels der Zeitlupe die Pflanzen in Tiere wandeln und umgekehrt. Ich habe darüber in meinem Werke »Blumen« ausführlich abgehandelt.

Es grenzt freilich an Mystik (und doch glaube ich damit auf neue Wahrheiten zu deuten), daß die Wandlung der erdgebundenen »Lebergeschöpfe« in das erdbefreite Lungentier zusammenhängt mit der Erlösung der stummen Erde zu Sprache, Wort, Stimme und Musik. Stumm, tonlos, ohne Sprache vollzieht alles Gewürm seine nagende Vorarbeit. Sprachlos und langsam kriechen auch noch die Schnecken. Die Insekten: Mücken, Fliegen, Käfer und Hummeln surren, locken, summen, singen ohne Unterlaß. Vollends das Leben der Vögel ist gestellt auf Ton und Klang. Jene Harmonie also, die in der stummen Natur nur als Proportion und Symmetrie offenbar ist, wird im befreiten Äther und Licht zu rhythmischer Bewegung klingender Töne, wie denn wohl alle Musikalität mit der Vergeistigung des Stoffes zusammenhängt und das Merkmal der männlichen, nie der weiblichen Seele ist. (Es gibt und gab keine einzige wirklich urwüchsige weibliche Musikschöpferin.) Absolute Bindung der

Materie stünde an dem einen Pol, Auflösung in reine aktive Energetik am anderen Pol.
Diese gewagten Gedankengänge sind nun freilich leichter in dichterische Symbole als in exakte wissenschaftliche Begriffe zu bringen. Ein solches Symbol ist die uralte Auferstehungsmystik, der fromme Glaube an die Loslösung einer Seele vom Stoffe und an ihr geistiges Fortwirken in einem ätherischen Jenseits, welcher sehr geistige und christliche Mythus auf den Gräbern durch das Bild des Schmetterlings versinnlicht wurde, also desjenigen Geschöpfes, dessen Jugendform, die Raupe, rastlos, nagend, gefräßig, stumpf und sinnbefangen nach dem Dunkel der Unterwelt verhaftet ist, aber dessen späte Form schon teilnimmt an der Seligkeit der stoffbefreiten Geister. Denn genau betrachtet, sind Engel nichts als »singende Schmetterlinge«. Beseligte, in Licht und Klang aufgelöste Leiber, welche keiner irdischen Speise mehr bedürfen. Vielleicht auch ziehen die beiden Bereiche der Erdverbundenen und der Luftverbundenen einander an wie Weib und Mann, indem die Stummen (Wurm und Schlange) durch die Musik und das Licht verlockt werden, die Tönenden (Insekt und Vogel) zurückgezogen werden in den Schlund der Erde.
Überlegen wir nun, daß wir Menschen in unserem Leibe vor Augen haben den gleichen Dualismus wie die Erde: die ernährende Funktion der Leber jenseits des Nabels, der Atmungskreislauf der Lungen diesseits des Nabels, und bedenken wir ferner, daß der gesamte Erdglobus betrachtet werden muß als ein dem menschlichen konformer lebender Organismus, dann erscheint in neuem Licht die alte Rede vom »Nabel der Erde« (in Griechenland sieht man manche alte Erdnabel, Omphaloi genannt), wobei das unterirdische Dunkelreich der Mollusken und Würmer der Funktion unserer Leber, das oberirdische Luftreich aber dem Spiel unserer Lungen vergleichbar wäre. Das ist Mystik, aber bedenken wir dies: Wir sind als Gestaltenforscher immer auf die Oberfläche der Leiber angewiesen, das heißt wir erforschen zum Beispiel die Bedeutung der Hand, des Auges, des Mundes usw., aber ich mache mich anheischig, auch aus dem Anblick jedes Eingeweides, aus Magen, Nieren, Lunge, Leber eine Seelengeschichte zu lesen und für jedes Organ in der Pflanzen- oder Tierwelt eine parallele Gestalt aufzu-

weisen. Dies alles freilich kommt hinaus auf naiven »Anthropomorphismus« (Mensch-Mittelpunktschaft), aber kaum je ist ein weiseres Wort gesprochen worden als das Wort Goethes: »Der Mensch ahnt niemals, wie anthropomorphistisch er eigentlich ist.« [1932]

Der Tag der Tiere

Die Tierschutz-Vereine aller Länder haben beschlossen, einen Welt-Tierschutztag einzuführen. So wird auch in Prag am 3. Oktober Welt-Tierschutz gefeiert. Am 3. und 4. Oktober wird für den Tierschutz geworben werden. Und mein ganzes Herz wirbt mit, obwohl es ihm schwer fällt, seine Gefühlsverpflichtungen für die nächste Woche auseinanderzuhalten. Denn es steht bereits vorgemerkt: »Tag des Buchs. Mütter-Welttag. Tag der verwahrlosten Mädchen. Welttag für China. Panarabischer und Biochemischer Welttag.«

Wenn Du am Morgen aus der Pforte trittst, so steht da schon der unabweisbare fröhliche Knabe mit der Sammelbüchse. Und das sonnige Mädchen heftet lächelnd die Papierblume oder das farbige Bändchen Dir ins Knopfloch. Du fragst: »Was ist denn heute?« Knabe und Mädchen rufen: »Drogisten-Apotheker-Weltfestfeiertagung.« »Richtig!« so erinnerst Du Dich, »Ausgesetzter-Säuglings-Weltweihetag« ist ja erst morgen. Aber: Ordnung muß sein! Und wie ich täglich aus meiner Zeitung erfahre, welches hundertjährigen Dichters Gesamtwerke ich morgen kaufen werde und welchen siebzig Jahr-durchdauert-habenden Zeitgenossen ich verehrend hochleben lasse, so will ich auch eine Anweisung haben, wohin ich sie spenden soll: meinen Opfergroschen und meine sozialen Gefühle. Indessen: Spotte nicht! Welttag der Tiere! Das ist etwas Übermenschliches. Mich durchzuckt ein beglückender Gedanke. Hört! Wie wärs, wenn wir Tierfreunde allen Ernstes einen allgemeinen Tier-Ruhetag einführen? Welcher Tag könnte dazu geeigneter sein als der Karfreitag, wo nach alter Überlieferung einmal im Jahr auch die stumme Kreatur, Bäume, Fische, Blumen, Schmetterlinge Sprache bekommen? Wollen wir nicht Tierostern feiern? Ich denke mir das so: An diesem einen Tag darf kein Mensch ein Tier jagen, fangen, töten, quälen oder verzehren. An diesem einen Tag sollen die Tiere fühlen, daß sie nicht nur dazu geschaffen sind, unsere Lasten und Launen zu tragen, und uns mit Speise, Kleidung und Stiefeln zu beliefern. Ein Strom von Brüderlichkeit dringe selbst bis hinter die Gitterkäfige der Zoologischen Gärten. An dem einen Tag soll keiner eine Fliege fangen, einen Floh knicken, einen Wurm treten, eine Schnecke zerdrücken. An diesem einen Tag feiern alle Berufe, welche tierische Stoffe verarbeiten. Die Esel, die Pferde, die Kamele tragen am Tierfeiertag schöne Stickereien. Die Hunde wedeln bekränzt durch festliche Gassen. Selbst der ärmste Dorfköter trägt heute seinen Gänseblümchen- oder Primelkranz. Die Katzen bekommen dreimal süßen Brei, damit auch die Mäuse sich mitfreuen können. Die Spatzen und Amseln bekommen Osterkuchen. In den Kirchen aller Bekenntnisse halten die Geistlichen eine schöne Tierpredigt. Die Kinder haben schulfrei. Jedes Kind bekommt ein Heftchen tierfreundlicher Geschichten zum Geschenk. Die Lehrer wandern mit den Kindern in die Haide und in den Wald, damit sie Tierostern ansehen und die Blumen sprechen hören. An diesem einen Tag soll selbst der herzloseste Rohling fühlen, daß auch die Tiere Menschen und die Menschen nicht bloße Tiere sind.

Ich freue mich schon darauf, wenn ich morgens zu Schnurz sagen werde: »Heute darfst du aufs gute Sofa. Heute frißt der Mensch kein Tier. Heute ist euer Ehrentag!« Und in den südlichen Ländern, wo die gräßlichen Vogelmärkte sind, soll jeder Vater verpflichtet sein, an diesem Morgen seinen Kindern einen kleinen Singvogel zu kaufen, damit die Kinder ihn auf der Stelle frei davonfliegen lassen. Darüber werden gleichzeitig alle Kinder, alle Vögel und alle Vogelhändler erfreut sein. Eine Million befreiter Vogelherzen wird einen Jubelschrei durch die Lüfte tragen. Das wird der schönste Tag im ganzen Jahre. Jedenfalls wird an diesem Tage weniger gelitten und geseufzt werden als an allen übrigen Tagen. An diesem Tage werden alle Fischläden und alle Schlachterläden geschlossen bleiben, denn die Fischhändler und die Schlachtermeister und ihre Gesellen wollen mit ihren bekränzten Hunden in den Stadtwald gehn und die Natur belauschen. Es sollen an diesem Tag auch keine Blumen ohne

Sinn und Not gepflückt werden. Und die guten Kühe, die mutigen Stiere, die klugen Ziegen, die Gänse, die Tauben, alle Hühner, alle Enten, heute sollen sie mal spüren, wie brav der Mensch sein kann, wenn er fröhlich ist. Jedes bekommt sein Lieblingsfutter. Die Ziegen das erste Blattgrün, die Katzen Baldrian, die Kanarienvögel grüne Vogelmiere. Die Bienen dürfen ihren Honig fressen, die Fliegen an die Zuckerdose gehn. Sogar die Glocken läuten zur Feier der Tiere. Und alle Menschen haben nette Augen und sehn an diesem einen Tage grade so aus, als ob sie richtige Menschen wären.

Ich weiß natürlich, am nächsten Tage wird alles wieder beim alten sein. Ich habe das Menschengeschlecht sogar im Verdacht, daß es Sonntage, Bußtage, Liebesfeste eigentlich nur dazu erfindet, um an allen andern Tagen mit um so beruhigterem Gewissen wacker sündigen zu können. Warum feiern wir siebzigste Dichtergeburtstage? Um an allen anderen Tagen an diese aufdringlichen Menschen nicht denken zu müssen. Denn so sind wir: wir flechten dem Lämmle gern die lieblichsten Halsbändchen ums Hälschen, bevor wir das Hälschen durchschneiden. Indes: Wie sang Kleist? »Des Krieges ehernes Gesetz soll herrschen, allein die zarteren Gefühle auch.« Ich habe nie Wunderlicheres erlebt als Weihnacht 1914. Da hatten inmitten des Weltkrieges alle Soldaten aller Nationen stillschweigend die Übereinkunft getroffen: »Heute abend wird nicht geschossen. Heute abend ist jeder Mensch sicher. Wir entzünden alle Hoffnungslichter und singen die Lieder aus unsrer Kindheit.« Am folgenden Morgen wurde wacker weitergemordet. Aber es war doch schon viel, es war doch schön gewesen: Unser alltägliches Galle-, Haß- und Ichsucht-Leben war doch einmal zu Musik geworden, als wir Erbfeinde alle füreinander beteten, mit Stimmen von Kindern und von Engeln. Und also: laßt uns versuchen, einen Schutz- und Schontag einzuführen für alle Tiere, die ja nur das sind, was wir vor unsrer Geburt waren und nach unserm Tode (vermutlich) wieder sein werden. [1931]

Gesichter der Blumen

Alexander v. Humboldt erwog als erster den Gedanken einer Gestaltenkunde der Gewächse. Himmelsstriche und Klimate, so dachte der Naturforscher, empfangen ihr eigentümliches Gepräge durch Beleuchtung und Bläue, Duft der Ferne, Umriß der Berge, Saftfülle der Kräuter und Glanz des Laubes. Nicht gleichgültig ist es für unser Lebensglück, ob der Blick ruht auf gestumpften Kegeln von Basalt, sanften Kuppen des Granits oder eckig männlichen Porphyren. Unbewußt entgegnet unser Empfinden auf fröhlich bewegte Grassteppen oder ruhig ernste Aloewälder, auf die feierlich bedeutende Palme oder die musikalische zierliche Birke. Und so versuchte denn Humboldt sechzehn Grundformen der Gewächse zu unterscheiden, indem er sich nicht verließ auf gedankliche Einteilungen, sondern ausschließlich auf sein Auge. Denn das Auge überzeugt unmittelbar, daß zusammengehöre Kaktus und Stachelbeere, Spargelbusch und der Drako genannte tropische Riesenbaum, Eidechse und Krokodil, Hauskatze und Löwe. – Indem wir solche Naturgemeinschaften erspüren, bekommen die Landschaften *Gesichter*. Tiere, Bäume, Blumen, Erze, Steine, nicht minder Wasser, Wolken, Boden und Wind und schließlich sogar die Menschen und ihre Kunstformen wachsen zusammen zu schicksalverbundenen Wesenheiten.

Wenn wir nun aber bemüht sind, die Gesichter dieser Wesensgemeinschaften aufzuzeichnen, dann verfahren wir wie Kinder, die auf dem Klavier mit einem Finger nachspielen wollen, was hundert Klangwerkzeuge sie empfinden lehrten. Der Allgemeinbegriff ist zu schmächtig für das in zahllos flutenden Einzelformen sich immer neu erzeugende Gesamtbild. Und so braucht es, um das Bild aufzufangen, einer Innenschau, die wir nirgends finden, wenn nicht in der eigenen Seele.

Wir in Städten unter lauter Kunstdingen wohnenden Geister sind ausgeschlossen vom Lebensodem, sind all zu vielen fremden Eindruckswellen ausgesetzt, welche uns ablenken von jenem Punkt, wo, schicksalverhaftet und darum frei, nur der Naturwille waltet, unbeirrt von der Welt gedachter Dinge, hellfühlig und mitten in

Gott. Weilten wir immer in diesem Punkt, dann freilich könnten wir schöpferisch bilden jede in Wandel und Wiederkehr unveräußerliche Wesensform. Da es uns aber nicht gelingen kann, die Gestaltenwelt in Begriffe aufzufangen, so besitzt die nach dem Urwesen fragende Wissenschaft nur einen einzigen sicheren Weg: die analogische Methode, welche nach bildhaften Entsprechungen der Gestalten forscht.

Verfolgen wir diesen Weg, so können wir in den Blumen die Metalle und Erze wiedererkennen; in den Lebenskurven ihres Wachstums die Gezeiten der Sterne, in ihrem Atem den Wind, in ihrem Pulsschlag den Rhythmus auch des tierischen Lebens, ja sogar in Krampf, Fieber und Frost das Gleichbild vieler Wetterwellen der Natur. Wir erblicken hinter Tiergesichtern die Wesensarten der Menschenvölker und in jedem Organ eines Tierleibes auch verwandte Gebilde aus der Pflanzenwelt. Schließlich dürfte sogar keine Maschine, keine Erfindung fortschreitender Werkzucht uns begegnen, wofür sich nicht eine Entsprechung aus der Pflanzenwelt nachweisen ließe.

Damit aber folgt die Wissenschaft jener Überlieferung, die mit der *Sprache*, der Urform aller Wissenschaft, schon begonnen ist. Denn die Sprache muß der sichtbaren Gestalt entnommen sein. Wenn die Hoffnung grünt und die Furcht anwächst, wenn vom Menschen gesagt wird, er sei knorrig, stämmig, hölzern, kernig, langstielig, hanebüchen, eichenstark, er sei zart wie die Knospe, zittere wie Espenlaub, sei gertenschlank oder pflaumenweich, habe Rosenwangen oder Lilienarme, oder wenn wir sprechen von entwurzelten Naturen, von Sumpfblumen, Unkräutlein, Asphaltpflänzchen . . ., wer verkennt die Entsprechung zu Blumengesichtern?

So ist ein gut Teil Mienenkunde schon in den Worten niedergelegt. Man denke an Blumennamen: – Brennendes Herz, Nachtkerze, Ringelblume, Schneeball, Goldregen, Teufelsabbiß, Pluderhöschen, Frauenmantel, Sternblume, Becherblume, Bärlapp, Wolfsmilch, Armleuchter, Fingerhut, Mondraute, Fuchsie, Fuchsschwanz, Ackerwinde, Nachtschatten, Bocksbart, Greisenhaar, Bettstroh, Regenschirm, Natternzunge –, und man merkt wie sinnenfällig das Volk schon die Namen gab . . .

Linné hatte den Einfall, eine Blumenuhr zusammenzustellen, indem für jede Stunde des Tages eine andere Blüte sich zum Lichte öffnet oder vorm Lichte verschließt. So ist der Teppich des Jahres aus Blumengesichtern gewoben. März – das sind: Veilchen, Seidelbast und Kätzchen an der Weide. April: Nun blüht an den Wassern die Erle, im Garten Krokus und Primel, auf dem Acker Hungerblümchen und Ehrenpreis. – Mai: Die Kastanien blühen und der Kirschbaum. Die gelbe Dotterblume steht in nasser Wiese; der Garten trägt den Ruch von Syringe und Mandel, und der Wald duftet nach frischem Waldmeister. Im Juni endlich beginnt all das tollwütige Geblühe: Pfeifenstrauch, Ackelei, Goldnessel, Knabenkraut, Glockenblume, Sauerampfer, Hahnenfuß, Spiräe, Schafgarbe, Löwenzahn. Dann erst kommt die Rosenzeit, die selige, bis den September meldet der große Rainfarren und die Kamille für den Hustentee. Und der Oktober kommt mit Enzian und Rebe für den Vergessenstrank. Noch einmal zu Allerseelen brennt der Friedhof von Blumen rot und gelb, als sei es des Gottes blutendes und leuchtendes Herz. Dann kommt der Krokos des November: Die Herbstzeitlose . . . Altweibersommer spinnt dich ein in den Traum:

Todesrose, Asphodele,
Herbstzeitlosenflur der Seele . . .

Leser! Pflückst du die Blumen *einzeln* aus dem Jahresreigen, so offenbart dir eine jede das Geheimnis eines *Gesichtes*.
Lianen oder auch Efeu und Klimatis zeugen den Ausdruck einer heißen oft unverschämten Lebensgier. Sie kämpfen mit Hacken, Klauen, Klebemitteln; alles ist ihnen recht. Helloborus, die Weihnachtsrose, hat ein kühnes wagemutiges Antlitz; sie läßt es ankommen auf das Erfrieren. Am Lungenkraut siehst du den Stolz der mütterlichen Fruchtbarkeit; darum prangt die befruchtete Blüte viel farbiger als die jungfräuliche. Trägt nicht Rittersporn, dies blaublau Stückchen Himmel, zur Erde gefallen, den sinnigsten Namen? Ist nicht köstlich gewählt der Name ›Stiefmütterchen‹ für das klare Blumenantlitz, das den vier großen Blättchen ein warmes Stühlchen bereithält, aber für das kleine, das Aschenputtel, keines hergibt? Die Lotos und Lilien blicken fromm wie schöner stillegesättigter

Tod. Das sind die Blumen des Buddha. Sehen nicht Pilze aus wie Nachtalben; Nachtschmetterlingen verwandt? Scheinen nicht manche die *Gegen*welt der Tagesblumen zu sein? Mit giftigen, geilen, verbrecherischen Gesichtern, parvenümäßig lebensgierig nach fruchtbarem Regen aus modriger Scholle und feuchtem Holze gebrochen. Da ist der Sonnentau, der mit seinen Drüsenfingern sich Insekten fängt, um sie zu fressen; der Froschlöffel, welcher Petroleum aus der Erde zieht; das Steckenkraut, dessen Wurzel den rätselhaften Teufelsdreck (Asant) liefert und dessen Mark brennen kann, ohne daß die Holzrinde mit verbrennt; da sind die Viviparen, lebend gebärende Alpenrispengräser, die ihre jungen Pflanzen gleich mit den Wurzeln zur Welt bringen. Es gibt eine Liane, die Mortifera, welche ganze Wälder umklammert und mordet; aber die rätselhafteste Erscheinung der Erde ist der Selbstmörderstrauch, die Actinidia, aus dem Geschlechte der Dilleniaceen. Sie ist wie Narzissus verliebt in sich selbst. Wo zwei Triebe hervorbrechen, da stürzen sie aufeinander zu und umschnüren einander wie im Liebeskampf oder in Mordlust und halten sich so innig, daß sie einander die Atmung abdrosseln und ersticken. So stirbt diese Pflanze an sich selbst.

Die Chinesen haben ihre Geschichte in drei Zeitalter geteilt, in denen der Tee zuerst als Kuchen gekocht, dann als Pulver geschlagen und zuletzt in Blätterform gesotten ward. Es ist die klassische, romantische und realistische Schule der Teebereitung. Diese Einteilung bringt mich auf den Gedanken, ob man nicht an Blumen und Früchten, zum Beispiel an Pflaume, Kirsche oder Aprikose auch Völkercharakter spiegeln kann, denn man braucht ja nur an Weine (Burgunder, Rheinwein, Spanischer Wein usw.) zu denken, um zu fühlen, daß in jeder Obstfrucht auch das Gesicht der Landschaft *sich kundgibt*.

So läßt die Antlitzkunde der Blumen verschiedene Gesichtspunkte zu. Wie es Seelenforscher gibt, welche nur Helden oder Genies oder nur den Irrsinn oder das Verbrechen erforschen, so könnte man auch unter Blumen nach Heldentum, Krankheit, Verstiegenheit fragen. Jede Kakteensammlung zeigt Füllen schnurriger und fratziger Gesichter. Die Flora der Tiefsee birgt Verbrechen und Schau-

der, und berühmt ist die Schilderung der Blumensammlung in Huysmans Romane ›à rebours‹. Caladien, Echinopsen, Nidularien, Cypripedien, welch fantastische oder gespenstische Gesichte! Es gibt auch leidende neurotische Blumengesichter. Man blicke ins Antlitz der Mimose, der totenblassen Silberpappel, die jede Luftveränderung zitternd meldet oder jener hängenden Zypresse, die Totengewölbe baut.
Schon in ferner Vorzeit war man auf den Einfall gekommen, die Blumen ähnlich wie die Farben als eine Art von Sprache zu betrachten; so konnte Jakob Grimm in den ›Altdeutschen Wäldern‹ (1813–1816) eine sehr alte deutsche Schrift über den ›Sinn der Blumen‹ neu drucken und großer Beliebtheit erfreute sich bei unseren Urgroßmüttern das Werk der Charlotte de Latour ›le langage des fleurs‹, welches auch deutsch, übersetzt von Müchler 1820 in Berlin erschien und neben Bratraneks ›Ästhetik der Pflanzenwelt‹ (1853) und dem Buche von J. Nathusius über die Deutung der Blumennamen (1869) einst viel beachtet wurde. Es steckt denn wohl auch irgendeine Art physiognomischer Beobachtung in Blumendeutungen wie diesen folgenden: Abend: Mohnblume, Abscheu: Stapelia, Ärger: Leberblümchen, Andenken: Vergißmeinnicht, Anmut: Tausendschön, Armut: leere Ähre oder Heller-(Pfennings-)kraut, Aufrichtigkeit: Schlüsselblume, Beleidigung: Stachelbeere, Beruhigung: Kamille, Beständigkeit: Wegwart, Bosheit: Brennessel, Braut: Braut im Haar, Dummheit: Gänseblume, Ehre: Rittersporn, Einsamkeit: Heidekraut, Furcht: Espe, Geliebter, Geliebte: Adonis, Glück: Goldlack, Geld: Goldregen, Himmel: blaue Kornblume, Hoffnung: Immergrün, Jungfrau: Orangeknospe, Klugheit oder Verschmitztheit: Fuchsschwanz, Krankheit: Holunderblüte, Kummer: Aster, Kuß: Brennende Liebe (Lychnis chalcedonica), Leiden: Sauerklee, Liebe: rote oder braune Nelke oder Rosenknospe, Lieblosigkeit: Stiefmütterchen, Ruhm: Lorbeerzweig, Sieg: Palmenzweig, Stärke: Eiche, Tränen: Rosmarin, Trauer: Ölbaum, Treue: Mannestreu, Tod: Zypresse.
Es dürfte sogar möglich sein, aus Wachstumsgesetzen der Pflanze die Gesetze der Weltgeschichte abzulesen. Wir beobachten, daß jeder Baum, der unbehindert sich entfalten kann, seine Äste erst gen Sonnenaufgang hin entwickelt; an den Jahresringen sehen wir, daß

der best- und erstentwickelte Teil des Stammes nach Osten zu liegt. Dann erst, gleichsam als Rückschlag, sprossen die Äste und Blätter auf der entgegengesetzten, der Schattenseite. Und zwar scheint ein Gesetz der Entsprechung vorzuliegen: je stärker der Baum nach Osten zu aufblüht, um so schneller erfolgt auf der Westseite des Stammes das Gegenwachstum. Da nun die treibende Kraft des Wachstums die Sonnenwärme ist, so kann die Gestalt einer Pflanze angesprochen werden als Ausgleichung verarbeiteter Wärme.
Könnte man nun nicht denken, daß die Wachstumsgesetze des Baumes anwendbar seien auch auf solche Formen, die irgendwie einem Baume entsprechen? Auch die Städte wachsen wie Bäume: von Osten nach Westen zu. Und was kann man nicht mit einem Baume vergleichen? Den menschlichen Leib, den Staat, die Kunst, die ganze Menschheit. Wenn dem Leser dieser Vergleich nur ein Einfall zu sein scheint und er nicht das lebendige *Bild* spürt, so denke er etwa an den Bienenstaat und mache sich klar, daß er vor einem in Einzelteile auseinandergefallenem Baume steht. Die Königin ist die nährende Wurzel, die Arbeitsbienen sind Äste und Zweige; die Drohnen Blüten oder Blätter. Die Blätter werden in jedem Jahr abgeworfen, die Stämme schlagen neue Wurzeln und können dann aufgepfropft und okuliert werden . . .

Wenn wir nichts besitzen als ein kleines Hausgärtchen, so haben wir doch darin die Bilder alles Lebens, die Gesichter aller Erdteile, ja die Möglichkeit zu unermeßlichen Fantasie-reisen. Und was brauchen wir Menschenfrauen? Blumen, und übrigens auch Vögel sind viel reizender als alle Mädchengestalten. Man braucht nur in die blanken lachenden Augen der Küchenkräuter zu blicken, – Basilikum, Petersilie, Eiskraut, Gartenmilde, Majorane und Malven – so glaubt man unter wohlbehüteten gesunden Bürgerkindern zu sein. Liebliche Mittelstandsgesichter, all in ihrer Sauberkeit, aber auch so nüchtern wie gute Hausfrauen es nun mal sind. Ein Meisterstückchen hausbackener Hübschheit ist die goldene Blüte der Schwarzwurzel oder auch Kalendula, die Saubere, welche nirgends ein Unkraut aufkommen läßt in ihrer Umgebung.
Wechselst du abenteuerlustig hinüber in die Gesellschaft der Orchideen, so erblickst du das Antlitz schöner fragwürdiger Verführerin-

nen. Stanhopea, prächtig berauschend mit wilden Blättern und rötlichgelber Blüte, wie ist sie sirenenhaft; wurzelt im morschenden Stamm und raubt ihm das Mark.
Die leichten Iris in ihrer dahinzwitschernden Munterkeit sind kaltherzige Tanzmädel. Die Betunien und Winden, all die lieben Schlankdinger, Hübschdinger, Liebdinger sind Geishas, kleine holde Bajaderen. Die dicken Cinerarien sind Mädels aus dem Volk, ›die's zu was gebracht haben‹. Opuntien haben völlig bankdirektoriale Gesichter. Georginen, Hortensien sind Tiller-girls, amerikanisch schön und seelenlos.
Aber die geliebtesten, die liebsten sind doch die Kinder aus dem untersten Volk. All die frechen kleinen Hybriden: Teufelsabbiß, Margareten, Feuerbällchen. Das alles blüht und liebt in deinem kleinen Garten, bewacht von den riesigen Sonnenblumen, welche aussehen wie treue, tappsige, zuverlässige Bärenmutter und doch sich selber verzehren in zarter Sehnsucht zum Licht: »Also sieh mein Selbstverzehren, Herr, in Rührung an.« Das wuchert nur so in deinem Garten hinter den dunklen Eiben und Nadelhölzern. Die schützen dein kleines Paradies vor kalten Winden und zudringlichem Blick. Sie sehen aus wie schwarze Säuglingsschwestern, die den Beruf haben, arme bleiche Frühlingskinder zu betreuen. Nun ist Juli! Die kleinen Schützlinge wuchsen zu ungeahnter Pracht. Und nun stehen die schwarzen Schwestern mürrisch und etwas neidisch und brummen: ›Wir haben unsere Pflicht getan, nun guckt das Blühevolk uns übern Kopf und ist schöner als wir.‹ Im Felde draußen jubeln die Lerchen. Das gute Korn reift zur Ernte. Bald stehen an den Wegen die Kornstiegen. In der Dämmerung sehen sie aus wie blonde Nonnen. Betend und dankend für das Geschenk unseres Tags. [1928]

Schneeglöckchen

Noch blasen von Nordost die tückischen Eisriesen und der weiße Schnee liegt in allen Mulden und an allen Hängen. Da drängt schon aus der Tiefe ein schüchternes Lebensverlangen. Es ist die Pflanze, welche das Volk das nackte Jüngferchen nennt: der Blume gewordene Schnee. Ihre weißen Blütenblätter tragen im Innern ein kränkliches durchsichtiges Grün. Und wie der Flügel des Schmetterlings, wenn er aus der Larve bricht, ganz feine Fältchen zeigt, so hat auch das Schneeglöckchen ganz feine Schrunden auf seinen noch unentwickelten Blättern. Darin schweigt die herbe Scham und keusche Kälte unserer nordischen Landschaft.

Wie im Walde die hellen Pilze zeitiger kommen als die satten farbigen, wie die blassen Falter früher da sind als die vollen bunten, so sind auch die Vorläuferblümchen, die Veilchen, Leberblümchen und Anemonen, weniger farbenstark und minder duft- und lichtkräftig als die Blumen des Sommers. Der Schnee dämpft wie die Töne so auch die Düfte und Farben; daher leuchten noch matt die hellen Vergißmeinnicht und der Apfelblüten Bleich und Rosa, und nur schwach schimmert das Gold der frühfarbenen Krokos. Den Sieg des Lichtes kündigt erst das volle Scharlach der Päonien oder das Karminrot der Rosen, der Quitten tieferes Gold und das Phosphorblau von Iris und Schwertlilien.

Volles Erfüllen bringt aber einzig der Herbst! Wenn Weinblatt und Ahornblatt farbebrennend im Winde fliegen, dann erst sind alle Schmelze der Metalle und Edelsteine aus ihren Grüften erlöst . . .

Ahnen von dieser Seligkeit die früh Geborenen? Leise Trauer liegt auf allen Ersten wie auf allen Letzten. Als erste blühen die Kätzchen an der Trauerweide, als letzte welken auf dem Friedhof die Schattenastern.

Die Schneeglöckchen gehören zu den lilienartigen Gewächsen, deren Blüten wunderliche Ähnlichkeit haben mit den mannigfachen Formen der Schneekristalle und mit den Eisblumen, welche im Winter, wenn das Wasser an den Fensterscheiben gefriert, im Glase sichtbar werden. Im arabischen Märchen wird von der Herkunft dieser Lilienblütler gesagt, daß sie aus Schnee und Träne geboren seien. Als Eva, aus dem Paradiese vertrieben, hoffnungslos durch die Schneelandschaft wandert, da kommt ein Engel und formt aus Schnee eine Blume, und die Blume spricht zu Eva: ›Alles Vergangene kehrt wieder‹ . . . Nach einer anderen Überlieferung soll die Blume aus den Tränen gesprossen sein, welche der schuldig gewordene Adam weinte.

Es ist mir aufgefallen, daß die Liliengewächse im Norden bleicher werden, und daß die Frühblumen Verwandtschaft haben zu den Wassergewächsen: den seelenvollen Lotos, der bleichen Kalla und auch wohl zu den schönen Wasseralgen. Schnee ist gestaltgewordenes Wasser. Daher kann es nicht wundernehmen, daß die Blüten im Schnee ahnungsvoll an das Element der Seele gemahnen, so wie die Gestalten des Hochsommers, zumal die heißen Rosen, erinnern an die geistigere Glut der Sonne.

Es gab bei allen Völkern seit je eine Bildlichkeit der Gestalten, in welcher sich kundtat das naturunmittelbare Wissen um die Seelenmächte, welche hinter dem Leben stehen. Die ersten Blumensterne, denen das Volk so wunderholde Namen gab –, Himmelsschlüsselchen, Buschwindröschen, Bettstroh unserer lieben Frau, Schneeflöckchen, Brennende Liebe und Tränendes Herz –, diese ersten Blumengebilde, ein Abbild des Himmels und seiner Sterne, offenbaren schweigend die frühere Sehnsucht unserer Jugend. Wie man die Rosen stets feierte als Blumen des Todes und der Liebe, so sah man in den Lilien immer das Bild kindlicher Unschuld. Überall hat man die Schneeglöckchen mit der Jugend des Herzens und mit der Jugend des Jahres in Verbindung gebracht. In Schweden und Norwegen feiert man noch heute ein uraltes Frühlingsfest, bei welchem die Schulkinder in den Wald ziehen und singen: ›Schneeglöckchen ist da.‹

Freilich ist das Schneeglöckchen nur ein Vorentwurf für die Maienglöckchen, zu früh geboren und in den Nachfrösten der ersten Märzwochen schnell wieder dahinsterbend, wie unsere ersten Lebensträume und Liebeserwartungen. Später kommt dann der wirkliche Frühling. Anders und vielleicht schöner als wir erwarteten, aber die dumme Jugend und ihre Unschuld ist nicht mehr dabei; der wird auf Erden keine Erfüllung.

Auch bei manchen Hochsommerblumen, bei Fuchsien, Geranien und Rosen ist die Knospe wohl schöner als die volle Blüte; aber kein lieblicheres Gleichnis gibt es für alle unerfüllten Träume als den Schneeglöckchenstrauß, den deine Hand pflückte, Kind . . .

Zuweilen, da tragen die Vorfrühlingsblumen, tragen Schneeglöckchen, Sternenblumen, Buschwindröschen und erste Kirschblüten einen roten Schimmer wie schamhaftes Erröten in einem Kinderantlitz oder wie jener Schnee in den Polarländern, den man blutenden Schnee nennt. Das ist das Antlitz des Vaters, des siegenden *Lichtes*. Denn die Schneeglöckchen wie alle Narzissenblumen sind gemischt aus schmachtender Glut und ungelöster Kälte. Eis und Sonne kämpfen in ihnen schweigend. Daher stehen diese Blumen den Toten näher als andere; sie wachsen, Immortellen und Narzissen, auf den Gräbern und gleichen jenen sagenhaften Asphodelen, die im Schattenlande blühen, auf den schweigsamen Wiesen. Es ist die immer neu das Leben bestätigende Gestaltenlust, die aus dem Tode bricht und zurück muß in das Traumland Nirvana. Sie duftet zart, sie klingt leise aus den vom kalten Winde bewegten Todes- und Lebensglöcklein; traurig und froh.

[. . .] [1928]

Birken auf der Heide

Meine Heimat ist ein düstres wolkenverhangenes Land,
Dort blüht die Heide, die Birke steht an der Felder nebligem Rand,
Zäh ist die Birke, auf steinigem Fels sie noch Wurzel faßt,
Aber sie trägt das lieblichste Laub und im Frühling den zartesten Bast.

Vom Westen der Normandie, über Belgien, Norddeutschland und Dänemark sich erstreckend bis hin zu der Tundra Sibiriens, dehnt sich: die nordische Ebene. Einst wogte hier der Ozean, aus dem die Gebirge Deutschlands, Englands und Skandinaviens als Berginsel ragten. Die Flut ist in Jahrtausenden gewichen und hat ein Schwemmland zurückgelassen, teils aus dürrem Sandboden, teils aus verwesendem Moor bestehend; ein gespenstiges Land voll fahler Einsamkeit.

Als aber der bleiche Menschengott kam und das Kreuz über alle Stätten der Erde pflanzte, da flohen die alten Heidegötter auf schwarzen Wolkenrossen nach Norden. Und hier fanden sie ihre Zuflucht. Danach heißt Heide dieses Land; darinnen schlafen die Heidengötter einen vieltausendjährigen Schlaf auf dem härenen Teppich aus Erika. Bis das Meer zurückkehrt und die Schlote und Werkburgen der klugen Denkzwerge wieder hinwegspült.

Wo der alte Meeresboden trocken ward, da siedelte die zähere Sandheide, aber in den abflußlosen Niederungen blüht in Glocken die vollere Moorheide. Mit ihren dichten Blüten, bald lila, bald zartrot, hüllen die Heidekräuter die weite Ebene in Farben vom warmen Braun bis zum kranken Violett. Ihr Grundton ist gemischt aus Blau und Rot, kalt und heiß, unruhig-ruhig zugleich und also ein Bild der bewegten und stillen Seele jeder schweigsamen, aber ahnungsvollen Menschen, die zwischen Heidekraut, Birken und Nebel, von Westfalen bis nach Schottland, von Sylt bis über die Nordsee daheim sind, mehr beschaulich und sinnend als wagelustig-tatenbegierig und tiefer ins Seelenleben versunken als dem Sinnenschein hingegeben; denn wo nicht des Menschen Auge angelockt wird durch die Fülle holder Erdgestalten, unter Birken und Wolken, kehrt die Seele wieder heim ins Land ihrer Träume; ihre Weltferne wird zur Lebensnähe, die Heide zeugt die Träumer, zeugt die Spökekieker, und wo der schönste Blütenhonig wächst, singen auch des Gottes Bienen am innigsten und halten Einkehr in die einsamsten und reichsten Seelen.

Weit zerstreut siedeln die Bauernhöfe mit moosigem Dache, Wodans holzgeschnitzten Pferdekopf am Giebel, der die Gefahren bannen soll. Denn unheimliche Gestalten geistern über den Sand oder durch das Moor. Nimm den Hut ab vor dem weisen Wacholder, dem Wächter der Heide! Igelartig zusammengekauert, Wurzeln und Ranken vielfach verfilzt und vernistelt, blaugrün, fast wie aus Metall geschmiedet und metallisch glänzend, starrend von Nadeln, hält er Wacht, umgibt als Ehrengarde die zarten Stämmlinge der Heidebirken und verhindert, daß die Heideschafe die empfindsame Rinde benagen, schützt auch die kleinen Eichen und Tannen und lauert an den Gräbern der alten Götter.

Wenn der wache Mittag als kristallene Glocke blau über der Heide liegt, dann beginnt die heiße Luft zu singen. Das sind die Millionenscharen der Heidebienen. Eintönig umspinnen sie dich mit blauem Traum, aber wie ferner Orgelton zwischenhinein dröhnt der tiefere Singsang der Hummel und der ferne Ruf eines Wasservogels schrillt überm Torf.

[. . .]

Glaube nicht, Seele, daß du hier einsam seiest! Millionen goldschillernder Laufkäfer, hunderterlei Räupchen und Würmchen, Erdspinnen, Feldmäuse, Eidechsen, Blaufalter, Trauermantel, hunderterlei Brüder huschen um dich her. Glaube auch nicht, daß die Heide arm sei: Hier blühen die Heidelbeeren und die Preiselbeeren, steht der goldene Buchweizen, das wahre Heidekorn und auch der Heideginster steht hoch in goldenen Ballen. Es ist, als ob diese Pflanzenwelt sich verschworen habe, den Boden zu umklammern und zäh trotzig auszudauern, um so lange als es noch irgend möglich ist, zu verhindern, daß der Mensch mit seinen stinkenden Fabriken und giftigen Autos diese Stätte entweiht.

Wo aber der Mensch das Heidekraut jätet, da siedelt wenigstens noch die ärmste proletarischste aller Blumen und nimmt den Kampf *gegen* die Kultur auf: Wegerich, der vielgeschmähte; blicke ihm tiefer in sein Auge und du siehst auch in ihm noch die Treue gegen die schlafenden Götter.

[. . .]

Hüte dich vor dem dem Moore, den schwarzen schweigenden unermeßlich tiefen Wasserkolken, daraus die Sonne leichenhaft hervorschaut und des Nachts die blauen Irrlichter zucken. Hier liegen Tote seit Jahrtausenden im Torfe. Hier schlafen dunkle Verbrechen und Schicksale. Hier vermorschten Wälder die vor Jahrtausenden blühten. Hier hausen die letzten Drachen und Saurier. Und Riesin Sage, von den schmetternden Trompeten der Kranichzüge verkündet, flattert nachts über das Heidenmoor, in der Hand das Schwert und die goldene Krone auf dem blondhaarumwehten Haupte.

Dann steigen auf den alten Thingstätten bei den Hünengräbern und Runenmalen die Schatten herauf; und wo im Mondlicht goldene Flämmchen schießen über das Moor, da wachsen empor die versunkenen Königsschätze der alten Götterburgen.

[. . .]

Gesegnet meine Birken! . . . Sie sind wie die bescheidenen niederdeutschen blonden und flachshaarigen Jungen und Mädchen in den Heidedörfern: demütig und zart, trotzig und träumerisch, zäh und fest. Ihr Bast ist so fein, daß eines Kindes Hand ihn abschälen kann, und dann muß der Baum verbluten und strömt seinen Saft hervor wie eine Träne, nein wie ein Lied. Aber dieser verletzlichste aller Bäume bedarf zu seinem Gedeihen nur der bescheidensten Erde; ihm genügt ein Steinhaufen oder eine Schuttmoräne . . . Wenn der Abendwind spielt in seinem zierlichen Gelock, wie die rauhe Hand des Mannes im goldenen Gelock der Braut, wenn die Nebel lagern im bleichen Geschwader über langen bangen Flächen, und die Unholde und Schilfgeschwister im Moore liegen unterm breiten Lattich und Schierling, dann ziehen die deutschen Götter über die Heide.

[. . .] [1928]

Mohn im Kornfeld

Die Wesenskunde der Blumen, diese zarteste und jüngste Wissenschaft, wird fortdauernd bedroht durch falsche Denkgewohnheiten der Seelenlehre. Der Seelenforscher nämlich ist geneigt (seitdem David Hume die zweifelhaften Gesetze der ›Vorstellungsverknüpfung‹ aufstellte) alle unmittelbare Deutung der Gestalten zu leugnen, indem er überall ›Assoziationen‹ wittert. Wenn ich das Vergißmeinnicht Blume der Treue nenne, wenn die rote Rose mir von Liebe spricht oder das grüne Blatt von Hoffnung, dann belehrt mich der Seelenforscher: ›Du hast eben immer das Blau am treuen Himmel erblickt, das Rot am heißen Feuer, das Grün am frohen Laube. – Himmel, Feuer und Wald aber haben dir Gefühle erregt. Und bemerkst du nun die Merkmale von Himmel, Feuer und Wald in anderen Zusammenhängen, so tauchen in dir wieder die alten Gefühle auf, und du verbindest sie nun auch mit den neuen Zusammenhängen. Du blickst durch das blaue Blumenauge in den Himmel; du empfindest das rote Blut heiß wie die Flamme, du glaubst, daß im grünen Grase fröhliche Elfen wohnen.‹

Ich halte diese psychologische Deutung der Formen und Farben für falsch. Ich weiß (und zwar aus sicherer Erfahrung), daß Formen und Farben auch unmittelbare Erlebnisse sind; unabhängig von aller Wirklichkeit an ›Gegenständen‹.
Der heilige Augustinus spricht von der Vision einer ›blauen Frau‹ und fügt hinzu: »Ich nenne diese Traumerscheinung ›Blaue Frau‹, aber ich kann nicht sagen, daß das eine wirkliche Farbe war, oder daß mir eine wirkliche Frau erschien.« ... Und so ist es in der Tat! Ein erlebter Traum, ein Blumenantlitz, ein ferner Berg, ein Sternbild ist kein ›Gegenstand‹, ist zuletzt nur – ein Gefühl. Es ist durchaus unnötig, daß Gefühle sich an ›Bewußtseinswirkliches‹ knüpfen. Ja, um die hinter der Gestaltenwelt stehenden Bilder (Platos Ideen) zu fassen, müssen wir vollkommen vergessen, daß Gestalten auch für *Bewußtsein* da sind, und zwar als ›Gegen-Stände‹ oder ›Vor-Stellungen‹.

Diese andeutende Einleitung soll begreiflich machen, wenn ich behaupte, daß alle diejenigen Blumen, Stauden oder Bäume, deren Saft, Frucht, Rinde oder Same unser *Blut* erregt, ja daß zuletzt alle Pflanzen, die heilkräftig und medizinisch wirksam sind, schon im Anblick der *Gestalt* ein ihrer körperlichen Wirkung entsprechendes belebendes oder lähmendes *Gefühl* in uns rege machen.
Man wird diese Behauptung weniger rätselhaft finden, wenn man beobachtet, wie die Tiere auf den bloßen Anblick verschiedener Blüten und Kräuter feindlich oder freudig erwidern, sich von einem Giftkraut abwenden, aber wohltätige Pflanzen sofort herausfinden, und stünden sie unter Millionen schädlicher. Wer diese Triebsicherheit nicht ganz verlor, der wird z. B. im Anblick von Wolfsmilch, Schierling oder Franzosenkraut (ohne sonst irgend etwas davon zu wissen) leisen Widerwillen; vor einer schwarzen Tollkirsche etwas wie Schrecken; vor rotem Fingerhut zugleich Bewunderung und Fremdheit spüren; die allerwunderlichsten Wechselspiele der Erregungen aber angesichts von Blüten, die für uns Menschen zugleich lockende und tötende ›Alkaloide‹ führen, jene Pflanzenbasen, welche in jeder Pflanzenfamilie von anderer Natur sind und von denen wohl nahezu zweihundert erforscht sind und in der Medizin, bewußt oder unbewußt, verwendet werden. Wir erleben das Ge-

heimnisvolle ihrer Wirkung schon beim Anblick einer Halde voller Nachtschattengewächse, ja wenn wir uns ganz versenken in Duft und Farben eines Feldes blühender Kartoffeln, und wer etwa inmitten fantastisch durchwucherter Fiebersümpfe der Tropen einen Wald von Cinchonen gesehen hat, jener stillen schlichten Chinarindenbäume aus dem Lande der Inka, mit deren Rinden wir das Fieber bekämpfen, der spürt schon im Anblick des Baumes den Frieden seiner Wirkung.

Wie nun wohl deute ich das seit frühester Jugend mir vertraute Heimweh und Sehnen im Anblick des blühenden *Mohnes*? Es ist das beunruhigendste Blumenerlebnis, das ich kenne. Wir erfahren es in ganz ursprünglicher Art, wenn wir sommers das wogende Ährenfeld durchsetzt sehen von den roten Klatschrosen, über und über.
Seit jeher haben die Dichter (und sie sind die einzigen, die den Sinn für Natursymbole nicht verloren haben), den wilden Mohn als einen Rausch im Blute, als eine Verkörperung der Träume empfunden, Träume, die aus urwirrer Nacht voller Wahnsinn tröstend hervortauchen.
Ein erstes Wissen um diese Bildlichkeit lag wohl darin, daß im Altertum der Mohn die heilige Blume der Demeter ward. Als Demeter um ihre in die finstere Unterwelt entrissene Tochter klagt, da entdeckt sie in Mekon (heut Sinope) ein Feld voller Mohnblumen und merkt, daß das Träume sind, die ihr Kind träumt und als Gruß und Trost für die Mutter aus der Nacht ins Lichtreich emporsendet. Da wird ihr der Mohn, der ›Träumebringer‹, zum Versöhner mit dem Tode. Noch heute werden in Sinope beim Erntefest die Tempel der Getreide- und Fruchtgöttin (Ceres) mit Mohnblumen bekränzt.
Bevor ich das Wesen der tiefsinnigen Blume enthülle, will ich zum Zeugnis anrufen den Spürsinn deutscher Dichter, die ahnungsvoll das Sinnbild der Mohnblume erfühlen. Aus einer großen Fülle wähle ich nur zwei: Richard Dehmel und Ludwig Uhland. Mir erschienen fast keine Zeilen Dehmels, eines durchaus dem Triebrausch und der großen Triebvernunft zugewandten Dichters, so genialisch dionysisch, wie jene eines Rausch- und Traumliedes, das etwa so beginnt:

›Schmück dir das Haar mit wildem Mohn,
Die Nacht ist da, die Nacht ist da,
All ihre Sterne glühen schon.
All ihre Sterne glühn heut dir,
Wann kommst du? – Meine Fackeln lohn,
Laß glühn! laß glühn!‹

Demgegenüber steht als ein zart ergreifendes Erlebnis ein wehmütiges Lied Uhlands, das Lied eines früh verholzten, nüchtern gewordenen Philisters, der sich des verlorenen Jugendlebens der Poesie erinnert und unwillkürlich als Gleichnis das vom roten Mohn durchblühte, nährende Getreidefeld ergreift:

›Zur Warnung hört ich sagen,
Daß der im Mohne schlief,
Hinunter ward getragen
In Träume schwer und tief.
Dem Wachen selbst geblieben
Sei irren Wahnes Spur,
Die Nahen und die Lieben
Hält er für Schemen nur.

In meiner Jugend Morgen
Da lag auch ich einmal,
Von Blumen ganz geborgen
In einem schönen Tal.
Sie dufteten so milde,
Das Leben mir zum Bilde,
Das Wirkliche zum Traum.‹

In der Nationalgalerie in Berlin hängt ein Bild von dem Maler Bruno Piglhain: eine Blinde, an einem Stabe im grellen Mittagslicht durch ein völlig rot brennendes Feld wilden Mohnes sich tastend; ein Bild, das (ganz abgesehen vom Malerischen) an wunderliche Tiefen rührt.

Wir wollen uns nun erinnern, daß die edlen Sorten Gartenmohn und schon die unendlich verletzliche Blüte der mit feinen Stengel-

haaren bewehrten wilden Klatschrose uns dieselben lockenden, heilenden oder vergiftenden, befriedigenden oder berauschenden Gesichte vor Augen bringt, die auch die Frucht des Mohns, das Morphium, das Opium, ja schon das linde sänftigende Mohnöl, im Blut und in den Nerven uns lebendig macht.
Es wäre unmöglich, diese Symbolik einheitlich zu kennzeichnen. Es ist Morpheus, der vielgestaltige, rastlos zeugende Gott des Todes und des Traumes, der vom Mohn den Namen trägt.
Wir fühlen in der Gestalt des Mohnes uns gegenwärtig das große Traumreich jenseits wachen Bewußtseins: sein Grauen, seine Lieblichkeit. Als milden Frieden, als Taumel des Blutes, als lösenden Trost, als krankhafte Zärtlichkeit. Das hat Leib in der ›morbidezza‹ und ›desinvoltura‹ dieser Blüte, die bei der leisesten Berührung, ein Eintagstraum, auseinanderfällt, nur ein paar Stunden blüht und Raub der Luft wird nach einer Sekunde der Erfüllung ...
Merkwürdig aber und wohl das merkwürdigste in der Sinnbildlichkeit des Mohnes ist: daß diese Traum-, Rausch- und Todesblume überall verfeindet und überall verbunden ist mit der vom menschlichen Tages- und Zweckbewußtsein zivilisierten Erde, mit dem Brotgetreide, mit dem nützlichen Korn und zumal mit dem reinsten und köstlichsten aller Gramineen, dem blonden Weizen, den der Mensch in achttausend Jahre langer Mühe erzüchtet hat aus dem wilden Grase Mesopotamiens.
So haben wir denn überall, bei jedem Spaziergang, bei jeder Eisenbahnfahrt vor Augen: Das vom roten Schlafkraut durchleuchtete lichte Kornfeld, das geballte Gleichnis der geheimnisvollen *Zwieheit* aller Menschenkultur und aller Menschengeschichte: diese vom Rauschchaos durchsetzte Verhäuslichung und Vermenschlichung der Erde, diese vom Tageswachbewußtsein aus klar beherrschte dunkle Nacht der Traumgebilde.
Für den Rechner, den Bauern, den tüchtigen arbeitsamen Mann, ist der wilde Mohn nur ein Unkraut, soweit wir nicht auch selbst *ihn* vernützlichen und aus seinen Rauschgiften, unseres Alltags anregende Stacheln und Reizmittel gewinnen; genau wie aus dem Eros und aus der Poesie, aus dem Tabak, aus dem Wein, aus der Musik, aus dem Traum und aus allen Rauschmächten des Lebens. Wir ertragen sie nur in bürgerlicher Dosierung.

Aber die Dichter ahnen in dem Träger aller Morphine und Opiate das Urbild verlorener Traumwelten jenseits der hellen Sonne und der lichten Sterne, die für siebenzig, achtzig Jahre uns scheinen. Wir haben sie wohl allzu lieb. Denn die wenigen, die Unseligen, die ihm verfallen sind dem traumbringenden Mohn, sie finden nur selten zurück zum braven Gleichtakt der Sicheln im menschenernährenden Kornfeld. [1928]

Lieblingsblumen

Es gibt eine noch wenig ausgebaute Form der Menschenkunde. Man erforsche bei jedem Menschen seine Vorurteile und Vorlieben und versuche dann festzustellen, in welcher Beziehung zueinander stehen, zum Beispiel seine Lieblings-speisen und -Getränke, seine Lieblingsfarbe, sein Lieblingsparfüm, die von ihm bevorzugten Tonleitern, Raumformen und so weiter.

Es scheint eine ganz sichere Tatsache zu sein, daß die Vorneigung zu runden oder zu eckigen Formen, zu aufregenden oder beruhigenden Eindrücken, zu ballenden oder lösenden Erregungen sich durch das ganze Gebiet der persönlichen Vorlieben (Prädilektionen) als gleichmäßig und immer wiederkehrend hindurchzieht. Wenn man z. B. ein und das selbe Bild einmal in einen ovalen, ein andermal in einen eckigen Rahmen spannt, so wird es immer eine gewisse Anzahl Personen geben, die den runden und andere die den viereckigen Rahmen durchaus bevorzugen. Forscht man dann weiter, so wird man finden, daß die Liebhaber der runden Form auch in ihrer Handschrift mehr Rundungen aufweisen, auch dazu geneigt sind, ihren Fingernägeln oder dem Haarschnitt die runde Form zu geben, während die entgegengesetzte Art der Ecken, Winkel und Kanten in Schrift, Schnitt und Kleidung bevorzugt.

Zu diesen Formungs-geneigtheiten und Geschmacks-Stätigkeiten kommt nun das Studium der Lieblingsblume als ein ungemein liebenswürdiges Gebiet der Seelenkunde.

Die Vorwelt besaß ein tiefes Gefühl für die Beziehungen zwischen dem Menschen und seiner Blume oder seinem Baum. Man war

überzeugt, daß jedes Menschenschicksal in Verknüpfung lebe mit bestimmten Bäumen und Blumen. Der mittelalterliche ›Baumzauber‹ bestand darin, daß man körperliche Ausscheidungen einer Person, auf welche man Einfluß ausüben wollte, unter einen bestimmten Baum brachte, der dann von diesen Ausscheidungen lebte und dem man alles das antat, was man dem betreffenden Menschen gern antun wollte; denn man glaubte zu beobachten, daß der Mensch gedieh oder dahinsiechte, je nachdem sein Baum gepflegt oder beschädigt wurde. Man sollte doch auch heute wieder solchen Zusammenhängen nachprüfen, etwa dadurch, daß man ein bestimmtes Tier und eine bestimmte Pflanze zueinander in Beziehung bringt und das eine von den Atem- und Stoffausscheidungen des anderen leben läßt. Noch vor hundert Jahren war es in manchen Gegenden Deutschlands Sitte, dem Lieblingsbaume guten Morgen zu wünschen und den Tod eines Bauern, den von ihm gepflanzten Bäumen, anzusagen.
Heute lebt nur noch im fernen Osten ein tieferes Wissen um die persönliche Verbundenheit jedes Menschen mit der gerade ihm entsprechenden Lieblingsblume.
[. . .]
Es dürfte wohl nur wenige Menschen geben, denen nicht triebhaft die Hinneigung zu bestimmten Bäumen und Pflanzen innewohnt, wenngleich es manch einem ergehen mag wie dem Anakreontiker Hagedorn, welcher sehr schöne Lieder auf seine Lieblingsbuche dichtete und verwundert war, als einer seiner Jünger, der den Baum aufsuchte, darauf aufmerksam machte, daß das ein Ahorn sei. Die Schicksalsverbundenheit des Menschen mit gewissen Pflanzen ist unbestreitbar. Der Dichter Gustav Sack, einer der naturnächsten Menschen, von denen ich weiß, schrieb seine Dichtungen in seiner niederrheinischen Heimat unter einer Gruppe Jahrtausende alter Wacholder, zu denen er sich in die Einsamkeit flüchtete, und mit denen er sich eng verbunden fühlte. Das Land, auf dem diese Wacholdergruppe stand, ging im Jahre 1918 an einen neuen Besitzer über. Dieser ließ die Bäume abschlagen. Am selben Tage wurde Sack in der Fremde von einer Kugel dahingestreckt.
Wenn wir nun der Beziehung des Menschen zu seinen Lieblingsblumen näher nachgehen, dann müssen wir wohl unterscheiden, die

Richtung unserer gefühlsmäßigen Vorneigungen und die Richtung unseres bewußt auswählenden *Wollens.* Es besteht nämlich das Verhängnis, daß der Mensch als ein wünschendes, hoffendes und wählendes Wesen, Leitbilder, Zielbilder, Wunschbilder besitzt, welche durchaus ungleichartig sind dem An- und Urbilde seines eigenen Wesens. Der bedeutsame Satz: ›Werde, der du bist‹ gilt wohl für den natürlich fühlenden, nicht aber für den sittlich gestachelten Menschen, welcher im Dienste eines Hochbildes das eigene Wesen oft hassen mag, sicher aber nicht einfach es zu ›billigen‹ vermöchte.

Genau genommen hat daher jeder Mensch zwei Lieblingsblumen; eine, die er unwillkürlich bevorzugt, indem er selbstunbewußt die größere Freude hat, wo er die ihm verwandte und angeähnelte Gestalt wahrnimmt, und eine andere, die er bewußt, das heißt als ein Wesen, welches Ziele und Normen besitzt, sich selbst *wählt*; wobei nur in seltenen Fällen gewählte Leitbilder und unmittelbare Triebfreude zusammenfallen.

So zeigt mir die Selbstbeobachtung, daß ich in meiner Umgebung überall die kalten Farben und runden Formen bevorzuge; würde ich aber die blaue Farbe als meine ›Lieblingsfarbe‹ bezeichnen, so wäre das nur insofern wahr, als sie mir überall die wohltuendste und erwünschteste Farbe ist; offenbar aber nur aus dem ›Willen zum Gegenich‹, denn triebhaft antworte ich weit stärker auf Violett und empfinde die eckigen und spitzen Formen als wesensverwandter denn die runden.

Dergleichen Selbstbeobachtungen nun bringen auf die Vermutung, daß die Seelenforschung heute irrt, wenn sie schlechthin Wesenstypen aufstellt und etwa spricht von gotischen Menschen, romanischen Menschen, apollinischen, faustischen, magischen Charakteren und dergleichen mehr; vielmehr wäre wohl zu bedenken, ob nicht neben der Anziehung zwischen Gleich und Gleich, die sich in der natürlichen Welt ›gern gesellen‹, innerhalb der *sittlichen* Welt eben auch ein Ergänzungs- und Ausheilungswille der Seelen gerade alle Gegenpole zueinander hinzieht . . .

Wie dem nun auch sei, jedenfalls ist die Wahl der Blume nach Form, Farbe und Duft für jedes Volk, jede Landschaft, jede Partei und jeden Einzelnen nicht zufällig; ja man könnte versucht sein, ein jedes Land nach seinem Baum oder nach seiner Blume zu nennen: China das Reich der Chrysanthemen, Japan den Garten der Kirschblüte, Persien das Land der Rosen, Italien das Land der Orange und des Lorbeers, Hellas das Ölbaumland, England das Land des Stechginsters und des Mistelzweiges, die Vereinigten Staaten das Land der Kalmien und der hochgetriebenen Pampelmusen, Kanada, das Land der blauen Nadelhölzer, Norwegen das Land der Fichte, Deutschland das Eichenland . . .

Es ist nun freilich bei der Vielheit menschlicher Anlagen und bei dem Wechsel der Neigungen durchaus nicht häufig, daß wir das ganze Leben hindurch einer einzigen Blume die Treue halten, so wenig wie es häufig ist, daß nur eine einzige Frau von uns geliebt wird; immerhin dürfte doch bei sehr vielen Naturellen in dem Wechsel der Neigungen ein gewisses *Standbild* immer wieder umspielt werden, und derjenige, der beispielsweise die bescheidenen Wiesen- oder Bauernblumen über alles liebt, wird nicht leicht plötzlich zum Liebhaber der Kakteen oder Orchideen werden. Wir wissen von Königen und Königinnen, die das ganze Leben hindurch eine bestimmte Blumenart, ja sogar nur eine bestimmte Spielart, etwa der Nelken oder der Rosen, gepflegt und bevorzugt haben; wie klar und wohltuend ist doch die Vorliebe des alten Kaisers Wilhelm für die blaue Kornblume, die sich für ihn nicht nur mit tausend Kindheitserinnerungen verknüpfte, sondern wohl auch das sinndeckende Bild seines eigenen Wesens war . . .

Wenn ich entscheiden sollte, welche Blume mir die liebste ist, so würde ich freilich bald merken, daß nicht in jeder Lage und in jeder Stimmung ein und die selbe Blume uns anspricht, ebensowenig wie man dasselbe Bild aufhängen kann in einem Speisesaal und in einer Totenhalle, in der Kirche oder beim Maskenball. Es ist auch nicht anzunehmen, daß diejenige Blume, Farbe oder Duftart, die am heftigsten uns erregen, zu unserer täglichen Umgebung werden können, wie denn ein kluger Mann nicht just diejenige Frau zu seiner Ehefrau und Hausfrau machen wird, die am besten geeignet wäre, seine Leidenschaften aufzustacheln. Es dürfte also kein Widerspruch sein, wenn ich in meinem Arbeitszimmer am liebsten stille Wiesenblumen, wuchernde Vergißmeinnicht und Stiefmütterchen ohne Duft sehe, ja bei stark duftenden Blüten wie Jasmin und

Geißblatt nicht zu arbeiten vermag, dennoch aber eigentlich diese beunruhigenden Blüten stärker liebe. Eine Blume aber gibt es, die mir so viel zu sein scheint wie alle anderen Blumen zusammen: Kultur und Natur, Wildheit und Sanftmut, ein Tollhaus und eine Schalmei: die schlechthin phantastischste Pflanze, die ich kenne, unerschöpflich reich: das ist der Mohn, für ein paar Heller überall zu haben, überall schnell wuchernd und dankbar auf jedem Boden, nützlich und verwendbar für viele Gewerbe und doch ein Phantasiegebilde von irrsinniger Schönheit.
Es sind Stauden bis zu zwei Meter Höhe, die gern sich aneinander drängen, als müßten sie beieinander Schutz suchen für ihre spätere Gebrechlichkeit. Blätter wie Stengelschäfte haben kein sattes dunkles Grün wie die derberen Schäfte normalerer und gesünderer Pflanzen. Sie haben ein Grün von milchig weißem und oft bläulichem Schimmer, wie Blumen von ganz zarter und erlesener Rasse. Die Blätter sind höchst phantastisch gezackt, gefranst, gelappt, zerrissen und wild zerklüftet, und alle sind verschieden. Sie erinnern an sehr vergeistigte und feine, etwas kranke Hände hochgezüchteter Seelen. Keine Pflanze, selbst die Mimose nicht, ist so verletzlich; keine so voll Blutfülle und Lebensfülle. Die Stengelschäfte scheinen Stacheln zu tragen; aber das ist nur Schein. Denn faßt man scheulos in die scheinbar drohenden Stacheln, so sind sie zart wie die zarteste Seide. Einige Blüten sind brennend rot, (nahezu schwarz: die von Haage und Schmidt in Erfurt erzüchtete Sorte ›Mephisto‹) und diese roten und schwarzen Blüten erwecken von allen Blumen am meisten die Vorstellung blühenden Blutes. Nirgendwo in der ganzen Natur ist das Blut der Erde so sichtbar geworden. Andere Sorten sind von ruhelosem Violett, darin alle nur möglichen Farbtöne durcheinandergehen. Es gibt ganz weißen Mohn, zarter als die zarteste Narzisse und unschuldiger, kindlicher als Lilien, die immer etwas Stilisiertes haben und dünkelhaft aussehen. Es gibt auch Mohnblumen von der Farbe und Form der seltensten und seltsamsten Nelken und viel mächtiger als die Nelken. Es gibt ganz liebliche Rosablüten, wie Klippen gezackt und zerrissen, aber in der Mitte haben sie ein blaues fröhliches Feld, und doch sind sie wehmütig und krank. Es gibt gefüllten Mohn wie ungeheure Chrysanthemen und schöner als Chrysanthemen, große

buschige Kugeln in Farben, die keinen Namen haben. – Hat man übrigens beachtet, daß die roten blutenden Mohnblumen immer ein merkwürdiges tiefschwarzes oder blaues Feld tragen, einen Schild, der oft so groß wird, daß die ganze Blüte wie Nacht und Dunkel scheint? Manche Mohnblüten entfalten sich zu breiten, flachen Tellern, darauf die Bienen ihre Speise aufgetragen bekommen, denn ich kenne keine Blume, die so gern von Bienen aufgesucht wird. Andere Mohnblumen wirken genau wie schlanke Flammen, ganz vertikal, in strengen zielfesten Linien. Wieder andere sehen wie Wasserdolden aus oder Kugelköpfe. Es gibt keine Form und keine Farbe, die bei diesen Traumgeschöpfen nicht sichtbar würde.

Diese ganze Herrlichkeit aber dauert immer nur wenige Stunden, dann sinken bereits die Blumenblätter. Und darin auch erinnern sie an den *Traum*. Träume drängen und folgen einander und sind nie wie die wachen Vorstellungen zu zeitlicher, kausaler Kette aneinandergereiht, sondern kriechen gleichsam durcheinander hindurch oder auseinander hervor. Und dann, wenn die Kelche entblättert stehen, kommt ein Nachgebilde von rätselhafter Schönheit: die hellgrüne Kapsel, nach und nach immer mehr dunkelnd und größer werdend, bis sie schließlich aufplatzt und den schwarzen Samen verstreut, den schlafbringenden, Opium Mohnöl Morphin tragend und auch zu einem köstlichen Kuchen verwendbar. Diese Kapseln des Morphiums nun sind Kunstgebilde, die kein Meister übertreffen kann. Sie haben die Form von Aschenurnen. Die Urnen werden getragen von schlanken Schäften mit ganz feinen Haaren aus klarem Silber. Oben auf den Urnen ragt ein kleiner Zackenkranz aus Silber und Grün; in der Mitte wie die Kreuzrose, auf der letzten Spitze des Münsters erscheint zuweilen ein geballtes kleines Herz. So phantastisch und rätseltief wie das blühende Mohnfeld ist auch das abgeblühte: ein Urnenhain; ein Kirchhof zierlichster Totenurnen auf hohen Türmen. Dazu kommt nun noch, daß Duft des Mohnes berauschend ist wie kein anderer Duft. Millionen Bienen taumeln durch die Mohnfelder ganz berauscht.

Wenn Gestalten Symbole sind, so gibt es in der Natur keine zweite, darin so unmittelbar und klar zum Ausdruck kommt die Beziehung zu Traum und Tod und zu den Müttern des Lebens. [1928]

Blutende Bäume

Ihr alle wißt es: Der Schutzpatron für die Dichter und für die Künstler ist der heilige Lukas, welcher (Gott weiß warum) als Abzeichen einen blinden Ochsen führt. Aber wer den Schutzpatron der Verleger und der Kunsthändler ist, das freilich wißt ihr nicht: Es ist Herr François Pereira, der große Pariser Bankier, dessen Kapelle auf dem Cimetière Montmartre friert.

Herr Pereira ist Multimillionär geworden, indem er als erster einen großartigen Gedanken durchführte: die Bäume des südamerikanischen Urwalds künstlich zum Bluten zu bringen, ihre hervorströmenden Harze aufzusammeln und auf dem internationalen Markte zu vernutzen: zu Parfümen, Kopfwassern, Schönheitsmitteln und Familienseife ...

Arme kleine Mädchen, die ihr des Morgens um sieben durch die grauen Straßen der Städte trippelt, um über Tage euer bißchen blasse Jugend feilzubieten an den Schreibmaschinen, hinter den Bürotischen, beim Damenputz, in der Konfektion; arme gute Jungen, die ihr davon träumt, Paneuropa zu gründen und die große Weltbruderschaft freier Adelsmenschen, vorläufig aber um morgens sechs in die Fabrik müßt, oder in die Schule, oder aufs Warenlager, und ihr, vom Leben abgebaute alte Herren, und ihr, ausgeglühte, ausgeblühte Damen, die ihr einmal Weinlaub um die Schläfen und Rosen im Haare trugt, nun aber brav Klavierstunden gebt oder der Kochschule vorsteht oder vornehmere Hunde in Pflege nehmt ..., hört mich an! Nicht von mir, von eurer aller Seele ist die Rede, indem ich erzähle, wie der große Bankier aus den Urwäldern in Brasilien die Familienpomade gewann ...

Fern an brasilianischer Küste, in San Salvador, kann man tageweit reisen, überall blüht der wundersame Baum: die Toluifera Pereira, jene Kiefer, deren genialische Eigentümlichkeiten jener Bankherr zuerst studiert hat, woraufhin er die großen Baumschulen gründete, welche heute der ganzen Küste Brasiliens den Reichtum und den Namen verschafften: Balsamküste: costa del Balsamo. Dieser Baum nämlich hat die merkwürdige Fähigkeit, welche Hans Driesch zu den ›Organischen Regulationen‹ zählt: wenn man die Rinde verletzt (und

man kann leicht ins Mark schneiden), dann wehrt oder schützt er sich, indem er ein zähes klebriges Blut aus allen Poren ausscheidet. Der Saft strömt aus den Wunden, umzieht das nackte Mark und baut einen schützenden Panzer, denn ohne diesen Akt der Selbstverwahrung wäre der dem Licht bloßgelegte Stamm verloren. Dieses alle Wunden ausheilende Leidensprodukt ist aber sehr köstlich und kostbar. Es ist der sogenannte Perubalsam, ein schweres, süß duftendes Harz; berühmtester Ausfuhrartikel, in allen besseren Apotheken, Drogerien und Parfümerien der Welt wohlgelitten . . .
Schon der erste Seelenforscher der Toluifer, Herr Pereira, stellte für die Baumschulen zwei wichtige sittliche Grundsätze auf. Es kommt zunächst darauf an, junge Baumkinder möglichst früh und möglichst lange zur Herausgabe von tüchtigem Herzbalsam anzureizen und zu trainieren. Es kommt zu zweit darauf an, diesen Herzsaft möglichst vollständig aufzufangen, zu verwerten und vorteilhaft zu verarbeiten. Nach diesen Grundsätzen richtet sich die Kultur.
In zarter Jugend kommt der kleine Urwaldsprößling in die von Studienräten geleitete Baumschule, wo er Rechnen, Religion und vaterländische Geschichte lernt. Man klopft und hämmert zunächst die Rinde an, diesen Schutzpanzer, bis er nachgiebig, weich, gefühlvoll und beeindruckbar wird. Ist die Rinde endlich locker, dann wird gleichsam das Fest der Mannbarwerdung, die Konfirmation des Bäumchens gefeiert. Eines Tages nimmt der Direktor einen Meißel und ein scharfes Messer und pellt die ganze Rinde herunter. Der Baum ist nun reif, ins feindliche Leben hinauszutreten und die Geschäfte kennenzulernen. Das ganze Innere liegt bloß, und auf das nackte empfindliche Mark brennt grell und prall die schmelzende Sonne. Der Baum müßte nun sterben, wenn er nicht schon in hohem Maße jene nützliche Selbstregulation ausgebildet hätte. Er beginnt Balsam zu schwitzen. Er schwitzt Schönheit vor Angst und Todesnähe. Er umkleistert sich mit dem Schutzpanzer. Aber sofort kratzen die Kritiker und Intelligenzen mit scharfen Messern das Harz wieder herunter. Man hat auf dem Weltmarkt des Kapitals für das Blut des Baumes reichlich Verwendung. Vor allem ist es die Syphilis, die Krätze und die Läusesucht, welche in der Medizin den kostbaren Perubalsam so nützlich und so berühmt gemacht haben. Die galanten Krankheiten der Weltstädte heilt man am besten mit

dem sühnenden Blut der Urwälder aus den verschollenen Ländern der Inkas und der Azteken. Und dann die Seife! Ist sie nicht eine der wichtigsten Erfindungen der Zivilisation? Wo bliebe die Bildung und was wären die Gebildeten ohne Haaröl und Seife? Beides aber benötigt des Balsams der Toluifera Pereira . . .

Es ist nun ein wirkliches Wunder, daß die in den Baumschulen großgezogenen Bäume an dem Prozesse der Erziehung, dem Auflockern ihrer Rinde und dem Abkratzen des Schutzpanzers nicht immer zugrunde gehen. Die meisten Bäume, wenn man ihnen ihr Werk abgekratzt hat, beginnen alsbald noch einmal dasselbe Werk. Es bildet sich ein zweites Mal ein etwas zarterer Schutzpanzer aus Balsamstoffen, welche noch viel herrlicher duften und noch köstlicher sind als die Harze der noch ungeübten jungen Bäume. Man kratzt zum zweiten Male, wozu es noch schärferer Messer bedarf. Der Baum ist nunmehr sozusagen ins Alter der Promotion getreten. Er bekommt den Doktortitel und wird als Privatdozent zugelassen. Diejenigen Bäume, die den Abschabeprozeß am längsten aushalten, (manche werden bis zu zehn, ja bis zu zwölf Jahre alt), gelten als Genies ihrer Art und erregen beim Publikum jener Gegenden viel Interesse und eine aufrichtige Hochachtung. Es sind dies wahrscheinlich noch atavistische Reste des alten heidnischen, bei Germanen, Hindu, Juden und Negern üblich gewesenen Baum- und Waldkultes. Diese Urvölker glaubten bekanntlich, daß in den Bäumen Götter stecken und pflegten vor diesen zu beten, pflegten die herrlichsten mit silbernen Reifen zu schmücken und ihnen Weihegeschenke zu bringen. So erhalten auch die lebezähesten Toluifern vielfach Anerkennungsschreiben und Achtungszeugnisse aus den europäisch-amerikanischen Kulturzentren. Und wenn sie dann zum vierten und fünften Male geschält werden und der Balsam immer reifer und reiner wird, so sagt man allgemein, daß sie doch brave Knaben waren; in der Jugend wohl etwas störrisch und widerborstig, aber schließlich doch: nützliche Mitglieder der bürgerlichen Gesellschaft, würdig eines im ganzen anerkennenden Nachrufs.

Es ist kaum zu glauben: Es gibt einige Bäume von so zäher Schöpferkraft, daß sie in zehn Jahren bis an dreißigmal die künstliche Rüstung neu bilden. Das ist freilich törichter Wahn und bleibt ja schließlich doch vergebliche Liebesmüh; aber wie vorteilhaft für die Industrie, daß man diese nur langsam verblutenden Bäume durch fortwährendes Kratzen zu immer neuen und neuen Ergüssen zwingen kann, bis sich die Blutefähigkeit doch endlich erschöpfte und der ehrenwerte Baum, der nur Nerv ist und kein Holz ansetzte, der seine Wunden unter Düften barg und auf Kränkungen mit Parfüms antwortete, zum Schluß abgeschlagen werden kann, um, auf ewig erledigt, auf den Mist geworfen zu werden ... [1928]

Deutsche Bäume

Zwei Symbole begleiten unser Leben. Unser *Geist*, das ist die Kohle. Sie ist der Niederschlag abgeblühter Lenze, so wie die Kultur, die in Büchern und Werken als in Grabkammern fortlebt, der Niederschlag verbrauchter Sonnenflamme ist. Über unsern Menschenstädten, Schloten und Türmen schwebt das Banner des erdausnützenden, künstlich erwärmenden und zuletzt totschaffenden *Geistes*: die rußige Wolkenfahne der *Kohle*. Gegen sie an kämpft unsere *Seele*, das einzige Stück Natur, das einzige treue Leben in stundenweiter Steinwüste: *Der Baum*, der dem Menschen folgt in die Mauerwelt seines Elends. – Habt ihr schon gemerkt, daß der Mensch, der nicht Kohle und Geist wird, genau so gerät wie *sein Baum*? Kennt ihr die Bruderschaft zwischen Mensch und Baum? Seht euch an die feinen Zwergbäume Japans und die kleinen gelben Menschen, vergleicht die Palmen (bei uns eine Komödie) mit den Menschen der Tropen, seht den Ölbaum und die Menschen am Mittelmeer, und ihr spürt: »Unter diese Bäume gehört diese Menschenart« ... Unsere deutsche Heimat hat viele Baumarten, wie sie *viele* Menschentypen hat. Aber alle sind Kinder des Nordens. Das Grau der Wolken und der Mangel an Licht hat sie gestaltet. Man kann das bemerken, wenn einmal ein südlicher Baum, wie die Platane, unter die Nordkinder gerät. Selbst wenn die

Platane auf freiem Felde, fern von drängenden Nachbarn wächst, immer streckt sie ihre Krone sehnsüchtig nach Süden; so sonnentrunken ist sie! Sie sehnt sich wie eine schöne Italienerin, die unter nordisches Volk gerät. Dagegen sind die eingeborenen Nordkinder, Fichte und Tanne, fast unabhängig vom Licht. (So ist die Tanne im nordischen Mythus wohl der Lichterbaum nach der Regel »lucus a non lucendo«; sie bedarf von allen Bäumen am *wenigsten* der Sonne.) Wunderbar ist das südliche Symbol der Zypressen, wovon das Lied singt:

»Die Zypresse ist der Freiheit Baum,
Weil man sie dir pflanzt aufs Grab,
Dein Leben war im Kerker ein Traum,
Dem der Tod die Flügel gab.«

Ja, sie wächst mitten im Licht, aber – sie wehrt es ab. Betrachte die Blattstellung: Sie ist wie Zurückziehen vom Leben; sie läßt den Lichtregen von sich abtropfen; sie wächst nach innen gekehrt. So weltabgewandt ist dieser schönste Lichtbaum und darum hat sie der Südmensch richtig erfühlt als den Baum – der Toten.

Wenn man von Deutschland spricht, so denkt man an die Eichen. Ich wüßte auch kein Natursymbol, darin ich so unmittelbar das Wesen deutscher Erde fände. Man sagt, die Eiche, welche Wiege und Sarg zahlloser deutscher Geschlechter gegeben hat, sei der stärkste aller Bäume; aber das ist nur wahr in dem Sinne, wie der Elefant das mächtigste aller Geschöpfe ist. Er ist zugleich das verletzlichste, das langmütigste und schutzbedürftigste. Es gehören zunächst ganz seltene Glücksumstände dazu, daß eine kleine Eiche groß wird. Von mindestens einer Million Eicheln, die ein alter Eichbaum trägt, werden alle, bis auf einige hundert entweder vom Waldgetier, Specht, Häher, Reh und Eichkätzchen, gefressen oder vom Winde verweht an Stellen, wo sie nicht wurzeln können. Schlägt nun aber eine Eichel an geschützter Stelle Wurzel, flugs wird das Unterholz sie erdrücken und überwachsen. Nur in ganz seltenen Fällen, wie bei den See-Eichen auf Rügen, gelangt ein Eichenkeim an die günstige Stelle. Dann entsteht ein Jahrtausendbaum, ein Goethe. Das Gros dieser deutschen Bäume verkrüppelt;

bewundernswert sind sie nur in ihren großen Einzelnen. Daß es überhaupt noch Eichen gibt, daß nicht Föhre und Fichte alles Licht fressen, das ist nur der gewaltigen Fruchtbarkeit dieses Stammes zu danken. Sie ist das zeugungsstärkste Geschöpf des Waldes und doch zugleich das seltenste und fast immer verkrüppelnd. Wie aber dankt sie, wenn sie einmal ihre großen Möglichkeiten erfüllen darf! Da ist sie das stolzeste, beglückendste Wunder der Wälder ... Ich habe oft darüber nachgedacht, warum die Buche, dieses weibliche Gegenstück der Eiche, mir als der mütterlichste und gütigste aller Bäume erscheint und so recht wie eine vornehme deutsche Matrone, von Holbein oder Dürer gemalt? Ich habe eine ganze Reihe Antworten. Erstens: Sie gibt uns den besten Schutz, den weitesten Schatten. Zweitens bietet sie mit ihren Bucheckern zahlreichen Geschöpfen Nahrung. Drittens schützt sie nach altem Volkswort am besten vor Blitz. »Vor Eichen sollst du weichen; vor Fichten sollst du flüchten; die Buchen sollst du suchen.« (Wir wissen heute, daß der reichere Gehalt an Ölen in ihrem Holze in der Tat die Blitzgefahr unter Buchen geringer macht.) Dazu scheint mir aber auch die braune Farbe des Laubes den Baum als mütterlich, zutraulich und beschaulich auszuweisen. Braun ist ein behagliches Erlebnis. Die angebräunte Decke gibt dem Zimmer etwas Heimeliges; man fühlt sich darunter geborgen und geschützt, auch das braune Hausbrot oder der braune Schlafrock des Philisters gibt ein ähnliches Gefühl.

Es versteht sich von selbst, daß das Antlitz der Bäume das Klima spiegelt. Man braucht ja nur zu denken an die Latschen und Krüppelhölzer oben im Gebirge, die im entbehrungsreichen Leben allen Stolz aufgeben und als gräßliche Gespenster der Sorge daherkriechen, und daneben etwa an eine Lichtbuche, eine voll sich erfüllende reiche Mutter. – Jetzt muß ich aber von zweien unserer Bäume gestehen, daß ich sie nicht als rechte Deutsche empfinde. Die Pappel wird immer etwas Lateinisches, Romanisches haben und ist überhaupt mehr »Kultur« als Natur: stilisiert und feierlich. Darum ist es begreiflich, daß das klassische Zeitalter alle deutschen Landstraßen mit Pappeln bepflanzt hat. Heute sterben sie dahin mit dem Niedergang des humanistischen Gymnasiums, der Pariser Mode und der antikisierenden Bildung. Heute pflanzt man lieber Ahorn,

Akazie und Kastanie. Merkwürdig, diese Kastanie! Sie erinnert immer irgendwie an das Weidevieh auf unseren Triften. Sie hat wenigstens in ihrer gemeinen Form als Roßkastanie gar nichts von einem Waldbaum; aber sie erinnert an einen Volkspark. Überall folgt sie, dankbar breit dahinschattend, den Ansiedlungen der Menschen und verknüpft sich mit Familie, Spielen der Kinder, Garten und Laubengarten bei den Städten. Sie ist unser bester, dankbarster Freund; dagegen (man möge mir verzeihen): das riesige Wachstum der Föhrenwälder sehe ich mit Entsetzen, als handele es sich um Heere reich gewordener Rechner und Händler. Die Gestalt der Föhre ist Triumph des Taylorsystems. Sie braucht nicht um Licht zu kämpfen wie andere Bäume. Sie spreizt breit ihre Ellenbogen aus und raubt dank »aphotometrischer Blattstellung« jedem das Seine (genau wie: der preußische Adler). Darum ist auch ganz Preußen Schwarzföhrenwald und ich möchte wohl wissen, welche Beziehung dieser Baum zu Boden und Farbe der Mark Brandenburg hat. Die Linde dagegen ist ein fränkischer Baum; ganz süddeutsch. Sie ist der eigentliche ursprüngliche Baum des deutschen Liedes, und jedem deutschen Kinde schwillt des Herz, wenn es in der Fremde hört: Am Brunnen vor dem Tore ... Warum ist dieser Baum der Baum der Liebe? Zunächst denke man an den sinnlich erregenden, wunderschönen Duft seiner Blüten. Die Besamung der Blüte ist eng verknüpft mit dem Liebesleben zahlloser Insekten. Dieser Baum offenbart in Sommernächten ein hochaufrauschendes, summendes, singendes, bacchisches Leben. Er brennt durch die Nächte wie eine wollusttrunkene Fackel der Liebessehnsucht, und die Bienen, Hummeln, Käfer, Fliegen umtaumeln das offene Brautbett seiner Blüte als trunkene Mänaden. Da liebt und tanzt denn auch das Menschenvolk um die Linde. Unter der Linde wird geschwärmt, gedichtet, gesungen und geküßt. Jeder alte deutsche Schloßhof, jeder Burggarten hat seine Linde. Unter ihr begann immer neu das rote brennende Spiel der Herzen. Und als wollte die Natur dies Spiel ausdrücklich segnen, gab sie dem Lindenblatt die Gestalt des menschlichen Herzens ... Habt ihr es wohl gemerkt, daß auch die kleinen Waldblumen immer das Antlitz der Bäume annehmen, mit denen sie wachsen? Ein guter Naturbetrachter braucht nur auf den Pflanzenwuchs am Boden zu achten, so weiß er schon, welche Bäume nahe sind. So werden die Föhren, welche Sandboden nötig haben, begleitet von der Sandflora: Heidekraut, Lichtnelke, Sonnenröschen. Wo der treue Waldmeister steht, da stehen auch Buchen. Und findet man Eisenhut, dann findet man auch Eichen.

Es ist bemerkenswert, daß für die Bäume das Wort gilt: »An ihren Früchten sollt ihr sie erkennen.« Ist nicht der Apfelbaum so breitbehäbig wie ein rotbäckiger Apfel? Der Kirschbaum so ornamental und schlank gestielt wie die Kirschen? Der Birnbaum so gedrungen saftig wie eine Birne?

Nun aber zum Schluß laßt mich endlich sprechen von der liebsten, der schönsten, der holdesten unter allen; von dem Baum meiner engeren Heimat, von unserem niedersächsischen Baum, von der Birke. Wenn die Eiche erinnert an die nordischen Mannen, knorrig und doch schutzbedürftig, stolz und doch anfällig, vornehm, fest und doch todesnah, nun, dann erinnert die Birke an die norddeutschen blonden und flachshaarigen Jungen und Mädchen. Sie erinnert an die bescheidenen kleinen Konfirmanden in den weltfernen Heidedörfern, demütig und zart, trotzig und zäh. Diese blonden Menschen sind im Schatten geboren (der Urmensch war sicher schwarz, und erst die Verhäuslichung im kalten Klima hat den Menschen abgeblaßt). Sie sind zarter und schutzbedürftiger und doch zäher und bedürfnisloser als die Kinder des Südens. Die Birke hat unter allen Bäumen das zierlichste Laub. Sie steht zu Pfingsten so lieblich da, wie eine junge, bleiche Braut im weißen Linnenkleide. Ihr Bast ist so fein, daß eines Kindes Hand ihn abschälen kann. Reißt man aber die Borke von der Rinde, so stirbt die Birke. Sie blutet sich aus; ein helles Blut, ein nach Wald und Erde wundersam duftender Saft, hervorquellend wie Träne oder wie ein Lied. Aber dieser allerverletzlichste, allerdichterischste Baum bedarf doch zu seinem Gedeihen nur der bescheidensten Erde. Ihm genügt ein Schotterhaufen, ihm genügt ein Mauerstein. Er schlägt darin Wurzel ... Auf einem alten Kirchhof in der Stadt Hannover, neben dem Grab von Lotte Kestner, Goethes Lotte, ist ein merkwürdiges Grab. Ein schwerer massiver Sandsteinblock trägt den Namen einer hohen adeligen Dame; darunter steht: »Dieses auf ewig erkaufte Grab darf nie geöffnet werden.« Nun ist aber offenbar bei der

Beerdigung ein Birkenkätzchen auf den Sarg verweht; der Keim hat Wurzel im Staube der Toten geschlagen und im Laufe eines Jahrhunderts hat ein kräftiger Birkenstamm den mächtigen Stein beiseite gedrängt und das »auf ewig erkaufte Grab« geöffnet. Dies alte Grab gilt mit Recht als eine Merkwürdigkeit meiner Heimatstadt; aber ich kenne in ihr noch eine andere Birke; die ist noch merkwürdiger. Mitten in der Stadt, in ihrem totesten, seelenlosesten Bezirk, hinter dem Bahnhof, liegt ein mächtiges Zuchthaus; um das Zuchthaus herum zieht sich eine meterhohe, endlose rote Mauer. In diesem seelenlosen Bezirk der Gefangenen grünt kein Gras und wächst keine Blume. Aber in einer Ecke oben auf der roten Mauer, gerade über der tobenden lauten Straße, hat eine kleine Birke mitten im Stein Wurzel geschlagen. Ich kenne sie seit mehr als zehn Jahren. Sie ist in dieser Zeit zum stattlichen Baum geworden und blüht in jedem Frühling. Lange Jahre führte mich mein lustloser Weg morgens an dieser Mauer vorbei. Dann winkte von der hohen Zuchthausmauer hernieder ein einsames Wunder: die kleine blühende Birke. Dann dachte ich an die Gefangenen hinter der Mauer. Versteht ihr dieses Symbol schon, meine Brüder? Wenn ihr es einst verstehen werdet, wenn ihr es einst verstehen werdet ... Ihr aber, Kinder, lastet auf mein Grab nicht Marmor oder Granit. Pflanzt eine Birke, den Nordlandsbaum, der von allen Bäumen das zärtlichste Laub hat und die verletzlichste Rinde und dennoch Wurzel schlägt selbst in Steinen und Schotterhaufen, wenn ihm keine bessere Heimaterde gegönnt ward. Und sicher, ich werde wiederkehren und werde am letzten Rande der Weltstadtsteinwüste, trotz Kohle und Schloten und Industrien, froh weiterdichten in meinem Baum. [1926]

Eisblumen am Fenster

Die Welt ist versteint zu Kristall. Kein Windhauch stört die Toten. Die Pappeln vor dem Fenster starren regunglos. Über allen Grüften liegt Schnee. Aber wenn mein Atemhauch gegen das Fensterglas streicht, welche Wunder brechen hervor in klirrendem Eise! Da ist der ganze Garten wiedererstanden, alle Wälder der Erde. Ähren, Rispen, Farne, Trauben, Schlingpflanzen erscheinen und Blumengesichte wie aus einem Traum. Andeutungen aller unter dem Schnee begrabenen Gestalten.

Und ein wunderlicher Gedanke läßt mich nicht los: Dieses ist das Zwischenreich zwischen Blumenwelt und Welt der Kristalle.

Ist denn nicht alles Sichtbarwerden von Erscheinungen nur ein zeitweises Festgerinnen oder langsames Gefrieren von *Bildern*? Und wenn nun hier auf den Anhauch meines Mundes Bilder von Blumen im Fensterglase erscheinen, ist das nicht im Grunde der selbe schöpferische Vorgang, den wir in gedehnterem Zeitmaß und in gewaltigerem Raummaß erleben, wenn das *Sonnenlicht* die im Erdenstoff steckenden Gebilde zu Sichtbarkeiten gerinnen läßt? Müssen sie nicht alle im wachsenden Weltfrost mählich zu Eis gestarren? Ist nicht dieser Absterbe- oder Verstarrungsvorgang aus dem bildsam Flüssigen zum Festgeronnenen der Lebensvorgang selber?

Wie aber steht das Gestaltgewordene zu dem Vorgang, der zur Gestaltung führt? Oder anders gefragt: Wie steht der Rhythmus, die Musik der Lebensbewegung zu der Formenschöne und Ausgeglichenheit der für das Auge sichtbar gewordenen *starren* Gebilde?

Wir kennen das Geheimnis der Tonfiguren! Wir wissen, daß Melodie und Harmonie übersetzt werden können in bauliche Gebilde des *Auges*. Wir wissen, daß jede Farbenstimmung einer Tonstimmung entspricht; jedem Zahlenverhältnis von Farben ein Verhältnis von Tönen. Schon Kepler hat es gelehrt: Die Sternenabstände unseres Planetensystems entsprechen den Klangabständen unserer Tonleiter, und diese wiederum entsprechen den Zahlen der Farbenakkorde in dem für uns sichtbaren Farbenkreis. Die Welt der Formen wäre somit eine geronnene, sichtbar gewordene Welt der Musik . . .

Was ich hier am Fensterglase erblicke: die Eisblumengefilde, das sind Vorentwürfe oder Erinnerungen aller wirklichen Landschaften; so wie nächtlich geträumte Träume Vorentwürfe oder Erinnerungen aller ›wirklich‹ genannten Tagesbilder sind. Jede dieser Gestalten, die mein Odem erschafft, kommt auch irgendwo ›wirklich‹ vor in fernen Zonen oder in der Tiefe eines Meeres. Jede dieser Gestalten aber liegt auch als dunkles Erbwissen oder Erberinnern durchlaufener Lebensläufe, durchtauchter Lebenstiefen in meiner eigenen Seele. Im Fensterglase wird sichtbar alles, was *ist*, aber auch alles, was *ich* bin. Es kommt aus mir wie Musik aus der Saite. Es kann sich hineinerlösen in Gestalten der Kunst oder auch in Begriffsgefüge und philosophische Gedanken.

So wäre ich also Musiker und Instrument zugleich? Schöpfer dieser Eisblumenwelt am Fenster und doch nur eines unter Milliarden von Geschöpfen, durch welche Bilderflut und Schöpferhauch rastlos werdend und entwerdend, hindurchströmt.

Und auch ich bin nur Bild unter Bildern, für eine Weile festgeronnen, wie hier im Fensterglase die silberne Liane oder der gezackte Tannenwald. Hauche ich heiß gegen die Bilder, so lösen sie sich auf und gerinnen neu, oder Wasser tropft von der Scheibe . . .

Der tolle Hund hat mich gebissen: die Lebensabkehr, der *Weltabwendungsgedanke*.

Ich kehre mich ab, lege Holz auf die Flamme im Kamin, träume ins Spiel der Flamme. Und wieder scheint es mir, daß die Bilder alles Lebens feuergewoben vorüberziehen: das brâhma-vidya, die Gestaltenwandelschau! Ich zünde meine Pfeife an und blicke nach den blauen Wolkenschwaden, und mich durchzuckt ein tröstender Gedanke: ›Ich bin jetzt Weltenschöpfer. Ich rauche hier in meinem Stübchen Weltgeschichte.‹

Diese graublaue Karawane, das sind die Scharen Alexanders. Und jetzt kommt die Völkerwanderung. Jetzt jagen die Hunnen. Und dieser dicke Schwaden sind die Hohenstaufen.

Und ich blase Napoleons Heere und Völkerkriege und Revolution. Rauch alles; verwehender Rauch! Er wird sich niederschlagen am Fensterglas. Und morgen, wenn mein Feuer ausgebrannt ist und Asche den Ofen deckt, dann trösten mich wieder am Fensterglase die Runendenkmale der Eisblumen und die kristallenen Wälder.

[1928]

IV.

»So sehen, wie ein unbeteiligtes Auge von einem fernen Stern . . .«

Autobiographische Feuilletons (1923–1933)

Feuilleton

Hörst Du ums Haus die Winde sausen? Der Winter zieht übers Nordland. Aber behaglich ist es im Stübchen.
Auf dem »Philosopha«, überquer auf meinen Beinen, schläft Bob. (Malteser aus Bologna.) Auf dem Fensterbrett blühn die Kakteen. Zwischen den Kakteen hüpft Männe. (Kanarienvogel aus dem Harz.) Das Öfchen prasselt. Hinterm Öfchen schnurrt Nath. (Angorakatze aus Braunschweig.)
Wenn ich nur nicht zu arbeiten brauchte. Pfeife rauchen; zwischenhinein ein bißchen Musik . . . da pocht es.
Herein! Durch die Spalte lugt Fancy: »Du, ich habe eine Bitte!«
»Bluse oder Hut?«
»Spitzen zum Fasching. Drei Meter. Das Meter drei 95. Spottbillig.«
»Habe kein Geld.«
»Gott, mach doch schnell ein Feuilleton.«
»Meine liebe Fancy; das ist was Toternstes. Viel leichter: zehn Seiten wissenschaftliche Abhandlung als zehn Zeilen Feuilleton.«
»Du bist ein Schwätzer.«
»Das eben ist das Hindernis. Ein Gelehrter darf ein Schwätzer sein. Aber Feuilletons müssen kurz sein, und das kostet viel Zeit.«
»Also, schreibe ein langes.«
»Komm herein, Fancy, und setz Dich zu Bob. Also, paß mal auf. Das Feuilleton . . . hörst du auch zu? . . . das gute Feuilleton ist ein Garnichts. Ein Kuß. Es liegt alles darin. Es muß das Tiefste, Zarteste sagen, so daß Fräulein Alma –, Du kennst doch die Alma von der Odeonsbar? also, daß Fräulein Alma glaubt, das verstände sich von selbst, und sie könne das auch. Aber es darf niemals entgleisen zur Pointe . . .«
»Was ist denn das: Pointe? . . .«
»Das ist die Klippe jedes Feuilletons, man nennt es auch: Geist.«
Fancy: »Rück doch mit den Beinen an die Wand, Bob und Du machen sich immer breit. Qualme mir nicht ins Gesicht. Ich mag keinen Tabak. Also: schreib *ohne* Geist. Das kann doch nicht schwer fallen.«

»Mir schon, Fancy. Aber nun kommt Punkt zwei: der Stoff! Es ist mit dem Feuilleton wie mit dem Roman und mit den Frauen. Die schönsten haben nicht viel Stoff. Natürlich! Wenn eine Zeitung Dich nach China schickt oder nach Indien, da ist es nicht schwer, Feuilletons zu schreiben; der Stoff trägt Dich und das Kleid macht es. Aber aus Bob etwas zu machen, aus Männe, aus Deinen blauen Augen, Du, das ist was!«

»Ja, Mensch, was verstehste eigentlich unter Feuilleton?«

»Nimm an, Du bist im Zirkus! Zwischen zwei ›ernsthaften Nummern‹, sagen wir zwischen Bärendressur und Ballett, erscheint der ›Dumme August‹. Er schlägt Purzelbaum und bringt alles zum Frohsinn. Sie fühlen sich froh, weil sie sich alle überlegen fühlen. Denn der Clown ist so tapsig und quatschig. Aber da sitzen im Zirkus ein paar Meister der Turnerei, ganz große Meister, die denken: ›Donnerwetter! Der arbeitet auf Leben und Tod. Das ist Künstlerernst!‹ Nun, so ist es mit dem Feuilleton. Man muß lernen, sich anspucken zu lassen und nett sein.«

»Anspucken?«

»Fancy! Das Wort ›Feuilletonist‹ ist im Deutschen das übelste aller Schimpfworte. Wenn das von Dir gesagt wird, dann kannst Du nicht mal Studienrat werden. Man hat es aber auch zu allen Großen gesagt. Zu Schopenhauer, Nietzsche, Shaw, Anatole France. Vor zehn Jahren schrieb noch Hauptmann über Henri Bergson: ›Er ist ein Feuilletonist.‹ Gestern bekam der Mann den Nobelpreis. Hunderttausend Taler.«

»Hunderttausend Taler, und Du knauserst mit drei mal 3.95. Wie viel macht das eigentlich?«

»Bleiben wir logisch. Fassen wir jetzt das Ergebnis zusammen. Erstens: Das Feuilleton muß kurz sein. Zweitens: Es soll nicht durch den Stoff wirken. Drittens: Es muß das letzte so sagen, daß Fräulein Alma meint, es sei oberflächlich. Viertens: Es muß sich von den ernsten Menschen anspucken lassen und dabei nett sein ... Dazu kommt fünftens ein Geschäftstrick ...« »Geschäftstrick?! ... Ach bitte!«

»Ich will Dirs andeuten. Ich denke bei den erntesten Dingen immer an Fräulein Alma.«

»An wen? An die Alma? Meinst Du, ich hätte nicht längst bemerkt....« »Jetzt mißverstehst Du. Ich denke auch an Anni, an Lola, an Herrn Huber vom Ostertor und an Herrn Novak, der am Trafik immer die Zeitung kauft und an die alte Sprachlehrerin und ...«

»Du meinst, Du willst für alle verständlich sein?«

»So ungefähr. Nimm an, ich wolle eine Abhandlung schreiben: »Das Feuilleton«. Ich schreibe sie für das »Archiv der Philosophie«. Dann erreiche ich, daß drei Professoren von mir sagen, ich sei ein braver Mann und ernst zu nehmen. Basta? Und dann bin ich vergessen für ewige Zeiten und eingesargt in die Staatsbibliothek. Nun aber sage ich genau dasselbe. Aber: zuständlich. Das heißt: Ich übersetze Gedanken in Situationen. Ich fange etwa an: »Hörst Du ums Haus den Wind sausen?« Fräulein Alma liest das. Anni liest es, Herr Novak liest es. Sie denken wahrscheinlich: »Wieder ein dummer August«, und meinen, sie wüßten alles besser. Aber gerade dann triumphiert die Kunst. Herrn Huber wird zu Sinn, als habe ein Kind in seine Arbeitsstube eine Blume gelegt. Die alte Sprachlehrerin fühlt: »Da flog von weither ein Schmetterling.« Und vielleicht erreiche ich sogar das höchste: meine Dichterkrönung. Fräulein Alma schneidet mich aus der Zeitung und steckt mich in den Strumpf. Sie will mich aufheben. Und liege ich da nicht wärmer als in dem Gruftgewölbe der Staatsbibliothek?«

»Du bist wirklich ein Narr« lächelt Fancy. Aber sie sieht mich dabei so lieb an, daß Bob schnurrt und Nath faucht, denn meine Tiere sind eifersüchtig. [1929]

Gerichtstag über mich selbst

Geboren bin ich in Hannover im Feber 1872 als einziger Sohn eines Arztes. Aus einer oft leidvollen Liebe für meine undankbare Heimat habe ich mein ganzes Leben in Hannover dargebracht. Denke ich an Elternhaus und Schuljahre, so bin ich immer wieder erstaunt, daß ich hindurchkam, ohne völlig zerrüttet zu werden. Ich begreife kaum mehr, daß die seelischen und auch körperlichen Marterungen den zarten Knaben nicht in den Tod trieben. – Als ich

14 Jahre alt geworden, zum zweiten Male »sitzen blieb«, da gab der Direktor des Gymnasiums, das ich besuchte (es war das jetzige Ratsgymnasium in Hannover), meinem Vater den Rat: »Lassen Sie den Jungen ein Handwerk lernen. Er ist zu geistiger Arbeit ungeeignet.« Ich kam nun eine kurze Zeit in die Gartenbauschule Ahlem. Dann, ebenfalls nur kurz, als Lehrling in das Bankhaus Alexander Simon. Schließlich aber, als ich zu allem viel zu störrisch und ungeschickt befunden wurde, setzte man mich auf mein eigenes Bitten doch wieder auf die Schulbank. Ich selber fühlte mich nur für geistige Arbeit berufen. – 19 Jahre alt war ich, als der entscheidende »Krach« kam. Ich wurde, als ich gegen einen Peiniger aus gequälter Seele losbrach, von der Schule relegiert. Nur durch besondere Fürsprache einflußreicher Personen fand sich ein Gymnasium bereit, mich nochmals aufzunehmen. Es war das Gymnasium in Hameln an der Weser. Sein Direktor war Verbindungsbruder meines Vaters: ein krankhaft aufgeregter Polterer. Ich kam in eine strenge Pension unter Aufsicht dieses Direktors. Just dieser unerträgliche Direktor, dem ich als unverbesserliches »schwarzes Schaf« überantwortet war, wurde mir Fürsprecher und Helfer. Dies kam so: Ich war verbittert und extrem. Aber mein Radikalismus ging nach der nationalen Seite. Ich war ein viel wilderer »Patriot« als die unwissenden Jungen, die mich heute als »Juden und Sozialisten« ächten wollen.

1893 bezog ich endlich die Universität Freiburg, 21 Jahre alt. Es blieb mir keine Wahl, als Medizin zu studieren. Mein Vater nämlich, Chirurg und Gynäkolog, hatte freilich eine große Praxis; aber hatte alles, was er besaß, verloren. Es war kaum genug Geld da, um mich studieren zu lassen. In den Medizinjahren in Freiburg, Bonn und München zeigte es sich bald, daß ich zwar Gaben und Neigungen für reine Wissenschaft hatte, daß ich aber nach den schweren Entwicklungsjahren weder gesund noch leichtblütig genug war für die mir zugedachte ärztliche Praxis. Ich träumte auch von ganz anderem. Ich baute eisern auf mein erstes Buch, darein ich die ganze Sehnsucht der Jugend legte. Ein ungeheuerlich unreifes, lyrisches Welterlöserwerk in zwei Bänden: »Komödie«. Das erschien 1893. Auf eigene Kosten gedruckt. Die paar Menschen, die unverrückbar an mich glaubten: Ludwig Klages und Grete Ehrenbaum (meine Pflegemutter, der ich viel dankte) hungerten für mich das Geld zusammen. Kein Hahn krähte nach dem grandiosen »Welterlösungsmenschheitsriesenpoem«, gewoben aus Sehnsucht, Weltverzweiflung und Menschenekel.

Von zwei Lebensmächten will ich nun einiges sagen, als von den wichtigsten in meinem Leben. Zunächst: Das Verhältnis zu Liebe und Geschlecht; für jeden Menschen (so glaube ich heute) das schlechthin Schicksalbestimmende. Ich erinnere mich nicht, jemals auch nur das leichteste und loseste Liebesspiel ohne menschliche Sympathien, ohne Beimischung von Mitverantwortlichkeit für Weg und Wohl des andern erlebt zu haben; vor der nackten Wertlosigkeit nackter Triebe habe ich ähnliches Grauen wie vor Fusel oder blutigem Fleisch.

Als zweiten Punkt von Wichtigkeit für meine Entwicklung nenne ich mein für Außenstehende schwer zu klärendes Verhältnis zum Judentum. Ich wuchs auf als ein Knabe aus religiös-indifferentem Elternhaus. Die Eltern waren beiderseits Juden. Aber es hatte schon unter den Vorgeschlechtern christliche und arische Elemente gegeben. Ein Großonkel war englischer Erzbischof-Kardinal. Der Berliner Zweig der Familie war mit Nachkommenschaft aus Gotthold Ephraim Lessings Familie versippt und wollte von jüdischer Abstammung nichts wissen. Ein Großonkel war leidenschaftlicher Antisemit; ebenso ein Bruder der Mutter. Als ich mündig wurde, ließ man mir die Wahl, zu welcher Konfession ich gehören wolle. Und ich wählte, durchaus nur aus Bequemlichkeit, die evangelische. Grade damals aber kam mir zum Bewußtsein, was es heißt, als Jude geboren zu sein. Unter meinen Schul- und Studiengenossen hatte ich nicht als solcher zu leiden. Aber nun sah ich unter diesen Gefährten zum erstenmal sich »antisemitische« Neigungen erheben. Ich schämte mich dann, bei dergleichen nicht zu widersprechen. Andererseits wußte ich ja aber fast nichts vom Judentum. Da hörte ich um 1900 zum erstenmal vom »Zionismus« und stieß auf ein selbstbetontes, würdebereites Prinzip. Ich wurde nun zwar an meiner deutschen Wesensart nicht irre, aber ich empfand es als geschmacklos, deutsch sein zu wollen; ich fühlte ja, daß man mich abdrängte und ausstieß. – Die Entscheidung aber brachte der mächtigste aller Götter. – Ein Mädchen aus altem Preußenadel

schenkte dem namenlosen Studenten fanatische Leidenschaft und verließ, als ihre Militär- und Junkersippe, stolz auf Verwandtschaft mit dem Hohenzollernhaus, die bürgerliche und judenblütige Verbindung ablehnte, folgerichtig ihre ganze alte Tradition. Beide wurden nun Freiwild. – Die Folge davon war, daß meine junge Frau und ich, allen zum Trotz, begeisterte »Zionisten« wurden, daß unsere Kinder jüdische Namen bekamen, und daß ich nunmehr erst offiziell zum Judentum übertrat oder besser zurücktrat.
Es ist wunderlich, daß von allem, was ich je geschrieben habe, nichts so sehr mein äußeres Leben belastet hat, wie eine kleine Satire: »Samuel zieht die Bilanz«, in welcher ich die rechthaberische, abstrakte Rabulistik eines Schriftstellers Samuel Lublinski keck verulkte, welcher um 1908 ein feierliches Buch, »Bilanz der Moderne«, geschrieben hatte. – Wirklich wehgetan und meine äußere Existenz fast vernichtet hat aber nur eine Feindschaft, die an versteckter Bösartigkeit und verhohlener Giftigkeit nicht ihres gleichen hatte: die des schon damals berühmten Schriftstellers Thomas Mann, zu dem seit etwa 1903 allerlei Beziehungen bestanden hatten. Was er mir in zähester Geltungswilligkeit aus hier nicht darzulegenden Momenten angetan hat, durch sorgsam vergiftete, mich öffentlich infam machende Artikel (immer konventionell, immer mit der Geste des Darübererhabenen, jedem Schuldbewußtsein wie jeder Verantwortung ausweichend), – das halte ich für das menschlich Unschönste, was ich vom Leben erfuhr. Dies Geschehnis aber war es, was mich zu dem erweckte, der ich nachmals geworden bin: Psychologe am Geist, Skeptiker an der Kultur. Vollkommen erdrückt ward ich, gerade als ich mich wieder erholen wollte, auf Autorität eines Mannes hin, dessen Urteil den lesenden »Bildungsmenschen« eben schlechtweg galt. Ich konnte von nun an tun, was ich wollte, ich war abgestempelt. Daß Thomas Mann von mir schrieb: »Die Atemluft dieses Menschen ekelt mich: man mag den alternden Nichtsnutz als Privatdozenten in Hannover dulden, bis man ihn endlich ins Irrenhaus steckt«, daran zerbrach mir Laufbahn und Lebensmöglichkeit, denn für die ganze Welt der »Intellektuellen«, für Gelehrten- und Literaturkreise, stand es nun fest, ich sei einer, von dem man nicht mit Achtung und ohne Ehrfurcht reden könnte.

Meine ganze Jugend und Jünglingszeit stand unter dem Zepter eines Schreckenswortes, des Wortes: »Nicht schulgemäß!« Eigentlich habe ich nichts gelernt, als gutes Deutsch schreiben. Und doch gelang es mir nicht, im Deutschen Normalnummer zu bekommen. Ich schrieb von allen Jungen den besten deutschen Aufsatz, aber die Lehrer sagten, es sei nicht schulgemäß. Ich hatte viele Gedanken und gute Einfälle, aber ich war verpflichtet, sie zu unterdrücken; denn sie waren nicht schulgemäß. Und ist es nicht immer so geblieben bis zum heutigen Tage? Gewiß, die Behörden und die Fachgenossen geben gern zu, daß auch ich das Recht habe, meine Meinung frei zu sagen; aber soeben noch hat der preußische Landtag konstatiert, daß ein Professor eine solche Meinung eigentlich nicht haben darf. Und wenn ich in dem großen Mordprozeß in meiner Heimatstadt, in dem Haarmann-Prozeß, jüngst die Wahrheit suchte, so sagte man mir: Dein Ethos ist ja gewiß menschlich und begreiflich, aber das preußische Kultusministerium muß leider bemerken, daß ein Beamter solches Ethos nicht haben sollte. Kurz und schlimm: Es erging mir immer, wie den Dichtern im Staate Platos; man stülpt ihnen einen Lorbeerkranz auf den Kopf und gibt ihnen dann einen solchen Tritt in den Hintern, daß sie aus dem Staate hinausfliegen, denn sie sind allerdings aller Ehren wert, aber: Nicht schulgemäß . . .
Mein Vater starb März 1895. Danach begannen die Wanderjahre. Ich habe viele Menschen gekannt. Jahrelang reiste ich als Wanderlehrer, Vortragsredner, Kritiker, Publizist, Rezitator. Es gibt kaum eine größere Stadt Deutschlands, in der ich nicht irgendwann einmal gesprochen habe. Auch Frankreich, England, Holland und Italien lernte ich gut kennen. Immer aber blieb ich in Erwerbsnot. Diese Erwerbsfrage wurde allein entscheidend seit dem Zeitpunkt der Heirat. Es wird mir, indem ich diesen Rückblick auf mein Leben schreibe, klar, wie ich doch immer gut davongekommen bin. Zuletzt ward jeder Quälgeist ein Quellgeist. Als ich heiratete, 28 Jahre alt, da besaßen wir neunzig Mark im Monat. Damit gründeten wir unseren Hausstand. Meine junge Frau aß für zehn Pfennig Pferdebohnen im Vegetarischen Restaurant. Sie machte mir vor, das müsse so sein; es sei ihr Lieblingsessen. Sie wollte aber nur, daß Geld übrigblieb, damit ich mir etwas Besseres dafür bestelle. – Der immer wiederkehrende Gedanke, das medizinische Staatsexamen nachzuholen und dann

eine Praxis zu gründen, wurde aufgegeben, als ich in München Theodor Lipps kennenlernte. Durch ihn kam ich zur Psychologie. Ich suchte und fand 1904 eine Lehrerstelle in Dresden. Zugleich stürzte ich mich auf Jahre in soziale Arbeit; gründete die ersten Unterrichtskurse für das Proletariat, schloß mich der Sozialdemokratie an und arbeitete mit den Gewerkschaften, kämpfte für Gleichstellung der Frauen, für Beseitigung der reglementierten Prostitution, für Enthaltsamkeit vom Alkohol, für friedliche Völkerverständigung, für Reform der Kleidung, – nie später habe ich so viele »Kongresse«, »Sitzungen«, »Mandate«, »Resolutionen« mitgemacht, wie in diesen, meinen elendsten Jahren. Mein geheimes Ziel aber war: Habilitation an einer deutschen Hochschule. In Dresden wurde ich als ein »Sozialdemokrat« abgewiesen. Ich ging nach Göttingen, mit Empfehlungen meines Lehrers Lipps, um bei Edmund Husserl mich zu habilitieren. Der wieder empfahl mich, um zu verhindern, daß ein »Konkurrent« nach Göttingen komme, an die Technische Hochschule in Hannover. Und so landete ich 1908 in der Stadt, wo auf jedem Pflasterstein eine Träne und ein Seufzer meiner Jugend lag. Enttäuschter ist nie ein Kind in die Heimat zurückgekehrt.
So bin ich denn also Philosoph in Hannover geworden und bin es durch achtzehn Jahre geblieben, ohne je befördert oder besoldet zu sein und ohne irgend eine Aussicht auf Hilfe für mein Alter. Ich habe tausend und aber tausend Vorlesungen und Vorträge gehalten, und manche Knaben, deren Aufsätze ich korrigiert oder denen ich Lateinstunde gegeben habe (denn ich erteilte stets Unterricht), haben inzwischen mich weit überholt. – Die Niederlassung in der Heimatstadt brachte aber ein großes Glück. Zunächst: meine Kinder konnten nun zu mir (sie waren bis dahin in einem Landerziehungsheim), um auf immer bei mir zu bleiben. Sodann im Forsthaus im Walde fand ich meiner Kinder Erzieherin, meinen Lebensgefährten, meinen Kameraden; von nun ab in allen Lebensnöten mir zur Seiten. Aber noch einmal kam etwas Furchtbares, das Furchtbarste: jäher, unerwarteter Tod. Der Tod Miriams, meines herrlichsten, geliebtesten Kindes, zehn Jahre alt. Ihr ein würdiges Denkmal zu hinterlassen (mein bisher reifstes Werk »Der Untergang der Erde am Geist« trägt ihren Namen), das ist seit dem Karfreitag 1912, wo wir sie begruben, meines Lebens einziger Ehrgeiz.

Erst mit dem Jahre 1908 beginnt meine philosophische Schriftstellerei. Was ich bis dahin veröffentlicht habe (Gedichte, Dramen, Novellen, Aufsätze), das ist längst vergriffen und aus dem Buchhandel verschwunden. Und hätte manches davon zu dauern verdient. Von dem Buche des Zwanzigjährigen »Laute und leise Lieder« behauptete Detlev von Liliencron, kein späteres Buch habe es wieder erreicht; Richard Dehmel schätzte »Saat in Schnee«: »Das schwarze Schiff mit einer Leiche an Bord«, und Prinz Emil von Schönaich-Carolath knüpfte auf »Einsame Gesänge« hin einen Bund, der durch mehrere Jahre gedauert hat, und davon er sagte: »Wir sind in allem Gegner, aber die zwei Letzten vom Stamm der Byroniden.« – Zwischen der Zeit, wo ich den dichterischen Träumen nachging und jener andern, wo ich zum abstrakten Philosophen geworden bin, lagen jene bewegten Wanderjahre, in denen ich nichts so ernst nahm, wie das Drama und das Theater. Und ich will nicht vergessen, daß die theater-ästhetischen Schriften und die Verbindungen mit dem Theater, als Dramaturg wie als Kritiker, mir die reichste Erfahrungsfülle gebracht haben und manche gute Freundschaft. Kinder des Augenblicks, des vergänglichen Traums und Spiels, verstand ich wohl immer am besten.

Ich möchte somit glauben, daß ich in strenge Wissenschaft und starre Welterfahrung gleichsam hineingedrängt worden bin. Ich glaube heute ein geschlossenes System zu besitzen. Meine eigenste Philosophie war erst um 1914 zum geschlossenen System gereift. »Schopenhauer-Wagner-Nietzsche« und »Philosophie als Tat«, zwei schöne Bücher, waren die Vorbereitung. Sehr langsam wuchsen zur vollen Klarheit meine drei persönlichsten Zentrallehren: die Dreisphärentheorie; die Lehre von Stauung und Rauschsurrogat und die sogenannte Ahmungspsychologie, aus der dann später meine ganze »Charakterologie« hervorging.

Wie ich den Weltkrieg erlebte (meiner ganzen Natur nach vom ersten Augenblick an als Frondeur; mit jedem Blutstropfen angewidert von der gräßlichen Barbarei des Zeitalters), das steht zu lesen in »Geschichte als Singgebung des Sinnlosen«, einem im Kriege niedergeschriebenen Buch, das mir den ersten Erfolg brachte.

[1926]

Ideale

Wenn man mich, als ich ein Stiesel von sieben Jahren war, gefragt hätte: »Was willst Du werden?«, – keinen Augenblick wäre ich um die Antwort verlegen gewesen. »König von Hannover«, hätte ich geantwortet. Dieses Ideal ergab sich damals ganz von selbst.

Hannover ist meine Heimatstadt. Sie war, als ich geboren wurde, erst seit wenigen Jahren preußisch. Bismarck hatte den letzten König von Hannover abgesetzt. Damit hatte mein Vater seine Stellung als Arzt am Hofe verloren. Bismarck hatte also ungerecht gehandelt. Mein Plan stand fest. Wenn ich groß wäre, wollte ich Bismarck zum Duell fordern und im Zweikampf besiegen. Daraufhin übte ich mich auf dem Schulhof an der Prinzenstraße. Ich dachte an Bismarck, wenn ich mit dem langen Ludwig Bähr rang. Ich spuckte ihm schnell ins Gesicht, und während er »Schwein« sagte und sein Schnupftuch hervorzog, stellte ich ihm ein Bein und brachte ihn zur Strecke.

Als ich sieben Jahre alt war, kam der uralte Kaiser Wilhelm der Erste nach Hannover. Zum ersten Mal. Die Charakterlosigkeit der Menschen war mir unbegreiflich. Demselben Bösewicht, der ihren guten König davongejagt hatte, bereiteten sie einen märchenhaften Empfang. Flaggenschmuck, Girlanden, Blumen, Lichter, Inschriften über allen Haustüren: »Herzlich Willkommen«, »Hannoverland begrüßt die deutschen Helden«, »Ich bin ein Preuße, will ein Preuße sein«. – Ich ballte die kleinen Hände zur Faust und schwur mir zu: Ich wolle Bismarck töten. Dann aber wollte ich allen Ländern Frieden bringen, indem ich mich durch Heirat mit dem Hohenzollernhaus verband.

Man hatte mir gesagt, die Frau, welche für mich am ehesten in Betracht komme, sei das jüngst geborene Baby des Kronprinzen. Das hieß Margarete.

Ich war vollkommen sicher in meinem Lebensplan. Erst Bismarck zur Strecke bringen, wie den langen Bähr. Dann den besiegten Preußen mich huldvoll erweisen; Prinzessin Margarete heiraten und weise und lange regieren und so viele riesenstarke Söhne bekommen, daß alle Länder von meiner Familie erobert wurden. Dann war

die ganze Welt *ein* Königreich, mit dem Zentrum Hannover. So löste ich die politischen Fragen.
Einige Wochen später war ich entschlossen, Konditor zu werden. Darauf brachte mich Hofkonditor Kreipe. Er trug eine steifleinene weiße Priestermütze und saß feierlich zwischen zwei Baumkuchen. Seine Stellung erschien mir königlich und angenehm zugleich. Meine Schwester Sofie wollte, ich solle Droschkenkutscher werden, wie Kutscher Lambach. Dies sei noch schöner. Aber ich durchschaute das wohl: sie war neidisch auf meine Baumkuchen und verlangte, daß ich sie den ganzen Tag spazieren fahren solle.
Schon damals begannen mich alle Ideale zu enttäuschen. Auf der Schule versagte ich völlig. Man wollte mich dort durchaus nicht haben. Aber meine Berufsideale waren ebenso unbeständig, wie meine Liebes- und Eheideale.
Zuerst ließ ich mich überreden, Bankier zu werden. Ich dachte dabei an Rothschild. Nachdem ich vier Wochen lag für das Bankhaus Alexander Simon Botenjunge gewesen war und Millionen durch meine Finger gelaufen waren, ergriff mich eine heiße Sehnsucht nach Natur, Bauerntum und Landleben. Ich kam auf die Gartenbauschule Ahlem; dabei dachte ich an Rosen, Nachtigallen und viel eßbares Obst. Einige Wochen später sehnte ich mich danach, zu »studieren«; am liebsten Theologie, doch wußte ich nicht genau, in welcher Konfession. Zu »studieren« wäre mir wohl nie in diesem Leben gelungen, wenn nicht in Hameln an der Weser, als ich im heiratsfähigen Alter schließlich doch noch zum Abiturium kam, endlich einmal ein Ideal und Idealismus mir *genutzt* hätte. Ich war damals sehr patriotisch und schwärmte für Heldentod. Alle meine deutschen Aufsätze endeten mit folgendem Satze: »Und dann kam die herrliche Zeit, wo unser heiliger Heldenkaiser Wilhelm ritt über das Schlachtfeld von Sedan im Kreise seiner Paladine«; dieser Satz gewann mir das Herz meines Direktors, so daß mir weitere Talentproben erlassen blieben. Aber auch das patriotische Ideal sank dahin, als ich in Bonn am Rhein Soldat werden sollte. Ich begann Medizin zu studieren, weil mein Ideal war, ein großer Chirurg zu werden wie mein Vater. Dann verfiel ich auf Anatomie, als der Freiherr v. Lavalette mich zum Vorlesungsassistenten ernannte; hernach schien mir Physiologie noch begehrenswerter.

Aber als mein Vater unerwartet früh verstarb, änderten sich auch alle meine Lebenspläne. Was bin ich nicht alles gewesen! Was habe ich nicht alles versucht! Am liebsten wäre ich fortgesetzt rund um die Erde herumgereist, um nur nichts zu versäumen. Alle Wissenschaften, alle Künste hätte ich am liebsten geübt und durchtaucht. Immer wenn irgendwo auf der Erde irgendein Mensch einen Posten bekam, dann war es mir schmerzlich, daß *ich* das nicht war. Auf allen Gebieten war meine Sehnsucht grenzenlos. Aber sie bekam so viele Prügel, daß sie zuletzt in ein Schneckenhaus sich verkroch. Und merkwürdig, unter allen Berufen, die ich ausübte, gab es nur ein Gebiet, das mich nie enttäuschte. Das war das Theater. Überall, wo meine Träume Wirklichkeit wurden, kam der Augenblick des Ernüchtertseins. Aber auf dem Theater war ich sicher vor Wirklichkeit. Hier gewann ich meine besten Freunde. Hier lernte ich auch Frauen kennen, die mich nie enttäuschten. Ich war verliebt in Eleonora Duse, in Else Heims, in Angelina Gurlitt, in Melitta Leithner, in Käte Dorsch. Sie haben mich sämtlichst nicht wieder geliebt. So bewahrte ich mir einige Ideale.
Dann trat etwas Ganzgroßes in mein Leben. Die erste Liebe. Meine erste Liebe (man wird es schwerlich begreifen) war Wanda, die starke Kanonenkönigin, das stärkste Weib der Erde. Dies war ein Weib, welches beim Schützenfeste auf der Masch in einer Bude stand und mit den Zähnen Eisengewichte hob. Sie hielt mit den Zähnen einen Haken. Daran befestigt war eine eiserne Reckstange. An diese durfte ich mich hängen und Klimmzüge machen. Das kostete zehn Pfennig; für Kinder und Militär die Hälfte. Indem ich Wanda, die stärkste Frau der Welt, zu meinem Ideal machte, leitete mich die Idee der Zuchtwahl. Ich hatte damals wilde Kraftpläne. Meine Kinder sollten Riesen werden, wie die vier Haimonssöhne. Ich wollte in den Urwald eindringen und die Menschenfresser besiegen. Dazu bedurfte ich, da ich schwächlich war und Lebertran bekam, einer ganz starken Ehefrau. Dies war Wanda.
Der Besuch des Zirkus Carré eröffnete mir sodann Aussicht auf neue glanzvolle Laufbahnen. Ich wurde Trapezkünstler, Turner am fliegenden Reck, Seiltänzer, Kunstreiter, Kunstschütze, Löwenbändiger, Feuerfresser, dummer August. Dagegen verblaßten all-

mählich die Königsideale. Dann wurde ich Nordpolfahrer und entdeckte China. Als ich aber schreiben gelernt hatte, da verfestigten meine Ideale sich endgültig. Ich fing an zu dichten. Das wurde zur Gewohnheit, ja zum Laster; und es ist dabei leider geblieben.
[. . .]
Dann kam die Zeit, wo ich die Freundinnen von Sofie zu meinem »Ideal« ernannte. Diese Freundinnen waren teils schwarz und teils blond. Diese Vielgestaltigkeit des anderen Geschlechts hat mir Pein gemacht. Meine Veranlagung war so polygam wie möglich. Ich begehrte sie *alle*. Ich ließ daher bei meinen Gedichten die Adjektiva freibleibend. Hatte ich geschrieben: »Goldene Lockenflut«, »himmelblaues Auge«, »Schwanenhals«, – so war ich gezwungen, am folgenden Tage das zu verändern in »rabenschwarze Nacht der Locken«, »abgrundtiefes Dunkel«, »braune Zigeunermaid«, und den Sonntag darauf war auch das nicht mehr wahr, und ich veränderte alles in Hinsicht auf einen Rotfuchs.
Neulich hörte ich einen Vortrag von einem Kollegen, von Professor Stern in Hamburg über die Psychologie des Pubertätsalters. Dabei erlebte ich etwas Schreckliches. Es wurde mir klar: Alle Symptome stimmten. Der ewige Wechsel der Ideale bei reizbarster Bockigkeit des Charakters. Der starre und bornierte Eigensinn, der imstande ist, dreißig Jahre lang um einen wahren Quark einen Prozeß zu führen und, wenn der Prozeß gewonnen ist, auf den Gewinn freiwillig zu verzichten und zugleich das vollkommene Unwichtignehmen aller wichtigen »Konflikte und Probleme des Menschengeschlechts«. Vor allem aber: dieser chronische Zustand des Verliebtseins!
Es ist bitter, im Alter zu entdecken, daß man lebenslang aus dem Pubertätszustand keine Fortentwicklung gehabt hat. Ich bin noch in der Pubertät! Ich bleibe ewig nichts als eine bloße Hoffnung. Und ich habe, so lange ich denken kann, immer einen »Schwarm« gehabt. Aber alle meine Schwärme halten nicht stand vor der Verwirklichung, Frauen besonders müssen mich grob behandeln, wie alle Jünglinge zwischen 16 und 20. Ich bin vollständig charakterlos. Ich bin sowohl nacheinander wie gleichzeitig folgendes gewesen: Kantianer, Buddhist, Jude, Alldeutscher, Monist, Mystiker, Hinduist, Konfuzianer, Mazdaznan, Steinerianer, Husserlia-

ner, Spenglerianer, Wagnerianer, auch aner. Ich war immer der reine Bahr. Dabei passierte mir aber das Schreckliche, daß mein Ideal immer grundsätzlich das Gegenteil der jeweils gegenwärtigen Wirklichkeit suchte. Es tönte mir, wie dem Wanderer Schuberts, wie Geisterhauch: »Nur wo Du *nicht* bist, ist das Glück«. Beispielsweise: Ich befinde mich in einer Versammlung von mutigen Freidenkern. Dann werde ich katholisch. Ich fühle mich angetrieben, Opposition zu machen und mich auf den katholischen Standpunkt zu stellen. Umgekehrt aber, gesetzt ich befände mich auf einem Konzil katholischer Hirten und Oberhirten, dann verspüre ich den unbezwinglichen Drang, Krach zu schlagen im Namen des freien Gedankens. Als 1914 alle Welt patriotisch fühlte, da wurde ich auf der Stelle kommunistisch. Aus rasendem Gerechtigkeitskoller trieb ich dunkle Konspirationen mit Karl Liebknecht und Haase. Ja, ich trank Tee mit Leonhard Frank, Fränkl und Pfemfert. Gesetzt aber Frank und Pfemfert werden demnächst zur Regierung kommen, dann werde ich sicher »reaktionär« fühlen. Sie werden mich *ebenfalls* nicht befördern, sondern sogar hängen lassen. – Diese Charakterlosigkeit, die mir mit Recht verdacht wird, ist mein Lebensschicksal. Darum bin ich auch immer noch Privatdozent. Ich werde wohl als ein solcher sterben müssen. Der Vortrag von Professor Stern brachte mir darüber Klarheit. Ich bedarf keines Steinach. Ich bin selber eine »organische Pubertät«. Alle vernünftigen Menschen um mich her werden allmählich reif. Dann sind sie was Bestimmtes, und man weiß, wie man dran ist. Ich bleibe aber *unreif*. Daß ich älter werde, merke ich einzig daran, daß ich täglich bescheidener geworden bin. Weniges hat mich so tief gerührt wie zwei Stellen, die ich einmal las, die eine in einem Briefe Beethovens, die andere in einem Tagebuch Hebbels. Beethoven (man erinnert sich, wie er – den Hut auf dem Kopfe – durch die Hofleute hindurchging und sich über Goethes »Servilität« entrüstete) sagt an jener Stelle: »Wenn man mir in meiner Jugend eine Stelle gegönnt hätte, so hätte wohl etwas aus mir werden können; ich hatte nämlich Talent.« (Er, – Beethoven! – *»hatte nämlich Talent«*!) Hebbel wird in Rom zur Weihnachtsfeier in den Klub deutscher Künstler eingeladen. »Da lag auf jedem Teller der großen Tafel ein Tannenreislein. Und, ich traute meinen Augen nicht, da war auch für *mich* ein Teller und *auch* ein Tannenreislein.

Da merkte ich, wie wenig ich gewollt habe.« Ich meinerseits will jeden Tag *noch* weniger. Das ist ein sicheres Zeichen fortschreitender Verkalkung. Mit dem Königtum fing es an. Heute wäre ich sehr zufrieden, wenn man mich nur außerordentlicher Professor in Göttingen werden ließe. Aber nein! aber nein! Ich habe *doch* noch ein Ideal, ein letztes, ganz heimliches, ganz sehnsüchtiges. Ich träume zuweilen, ich säße unter Büchern, Bildern und Musik, weltvergessen und sorgenfrei in einem ganz weltverborgenen, rosen- und rankenüberblühten Haus; nur meine Frau und mein Kind sind bei mir. Da klingelt es eines Tages vor der Haustür. Ich eile ans Fenster. Vor der Tür steht ein fantastischer Aufzug. Hundert Kamele mit Gold und Edelstein. Ich lehne zum Fenster hinaus und frage: Wer da? Der Kaiser von China antwortete von unten: »Wir sind die drei Könige aus dem Morgenland. Wohnt wohl hier der berühmte Herr Theodor Lessing?« Da zünde ich mir erst eine frische Zigarre an, spucke sodann dem Kaiser von China auf den Kopf und sage bedächtig: »Ja, er wohnt hier wohl. Aber er ist für niemanden zu Haus.« [1923]

Der Deutsche Aufsatz

Nach einem langen Leben, mit geistigem Werk erfüllt, kommt mir noch oft der bange Angsttraum. Ich bin wieder Schüler. Ich sitze im Abitur und soll den deutschen Aufsatz verfertigen, um dem Provinzialschulkollegium meine »geistige und sittliche Reife« zu beweisen. Ich soll sie beweisen durch Behandlung der folgenden Themata: »Wie rechtfertigt Gottfried Keller den Schluß der Novelle »Kleider machen Leute?« Oder: »Der arme Heinrich des Hartmann von der Aue in seinen inneren und äußeren Beziehungen zum Mittelalter«. Oder: »Der Gedankengang in Herders Aufsatz über Shakespeare«. Ich hocke verzweifelt und perle Angst. –
»Meister Gottfried, geliebter, komm aus Deinem Grabe und offenbare mir, wie rechtfertigst Du den Schluß Deiner Novelle? ... Herder, zerklüfteter, gotischer, deutscher, ich verstehe Deinen

Gedankengang so wenig wie der junge Goethe ihn verstand ... Ha! Ins schwärzeste Mittelalter möcht ich stürzen, um herauszubekommen einerseits seine innere, andererseits seine äußere Beziehung zum ›Armen Heinrich‹, von dem ich mich nur dunkel erinnere, daß er eine Braut hatte, ich glaube Irene Triesch. – – Quassele ich schon? Ich bringe ja doch nichts Reifebeweisendes zustande.«
Entsetzt enttauche ich irrem Traummeer. Und mache mir langsam klar: Ich habe ja, Gott sei gedankt, schon ein Leben lang »geistige und sittliche Reife« bewiesen. Denn das Abitur bestehen und den deutschen Aufsatz verfassen, nein! Ich könnte es im sechzigsten Lebensjahr so wenig, wie ich es im zwanzigsten gekonnt habe ...
Auf dem Ratsgymnasium der Stadt Hannover saß ich zweihundert Jahre. Man versuchte vergeblich, mich klein zu kriegen, klein wie sie selber waren. Als ich siebzehn Jahre alt war, schrieb der Direktor der Anstalt, er hieß Capelle, an meinen Vater: »Lassen Sie Ihren Sohn ein solides Handwerk lernen, Schlosser oder Tischler, da er zu geistiger Betätigung niemals befähigt sein wird.« – Dies war zu der Zeit, wo ich in Nächten heimlich Gedanken niederschrieb, welche mir später als Doktordissertation guten Dienst taten. Nicht *eines* Lehrers vermag ich mich zu erinnern ohne Scham, ohne Zorn, ohne Ekel. Nur durch Zufall entrann ich dem Schlachtbeil der Pädagogik. Mein Patriotismus rettete mich. Am Sedantage des Jahres 1892 sollte in öffentlicher Schulfeier der Primus der Prima die vaterländische Rede halten. Aber er wurde krank. Da sprang im letzten Augenblick ein blasser Primaner ein, redete begeistert in Versen und rührte die Honoratioren der Stadt. An jenem Tage wurde ich von den Lehrern sozusagen entdeckt. Und war fortan, ja, wie nennts doch der Oberlehrer? »Ein einseitig begabtes Talent.« Und hatte es gut. Denn von da ab schloß ich jeden deutschen Aufsatz mit dem folgenden Herzensbekenntnis: »Und dann kam der Tag, wo unser herrlicher Heldenkaiser im Kreise seiner Paladine über das Schlachtfeld von Sedan ritt.« Und bekam »Gut«. Aber wie bitter, wie schwer, wie bitter schwer war dieser Aufstieg gewesen, bis ich in Prima zu dieser Reife, wie sagt doch der Oberlehrer? »mich durchgerungen hatte«.
Das Rad der Jugenderziehung hätte vielleicht den Knaben zermalmt, wenn nicht damals, als wir in der Sekunda schmachteten, jenes Ereignis mit dem Deutschen Aufsatz gekommen wäre.

Der Klassenlehrer in Obersekunda (er hieß Grahn) lastete schwer auf meiner ganzen Jugend. Denn ich war zu ihm in Pension gegeben. Zehn Jahre lang. Zehn Jahre lang war er mir Kerkermeister. Er gehörte zu der sehr verbreiteten Gattung: »Straßenengel, aber Hausteufel«. Unendlich geltungsbedürftig und eisig kalt! Mit seiner autoritativen Bedeutung drückte er auf allem, was im Knaben leben mochte an Eigenwille, Jugendmut und Phantasie. Aber ich hatte einen guten Kameraden, für den die Schule auch nur eine feindliche Stiefmutter war: Ludwig Klages. Damals wurde uns beiden geraten: »Werden Sie lieber Hundefänger«, und wir wurden getrennt, als Klages in die Prima kam, ich aber (schon zum dritten Male) sitzen blieb und nun bei Grahn im heiratsfähigen Alter Obersekunda wiederholen mußte. Das erste Aufsatzthema, welches Grahn uns stellte (wie pocht doch das Alles noch heute in mir!) lautete: »Der Frühling ist da«. Ich schrieb eine schöne Abhandlung über den Frühlingsmythos der Vorzeit und wob Gedichte ein. Aber ich erhielt die Hefte zurück mit jenen Bemerkungen, die in solchen Fällen der richtige Studienrat immer macht: »Den Fleiß erkennen wir an, aber der Verfasser muß sich hüten vor Schöngeisterei und Phrase.« – »Bilden Sie sich nicht ein, uns mit überstiegenem Pathos imponieren zu können.« – Da verabredete ich mit Klages ein Experiment. Klages schrieb statt meiner die Aufsätze, welche ich in der Sekunda für Grahn lieferte. Ich schrieb für Klages die Aufsätze, welche er in der Prima für Hornemann lieferte. Und ein Wunder geschah. Ich erhielt in der Prima, unter dem Pseudonym Klages schreibend, »Recht gut«, während Klages, unter dem Pseudonym Lessing schreibend, in der Sekunda bei Grahn die Normalnummer nicht erreichte, vielmehr seinen deutschen Aufsatz zurückerhielt mit der am Rande oft wiederholten Anmerkung: »Echt Lessingsche Phrase«. Von da ab war uns die Schule schnurzegal . . .
Ich bin Lehrer geworden. Habe im Laufe eines langen Lebens viele Schulen kennengelernt und viele Hundert Menschen unterrichtet, Knaben und Mädchen, Männer und Frauen. Und habe aus einer edleren Lehrerschaft auch manche Freude und Freundschaft geerntet. Aber das Verhältnis zur Schule blieb doch wohl das alte: Ich kann auch heute nicht deutschen Aufsatz schreiben . . . Ich blieb in

der Heimat. Man sagt, daß hierorts alles anders geworden sei und daß kein blühwillig Kind mehr an der Rechthaberei oder am Schuldünkel der Lehrer, an der Trägheit ihrer Herzen oder an ihrer Unfähigkeit, sich in gute Jugend einzufühlen, so leiden müsse, wie wir in unserer Jugend daran gelitten haben. Aber wenn ich auch glauben will, daß jene Wasserfläche, welche die Bestverbildeten »Niveau der Kultur« nennen, beständig steigt, – daß unsrer Schultyrannen Herzen wärmer, ihre Hirne leuchtender geworden sind, nein! Das glaube ich *nicht*. Denn ich habe gründlich erfahren, welche Sorte Jugend mit den Zeugnissen der geistigen und sittlichen Reife auf die Universität kommt. Es müßte an den Universitäten um die akademische Jugend anders bestellt sein, wenn die Schule wärmer, leuchtender, würdiger geworden wäre. Doch kehren wir zurück zu unserm harmlosen Aufsatz über den Aufsatz . . . Es mag fünfzehn Jahre her sein, da klagten an meinem Wohnort Eltern über unberechenbare Parteilichkeiten einer gefürchteten Lehrerin. Nennen wir die Schule »Dorotheum«. Die Lehrerin: Fräulein Frida Drach, wurde von den Kindern »die blutige Frida« genannt. Von Energie dampfend, aber unmütterlich, ganz Machtwille, ganz Selbstgerechtigkeit, völlig unfähig, in Demut auf den werdenden Menschen zu lauschen und von ihm zu lernen, so hatte die gestrenge Schicksalsschwester zahllose Jugendtragödien auf dem Gewissen. Eine Schülerin, die ich zu unterrichten hatte, zeigte wie viele andere, das typische Bild jener Schul- oder Angstpsychose, die mir aus der eigenen Kindheit nur allzu vertraut war. Bildungsfähig, lernbegierig, dem Leben offen *außerhalb* der Schule, geriet das junge Mädchen, sobald sie jener drückenden Autorität gegenüberstand, in eine krankhafte Minderwertigkeits- und Beschämungsangst. Die Gegenwart der »starken Persönlichkeit« lähmte das kindliche Selbstgefühl. Die Rechthaberei und Unduldsamkeit der Autokratin, deren beständiges überlautes Dareinreden und hysterisches Dazwischenfahren, ihr ichsüchtiges Allesrichtigstellen und Besserwissen verschlugen den Wehrlosen, noch Urteilsunfähigen die Sprache. Jedes Examen wurde sinnlos, sobald die Unherzliche zugegen war. Kein Kind konnte vor ihr sich selber durchsetzen, keines sich selber zum Ausdruck bringen. Mithin auch keines bei ihr Deutsch schreiben und lesen lernen.

Nachdem ich einige Wochen jene Schülerin unterrichtet hatte und es nicht gelungen war, das von der Schule zerknitterte Selbstgefühl wieder aufzurichten, entschloß ich mich zu gewagter Roßkur. Ich schrieb die Aufsätze selber, die Schülerin hatte sie nur abzuliefern. Als erstes Thema bekam ich: »Die Beziehung der Iphigenie zu Orest und Thoas«. Ich machte einen Aufsatz, wie ihn wohl der familientischreife Autor in ein Lehrbuch des üblichen Aufsatzgeblödels hätte aufnehmen können, erhielt aber das Zeugnis, daß ich Goethes Iphigenie nicht verstanden habe und daß meine Auffassung unreif und jugendliches Geschwätz sei. Ich habe dann für die strenge Norne noch manchen Aufsatz geschrieben, aber es gelang mir nicht, bei ihr Normalnummer zu erhalten. Schließlich habe ich folgenden Versuch gemacht: Einer anderen Schülerin, die von der Ungerechten bevorzugt wurde und als ihr Liebling galt, diktierte ich einen Aufsatz von eben jener Art, die bei der ungeliebten als unreif und unklar beanstandet wurde. Der Bedrückten aber diktierte ich die Aufsätze, in jenem als »schulgerecht« geltenden Literaturstil, den eine bekannte Schrift zweier Hamburger Lehrer (»Der Aufsatz, ein verkappter Schundliterat«) zuerst ins richtige Licht gestellt hat. Das Ergebnis? Der Aufsatz der Vorzugsschülerin wurde »Sehr gut« befunden; die durch künstliches Dummachen endlich erzielte Mimikry wurde der Verfolgten schließlich mit Normalnummer gelohnt.
Man sollte meinen, daß Tatsachen wie diese bei Schulbehörde und Ministerium *beweisen* müßten, daß hier etwas Faules sei, daß eine Lehrerpersönlichkeit gemeinschädlich wirke. Aber welcher Gott vermöchte wohl die Selbstherrlichkeit eines bestimmten Autoritätentyps je zu erschüttern? Jenes Typus, dem die vielberedete »Psychoanalyse« tausenderlei unbewußte »Kompensationen« und »Verdrängungen« nachzusagen weiß. Rache etwa des unfrohen Leibes, der nie ein Kind trug, an Allem, was jung und froh, kühn und frei ist. Notersatz des unerfüllten oder verkümmerten Lebens durch autoritativ auftrumpfenden Examinatorenhochmut. Allem in Seligkeit Unfertigen Zensur erteilend und die Jugend einteilend in schwarze, noch ungebändigte, und weiße, schon gut domestizierte Schafe, all unsern verlogenen Bildungsbafel für maßgeblich und unbedingt haltend, üben Gott Kupfer und Göttin Drach die unvornehmste aller Tyranneien: Die Tyrannis des sterilen Lebens

über das wachsende, junge. Wo immer der schöne Übermut, Stolz, Trotz, Eigenwille der Jugend sich offenbaren, da mahnen die so Feierlichen als Komischen zu »Bescheidenheit«. Denn was die stolzen Figuranten unter »Pädagogik« verstehen, das läßt sich leicht auf eine *einzige* Formel zurückführen: »Wie schützt sich die alte Generation vor der jungen?« ... »Lernen Sie Bescheidenheit, Fancy. Lassen Sie sich den Rat geben, Fancy. Sie haben nicht exakt arbeiten gelernt, Fancy. Keine Widerrede! Hä!« –

Ich habe mit meinen Kindern noch einmal die Jugend erlebt, eine zweite schönere. Und wenn ich von der gemordeten ersten sprach, dann blickte ich in ungläubig verwunderte Augen. Denn was wußten die Kinder von der Gemeinheit dieser Welt? Ihre Lehrer (Feuerseelen der deutschen Landerziehungsheime, pädagogische Abseitsgeher, starke Pfadsucher) – das waren ihre geliebtesten Freunde. Die Kinder also begriffen es nicht, wenn ich versicherte, daß der bessere Mensch immer daran erkennbar ist, daß er den deutschen Aufsatz des offiziellen Schulbetriebes mit Normalnummer zu schreiben außerstande sei. Aber einmal wenigstens hat der deutsche Aufsatz mir Glück gebracht.

Fancy, meine jüngste Tochter, 17 Jahre alt, nach dem Urteil ihrer Lehrer begabt, fleißig und tüchtig, wohlbewahrt vor den Einflüssen des offiziellen Schulbetriebes und in einer edlen Welt des Geistes lebendig, mußte als »Externe« ins Abitur steigen, so wie ich vor vierzig Jahren es mußte. Und die unserm Schicksal obwaltende Nemesis, »der Finger Gottes in der Weltgeschichte«, fügte, daß der Entscheid über ihre »geistige und sittliche Reife« einzig und allein abhängig wurde von dem selben Schicksalsengel, mit welchem fünfzehn Jahre zuvor ihr Vater vergeblich um den Normalsegen gerungen hatte. Denn diese Lehrerin war inzwischen – (auch Ricarda Huchs »Wunibald Pück« macht Karriere) – Oberschulrätin geworden. Und darin liegt Gerechtigkeit. Denn wenn ehemals die Kinder vor der Unfrohen weiß und rot wurden, so werden nun die Lehrer rot und bleich. – Es ist nicht leicht, ein geliebtes Kind in die fremde Welt fliegen zu sehen, und wenn ich Fancy auch das Bestehen ihres Examens herzlich wünschte, insgeheim ersehnte ich, sie möge noch ein Jahr bei mir bleiben. Aber die Lehrer ließen mir keine Hoffnung. Ich hoffte auf die Mathematik. Auf die Chemie.

Auf die Biologie. Auf Französisch oder Englisch. Aber daß mich diese alle im Stich lassen, daß mir ausgerechnet just vom Deutschen Aufsatz noch Freude kommen werde, nein, davon träumte ich nicht.

Fancy also steigt ins schriftliche Examen. Sie erhält drei Aufsatzthemata zur Wahl. »Wie rechtfertigt Gottfried Keller den Schluß der Novelle Kleider machen Leute«? »Die äußere und innere Beziehung des Armen Heinrich zum Mittelalter«. Und: »Der Gedankengang in Herders Aufsatz über Shakespeare.« Und sie wählt, als das immerhin noch menschlichste, den Aufsatz über Shakespeare . . .

Das Ergebnis in allen Fächern lag klar. Nur im Deutschen, im deutschen Aufsatz war das Ergebnis – Verlegenheit. Sie hatte nicht den Inhalt des Buches ruminiert. Sie hatte eigene Gedanken zu geben versucht. Die mündliche Prüfung also sollte entscheiden: Normal in Deutsch oder unnormal? Der Entscheid lag bei der allgefürchteten Oberschulrätin, und bei der hatte der Papa manche Fünf im Notizbuch.

Der Ausgang jedes mündlichen Examens hängt ab von dem Seelenzustand, in welchem Prüfender und Prüfling einander gegenübersitzen. Eine Oberschulrätin weiß das. Sie hat im Herbeiführen des für das mündliche Examen geeigneten Seelenzustandes lange Übung. Wozu liegt man vor dem Garten der Bildung? Man soll sorgen, daß kein staatlich Ungeeichter hineinkommt. Die Oberschulrätin also eröffnet das Examen.

»Wir beginnen mit Deutsch. Der Prüfling hat im Aufsatz bedauerlich versagt. Das Kollegium glaubte zwar in allen Fächern noch Normalnummer zubilligen zu können. Ich aber bin anderer Meinung bezüglich des deutschen Aufsatzes. Es war zu behandeln: ›Der Gedankengang in Herders Schrift über Shakespeare.‹ Der Prüfling hat statt dessen die eigenen noch unreifen Gedanken geäußert und hat damit bewiesen, daß er nicht imstande ist, den Inhalt eines gelesenen Buches wiederzugeben. Nun will ich aber Gelegenheit geben, die Scharte noch auszuwetzen. Sagen Sie, junges Fräulein, uns zunächst einiges über Ihre *Lektüre*.«

»Ich lese sehr viel« sagt Fancy verlegen. »Wohl, wohl, aber können Sie uns zum Beispiel Rechenschaft ablegen über das Stilgesetz von Thomas Mann oder die Technik des Romans bei Gustav Freytag?«

»Nein« sagt Fancy. »Ja, aber was lesen Sie denn sonst? Was ist das *letzte* Buch, daß Sie gelesen haben?« »Trotzkis Memoiren«, sagt sie ehrlich ... Die Schultafel knarrte: »Take care little Fancy.« Die Kreide auf der Schulbank lispelte: »attention ma petite«. Aber die Unerfahrene tappte nur tiefer in die Verworfenheit. »Ich kenne die Klassiker und die besten lebenden Schriftsteller, kenne auch viele von Person und kann mich gut mit ihnen verstehen.« Die Bänke wackelten Warnung. Die Oberschulrätin *schwieg*. Ihr glaubt es nicht? Doch wahrhaftig! Sie *schwieg*, sie lauschte in die Untiefen junger Seele. »O Zeitalter, o Verworfenheit!« Die Kreide (Gott selber schubste ein bißchen nach) fiel vom Tische und das Lineal warnte: »Povera parvula Fencula«; die aber strahlte. Denn sie mißdeutete das Schweigen: Jetzt habe ich die strenge Frau gewonnen; am deutschen Aufsatz darfs nicht scheitern, Integralrechnung, organische Chemie, gewiß, aber warum gerade Deutscher Aufsatz? »Frau Oberschulrätin, meine Lehrer meinen, die mir gestellten Themata: die Beziehungen Hartmanns zum Mittelalter oder der Gedankengang bei Herder könnten überhaupt nicht zeigen, ob ich Normalnummer verdiene, denn noch kein Mädchen hat das von *sich* aus je gelesen, und ich glaube, auch die Kulturminister haben es nicht gelesen, sondern lassen darüber nur Deutscher Aufsatz machen.« Da war's geschehen! »Genug« schrie die Ergrimmte, »wir brechen ab. Gehn Sie nach Hause und sagen Sie Ihrem Vater, daß er Ihnen eine normale moralische Grundlage und normale staatlich anerkannte Erziehung voll und ganz zuteil werden lassen möchte. Und dann kommen Sie Ostern übers Jahr wieder zu mir und ich werde prüfen, ob Sie würdig geworden sind, eine volle zweifelsfreie Normalnummer aus meiner Hand ins Leben zu tragen.«
Als ich das blasse, von Tränen überströmte Gesichtchen (denn was hatte sie bisher von der Gemeinheit dieser Welt gewußt?), glückselig in die Arme schloß, da sagte ich zu ihr: »Verzeih, ich fürchtete schon, Du würdest imstande sein, bei der Egeria Hannovers den deutschen Aufsatz mit Normalnummer zu machen. Aber nun sehe ich: Du kannst es *auch* nicht. Du bist reif zum Studium. Und ich glaube sogar, aus Dir kann etwas Tüchtiges werden.« [1930]

Bubi

»Bubi!« ... dies Wort, aus dem Munde meiner Vaterschwester Fanni war meiner Jugend Qual. Sie war die Vorsitzende des Vereins Frauenwohl, kämpfte für aktives und passives Wahlrecht, für die Gleichberechtigung der Frau, verachtete die Männer und ließ ihre Verachtung an dem Jüngsten aus, ihrem heranwachsenden Neffen. »Das haben natürlich Männer gemacht«, sagte sie; und dann war die Angelegenheit abgelehnt. Sagte sie zu mir Bubi oder Bübchen, dann war darin so viel herablassendes und verächtliches Mitleid, daß ich gleich kleinlaut wurde. »Bubi, darüber kannst du doch nicht mitreden«, »Bubi, das verstehst du als Mann nicht«, »Bubi, mache dich nützlich und trage meine Pakete nach Haus«. Das sind so die Qualenklänge aus meiner Jugend gewesen ... Aber das Sprichwort sagt: »Wen Gott strafen will, dem erfüllt er seine Wünsche.« Tante Fanni, nun eine alte Dame, hat die Erfüllung aller ihrer Wünsche erlebt. Sie kann aktiv und passiv wählen. Sie ist auf allen Gebieten dem Manne gleichberechtigt. Sie könnte nun zufrieden sein, aber sie ist erst recht unzufrieden und sagt immer noch: »Das haben natürlich Männer gemacht.« Denn es gibt Menschen, die ärgern sich am tiefsten dann, wenn sie durchaus keinen Grund mehr finden können, um sich zu ärgern. Als die langen Haare der Frauen fielen, als die Bubiköpfe aufkamen, da brauchte Tante Fanni nicht mitzumachen, denn sie trug schon seit ihrer Jugend kurzes Haar und das nannte sie (mag der Himmel wissen, woher dieser Name stammt): »Ich trage Tituskopf«. Sie legte großen Wert auf die Pflege dieses Tituskopfes und »Mit Tante Fanni zum Friseur gehn«, das war eine der kargen Seligkeiten unserer Kinderzeit. Sie kaufte dort zehnerlei Pomaden und Odöre, und wir durften an allen Flaschen und Tuben riechen.

Vielleicht war es sentimentale Erinnerung an meine Kindheitsfreuden, was mich antrieb, neulich, als ich die alte Dame auf der Straße traf, ihr meine Begleitung anzubieten. Und richtig! sie ging wieder in die alten Seifen- und Parfümerieläden. »Fräulein«, sagte sie, als wir in das »Warenhaus für Kosmetik« getreten waren, zu dem lieblichen Verkaufsmädel, »ich möchte gern für meinen Tituskopf eine Haarspange«. Das Fräulein blickte sehr verständnislos und verwundert, aber plötzlich zuckte ein lichter Strahl des Wissens über ihr süßes Gesicht und sie sagte lächelnd: »Ach, gnädige Frau, wünschen Bubispangen.« Tante Fanni blickte stier. »Wie das?« fragte sie. »Was sind denn das wieder für neue Dinger: ›Bubispangen‹?« »So nennen wir die Spangen für Bubiköpfe«, belehrte das Mädchen verschämt, »'nja, der Name mag dumm sein, aber die Fabrik nennt sie mal so«. »Das haben natürlich Männer gemacht«, sagte meine Tante Fanni und blitzte mich durchbohrend an. Darauf, nach Empfang ihrer Spange, forderte sie ein Haarnetz. Haarnetze aber gab es in einer anderen Abteilung. »Was soll es für ein Haarnetz sein?« fragte der Lehrling, ein blonder Junge, welcher Nägel kaute. »Für Tituskopf«, sagte Tante Fanni. Der Junge blickte hilflos. Meine Tante begann zu schelten. »Ich lenke mein Automobil selbst, jawohl das tue ich. Der Wind zaust mir im Haar, da trage ich Netze. Begreifen Sie das nicht? Ist das eine Jugend! Die männliche Jugend wird immer dümmer.« Der Lehrling starrte dösig, plötzlich rief er ahnungsvoll: »Ach so, die Gnädige wünschen Bubinetze!« »Bubinetze?« fragte Tante Fanni streng. »Was wollen Sie damit sagen? Warum nennen Sie die Netze, die wir Frauen zum Schutz unsrer Haare tragen: Bubinetze?« »Weil sie so heißen«, sagte der Lehrling verschüchtert und wies auf die Warenabzeichen an den Kartonkästchen. Da klebte in der Tat an jedem Kistchen die Fabrikmarke: »Bubinetz«. Tante Fanni erdolchte mich mit einem ihrer Natternblicke und sprach ergeben: »Das haben natürlich Männer gemacht.« Dann kaufte sie sich noch einen Kamm und schleifte mich abermals in eine andere Abteilung, woselbst eine vollbusige Dame uns in Empfang nahm, welche nach einem Blick auf den »Tituskopf« sofort sagte: »Gnädige Frau benötigen Bubikämme.« »Inwiefern«, forschte meine Tante eisig, »nennen Sie Kämme für das normale kurze Haar denn Bubikämme? Was hat der Kamm der deutschen Frau mit Bubis zu schaffen?« »Tja«, seufzte die Vollbusige, »gnädige Frau haben wohl Recht, es ist ein gar zu dummer Name, aber er hat sich mal so eingebürgert und die Damen wollen heute alle nur Bubikämme.« Und sie wies auf eine Kollektion Kästen, an deren jedem die Bezeichnung Bubikamm klebte. Schließlich, als ob sie sich erholen müßte von so viel Verärgerung und Demütigung, wechselte Tante Fanni in die Parfümerieabteilung hinüber, fächelte sich Luft und sagte dazu immer: »O diese aigreurs, diese aigreurs.« Dort aber stand der Chef der Firma, welcher das alte Fräulein kannte. Er näherte sich ihr mit tiefem Kompliment. »Meine Hochachtung, gnädiges Fräulein, immer noch wohlauf? Sie sollten meine Nouveautés besichtigen. Sehn Sie hier die entzückenden Kristallfläschchen, Bubisol, gnädges Fräulein. Dasselbe in Seifenform: Bubisan.« Jetzt war es um meine Tante geschehen. »Herr«, brach sie los, »wie nennen Sie Ihre Kopfwässer? Bubisol? Wollen Sie damit sagen, daß man nach dem Gebrauch Ihres Wassers Bubis bekommt?« »Gnädiges Fräulein«, lächelte der Chef, »hat doch immer noch den alten Humor. Gewiß, es ist ein dummer Name. Aber er ist so zeitgemäß.« »Das haben natürlich Männer gemacht«, sagte sie dumpf, ergriff ihre vier Pakete, zahlte und rauschte hinaus ohne Gruß, und ich mußte hinterher. Da fühlte ich: diesen Spaziergang hat die ewige Gerechtigkeit so gefügt. Dies ist die Stunde, wo ich endlich Genugtuung empfange für die vielen Demütigungen meiner Kindheit. »Bubi, davon verstehst du nichts«, »Bubi, das kannst du als Mann nicht beurteilen«, »Bubi, da kannst du gar nicht mitreden«. Ganz rücksichtsvoll und schonend trat ich an Tante heran, klopfte ihre Schulter und sagte gütig: »Na, gib mir nur deine vier Bubipakete. Ich trage sie dir. Bist ja so schwer belastet, armes Mädi.«

[1929]

Zauber der Worte

»Was ist ein Name? Was uns Rose heißt,
Wie es auch hieße würde lieblich duften.«

Ja! Vielleicht hat Shakespeare recht (obwohl ich mir nicht denken kann, daß ich die Rose besingen würde, wenn sie Dreckskraut oder Sauköpple hieße). Aber jedenfalls dürften viele Dinge, welche gar nicht lieblich duften, dadurch erträglich werden, daß man auf sie Namen der holdesten Bilder überträgt. Daher sagt ein altes jüdisches Sprichwort: »Alle miesen Mädchen heißen Schönchen; alle

bösen Weiber heißen Gütchen und alle Drachen werden Täubchen genannt.« So steht es denn auch im Deutschen zunächst mit den Lebensmitteln.
Wenn ich im Restaurant »Kaffee« haben will, dann muß ich »Mokka« bestellen oder »Mokka double«. Sage ich aber »Kaffee«, so erhalte ich geröstete Gerste mit Zichorienzusatz. Wünsche ich »Butter«, so muß ich »Frische Landbutter« sagen. Anderenfalls erhalte ich eine Margarine aus Pflanzenöl oder tierischen Schmalz. Wünsche ich eine Fruchtkonfitüre, wehe mir, denn jede Marmelade besteht wesentlich aus Gelatine und Farbstoffen. Natürliche Erdbeeren werden beim Einkochen *braun*. Das Publikum würde sie zurückweisen. Das Publikum denkt sich Erdbeermarmelade: erdbeerrot. Es erhält also (mit Recht) gefälschte Erdbeeren. Es erhält auch Kunsthonig, wenn es nicht eigens Haidenblütenhonig fordert. Rübenzucker, wenn es nicht eigens Rohrzucker verlangt. Künstliche Weine aus sehr Vielerlei, wenn es nicht eigens darauf besteht: »Ich wünsche Wein, ungepanscht, ungegipst, ungezuckert.« Furchtbar aber werden diese Dinge erst, wenn das Edelwort »Deutsch« dazugesetzt wird. Zum Beispiel: Deutscher Tee, deutsches Beefsteak, deutsche Treue. Deutscher Tee besteht aus Unkräutern der Wiese ohne die mindeste Beziehung zur Teepflanze. Deutsches Beefsteak besteht allmontags aus Resten, die meine Frau zusammenstellt, und welche mit Rindfleisch nicht das mindeste zu tun haben. Sagte man doch gleich: Falscher Tee, falsches Beafsteak, so wie man falscher Hase sagt oder falscher Kaviar! Aber man sagt »deutsch«. Und dabei singt man doch immer: »Du deutsches Kind, sei ehrlich, treu und wahr.« Woher es denn kommt, daß die Franzosen fast als einziges Fremdwort aus unserem modernen Umgangsdeutsch das Wort l'ersatz sich angeeignet haben. Wir dagegen sagen auf Deutsch: Surrogat. Aber dieser allgemeine Schwindel bezieht sich nicht nur auf die Nahrungsmittel, sondern auf Ware jeglicher Art. Englische Tuche werden in Sachsen verfertigt, argentinisches Büchsenfleisch kommt aus Niederösterreich, chinesisches Porzellan aus Kopenhagen, Kaschmir aus Berlin und Damast nie aus Damaskus. Karlsbader Oblaten beziehe ich aus Magdeburg, Eau de Cologne aus Karlsruhe, Pilsener Bier . . . halt! Hier geraten wir in undurchsichtigen Nebel. Es gibt zum Beispiel Würzburger

Pilsener, Herrenhäuser Pilsener und Münchener Pilsener, aber es gibt kein Pilsener Würzburger, kein Pilsener Münchener und kein Herrenhäusener Würzburger. Ich habe dagegen neulich in einer Bierbrauerei in Döhren bei Hannover getrunken: ein »in Döhren gebrautes Herrenhäuser Pilsener auf Münchener Art«. Dazu rauchte ich eine in Doberau fabrizierte Bremer Sumatra aus Ohlauer Tabak.

Überhaupt besteht die Tendenz, die Landkarte durch Vertauschen von Namen völlig zu verwirren. Wir besitzen zum Beispiel in Deutschland drei Schweizen: eine sächsische, eine fränkische und eine holsteinische Schweiz, dagegen fällt es keinem Schweizer ein, sein Land das schweizerische Sachsen oder schweizerische Holstein zu nennen. Wir haben ein Nürnberg des Nordens und ein Nürnberg des Südens, aber das wirkliche Nürnberg heißt nicht etwa Hildesheim. Äußerst verwirrend wirkt der allgemeine Gebrauch der Namen Florenz und Athen. Man kann sie schließlich mit jedem deutschen Flußnamen zusammensetzen. Elbathen, Spreeathen, Pankeathen, Leineathen. Oder: Elbflorenz, Spreeflorenz, Pankeflorenz, Leineflorenz usw. Dagegen nennt sich Athen keineswegs Kephissodresden und Florenz keineswegs Buxtehude am Arno. Die Vernebelung liegt uns eben im Blut. Wir sind imstande, Richard Strauß den zweiten Richard Wagner zu nennen, wonach Richard Wagner doch der erste Richard Strauß heißen müßte. Oder wir nennen Gerhart Hauptmann unseren zweiten Goethe, und vermeiden es doch, nun folgerichtig Goethe den ersten Gerhart Hauptmann zu nennen. Ganz unglücklich steht es in der Malerei. Es gibt Leute, die sagen etwa vor einem Bilde von Liebermann: »der reinste Rembrandt« und vor einem Rembrandtbild »Schon ganz Liebermann«.

Als ich ein kleiner Knabe war, da machte meine Mutter aus diesem Namenszauber eine zweifelhafte Erziehungsmethode. Ich konnte zum Beispiel keine Erbsensuppe essen. Es gab Heulerei, wenn der Name Erbsensuppe fiel. Aber meine Mutter brachte sie auf den Tisch unter Namen wie Napoleonsuppe, Schillersuppe, Lenausuppe; und als sie später heraus hatte, daß ich für Johannes Scherr schwärme, da hieß die Suppe immer gelbe Scherrsuppe; dann aß ich alles in Begeisterung. Zuweilen bekam ich aus Sennisblättern ein abscheuliches Dekokt zu guten Zwecken. Das hieß eigentlich

Wiener Wasser, aber meine Mutter nannte es stets Blumentee. Es wurde unten in die Tasse ein Veilchen gelegt, und meine Mutter prophezeite: »Wenn Du diese dunkle Tasse leer trinkst, dann wird wahrscheinlich aus dem Tee eine Blume hervorkommen.« Dieses Wunder zu erleben war eine der spärlichen Freuden meiner Kindheit. Und so ist es geblieben.

Man hat mir stets Sennisblätter vorgesetzt unter dem Namen Blumentee. Dummköpfe unter dem Namen Professor, Bösewichter unter dem Namen Landgerichtsdirektor, Menschenmörder unter dem Namen Medizinalrat. Ja, die Verblödung nannte sich immer Logik und die Entsinnlichung kam immer im Namen der Ethik. Und ich habe gläubig meine Sennisblätter getrunken, denn der Zweck heiligt die Mittel, und habe immer an die Blume geglaubt, unten im Grunde der Tasse. Erst jetzt sehe ich allmählich ein: Es ist doch eigentlich alles nur der Zauber der Worte. [1929]

Alles wäre anders gekommen ...

Als ich mein Elternhaus verließ, da schenkte mein Vater mir ein Paar kleine Diamantknöpfe, die er trug; mit denen hatte es folgende Bewandtnis: Im Jahre 1866, als das Königreich Hannover nach der Schlacht bei Langensalza von Preußen »annektiert« wurde, da hegte der letzte König von Hannover, Georg V., die Hoffnung, daß die anderen Fürstenhäuser Europas gegen die Einverleibung Hannovers in Preußen intervenieren würden. Insbesondere erwartete er die Vermittlung des Zaren. Bismarck aber, welcher diese Einmischung voraussah, ließ die Besetzung Hannovers und die Abdankung des Königs so schnell betreiben, daß der Zar, bevor er Einwände machen konnte, sich schon vor fertige Tatsachen gestellt sah. Dazu aber mußte der russische Gesandte in Hannover, ein Herr von Persiani, welcher bismärckisch gesinnt war, möglichst weit von Hannover ferngehalten werden; der Gesandte schützte, um nicht im hannoverschen Hauptquartier erscheinen zu müssen, eine Erkrankung vor; er benutzte dazu ein von meinem Vater ausgestelltes ärztliches Attest; das Honorar für dieses Attest waren jene kleinen Hemdenknöpfe, die ich niemals getragen habe, ohne mich an die Worte meines Vaters zu erinnern: »Wären diese Knöpfe nicht, dann wäre alles anders gekommen. Hannover wäre ein Königreich.«

Als ich in Hameln auf der Schulbank saß, da hatte ich in Prima einen Mitschüler, der wunderlich und einsam war, sich an keinen in der Klasse anschloß und auch mit mir kaum je ein Wort gesprochen hat. Dieser Mitschüler nun erschien an einem Sommerabend vor meinem Fenster, klopfte und fragte an, ob ich nicht Lust habe, mit ihm an der Weser spazieren zu gehen. Ich war dazu bereit, wir gingen die Allee am Ufer entlang, während Ferdinand, so hieß er, anhub mir alle möglichen Fragen zu stellen, ob ich an Gott glaube, ob die Seele unsterblich sei, ob das Leben Sinn habe und welchen Sinn. Das waren philosophische Fragen, die mich immer beschäftigten (das wußte er), aber aus Jugendherbheit, aus dem Stolz der Scham wollte ich mit dem fremden Mitschüler darüber nicht reden und zog das ganze Gespräch schnell ins Spaßhafte, indem ich mit Scherzen und Übertreibungen antwortete, bis der andere schließlich »Gute Nacht« wünschte und mich verließ. Am folgenden Morgen kam der Vater dieses Kameraden in die Schule und meldete, daß am Abend zuvor der Sohn nicht nach Hause zurückgekehrt sei, und einige Stunden darauf wurde die Leiche des Vermißten auf dem Bahngleis Hameln–Pyrmont gefunden; es blieb unaufgeklärt, ob er durch Unvorsichtigkeit vom Zuge erfaßt war oder freiwillig den Tod gesucht hatte; ich aber litt unter dem Gedanken, daß er zu dem ihm fremden Gefährten vielleicht in Seelennot geflüchtet war, und daß, wenn ich das nur gefühlt und ihn ganz anders behandelt hätte, es vielleicht gelungen wäre sein Leben zu erhalten.

Als ich ein Kind von fünf Jahren war, wurde ich mit zwei kleinen Schwestern von einem Kindermädchen betreut, welches, wenn ich ungezogen war, oft von der Wiege der Kleinsten fortlief um mich zu strafen. Bei solcher Gelegenheit soll nun die Kleinste in Zugluft gestanden und sich erkältet haben; sie verstarb acht Wochen alt. Eine seelische Verwundung war es, daß fortan, wenn ich wieder »ungezogen« war, gesagt wurde: »Du hast doch an Gertruds Tod gelernt, wohin es führen kann, wenn ein Kind nicht folgsam ist.«

Ich fühlte mich plötzlich schuldig; denn wenn ich damals folgsam gewesen wäre, so wäre Gertrud am Leben geblieben.
Als ich Student in den klinischen Semestern geworden war, da kam es mir zu Bewußtsein, daß ich unter der wohl in früher Jugend ausgesäeten Schwere des Gewissens leiden würde in jedem Fall, wo mir die Verantwortung zugeschoben würde. Halb mit Unbehagen halb mit Beschämung gedenke ich auch heute der ersten und letzten chirurgischen Operation, die ich ganz auf eigene Verantwortung auszuführen hatte. Es handelte sich um einen alten Landstreicher, einen Trinker, er hieß Lenz, welcher auf der Landstraße erfroren gefunden wurde und dem sofort zwei an Frostgangräne erkrankte Zehen abgenommen werden mußten. Ich tat das behutsam, aber da es eben ein schwerer Trinker war, so wagte ich nicht ihn zu narkotisieren, sondern schnitt ihn mit Anwendung der örtlichen Anästhesie, aber während dieser sorglichen Tätigkeit kam der Leiter der Klinik, lachte und gab mir auf, sogleich mit dem sogenannten List-Frankschen Schnitt den ganzen Vorderfuß zu entfernen, wozu der Mann narkotisiert werden mußte. Er fiel denn auch in der Narkose in Tobsucht, und die Operation konnte nur schwer beendet werden, als sie aber beendet war, kam der Professor selbst und statt zu loben, lachte auch er und meinte, eine so mühsame Arbeit sei ganz überflüssig gewesen, ein armer Teufel könne sich keine Bandagen leisten, und es wäre einfacher und zugleich sicherer gewesen, den Fuß einfach abzusägen. Dies war denn nun eine Lehre, die mir zeigte, daß ich niemals ein Chirurg wie mein Vater werden würde, denn je besser der Chirurg ist, um so weniger gibt er sich ab mit unsrer Überlegung: »Alles wäre anders gekommen.« Ich machte mir ein Gewissen um eine Zehe, der Oberarzt opferte fröhlich den halben Fuß, der Professor seelenruhig den ganzen, und eine noch autoritativere Autorität hätte sicher gleich den Kopf abgeschnitten. Es taugt eben nicht, wenn man im Augenblick, wo man frisch drauflos handeln muß, sorgsam bedenkt: »Wenn Du dieses nicht getan und jenes unterlassen hättest, ja dann wäre alles anders gekommen.«
Aus diesen und hundert ähnlichen Anlässen erwuchs mir schließlich eine Entdeckung, deren Ausdruck eine ganze Philosophie ist, niedergelegt unter dem Titel: »Geschichte als Sinngebung des

Sinnlosen«, nämlich die Entdeckung einer allgemeinmenschlichen Erkrankung, genannt Kausalitätswahnsinn. Es läßt sich hier nicht darlegen, aus welchen Trieben und Triebmächten dieser allgemeine Kausalitätswahnsinn steigt. Wir sichern durch ihn unser Leben, wir schaffen durch ihn alle Konstanzen, alle Feststellungen der Wissenschaft. Aber diese Stiftung der Ursachketten, dieses Finden von Ursache und Wirkung verbirgt ausnahmslos einen Akt menschlicher Willkür, einen Akt des Wollens und des Aberglaubens, ja im Kerne ist es nichts anderes als eine einzige ahnungslose ungeheuerliche Unnatur. Denn da wir sehr wohl Jedes mit Jedem in Verbindung setzen können, so können uns niemals Tatsachen, Ereignisse, Handlungen begegnen, angesichts derer sich nicht sagen ließe: »Wenn dies oder jenes nicht gewesen wäre, so wäre eben alles anders gekommen.«

Wenn Karl Martell bei Poitier nicht durch Zufall die Araber besiegt hätte, so wäre Europa heute ein Stück Asien, und es herrschte die arabische Kultur. Wenn nicht bei Waterloo Grouchy zufällig einen Befehl mißverstanden hätte, so hätte Napoleon gesiegt, und das Antlitz Europas sähe heute anders aus. Dergleichen Erwägungen lassen sich angesichts jedes Fatums anstellen. Machen wir also Geschichte oder erdulden wir sie? Wie aber wenn die ganze Kette Ursache – Wirkung ein einziger Betrug und Trug wäre, hervorgehend aus der Psychologie des menschlichen Denkens, eines linear gerichteten, intentionalen Denkens? . . .

Lassen wir hier diese philosophische Frage beiseite, aber wenn sie zur Kernfrage meiner Gedankenwelt wurde, so lag es eben an der frühen Qual des Bedenklichen: »Wäre nicht alles anders gekommen, *wenn* Du damals . . .? Der tätige und gesunde Mensch liebt es wenig, solche Fragen sich allzu nahe kommen zu lassen. Ihm zum Troste sei zum Schluß nur folgendes angemerkt: An der Pforte der denkenden Menschheit steht die merkwürdigste Gestalt des größten Seelenkenners: Shakespeares Hamlet, »die angeborene Farbe der Entschließung von des Gedankens Blässe angekränkelt« und somit bewußt, daß das Gewissen aus uns allen Feiglinge machen kann, wovon denn Goethe klar gesagt hat: »Der Handelnde ist immer gewissenlos.« Wäre er es nicht, so könnte er überhaupt nicht mehr handeln. Wären wir völlig das, was wir sein sollten, so könnten wir weder mehr essen noch trinken; zu allem und jedem gehört ein robustes Gewissen. Im zweiten Teile des Faust hat Goethe diese Erkenntnis durch eine schöne Allegorie ausgedrückt. Die Göttin der Klugheit lenkt die schwere Masse der Erde, einen großen Elefanten, aber angekettet zu beiden Seiten hält sie vom Volke fern die zwei größten Menschenfeinde: die Hoffnung und die Furcht. Denn alles was Goethe nennt: Philisterei, Sorge, Alltäglichkeit, das ist gekennzeichnet durch den Mangel an Gegenwart. Immer verbaut sich der Mensch sein Leben mit Fürchten oder Hoffen.

»Was ist ein Philister? Ein hohler Darm
Mit Furcht und Hoffnung angefüllt, daß Gott erbarm.«

Dieses Fürchten und Hoffen (Goethe nennt das die zwei Gesichter der »Sorge«) kann nun aber eine zweifache Richtung nehmen. Man kann, von der Vergangenheit nicht loskommend, wie Lots Frau immer nach rückwärts blicken und stöhnen: »Ach hättest Du damals doch . . . ach hättest Du damals nicht, dann wäre . . .« oder man kann auf die Zukunft gerichtet und jedes Heute dem ungewissen Morgen opfernd, gleich Hamlet bei jedem Schritt seiner Verantwortung bewußt werden, voller Angst, ob man nicht das Unrichtige tut oder im unrichtigen Momente handelt. Beides macht uns lebensunfähig! Denn lebensfähig sind wir gerade nur so lange und so weit wir unserem Unbewußten trauen und starken Instinkten folgend uns getrösten:

»All unser redliches Bemühn
Glückt nur im unbewußten Momente,
Wie könnte denn die Rose blühn
Wenn sie der Sonne Herrlichkeit erkännte?« [1928]

Es ist nur ein Übergang

Als ich ein kleiner Knabe war, da sagte zu mir mein Großvater: »Du bist in eine schwere Zeit hineingeboren. Sie ist nur ein Übergang vom Alten zum Neuen.« Schön, dachte ich, also wird das Neue wohl noch kommen. Als ich in die Welt hinaus fuhr, da sagte zu mir mein Vater: »Unsere Zeit, mein Sohn, ist nur eine Übergangszeit. Wir stehen mit einem Fuße im 19., mit dem anderen schon im 20. Jahrhundert.« Ich dachte: Herrlich! Da werde ich also das Eigentliche noch erleben ... Ich kam dann nach Amerika. Da sagten alle Leute: »Amerika befindet sich in einem Übergang. Technik, Geldwirtschaft, Industrie; die Fortschritte sind zu rapide.« Da floh ich denn nach Indien. Da sagten alle Leute: »Die englische Regierung hat alles bei uns verändert. Altindien stirbt. Wir leben in einem Übergang.« Da begab ich mich denn nach China. Da sagten alle Leute: »Das Mandschukaisertum ging dahin. Wo blieb das Gesetz des Konfutse? Wir befinden uns in einem Übergang.« Da floh ich nach Rußland; aber Rußland befand sich grade in einem Übergang. »Teufel« dachte ich, »wo finde ich denn nun das Wesentliche?« Immer sagen die Leute: »Wir befinden uns grade im Übergang.« »Das ganze Leben ist nur ein Übergang«, so sagte der Fuchs. Da zog man ihm das Fell über die Ohren ...

Der alte Theodor Fontane hat sich das weitläufige Vergnügen gemacht, zweihundert Jahre Theaterkritik zu vergleichen von den Tagen Nicolais und Lessings bis zu den Tagen Polgars und Kerrs. In jedem neuen Jahrgang hieß es: »Unser Theater ist heruntergekommen. Schlechter kann es nicht mehr werden.« Und in jedem neuen Jahrgang nannten die kritischen Geister ihre eigene Zeit eine Übergangszeit und die jeweils frühere Zeit: »die gute alte Zeit«. Ja, sagte mein Urgroßvater 1830, als sie noch lebten: der Schröder, der Iffland, der Konrad Eck. Kinder, Kinder, sagte mein Großvater, hättet Ihr die Wolter in ihrer Jugend und den Bogumil Dawison erlebt. Mein Vater sagte: Matkowsky und Albert Niemann, so was kommt nicht wieder. Und heute sage ich: O Kinder, was ist das alles gegen den Joseph Kainz und die junge Else Heims, wie war sie reizend! – Wahrscheinlich ist dieses alles Unsinn. Denn ich entsinne mich, wie mein Großvater sagte, eine so verrottete Zeit wie die große Revolution von 1848 habe er sich nie vorstellen können, obwohl mein Urgroßvater immer zu sagen pflegte, die großen Freiheitskriege von 1813 seien noch verrotteter gewesen. Mein Vater aber sagte, die Entartung und Barbarei der Menschen sei nie so groß gewesen wie in den Heldenjahren 70 und 71, und ich meinerseits wüßte überhaupt nichts Barbarischeres als das Jahr 1914 ...

Wenn ich einen Architekten bitte um Auskunft über den Stil unserer Zeit, dann sagt er: Einen bestimmten Stil haben wir nicht. Wir bauen in den Stilen vieler vergangenen Epochen. Und wenn ich einen Musiker frage, dann sagt er dasselbe, und ebenso der Maler und ebenso der Dichter. Aber wenn man einen Meister, der im Zeitalter der Gotik lebte, gefragt hätte, dann hätte der auch nicht gewußt, daß das die Gotik sei, und wer im Barock lebte, der wußte nicht das mindeste vom Barock. Die Menschen glaubten eben jederzeit: ihre Zeit sei nur ein Übergang. Aber hinterher, wenn sie alle tot waren, dann kamen die Professoren und entdeckten, daß die Vergangenheit einen ganz typischen und einmaligen Charakter gehabt habe. Ich glaube auch durchaus nicht, daß die alten Ionier sich für ästhetisch und die alten Dorier sich für moralisch hielten und daß die alten Römer wußten, daß sie das Volk der Praxis und daß die alten Inder wußten, daß sie das Volk der Metaphysik seien. Das hat alles erst lange hinterher der Oswald Spengler herausgebracht. Es ist überhaupt merkwürdig, daß der Typus und das Wesen einer Volkheit, einer Landschaft, einer Geschichtsperiode ganz im Gegensatz zu allem, was wirklich »Gestalt« hat, zu Vogel, Baum, Affe, Mensch immer erst da ist, wenn alle Leute tot sind und man durchaus nicht mehr sehen kann, ob es denn auch wirklich so gewesen ist. Wer sagt mir denn, ob nicht alles, was ich an Lebensspuren hinterlasse, nachträglich umgedeutet, zurechtgebogen und in eine Begriffsschablone eingepreßt wird? Die Leute, die im Mittelalter lebten, dachten ganz gewiß, sie lebten in der Neuzeit und wir, die wir uns einbilden, wir befänden uns in der modernen Zeit, wir befinden uns wahrscheinlich im klassischen Altertum. Es ist doch wahrlich ein großes Glück, daß wir die großen Tage der Weltgeschichte nicht miterlebt haben: sie nahmen sich alle erst von nachhinein so heroisch aus. Es ist auch beruhigend, daß wir die Helden der Weltgeschichte immer erst nachträglich kennen lernen. Nämlich: nachdem sie den historischen Erfolg gehabt haben. Wenn der Erfolg nicht das Piedestal für ihre Gestalten geschaffen hätte, was wüßten wir dann von Cäsar und Alexander, von Blücher, Scharnhorst, Hindenburg? Nehmen wir aber an, der Kaiser Wilhelm II. wäre, dank mächtigen Zufällen im letzten Weltkriege Sieger geblieben, so stände seine Gestalt künftig neben Friedrich Barbarossa und Friedrich dem Großen. Die armen Menschen stilisieren sich Weltgeschichte immer in den Winkeln, woher die Kraft kommt und der Erfolg weht. Unsere Professoren wissen es besser. Sie werden immer klüger und erkennen die »historischen Tatsachen«. Wie klug werden die Menschen, sagte der Bauer, jetzt haben sie sogar die Namen der Sterne entdeckt. –

Der größte Augenblick dieser sogenannten Weltgeschichte war wohl der, als 517 Jahre vor Christus einander die Hand reichten der 87jährige zu den Müttern abscheidende Laotse und der auf der Höhe seines Lebens prangende 34jährige, zu den Sternen fliegende Konfutse, Laotse sagte (es ist eigentlich das Einzige, was uns sicher überliefert ist): »Alles was Du treibst, mein Sohn, ist Unsinn. Alles, wovon Du redest, ist unwirklich. Die ganze Weltgeschichte ist vollkommen wertlos für Dein eigenes Selbst. Du bist ein Narr.« Ich kann ja hier leider keine philosophische Abhandlung schreiben. Es gibt keinen Fortschritt und es gibt keinen Rückschritt. Es gibt keinen Anfang und es gibt kein Ende. Es gibt keine Perioden und es gibt keine Geschichte. Leset das nach in: »Geschichte als Sinngebung des Sinnlosen.« Hier gebe ich zum Schluß nur – ein Gleichnis.

In einem Orient-Expreßzug, welcher beständig und rastlos um die Erde herumrollt, wurde ein denkendes Wesen geboren. Dieses denkende Wesen wußte aber durchaus nichts davon, daß es im Orient-Expreßzug geboren sei. Es war vielmehr der Meinung, daß sein Orient-Expreßzug nach Raum und Zeit die völlig normale Stelle und Situation alles Erfahrens sei. Es machte also »Erfahrungen« im wörtlichsten Sinne des Wortes. Als das denkende Wesen in ein reiferes Alter trat, da begann es zu philosophieren. Und folgendermaßen lautete seine Philosophie. »Hier stehe ich: der natürliche Mittelpunkt des Universums. Das Einzige, was ich fest habe, ist mein Bewußtsein. Die Erde aber bewegt sich. Die Bäume, die Straßen, die Menschen, die Telegraphenstangen, alles wandelt rastlos vorüber. Es ist alles nur ein Übergang. Alles fließt.« . . . Ich aber, abseits sitzend auf meinem Stein, spreche zu meinem Herzen: »Welch ein armer Narr ist dieses ›denkende Wesen‹.« Es ahnt nicht, daß alles ewig ist und beharrt und immer das Gleiche. Es ist hineingeboren in einen Orient-Expreßzug. Dieser Expreßzug, der beständig im Kreise um alles herumfährt und bald dies, bald jenes und nie das Ganze hat, er heißt: »Bewußtsein«. Im Zuge Bewußtsein kreist der Mensch durch die Ewigkeit. Und tröstet sich und schwadroniert: »Alles ist nur ein Übergang«. Und es gibt doch gar keinen Übergang. Oder doch nur einen. Und das ist: der Mensch selber. Der freilich allem vorübergeht und schnell verschwindet, so wie diese Wahrheit, die ich in das Wasser schreibe, so wie dies Wort, das ich hineinrede in den Wind.« [1926]

Erinnere Dich . . .

Weihnachten . . . über der traurigen Ebene Nordfrankreichs lagen weiße Nebel, welche der Wind vor sich her trieb, als seien es lange Totenzüge von Schatten, die das unerbittliche Schicksal ins Ungewisse dahinjagt; aber auch die deutschen Länder stöhnten unter der strengen Last, da der Frost selbst die harten Steine annagte und das große Bahrtuch sich lagerte über Frankenland bis fernehin, wo die gräßlichen Mauergerippe tagten: das zerschossene Verdun und seine Forts, eine todkochende Hölle, welche Hunderttausende verschlang, Tag und Nacht, umbraust vom Orkan der Granaten, Minen, Pulverschwaden und Gaswolken, darinnen Tiere und Menschen, Pferde, Kühe, Hunde, deutsche Menschen, französische Menschen in sinnlosem Irrsinn aufbrannten; aber mitten dahinein in diese Hölle führte die ungeheure Schlange aus Schotter, Schnee und zerstampftem Kreideschlamm, die graue schmutzige Heeresstraße, von zahllosen derben Schaftstiefeln ungezählter Hunderttausende zerstampft; die tief von der deutschen Grenze hinüber durch noch unversehrte wohlbestellte Dörfer, wo stattliches Vieh an der Krippe brüllte und die Bauern, verbissen, den Soldaten grüßten, bis in die Schützengräben, bis an die Front, wo kein Strauch mehr Wurzeln schlagen konnte und kein Vogel singt. An jener Stelle aber weit hinter der Front, wo das weiße Schlößchen unter Linden träumt, führte die graue Landstraße vorbei, dicht unter den Mauern des Parks, und von den gotischen Zinnen des Wartturms über dem Schlosse konnte man die Landstraße stundenweit dahinkriechen sehen; und dort oben in allen Winden der Rose wehte die Flagge schwarz-weiß-rot, unsere deutsche Flagge.

Dies war das Hauptquartier der Armee; hier wohnte unser junger Feldherr, der Kronprinz; Autowagen, bunt lackiert, mit Tannenreisern geschmückt und lustigen Fähnlein, warteten an der Auffahrt, hohe Offiziere des Stabes, Sterne auf den pelzbesetzten Militärmänteln und rote purpurne Streifen das Beinkleid entlang, kamen und gingen mit wichtigen Ledermappen voll geheimnisvoller Akten; die Feldgendarmen patrouillierten um die helle Parkmauer und die Lakaien in ihrer goldstrotzenden Gala führten die edlen Reitpferde und schlanken Terrier spazieren; aber Tomi, der Lieblingsterrier, kam nie von der Seite seines Herrn . . .

Ungezählte Scharen, ungezählte, die deutschen Geschütze, die deutschen Pferde, die deutschen Ulanen, Husaren, Jäger; ich sehe Euch wieder: eine ununterscheidbare einförmige, eisenklirrende Masse, die von der Heimat über die Grenze geworfen ist hinein in die Hölle Verdun; denn alle zogen dieses Weges, schleppten schwer am vierpfündigen Gepäck, spürten stumpf die Müdigkeit der Glieder, sprachen kaum mit dem kaum gekannten Nebenmann, dachten dumpf: »Der andere wird es sein«, und schritten, von Feldgendarmerie und nachfolgender Kavallerie getrieben, gefaßt hinein in ihr unentrinnbares Schicksal, das von hundert Männern kaum zehn wieder entließ, und die kamen verstümmelt, gewandelt und wach geworden zur Heimat zurück. Schritt um Schritt in den von Millionen anderen Füßen vorgebahnten Stapfen voran drängend, durch Schotter und Kreideschlamm, klang allen dumpf und stumpf aus dem eintönigen Stampfen des Marschtaktes immer dieselbe, immer dieselbe irrsinnige Melodie:

»Und mit Klingelingeling
Und mit Singesangesang
Gehn wir Schritt so um Schritt
In den Tod.«

Brüder, Söhne, ich kann Euch nicht erkennen, kann keinen vom anderen unterscheiden, Kinder von deutschen Müttern, Ihr seid alle gleich geworden und verschmolzen zur willenlosen Herde im eisernen Schmiedenetz der Disziplin, aber zuweilen löst sich doch aus der großen Schattenkarawane ein mir vertrautes Gesicht und im endlosen Zuge der Todgeweihten erkenne ich eine Stirn, ein Auge, das ich kannte. Das bist Du, Erni Herzfeld, kleiner blasser Ulan, armes vergrämtes Kindergesicht, verwunderten Auges gar nicht erfassend, was mit Dir Kinde hier geschah, nur so mitgestoßen, bis die erlösende Kugel vor Verdun dich fand. Ei ja, das bist Du, Otto Zobel, einziger guter Junge, Du gingst pfeifend und zuversichtlich die lange Straße, gar nicht anders, als wie wir früher zum Fußballspiele, oder Wettlauf gingen; aber auf der Brücke dort vor Verdun steht schon Freund Tod, und aufschluchzend wirst Du Froher dem Erlöser in die Arme sinken, denn es stirbt sich schwer im Lenze. Und da bist ja auch Du mein Junge, Ramon v. Sacher-Masoch, zwanzigjährig, so brav und stolz, gerade so wie wir gestern noch im blühenden Luxemburg-Garten, in Paris miteinander gelacht haben, und da ich Dich aufwachsen gesehen habe vom Kind zum Manne, früh ruhmerwählt und von allen geliebt und bewundert, wohin verflog Dein Bild, das schöne, da die Erde doch so voll ist und froh an Gemeinen und Niedern? Ach, und jetzt seh' ich auch Dich wieder, Hans Ehrenbaum-Degele, auch ein einziges Kind, mit dem Geschlechter verschwanden, junger Dichter, so hat das Herz voll ungesungener Lieder diese furchtbare Straße dahingenommen; und Dich, Erich Herkow, Genius der Mathematik, und der Kopf, der, ein Jahrtausendwunder, Erkenntnis beherrschte, die nur zwei, drei Geister in Europa verstehen; dahinten, die sinnlose Hölle hat ihn verschlungen. – Und verschlang auch Dich, Otto Braun, Hölderlin-Jüngling, rührend schön, edel, hellenischen Geistes; und Dich, Otto Hapke, einfacher, guter, getreuer Freund; und Dich, Bob de Cuvriy, sonnengebräunter junger Athlet; und Dich, Curt Gronenberg, blonder versonnener Baldur; ja, Du wohl starbst von allen am

schwersten, denn Du sahest und wußtest den Wahnsinn und gingst gezwungen und beugtest Dich doch in Demut vor dem Schicksal und starbest schweigend, wie die ruhig Starken für das, was man Pflicht nennt; und Schweizer und Kersten und Sieghof, ach, ich sehe immer mehr, immer mehr; und sind doch alle nur ein paar Blätter, die vom Baume fielen; und am Weihnachtsabend zünden viele Mütter ihr Lichtlein an und denken an Einen, den nur sie kannten, sie ganz allein unter allen, und der ihr alles war und nun schon so viele Jahre dahin . . .
Droben auf dem gotischen Turm des Schlößchens, das hinter Linden träumt, standen oft Gestalten und blickten weit hinaus auf die graue geschlängelte Heeresstraße, wo die Protzkästen rasselten, die braven Pferde vorüberkeuchten, kot- und schmutzbespritzt in eisernen Sturmhauben, im grauen Feldrock Ihr alle, alle seid Ihr vorübergezogen, hinab in die Hölle Verdun.
An dem Winkel, wo die Landstraße um die weiße Mauer des Schlößchens biegt, saht Ihr ihn oft auf dem Turme stehen und Euch grüßen, unseren jungen Feldherrn; dann plötzlich ertönte scharfes Kommando: »Achtung!« und die Füße stampften blind in die Pfütze von Kohle und Kreideschlamm, hunderttausend Köpfe grüßten nach rechts – und im Parademarsch zogen die Namenlosen, Feldgrauen, Unbekannten, dumpf und gleichmäßig hinüber ins Totenreich – »und mit Klingelingeling und mit Singesangesang geht es Schritt um Schritt in den Tod, Tod, Tod«; aber der Kronprinz grüßte und droben wehte unsere deutsche Fahne. Ja, da stand er, die Zigarette im Munde, einen hellen Ordensstern auf der schmucken Husarenuniform und Tomi, sein Lieblingsterrier stand daneben und bellte vergnügt und mußte über die Reitgerte springen, und oft waren schöne elegante Frauen bei ihm auf dem Turm hinter der weißen Mauer und blickten neugierig und leicht gerührt den furchtbaren Todesweg hinab. Tänzerinnen, reizende Phrynen und Schäferinnen, denn da drüben war die andere Seite, die andere Welt, wo Sektpfropfen springen und viel gescherzt, geküßt und gelacht wird, während die ins Eisenhemd der Disziplin gepreßten bleichen Gesichter wortlos dahin ziehen und unsere deutsche Fahne grüßen.
Und einmal zogen sie wieder in das ferner Dröhnen der Kugelstürme hinein – das war am Weihnachtsmorgen 1916 – da flog von

Mund zu Mund das strenge Wort: »Morgen beginnt die große Offensive, der Generalstab ist droben und blickt auf uns«; und richtig, dort wo die Landstraße am Turm vorbeiführt, dort hatte man auf das Mauerwerk einen Tannenbaum gepflanzt, einen richtigen Weihnachtsbaum mit Goldflitter und Kerzen besteckt wie daheim, und droben auf der Zinne standen die Generale und grüßten stumm die stumm vorbeidefilierende Truppe: »Still gestanden! Erste Marschkompagnie!« Sie reihten sich um die weiße Mauer bis weit hinein in die verschneiten Felder, und nun erkannten sie, wer da oben stand. Jung, blond, gesund, gepflegt, ein leeres lachendes Jungensgesicht: Deutschlands Kronprinz; rechts ein hoher herrischer Mann mit rohen seelenlosen Zügen; aber klug wie Sperberblick und willensstark; links eine breite schwere Gestalt, ein gutes väterliches Gesicht, aber ganz geistesfern, unerlöst dumpf, die schwere stumpfe Masse der Erde, das waren *Ludendorff und Hindenburg*, die Genien dieses Krieges, der unverantwortliche aus Hochmut, der unverantwortliche aus Demut, und zwischen ihnen der unverantwortliche Leichtsinn. Sie blickten herab auf die todgeweihten Namenlosen, als deren Dauer und Denkmal sie selber auf dem Turm der Geschichte stehen. Und der alte Hindenburg sprach zu ihnen Worte der heiligsten Einfalt:
»Kameraden; heute ist Weihnachten; da blickt Gott selber auf unser Vaterland und sorgt für den Sieg der deutschen Waffen über den tückischen Erbfeind. Viele von uns, Kameraden, werden vielleicht bald abberufen werden zur großen Armee im Himmel; aber dann nehmen wir mit uns das Bewußtsein treuer Pflichterfüllung und blicken von oben hernieder auf unser blühendes Vaterland und unser glorreiches Herrscherhaus. Und nun singen wir noch ein Weihnachtslied zusammen.« Da klang weit über die verschneiten französischen Felder das deutsche Lied: »Stille Nacht, Heilige Nacht.« Die kleine Balletteuse aus Brüssel, die hinter dem Vorhang aus dem weißen Schlößchen herablugte auf die große Weihnachtsparade, führte sich das duftige Batisttüchlein an die weinenden Augen. Aber dann sprach Ludendorff: »Kameraden. Für Gott, König und Vaterland, ob wir nun in der Heimat uns wiedersehen oder auf dem Felde der Ehre bleiben, wir tun unsere Pflicht; und nun wollen wir hinaus und sie ordentlich dreschen.« Der Kronprinz

rief nur: »Prost Neujahr, Kameraden« und die Truppe erwiderte: »Prost Neujahr, Hoheit.« Dann ließ er Tomi über eine Gerte springen. Da lachten alle, denn Tomi ist so ein possierliches Tier. Und dann formierten sich die Kolonnen zum Weitermarsch; aber vor der Rampe, an der die Kolonnen vorüber mußten, standen Diener und Gendarmen und ein Päckchen mit Honigkuchen und sie sagten: »Die eine Zigarre ist von Ludendorff und die andere vom Kronprinz und der Honigkuchen von Hindenburg, denn der Alte hat ein gutes Herz.« Da sagtet ihr alle, er hat ein gutes Herz, und dann zogt ihr die große Straße hinunter und kommt nun niemals wieder. [1923]

Das Lazarett

Das Haus.

Neben dem Schützenplatze, wo seit altersher die Volksfeste gefeiert werden, kühl an ein Wäldchen gelehnt, friert das graue Haus. Zu Zeiten des Königreiches Hannover war es eine Kriegsschule. Während des Weltkrieges wurde es zum Lazarett für Kriegsgefangene eingerichtet. Es hatte Raum wohl für 200 Betten. An 400 mußten untergebracht werden. Nur Schwerverletzte kamen hierher, um von hier auf die Barackenlager verteilt zu werden, sobald sie leidlich ausgeheilt waren. Waren sie transportfähig, so wurden sie weiter ins Lager geschickt, nach Eilvese oder Munster. Ein Generalarzt, ein Oberarzt, drei Assistenten, vier Unterärzte, zehn Lazarettgehilfen, an dreißig Schwestern besorgten den Dienst. Die Bewirtschaftung war verpachtet. Der Kantinenpächter war ein rücksichtsloser Geschäftsmann. Er sparte an der Krankenkost und nutzte die Gelegenheit, um ein Vermögen zu machen. Die Gefangenen waren auf knappe Ration gesetzt. Wurde, um sie am Leben zu erhalten, bessere Verköstigung angeordnet, so mußte extra gezahlt werden. Man verteilte die Gefangenen nach Landsmannschaften. Am zahlreichsten waren die Russen. Fast immer Bauern und Bauernknechte. Sie waren ahnungslos wie eine Hammelherde, Analphabeten, unwissend, was mit ihnen vorging. Fragte man durch den Dolmetscher, wo sie herkämen, so nannten sie Namen, aber sie waren nie imstande, auf einer Landkarte zu zeigen, wo im Raume sie sich befänden. Sie wußten nur, daß sie von der Arbeit geholt und ins Ausland geschickt seien. Ihre Vertrauensleute waren die Popen. So wurde jedem Saale ein Pope beigegeben. Der Pope, langmähnig, mit einer steifen hohen Mütze angetan, lag auf seinem Bett und betete halbe Tage lang halblaut oder blätterte in dem kleinen russischen Gebetbuch. Die Engländer genossen eine gewisse Bevorzugung, wahrscheinlich weil sie am hochmütigsten auftraten. Sie weigerten sich, mit Farbigen das Zimmer zu teilen. Das wurde respektiert. Am schlimmsten dran waren die Schwarzen, die Kolonialfranzosen; fast ebenso schlimm die Inder. Diese Exoten hatten durchweg Tuberkeln, vertrugen das nordische Klima nicht und, wenn sie nicht im Lazarett starben, dann starben sie in der Baracke sicherlich. Sie waren große Kinder, dankbar-freundlich und leicht zu erfreuen, aber schlechter gehalten als Haustiere. In einem Sonderraum lagen russische Juden, wunderlich fanatische Köpfe, leidenschaftlich hadernde Menschen. Ihr Ideal war immer, in Deutschland bleiben und als Arbeiter unterkommen zu können. Sie waren die heimatlosesten. Die Engländer lehnten die Amerikaner ab, die Amerikaner die Italiener. Aber auch die Landsleute vertrugen sich schlecht. Es gab einen Raum, in welchem etwa zwanzig gebildete Franzosen lagen, Männer mit Offiziersrang. Er wurde »la salle de la justice« genannt, weil zufällig mehrere Juristen dort lagen. Aus diesem Saal will ich einiges niederschreiben. Zuvor sei noch erwähnt, daß im Seitenflügel auch Deutsche lagen. Etwa hundert Geschlechtskranke. Dieser Seitenflügel war sehr widerwärtig, und keiner tat dort gerne Dienst. Die dort Untergebrachten waren embusquées (Drückeberger). Sie hatten sich absichtlich mit Spirochäten und Gonokokken infiziert, um in die Heimat zurückgeschickt zu werden. Oft wurden sie gesund gemacht, um dann bestraft zu werden. Sie handelten mit ihrem Eiter, waren auch sonst demoralisiert, waren schwer in Zucht zu halten. Unglückliche waren auch sie, aber weniger des Mitgefühls würdig als die dreihundert Landesfremden.

Monsieur Baguesse.
Im »salle de la justice« lag Herr Baguesse, den wir »le roi« nannten. Ein schöner gepflegter Mann, noch jung und von würdiger Haltung, wie man uns sagte, einer der reichsten Großindustriellen Frankreichs. Er war Leiter eines großen Elektrizitätswerkes und hatte in Paris eine Stellung, wie etwa in Deutschland Walther Rathenau. Er bekleidete (wenn ich nicht irre) keine Charge, war aber immer von einem Adjutanten begleitet, einem Hauptmann, der für ihn vermittelte und verhandelte. Er genoß Protektion. So hatte der König von Spanien sich dafür verwendet, daß man ihn in Konstanz gegen deutsche Gefangene austauschen möge. Darauf wartete er, aber die Ärzte erklärten, daß seine Beinverletzung ihn transportunfähig mache. Das war eine Schikane, denn er war leidlich gesund und ging an seinem Krückstock stundenlang im Hofe und auf den Gängen. Aber man hielt ihn zurück, um seinen Reichtum auszunutzen. Es kam hinzu, daß er die Ärzte geärgert hatte. Zu seiner Herstellung war eine einfache Operation notwendig. Jeder Chirurg hätte sie gerne gemacht. Aber er wollte sich nicht einmal eine Punktion von deutschen Ärzten machen lassen, ließ sich von irgendwelchen französischen Kapazitäten beraten und verschob die Operation bis nach der Heimkehr. Die Folge war, daß man ihm die Heimkehr erschwerte. Er tat viel Gutes. Den Kriegsgefangenen war erlaubt, täglich eine gewisse Summe, ich glaube bis zu drei Mark, für bessere Verpflegung auszugeben. Baguesse sorgte dafür, daß jeder Franzose stets die erlaubte Geldsumme bei sich trug, und jeder, der ins Lager abtransportiert wurde, bekam von ihm ein Geldgeschenk. So genoß er im Lazarett großes Ansehen. Baguesse trugt das Schicksal mit Würde. Man schämte sich, ihn zu befehligen. Eines Abends saßen wir im Zimmer der Ärzte beim Abendbrot. Die Gefangenen hatten ihre Wassersuppen bekommen, wir aßen Beefsteaks und tranken Wein. Da erschien Baguesse mit seinem Hauptmann irgendeiner Anfrage wegen. Der Blick, mit dem er unser Mahl streifte, tat weh. Es war Neid darin, Verachtung und Trauer. Ich schämte mich, mitzuessen, aber es war verboten und gefährlich, den Gefangenen Nahrungsmittel zuzuwenden. Dennoch wagte ich es, hinter Baguesse herzugehen und ihn einzuladen: »Darf ich Ihnen mein Abendbrot anbieten?« Ich habe nicht den hochmütigen Blick vergessen, mit dem er kurzerhand antwortete: »Nein.«

Graf Messalière.
Ein anderer Bewohner der »salle de la justice« war ein Aristokrat aus der Gegend um Tours, ein sanfter, angenehmer, konzilianter Mann, der auf seinem Gute, im Winter aber in Paris lebte. Von diesem Manne lernte ich die Kultur der kristallisierten guten Form. »On doit savoir mourir avec noblesse.« Er war auch im Sterben formvoll höflich gewesen. Und doch war er in dem sehr bevorzugten Saale der Leidendste. Er litt nicht an den Wunden, nicht an der Rauhheit des Kriegshandwerks, nicht an der Barbarei, er litt einfach an dem Zusammenleben mit anderen, an der Unmöglichkeit, sich abzusondern. Jeder hat kleine Schwächen, üble Gewohnheiten, persönliche Gebrechen, ichsüchtige Bedürfnisse. Einer hustet und spuckt, der zweite wirft sich nachts im Fieber hin und her und phantasiert, läßt keinen schlafen; der dritte, zu schwach, sich zusammenzuraffen, verunreinigt ein Geschirr. Und man hatte gemeinsame Waschschüsseln, teilte das Handtuch, das Nachtgeschirr, hatte nicht nur die eigene Krankheit, sondern auch die Krankheiten aller Elendgenossen mitzutragen. Es war unausbleiblich, daß jeder einem jeden widerwärtig wurde. Selbst unter Liebenden ist das gemeinsame Schlafzimmer das Mittel, einander überdrüssig zu werden. Messalière seufzte: »Könnte ich doch nur einen einzigen Tag allein sein.« Aber er war ein Meister im Verbergen des Grams. Selbst bei den niedrigsten Arbeiten blieb er ein Aristokrat. Wenn man ihm zusprach, in der Absicht zu trösten, so verkehrte sich die Rolle. Er, der Gefangene, tröstete die Wärter und die Vorgesetzten. Sein Stolz war, immer Haltung zu wahren, mochte es innerlich stürmen, so viel es will. Er brachte es fertig, unter Schmerzen, im Fieber, liebenswürdige Konversation zu machen über Montesquieu oder Montaigne, das Quartier Latin, das Café du dome. Aber welche Selbstdisziplin er leistete, das offenbarte sich während der Operation, als er in Narkose lag. Da brach aus dem stillen vornehmen Menschen ein tierisches Gebrüll. Er fluchte, verwünschte die Ärzte, die Pfleger, die entsetzt merkten, welch Übermaß des Hasses in dem Manne brannte: Galle, Bitterkeit, Rachsucht. Er schrie: »à bas les Prussiens«, er nannte Namen und bezeichnete uns als Schinder und Verbrecher. Manche waren beleidigt und glaubten, einen glatten Heuchler entlarvt zu haben. Aber ich habe von dieser Stunde an diesen Mann nur noch mehr bewundert.

Doktor Bloch.
Ganz anders fand sich der Doktor Bloch, Privatdozent der Rechtswissenschaft an der Sorbonne, mit dem Leide ab. Eine starke Intelligenz, Jude, Rechtsanwalt, in hohem Maße befähigt zu jener vergnügten Frechheit, die der Jude Chuzpe nennt. Er behandelte die Situation mit Ironie. Er machte allen das Leben erträglicher, indem er selbst aus dem Klagen und Jammern noch etwas Witziges entnahm. Unter allen im Saal war er der anpassungsfähigste, weil er die Umgebung und die Menschen am nüchternsten übersah. Er kannte die Schwäche jedes Vorgesetzten. Er rechnete mit den gegebenen Fakten, wie vor einer Schachpartie, die er durchaus gewinnen wollte. Auch er hatte, wie alle, Stunden vollständigen Zusammenbruchs in äußerster Schwäche. Aber er war das Stehaufmännlein aus dem Katzengeschlecht, das immer wieder auf die Beine kommt. Für ihn war der ganze Krieg ein Unglück, ein Wahnsinn, eine Erkrankung. Nicht einen Augenblick kam er darauf, wie die anderen, das Leben pathetisch zu nehmen. Für heroische Redensarten hatte er ein Achselzucken. Die Geistlichen, die Trost spenden wollten, behandelte er wie Ärzte mit gutmütiger Bonhomie. Seine Auffassung war: »Wir sitzen in der Bredouille. Henker und Gehenkte sind alle arme Tröpfe. Suchen wir die vermasselte Lage einander leidlich erträglich zu machen. Möglicherweise flutscht der oder jener heil hindurch. Wenn aber nicht, na was verliert man schon an diesem dreckigen Leben?« Er lernte schnell Deutsch und wurde der Unterhändler. Die deutschen Unteroffiziere empfanden jeden Franzosen als Fremdling und behandelten ihn als Fremdling, und das heißt als Landesfeind. Aber diesen französischen Juden empfanden sie wie einen Landsmann. Er übersah die Dinge und redete so, daß jeder verstand. Er ließ sich von mir hannöversche Redeblüten sagen, schrieb sie auf und gebrauchte sie gelegentlich im Gespräch mit Vorgesetzten. »Exzellenz«, sagte er zu einem General, »bedenken Sie, wir sind hier alle fremde étrangers, die nüch von hier sind.« Er erregte gute Laune und hütete sich sehr, an die patriotischen Gefühle zu rühren. Aber daß im Innersten jeder Vernünftige international und pazifistisch dachte, war ihm so selbstverständlich wie das Einmaleins. Darüber verlor er kein Wort, sondern betrachtete unser Lazarett als das Irrenhaus, in

welches man ihn, den doch geistig Gesunden, gesperrt hatte, damit die Geisteskranken ihn gesund pflegten.

Architekt Louvain.
Der Baumeister Louvain lag nur wenige Tage in der »salle de la justice«, bis er transportfähig wurde, um erschossen zu werden. Er kam aus dem Militärgefängnis, sollte von einer Wunde geheilt und dann zurück ins Militärgefängnis geliefert werden. Das Schicksal dieses Menschen war der Schulfall aller Unlogik. Er hatte einen Bauchschuß erlitten, war stundenweit gegangen, seine Eingeweide vor sich hertragend wie in einem Korbe, war zusammengebrochen, liegen geblieben, fast verhungert, wurde gefunden, vernäht und gerettet, gerade dank dem Umstande, daß der durchlöcherte Darm von aller Speise entleert war. Er kam wieder ins Feld, wurde verschüttet, ausgegraben und gerettet, als einziger von seiner Kompagnie. Er kam wieder ins Feld, erlitt einen Kopfschuß, aber kam mit dem Leben davon, nachdem das linke Auge verloren war; auf dem rechten aber behielt er einige Sehkraft. Der halb Erblindete geriet zum zweitenmal in Gefangenschaft, kam nun krank ins Lazarett und wurde aufgepäppelt, um nach dem Beschluß eines deutschen Militärgerichts füsiliert zu werden. Warum? Seine eigene Frau, Mutter seiner Kinder, gab dem immer neu Geretteten schließlich den Tod. Am Tage, bevor er zurücktransportiert wurde, das heißt am Tage vor dem Erschossenwerden, saß ich auf seinem Bettrand und hörte seine Geschichte. Er wohnte als Architekt in der Provinz in glücklicher Ehe. Bevor er ins Feld kam, tat er in einer anderen Stadt Garnisondienst; er begann ein Verhältnis mit einem Fräulein aus dieser Stadt, die sandte ihm dann auch Briefe ins Feld. Seine rechtmäßige Frau wußte nichts von der Nebenehe, das Mädchen nicht, daß er verheiratet sei. Die Sache kam heraus. Die Frau fühlte sich verraten und geriet in Raserei der Eifersucht. Gelegentlich des letzten Urlaubs entschied er sich für das junge Mädchen. Die Frau aber wollte ihn nicht freigeben. Als er dennoch fest blieb, rächte sie sich. Er hatte zu Beginn des Krieges Briefe aus einem Lager geschrieben, in welchem er Angaben über das deutsche Heer machte, Angaben, die er ausgekundschaftet hatte. Die Frau nahm die Briefe, unterstrich die belastenden Stellen und schickte,

als ihr Mann gefangen ward, die Briefe nach Deutschland, an die Militärbehörde des Ortes, wo sie ihn gefangen wußte. Zugleich ließ sie ihn als Spion denunzieren. Das Militärgericht stellte fest, daß er spioniert habe und aus deutscher Gefangenschaft entflohen sei. Sie verurteilten ihn zum Tode. Ein Hauptunsinn war, daß von Stund ab auch die französischen Landsleute von ihm abrückten. Der Mann starb verlassen. Niemand wollte sich durch Gemeinschaft mit dem »Spion« die Finger verbrennen. Am Tage vor dem Tode erzählte er von seiner Geliebten und von seinen Kindern. Und während er sprach, sammelte sich in der leeren Augenhöhle das Tränenwasser und tropfte über die knöcherne Wange.
Zuweilen glaube ich, daß nicht nur die sogenannte Weltgeschichte, sondern daß auch alles Charakterisieren von Kulturen und Völkern eine Fabel der Übereinkunft ist. Die Welt der Meinung, der Überlieferung, des Papiers hat längst das Leben vergewaltigt, und je weniger wir wissen, um so sicherer sind unsere Meinungen, welche nur dort verstummen, wo wir wirklich in den Dingen lebendig sind. Kommt jemand in ein fremdes Land, etwa nach China, so hilft er sich zunächst mit lauter Verallgemeinerungen. Er spricht leichten Herzens von einem Volkscharakter und seiner Eigenart. Denn ihm scheint noch jeder Chinese vertauschbar mit jedem anderen. Aber leben wir mitten im Volke, dann sehen wir, daß eigentlich keiner mit dem anderen völlig vergleichbar ist, sondern jeder einmalig, unwiederholbar. In diesem Kriege, welch Geschwätz über »Nationalcharaktere!« In einem Lazarett aber, unter Sterbenden, fühlt man, daß im Letzten wir alle völlig gleich sind und im Einzelnen doch wieder jeder unverwechselbar. Wie aber kommt es, daß ich gerade in den Stuben der Engländer geneigt werde, an Unterschiede der Nationalität zu glauben? Alle diese Engländer, auch der schwächste, ärmste, zeigten eine unbewußte Dünkelhaftigkeit. Wie in einem Schweizer Kurort, wenn auch nur zehn Engländer beisammen sind, alsbald das ganze Hotel anfängt, englisch zu sprechen und zu denken, die englische Tischzeit, den englischen Sport anzunehmen, so wird der Durchschnittsengländer, wenn er in den Himmel kommt, voraussetzen, daß Gott englisch spricht. Er bemüht sich nicht um die Sitten des anderen Landes, und auch wenn sie ganz gut deutsch verstehen, lassen sie uns ein holperndes Englisch stammeln,

amüsieren sich darüber und kommen nicht auf den Gedanken, sie müßten sich doch nun nach uns richten. Das ist ihre Stärke und zugleich ihre Enge. Sodann sind die Engländer fast alle praktisch; Amerikaner noch mehr als Engländer, denn diese scheinen mir leichter geneigt zu Spleen, Hysterie, Überstiegenheit. In englischen Gesichtern finde ich wieder die schönen und starken Tiere, aber nicht die alten, unschuldigen Bäume und die träumenden Blumen.

Mr. Whitman.
Den Korporal Whitman hatte man in eine Stube gelegt, in der nur hoffnungslose Fälle lagen, und doch war dieser Mann unter 400 der gesundeste und offenbarte die Unverwüstlichkeit der Menschennatur. Er war in seiner Heimat eine Sportgröße, Boxer. Er zeigte uns ein Tabakpaket, auf welchem sein Bild zu sehen war: so volkstümlich war er in der Heimat. Aber seine Verletzung hatte ihn mit einem Schlage für die Lebenden ausgelöscht. Ein Geschoß war durch die linke Backe gegangen, hatte den Unterkiefer aus dem Gelenk gerissen und war aus der rechten Backe, den Kieferknochen wieder am Ansatz zertrümmernd, herausgetreten. Der Unterkiefer war glatt weggefegt. Unter allen Wunderleistungen der Kriegschirurgie war wohl weniges so bewundernswert wie der Bau von künstlichen Kiefern. Wenn auch nur ein Restchen Knochen stehen geblieben war, so konnte man ausflicken und einen künstlichen Kiefer bauen. Aber bei diesem Soldaten war nicht zu helfen, und man hätte recht getan, den Unseligsten nun auch ganz zu vernichten durch schnellen, schmerzlosen Tod. Aber nein! Nach der Logik der Humanität mußte er erhalten werden, nachdem er in Kriegsgefangenschaft geraten war, und so fütterten wir ihn mit der Schlundsonde. Alle paar Stunden wurde ein Schlauch in den Schlund gesteckt und zerkleinerte Nahrung eingegossen. Und da er ein starker, gesunder und junger Mann war, so blieb er leben und konnte, wenn er Wartung und Pflege fand, uralt werden. Aber er konnte so wenig mehr sprechen als Nahrung zerkleinern. Wünschte er sich verständlich zu machen, so stiegen in bewundernswert vielen Modulationen grunzende Töne aus der Kehle. Aber sehr gern unterhielt er sich, indem er alles, was man wissen wollte, auf Zettel schrieb. Er wurde bald ganz gesund und durfte arbeiten und sich frei in allen Räumen

bewegen. Aber sein Anblick war so schrecklich, daß ihm befohlen war, stets ein Tuch zu tragen, das den unteren Teil des Gesichtes verdeckte. Sonst sah man in den offenen Schlund, wo die Zunge als zuckendes Fleischbündel zusammengerollt hing. Bei seiner Einlieferung bat dieser junge Mann um einen Handspiegel. Dieser Spiegel lag beständig auf seiner Bettdecke und tagelang tat er nichts anderes als seine Verstümmelung betrachten. Mir graute vor dem Irrsinn in seinen Augen während der ersten Tage. Er war ganz irr und wollte sterben. Dann aber trat allmählich die merkwürdige Wandlung ein, welche man auch an den am schlimmsten Verunstalteten und auf immer Entstellten erlebt. Sie gewöhnen sich an ihre Verstümmelung; sie fassen sie zuletzt nicht mehr als Verstümmelung auf. Immer wieder mußte dieser Korporal angeherrscht oder bestraft werden, weil er ungeniert sein für alle anderen entsetzliches Gesicht preisgab. Ja, wie defekte Menschen zumeist eitler sind als schöne und gesunde, so begann dieser Unglückliche sich sorgfältig zu pflegen und auf seine seltene Verwundung und Rettung stolz zu fühlen. Er nahm sehr gern das Tuch herunter und weidete sich am Grauen der anderen. Er fühlte nicht recht, wie abscheulich der Anblick war. Man fütterte ihn durch, gleichsam als Demonstrationsexemplar für deutsches Gemüt und Nächstenliebe. Man hatte den Ehrgeiz, ihn zu erhalten; ach, man hätte ihn ausstellen können als ein Schandbildnis für den Irrsinn des Krieges. Er ist nach England zurückgekommen.

Soldat Atkins.
Wie der Ire hieß, den wir Tommi Atkins nannten, habe ich vergessen und wünsche nur, daß er längst tot ist. Damals kämpfte er mit dem Tode, die Gedärme waren durchbohrt. Hoden und Glied abgerissen, aber an diesem ursprünglich hübschen, lebensstarken Jungen ging eine Wandlung vor, die ihn aus der Gemeinschaft der Lebendigen entfernte. Er stumpfte nur so dahin in unheilbarer Melancholie, nie mehr lachend, nie ein Gefühl offenbarend, ganz versteint, ausgeleert, eine Maschine, und doch gelang es, ihn zu flicken, zu vernähen und am Leben zu erhalten. Nie mehr darf klagen, wer gesehen hat, wie unsäglich arm ein Mensch werden kann, und wie er dennoch fortleben muß. Nie kam ein Brief oder

sonst eine Sendung für diesen Soldaten. Und auch zu Weihnachten, wo nur sehr wenige Kriegsgefangene ganz ohne Grüße blieben, schien kein Mensch dieses Versteinten zu gedenken. Es war nicht herauszubringen, ob er noch Angehörige habe: man fütterte einen lebenden Leichnam. Jeder wußte, daß das kunstgemäße Operieren und Ausheilen dieses Armen ein Unsinn sei: die echte Barmherzigkeit hätte ihm eine zu starke Dosis Morphium gegeben, aber nachdem alles geschehen war, ihn heillos zu verstümmeln, geschah nun alles, um ihn wieder fähig zu machen zu stumpfsinnigem Fortvegetieren.

Blanchette.
Auf derselben Stube lag ein Schwarzer aus Innerafrika. An den denke ich als an den vollkommensten Menschenleib, den ich sah. Er war ein kaffeebrauner Riese von wunderbarem Ebenmaß der Glieder, aber unheilbar lungenkrank. Da man seinen eigentlichen Namen nicht kannte, so taufte der Galgenhumor im Lazarett ihn »das Weißerchen«, Blanchette: lucus a non lucendo. Es hieß, daß er aus einem menschenfressenden, primitiven Stamme sei. Solche Primitive wurden aus den Kolonien auf die europäischen Kriegsschauplätze verschleppt und als »nettoyeurs« verwendet. So hießen subalterne Soldaten, die man nachts in die feindlichen Gräben jagte, damit sie mit Messer und Dolch an die ungenügend Wachsamen sich heranschleichen und sie umbringen sollten. Blanchette leugnete, Menschen getötet zu haben, seine Kameraden, ja, die hätten wohl Menschen geschlachtet. Er war ein rührendes großes Kind, gar nicht anders als ein schönes Tier, das im Urwald gefangen wurde, von den Menschen mißbraucht und verunzüchtet wird und nicht ahnt, wo es sich befindet und was da an ihm vorgeht ... Die schlimmste Pein für jeden Arzt im Lazarettdienst war der ewige Wechsel der Patienten. Kaum hatte man einen bestimmten Fall leidlich erkannt, hatte ein rechtes Bild gewonnen, wie die Sache verlaufen werde, wie man den Kranken behandeln und helfen könne, schwupps, da kam bereits wieder ein Telegramm: So und so viele Betten seien für den nächsten Tag freizumachen! Ein Transport Schwerverletzter sei unterwegs, anderswo könne man ihn nicht unterbringen. Ob nun die Kranken draufgingen, ob sie den Trans-

port überstanden, das war Zufall. Unter allen Umständen mußte gehorcht werden. Die noch am leidlichsten Transportfähigen wurden ausgesucht, in Automobile verladen, in die Baracke abtransportiert. Und so war der Erfolg aller Mühe aufgehoben; alle menschliche Fürsorge war sinnlos gewesen. Diese Konflikte waren unmenschlich. Es kam vor, kam täglich vor, daß ein Schwerkranker seinen Pflegern ans Herz gewachsen war, daß der Unglückliche, der sich endlich geborgen und gerettet wähnte, weinte, bettelte, schluchzte, man möge ihm doch nur noch einen einzigen Tag im Lazaratt vergönnen; es kam vor, daß alle Einsichtigen innerlich bebten und tobten, weil alle Heilerfolge, mit täglicher, nächtlicher Aufopferung gewonnen, nun im Nu wieder ausgelöscht wurden, weil der Befehl durchaus dem Todesurteil gleich kam – es nutzte nichts, es mußte gehorcht werden, irgendeinem stumpfen, verständnisunfähigen Vorgesetzten. Man durfte die Empörung nicht einmal merken lassen. Und so verlor jeder völlig die Lust, irgendetwas zu tun. Man konnte ja doch niemanden helfen. Das köstlichste, beste Werk wurde nachträglich ja doch wieder zertreten. Es war alles ein Irrsinn. Man zerschoß Menschen, um sie wieder hoch zu päppeln. Man rettete sie und ging selbst dabei drauf, nur, damit die Geretteten dann doch wieder gemordet wurden. Da war es nun merkwürdig, daß gerade dieser Blanchette immer neue Schübe Sterbender und Rettungsloser überdauerte. Blanchettes Fall nämlich war ganz hoffnungslos; und keiner hätte es für möglich gehalten, ihn noch aus dem Bett zu nehmen und abzutransportieren. Er atmete mit einem kleinen Restchen Lunge. Beim Abklopfen zeigte sich, daß kein Gewebe mehr im Brustkorb war. Er hatte dauernd Übertemperatur, in den Nächten hohes Fieber, erwachte jeden Morgen in Schweiß gebadet. Hundertmal hatten die Ärzte festgestellt, daß er am nächsten Tage sterben werde. Und das ging so durch Wochen und Monate. Blanchette lebte gegen alle Regeln der Wissenschaft. Es kam kein Arzt ins Lazarett, dem nicht das unerhörte Phänomen gezeigt wurde: der Mensch ganz ohne Lunge, und jeder erstaunte, daß er immer noch fortatmen und sprechen konnte. Beim Ortswechsel wäre er sofort gestorben. Man ließ ihn in seinem alten Bett; es konnte sich ja doch nur um Stunden handeln. Aber Blanchette überdauerte das halbe Lazarett. Ein Assistenzarzt hatte die Gewohnheit, in der Tasche des Arbeitskittels Zuckerstückchen zu verbergen. Zucker war damals schon eine Seltenheit geworden. An jedem Morgen, den Blanchette noch erlebte, bekam er sein Stückchen Zucker. Er streckte schon lange zuvor die Hand aus der Decke hervor. Es war, wie wenn der große Elefant im Zoo mit dem Rüssel bettelt. Hatte er dann sein Stückchen Zucker, so ging ein glückseliges Grinsen über das schöne dunkle Gesicht. Er zeigte lachend die wunderbaren weißen Zähne. Stundenlang, stumm auf dem Rücken liegend, beschäftigte er sich dann mit dem Stückchen Zucker; nachmittags noch hatte er es nicht ganz verzehrt. In den Tagen vor seinem Tode konnte ich ihm noch eine wunderbare Freude machen. Da er alles Glitzernde, Glänzende anstaunte, etwa begeistert war, wenn man ihm die Uhr vor die Augen brachte, so kam ich auf den Einfall, beim Buchbinder ein paar Bogen Stanniolpapier zu kaufen. Die brachte ich mit, und die Wirkung übertraf alles Erwarten. Mochte er nun von den Gütern der Zivilisation keine richtigen Begriffe haben, mochte er in seinen Fieberphantasien schon in einer unwirklichen Welt heimisch sein, er kam sich reich beschenkt vor und schien die Vorstellung zu haben, daß ein Schatz sein eigen sei. Keiner durfte den Schatz fortnehmen. Das Silberpapier lag Tag und Nacht auf seiner Decke. Sein erster Blick fiel darauf, Stunde um Stunde streichelte er darüber, glücklich, und noch im Tode hielt er es. Zur Sektion Blanchettes wurde das Personal geholt. Denn nicht nur der völlige Aufbrauch der Lunge war ein Wunder. Ein Wunder auch der herkulische Wunderbau des Leibes.

Die Russen.
Das zweite Stockwerk, darin die Russen lagen, war mir unheimlich. Da hing durchdringender als in den anderen Räumen der Nebel von Eiter, Schweiß und Karbol. Hier ging Tod um. In den Stuben starben doch allzu viele. In keinem Raume wechselte so schnell »die Belegschaft«. In den Betten kauerten undurchdringliche Gespenster. Sie beteten, stöhnten ein paar Tage lang. Dann starben sie hin, unbefragt, ungekannt. Sie kamen verhungert, verlaust und verwildert. Sie hatten Augen duldender, irrsinniger Hunde. Und ihre Wunden: Schuß-, Stich-, Hiebwunden, Zersplitterungen, Zer-

trümmerungen, Quetschungen, Zerrungen, Entzündungen, Verwachsungen, Vereiterungen; – kein Chirurg konnte genau sagen, wie all diese Jammerbilder zustande kamen. Und gleichzeitig stürzte auf sie das Heer aller erdenklichen Krankheiten. Im Saal A lagen nur Ruhrkranke, daneben ein Saal mit Tuberkulösen, im Pavillon: Blutharne, perniziöse Anämieen, Nierenvereiterungen, Nierenentzündungen. Das waren noch hoffnungsvolle Fälle. Der Rest starb ja doch hinweg an Wundfieber und Starrkrampf. Die stete Todesursache aber hieß: »Herzschwäche«. Da war der Saal »Lazarettgaul«. Lazarettgaul heißt bei Tierärzten ein Pferdemodell, daran die Gebrechen des Rosses demonstriert werden. Dieser Saal war »Demonstrierfeld für neue Defekte«. Die neu eintretenden Ärzte wurden angewiesen, in dem Raum sich lernend zu betätigen, denn er ersetzte das klinische Viertel der Universität. An jedem Abend sagte man sich: »Es ist unanständig, daß Du noch lebst. Gewisse Erfahrungen zu überleben, dazu sollte kein Mensch imstande sein. Wenn er noch Mensch ist! Aber überlebst Du das nicht, wie kannst Du dann noch irgendwo nützen?«

Die Juden.
Im Raum der russischen Juden (die Ärzte sagten »Galizianer«), ebenfalls im zweiten Stock, war oft Lärm. Sie schienen reizbarer zu sein und unruhiger als andere. Wenigstens wirkten sie unruhig neben den stumpfen, dumpfen Muschiks. In dem Raum ereignete sich am ersten Tage meines Dortseins das folgende. Der Chef gehörte zu dem damals häufigen Typus der Militärärzte, welche die allmorgendliche Visite erledigen, wie der General eine Parade abnimmt. Der Obergott in Uniform, Verdienstzeichen an der Brust, schreitet der Ordnung halber die Säle ab. Die Schwestern harren ehrfürchtig hinter den Betten. Die Betten sind aufgedeckt. Die Kranken sind gewaschen. Sie weisen die Verbände. Sie können Beschwerde anbringen. Sanitäter reißen die Türen auf. Sie stehen stramm. Der liebe Gott kommt. Der ärztliche Stab folgt hinterdrein. Der Assistent mit Schlauch und Hörrohr. In der Litewka Stabsärzte, Assistenten, Laboranten im Arbeitskittel. Der liebe Gott bleibt hie und da stehen. Er demonstriert den interessanten Fall, forscht nach Ergebnissen seltener Operationen, interessiert

sich für die Trepanation eines Schädels, rüffelt einen Assistenten, macht leutselig einen soldatischen Scherz; »derb aber herzlich«. Der »Saal der Galizianer« war unbeliebt. Die Vernichteten haderten gegen alle Welt. Sie hatten nichts mehr zu verlieren. Sie haderten, weil sie im Herzen deutsch gesinnt waren. Deutschland war das gelobte Land ihrer Sehnsucht. Dort glaubten sie, könne auch der Jude »reich und glücklich« werden. Nun begriffen sie nicht, daß ihre alte Liebe mit Widerwillen zurückgestoßen wurde. Eine Anzahl konnte nur »Jiddisch«. Das hieß in ihren Köpfen: »Man versteht uns, wir sein ja Daitsche.« Eine Anzahl kam aus Pogromen. Tataren, Tscherkessen, Baschkiren-Fremde, mit denen man sie zusammenpferchte, das waren alles Feinde. Das waren die, die ihre Eltern aufgespießt, die Synagogen verbrannt hatten, ihre Töchter geschändet hatten. In hundert kleinen Judenstädten war geraubt, geplündert, gemordet worden. Die armselig Überlebenden preßte man zum Kriegsdienst, man versprach ihnen Freiheit. Sie liefen zu den Deutschen über. Sie hofften auf die Deutschen. Nun lagen sie im Sterben. In dem Lande, für das sie oft spioniert, für das sie jedenfalls geeifert hatten. Und nun? Es stellte sich heraus, daß sie für die Deutschen weniger galten als selbst die »Bluthunde Tataren«. Alle Vorgänge im Lazarett wurden von ihnen eifrig beredet. So hatte vielleicht sich herumgesprochen, ein neu Eingestellter sei Jude. An dem ersten Morgen, als ich im Gefolge des Obergottes durch den Saal kam, ertönte in das ehrfürchtige Schweigen der Bettenparade aus einem der Betten zu allgemeinem Ergötzen ein fast jauchzender Ausruf: »Der Doktor da is e Jüd.« Der Chef, sicher in der Meinung, daß das sehr witzig sei, sagte was wie »Sympathische Landsmannschaft« und »Stimme des Bluts«. Ich spürte, daß meine Stellung abhängig sei vom Verhalten in diesem Augenblick. Ausdrückliches Auftrumpfen des »Jude-Seins« war in diesen Tagen lebensgefährlich. Hundertmal hatte auch ich die Sprüche gehört: »Die Juden gehören alle an die Front.« »Die Juden sind feige.« »Die Juden sollen sich nicht drücken.« Von Wehrlosen, Verzweifelten aber abrücken, indes sie alles, das Beste erwarteten, das wäre würdelos gewesen. Ich wendete mich also an den Chef mit der Bitte, den Kranken fragen zu dürfen, was er von seinem »Glaubensgenossen« denn erwarte.

Der Hungerstreik.
Die Wünsche des Unglücklichen waren unerfüllbar. Sobald die Entwurzelten Brüderlichkeit spürten, hielten sie auch schon für selbstverständlich, daß ein jeder deutsche Jude ganz als einer der Ihrigen handeln müsse. Sie standen unter Angst-, Verfolgungs-, Verzweiflungsneurosen. Sie fühlten, daß man sie abstieß, daß man sie in Deutschland nicht haben wolle. Sie hatten oft wunderliche Namen. Gemeine Seelen aus dem Pflegepersonal leisteten sich wohl derbe Witze und wußten zum Vergnügen eines Rohlings die Namen auf den Tafeln überm Bett dreist zu entstellen. Schlome Magenunhalt, Itzig Nachtgestühl, Abrascha Schabbesdeckel. Dergleichen reizte, ja brachte sie in ihrem Elend zur Raserei. Sie witterten überall Feindschaft (»risches«). Auch dort, wo nur Unwissenheit an ihnen vorbeiging. Es war in den Tagen vor Passah. Es hatte ein paarmal Suppe gegeben, darin Schweineteile zerkocht waren. Sie hielten das für Absicht. Sie wünschten, man solle bei der Verwaltung vorstellig werden, daß für orthodoxe Juden in den Feiertagen nicht Unreines (»trophe«) aufgetischt werde. Sie wollten auch durch sieben Tage kein gesäuertes Brot essen. Darüber war nicht zu verhandeln. Der nächsten Instanz, inspizierenden Feldwebeln, war überhaupt nicht begreiflich zu machen, worum es sich für die armen Menschen handelte; für sie war das einfach »jüdische Dreistigkeit«. Deutschland hungerte. Es war gar nicht imstande, die als unnütz empfundenen, zu Fron- oder Frontarbeit unverwendbaren Männer noch mitzufüttern. Alles was geschehen konnte, war: wohlhabende Mitglieder der jüdischen Gemeinde zu interessieren. Es wurden denn auch von der Gemeinde einige Pfund Mazzes geschickt. Aber gerade weil das geschehen war, so glaubten die »Gesetzestreuen« nun auch ein Recht zu haben, an den religiösen Bräuchen festzuhalten. Die Bewirtschaftung des Hauses hatte ein Pächter mit mühlsteinharter Geschäftsgesinnung. Die Zumutung, für ein paar arme »Galizianer« eine rituelle Küche einzurichten, wäre ihm als Gipfel des Blödsinns erschienen. Und doch trat ein Teil der »Galizianer« in den Hungerstreik. Sie fasteten während der ganzen Dauer des Osterfestes. Sie grollten fanatisch, während im Nachbarraum die verhaßten Tataren zum Sonntag Fleisch bekamen. Wenn ich an den Betten vorbeiging, sah ich fort. Ich ertrug nicht die traurigen,

vorwurfsvollen, wachsgelben Gesichter. Vielleicht wäre der oder jener zu retten gewesen, wenn man ihn genötigt hätte, zu essen. Aber selbst der Zuspruch des Rabbiners und der klare Beweis, daß in der Notzeit nicht nur sittliches Recht, sondern religiöse Pflicht sei, kein Unmögliches zu fordern und die von Gott noch vergönnte Nahrung zu nehmen, stieß auf Trotz und Verachtung. Sie verachteten alle und alles. Sie sahen in uns allen nur Feinde. So gallebitter, so weltenttäuscht sind nicht viele aus der Welt gegangen, wie diese Heimatlosen, welche nach Deutschland sich sehnten mit letzten Hoffnungen und nun merkten, daß sie auf Erden keinen Freund hatten. Aber das fühlten sie nicht: Auch der deutsche Mensch hatte auf Erden keinen Freund.

Der Massenmörder.
Überall im Kriege, in den Lazaretten und in den Schützengräben war der wichtigste, unbezahlbare Besitz: der Spaßmacher, der »gesunde Eukoloß«. Das war irgend ein Mensch, der gut Geschichten erzählen konnte oder er machte Turnkunststücke, Kartenkunststücke, ahmte Vogelstimmen nach, oder auch nur einer, der einfach fröhlich war, Sanguiniker, immer bei Laune und in Betrieb. Diese Art Menschen, ohne Gegrübel, ohne Schwere und Tiefe, hielt die Armee zusammen. Auch im Lazarett hatten wir ein solches Faktotum. Ein blitzsauberer, zwanzigjähriger Junge aus dem Baltikum. Ich habe nur seinen Vornamen Oskar behalten. Er sprach Deutsch und Russisch gleich gut. Er war geschickt, sehr anstellig, immer guter Laune, fröhlich und Freude ausstrahlend. Einer von denen, die unerhörte Leiden anderer heroisch zu ertragen imstande sind. Mit stahlblauen Augen und kindlichem Lachen war er allgemein beliebt. Und dieser Harmloseste der Harmlosen war der abscheulichste Massenmörder. Leider zu spät und nur durch Zufälle kamen seine Untaten ans Tageslicht. Und es wurde auch nicht klar, wieviel Menschen er beseitigt hatte. Er diente als Ordonnanz in jenem Gespenstersaal der Russen, wo nach wenigen Tagen jeder neu Eingelieferte fortstarb. Auch die Rekonvaleszenten starben. Auch Gefangene, die schon leidlich geheilt waren und ins Lager sollten. Und immer zeigten sie dieselben Erscheinungen: Übelkeiten, Erbrechen, Koliken, Schüttelfröste, Delirien. Es wurde schließlich

klar: die Gefangenen waren vergiftet. Man mußte ihre Ernährung kontrollieren. Und dazu benutzte man unglücklicherweise gerade den Dolmetsch Oskar, der sich allein mit allen verständigen konnte. Man wäre noch lange im Dunkel geblieben, wenn nicht bei Revision des »Labor« ein Überverbrauch an Giftstoffen, wie Morphium, Opium und Arsen entdeckt worden wäre. Das sogenannte Laboratorium im zweiten Stock enthielt ein Schränkchen mit den gefährlichen Medikamenten. Den Schlüssel hatte Oberschwester Berta, eine tadellose energiedampfende Frau. Sie verabreichte Mittel nur an die Ärzte und ließ auch niemanden an die Apotheke. Wer also konnte die Gifte aus dem Labor entfernt haben? Man erinnerte sich, daß man das unentbehrliche und immer dienstfertige Faktotum Oskar zuweilen mit Botschaften an die Oberschwester geschickt hatte. Es war einige Male vorgekommen, daß wir uns einen Schlüssel ausbitten mußten und daß dann Oskar den Schlüsselbund holte oder zurückbrachte. Konnten nicht diese Momente benutzt sein zum Aufmachen des Giftschrankes? Oskar sollte darüber vernommen werden. Da war er nicht zu finden. Man suchte überall. Endlich stieg ein Sanitäter auf den Boden und kam zurück, kreideblaß. Oskar hing im Gebälk des Daches. Er war bereits erstickt, als man ihn fand. Seine Taten blieben unaufgeklärt. Aber alle Toten der letzten Wochen wurden exhumiert und ihr Mageninhalt untersucht. Und bei allen fand man Arsen, bei all denen, die mit Oskar befreundet waren und in seiner Pflege standen. Er hatte offenbar methodisch Gift in die Speisen seiner Landsleute gemischt. Aber warum nur? Er hatte dabei keinerlei Vorteile. Er hatte nie Sachen genommen oder geerbt. Er hatte auch keinen Grund zu Feindschaft, Rachsucht, Übelwollen. Man ging in jenen Tagen des Massensterbens über solche Ereignisse bald hinweg. Die Fachleute besprachen wohl den Fall und beruhigten sich dann bei üblichen Schlagworten. Sadismus, Grausamkeitswollust, Quälsucht. Die zeitbeherrschenden Phrasen der Psychoanalyse machten es den Leuten ganz selbstverständlich, daß etwas Geschlechtliches hinter den dunklen Mordtaten stecken müsse. Ich glaube es nicht. Ich glaube, daß die Sache schrecklich einfach lag. Dieser simple, über nichts je nachdenkende und ganz eigenbezügliche Bursche tat was alle taten: Er experimentierte am Menschen. Worüber ging unter den Ärzten, im Pflegepersonal immer die Rede? Von gewagten Operationen, unerhörten Versuchen, neuen Heilmitteln, kühnen physiologischen Proben. Und was war der Mensch und die Seele? Material, Stoff zu politischen und militärischen Versuchen. Jeder General operierte mit Menschen als mit Figuren des Schachbretts. Jeder Chirurg behandelte den Menschen wie der Monteur die Maschine, der Chemiker die Stoffe behandelt. Dieser frischfröhliche unwissende Junge tat, was die Kriegsjahre mit allen taten. Er operierte am Menschenmaterial und war dabei vielleicht nicht weniger gemütlos wie die großen Feldherrn, die zehntausend in den Tod schicken und warmherzige Familienbriefe schreiben. Sie haben ja eben die Macht. Und nur Eines auf Erden ist böse und schlechthin bekämpfenswert: die Macht eines Menschen über andere Menschen.

Weihnachten.

Am Weihnachtsabend saßen wir, drei Freunde, im Meldezimmer des Lazaretts. Einer hatte Dienst, die zwei andern leisteten Gesellschaft. Es war der Abend, an welchem Sch., der tüchtigste unter den Assistenten, ins Feld abrückte. Er hatte noch wenige Stunden, rauchte, trank Grog. Daß er ins Feld mußte, hatte die Mißgunst eines unfähigen Vorgesetzten durchgesetzt. Dieser Assistent sah zu scharf. Man benutzte in den Garnisonspitälern und vollends in Gefangenenlagern bereits ganz ungeeignetes Personal. Badeärzte, Zahnärzte, Hautspezialisten, schließlich die Studenten wurden in Uniform gesteckt und hatten nun Vollmacht über Wohl und Wehe ahnungsloser, tiergewordener Menschen. Ein alter Geheimrat, der nie eine richtige Diagnose stellte, hatte über die Massenmordgeschichte im Russenflügel geäußert: »Dieser Oskar (der Massenmörder) habe eigentlich das EK 1 verdient. Er habe Deutschland von vielen unnützen Mitessern befreien wollen.« Sch. hatte prompt erwidert: »Ja, wenn der Oskar noch am Leben und ein Oberstabsarzt wäre, so hätte er auch sicher das EK 1 erhalten.« Am folgenden Tage hatte Sch. den gelben Zettel: Versetzung an die gefährlichste Front. Der andere Freund E. – von der Natur selber zum Arzt bestimmt, denn was er unter die Finger bekam, das gelang, was er betreute, das war gut betreut – war völlig überarbeitet. Glühende

Flecken auf den Wangen, allabendlich Fieber. Immer überspannt und am Zusammenbrechen. Wir fürchteten, den wird die Verantwortung dahinraffen. Die Weihnacht war erfüllt von Schneestille. Die Glocken der Stadt läuteten. Alle die alten Türme und Gärten lagen verschneit. In den Steingewölben des Schreckenshauses hing süßlicher Dunst: Eiter und Lysoform. Alles still, aber es ging doch Nacht wie Tag durch alle die alten Gänge und Stiegen und Korridore ein einziger Seufzer. Gegen zehn wurden ein paar Eilige eingeliefert. Die letzten Transporte. Als letzter ein alter Landsturmmann, tapfer und treuherzig. Er kam aus dem Osten, meldete sich, hatte eine Zehe abgefroren und eine schlimme Gangräne drohte mit Brand. Er schrie, als der Stiefel vom Fuß geschnitten wurde. Wir sahen, die Zehe mußte sogleich abgenommen werden, eine kleine Operation. Wir blickten uns an. Wir konnten dem Manne den Fuß, vielleicht das Bein retten, aber er gehörte nicht in unser Lazarett. Über ihn hatte das Garnisonslazarett zu verfügen. Bis da entschieden war, konnte der Mann tot sein. Aber wir durften nicht eigenmächtig die Ordnung durchbrechen. Also: Verband anlegen und weiterschicken. Sch. fluchte: »Nur ja in keinem Falle das Richtige tun!« Wir fragten: Was wird nun aus dem Alten werden? Sch. malte es uns aus: »Zunächst empfängt ihn Kollege X., Spezialist für Hals und Nase, und verordnet bis morgen früh Bleiwasserkompressen, dann kommt Oberarzt Mager, Spezialist für Haut und Liebe, und erkennt mittels seines dermatologischen Scharfblicks, daß Gefahr im Verzuge und die Übersiedlung in die chirurgische Abteilung unausweichlich sei. In der chirurgischen Abteilung empfiehlt der Assistent Dickchen seine Lieblingsleistung, »den List-Frankschen Schnitt«, den er täglich mehrere Male macht, aber der Oberbonze meint, die Exartikulation des Knies sei »einfacher und vorsorglich«, worauf der Generalarzt bei der Visite, noch unmittelbar vor dem Tod mit Feldherrnscharfblick den Befehl gibt, das Bein zu amputieren, wodurch der Mann – so hoffen wir – gerettet wird und wieder ›k v‹.« Gegen elf kam Schwester Anna; sie hatte die Nachtwache. Bett 112, bei den Franzosen, habe 40 Fieber, brenne wie eine Fackel. Das war der junge Dillanger. Alle Viertelstunden trieb es mich an das Bett. Den wollte ich dem Tode abringen, aber nun wurde klar: Da half nichts mehr. E. knirschte dumpf: »Man sollte sie an diese Betten führen. An Tom Atkins Bett, an Iwans Bett, an das Bett des sterbenden Dillanger. Nein! Sie selber, ihre Kinder, ihr Liebstes sollte in diesen Betten stöhnen. Diese Gefühlsindustriellen! Diese Kulturmacher!« Sch. lachte uns aus. »Ihr nehmt das alles noch zu wichtig. Kultur? Was ist denn das? Der vergoldete Gips am Gebäude! Öffentliche Männer, Kulturdrohnen, Prostituenten des Geistes, die gehen ihrem Geschäfte nach. Was ist ihr Geschäft? Bereden und beschreiben! Druckerschwärze und Tinte! Habt Ihr denn keinen Sinn für Konjunktur? Was ist denn jetzt Mode? Heldentod, große Stunde, Weltgeschichte. Vielleicht ist in zehn Jahren Mystik Mode oder Buddhismus. Die Prominenten sind immer zeitgemäß.« »Aber warum gehst Du nun an die Front?« forschten wir. Er lachte. »Wenigstens, aber still! Die Wände haben hier Ohren, wenigstens stirbt man doch mit dem schönen Bewußtsein, daß die geistigen Führer unserer Zeit Prügel bekommen. Entsetzlich, wenn dieser Menschenschlag in Deutschland herrschend bliebe. Nein, ich wandere aus.« »Lieber«, sagte ich, »Du verkennst völlig die Unbesiegbarkeit des Geistes. Unsere geistigen Führer werden ›umlernen‹. Sie werden ›sich fortentwickeln‹. Und eines Tages denken sie ganz genau so wie wir. Und werden gar nicht merken, daß sie je anders dachten. Das heißt: Die Konjunktur wechselt! Sie wird dann heißen: Pazifismus, Humanität und ›Nie wieder Krieg‹. Und das wird weit gräßlicher noch werden als der Krieg selber.« »Ja«, rief E., »die Heroen der Kulturen, welche uns heute mit Heroismus und Maskulinität beliefern, liefern dann wieder zarte Gefühle. In den Filmen, in den Romanen wird der Weltkrieg zu sehen sein; so viel Leichen, so viel Sterben, so viel Gräßlichkeit, daß man vor lauter Ergriffensein völlig herzensstumpf wird, und man wird noch in Büchern solange Leben verausgaben, bis das Leben völlig leer läuft. Denn bisher war nur unser Leben Literatur, warum soll nicht eines Tages auch unser Tod literarisch werden?« Schwester Anna kam und brachte Bescheid. Dillanger hatte ausgelitten. »Ich muß gehn«, sagte Sch. »Um zwölf geht der Hilfszug an die Westfront.« Er sagte beim Abschied, Abschied auf immer: »Ich beneide Euch nicht, falls Ihr imstande sein werdet, die Heldenzeit zu überleben. Es werden Geschlechter kommen, die jeden verachten, der imstande ist, dies zu überdauern.«

Kriegsausbruch.
Als ich unmittelbar nach dem Ausbruch des Weltkriegs, im August 1914, mich als kriegsfreiwilliger Arzt dem Bezirkskommando stellte, da beflügelte mich nicht die Vaterlandsliebe und nicht die Menschenliebe und überhaupt keine rühmenswerte Triebfeder, sondern ich hatte den Wunsch, nach Möglichkeit vor Vaterland und Menschheit zu flüchten. Ich kämpfte gegen die »Große Zeit«, wo immer ich's konnte. Denn ich sah die Welt um mich für verrückt an. Ich verstand ihre Aufschwünge nicht. Nicht die der Nationalen, nicht die der Sozialen. Nicht der Männer und nicht der Mütter. Auch meine eigenen Nächsten verstand ich nicht. Am wenigsten aber verstand ich die »führenden Geister«. Mein geistiges Werk lag in Trümmern. Alles, wofür ich bis dahin redlich gedarbt hatte. Bis zum Kriege war ich jung. Nun begann das Sterben. Ich war militärisch dienstpflichtig. Also würde ich früher oder später eingezogen werden. Dann würde ich als Muskote ins Feld geschickt werden. Daß ich's überleben würde, war fraglich. Wie aber sollte ich dem zuvorkommen? Mein Militärpaß (er war das damals allein entscheidende Dokument), stammte aus dem Jahre 1896. Im Passe stand »Dr. med.«. Daß ich nachmals den Beruf gewechselt hatte, daß ich durch fast zwanzig Jahre mich nicht mehr um die Medizin kümmerte, es konnte verschwiegen werden. Daß ich zwar das medizinische Doktorexamen, nicht aber das Staatsexamen absolviert hatte, daß wog nicht viel in Tagen, wo man Ärzte in Masse nötig hatte. Gelang es, sofort zu Beginn des Krieges als Arzt eingestellt zu werden, dann würde ich versuchen, mich unentbehrlich zu machen und dem gewöhnlichen Dienst zu entgehen. Ich konnte Wunden verbinden, statt Wunden schlagen, stand im Rang des Offiziers und durchlebte den Krieg klarer als der Arme, der in der Baracke tagein, tagaus nur von der eigensten Notdurft erfüllt wird. Ich hatte Glück. Zunächst gelang es, von den Waffenübungen befreit zu werden. Richtiger gesagt: es gelang, mich zu drücken. Durch vier Kriegsjahre mußte ich alle drei Monate zur Ausmusterung. Die Ausmusterungen wurden immer strenger. Ich verwendete immer neue Listen, um der Front zu entgehen. Dazu halfen Gutachten, ausgestellt von befreundeten Ärzten. Studiengenossen von ehemals waren inzwischen Professoren geworden. Manche

saßen als Oberstabs- oder Stabsärzte in einflußreichen Stellungen. Ich schrieb an sie, und manche waren bereit, mich als Assistenten anzunehmen. Ich hatte die Wahl. In Ostpreußen war Ärztemangel. Die Ärzte auf dem Lande bekamen hohe Tagesgelder und genossen große Freiheit. In Belgien ging es hoch her; man stellte mangels reiferer Ärzte blutjunge Kandidaten ein, die oft ein Schlemmerleben führten. Dergleichen lockte mich nicht. Lieber wollte ich Verwundetentransporte begleiten. Vorerst aber lernen, wie in der Studentenzeit, nichts als lernen. Und zu diesem Behufe bot ich mich als Volontär bei einem ambulanten Lazarett an. Denn jeder verfügbare Saal, jedes entbehrliche Tanz- und Vergnügungslokal wurde alsbald in ein Lazarett umgewandelt.

Mein erstes Lazarett.
Das erste Lazarett, darin ich während des Sommers 1914 mich für die Pflichten des Militärarztes vorbereitete, steht mir vor der Erinnerung wie eine Operette. Der Chefarzt war ein trefflicher Dermatologe, hatte aber vorwiegend Darmkranke zu behandeln. Er gestattete mir, an seinen zweihundert Kranken so viel herumzuhorchen, herumzuklopfen und herumzudoktern, als ich wollte. Die Oberschwester war eine alte Bekannte; als Assistenzarzt, mein nächster Vorgesetzter, fungierte ein noch im Studium befindlicher Korpsstudent, couleurbrüderlich und bierehrlich, aber sehr unfähig. Seine paar Handgriffe guckte ich ihm ab, behandelte ihn besonders achtungsvoll, und so überließ er mir bald den ganzen Krempel und ging kneipen. Jeden Nachmittag ging er kneipen, kam abends stark angeheitert zurück und war am Morgen unlustig zur Arbeit. Wenn er vor die Betten trat, im Leutnantsrock, die Leute anschrie, sein Hörrohr anlegte, wichtige Posen machte und zuletzt doch immer die Diagnose verfehlte, dann erschien er mir nur lustig, nicht verneinenswert. Er war ein immer heiterer, braver, ganz naiver Bursche, und komisch wie seine Arzterei war auch sein Heldentod. Er bestieg in der Besoffenheit mit zwei Kommilitonen auf dem uns benachbarten Flugübungsplatz ein Flugzeug. Die drei trieben Unsinn, warfen ihre Stöcke und Bierflaschen aus der Luft und vergnügten sich umherzukreisen, ohne die Lenkung zu verstehen. Der Apparat kippte um und die drei stürzten zu Tode. Im

Heeresbericht aber wurde daraus der Heldentod fürs Vaterland. – Der Chef war immer guter Laune, wenn eine kranke Haut zur Behandlung kam. Das verstand er, darüber konnte er uns aufklären. Aber im übrigen überschaute ich bald die Krankheitsbilder nicht schlechter als er, zumal ich wirklich arbeitete, vorsichtig und ernst. Aber ich machte noch viele Fehler. Übereifrig untersuchte ich jeden Fall immer von neuem und wollte nichts glauben, was ich nicht sah. Die Folge war, daß man mich bald an ein zweites benachbartes Lararett abschob, in welchem ich angeblich viel notwendiger sein sollte, in Wahrheit aber mit einem engeren Tätigkeitskreis umgrenzt wurde, der jeden Einblick in die Menschlichkeiten der anderen versperrte.

Mein zweites Lazarett.

Das zweite Lazarett befand sich im Anbau eines Turmes, der seit alters als Kaffeelokal diente. Hier wurden nur Magen- und Darmkranke untergebracht und eine besondere Abteilung war für Ruhrkranke. Das Gastzimmer (darin ich als Knabe oft bei Waldausflügen gesessen hatte), wurde mein Arbeitsraum. Die Arbeit, die mir zufiel, war ebenso langweilig wie unbedeutend. Wenn ich am Morgen antrat, dann standen an den Wänden viele Nachtgeschirre. Neben jedem Geschirr lag ein Zettel mit dem Namen des Kranken. Die Geschirre enthielten Urin, Sputum oder Blut. Während zwei Sanitätssoldaten die hundert Proben auf Eiweiß und Zucker absuchten, mußte ich durch das Zeißmikroskop die Anzahl der Blutkörperchen zählen oder dem Dasein von Tuberkeln nachspüren. Die Kranken selber aber bekam ich nicht zu Gesicht. War die Früharbeit geleistet, dann kam der unangenehmere Teil des Dienstes. Die Magenkranken wurden in den Raum gebracht. Wir hatten ihnen den Schlauch einzuführen und eine Probe Magensaft zu entnehmen. Die Sanitäter entleerten Magen 5, 6, 7, 8, währenddessen hatte ich durch das immer gleiche langweilige Verfahren für Magen 1, 2, 3 den Salzsäuregehalt festzustellen. Das war eine Arbeit, mechanisch und ohne Verantwortung. Denn unsere Analysen wurden nie nachgeprüft und waren auch nicht eben wichtig, weil man die Kranken ja doch nicht lange genug behielt, um sie gesund pflegen zu können. Ich hätte wohl bis Ende des Krieges eine solche Art Arbeit beibehalten können; sie entband von allen Konflikten. Denn das ganze Geheimnis des ärztlichen Dienstes faßte sich zusammen in das eine Wort: Kollegialität. Da waren Leiter von Sanatorien, die bis dahin das Dasein eines Luxushotelbesitzers geführt hatten, da waren alte Badeärzte, die sicher noch nie ein Messer gebraucht hatten, sie übten sich jetzt in wilden Operationen, verkannten klare Sachlagen, vernachlässigten das Nächste und Natürliche und schoben auch den geschicktesten Helfer in die Versenkung, falls sie bei ihren Verordnungen keine kritischen Augen haben wollten. Der Wunsch zu arbeiten, der Wunsch zu lernen, machte bei manchem alten Herrn verdächtig; wichtiger war, daß man sich bemühte, einen ihm genehmen »Kollegen« abzugeben. Denn alles was geschah, geschah damals so gut es ging. Was nicht gut war, das verschuldete die wilde Zeit. Es war nicht angenehm, statt mit lebendigen Menschen täglich nur mit ihren Exkreten zu verkehren. Ich suchte also unter der Hand nach anderer Betätigung. Und abermals bot sich Gelegenheit, in einem Bergstädtchen, knapp zwei Eisenbahnstunden entfernt.

Mein drittes Lazarett.

In dem Bergstädtchen liegt ein wunderschönes Altdamenstift. Ein neuer burgähnlicher Bau, ausgestattet mit vielen Bequemlichkeiten. Hier residierten alte Fräuleins. Sie wollten nicht hinter der Zeit zurückbleiben, wollten gern fürs Vaterland ein Opfer bringen und stellten ihr schöngelegenes Stift dem Vaterland zur Verfügung, unter der Bedingung, daß es zu einem Erholungsheim für nicht schwer erkrankte höhere Offiziere benützt werde. Die Betreuung der Erholungsbedürftigen wollten die Damen selber besorgen, gemeinsam mit einer Schar evangelischer Schwestern. Wie nahe lag der Gedanke, mich dort zu Dienstleistungen anzubieten! Verantwortliche Operationen, schwere Fälle konnten nicht vorkommen. Und warum sollten die alten Damen einen Hilfsarzt abweisen, der unentgeltlich und freiwillig sich betätigen wollte, in Tagen, wo jede Arbeitskraft nötig war? Aber hinter meinem Plane stand ein anderer. In dem Bergstädtchen lag ein Pädagogium, dessen Lehrer schon in den ersten Kriegsmonaten fast vollzählig in den Krieg gegangen waren. Ich wußte, daß die Anstalt vergeblich nach

Lehrern suchte. Gelang es, gleichzeitig als Hifslehrer und als Hilfsarzt unterzukommen, so konnte ich mich in dieser oder in jener Stelle, und wenn möglich in beiden, »unabkömmlich« machen und wurde von zwei Seiten »reklamiert«. Diese Voraussicht erwies sich nachmals als richtig. So trat ich denn die Stelle als Lehrer an und ging in den Freistunden zu Hilfeleistungen in das Offiziersheim. Aber, was waren das für Institute? Ich kann ruhig sagen: es waren Narrenhäuser, die sich von anderen nicht einmal dadurch unterschieden, daß ihre Insassen sich für die vernünftigsten Wesen unter der Sonne hielten. In dem Pädagogium waren Knaben aus guter Familie untergebracht, Jungen, welche an keiner öffentlichen Schule fortkamen, aber doch mit aller Gewalt zu standesgemäßen Berufen gedrillt werden mußten. In dem »Offizierserholungsheim« aber lagen Exzellenzen mit zweierlei Arten Klapps. Die eine Gemütsart war dem Kriegshandwerk nicht zugetan, hatte aber hohe Stellungen in der Armee, weil Großväter und Väter schon hohe Stellungen hatten und weil des Kaisers Rock das Kleid des feudalen Mannes ist. Die andere Gemütsart bestand im Gegenteil aus »Eroberernaturen«, die an der Front jene Manie erlitten hatten, die man damals »Frontkoller« nannte. Das Herrenmenschentum war bei ihnen ausgebrochen. Sie hatten jene Taten begangen, die man immer nur dann für verrückt hält, wenn sie erfolglos auslaufen. Der eine hatte zu viele Kompagnien sinnlos in den Tod befehligt, der zweite hatte Mannschaften binden und prügeln lassen, der dritte durch Tobsucht und Nervosität Verwirrung gestiftet. In derartigen Fällen, wenn es sich um Prinzen und Grafen handelte, sagte man: »Nervenüberreizung«, und verordnete, bis die Sache vergessen ward, einen Erholungsurlaub. Beide Arten Erholungsbedürftige, die über- und die unterkriegerische, waren durch die Zeit aus den Fugen geraten. Sie verteilten die Erde, machten Völkerschicksal, verfügten Weltgeschichte. Da lagen ein Schock deutscher Helden in den hübschen grauen Liegestühlen und besetzten Calais, beschossen die Westminsterkathedrale, funkten Regimenter ab und ließen den Lord Grey (den damals verhaßtesten Staatsmann) an den Galgen knüpfen. Sie sagten: Dreschen: deutsche Hiebe: Stahlbad: eherne Notwendigkeit. Und ich fühlte ihnen den Puls. Abends stand ich im efeuumrankten Fensterbogen und über die schwarzen

Tannenwälder gondelte der Mond. Die hübschen blonden Schwestern kamen in den koketten Rüschenhäubchen und verstauten die Helden in die Futterale. Da lagen sie freundlich und mordeten im Traum. Ich hatte sie aufrichtig lieb; denn ich freute mich, daß ich nicht auf ihr Kommando den Heldentod zu sterben brauchte fürs Vaterland. Denn ich wußte: Jede dieser starken Persönlichkeiten hätte mit reinem Gewissen der Erde edelstes Hirn und reinste Herzen zerstampft, wenn es ihnen notwendig erschienen wäre für die Größe des Vaterlands. Es ging zu wie in *jedem* Irrenhause, in welchem bekanntlich sich der Kosmos bewegt um das menschliche Ich und das menschliche Ich immer um sich selber. Ob man eine Klasse Schuljungen oder einen Staat, das Personal eines Theaters oder ein Lazarett in Ordnung zu halten hat, die Hauptsache ist: die Hausordnung. Jede Exzellenz ritt ihr Steckenpferd. Aber die Organisation klappte. Um 8 Uhr brachte Marthchen den Kaffee. Um neun machte Schwester Anna die Darmspülungen. Abends erlosch das elektrische Licht, Punkt zehn. Danach mußte man sich richten. Man konnte im übrigen nach Herzenslust heroisch sein. Man redet viel von den Rechten des Herzens, von der Freiheit des Herzens, von der kalten Nationalität der Staatsmathematik. Ich bin für Mathematik! Ich weiß, die Menschheit würde in Urwirre sinken, wenn nicht die Diktatur der *Maschine* wäre. Und die »starken Persönlichkeiten« hätten die Erde schon gefressen, wenn nicht die Hausordnung daran hinderte. Jeder mag im Lazarett so heroisch sein wie er kann und will, wenn nur die Hausordnung dauert!

Mein letztes Lazarett.

Das letzte Lazarett, darin ich diente, hatte dreihundert Betten für Geschlechtskranke, und die waren immer besetzt. Ein richtiger Mediziner kennt keinen Ekel. Aber hier mußte jeder den Ekel lernen, nicht den körperlichen, sondern den seelischen Ekel. Bücher schreibende Leute machen viel Wesens von dem, was man Bildung, Charakter, Persönlichkeit nennt. Aber man kennt die Menschen nur dann, wenn der ganze logische oder sittliche Überbau eingestürzt ist. Man reiße den Menschen aus allen seinen bisherigen Gewöhnungen, versetze ihn in Todesangst, in den

Irrsinn eines Trommelfeuers, treibe Menschen zu Haufen, lasse den Tod in den Haufen fahren, was bleibt vom »Oberbau«? Nicht Geist, nicht Kultur, nicht Unterschiede der Erkenntnis und der Gesittung. Nichts bleibt als ein Knäuel irrer Triebe, aus denen immer wieder siegreich bricht der Drang nach Selbsterhaltung. Denn auch Gemeinschaft, Hingabe und Opfer blühn hervor aus diesem Selbsterhaltungstrieb. Der Mensch ist eben eine Bestie! Er ist grausiger als jede Bestie. Nein! Er ist durchaus keine Bestie. Schon darum nicht, weil er instinktverlassener ist als jedes Tier. Und leichter desorientiert. Wir sehn uns immer nur in Kleidern. Logik und Ethik *sind* Kleider. Man kann sie abstreifen, kann sie dem Volk vom Leibe reißen. Damals sangen wir gern ein Soldatenlied, darin hieß es:

»Und wenn wir gesiegt beim Raufen,
Fangen wir auf Trümmerhaufen
Die Kultur von Neuem an.«

Ich war also in eine Horde geraten, die sich sozusagen entschämt hatte und durch die Röte des Geschlechts täglich entschämter wurde. Es ist abgeleugnet worden, daß an den Fronten mit Bakterien gekämpft worden ist wie mit Sprengstoffen und Giftgasen. Gewiß sind es Märchen, daß von Fliegern Typhus- oder Cholerabazillen in Brunnen abgeworfen wurden, um das Trinkwasser zu verpesten oder daß Milzbrand, Maul- und Klauenseuche bewußt unter den Rindern im Feindesland verbreitet wurden. Aber Tatsache ist, daß man geschlechtskranke Frauen in die vom Feinde besetzten Gebiete abschob. Daß im ersten Kriegsjahre ganze Regimenter in Belgien und Frankreich vergiftet worden sind, teils mit Gonorrhöe, teils mit primärer Syphilis. Man konnte annehmen, daß unter den in die Lazarette Kommenden jeder fünfte Mann neben sonstigen Wunden oder Leiden auch eine Geschlechtskrankheit mitbrachte. Es verbietet sich, die Nacktheit der Bordellbetriebe auszumalen. Das Weib (in Belgien sagten die Soldaten »Schönvieh«, ein Wort, das sie sich aus jeunes filles gebildet hatten) wurde kaum viel anders gewertet als der Genuß einer guten Zigarre oder einer Zigarette. Der Geschlechtsbetrieb hatte eine seelisch dunkle Verbindung mit Tod oder Angst vor Tod. Wie das vom Tode bedrohte Insekt (z. B. eine Fliege, die man vergiftet) noch schnell den

Fortpflanzungsakt übt, gleich als wolle das geopferte Individuum sich in die Dauer der Gattung hineinretten, so wurde unmittelbar vor dem letzten Zusammenraffen die Natur *entlockert*. Sogar Tiere, ja Kadaver von Tieren wurden mißbraucht. Die Übertragung der Gifte ging wunderliche Wege. Der Mensch in Schlamm und Dreck, wie ein Tier lebend, entschämt sich schnell. Eine »psychologische Studienkommission« sammelte damals Beobachtungen über »die Seele des Soldaten«. Ich schrieb ihr etwa so: An der Seele des entfesselten Tiers ist überhaupt nichts zu beobachten, als was wir schon wissen, daß, sobald wir uns sinken lassen, wir uns verlieren. Wovon sie reden? Was sie denken? Was die Soldaten interessiert? Sie reden vom Essen, reden nochmals vom Essen; das ist das Wichtigste, und es kommt alles darauf an, wie man sie füttert und hält. Sie denken: »Kinder, ich möchte vierundzwanzig Stunden ausschlafen.« Oder: »Ich möchte die schweren Stiefel runter haben und besseren Stuhlgang.« Es interessiert sie bald nach Hause zu kommen. Den heroischen Schmus dazu machen die Zeitungen. Und es ist ganz *dasselbe*, ob es Tapfere sind oder Feiglinge, Helden oder Lumpen: jeder ist mit täglicher *Notdurft* beschäftigt und dreht sich um *seinen* kleinen Ausschnitt. Es liegt die größte Wahrheit in der Antwort, die der Geschichtsschreiber Ephoros Alexander dem Großen gab, als dieser ihn aufforderte, mit ihm zu gehn, um die Geschichte seiner Kriege schreiben zu können. »Lieber Alexander«, sagte Ephoros, »Kriege kann nur beschreiben, wer zu Hause blieb.«

Die Unverantwortlichen.

Sind das nun Feiglinge, sinds Lumpen gewesen, die sich in der Ferne freiwillig vergifteten, um ins Lazarett zu kommen? Es sollte stutzig machen, daß es oft ganz *dieselben* Männer waren, die sich als Erste in den Krieg gedrängt und mit Begeisterung hinausgestürmt waren. Es gab Kriegsfreiwillige, die nichts sehnlicher wünschten als »einen leichten Heimatschuß«. Es gab Ritter des Eisernen Kreuzes, die Krankheit simulierten. Unter den Verletzungen waren viele Selbstverletzungen; mehr als wir ahnten. Keine Strafe konnte die Leute hindern mit Eiter zu handeln. Erst als jeder gonorrhöisch Erkrankte degradiert wurde, hörte der widerwärtige Handel auf. Gelenkerkrankung, Herzerkrankung, ja Erblindung folgte nicht selten aus

einer leichtsinnig gesuchten Infektion. Mannschaften, die durch Jahr und Tag alle Naturalien in Gruppen verrichten – sie wurden in Gruppen in die Schlacht, in die Latrine, zum Weibe und zum Gottesdienste geführt – werden, je nachdem man's betrachtet, zuletzt die verkommensten oder die erwecktesten. Erweckt werden sie zu Revolte und Revolution. Verkommen waren sie vom Standpunkt der Ethik, die nicht auskommen kann ohne Würde der Person. Das Lazarett war nur ein Zuchthaus. Die Geschlechtskranken wurden Tag und Nacht bewacht. So bald sie konnten, rückten sie aus. Nirgends kamen so viele Händel, Gewalttaten und Gemeinheiten vor. Sie bemächtigten sich des nächstbesten Weibes. Sie gaben gedankenlos ihre Krankheit weiter. Es waren Leute, die in Aufsässigkeit hineingeraten, innerlich entschlossen waren: »Ich mache nicht mehr mit« oder »Mir ist schon alles einerlei«. Man konnte sie zurückgewinnen, indem man ihnen Ehre und Verantwortlichkeit gab. Durch Strafe und Härte wurden sie immer weiter abgedrängt. Und doch wäre es zumal im letzten Kriegsjahre nicht möglich gewesen, ohne Terror auszukommen. Drohte nicht Prügel, ja Tod, so brachen alle Schranken. Sie hatten sich sinken lassen und außerhalb der Zeit gestellt.
Diese Unverantwortlichen aber sind es, die jeden Umschwung und Aufschwung herbeiführen. Revolutionen macht man nur mit Massen, die nichts zu verlieren haben. Die Leute murrten und führten radikale Reden, wollten die Erde verbessern und waren nicht imstande auch nur das eigene Triebleben zu verantworten. Sie ordneten mit ihren dumpfen Köpfen den Staat und konnten keine Kommodenschublade in Ordnung halten. Sie schrien nach Freiheit, aber würden jedem anheimfallen, der ihnen Spiele und Brot gab. »Spiele und Brot«, das hieß damals: »Kartoffel und Kintopp«.

Wie sie starben.
Ich habe den Namen des jungen Lehrers vergessen, aber sein Bild wird, so lange ich lebe, mir vor Augen stehn. Er war durch einige Jahre mein Hörer gewesen, doch außerhalb des Unterrichts hatten wir kaum je miteinander gesprochen. Auf einsamen Spaziergängen im Walde habe ich ihn einige Male gesehn. Ein verträumter Mensch, recht ein Sohn Niedersachsens, strahlend und blond, aber von

schwerfälligem Ernst. Ihm begegnete ich in den ersten Tagen nach Kriegsausbruch, und ich gestehe frei: Ich hatte in jenen Tagen nur einen einzigen Vorsatz: »Halte den Kopf frei. Laß dich nicht anstecken von Barbarei. Das Leben lassen, um das Gräßliche zu hindern, tausendmal mit Freude! Aber mitmachen; begeistert sein, weil alle begeistert sind, nein! Und wenn sie dich steinigen. Nichts gegen das eigenste Gewissen.« Auf der Straße, vor dem Haus, in dem ich geboren bin, kam der junge Soldat auf mich zu, freudig bewegt, und als wenn es sich von selber verstände, daß jeder Deutsche in diesen Tagen genau das gleiche fühlen müßte was er selber fühlte, rief er erstaunt: »Sie sind noch nicht in Uniform?« und ohne die Antwort abzuwarten fügte er hinzu: »Freudig ziehen wir hinaus. Meine Schulklasse zieht mit mir hinaus.« Ich kann die Gefühle jenes Augenblicks nicht mehr hervorrufen. Ich schämte mich, empörte mich, litt, hätte ihm gern zugerufen: Das ist ja Irrsinn! und brachte wohl nur hervor »Furchtbar«. Aber für ihn waren jene Tage nicht furchtbar. Er erfuhr die stolzeste Erfüllung des Lebens. Liebe zum Vaterland trug ihn. Er war nicht einsam und abgedrängt. Ich beneidete ihn, wie man den Adler beneidet, der hoch im Blau über Felsen schwebt, während unser erdverhaftetes Auge ihm kaum zu folgen vermag. – Er ist nicht wiedergekehrt. Aber von den jungen Menschen, die ihm aus Begeisterung gefolgt sind, haben einige berichtet, wie er gestorben ist. Er war in Flandern der Führer und Vater seiner Freiwilligen. Sie haben, Todverbundene, jeder für jeden sich dargebracht. Da war keiner, der zurückblieb, der diese Tage nicht als das Heiligste des Lebens erfuhr. Singend sind sie in den Kugelregen gegangen, ungeschützt, leichtfertig, fürs Vaterland sich verschwendend, sich vollendend. Ich habe dann diese blassen Kindergesichter in den Lazaretten gesehn, habe in die großen gläubigen Augen gesehen und hätte nie den Mut gehabt zu sagen: Ihr seid Verirrte. Und sie hätten es auch nicht geglaubt. Daß sie allesamt Helden seien – und sie waren Helden – das hielt sie aufrecht. Dieser Glaube trug hinaus weit über Graun und Tod. Aber in den Nächten, von Schmerzen gejagt, riefen sie wohl wie arme Kinder nach ihrer Mutter. Sie waren Kinder. Sie starben herrlich; aber ich wünschte, ich hätte mein Leben hingeben können, damit sie nicht gestorben wären.

Die Heroischen.

Und dennoch sind es nicht die Begeisterten und Begnadeten, an die wir mit Bewunderung denken. Wohl mit Liebe und mit Ergriffenheit denken wir an die vielen vielen Blinden. Aber meine Ehrfurcht gehört einer anderen Gruppe, von der ich nicht viele gesehn habe. Ich denke an K. G. Er war ein Westfale, ein tiefer und schöner Mensch. Ich lernte ihn im Mai 1914 in Paris kennen, wo er in einer Buchhandlung arbeitete. An einem Frühlingstage standen die Champs Elysées entlang eine Stunde weit junge Regimenter aufgereiht, um Spalier zu bilden zum Empfang des Königs von England. Der Präsident Faure und der König kamen im offenen Wagen langsam die Triumphstraße entlanggefahren. Die Volksmenge taumelte in Begeisterung. Überall flatterte die Trikolore neben der britischen Flagge. Wir gingen eine endlose Front von Soldaten entlang, sehr ernst, denn wir wußten was das bedeutete. Die Raserei kehrte sich gegen unser Vaterland. Acht Wochen später war der Krieg da. Wieder ein paar Wochen später war der junge Westfale auf der Durchreise mein Gast. Er hatte die Heimat noch einmal sehen wollen und ging nun als Kriegsfreiwilliger zurück nach Westen. Gegen dieselben Menschen, unter denen er heimisch geworden war und die er liebte. Mein Wunsch war, ihn zurückzuhalten. Vor diesem brauchte man nicht zu schweigen. Er mußte alles verstehn. Aber unsre Aussprache verlief wider Erwarten. Es war ein schwüler Sommertag, und ich wollte zum Friedhof, um Blumen Wasser zu geben, und auf diesem Spaziergang begleitete er mich. Während wir zwischen den Gräbern auf und nieder gingen, sprach ich frei heraus den ganzen Groll und Schmerz gegen Krieg, Zeit und Menschen. Und dann sprach er, und hatte alles ebenso gesehn. Für ihn war der Krieg ein Wahnsinn, ein Verbrechen, eine abscheuliche Bestialität. Und der Ekel gegen die Zeit, der aus ihm brach, war nicht anders als der meine. Aber warum tat er nun dennoch mit? Ging freiwillig, wo er hätte zurückbleiben können? Fast verschämt kam seine Antwort: »Es wäre nicht anständig.« Dieser seltenste Mensch opferte seine Überzeugung aus Reinlichkeit des Stolzes. Er war überzeugt, daß sein Volk irre, war überzeugt, daß alles was geschah ein Verbrechen sei; er glaubte auch nicht an Sieg, nicht an Dank, nicht an Rückkehr. Er wußte nur, daß er eben mit dazugehöre und daß es nicht ritterlich sei, sich dem Schicksal zu entziehn. Er sprach vom Tode kurz, stockend. »Es ist Schicksal.« Und es mochte das Gefühl des andern sein wie des Faust, wenn Euphorion davonfliegt. »Und der Tod ist Gebot, das versteht sich nun einmal.« Man war damals freigiebig mit den Worten: Held und Heldentod. Nach diesem Nachmittag zwischen den Gräbern reiste er ab, ohne Lebewohl zu sagen. Einige Wochen darauf ist er in Frankreich gefallen. Jene Knaben, die mit Begeisterung gingen, waren glücklich. Dieser Mann war ein Held, wenn jemals Einer Held war.

Lettres d'un soldat.

Noch einer dritten Gruppe möcht ich gedenken: weder pathetisch und begeistert, noch als Ethiker und stolz, aber vielleicht schöner als beide. In einem unsrer Lazarette starb ein unbekannter französischer Soldat, dessen hinterlassene Aufzeichnungen damals in den Druck kamen unter dem Titel »Lettres d'un soldat« und einen Typus zeigen, der weit häufiger ist als wir Reflektierende es uns träumen lassen. Das sind die ganz eigenbezüglichen Naturen ohne Absicht, Zweck und Urteil. Menschen, welche durch alle Gräßlichkeiten der Hölle unbefleckt hindurchgehen wie Kinder, die sich wundern, die Augen aufreißen und die Stunde nehmen wie sie kommt. Jenes französische Buch bot Psychologen eine erstaunliche Offenbarung. Da war also ein Mensch, der in den Krieg zog ohne Todesfurcht und ohne Lebenshoffnung und nicht aus Tatendurst und nicht aus Abenteuerlust und nicht begeistert und nicht geblendet, aber auch ganz ohne Widerstand und Widerwillen. Er tat, was befohlen wurde, was alle taten, und hatte die Augen offen und dachte nicht. Es war alles ein Schauspiel. Der Brand einer Stadt war ein gewaltiges Schauspiel. Die Felder voll Leichen, die zerschossenen Wälder, die Schwermut der Abende, der Alarmruf des Morgens. Alles war ein Schauspiel. Und wenn er im Feuer der Maschinengewehre stand und die Granaten sangen wie verwunschene Seelen, dieser verfolgte mit den Augen die stolze Bahn der Geschosse und versank in den Farben. Es gibt Menschen, die auch unter den Klauen eines Panthers noch einen bewundernden Blick frei hätten für die Herrlichkeit des Lichtes, wenn es spielt auf den Streifen und Flecken im Felle des Todfeinds und, ertrinkend im Meer, vermöchten sie die grünen schaumgekrönten Wogenkämme noch zu sehn wie bannende Bilder eines Schauspiels, das sie verschluckt. In den Tagebüchern dieses Junggestorbenen war nie die Rede von Gefahr, Not, Leid, weder von den eigenen Leiden noch vom Schmerz der andern. Der ganze Feldzug war ihm eine Reihenfolge ungeheurer Bilder, in die er sich verlor. Stimmungen waren das, ungeahnt und ihm neu, die er wie ein Dichter schilderte. Dies war der liebenswerteste Menschentypus, der am leichtesten über alles Furchtbare jener Jahre hinwegkam, weil er begnadet war mit dem Schauenden Auge, für welches das Wort des Buddhas gilt: »Alles ist schön zu sehen, aber schrecklich zu sein.« Und in der Tat, wenn man die brieflichen Schilderungen dieses Franzosen liest, so scheint auch ein Schlachtfeld schön zu sein, und man vergißt, daß die versprengten Krater Massengräber sind und der Purpur auf dem Grase Menschenblut. Glückliche Kinder, Augenmenschen, die über Abgründe hinwegspielen wie Falter; glückseliger die Begeisterten, um deren Sterben sich der Lorbeer schlang und ewiger Dank, und du, ritterlich Stolzer: ihr gingt dahin, und ich wollte, ich und alles schmerzliche Wissen um die Welt wäre dahin, aber ihr dafür, Nichtwissende, weiltet noch im Leben. [1929]

Nordischer Morgen

Die lange Nacht über haben Windwölfe geheult. Ich konnte nicht schlafen. Immer mußte ich in die Sturmesstimmen lauschen. In dieses unaufhörliche Winseln, Weinen, Toben und Grollen, fremd zugleich und vertraut. Was wissen wir von seinem *Wesen*? Wir beruhigen uns bei toten Begriffen: ›Luft fing sich im Schlote‹; ›Bäume wurden vom Winde bewegt‹. Aber wer die bange Nacht über hineinlauscht, der weiß: Das sind tönend gewordene Begehrnisse, das sind Süchte, ganz wie in den Leibern der Welt, die wir organisch nennen . . . In den längsten Nächten des Jahres scheinen einander widerstrebende Gewalten furchtbar zu ringen. Diese Nacht wurde ein solcher Kampf ausgetragen. Die Menschen in den

Städten ächzten und wimmerten im Schlaf. Endlich kam der Morgen und das erlösende Licht. –
Morgens zwischen sieben und acht: Am Fenster. Der Blick fällt über die Dorfstraße mit den kahlen, vom Winde hin und her gebogenen Rotdornbäumen. Rings dehnt sich die Weide! Die Hühner sind schon munter, picken im Garten und drehen sich im Kreise. Der Hahn steht in ihrer Mitte. Sie leben sicher in ihrem Ordnungshühnerstaate, haben gut ausgeschlafen und wissen nichts von der Welt der Nachtdämonen.
Hinten läuft die Landstraße, Richtung: Lehrte – Berlin. Jenseits ihrer dehnt sich die kalte Ebene. Nur hie und da friert ein Endchen Föhrenwald. Gestern lag das alles in weißen Laken. Heute morgen, nach den Stürmen der Nacht, ist wie durch ein Wunder der Schnee verschwunden. Leiser Regen fällt, und die Luft ist warm wie im Frühjahr.
Die Ebene zeigt Farben, kaum in Worte zu fassen: wehes Grün, gespenstisches Grau, giftiges Gelb, krankes Violett und ein sterbetotes Schwarz. Aber darüberhingebreitet liegt ein ganz leises Leuchten von vertrauendem Blau. Die Sonne steht hinter den Wolken. Die Landschaft ist eine Totenlandschaft. Wolkenreiter jagen über die todtraurige Steppe. Der Bach, genannt die Schnatter, der unseren Garten entlangfließt, wurde über Nacht zum reißenden Fluß und schimmert als ströme er Blut. Die große Pappel vor meinem Fenster, der heilige Baum, stöhnt unheimlich zu den Wolken. Sah ich je solchen Baum? Wenn die Äste zum Licht sich strecken wie klammernde Hände, wenn der Wind in die Krone greift und der Baum bedrängt gesammelt und böse zurückpeitscht, wenn er orgelnd braust im Chore mit Gräsern und welkem Laub, wenn die Amsel vom Aste schmettert, ja dann weiß ich: da wohnt ein Dämon. Heute aber liegt Gram über Ebene und Baum. Endlich, endlich kommen die Erlöser; das sind die Krähenzüge . . .
Sie beginnen morgens bald nach sieben, aber noch gegen halb neun kommen vereinzelte Nachzügler über das Haus. Ihr Flug ist unsagbar schön. Sie kommen in der Früh ohne Gesetz und Regel. Wie schwarze Fetzen lassen sie sich vor dem Winde tragen. Bald sind sie ganz hoch, bald taumeln sie nahe dem Auge. Und bei diesem Schwanken und Schweben singen sie, jawohl sie *singen*. Denn das

ist kein Querren und Krächzen, es ist schwerer voller Gesang. Tausende sind's an jedem Morgen, die über den Garten kommen und nachmittags gegen sechs wiederkehren, dann aber weit geordneter und in klaren Zügen. Sie horsten hinter den weißen Zementschloten von Misburg, im Ahltener Holz und im Gaim, den nächsten geschützten Wäldern bei Hannover. Von dort aus machen sie sich jeden Morgen auf zur Futterjagd. Sie lassen sich in Trüppchen nieder, wo immer Gelegenheit zum Futterfinden ist. Ich habe beobachtet, daß der erste größere Schwaden in der Nähe des Schlachthauses sich niederläßt. Manche Trupps aber fliegen bis hinter Hameln; denen gebe ich jeden Morgen Grüße mit für den alten Lehrer und Freund, und bekomme sie abends zurück.

Ein Frühgang durch den wild verwinterten Garten, vom Hunde umtänzelt, das ist meine Feierstunde vor Tag. An der Hecke neben der Schnatter sammeln sich die Meisen, Finken, Rotkehlchen und Zaunkönige. Überall sonst herrschen die Spatzen; nur in dieser Ecke wohnt eine Kleinlyrikerkolonie, denn dort hängen vor meinem Fenster die Meisenringe. Es ist belehrend, das Benehmen der Spatzen zu beobachten. Wenn die Meise sich in einen Futtering vor meinem Fenster hängt, dann beginnt sie mit ihrem harten Schnabel so zu arbeiten, daß ich durch die Wand ihr rastloses Hämmern höre. Sie hackt mühsam die Körner los, dabei fällt das meiste in die Dachrinne. Die Sperlinge wissen das, kümmern sich nicht um die rastlose Arbeit der Meisen, sondern sitzen wie ein Regiment preußischer Grenadiere auf der Dachrinne und warten ruhig, bis die Körner herabfallen. Dann langen sie sich das Futter aus dem Regenwasser. Auf jedes Korn, das die Meise aus dem Futterring herausklaubt, kommen drei Körner, die mühelos den Spatzen zufallen.

Eine neue Erscheinung sind die Blaukehlchen; sie kommen selten, aber einige Male habe ich sie in Gesellschaft des kleinen Zaunkönigs gesehen. Das erstaunlichste aber ist, wenn vom Walde her der große Häher kommt, so daß der kleinste unserer Vögel und der größte nebeneinander sich Futter holen. Dabei benehmen sich die Häher unvergleichlich unverschämt. Sie holen sogar die Knochen, die wir für den Fuchs ausgelegt haben. Es sind bildschöne schmarotzende Frechlinge.

Beobachten wir die traumhaft zarten Singvögel, diese Rotkehlchen, Rotschwänzchen, Buntfinken, Grau- und Blaumeisen in Frost und Schnee, dann begreifen wir nicht, warum sie den Winter über ausharren. Ich bin überzeugt, daß nur ganz wenige bis zum Frühling am Leben bleiben. Unsere Landschaft verträgt keine Träumer! Diese armen Seelchen sind rechte Narren. Warum fliehen sie nicht? Nach Neuseeland, nach Afrika ...

Warum bin ich lebenslang in dieser todestraurigen Öde geblieben? Ich hätte hundertmal fortkommen können, warum klebte ich an der Heimat, die für mich nie ein Amt, nie Ermutigung hatte; nicht Brot und nicht Kranz? Vielleicht hab' ich die Ebene geliebt, weil in ihr ein Rest lebt von meiner eigentlichen Blutsheimat: raumlose Unendlichkeit. Denn das Erlebnis der Steppenseele ist unähnlich den Bildern der gestaltfrohen Augenmenschheit: Näher zu Musik, näher zum Meer, näher dem endlos triftenden Rhythmus ohne Körper und Stoff.

Und doch ... an jedem Morgen neu legt bang sich aufs Herz die unsagbare Härte unserer Landschaft. Immer träume ich von Bergen, von Quellen die vom Felsen springen, von heimeliger Beschlossenheit eines sonnedurchleuchteten Tales. Nie welken dort die Rosen. Stolze Palmen blenden mit ihren breiten Händerücken mir die Sonne ab. ›Schlafe in deinem Eigen.‹ Dann kommen morgens um acht die Freunde, die geliebten Krähenzüge. Sie tanzen wie schwarze Fetzen vom Sturm getragen über die sinnlose schale Fahlnis unserer Stadt und singen in die Unendlichkeit.

[...] [1928]

Maximilian Harden

Knabe noch war ich, etwa 17 Jahre alt, höhenwillig und sehnsüchtig und von vielen Zweifeln bedrängt, als mir in einer heute verschollenen Wochenschrift zum ersten Male der Name Maximilian Harden zu Gesicht kam. Unter Aufsätzen voller Leidenschaft, Scharfsinn und Spiel des Witzes; wie hätte sie den Werdenden nicht beunruhigen und beschäftigen sollen? Ich wurde Hardens Leser, vielleicht sein erster, jedenfalls sein eifrigster Leser. Und eines Tages, in der Einsamkeit des Herzens machte ich ein Paket aus den Frühlingen des jungen Geistes: Gedichte, Dramen, Novellen und schickte das alles an den gefürchteten Kritiker und bat um sein Urteil und seinen Rat. Nie wieder im späteren Leben habe ich so bebend auf eine Antwort gewartet. Sie kam und übertraf weit die Erwartung; es war ein Satz darin, der den weltunerfahrenen Jungen ganz aus dem Häuschen brachte: »Sie haben im kleinen Finger mehr Talent als ich im ganzen Leib und allem was dazugehört.« Ein ganzes Leben habe ich den Brief aufgehoben, so wie ein junger Handwerker seinen Gesellenbrief aufhebt, und von Stund an überschüttete ich den neuen Gönner mit Hoffnungen und Bekenntnissen und träumte, auf der Schulbank totunglücklich, nur von einem: Davonlaufen, ohne Examen, ohne Berufsstudium und das werden, was mein neuer Freund ist: freier Schriftsteller, unabhängig von Ämtern und Menschengunst und alle Geister fordernd vor das Tribunal meines Jugendmutes. Und so geschah es, daß ein unreifer, gutgläubiger Junge eines Tages von der Schule entlief und mit einem kleinen Kofferchen voll Büchern und einem Zwanzigmarkstück in das wilde Berlin kam und sich dort zurechtfragte nach der Köthenerstraße zu dem Schriftsteller Herrn Harden. Mit welcher Beschämung, nein, mit welcher Rührung denke ich nun daran zurück. Ich wurde aufgenommen, gespeist mit Empfehlungen geschickt zu Theodor Fontane, zu Otto Brahm, zu Arthur Lewysohn, bis ich schließlich einsah, daß es doch wohl geraten sei, auf die Schulbank zurückzukehren und doch erst eine bürgerliche Unterlage zu suchen. Diese Welt war zu verzwickt und verzwackt für einen jungen Ekstatiker und Enthusiasten. So endete der erste freie Flug mit einer Enttäuschung, und der Keim der neuen Freundschaft starb vor der Blüte. Wie aber zwischen Menschen entscheidend gar nicht das ist, was getan oder gesprochen wird, sondern oft nur eine halbbewußte Entäußerung, ein stummer Händedruck, ein Blick der Augen, so ist mir später auch genau bewußt geworden der Moment, wo die jugendliche Phantastik die unausbleibliche Ernüchterung erlitt. Wir standen im Begriff, gemeinsam einen Spaziergang zum Tiergarten zu machen und waren dabei in einem lebhaften Gespräch. Ich stand schon auf dem kleinen Vorflur und der andere war noch im Zimmer, sich ankleidend, und währenddes sprachen wir lebhaft weiter über die Jugendzeit Friedrich Hebbels, darin ich meine eigene Jugend wiederfand, und wir sprachen hingerissen, verzweifelt, bewegt, als ich während des Gesprächs zufällig von der Türschwelle in die Stube zurückblickend den anderen vor dem großen Spiegel stehen sah, wie er während des Sprechens seinen Hut aufprobiert, sich aus seiner dichten Lockenfülle eine interessante kleine Byronlocke legte. Dabei kreuzten sich die Blicke im Spiegelglas und zu meinem Erschrecken blitzte in den tiefen blauen Augen Feindschaft auf. Dies war (ich weiß das heute genau) der entscheidende Augenblick. Es lag darin halb bewußt: Mein Gott, das ist ein Weltmensch, der macht alles zum Sport, der kann reden über das, was Ausschluchzen macht und legt sich dabei dämonische Löckchen. – Die Wahrheit war: Ich war jung, ohne Zucht, ohne Haltung; der andere aber reif und diszipliniert. Wir wanderten durch den Tiergarten; es wurde noch viel gesprochen; aber die Musik war tot. »Ich und Du sind zwei« . . .

Mehr als dreißig Jahre sind seitdem verrauscht. Ich habe mit dem ersten Genossen der Jugend immer im geistigen Kampf gestanden. Es kamen Jahre, da stieg er empor. Er wurde Deutschlands oberste Geistesmacht. Ja, man darf ruhig sagen: Er war der einflußreichste unter allen Geistern Deutschlands. Mit seinen Artikeln, Prozessen, Duellen beschäftigte sich halb Europa. Die führenden Staatsmänner lauschten auf sein Urteil. Er konnte Minister stürzen und Minister machen. Der Kaiser haßte ihn und er verlachte den Kaiser. Und wie in der Politik, so war für Theater und Literatur sein Urteil für weite Kreise gültig. Kaum jemals hat ein Publizist so große Ehren erfahren, so große Schriftstellereinnahmen bezogen, und keiner konnte, so unabhängig von allen Gruppen und Parteien, sich als Einzelner so zum Mittelpunkt eines ganzen Zeit- und Bildungsabschnittes machen. Ich entsinne mich einer Rundfrage nach der bedeutendsten Persönlichkeit des Zeitalters, bei welcher viele hundert Stimmen für Harden entschieden. – Ich habe den Mann nie aus vollem Gefühl bejaht. Selbst wenn mein Gerechtigkeitsdrang seine Arbeitsleistung anerkannte, sein Werk bewunderte, so blieb doch immer eine menschliche Störung. Dieser Absichtlichkeit, diese Gespreiztheit – Teufel auch! er drehte sich eine Byronlocke,

während wir vom Elend des Genius sprachen. War ich ungerecht? Wenn ich zurückschaue auf das eigene, mit kleinlichen Nöten ausgefüllte Leben und denke: so ein Allmächtiger hätte doch ganz gut einmal ermutigen, hätte hinweisen können auf einen, dem er in Jugendtagen mehr Talent als sich selber zutraute, und wenn ich bedenke, daß das Abgedrängtsein und Nichtmittunkönnen so manche bittere Stunde brachte, nun, dann möchte ich Hardens Lebenswerk unbedingt hochhalten; kann ich denn wissen, ob nicht persönliche Gefühle mein Urteil beirrten?
In einem alten Theaterstück, »Graf Effay«, von Heinrich Laube, habe ich einmal ein Psychologenwort von großer Tiefe gehört: »Was ist unsere Abneigung? Unsere Zuneigung, die man zertreten hat. Ein großes Mitleid kann aus Haß wieder Liebe ausspringen lassen.« – Gegen Ende unseres Lebens geschah Nieerwartetes. Der ehemals Mächtigste wurde nicht nur zum Verunrechtetsten, nein, er wurde zum Vergessensten aller Menschen. In der radikalen und sozialistischen Presse wird sein Name wohl noch gelegentlich erwähnt, aber nie ohne Reserve. In der gesamten bürgerlichen Presse aber ist es wie eine Verschwörung: Nie wieder soll seiner gedacht werden. Im Kriege und nach dem Kriege zerbröckelte das Lebenswerk des Mannes. Mit der wilhelminischen Ära veraltete auch der einflußreichste Bekämpfer dieser Ära. Für die neue Zeit blieb ihm nichts als die Generalnegation schlechthin. Er ging in die Einsamkeit nach Holland, genau so wie das Kaiserhaus, dessen Gegenkaiser er in seiner besten Zeit gewesen ist. Und nun ward klar, daß irgend eine Gemeinsamkeit bestand zwischen Person und Zeit seines Gegners. Dann aber geschah Unerhörtes. Ein ahnungsloser, böswilliger, verkommener Bursche schlug – im Namen des Vaterlandes, im Namen der nationalen Ehre – dem Mann den Schädel ein, schlug auch das Gehirn, das für alle führenden Geister Europas drei Jahrzehnte lang als das leuchtendste und politisch scharfsichtigste gegolten hatte. Und man ließ es geschehen? Nein! Man jubelte, man jauchzte. Man sah in der feigsten und niedrigsten Tat eine Ehrentat. – Seit jener Stunde ist mir alles zum Ekel geworden, was ich je Ablehnendes über den Gegner geurteilt habe. Mag das berechtigt sein oder unberechtigt. Diese Urteile über Mangel an Sendung und Substanz, über formenspielerische Über-

witztheit und an Tag und Geschichte verhaftete advokatorische Eitelkeiten –, alle diese Wertungen sind ja nachgerade Gemeinplatz geworden. Jeder gibt solch Urteil über Harden zum besten und hat es wahrlich nicht mit der Arbeit des eigenen Lebens bezahlt. Es ist genau so billig wie das Gerede über Wilhelm II. Der Entmachtete ist wehrlos. Aber Kinder, was wißt denn ihr von der inneren Würde dieses Lebens? Glaubt ihr denn wirklich, eine solche Kraft der Selbstachtung könnte durch fünfzig Jahre in sich siegreich bleiben, wenn nicht irgend ein Ewiges, Unzerstörbares dahinter obwaltete? Vielleicht eine stolz und wild glühende Menschlichkeit, die sich in der Zucht des Geistes harthämmerte. Vielleicht eine fühlende lebendige Seele, die sich selbst aufbrauchte als Material ihrer Eitelkeiten. Und das entzückende Spiel der Ironie! Die ungeheure Arbeitskraft, das durchaus echte Ethos rücksichtslosen Bekennertums, – ist das alles gar nichts in einer Welt, die rechts und links an Gemeinen sich freut? Oh Kinder, so einfach, wie eure Alltagsweisheit denkt, ist ein solches Mannesleben nicht gewesen.

Ich habe den in der Jugend Bewunderten noch einmal wiedergesehen nach mehr als dreißig Jahren. Und was war daraus geworden? Ein lächelnder, stiller Weltweiser, nicht mehr schreibend, nicht mehr auf Einfluß hoffend, nicht einmal das Bedürfnis hegend, sich noch der Welt zu erklären; in einem weltfernen holländischen Dörfchen, beim Rauschen des Meeres, auf den Tod wartend, wo auch Spinoza zuletzt lebte und starb. Das paßt schlecht in euer Schema. Geschichte kommt, Geschichte geht. Die Legende des historischen und öffentlichen Menschen wird von Neid und Haß, Bedürfnis und Hoffnung gesponnen. Was wissen wir von den wirklichen Menschen? So oft wir einen Vielumstrittenen aus menschlicher Nähe kennen lernen, da entdecken wir den Wahn all unserer im Leben gefällten Urteile. Es ist ja doch alles immer ganz anders. [1925]

Ein Buchhändler

In Göttingen, auf der Weenderstraße, neben der Michaeliskirche lag die Hapkesche Wirtschaft, das beliebteste Studentenlokal, das nach dem Tode des vortrefflichen Wirtes von seiner Witwe weitergeführt wurde. Ihre Tochter heiratete den jungen Honig, den Sohn des Göttinger Lokalpoeten, und der Sohn Otto wurde Buchhändler und lernte in der »Dieterichschen Universitätsbuchhandlung«; aber als auch die Mutter kränklich wurde, da verließ er den geliebten Buchladen und trat ins Geschäft ein und stand nun Tag und Nacht beim Bierausschank hinter der Theke und bediente freundlich die Studenten und die Bürger.

Abends nach Schluß des Theaters versammelte sich das geistigere Göttingen im Café Hapke. In dem mächtigen Saal hinter dem Café kneipten die farbentragenden Verbindungen. Der junge Wirt sorgte für das beste Lichtenhainer Bier, aber er selbst trank nicht. Er aß auch nie einen Bissen Fleisch, rauchte nie, lebte streng vegetarisch und trainierte den Leib. Einen wunderlicheren Wirt hat die Welt nicht gesehen. Er mochte Anfang zwanzig sein, aber sah viel älter und reifer aus. Der braungoldene Scheitel war schon ein wenig gelichtet durch die vielen Sorgen und Nachtwachen. Die schmale große und spitze Nase forschte nach außen, die treuen sehnsüchtigen Augen waren nach innen gekehrt. Der zarte schmächtige Leib war straff: alles an dem jungen Menschen war Charakter und Haltung. Immer lächelte er, gütig, wissend und alt. Er sprach wenig. Neben dem Bierausschank lag immer ein Buch, er studierte, während er Gläser wusch oder Schaum nachfüllte. Als ich nach Mitternacht in das Café kam und zum erstenmal in dem fahlen Glühlicht den versunkenen jungen Menschen hinter dem Tresen sah, da war ich neugierig zu erspähn, was er so spät inmitten des Radaus und Zigarrenqualms wohl zu lesen habe; es war die Dramaturgie der deutschen Klassiker von Heinrich Bulthaupt. –

Ich hatte die Universität noch einmal bezogen, um bei David Hilbert Mathematik und bei Edmund Husserl Phänomenologie zu hören, aber immer behielt mich das Theater noch im Bann. Ich schrieb allnächtlich im Café Hapke die Theaterkritik für die »Göttinger Zeitung« und freute mich eines kleinen Lokalruhms. Alsbald gesellte sich der junge Wirt zu mir, wir saßen in der stillsten Ecke und diskutierten. Ein geistiger Ring bildete sich um uns. Wo sind sie alle geblieben?, Professor Andreas, Zendforscher, Gatte Lou Salomés, Robert Vischer, Ernst Rintelen, Professor Köhn; ein paar junge Buchhändler, Dehne und Kronbauer fehlten selten; Anna Faber, bezaubernde Meisterin des Vortrags, Otto Deneke, der Bibliophile und allerlei Dichterjünglinge. Meine Bevorzugten hießen: Carla Mann, Kurt von Winter und Harry Liedtke. Carla, Schwester zweier Literaturbrüder lebte ein stilisiertes Treibhausleben bei einer unglücklichen Liebe für Romantik und Bohème. Ihre Launen waren unberechenbar. Es kam vor, daß sie mich nachts aus dem Schlafe klingelte, um ein gräßliches Ereignis zu melden: Direktor Martini wolle nicht, daß sie die Hero spiele. Aber sie war weder romantisch noch freiheitlich, sie war wie ihre Brüder eine von Geltungswillen und Kunstehrgeiz leergebrannte Bürgerin. Kurt von Winter war wie sie: ein junger Aristokrat mit unmöglichem Schwarm für das Künstliche. Die beiden Todgeweihten härmten sich im kleinen Göttingen und träumten von nichts als von Ruhm. Ganz anders der junge Liedtke, ein blitzsauberer strahlender Junge. Nichts deutete auf den künftigen Filmstar. Wir dalberten, wir weltschmerzten. Alle Frauen verliebten sich in ihn, und auch er war ewig verliebt. Mittwochs kamen wir bei Carla zusammen und lasen Gedichte vor. Dazu gab es Eierschnaps. Der »Pegelstand der Flasche« wurde heimlich markiert, denn wir stellten entrüstet fest, daß die Reinemachefrau immer aus unserer Flasche naschte. – Otto Hapke nahm an den Freuden nicht teil und war doch für alle der Beschützer. In dem Saale hinterm Café veranstaltete er unsere Dichterabende. Hier hielt Rudolf Borchardt seine nachmals so berühmten Lobreden auf Hofmannsthal; hier las Hofmannsthal in unvergeßlichen Stunden seine Rede auf den Dichter und seine Zeit; hier sprachen Maximilian Harden, Heinrich Mann, Gerhart Hauptmann und Richard Dehmel. Unter dem bescheidenen Namen »Göttinger Nachrichtenblatt« begründete dieser wunderliche Wirt auf seine Kosten eine Wochenschrift; darin erschien meine »Göttinger Dramaturgie«, der erste bewußte Versuch, die Ästhetik des Theaters in Psychologie zu verwandeln. Als der andere junge

Buchhändler, Karl Dehne, in Berlin eine alte Firma übernahm, da setzte Hapke durch, daß er als erstes und einziges Buch meine Dramaturgie verlegte; sie bekam den Titel »Theaterseele«, erlebte zwei Auflagen und ist dann im Weltkrieg verschleudert worden. An einem Sonntagvormittag auf dem Rhöns unter den Eichen, die Hölty und Bürger pflanzten, entwickelte Otto Hapke unsern Zukunftsplan. Sobald er zum Buchhandel zurück könne, werde er meine in alle Winde zerstreuten Schriften sammeln und verlegen. Wir entwarfen sogleich das Programm, Arbeit auf Jahre hinaus. Es war ein reichgesegnetes Jahr. Dann flatterte der Kreis auseinander. Carla Mann in den jungen Tod, Kurt von Winter in den jungen Tod. Harry kam zum Zauberer Reinhardt; ich nach Hannover; unser »Nachrichtenblatt« ging ein. Otto Hapke verkaufte Haus und Wirtschaft und kaufte mit seinem Teil des Erlöses die Berliner Buchhandlung, die meine »Theaterseele« gedruckt hatte; nun war er Buchhändler in Berlin, und dort sah ich ihn wieder.

An der Ecke Charlotten- und Französische Straße, gegenüber dem Schauspielhaus befindet sich ein kleiner Laden, den Hapke 1910 einrichtete und in die vornehmste Buchhandlung wandelte. Eigentlich wars ein Vogelbauer. Die Miete in dieser verkehrsreichsten Gegend war unerschwinglich. Er baute also in die Tiefe und in die Höhe. Auf einer Wendeltreppe gings in das Kellergewölbe; das war das Sortiment, und nach oben führte die Treppe auf Galerien. Die Regale waren in die Mauern eingelassen. Es blieb noch Platz für Buddhas, Tanzmasken, Keramiken, Bilder. Hier lebte Hapke und sein Sozius Richard Schmidt. Ihre jungen Frauen trieben rhythmische Gymnastik und besorgten den Verkauf. Er wurde ein Buchhändler, der sich ein Publikum erzog. Nach und nach kamen alle Gelehrten und Schriftsteller in den Laden; sie konnten stundenlang dort blättern und tiefe Gespräche führen. Harden, der Literarhistoriker Meyer, Georg Simmel saßen dort manche Stunde, und fremde Gelehrte empfanden diese Insel im Großstadtmeer als eine Heimat. In einem Briefe Hugo von Hofmannsthals heißt es: »Als Otto Hapke lebte, hatte ich in dem schönen Raum an der Charlottenstraße eine Heimat, seit seinem Tode ist es mir, als müsse der Schatten dort noch weilen.« Bald nach der Begründung seines Hausstandes und Geschäftes schrieb mir Otto Hapke: »Wann beginnen wir unsere Gesamtausgabe?« – Traum eines Lebens! Den Ertrag aller Wege noch einmal feilen und durcharbeiten und das Beste als »Gesammelte Werke« auf die Nachwelt retten! Wir wollten sicher gehen. Er sollte nicht an den Gedichten und Jugendwerken Schaden leiden. Ich schlug vor, zunächst die besten wissenschaftlichen Arbeiten aus der Zeit seit 1900 aufzusammeln. Es sollten zwei Bände werden unter dem Titel »Philosophie als Tat«. Hapke schrieb: »Ein Verleger muß mit dem Autor, an den er glaubt, zusammengehen auf Gedeih und Verderb. Sie sind das Pferd, auf das ich setze; wir werden zuletzt das Rennen gewinnen. Vertrauen Sie mir rückhaltlos wie ich vertraue.« Die Zusammenarbeit veränderte meine Lebensform. Ich nahm zehn Jahre in Aussicht für die »Gesamtausgabe«; sie sollte gekrönt werden mit der »Philosophie der Not«, dem Gesamtbild eines Weltsystems. Gedichte, Dramen, Erzählungen sollten aufgesammelt und neu gesichtet werden.

Über die »Philosophie als Tat« schrieb der Freund: »Das Buch muß auch in Druck und Papier so tadellos werden, daß selbst wenn der Käsehändler es als Einwickelpapier benutzen sollte, ihn Achtung durchschauert.« Das Buch wurde denn auch ein Meisterstück, ein umfangreiches philosophisches Werk auf federleichtem Büttenpapier. Wir entwarfen Pläne für die Zukunft, da brach der Weltkrieg aus. Es zerstörte unser Vertrauen nicht, daß wir ungleich reagierten. Ich, von der ersten Minute an fanatisch besessen von dem Gedanken: Wie läßt sich der Wahnsinn hindern? Wie verkürzen? Er, von der ersten Minute an besessen von dem Gedanken: Wie kann ich dem Vaterland dienen? Wie meine Treue beweisen? Er war einer der ersten Kriegsfreiwilligen. Ich sah ihn, ehe er ins Feld rückte. Der zarte Leib trug Uniform. Er blieb sich treu. Kein Alkohol, kein Nikotin, kein Fleisch. Bis zur letzten Stunde sorgte er für die junge Frau, die ihn anbetete. Ich verhehlte nicht, daß ich sein Tun, seine Gefühle für sinnlos halte. Er war bewunderungswürdig. Er vertraute mir und blieb bei seinem Entscheide. Von seinem Tode weiß ich nicht viel. Er starb gleich nach dem Ausmarsch beim Sturmangriff. Er soll voranstürmend gefallen sein. Dann brach bald alles zusammen. Das kleine Buchgeschäft hielt sich noch einige Jahre. Es blieb mir die Insel im wilden Ozean. Gegenüber bei Borchard, in den Schlemmersälen tafeln die Diplomaten; gegenüber bei Lutter und

Wegner trinken die Schauspieler. An dem Buchfenster strömt alles vorbei. Handelswelt, Dirnenwelt, Welt des Erfolges, Jahrmarkt der Eitelkeit. Hinten in der kleinen Bude sitzen zwei junge Männer, Hapke und Schmidt, lesen nichts von den Modebüchern in der Auslage, aber sprechen erregt über die deutschen Mystiker, über George, über Schopenhauer. Strenge Temperenzler, strenge Vegetarier, Sportleute, Wanderer; mitten in der Hölle leben sie in weltferner Ursprünglichkeit und sind meine Freunde. Heute nach zwanzig Jahren komme ich nie an dem Laden vorbei ohne eintreten zu müssen. Da sitzt noch das junge Mädchen, das Otto Hapkes treueste Schülerin war: Margarethe Pögner, noch heute die Säule des ganz veränderten Geschäfts. Unserer »Philosophie als Tat« erging es schlecht. Sie erschien just im selben Augenblick, wo Otto Hapke in Rumänien fiel. Da zwischen uns nie ein schriftlicher Vertrag geschlossen war – wozu auch? wir waren ja einander sicher –, so entspann sich nach Hapkes Tode der unentscheidbare Streit über das Eigentumsrecht. Inzwischen lagerte das fertige Buch sechs Jahre lang im Keller unter der Charlottenstraße. Als nach dem Kriege das Buch dem Autor zugesprochen wurde, da stellte sich heraus, daß nicht viele Exemplare von Mäusen und Feuchtigkeit verschont geblieben waren. Die wurden alsbald versteigert und kommen noch hie und da als Seltenheit im Antiquariatsbuchhandel vor. Meine »Gesamtausgabe« schläft auf irgend einem Felde in Rumänien, denn mit Otto Hapke entflog mein unsterblicher Teil.

[1931]

Die blauschwarze Rose

... Auch dies gräßliche Teppichklopfen muß endlich einmal aufhören, denn es ist eine Affenschande, daß innerhalb der Kultur, welcher alle Hilfsmittel der Technik zur Verfügung stehen, diese Eigenbrödelei persönlicher Lärmfreiheit fortbestehen darf, so daß jede rasende Megäre, (und manche Weiber klopfen mit sadistischem Vergnügen), mir die Nerven und die Gedanken zerstören darf, so wie es ihr beliebt. Warum schafft man denn nicht in genügender

Entfernung von den Wohnblocks öffentliche Klopfplätze? Morgens um acht kommt das Klopfauto und holt aus den Wohnungen die für diesen Tag vom Staub zu reinigenden Teppiche, Polstermöbel und Läufer; sie werden zum Klopfplatz gefahren, mit dem Staubsauger behandelt und eine Stunde später an Ort und Stelle wieder abgeliefert. Wenn man als Arzt, als Agent, als Briefträger täglich Treppen steigen muß, in welcher Gefahr schwebt man dann, wenn sogar auf den Fluren und Treppenstufen das Zeug geklopft wird und mir Tuberkelscharen in dicken Staubwolken in die Lunge fliegen? Warum sozialisiert man nicht diese tägliche Reinigungsarbeit? Sie ist wie die meiste Hausfrauenarbeit vollkommen lächerlich. Mindestens eine Stunde wäscht, spült und trocknet jede Hausfrau täglich ihre Tassen und Teller, wobei sie aufs entsetzlichste klappert; ich sah in London eine Maschine, die binnen weniger Minuten viele hunderte Teller selbsttätig spült und trocknet und ablegt. Aber ich will ganz schweigen von all diesem ekelhaften Mißbrauch der Privatwirtschaft mit dem goldenen Wort: »Eigner Herd ist Goldes wert«; gut denn, möge jeder Zeitgenosse so viel unnötigen Lärm, Gestank und Tuberkeln verbreiten dürfen, als es seinem Betätigungsdrange beliebt; aber sollte man denn nicht wenigstens von Amtes wegen die wehrlosen Kranken und die geplagten Kinder beschützen vor dem, was der Jurist »Immissionshandlungen« nennt? Warum erklärt man nicht die Umgebung der Schulen und der Krankenhäuser einfach für Ruhezonen? Ist denn nicht das Lernen und Wachsen des jung heranblühenden Geschlechts und ist denn nicht die Heilung und Genesung armer Kranker eine so heilige Sache, daß man dem Geldverdiene- und Geschäftsmarkt einen Umweg auferlegen dürfte? All diesem Getute der Autos, dem Knattern der Motorräder, dem Benzingestank und Wagenrollen? Man schütze die Gehirne der Kinder und die Nerven Leidender und verfüge, daß in der Nachbarschaft von Schulen und Krankenhäusern jeder Lärm bestraft wird. Aber nein! Dieses wahnsinnige Taten und Tuten ist so wichtig, daß sogar die Gotteshäuser davon umbrandet sind und in das Gebet der Andacht das Gelärme des Börsenmarktes hineindröhnt. Schön und gut! Das muß denn also wohl so sein. Aber habe ich nicht das Anrecht wenigstens zu Hause in der stillen Zelle einmal wenigstens mir selber zu gehören ohne hineingerissen zu werden in die Atmosphäre von Bewegungswellen und Nervenbrandungen, die beständig auf uns einstürmt, in Form von Radio oder Kino, von Telephonanruf, Zeitung und bedruckter Makulatur. Mir scheint, daß es überhaupt keinen Menschen mehr gibt, der noch irgend etwas aus sich selber erlebt und denkt; eine ungeheure Massensuggestion zwingt in jedem Augenblick jedes Leben in fremde Gefühlssphären und Gedankenkreise; keiner ist je bei sich selber; ja wer hat denn überhaupt noch ein Selbst? Ist denn aber die Seele dazu geboren, immer nur das Opfer *fremder* Gefühle zu sein, wobei jeder jeden andern vergewaltigt? Unter mir beliebt es grade dem Hauswirt Grammophon zu spielen und mich mit Carusoplatten zu traktieren, während ich mich mit Logik beschäftigen möchte. Über mir die Geheimrätin verströmt ihre Verdrängungen und verdeckten Komplexe in Form stundenlangen Gesangs. Neben mir der Gymnasiast entladet die überschüssige Pubertätsenergie durch Kratzen auf der Geige. Goethe schon fordert im »Wilhelm Meister«, daß die Musikbeflissenen eigene Häuser haben sollen außerhalb der Städte; mögen sie doch aufs bequemste im Musikautobus dahin gebracht werden, wo sie nach Herzenslust singen und Klavier spielen können: innerhalb der Wohnstätten denkender und fühlender Menschen Musiklärm vollführen, das ist genau so roh wie Hühner oder Schweine zu halten in einem dicht bewohntem Häuserblock oder eine Kesselschmiede anzulegen unterhalb des Studierzimmers eines Gelehrten. Ich hasse das Geschrei der Straßenhändler und Zeitungsverkäufer, ich hasse das Getöse der Kirchenglocken, ich hasse den sinnlosen Lärm der Fabrikssirenen, aber was ich am meisten hasse, das sind die benzinstinkenden Autoungeheuer, die den modernen Menschen zu unvornehmer Rücksichtslosigkeit und frecher Selbstgerechtigkeit erzogen haben gegenüber allen, die wehrlos sind und sich die Übermächtigung durch die Besitzenden und Bevorrechteten eben gefallen lassen müssen; denn daß ein einzelner Rüpel etwa mit einem rasend daherfauchendem knatterndem Motorrad die ganze Landstraße bevormunden und alle harmlosen und stillen Wanderer, die sich von ihrer mühseligen Arbeit erholen, in Gefahr bringen und belästigen darf, das ist empörend, ja unsittlich. In manchen Städten, zum Beispiel in Köln, mit seinen vielen engen alten Gassen, ist der Autoverkehr eine

beständige öffentliche Gefahr; die schmalen Gassen gehören allein den Autofahrenden, die Fußgänger, ängstlich gequetscht, ducken sich im Gänsemarsch an den Häusern entlang; die vielen jungen Menschen, hinters Pult oder hinter die Schreibmaschine gebannt, atmen nur noch Benzin, Staub und Lärm; täglich wird irgendwo eine alte Frau oder ein spielendes Kind überfahren; der Mensch steht vor der Aufgabe, gleich den Sperlingen sich an den Straßenverkehr anzupassen, seelenstumpf nichts mehr zu schmecken, zu riechen, zu hören, vor allem aber nie verträumt, besinnlich, nie beschaulich, nie bei sich selbst zu sein; eine gemeine Geschäftsrasse wird gezüchtet, ebenso wie die Spatzen auf Kosten der langsam ausgerotteten Singvögel sich vermehren.
Man baue Autostraßen und verbanne die »Symbole der Kultur« aus der durch Drähte, Reklamen und Schlote genügend verschändeten Landschaft; vielleicht bleibt doch irgendwo noch eine Stätte heilig und unentweiht. Ich aber habe den Entschluß gefaßt, irgendwem eine Taschenuhr zu stehlen; weil ich dann die Hoffnung habe, eingesperrt zu werden, um in der Gefängniszelle wenigstens Ruhe zu haben vor dem Teppichklopfen, dem Klavierspiel, den Autohupen, den Grammophonen und Telephonen ... Nun gibt es vielleicht einen Leser, der fragen wird: Was soll denn nun aber eigentlich die Überschrift dieses Aufsatzes: Die blauschwarze Rose? Lieber Leser: seinen Gram, seinen Zorn, seinen Groll sich vom Herzen reden, das ist für die Gesundheit ganz notwendig, aber eine alte Erfahrung hat mich längst gelehrt, daß, wenn ich etwa ein Feuilleton schriebe unter dem Titel: »Die Autoplage« oder »Das Teppichklopfen«, keine einzige Zeitung das nehmen und kein einziger Leser das zu Ende lesen würde. Bin aber ich denn etwa dafür verantwortlich, daß das Publikum und das öffentliche Gewissen so seelenfroh und stumpf ist, daß die wichtigsten Fragen des Gemeinwohls niemanden mehr aufregen, dagegen jedes dümmste Zeitungsfeuilleton, wenn es nur eine Sensation verheißt und sei sein Titel selbst *so* dumm wie der Titel: »Die blauschwarze Rose«, von hunderten und tausenden täglich verschlungen wird?! Wäre ich gleich ganz redlich gewesen, was hättest du gesagt? »Grobian!« und hättest die Zeitung fortgelegt und mich nicht bis zu Ende angehört; ich aber rechnete mit deiner Neugier, daß du immer aufpassen

würdest: Kommt denn das immer noch nicht von der blauschwarzen Rose? und so hast du wenigstens das, was ich sagen mußte, bis zu Ende gelesen. Oder hast du es etwa nicht bis zu Ende gelesen? Na also. [1926]

Zwei Gräber

Über dem See brauten die Nebelschwestern. Boreas trieb seine Herde. Und die Euter strotzten von Regen.
Aber gegen Nachmittag drang das Licht durch die Wolkendecke. Die Berge wurden wieder klar. Und die dunklen Zypressen standen sachlich und steif gegen den tiefblauen Horizont. Denn im Süden steht dir die Landschaft klar gegenüber. Bei uns im Norden hüllt sie dich ein, so daß du fühlst, du seiest ein Kind von ihr.
»Wir wollen spazieren gehen, Fancy!« . . . Sie ergreift ihr Tüchlein, und schon steigen wir den Hang hinunter über die Felsentreppe. Lazerten huschen über die zerbröckelnden Stufen. Lange Farne, Gräser, Steinbrech, Fetthenne wuchern im Gemäuer. In den Blumen hängt Tau. Die Amsel flötet im Busch.
Es geht über Seitenpfade, vorbei an den weißen Landhäusern. Das große Hotel erscheint, das Sanatorium von Ascona, sodann die Hüttchen der Naturapostel unter den Felsen und das Kapellchen oberm Berg. Hier schlängelt der Weg rechts hinab an den See, aber wir halten uns links gegen den Fichtenwald. Ein Bauerngehöft, eine Schafherde! Der Hirt trägt langen Stab und breiten Hut. »Führt dieser Pfad nach Locarno?« – »Si Signore.« Und schon kommt die große Brücke über den Tessin. Zwischen Ascona und Locarno am Saum der Fahrstraße, von einer langen Mauer eingeschlossen, liegt der Friedhof, hoch überm See. Wir treten durch das ernste Portal und sehen nun vor uns das Gräberfeld, oft geschmückt mit ausgehängten Photographien oder mit veristischen Steinbildern wie alle Kirchhöfe Italiens.
»Hier wird sie schlafen. Als ich sie zuerst sah, Fancy, da war sie nicht älter als du.« – »Wir wollen suchen.« . . . Und plötzlich

stehen wir vor einem glasierten flachen Täfelchen, darauf die Inschrift: »Franziska Gräfin zu Reventlow. 1871–1918.«

»Erzähle von ihr«, heischt Fancy, und indes wir auf- und niedergehn, den Pfad zwischen Buchsbaum, weben die Bilder der Vergangenheit.

»Das war in unserer Heimat, Fancy, an der Nordsee. Sie wuchs auf im Schlosse von Husum. Zwei deutsche Dichter liebten das Kind: Theodor Storm und Wilhelm Jensen. Aber sie fiel bald heraus aus dem Kreis der Geschwister. Sie durchbrach die adelige Konvention ihrer Sippe. Kam nach Lübeck, kam nach Altenburg, kam ins freiadelige Stift. Unbändiger Lebensdrang kochte ihr im Blut. Sie brach aus. Ein Freund machte sie frei durch eine Scheinheirat, und sie kam nach München.«

Fancy pflückte ein paar Rosen und legte sie auf den Stein: »Fahr fort«, heischte sie.

»Wir waren sehr jung. Ich sah sie in einem Verein lyrischer Studenten. Wir wollten alle Dichter werden. Wir hockten in den Cafés, wir hockten in den Ateliers. Wir spannen im Zigarettenrauch endloses Wortgespinst, nächtelang. Sommers tauchten wir in die Seen und wanderten in den Bergen. Eigentlich waren wir selig und faul. Ungeheuer selig, ungeheuer faul. Heute wollten wir zur Bühne, morgen Maler werden, dann wieder dachten wir an das Examen. Wir waren immer begeistert und immer verliebt, hatten riesige Pläne, aber nie Geld . . «

»Wie sah sie aus?« fragte Fancy.

»Ich seh sie vor mir auf dem Fest beim Dichter Karl Wolfskehl, zu Ehren unseres Gottes Stefan George. Sie kam halbbekleidet, eine Ephebe. Das Band hielt ihr aschblondes Haar. Die graublauen Augen blitzten im Tanz, und im Tanz löste sich ihr Haar und peitschte mir die Wange. Sie warf eine Rose nach mir, ihre Hand hielt den Thyrsus. »Sie wird in Flamme aufgehn«, so dachte ich. – Ich sehe sie vor mir als Älplerkind aus den Bergen. Es ist Bauernball in Schwabing. Frank Wedekind wollte sie greifen, da schlug sie ihm ins Gesicht. Ich seh sie im Isartal, es ist Winter. Wir stampften allmorgendlich durch den verschneiten Wald. Zwischen uns ging ein kleiner Knabe. Das war ihr Sohn. Ich trug ihn über die Gräben; einen Winter lang, wohnten wir in der schneeumwehten Einsamkeit. Ich habe sie dann nur noch selten gesehn. Sie ist von Land zu Land gewandert. Sie ist von Arm zu Arm gegangen. Sie hatte viele Männer zu Freunden oder Geliebten. Irgend einer prägte für sie die Formel: Gräfin Messalina. Aber das stimmte ganz und gar nicht. Sie war wie ein ganz zartes, fremdes Vögelchen ohne Heimatwald. Sie war ein großes Spielkind, unersättlich durstig, was wohl in der Welt an Glück und Schönheit wäre. Sie lebte wie die Falter, wie die Blumen. Als sie zwanzig Jahre alt war, da sagte sie: »Bis zum dreißigsten Jahre will ich leben und werde alles einschlürfen, was an Schönheit und Glück auf der Welt ist. Und dann mache ich selber ein Ende, ehe es abwärts geht, ehe ich minder schön bin und minder flammend.« Als sie dreißig geworden war, hörte ich sie sagen: »Ach, ich bin noch so jung! Es gibt noch viele ungeschaute Länder. Jetzt fängt das Leben erst an. Aber mit vierzig mache ich ein Ende.« Und mit vierzig verschob sie es auf fünfzig; das ewige Stehaufmännlein. Und das Glück ersparte seinem heitersten Kinde das langwierige Versickern und Veralten. Dies war ein Leben, Fancy, wie ich es meinen Freunden wünsche. Sie hatte Schönheit, Gesundheit, Kräfte und Gaben und genoß sie. Freilich: fremd stand sie vor allem Leistungswahn und Geltungswillen. Ein paar Bücher sind von ihr übriggeblieben, aber nur so, wie gelegentlich eine Frucht abfällt vom blühenden Baum. Adel des Blutes und Adel des Genusses galt ihr mehr als alle Leistungen und Werke. Und doch war sie gut und hilfreich und treu in aller Untreue. Und vor allem mutig. Sie lachte gern und spottete viel. Sie wurde angeschwärmt von den stärksten Geistern ihrer Zeit. Sie hat alle durchschaut. Ruhm und der Namensdauer Trug hat sie nicht verblendet. Und an ihrem Grabe jubelt jetzt meine Freude: »Dies war doch ein königliches Leben, ganz frei, ganz unbekümmert, war reich und vollendet, und es ist schön, daß diese ein Mal gewesen ist.« . . .

Wir gingen weiter durch die stummen Gräberreihen. Wir gelangten zu der massigen Kirche. An der Mauer wurde an einem frischen Hügel gearbeitet. Ein alter Mann trug ein paar welke Kränze hinweg, und im Vorübergehen frug ich: »Liegen auf diesem Kirchhof viele Deutsche?« »Dies *ist* ein Deutscher«, sagte der Alte und wies auf das neue Grab. »Wie hieß er?« frug ich. »Er hieß Karl Bleibtreu.« . . . »Alle guten Götter! . . . So wäre denn hier der

andere Pol meiner Jugend?!« – »Was hast du?« fragte Fancy, »hast du den gekannt?«
»Höre mich jetzt an, Fancy. Als ich zwanzig Jahre alt war, da erfüllte mich der Glaube, ein Dichter zu sein. Damals schien für Deutschland ein neues Weltalter anzubrechen. Das knüpfte sich an den Namen des Mannes, der dort im Winkel liegt. Ungeheure Stürme gingen von ihm aus. Dramen vom Ausmaße Shakespeares. Dichtung aus dem Weltgefühle Byrons. Es war die Sehnsucht aller Jünglinge, ihn zu sehen und zu kennen. Und ich habe ihn gesehn und gekannt.« . . »Wie sah er aus?« fragte Fancy. »Ich sah einen kleinen brüstigen Mann mit zerklüftetem Antlitz; der redete rastlos auf mich ein. Er sah mich nicht; er dozierte an mir vorbei. Er hatte etwas von Napoleon, den maßlosen Willen, alles zu übermächtigen. Er war wie eine ungeheure Dampfwalze, die laut brausend alles überwältigt, zischend, fauchend, keinen Widerstand duldend. Nichts als Ziel, nichts als Arbeit.« – »Dieses Veilchen soll er haben«, sagte Fancy. »Damals krönte ihn Lorbeer; er galt als einer der Größten. Und wirklich! Was Begabungen, Kräfte, Möglichkeiten betrifft, habe ich keinen Mächtigeren gesehen und sicher keinen männlicheren. Ein paar Jahre glaubte ihm der Ruhm. Ein paar Jahre danach war er völlig vergessen. Und dann kam der Wahnsinn.« – »Wahnsinn?« fragte Fancy. »Ja! Wahnsinn! Denn es ist Wahnsinn, immer auf dem Posten sein, immer wachen, daß uns keine Perle aus der Krone fällt. Man sollte auf diesem Grabe einen Stein anbringen, wie ihn die Alten kannten: das Bild einer Rennbahn. Denn so war dies Leben und verfehlte das Ziel.« – »Erzähle von diesem Leben«, bat Fancy. – »Es *war* kein Leben, Kind. Ich habe nie einen Menschen gesehn, der so an Baum und Wolke und an der Weisheit der Blumen vorbeibrauste, im Dienste des Ideals. Er schrieb, schrieb, schrieb. Das war sein Wahnsinn! Der Ehrgeiz zerfraß ihn, der Neid zerfraß ihn. Er konnte nicht vergessen, daß ein paar Freunde, die ihn einst verehrt hatten – Gerhart Hauptmann, Detlev Liliencron – in der Mitwelt und Zeit das erreichten, was ihm selber versagt war. Er verzehrte sich in Bitterkeit. Lorbeerkränze zerzupfen, das war ihm Wollust, wie jetzt der Wind zaust an dem Kranz auf seinem Grabe. Was war der Inhalt dieses Lebens? Er begann die heilige Morgenfrühe mit bedrucktem Papier. Er mußte täglich wissen, wer heute und wer

morgen die großen Erfolge hatte. Und er geriet in Tobsucht, daß es einer sei, minder als er selbst. Ob der Verleger wohl antwortet, ob die Zeitschrift wohl abdruckt, ob der Literat wohl erwähnt . . . *das* waren Lebenstragödien. Ich glaube, keiner wird jemals sie lesen. Würden aus diesem Grabe elektrische Funken sprühn, es wunderte mich nicht. Und ginge der große Ruhm vorüber, wonach er jagte, dieser Don Quichotte könnte nicht schlafen unter den Blumen.«
»Armer Mensch«, flüsterte Fancy, »aber ist es nicht auch schön, groß zu scheitern?«
Inzwischen war die Sonne über die Berge gestiegen. Das Abendrot brannte am Himmel. Und wir wanderten Arm in Arm gegen Locarno. Wir schwiegen lange, aber als wir auf der Höhe standen, wo der Blick frei ist über den See, flüsterte Fancy leise: »Hast du gewählt?« [1928]

Einmal und nie wieder!

Meine Großmutter hatte die Redensart: »Gott sei Dank! Es kann einem nur einmal passieren!« Wenn sie in der Konditorei unfreundlich bedient wurde, wenn sie ein schlechtes Gastzimmer erwischt hatte, wenn sie in einem Laden schlechte Ware gekauft hatte, wenn sie aus einer Gesellschaft kam, welche langweilig war, wenn ihr das Theaterstück mißfiel, immer sagte sie behaglich: »Gott sei Dank! Das kann einem nur einmal passieren.«
Meine Großmutter wollte mit ihrer Redensart den festen Willen zum Ausdruck bringen, sich nicht ein zweites Mal in dieselbe Lage zu begeben. – Die Kabarettvorstellung, welche ich gestern mit Fancy besucht habe, war die beste, die ich je erlebte. Schon der Conférencier! Eine Ledertasche! Eine Hornbrille! Ein glatzköpfiger, kleiner, übermenschlich gescheiter Herr. So ausgekühlt als abgebrüht. In der Form der größtmöglichsten Dummheit die größtmöglichste Weisheit auftischend. »Maxima sapientia maxima stupiditate.« Mit traniger Gelassenheit Pointen hernuselnd, bei denen das Publikum sich folgendermaßen verhält: Zwei Sekunden

ist es starr. Drei Sekunden gebraucht es zum Nachdenken, dann begreift es und schüttelt sich drei Minuten vor Lachen; dann erst Applaus! Aber da ist er schon bei der nächsten Pointe. Er quasselt geistig. Er kann scheinbar nie das Ende finden. Verzweifelt sucht er nach dem Knalleffekt, um abtreten zu können. Er findet nicht den Dreh. Plötzlich fängt er an, von der Kartoffel zu quatschen: »Meine Damen und Herren, und die Kartoffel wurde also nach Europa gebracht, bekanntlich durch Sir Francis Drake; es war im Jahre 1598.« Er verstummt. Er versinkt ins Grübeln. Er schüttelt stumm den Kopf. Seufzt. Und schließlich mit unnachahmlicher Mischung von Dämlichkeit und Tiefsinn: »Ach Gott ja, wie die Zeit vergeht!« Und fort ist er. Das Publikum begreift langsam. Da steht er schon wieder da, latschig, mit schnoddriger Weltmännischkeit, und wendet sich an vier Herren, welche, vor dem Podium sitzend, steif und stur, alles verständnislos vorbeirauschen lassen. »Entschuldigung«, sagt er, »der Kegelverein hier sieht traurig aus. Meine Herren! Haben Sie Geschäftskummer oder stammen Sie aus Hannover?« Und da steht schon draußen Elfriede Bergmann. Zillegörenspezialistin, ein Asphaltpflänzchen, aus der Ackerstraße, Berlin O, eine jüngere Claire Waldorff, so grenzenlos nüchtern, so gemacht fein, unpathetisch, aber »fürs Höhere«. Sie beginnt ein Zwiegespräch mit einer Dame im Publikum, von der sie sich ein Tuch ausleiht. Die Bemerkungen, die sie naiv kundtut, sind erschütternd. Die knuffigsten Eindeutigkeiten schmachtet sie elegisch mit unschuldsvollem Lastergesichtchen. Das ist eine, die im Dreck suhlt wie's junge Entchen, welches die Purzeldrüse besitzt, mit der man sein Gefieder überölt, so daß man nie schmutzig wird. Studentenröschen heißt das zarteste aller Blümchen, das nur im Morast gedeiht. Dann mein Liebling: »Kate Kühl«. Weismanns holdes Lied von der Dorfschönen singend, ein Lied von dem Mädchen, das immer dasteht, kühl an die Wand gelehnt, während alle Mannskerle Böcke werden und um sie raufen. Bis in die letzte Strophe. Da ist Maimorgen, und der Fremde kommt. »Kam ein kecker junger Bursch' gegangen, war ein schöner junger Mann.« Und da springt sie vor. »Nicht mehr an die Wand gelehnt, nie mehr an die Wand gelehnt.« Und die Musik jauchzt, und aus Kate Kühl frühlingt die dionysische Pantherkatze. Sodann: »Surabaya-Johnni«, der gegen das Mädchen so roh ist und immer die Pfeife dabei im Munde behält. Und halb irr klagt sie, klagt an, unfähig, von dem Schurken loszukommen, schreit zerquält ihren Refrain: »Tu die Pfeife aus dem Maul, du Hund!« Dann: Otto Reuter; gealtert, aber noch anmutig bis ins letzte Fettpölsterchen. Wie er behaglich, gutartig, schelmisch die besten Schlager so nebenher fallen läßt. Dann die dressierten Seelöwen, dann Hermann Klauenberg, der Tierstimmenimitator; eine Tanztruppe, Exzentriks, Balanceakt. Kurz, das Programm ist schön. Und ich beschloß, wieder hinzugehen. –

Um dieselbe Stunde sitze ich auf demselben Stuhl. Und wieder erscheint der geniale Ansager, mit demselben Speech über Tanzkunst, Verdauung und Psychoanalyse. Ich weiß, gleich kommt die Wendung: »Unsre Seele, meine Herren, besteht nämlich aus einem hellen Vorderstübchen und einer großen dunklen Hinterstube. Die Hinterstube nennt man das Unbewußte. Die Hinterstube hat empfindliche Tapeten, und jeder Eindruck auf der Tapete ...« Eigentlich: gräßliches Geschwätz! Wenn er nur schon damit fertig wäre. Dann kommt die Geschichte: »Da ging ich über die Tauentzienstraße, es war fünf Uhr.« Bei »fünf Uhr« wird er wieder die dicke Uhr ziehen. Dann quasselt er von der Kartoffel, kommt auf Francis Drake, 1598, verstummt, grübelt, seufzt: »Ja, wie die Zeit vergeht.« Richtig! Er kommt auch heute wieder und sagt zu den vier Herren (nein, diesmal sind es drei Herren und eine Dame): »Warum so traurig? Haben Sie Geschäftssorgen oder stammen Sie aus Hannover?« Das Publikum wiehert. Ich habe ein nachsichtiges Lächeln, Elfriede macht wieder den Zimt mit dem Tuche: Kate ... Gott ja, ich weiß schon! Wenn sie losbricht: »Nie mehr an der Wand, reich' mir deine Hand«, dann macht sie ihren frühlingshaften Tigerkatzensprung. Zuvor rafft sie ein bißchen die Röcke. Bei: »Tu die Pfeife aus dem Maul«, kommt die hilflos eckige Bewegung. Zwei Schritte nach rechts, dann einer links zurück. Sie wischt mal übers Auge, aber vorsichtig, damit die Träne nicht das Schminkblau verwischt. Klauenberg sagt regelmäßig, ehe er die Nachtigall macht: »Bin heute nicht disponiert.« Wenn Reuter doch aufhören möchte mit: »In der Einsamkeit.« Ich weiß ja das alles schon; danach kommt immer: »Wozu in die Fremde reisen?« Aber das macht er nur, um die deutschen Dialekte nachmachen zu können. Die souveräne Kanaille ist begeistert. Ich sympathisiere mit der Bedienung. Das liebe Blumenmädchen schläft. Der liebe Zigarettenboy dreht Däumchen. Fräulein Olga in der Bar wischt die Curaçaoflasche. Malt zwischenhinein Herzchen auf den Marmor ihrer Theke. Die gute Toilettenfrau sitzt vor der Tür »Für Damen« und zählt Pfennige. Der gute »Ober« lehnt an der Stucksäule und starrt über Zigarrennebel hinweg in die schöne Ferne, wo er ein Häuschen und Gärtchen aus einem Sparkassenguthaben emporblühen sieht. Sechs Unterkellner betrachten ihre Nägel, unbekümmert um Kates Pantherkatzenglut und Elfriedes Nuttenromantik. Nur als Lia del Paradiso oben steht, die Nackttänzerin, da bemerke ich, daß sie dem jungen Blonden vertraulich zulächelt und daß er ihren Blick flüchtig erwidert. Der Geschäftsführer sitzt auf der »Weinterrasse«, saugt an der Zigarre und zählt Köpfe. Von Zeit zu Zeit hat er ein anerkennendes Lächeln. Gräßlich! Meine Unbefangenheit stirbt dahin. Ich habe schon das Gefühl, vom Bau zu sein. In der Nische am Eingang ist der Artistentisch. Dahin kommen sie in den Pausen. Ich glaube, die Direktion verpflichtet dazu. Denn die Bestie fühlt sich animiert, wenn »das leichte und lose Völkchen« sich unter die Menge mischt . . . »Das leichte und lose Völkchen« mopst sich sehr. Ich weiß es! Denn wenn ich schon bei der zweiten Vorstellung alles quälend finde, wie muß Menschen zumute sein, die zweitausendmal immer dieselbe Pointe improvisieren, zweitausendmal immer denselben Exzentrik hinlegen, zweitausendmal beim selben Takt zwei Schritte rechts, einen Schritt links machen und dabei immer dasselbe Händeklatschen hören und dieselbe stumpfe Kritik. Das Publikum, die Bestie, starrt ins Zauberland. Die Hornbrillen, die Monokel sind alle auf den einen Tisch gerichtet. Da sitzen die Prinzen und Prinzessinnen. Die gepflegtesten Herren gieren wie in Weismanns holdem Liede: die Böcke. Gieren nach den Beinen Lias del Paradiso. Ihre Damen hängen an den feurigen Blicken der Knaben. Alle fühlen sich hier zu leer, zu feige, zu minderwertig, um einfach an sich zu reißen, was sie begehren. Artisten . . . was sind sie? Illusionsfassaden! Daran wie Efeu am Gemäuer die traumarme Sehnsucht rankt. Und wenn jetzt jemand an ihren Tisch träte und gute menschliche Rede tauschte, sie wären heilfroh. Worüber man so spricht! Von Gage und Essen, von der Katze Muschi, Kleidermo-

de, Alpen, Autofirmen. Und immer sachlich. Aber daran hindert das »Subjektive«. »Und eine Höhe, eine Würde entfernte die Vertraulichkeit.« Menschen reden nie unbefangen, nie frei. Und alles liebt und lebt aneinander vorbei . . .
Die Bestie amüsiert sich, wenn sich Artisten zu Tode grämen. Diese lachen zwar, applaudieren kollegial, freuen sich und helfen sich Aber ich sehe dahinter. Sie leben alle in der Gefahr, Maschine zu werden. Sie verkaufen ihre Seele an ihre Leistung. Die Virtuosität frißt uns. Meine Großmutter hatte recht. *Einmal* genügt! Ne pas de lendemain. Das zweite Mal ist schamlos. Wie schon Shakespeare sagt: »Die Sache so betrachten, hieße sie allzu genau betrachten.« Nun aber, mein Sohn, bedenke mal dies. Du sollst auf deinem Sterbebett dein ganzes Leben noch einmal wählen. Genau ebenso. Dieselben Tricks. Dieselbe Virtuosität. Schrecklich! Völlig wahnsinnig macht mich Nietzsches »Ewige Wiederkehr des Gleichen«! Ich denke mich auf den Potsdamer Platz gestellt, um eine Stunde lang die ewige Wiederkehr der gleichen Lichtreklame zu betrachten. Etwa das abwechselnde Erbleichen und Wiederaufleuchten des Wortes Glanzstiefelwichse. Und nun frage ich als Philosoph, ob nicht die sogenannte Weltgeschichte wie diese Kabarettvorstellung sei. Immer dasselbe Theater improvisierter Lebendigkeit. Schon vor tausend Jahren sagten alle Böcke meck-meck und alle Kühe muh. Es waren immer dieselben Querköpfe, Glotzaugen, Schmerbäuche, Schmierfinger, die in immer andere Uniformen, Togen, Talare schlüpften. Und machten Weltgeschichte und viel Radau. Und redeten alle denselben Zimt. Bald mal besser, bald schlechter. Lauter idealen Schmus, wie: Kultur, Menschengeschlecht, Entwicklung, Fortschritt. Aber dahinter stand doch nur immer dieselbe Absicht und Begier. Nach Freude! Glück, Macht und Lust! Und daß das Stück nie langweilig wurde, es liegt daran, daß jedermann die Kabarettvorstellung nur *einmal* anhört. Zum drittenmal will ich nicht hingehen. Nein! Ich denke an meine Großmutter. Sie war eine gute alte Frau. Sie hatte schöne schlohweiße Haare. Und wenn am Wiederauferstehungstage der liebe Gott kommt und zu ihr sagt: »Nun, Zipperchen, willst du wieder auferstehen?« dann bleibt sie liegen und seufzt selig ihren Lieblingsspruch: »Gott sei Dank! Es kann einem nur *einmal* passieren.« [1929]

Ein Mensch schreibt Erinnerungen

Als ich vierzig Jahre alt war, begann ich Erinnerungen zu schreiben. Ich habe das Geschriebene wieder vernichtet. Etwa zehn Jahre später versuchte ich noch einmal mein Leben aufzuzeichnen. Es wurden nahezu tausend Blätter. Ich habe sie vernichtet. Jetzt bin ich sechzig Jahre alt und will noch einmal den Versuch wagen.

Vielleicht gelingt es mir jetzt, wo ich ziemlich gleichgültig gegen Schuld und Schicksal geworden bin, alle die Hemmungen und Bedenken zu überwinden, die mir Bekenntniswerke oft zuwider gemacht haben. Es ist meistens dasselbe:

Eine Mensch-Ameise begibt sich vor den Spiegel und macht Toilette für die Nachwelt.

Weiß man denn von sich selber? Kann man von sich wissen? Ist nicht das delphische »Erkenne dich selbst« eine unerfüllbare Forderung? Sorgen nicht die sogenannten Ideale – (diese Lückenbüßer aller Feigheit, Eitelkeit und Lüge) – für die Verklärung der Mängel, für die Bemäntelung unserer Schwäche? Das Bedürfnis nach dem, was wir von Natur sind, und dem, was die uns beherrschende Idee gerne aus uns gemacht hätte – pflanzte denn nicht dieses Bedürfnis beständig den fortwuchernden Unkrautwald der Illusionen und Selbsttäuschungen?

Wir möchten gerne Engel sein. Oder wenigstens möchten wir rechte Teufel sein. Nur nicht Gewöhnliches. Und doch ging alles im Menschenleben grenzenlos gewöhnlich zu. Und gerade die vermeintlich großen Personen, die »historisch« werden, erweisen sich bei Lichte als etwas recht Menschliches, »Allzumenschliches« . . .

Ich will wahr sein! Ich glaube wahr zu sein. Aber bin ich wahr? Kann man überhaupt wahr sein? Was heißt das: »Wahr sein«?

Viele Menschen haben mich wahr genannt, aber es waren Menschen, die mich liebten.

Einige haben mich Lügner geheißen. Es waren Menschen, die an mir Unrecht getan hatten und nun durchglüht wurden von dem unbewußten oder ungeprüften Wunsche, ihre Schuld zu decken, indem sie mich beschuldigten.

Folgendes wäre zu bedenken: Nur die mechanische Wissenschaft (Physik und physikalische Mathematik) hat die Möglichkeit, Wirklichkeit (réalité) im strengsten Sinne festzustellen. Sonst aber besitzen wir immer nur die flutenden Bilder im Spiegel der menschlichen Seele. Und ist dieser Spiegel etwa passiv?

Nein! Zuweilen will der Spiegel das Bild nicht aufnehmen. Es mag noch so oft und noch so dringlich sich ihm bieten.

Ein anderes Bild dagegen möchte der Spiegel gern festhalten, obwohl es doch so schwebend, so unfaßlich, so flüchtig war, daß jede Feststellung dem Bilde schon Gewalt antut. Ein drittes Mal biegt oder streckt sich der listige Spiegel. Er wird zum Konvexglas oder zum Konkavglas. Er verfratzt oder verkleinert. Und ein viertes Mal erschillert er in Farben wie der Regenbogen. Und nun vergoldet er und nun verdunkelt er. Haben nicht jene Recht, die, wie Goethe oder Nietzsche, nicht ihr Leben, sondern den Mythus ihres Lebens schufen? Was eigentlich habe ich wirklich erfahren? Und was war wichtig?

Ich will nicht »Memoiren« schreiben. Es gibt ihrer so viele Verzeichnisse der tausend Sorgen und Eitelkeiten der Mensch-Ameise, die sich ebenfalls wichtig nahm.

Was soll die Aufreihung von Filmen, Abenteuern, Reisen, Liebehändeln, Begebungen, Kriegserlebnissen, Menschenwichtigkeiten, die nach fünfzig Jahren schon ein wenig komisch, nach hundert Jahren völlig vergessen sind?

Nichts soll mich kümmern, was in die Konversationslexika gehört. Aber ich möchte meine kurze Spanne Wachbewußtsein so sehen, wie ein unbeteiligtes Auge von einem fernen Stern herab, tausend Jahre nach seinem Tode, unsere Lebensspanne und mich innerhalb dieser Spanne erblicken müßte. Es ist klar: jede in Worte aufgefangene Geschichte kann sich zum wirklich Erlebten nicht anders verhalten, wie das Verzeichnis der Luftschiff- und Dampfschifflinien sich verhält zu den wirklichen Landschaften, Gebirge und See. Und selbst wenn ich von großen Menschheitsfragen und wichtigen Menschen berichten wollte, so erschienen sie dennoch stumpf und wüstenhaft gegenüber der Reichtumsfülle von Gefühlen, Aufschwüngen und Verdüsterungen, die in einer kurzen Stunde, nein, in einer Minute zusammengedrängt liegen können. Denkt man aber nach über den wirklichen Inhalt unseres natürlichen Wesens, so wird man wohl zu dem Ergebnis kommen, daß die Darstellung der äußeren Lebensabläufe (und sei sie noch so bunt und lebendig) eigentlich mechanisch und vertrocknet ist, im Vergleich zu jeder Sekunde der frühen Kindheit. Und daß zudem jede zusammenhängende Gesamtdarstellung, genau wie Welt und Völkergeschichte, kein Leben ist, sondern Lebensdeutung und mithin »konstruktiv«. Unsere nachträgliche Zurechtlegung: Sinngebung im nachhinein, wobei wir ja nicht loskommen können von unseren Werthaltungen und Auslese-Vorurteilen.

Denn es ist unser eigener Wille, der beständig das ursprüngliche Leben meistert. Er vereinfacht das Vielfache. Er macht das Einfache allfällig. Darum schon, weil wir im Erzählen und Berichten gar nicht anders können, als etwas Vieldimensionales eindimensional sichten; etwas Zeitlos-Geballtes umrichten in ein zeitliches Nacheinander von scheinbarer Bedeutsamkeit und Logik. Wir erzählen nicht die Entwicklung unserer Natur, sondern die Geschichte eines Willens. Es ist gar nicht möglich, Erlebnisse niederzuschreiben, ohne zu gestalten. Greifbar und begreiflich wird die Bilderflucht unseres Lebens gerade nur so weit, als unsere gestaltende Kraft über sie herkommt.

Sodann bedenke ich dieses: Gerade, weil mein Leben reich und verwickelt war, läßt sich nicht viel damit machen. Zur Darstellung eignet sich nur das einfache oder durch Zeitferne schon vereinfachte Leben. Je weniger wir von Personen und Zuständen wissen (man denke an die Lebensgeschichte der Buddha oder Jesu, man denke aber auch an jede Geschichte frühen Altertums) – um so bessere Bücher lassen sich schreiben. Es ist fast unmöglich, die Geschichte des gestrigen Tages zu schreiben. Aber »Geschichte Ägyptens im Jahre 3000 vor Christus« . . . wie leicht ist das. Als Alexander der Große den Geschichtsschreiber Ephoros aufforderte, ihn auf seinen Eroberungszügen zu begleiten, um die Geschichte seiner Taten aufzuzeichnen, da erwiderte er nachdenklich: »Ich kann die Geschichte Deiner Taten nur schreiben, wenn ich nicht dabei bin.«

Und wenn ich somit nie die Wahrheit finden kann, wie steht es mit der Wahrhaftigkeit? Ich habe zu oft gesehen, daß Seelen logen, die sich für wahrhaftig hielten, ja die im Lügen vielleicht am wahrhaftigsten wurden. Und just aus dem Munde ungewöhnlicher Menschen habe ich viele Unwahrhaftigkeiten gehört.

Und so wird es denn mit dem dritten Versuche nicht anders ergehen, wie mit dem ersten und zweiten. Ich werde stolpern über zu viele Bedenken.
Oft bettelt die Scham um seelische Diskretion. Oft fordert Redlichkeitswille rücksichtslose Nacktheit. Oft flüchte ich in eine überstiegene Selbstentblößung aus Angst vor »Literatur«. Oft spreche ich gut von mir selber, aus Furcht, einseitig schlecht zu sprechen. Aber auch das Umgekehrte gilt.
Ja, sogar die Träne, sogar den Todesschrei habe ich bezweifeln gelernt. Am meisten Angst aber lernte ich vor meiner Neigung zu Selbstquälerei. Moralitäten sind recht verzwickte Verstecke unserer menschlichen Eitelkeit.
Sodann: Es leben Menschen, die an mir Unrecht taten. Nicht kleine Kränkungen. Nicht die Unterdrückung der äußeren Existenz. Davon zu reden geziemt sich nicht. Nein: Lebensverbrechen. Letzte Entscheide auf Tod und Leben. Die wollen ausgewertet werden bis ins Letzte. Auch ich trage Schuld. Ich war ein Mensch und konnte nur Unrecht tun und Unrecht leiden. Ich habe geliebt, ich habe gehaßt. Ich habe verachtet. Kann ich gerecht sein? Alle guten Genien des schönen Lebens flehe ich an: »Schützt mich vor Ressentiment.« Nichts dergleichen darf ich mir durchlassen.
Scheuklappen vor! Lasse dies Grübeln. Erzähle so abgelöst, so sachgemäß, als es dem Individuum, das sich nie aufgeben kann, nur immer möglich ist.
Und da mir an Ruhm und Erfolg nicht mehr gelegen ist, so wird mir ruhig ums Herz und leicht, als einem Einsamen, der vor der Nacht noch einmal sein einfältiges Lied singt. Einsames Lied.
Vielleicht fällt nie ein fremdes Auge auf meine Erinnerungen. Vielleicht schreibe ich sie für ferne Enkel. Sollten aber solche Aufzeichnungen doch gelesen werden (alles, was man schreibt, ist ja eine Flaschenpost, die man auf Geratewohl in den Ozean wirft), dann habe ich die Menschenwelt hinter mir.
Meine Erinnerungen werden dann wie aus dem Äther klingen, wie ein liebender guter Großvater seinen Enkeln erzählt? Nein! Ich werde über die eigene Seele Rechenschaft geben. Wie im Beichtstuhl? Nein! Wie vor dem letzten Gericht. Letzter Gerichtstag über mich selbst.

[1933]

Die Unlösbarkeit der Judenfrage

1. Die Widersprüche der Juden

Ganze Büchereien sind über die Frage der Juden geschrieben worden. Weitere Büchereien werden geschrieben werden. Die Wahrheit aber ist diese: Die jüdische Frage ist unlösbar. Sobald man nämlich an sie herantritt mit Mitteln der Sprache und denkend, so stößt man auf unvermeidliche Widersprüche. Einige dieser Widersprüche seien vorweggenommen.

1. Der als Jude Geborene soll zwei Nationen zugleich zugehören. Er kann und darf nicht nur als Jude fühlen und handeln, sondern fühlt und handelt zugleich auch als Deutscher, Franzose, Russe usw. Kehrt sich aber die eine Nation wider die andere, so gerät der Jude vor ein Entweder-Oder.

2. Als Gast und Fremdling und bloß Geduldeter wird der Jude naturgemäß alles Menschenelend als sein eigenes Schicksal spüren und alle Menschenschuld als eigene Schuld empfinden. Er wird sich also hingezogen fühlen zum Übervölkischen und Zwischenmenschlichen. Er wird logisch und ethisch werden bis zur Elementlosigkeit. Zugleich aber soll er doch ein begrenztes Volkstum bewahren und trägt ein von anderen Völkern gesondertes Lebensgefühl.

3. Der Jude steht als Zwischenglied zwischen Ost und West. Er hört im Abendlande den Vorwurf, daß er ein Orientale (Semit) sei. Er wird aber schon in Vorderasien unter semitischen Kulturen als ein *Franke* empfunden. Er soll sich in Europa entorientalisieren. In Asien reorientalisieren.

4. Ein Volk, welches sich jahrhundertelang nur durch das Buch (Thora und Talmud) erhalten hat und seine Energien auf Ausbildung der Gehirne verwenden mußte, fordert heute starke Fäuste und predigt seinen Kindern: »Werdet Bauern und Handwerker.«

Noch viele Widersprüche könnte ich aufweisen. Beispiele: Fortschritt wird aufgegriffen, aber an den Konservatismus gebunden. Das Leben wird auf Vernunft gestellt, aber die Vernunft soll dem Mythos dienen. Der Jude muß zugleich treu und frei sein. Er muß zugleich sein: still und bewegt, unmittelbar und mittelbar, Natur und Intellekt. Befragen wir nun die führenden Geister nach dem Schicksal der Juden, so können sie von allen diesen widerspruchsvollen Möglichkeiten immer nur *eine* aussondern und diese eine zur Grundlage eines Lösungsversuches machen. Betrachten wir die Lösungsversuche.

2. Die Versuche zur Lösung der Widersprüche

Die Versuche zur Lösung menschlicher Lebensbedrängnis folgen stets dem Gesetz der Kraftersparnis. Wir suchen immer den leichtesten Weg. Am leichtesten ist, daß man das Unbequeme verleumdet oder beseitigt. Am einfachsten also wäre es, die 12 oder 14 Millionen Juden totzuschlagen. Manche volkstümliche Staatsmänner lösen die Judenfrage durch den Vorschlag, einige Hunderttausende in die Wüste zu treiben oder verhungern zu lassen. Sie möchten die Juden ausrotten wie Schlangen oder Raubtiere, wozu sie aus ihnen natürlich Schlangen oder Raubtiere machen müssen.

Etwas minder volkstümlich sind die scheinbar so einfachen Vorschläge zur »Assimilation«. Sie gehen meist aus von rein geistigen, vorwiegend intellektuellen Persönlichkeiten, die (wie z. B. Popper-Lynkeus oder Constantin Brunner) keinerlei Sinn für das Besondere des Volkstums haben, den Juden eine »übervölkische Sendung« zusprechen und im übrigen fordern, sie sollten deutsch sein in Deutschland, englisch in England, türkisch in der Türkei und chinesisch in China, was im Kerne doch nur heißt, daß sie sich selber aufgeben und untertauchen sollen.

Um nichts geistreicher sind die Lösungsversuche der Zionisten, insofern diese die gleichen Methoden der Militarisierung und des Rassenhochmuts verwenden, welche die vom Menschen bewohnte Erde längst aufgeteilt haben in zahlreiche kriegbereite Termitenhügel, deren jeder sich für den Mittelpunkt der Welt und alle anderen für minderwertig oder für Feinde hält.

Das Gegenstück zur nationalistischen Lösung ist die bolschewistisch-kommunistische. Auch sie sieht ab vom konkret Lebendigen. Vom »Jetzt und Hier«. Vom »Ein Mal und nie wieder«. Sie gründet auf den Abstraktionen der Wirtschaftswissenschaft. Alle Völker werden abstrakt verpflichtet auf das freilich allgemein gültige und wahre Parteiprogramm. Sämtlichen Nationen gewährleistet es die

Erhaltung ihrer Feste, Sitten, Bräuche, Riten, Sprachen, Idiome, Dialekte. Nur grade den Juden nicht.
Vollends geraten wir in das Chaos, wenn wir die Lösungen der Religion und Metaphysik betrachten. Die jüdische Orthodoxie (Misrachismus, Chassidismus) ist national und nicht-national in Einem. Sie lebt national und will nicht Wort haben was sie lebt. Die Rabbinen werden von den Gemeinden verpflichtet, »neutral« zu sein. Das heißt: Sie sollen kräftiglich beten für die Rückkehr ins gelobte Land und für das Erscheinen des Messias auf Erden. Aber sie müssen alles unterdrücken und verfluchen, was zur Verwirklichung ihrer Gebete beiträgt. Auch in Palästina selber kann das betende und das arbeitende Israel einander nicht verstehen. An der Klagemauer weinen und wimmern die Frommen um Auferstehung des Volks. Nebenan auf den Äckern arbeiten die Chaluzim an dieser Auferstehung. Die einen verwerfen die andern. Die Geistlichen predigen hebräisch, pflanzen fort die nationale Überlieferung, fristen eine Religion, deren Feste und Riten durchaus auf Volksgeschichte ruhen, aber leugnen zugleich das Dasein eines besonderen Volkstums, verwerfen die Erneuerung des Volkes und bewähren sich als »bodenständige Patrioten« für jede andere Nation. Nur nicht für eine jüdische.
Ein Gegenstück zu diesen Halbheiten sind die Lösungsversuche durch Evangelisation, innere Mission und Massentaufen. Denker wie Hilaire Belloc oder Kosmas Lewin wünschen die Vereinheitlichung der Völker im Glauben. Für sie ist daher das Judentum weder ein politisches noch ein ethnologisches, sondern nur ein religiösmetaphysisches Phänomen. Und doch ist ein sehr großer Teil aller Juden weder mehr jüdisch-national noch im tieferen Sinne religiös.
So steht denn der Jude, man mag die Sache wenden wie man will, immer auf verlorenem Posten. Der eine sieht im Judentum eine Mission des übervölkischen sittlichen Geistes. Der zweite eine der Erhaltung würdige konkrete Volkheit oder Rasse. Der dritte fordert den Untergang dieser Rasse. Der vierte wünscht ihre Assimilation an diese Kultur oder an jene Kultur. Der fünfte verwalzt alle Unterschiede im Idealstaate. Der sechste in der Idealkirche. Der siebente wünscht Kampf und Fanatismus des Blutes. Der achte stiftet einen neuen Bund, der das Wort »Menschheit« fleißig

verwendet oder bezieht seine Erhebungen und Kräfte aus der Gemeinschaft irgend eines schon bestehenden Verbandes... Doch wozu die Beispiele häufen? Und wenn man noch zehntausend weitere Bücher schreiben und lesen sollte, die Frage bleibt unlösbar.

3. Die Formen des Judenhasses

Ebenso sinnlos wie alle Lösungsversuche sind alle Angriffe der zahllosen Judengegner. Denn wie sollte man nicht »Gegner« sein, wo man seine innerste Hilflosigkeit und Ratlosigkeit empfindet? Auch für die Arten der Gegnerschaft einige Beispiele.

Gegen Ende des 19. Jahrhunderts lauteten in Europa und Amerika die beliebtesten Würde- und Ehren-Worte folgendermaßen: »Exakt. Wissenschaftlich. Strenge Wissenschaft. Anschauung. National. Entwicklung. Fortschritt.« Damals bestand die Mode, den Juden »wissenschaftlichen Geist« abzusprechen und sie als »retardierendes Element« zu betrachten. Das tat z. B. der Theologe Wilhelm Bender. »Der Jude hat in der Wissenschaft nichts geleistet. Er ist irrational. Er ist Asiat und Orientale. Er ist der ewige Romantiker.« Auch die Abneigung Lagardes und Chamberlains hieb noch in diese Kerbe. Dieser Geistes- und Willenshochmut überschlug sich im Werk Eugen Dührings. »Juden sind Religionisten. Mystiker und Schwarmgeister.« Solche Worte waren damals Schimpfworte. Dann aber kam eine Generation (sie ist heute noch die tonangebende), deren Ehren- und Würde-Worte just umgekehrt etwa die folgenden waren: »Das Irrationale. Das Leben. Der Mythos. Das Kosmische. Metaphysisch.« Sie mußten also umsatteln. Sie schirrten nun den Judenhaß umgekehrt auf. Die Schriften Hans Blühers z. B. brauchen mit größter Arroganz das Wort »Jude« stets zur Bezeichnung einer verächtlichen oder ganz profanen Übergeistigkeit. Und selbst die Schriften von Ludwig Klages sind verunziert durch ihrer unwürdige Vorurteile wider »Jahwismus, Jehowismus, Semitismus, Logizismus« usw., welche vieldeutigen Worte gebraucht werden in der Annahme, daß die Zerstörung der bildhaften Gestaltenfüllen in Zivilisation und Christentum, ja daß das Christentum und seine Kultur *selber* »jüdisch« und Schuld des »Juden« sei. Die tolle Krönung solcher Konstruktion besorgen Geister wie der General Ludendorff und Mathilde v. Kemnitz.

»Wiedergeburt der Edda. Deutsche Götter. Germanisches Heldentum.« *Alles* andere ist »verjudet«.
In meinem Werk »Geschichte als Sinngebung des Sinnlosen« habe ich die Gründe und Beweggründe der Geschichtsklitterung dargelegt. Immer handelt es sich um das Gesetz der »logificatio post festum«. Zuerst ist das Unbehagen da, die unlösbare Frage, die Unbequemlichkeit. Daraus wächst der Haß und der Neid. Dann erst kommt die erlösende Geschichtsklitterung. Ein klares Beispiel bietet der Wechsel in der Einstellung zum sogenannten Urchristentum.
Für das 19. Jahrhundert war das »Urchristentum« jüdisch und judenchristlich. Vom Judenchristentum aus führte der »Fortschritt« hin zur Theologie der Neuzeit. So liest man bei Schleiermacher. So liest man's bei Harnack. Dann aber geriet der Fortschritts-Entwicklungsglaube mit der Naturwissenschaft Darwins in Mißkredit. Von nun ab schilderte man die Geschichte des Christentums und der Kirche als die Trauergeschichte eines Abstieges. Das Urchristentum ja, das war ›rein‹. Auf irgend einem mystischem Wege floß es aus »arischer Seele«. Dann aber kamen die Juden. Zumal »Paulus, der Semit«. Er rationalisierte das Irrationale. Er ethisierte den Mythos. Unbildlich, erlebnislos, wie Juden einmal sind. Alle weitere »Entwicklung« war dann eben »Verrat am Urmythos«. So daß z. B. Martin Luther, der doch deftig und kräftig wider Juden wetterte als gegen »unchristliche Heiden«, nunmehr *selber* charakterisiert wurde als ein »Jude«. Eben weil er nicht heidnisch, hellenisch, dionysisch, irrational genug fühlte. Dieses Schema ist sehr modern.
Ich kenne französische Philosophen, welche nachweisen, daß der Jude »der gotische Mensch« sei. »Der Jude ist irrational wie ein Germane« (Massis). »Der Jude ist der geheime Vorkämpfer des Germanismus in der Geschichte.« »Der Feind des edlen Lateinertums.« Das sage man einmal in Deutschland! In Deutschland wird umgekehrt nachgewiesen, daß der Jude ohne Verständnis für »deutsches Gemüt« destruktiv, zerfetzend, nichts als »ätzende Logik« sei, zuinnerst verwandt dem »zynischen Pariser Esprit« und »der geborene Vorkämpfer der Mittelmeervölker«. – Unsre Tagesschriftsteller machen den Juden gleichzeitig zum Träger des Kapitalismus wie des Sozialismus. Wenns beliebt, ist der Jude (so lehrt es

z. B. Heller) das Ergebnis des kapitalistischen Zeitalters oder (so lehrt es Sombart) der *Begründer* des kapitalistischen Zeitalters. Oder auch: der *Totengräber* des kapitalistischen Zeitalters, der Aufwiegler und Organisator wider das Kapital. Kurz: Seitdem Juvenal im vierten Buch der »Tischgespräche« den Judenhaß begründete mit der Formel: »Juden sind Säufer und verachten das edle Schwein«, hat es kein Motiv gegeben, welches man nicht gegen Juden ausgenutzt hätte. Die Natur selber hat der Weltgeschichte diesen allverwendbaren Sündenbock geschenkt. Zur Entsühnung, zum Gleichnis, zum Spiegel der Menschen.

Zusammengefaßt: Die Unfähigkeit, eine Völkerfrage zu lösen, führt mit Notwendigkeit zur Anschuldigung derjenigen, die man »nicht kleinkriegen« kann. Wo aber einer Menschengruppe ein Unrecht angeschieht, da erfordert die Ruhe und der Stolz der Unrecht-Täter, daß diese Menschengruppe kräftig angeprangert werde. Wo wir aber Menschen moralisch anprangern, da demoralisieren wir sie in der Tat. Sage zum Menschen lange genug »Du Hund«, und er wird zum Hund.

Wären wir, was wir sein sollen: wahre, würdige Menschen, so gäbe es keine Judenfrage. Menschen aber sind offenbar *verhinderte* Bestien. Und des zum dauernden Gedenken schufen sie sich die Judenfrage. Sie ist unlöslich.

4. *Das fraglose Sein*

Nun aber, Leser, knüpfe die Ohren auf. Lasse das Folgende in dich ein. Ohne Vorurteil und mit Nachdenken.

Diese Frage ist unlöslich nicht anders wie *alles* fraglose lebendige Leben unlöslich wird, sobald man es antithetisch in Sprache und Gedanken auseinanderzieht. Leben richtet sich nicht nach Logik!

»Man kann nicht zwei Nationen zugleich angehören.« Warum nicht? Millionen gehören zwei Nationen nach Blut oder nach Bildung zugleich an. Das ist ihr Schicksal. Davor haben sie fromm zu sein. Es ist die ihnen eingeborene Aufgabe, *beiden* Nationen treu zu sein, wie ein Mann, der zwei Frauen liebt, zu sorgen hat, daß daraus keine Tragödie erwächst.

»Man kann nicht übervölkisch und völkisch, international und national in Einem sein.« Warum nicht? Goethe jauchzt: »Ich bin

Weltenbürger und Weimaraner.« Er will kundtun, daß er der engsten Heimat, der weitesten Menschheit zugleich zugehöre.
»Man kann nicht zugleich Erde und Geist sein.« Aber wir *sind* eben beides. Und unsre Forderung lautet: »Werde was du bist.«
Wenn nun aber eine Seele alle diese »Widersprüche« in sich überwand und aussöhnte, so ist das keineswegs, wie das ekle, der Mechanik entlehnte Modewort wähnt: »eine Synthese«. Unsinn! Es ist die schlichte Wahrhaftigkeit und Klarheit des Lebens, seine Reinheit und Einheit. Wir lösen »Widersprüche« (und wären es noch so viele) immer nur dadurch, daß wir *sind*. Jeder Mensch ist der Schnittpunkt einander ausschließender Kreise. Der lebendigste wäre der, welcher an allen Kreisen Teil hat, wie alle an ihm. Und das ist etwas völlig anderes als Synkretismus, Assimilation, Angleichung, Synthese. Wir bewähren und bewahren uns nicht dadurch, daß wir uns, wie Juden des »Centralvereins«, vor der »Obrigkeit«, vor den »Christen«, vor den »Germanen« empfehlen, uns verteidigen, unsre Leistungen anführen, uns durch Werke nützlich machen. Wir bewähren und bewahren uns einzig durch die Schönheit und Würde unsres *Eigenseins*. Durch die tiefe Sicherheit unsres jüdischen Schicksals, das eben Schicksal ist, vielleicht tragisches, vielleicht heroisches Schicksal, ganz gewißlich aber kein Entweder-Oder, kein Sowohl-als-auch, kein Widerspruch, keine Dialektik, Kontroverse, Ambivalenz. Alles echte Menschenleben ist ein traumhaft sicheres, kindersicheres Dahinschreiten an Abgründen. Über uns der Abgrund des Äthers, unter uns der Erdschlund. Überall Geheimnis, und doch sind wir geborgen. Alles ist Tanz auf des Messers Schneide. Gang zwischen Toden. Spiel in Ketten. Wir nehmen es auf uns. Ihr wollt uns den gelben Fleck der Schande anheften. Tut es. Wir tun es selbst. Freiwillig. Wir tragen ihn als Ehrenzeichen. Weist uns aus jeder Heimat, stellt uns überall unter Ausnahmegesetze aus Furcht vor unserm Geist, aus Scham vor unsrer Seele, entwürdigt, demütigt, kränkt, beleidigt. Aber denkt auch an eure eigene Seele. Aus der werdet ihr uns nie los, denn dank dieser Not unsres Lebens sind wir der tiefere Teil eurer selbst. Richtet uns, ihr richtet euch selbst. – Aber nun muß ich, auf die Gefahr hin allzu persönlich zu reden, von der Lage der Juden in Deutschland sprechen.

5. Der Jude in Deutschland

In der deutschen Republik, einem Volksstaate, welcher jedem Bürger die Freiheit des Gewissens und den Schutz seiner Ehre verbürgt, geschieht ein Kollektiv-Verbrechen, desgleichen niemals ähnlich dagewesen ist. Denn niemals war es erlaubt, daß die Majorität im Staate die wehrlose Minderheit in Wort und Schrift als hassenswert und parasitär dem Masseninstinkte preisgeben durfte. Damit geschieht nicht nur Unrecht an der Seele der jüdisch geborenen Kinder, man verbildet und vergiftet die Gesamtheit; ein ganzer Staat wird zu Neid, Haß, Selbstgerechtigkeit und Roheit erzogen. Hundert Zeitungen und Druckschriften erscheinen in Deutschland – ohne daß Kultusminister, Justizminister, Gerichte je gegen diese Schmach einschritten –, um Tag für Tag, Stunde für Stunde alle Not einer verfahrenen Zeit auf diesen einen Sündenbock zu bürden. An jeder Plakatsäule prangt beleidigend das Wort »Juden sind ausgeschlossen«, wo es in Wahrheit heißen sollte: »Die menschliche Vernunft ist ausgeschlossen; das deutsche Herz.« Es wächst in Deutschland ein Geschlecht heran, für welches nach 20 Jahren solcher Hetze das Wort »Jude« gleichbedeutend sein muß mit Begriffen wie Schädling, Schmarotzer, Wucherer, Verbrecher. Dadurch züchtet sich Deutschland aus einem Volksteil, der sein heilsamster werden könnte, einen Schädling, denn an der dunklen Feigheit des Menschentums hat auch der Jude seinen Anteil wie jeder andere Mensch. Ein Geschmähter findet immer die Wege der Mimikry. Aber der Zartsinn und das Ehrgefühl der Edlen stumpft ab in einer Atmosphäre gelb von Galle. Wer kann dauernd in der Defensive atmen ohne Schaden zu nehmen? Wie viele sind mächtig genug, wie viele stark genug, um als einzelne öffentlich einem Massenwahne zu trotzen? Wie wenige sind 1914 sich selber treu gewesen! Wie wenige werden sich frei und stolz öffentlich als Juden bekennen, angesichts von Klüngeln, für welche die Vokabel Jude einen Geburtsfehler ansagt?! Dagegen gibt es keinen Schutz! Man hoffe nicht auf die »führenden Geister«. Schöne Bücher, berühmte Leistungen besagen längst nichts mehr für Reinlichkeit, Gerechtigkeit, Größe der Seelen. In den Tagen der Not – das auch hat sich 1914 gezeigt – ziehen alle diese Konjunkturgrößen ehrenvoll sich zurück in die schöngeistigen Gefilde des Kulturgrandentums, bezahlen mit hohen Worten und Maximen und werden gewiß nicht für die Rechte der kleinen verunrechteten Minderheit auf Scheiterhaufen steigen. Ja die arrivierten Juden selber fühlen sich nicht beleidigt, wenn ihr Blut beleidigt wird. Weiß man, daß Simmel, Husserl, Scheler, Nelson, Bergson, daß Mazzini, Kingsley, General Booth, daß Matthew Arnold und Robert Browning Juden sind? Die Arrivierten schweigen. »Schlagt ihn tot, er hat keinen Freund.« Wir stehn allein auf verlorenem Posten. Viele werden die Heimat verlieren. Andere einsam und voll Bitterkeit sterben. Und warum geschieht das? Die »Tiefsinnigen« orakeln: »Es ist die metaphysische Urschuld!« Meine Vorfahren sollen vor zweitausend Jahren den Sohn Gottes gekreuzigt haben. Alle haben ihn erkannt, die Juden haben gezweifelt. Nun, ich zweifle! Ich weiß es nicht. Weiß es um so weniger als sämtliche Denker, die mich erzogen, die Historizität dieses geistigen Symbols längst zerstört haben. Aber wenn ich auch nicht weiß, ob jemals unedlere Menschen, aus denen ich wurde, einen edleren umgebracht haben. Eines doch weiß ich um so sicherer, daß ich als würdigerer Mensch von den unwürdigsten in Deutschland gekreuzigt werde. Und so halte ich mich dennoch an das Gleichnis und zeige just an ihm zum Beschlusse die Aufgabe der Verfemten.

6. *Das Symbol*

Wenn die Medizin ein Heilmittel gewinnen will gegen drohende Volkskrankheiten und Massenseuchen, was tut sie? Sie wählt ein altes, im Lebenskampfe bewährtes Tier als Sündenbock und impft ihm alle diejenigen Gifte und Krankheitsstoffe ins Blut, die für die glücklicheren Tiere auch einmal gefährlich werden könnten. So gewinnt sie Heilserum. Erlöserblut, Heilblut, entsühnendes Blut.

Nunmehr kann mit dem Serum des notbewährtesten Geschöpfes die Not von alle Bedrohten ferne gehalten werden. Diese Heilandrolle sei dem Judentume zugedacht. Sie muß und möge sein Schicksal sein; vielleicht hat es darum an den Messias geglaubt und geboren, um selber Messias werden zu können.

Die Völker also mögen erlernen: Was sie heute an den Juden tun, wird morgen ihr eigenstes Schicksal sein. Es ist kein Zufall, daß, wie

Knut Hamsun sagt, »Ahasver immer auf den Barrikaden zu finden ist«. Der Jude führt heute das Proletariat, weil ihm im Blute die Mahnung liegt: »Vergiß nie, daß auch du Knecht gewesen bist im Lande Ägypten.« Das Ghettoschicksal der Juden von ehemals ist heute das Proletarierlos der halben Welt. Das Proletariat lebt überall in Ghettos, abgeschnürt von Natur und Landschaft, vernutzt und verkaufbar wie Tiere ... »Man kann nicht zwei Nationen zugleich zugehören« ... Aber die Juden müssen es eben können! Und morgen, übermorgen, in polynationalen Staaten der Zukunft, werden alle das erlernen müssen, was heute nur der Jude seiner Natur abgerungen hat. – »Man kann nicht international und national in Einem sein.« Aber die Juden müssen es eben können. Und morgen, übermorgen, im Zeitalter des siegreichen Kommunismus, werden alle das erlernen müssen, was heute nur der Jude seiner Natur abgerungen hat.

Wir haben in diesem Aufsatze von der Tragödie der unlösbaren Widersprüche gehandelt. Sie erschien uns als die Tragödie der Juden. Aber Jude sein ist Symbol. Es handelt sich um die Tragödie des Menschen. Jedes Menschen. Der Jude ist nichts als der älteste Mensch. Er hat daher in seinem Blute schon viele Widersprüche aufgelöst und gebunden, welche im jüngeren Blute erst morgen zu Konflikten und Krankheiten führen werden. Er war der Sündenbock. Er schenke nun das Serum, das heilende Blut der Welt.

Möglich, ja wahrscheinlich, daß auf diesem schweren Wege die meisten abbröckeln und versagen, daß der größere Teil der Juden bald absorbiert, assimiliert sein wird, verschliffen und geprägelos. Die wenigen aber, welche durchdauern, werden den ältesten und besten Adel der Welt bilden. Und darauf allein kommt es an.

Nicht also kommt es an auf Kultur, auf Leistungen, auf Werke. Nicht kommt es an auf Geist, auf Wille, auf Ziel. Nicht kommt es an auf Ruhm, Erfolge, Geschichte. Nicht einmal auf heldische Bewährungen und Lorbeern der Sieger kommt es an. Einzig kommt es an auf Adel unsres *Soseins*. Auf die Würde unsres uralten Blutes.

Man lehrt und glaubt jüdisches Denken sei Ziel- und Zweckdenken. Es herrscht der Wahn: der Jude sei zwecksinnig, nüchtern, geschäftlich, praktisch. Er ist das *auch*. Goethe hat wohl recht, wenn er »Pathos und Energie« im Wesen der Juden sieht. Aber ihr Kern

ist das nicht! Niemals hat ein echter Jude gefragt: »Was kommt danach? Was bringt das ein?«
Am See Genesaret, am Kanaanberge habe ich jüdische Knaben gesehen, welche im Schweiße ihrer Leiber Tag um Tag mit Erde gefüllte Säcke auf die Felsen hinan schleppten, in Sonnenglut schwer arbeitend. Wozu sie es tun? Diese Berge der Heimat sind baumlose, ganz kahle Felsenöden, weil sie jahrhundertelang von Soldaten- und Eroberervölkern vernutzt, abgeholzt und ohne Liebe mißbraucht wurden. Der Jude harrt und hofft, daß vielleicht, vielleicht nach Jahrhunderten sie wieder Wald tragen werden. Dazu muß er Erde tragen. Auf der Schulter, auf dem Herzen. Keiner dieser jüdischen Knaben wird je den Baum sehen, zu dessen möglichem Gedeihen er den Boden bereitet. Ist es nicht eigentlich ein zweckloser Unsinn, was man da tut? Für wen arbeiten diese Juden? Sicherlich nicht für sich selbst. Ihr ganzes geschichtliches Dasein war ein Feuerwerk, abgebrannt für den Ruhm und Sinn fremder Nationen. Und auch das, was sie heute an Erez Israel tun, wird nicht ihnen zugute kommen. Vielleicht einst den Arabern, vielleicht dem Imperialismus des schlauen England. Keiner wird je im Schatten des Baumes ruhen, für den er Erde die kahlen Felsen hinantrug. Sage das diesen jungen Schwärmern. Sie werden darauf keine Antwort finden. Sie werden die unlösbaren Rätsel ihres Lebens *nicht* lösen. Aber noch Jahrtausende nach ihnen werden die roten Anemonen, die wie ein Teppich aus Blut im Frühling die Felsen von Erez Israel überziehen, den glücklicheren Völkern die Antwort bringen: »Dieses sind Wir.«

[1932]

Die Barbe

Die Geschichte von der Barbe stand in unserm Schullesebuch. Als ich, neun Jahre alt, sie las, durchlief mich ein nie vergessenes Grauen. Im mittelländischen Meer gibt es einen kleinen Fisch, Meerbarbe genannt, welcher im gewöhnlichen Zustande unscheinbar blaugrau aussieht, aber dessen Flossen zur Zeit der Liebeswerbung, wie auch in Zuständen der Todesnot, in wunderbaren Farben zu schimmern beginnen, vom kühlsten Blau bis zum wildesten Purpur. Im kaiserlichen Rom bei den Schwelgermahlen der Krassus und Lukullus war es üblich, am Ende der Mahlzeit die Gäste mit dem Farbenspiel der Seebarbe zu belustigen. Das Gefäß mit dem Fischlein wurde in die Mitte der Tafel gestellt, und ein Sklave reizte mit einem Stabe den Fisch, bis dieser zu leuchten begann in immer rascheren, bunt wechselnden Farbenspielen. Die Darbietung endete mit Erschöpfung und Tod des kleinen Künstlers. – Fragen wir die Naturforscher nach der Bedeutung dieses Farbenwunders, so sind sie nicht um eine Antwort verlegen. Denn sie sind seit hundert Jahren gewöhnt, alle Schönheit wie Musik, Gesang und Farben, aus dem Werben der Männchen um die Weibchen oder aus einem Trieb nach Befruchtung zu erklären, wozu später die Annahme trat, daß durch das Spiel der Farben Feinde getäuscht oder erschreckt werden sollen. Jedenfalls hat der von Absichten gelenkte Mensch sich auch die Schönheit in der außermenschlichen Natur so zurechtgelegt, als ob zweckvolle Absichten dahinterstünden. Um aber die Wirklichkeit hinter den Farbenspielen der Barbe zu erfühlen, dazu bedarf es einer anderen Art Naturwissen. Ein Gleichnis soll zu ihr den Weg bahnen.

Der Mythos berichtet, daß, als »aller Menschen edelster«, der Heiland, ans Kreuz geheftet wurde, die Natur zu toben begann. Die Felsen begannen zu stöhnen. Blut tropfte aus den Steinen. Die Sonne verfinsterte sich. Und klagende Stimmen tönten aus den Grüften und hoch herab aus dem verfinsterten Himmel. Ebenso soll beim Tode des großen Pan eine Stimme aus Felsen verkündet haben: »Wer Hand anlegt an das schöne Leben, greift ans Mark der Götter. Fürchtet die Nemesis.«

Es ist schwer, einem Zeitalter, welches eingespannt lebt in die Begriffe von Sünde und Schuld, wieder nahe zu bringen jenen Urzustand, welcher zwar Schuld, Sünde und Reue nicht kannte, wohl aber ein Gefühl, das allem Moralischen vorgeordnet ist und eng zusammenhängt mit dem in der Natur nie ganz fehlenden Sinn für Schönheit. Ich meine das Erlebnis des Frevels. Ich meine jene so viel beredete »Überhebung« (Hybris) des Menschen, der sich vermißt, Natur und Schicksal umgestaltend zu meistern. Uns, die wir uns zu »Herren der Schöpfung« aufwarfen, ist dies Erlebnis verloren gegangen. Wir fühlen nicht mehr, daß Frevel etwas Anderes und Tieferes ist als Schuld und daß, wenn das menschliche Gesetz auch den Frevler verschont, eben das beleidigte Leben selber zurückschlagen muß und jeden vernichtet, der als Einzelner sich überhob und übernahm. Immerhin lebt auch im selbstgerechtesten Menschen von heute, zum mindesten in Form des Aberglaubens, noch ein frommer Schauder, der auf ältere Zustände hindeutet. So berichten Pioniere, welche als erste in die unberührten Urwälder eindrangen und ebenso kühne Forscher, welche die Geheimnisse der Tiefsee ergründen, daß sie zuweilen eine Angst verspüren, vergleichbar den Hemmungen eines Mannes, der verpflichtet ist, ein uraltes Naturdenkmal zu vernichten, etwa einen uralten, schönen Baum umzuschlagen oder die letzten Exemplare einer aussterbenden Vogelart zu erbeuten oder eine edle Blume auszugraben, derengleichen nie wiederkehrt. Die keineswegs nur erfabelten Unglücksfälle, die sich an die Entfrommung alter Heiligtümer knüpfen, beispielsweise an die Öffnung des Grabes des Tutanchamun, sie beweisen, daß auch im selbstgewissesten Menschen noch ein Hauch lebt von jener Angst, welche vorempfindet, daß jedes Geschöpf, welches willkürlich eingreift in die Wechselbedingtheit alles Lebens, in die Harmonie seiner eigenen »Lebenslandschaft«, sich dadurch nur selber vereinzelt und vom zeugenden Lebensschoße weiter und weiter entfernt. Aus dieser Angst vor »Frevel« erklären sich Erscheinungen der Vorzeit, die wir heute falsch deuten oder nicht mehr kennen. Wir behaupten zum Beispiel, daß die alten Völker unsre Art »Naturgefühl« noch entbehrten. Sie machten keine Ausflüge, keine Spaziergänge, keine Bergtouren. Aber in Wahrheit wächst unser romantisches Naturgefühl, das uns zu Jagd, Sport, Wandern und Alpinistik treibt, just aus dem Verlust der Naturgemeinschaft. Die Alten haben keine Alpen bestiegen, keine Grüfte geöffnet, keine Wälder gelichtet, weil sie den Genien der Landschaft sich verbunden fühlten und die Rache der Naturgötter fürchteten.

Diese Darlegungen waren nötig, um das Geheimnis der kleinen Barbe zu enträtseln. Könnte nämlich das leidendgewordene und gereizte Leben statt mit Farben, Düften oder Tönen sich in kahlen

Begriffen menschlichen Denkens entäußern, dann würde das sterbende Geschöpf etwa folgendes verlautbaren: »Sieh, dies Wunder ist in mir! Schone die Macht, welche auch dich gezeugt hat und durch dich weiterzeugt.« Wäre ein sentimentales Wort, das mißbrauchteste Wort der Menschensprache, angesichts der großen Natur statthaft, so müßte man sagen, daß alle Schönheit Liebe erwecken möchte. Darum geschieht es auch, daß einmal in der Abwehr und sodann bei der Werbung, die herrlichste Fülle aller Bilder hervorbricht. Jene dunkle Scheu von »Frevel« deutet somit auf unser geheimes Wissen, daß wir mit der Vernichtung des Schönen auch die Liebe und also den Mutterschoß des Lebens selber antasten. Daher der rätselhafte Drang, daß alles bedrohte Leben sein Urbild aus sich herauszustellen bemüht ist und daß die letzte Schönheit, ähnlich wie die Juwelen und Kristalle, nur durch das Erleiden eines Druckes zustandekommt. Aus großer Tiefe klingt zu uns jenes dorische Chorlied, welches anhebt: »Liebe erweckt nur das Schöne.« – Jahrhunderte später erst entdeckte Plato das Problem seines »Symposion« welches Werk beständig um die Frage kreist: »Warum sind Liebe, Tod und Schönheit verschwistert?« Was also bedeutete das Grauen des kleinen Knaben, der vor einem halben Jahrhundert den Bericht über die Meerbarbe im Schullesebuch las? Der Knabe wurde ein Schriftsteller. Und was er schrieb –, Flaschenpost aus einem ins Eis verschlagenen Schiffe, war das wohl Selbstoffenbarung? Oder war es nur Selbstverteidigung? – Immer stand der Sklave da, frech und feist und hielt das Marterstäbchen und lächelte und reizte. Und immer saßen da: Krassus und Lukullus, und wollten nach beendetem Mahle amüsiert sein mit dem, was sie Kunst und Kultur und Schönheit nennen. Und hundertmal bot der gequälte Fisch seine Farbenspiele und vermünzte seine Seele für die Tafel der Zahlungsfähigen, bis schließlich Krassus, der dicke, sagt: »Applaudite amici. Es kommen keine Farben mehr. Das Spiel ist beendet. Werft das Dichterlein auf den Mist.« [1933]

EDITORISCHER BERICHT

I. Zur Publikationsgeschichte und Textsituation

Die Bücher Theodor Lessings wurden weder zu seinen Lebzeiten noch nach seinem Tode von einem einzigen Verlag betreut. Das hat nicht wenig zur Aufspaltung der Aufmerksamkeit für sein Lebenswerk geführt. Eine von ihm im Jahre 1914 vorbereitete Sammlung seiner verstreuten Schriften, die im Verlag seines Freundes Otto Hapke in Göttingen erscheinen sollte, wurde durch den I. Weltkrieg zunichtegemacht. Noch im Marienbader Exil hat Lessing an einer Ausgabe letzter Hand gearbeitet, doch kam nach seiner Ermordung am 30. 8. 1933 nur noch das fertig redigierte Erinnerungswerk *Einmal und nie wieder* im Verlag Heinrich Mercy Sohn, Prag 1935, als Band 1 einer auf zehn Bände angelegten Edition heraus. Ein Komitee, dem unter anderen Albert Einstein, Romain Rolland und Max Brod angehörten, sollte durch die Wirkung prominenter Namen für die Bereitstellung eines Theodor-Lessing-Fonds werben. Aus diesem Fonds sollte dann eine wissenschaftlichen Ansprüchen genügende Gesamtausgabe finanziert werden. Mit der militärischen Okkupation der Tschechoslowakei durch den nationalsozialistischen Staat im Herbst 1938 mußte auch dieser Plan zwangsläufig begraben werden.
Nach 1945 wurden willkürlich und von Stimmungen des Zeitgeistes und Verlagswesens abhängige Nachdrucke einzelner Bücher veranstaltet. Diese entbehrten jeglicher editorischer Aufbereitung, die Vor- oder Nachworte enthielten völlig unzureichende Auskünfte über Person und Werk und wiederholten zum Teil ganz unhaltbare Vorannahmen und Vorurteile.
Die kleineren Schriften Theodor Lessings, seine politisch-philosophischen Essays und Feuilletons, blieben unerforscht und unediert. Nachdem in den letzten Jahren die oftmals schwer greifbaren Arbeiten von Kurt Tucholsky, Karl Kraus, Anton Kuh, Alfred Polgar oder Joseph Roth in ansprechenden Leseausgaben nach und nach wieder veröffentlicht worden sind, wird mit der Edierung der kleinen Schriften Theodor Lessings der vollkommen unbekannte

philosophische Artist, der politische Analytiker und scherzende Unterhaltungskünstler vorgestellt.

II. Zur Textauswahl und Edition

Die hier erstmals gesammelten und ausgewählten Essays und Feuilletons sind ein repräsentativer Querschnitt, der das beachtliche Ausdrucksspektrum von Theodor Lessings philosophischer Publizistik auf vier Themenschwerpunkte gewichtet: Politische Essays, Satirische Feuilletons, Sozialphysiognomische Essays und Autobiographische Feuilletons. Die Anordnung ist nicht nach Gutdünken vorgenommen worden, sondern folgt den von Lessing selbst getroffenen Schreibpräferenzen. Dennoch sind die Übergänge durchlässig, und so mag man eine physiognomische Spitze auch als politische Kritik werten oder in einer psychologischen Betrachtung autobiographische Anspielungen entdecken.
Eine umfassende Edition des publizistischen Werks (den hier ausgewählten 65 Texten steht ein nur vorsichtig abzuschätzender Korpus von weit über 500 gegenüber) kann nur auf der Grundlage einer gesicherten Finanzierung geschehen. Ein entsprechender Antrag an das niedersächsische Ministerium für Wissenschaft und Kunst wurde kommentarlos abgelehnt. Daß über fünfzig Jahre nach Lessings Ermordung durch die Nationalsozialisten, an deren ideologisch-atmosphärischer Einstimmung Stadt und Land Hannover in den zwanziger Jahren in nicht unbeträchtlichem Maße involviert waren, in seiner Heimatstadt niemand sich für die Wiedergutmachung begangener Schuld zuständig fühlt, von Absichtserklärungen abgesehen, ist ein Skandal, der durch diese Notausgabe einiger wichtiger Texte noch nicht beigelegt sein kann.

III. Zur Text-Wiedergabe

Die vorliegende Edition ist eine kommentierte Leseausgabe. Sie bringt die Texte nach den Zeitungsvorlagen bzw. nach den von Lessing nochmals überarbeiteten, stilistisch verbesserten Buchvorlagen dieser kleinen Schriften. Originalmanuskripte, von denen nur wenige sich erhalten haben, konnten dabei unberücksichtigt bleiben. Die Texte wurden auf falsche Schreibweisen, Zahlenangaben und fehlende bzw. unvollständige Zitation durchgesehen. Der bei Zeitungsveröffentlichungen bekanntlich hohe Anteil an Setz- bzw. Druckfehlern wurde durch stillschweigende Korrektur getilgt. Dies gilt ebenso für sinnentstellte Wörter, Satzgruppen und fehlende Anschlüsse, falsche Interpunktion und orthographische Irrtümer.

Der gelegentlich von der heute üblichen Schreibweise abweichende Lautstand und die Orthographie wurden beibehalten, um mit einer Angleichung nicht die Eigenheiten und das historische Aroma dieser philosophischen Prosa zu zerstören.

Kürzungen sind mit eckigen Klammern gekennzeichnet und betreffen vor allem die von Lessing eingestreuten Verse, denen er selbst keine literarische Bedeutung beimaß, sondern sie als autobiographische Erinnerungszeichen und Ausflüge in eine Sphäre seiner seelischen Konstitution verstand.

Zum besseren Verständnis der einzelnen Texte werden im Anhang alle die Ereignisse, Personen und Anspielungen erklärt, die nicht ohne weiteres jedem gegenwärtig sein könnten. Nicht aufgenommen wurden die Namen von Personen (Philosophen, Schriftsteller, Komponisten, Maler und Politiker), von denen angenommen werden darf, daß sie im allgemeinen Bildungswissen noch eine Stelle haben: z. B. Leibniz, Shakespeare, Haydn, Dürer oder Lenin.

Man solle, schrieb Marx am 24. März 1861 an Antoinette Philips, immer *die besten Dinge in das kleinste Behältnis tun.* Die hier zusammengestellten Essays und Feuilletons könnten einen ersten Eindruck von diesen besten Dingen vermitteln. Sie sind nun haltbarer geworden in dieser *Taschenbibliothek aus Feuilletons*, die Marx vorschwebte, als das Gespräch auf eine handliche Ausgabe der gesammelten Feuilletons von Georg Weerth kam.

ERLÄUTERUNGEN ZU DEN TEXTEN

I. *Wahr und glaubwürdig an dieser Komödie der Geschichte ist nichts als die Not, das Leiden und der Schmerz!* Politische Essays (1925–1933)

Leben auf dem Schiff. In: *Prager Tagblatt* v. 11. 7. 1931.

Fancy: Phantasie, die spielerische Einbildungskraft im Gegensatz zur tiefschürfenden Imagination. Lessing benutzte Fancy als Gesprächspartnerin in seinen kleineren Schriften. Fancy ist natürlich nichts anderes als sein anderes Selbst: *daß wir alle nichts sind als Einkörperung der Träume, Kinder der Göttin Fancy, der Fantasie.* Th. Lessing, *Pfingstgruß an die Gefangenen* In: *Prager Tagblatt* v. 20. 5. 1923.

Das Leben von der Schauseite. In: *Prager Tagblatt* v. 16. 6. 1929.

Latzko: Andreas Latzko (1876–1943). Schriftsteller.

Remarque: Erich Maria Remarque (1898–1970). Schriftsteller.

Barbusse: Henri Barbusse (1873–1935). Schriftsteller.

Renn: Ludwig Renn (1889–1979). Schriftsteller.

Piscatorbühne: Erwin Piscator (1893–1966). Theaterregisseur.

Chlodwig Hohenlohe: Chlodwig Fürst zu Hohenlohe-Schillingsfürst (1819–1901). Dt. Reichskanzler von 1894 bis 1900.

Die Illusionsfassade. In: *Prager Tagblatt* v. 25. 12. 1927.

Von dem, was Einer vorstellt: In: *Parerga und Paralipomena.* 2. Teilband. *Aphorismen zur Lebensweisheit,* Kap. IV.

den merkwürdigen Titel: der richtig lautet: *Der Verfall der Lüge.*

Gyntianismus: nach *Peer Gynt,* Versdrama von Henrik Ibsen (1867). Die Figur ist Symbol für einen charakterlosen, ins Phantastische ausschweifenden Mann mit tausenderlei Wünschen.

Welttheater: Neben der Kategorie der Not ist das alte Bild vom Welttheater in Lessings Philosophie das Komplementärelement zur Weltnot, so wie diese sich analog zur Symbolstruktur der Geschichte verhält.

Idolforschung: Vgl. § 56 *Idole und Ideale* In: Th. Lessing, *Geschichte als Sinngebung des Sinnlosen oder die Geburt der Geschichte aus dem Mythos,* Leipzig 1927, 4., völlig umgearbeitete Auflage.

Hindenburg. In: *Prager Tagblatt* v. 25. 4. 1925.

Hindenburg: Paul v. Beneckendorff und v. Hindenburg (1847–1934). Preußischer Generalfeldmarschall. Zusammen mit Ludendorff im I. Weltkrieg ab 1916 im Generalstab des Feldheeres der Obersten Heeresleitung. Von 1925 bis 1934 Reichspräsident.

Schlacht von Tannenberg: Fand statt zwischen dem 23. und 31. 8. 1914 im Raum Neidenburg – Ortelsburg – Allenstein – Hohenstein. Zunächst gemeldet als Schlacht von Ortelsburg bzw. Schlacht um Allenstein, wurde der große militärische Erfolg propagandistisch umgemünzt in die Schlacht von Tannenberg, um damit späte Revanche für die Niederlage des Deutschen Ordens zu nehmen, den dieser gegen das Königreich Polen am 15. 7. 1410 erlitten hatte. Weder Ludendorff noch Hindenburg haben zu diesem Sieg Hervorragendes beigetragen. Es war die erste und einzige Einkreisungsschlacht des I. Weltkriegs, doch nicht kriegsentscheidend. An Tannenberg und an den künstlich aufgebauten Mythos Hindenburg knüpften die nationalistischen Interessengruppen die Hoffnung, damit weiterhin Kriegspolitik betreiben zu können.

Wilhelm Jordan: (1819–1904). Schriftsteller und nationalliberaler Politiker. Hatte auf Lessings Frühphase einen wichtigen Einfluß.

eine der übelsten Naturen: Erich Ludendorff (1865–1937). Preußischer Generalstabschef. Generalquartiermeister der Obersten Heeresleitung im I. Weltkrieg (1916–1918). Deutsch-völkischer Politiker.

Fancys Symbole. In: *Prager Tagblatt* v. 25. 4. 1926.

Fancy: Phantasie, die spielerische Einbildungskraft im Gegensatz zur tiefschürfenden Imagination. Lessing benutzte Fancy als Gesprächspartnerin in seinen kleineren Schriften. Fancy ist natürlich nichts anderes als sein anderes Selbst: *daß wir alle nichts sind als Einkörperung der Träume, Kinder der Göttin Fancy, der Fantasie.* Th. Lessing, *Pfingstgruß an die Gefangenen* In: *Prager Tagblatt* v. 20. 5. 1923.

Illusionsfassade: Näheres dazu in dem gleichnamigen Essay in dieser Sammlung, S. 61.

die Symbole machen die Weltgeschichte: Überspitzung einer Grundannahme in Lessings Geschichtstheorie, wonach das Studium der Geschichte zuletzt den Eindruck erwecke, *als ob statt fühlender Menschen die Röcke, Uniformen, Amtsgewänder, Talare und Kleider miteinander Verträge und Bündnisse, Kriege und Frieden machten, indes immer andere Seelen in die alten allegorischen Gewänder schlüpfen.* Th. Lessing, *Geschichte als Sinngebung des Sinnlosen oder die Geburt der Geschichte aus dem Mythos,* Leipzig 1927, 4., völlig umgearbeitete Auflage, 279. Die Symbolstrukturen der historischen Ereignisse sind bei Lessing auf das engste mit der Not in der Geschichte vermittelt.

Über einen Ausspruch von Doktor Goebbels. In: *Das Tagebuch*, 11. Jg. (1930), 1692 f.

Carl Gustav Carus: (1789–1869). Ästhetiker, Psychologe, Arzt. Lessing gab sein physiognomisches Hauptwerk *Symbolik der menschlichen Gestalt,* Celle 1925, heraus.

Julius Lessing: (1843–1908).

Haarmann: Fritz H. (1879–1925). Hehler, Polizeispitzel und vielfacher Mörder, über dessen Taten und sozialpsychologischen Hintergrund Lessing das Buch *Haarmann. Die Geschichte eines Werwolfs*, Berlin 1925, schrieb.

Catilina: L. Sergius Catilina. Ein 63 v. u. Z. geplanter Staatsstreich wurde von Cicero aufgedeckt. Die Verschwörer wurden hingerichtet, Catilina kam wenig später ums Leben.

Die deutsche Studentenschaft um 1925. In: *Die neue Erziehung*. Monatsschrift für entschiedene Schulreform und freiheitliche Schulpolitik. Zugleich Organ des *Bundes Entschiedener Schulreformer,* September 1925, H. 9, 637–643.

quod nemo in sese vellet descendere: weil niemand auf sich selber herabkommen möchte.

ein Hohenzollernprinz: Louis Ferdinand von Preußen. Der zweite Sohn des Kronprinzen wurde als *»Der Rote Prinz«* gehandelt.

ungefestigte und wenig durchgebildete Proletarierschichten: Die deutsche Sozialdemokratie. Es ist das große Unglück unseres Vaterlandes, daß das ganze Erbe der Revolution und die gewaltigen Ideen der großen Kommunisten und Utopisten heute [1923] in die Hände von Machthabern gelegt sind, deren keiner zu diesen Ideen, dank deren sie hochkamen, eine wesentliche Beziehung hat. Diese Politiker als Sozialisten sind in Wahrheit ehrliche Bürger und Kleinbürger. Sie hingen sich an die große Idee, wie ein Knabe Papierschnitzel befestigt an einem Drachen, damit er sie in die Lüfte trage. Th. Lessing, *Erfassung der Sachwerte* In: *Prager Tagblatt* v. 29. 6. 1923.

Liebknecht: Karl L. (1871–1919). Rechtsanwalt und Politiker. Mitbegründer des Spartakusbundes und der KPD. Von der Reichswehr ermordet.

Luxemburg: Rosa L. (1871–1919). Sozialwissenschaftlerin und Politikerin. Mitbegründerin des Spartakusbundes und der KPD. Von der Reichswehr ermordet.

Eisner: Kurt E. (1867–1919). Schriftsteller und Politiker. Von einem völkischen Attentäter ermordet.

Landauer: Gustav L. (1870–1919). Schriftsteller und Politiker. Von einem Freikorps ermordet.

Leviné: Eugen L. (1883–1919). Politiker der KPD. Nach der blutigen Niederwerfung der Münchner Räterepublik standrechtlich erschossen.

Gambetta: Léon G. (1838–1882). Liberaler Politiker. Rief 1870 die französische Republik aus.

d'Annunzio: Gabriele d'A. (1863–1938). Schriftsteller und faschistischer Politiker.

Baconsfield: Earl of B., d. i. Benjamin Disraeli (1804–1881). Politiker der Tory-Partei und Schriftsteller.

Rathenau: Walther R. (1867–1922). Industrieller, Schriftsteller und Politiker. Von Mitgliedern der *Organisation Consul,* der führenden Femeorganisation der Weimarer Republik, ermordet.

Hesychistenideale: Hesychasmus, mystische Bewegung innerhalb des orthodoxen Mönchtums der Ostkirche. Durch absolute Konzentration soll das göttliche Licht erschaut werden.

Ebert: Friedrich E. (1871–1925). Politiker der SPD. Von 1919 bis 1925 Reichspräsident.

Rudolf Hans Bartsch: (1873–1952). Schriftsteller, Lessing hegte eine besondere, auf persönlicher Bekanntschaft beruhende Vorliebe für den Unterhaltungsschriftsteller. Die Studie *Rudolf Hans Bartsch. Ein letztes deutsches Naturdenkmal,* Leipzig 1927 behandelt indes weniger die erzählerischen

Qualitäten, sondern entwickelt eine Art psychologischer Typenlehre schriftstellerischer Existenzen.

Grillparzer: Franz G. (1791–1872). Dramatiker und Kritiker.

sekkierten: belästigten.

Maximilian Harden: (1861–1927). Publizist. Die Broschüre erschien 1925. Lessings wechselvolle Beziehung zu Harden wird von ihm selbst dargestellt in dem Porträt *Maximilian Harden,* in dieser Sammlung, S. 389.

Erstlingswerk: Theodor Lensing (Pseudonym für Lessing), *Komödie,* Leipzig 1893, 2 Bde.

Irrende Helden. In: *Prager Tagblatt* v. 27. 11. 1930.

Vertrag von Versailles: Der Friedensvertrag von Versailles zwischen Deutschland und den Siegermächten, unterzeichnet am 28. 6. 1919, sah die Abtretung von Gebieten, die Reduzierung des Heeres, Demontagen, Wirtschaftsbeschränkungen und Reparationsforderungen vor.

am 8. November 1918: Am 1. November organisierten sich von Kiel aus die ersten Matrosen- und Arbeiterräte. Am 8. November erreichte die Revolte die Städte Braunschweig und Köln.

Gustav Noske: (1868–1946). Politiker der SPD. Führender Kopf bei der Koordinierung der Freikorpsverbände. 1919/20 Reichswehrminister. 1920–1933 Oberpräsident der Provinz Hannover.

Kämpfe ums Baltikum: Privatkrieg der Freikorpsverbände in Verbindung mit russischen Weißgardisten. Die Landstreifen an der Ostsee waren das Sammelbecken der Gegenrevolution. Auf Druck der Entente wurden die Gebiete von den marodierenden Einheiten geräumt.

Reichsverfassung: Die erste demokratisch-republikanische Rechtsordnung in der deutschen Geschichte, die Weimarer Reichsverfassung, wurde am 11. 8. 1919 von der Nationalversammlung in Weimar verabschiedet.

Erfüllungspolitik: Die Einlösung der im Versailler Vertrag festgelegten Verpflichtungen. Das Stichwort von der Erfüllungspolitik wurde zu einer Agitationsformel der nationalen Rechten. Man setzte diese Politik mit dem *›Ausverkauf Deutschlands‹* gleich.

Graf v. der Goltz: Rüdiger Graf v. der G. (1865–1946). Preußischer Generalleutnant.

Hauptmann Roßbach: Gerhard R. (1893–1967). Freikorpsanführer.

Schlageter: Albert Leo Sch. (1894–1923). Freikorpsmitglied. Von einem französischen Militärgericht wegen Sabotage zum Tode verurteilt. Von der NSDAP als ihr Märtyrer ausgebeutet.

Berthold: Rudolf B., Hauptmann. Anführer des Freikorps *Eiserne Schar.* Nach einem Feuergefecht mit Spartakisten gelyncht.

Schmidt: Willi Sch. (1900–1920). Opfer eines Fememordes, verübt vom Freikorps Roßbach.

Kern: Erwin K. (1898–1922). Marineoffizier und Jurastudent. Mitglied der *Organisation Consul.* Einer der Mörder Walther Rathenaus.

Gareis: Abgeordneter der USPD in München. Am 10. 6. 1921 von Freikorpsangehörigen ermordet.

Erzberger: Matthias E. (1875–1921). Politiker des Zentrums. Am 26. 8. 1921 von Mitgliedern der *Bayerischen Holzverwertungsgesellschaft,* einer Nachfolge- und Tarnorganisation der *Brigade Ehrhardt,* ermordet.

Scheidemann: Philipp Sch. (1865–1939). Politiker der SPD. Überlebte das am 4. 6. 1922 durch Mitglieder der *Organisation Consul* auf ihn verübte Blausäureattentat.

Ehrhardt: Hermann E. (1881–1971). Seit 1919 Anführer der nach ihm benannten Terrorbrigade. Nach dem gescheiterten Putsch von 1920 Mitglied in der *Organisation Consul,* der mächtigsten Geheimorganisation während der Weimarer Republik.

das Lied: das sog. Ehrhardt-Lied. *Hakenkreuz am Stahlhelm, / schwarzweiß-rote Bande / Bund der Frontsoldaten werden wir genannt.*

Wikingbund: gegründet 1921 in München.

Schauwecker: Franz Sch. (1890–1964). Schriftsteller der nationalen Rechten.

Jünger: Ernst J. (geb. 1895). Reichswehroffizier und Schriftsteller mit wechselnden, rechtsorientierten politischen Präferenzen.

Bronnen: Arnolt B. (1895–1959). Schriftsteller und zeitweise rechtsnationaler Agitator.

Strasser: Gregor S. (1892–1934). Politiker der NSDAP. Am 30. 6. 1934 durch die SS ermordet; Otto S. (1897-1974). Politiker der NSDAP bis 1930, danach in der *Schwarzen Front* als Gegner Hitlers tätig. Während des I. Weltkriegs als *roter Leutnant* bekannt, 1919 Mitglied eines Freikorps, Beteiligung an der blutigen Niederschlagung der Münchner Räterepublik und ein Jahr darauf Teilnehmer an der Niederzwingung der Kapp-Putschisten.

Ernst Salomon: E. v. S. (1902–1972). Schriftsteller und nationalbolschewistischer Politiker.

Ludwig Renn: (1889–1979). Schriftsteller.

Achileus: Usurpator in Ägypten (296–297). Dieses Gleichnis hat Lessing von Rousseau entliehen.

Der Liberalismus. In: *Prager Tagblatt* v. 14. 2. 1932.

Louise Michel: (1830–1905). *La bonne Louise,* eine seit der Pariser Commune politisch kämpfende Lehrerin, die für neun Jahre auf eine Strafkolonie nach Neu-Kaledonien deportiert und während der Überfahrt – so die Legende – zwischen Himmel und Wasser (in einem Käfig!) zur Anarchistin wurde. 1888 überlebte sie ein Revolverattentat und blieb bis zu ihrem Tode eine unverdrossene Kämpferin.

Kropotkin: Peter K. (1842–1921). Schriftsteller.

Bakunin: Michail B. (1814–1876). Politiker des libertären Anarchismus.

Die Anarchisten. In: *General-Anzeiger für Dortmund und das gesamte rheinisch-westfälische Industriegebiet* v. 13. 10. 1931.

Max Stirner: (1806–1856). Politischer Schriftsteller. Vertreter des Individualanarchismus.

John Henry Mackay: (1864–1933). Anarchistischer Schriftsteller.

Anselm Ruest: (1878–1943). Anagramm des Namens Ernst Samuel. Philosophischer Schriftsteller. Stirner-Herausgeber und Biograph.

Pierre Ramus: (ca. 1870–ca. 1940). Hinter diesem Pseudonym verbirgt sich der, vom Werkumfang betrachtet, produktivste Schriftsteller des Anarchismus in Deutschland, Rudolf Großmann.

Elisée Reclus: (1830–1905). Geograph. Direktor der Bibliothéque Nationale Paris. 1871 Deportation und lebenslängliche Verbannung. Professor in Brüssel. Wichtiger Vertreter des politischen Anarchismus.

William Morris: (1834–1896). Inspirator der *arts-and-crafts*-Bewegung. Künstler und Schriftsteller.

Edward Carpenter: (1844–1929). Anarchistischer Schriftsteller.

Robert Reitzel: (1849–1898). Libertärer anarchistischer Schriftsteller. Wanderprediger in den USA. Schriftsteller.

Eugen Dühring: (1833–1921). Sozialphilosoph und Pamphletist. Lessing plante die Edition gesammelter Schriften und analysierte Dührings berserkerhaften Charakter in der kleinen Studie *Dührings Hass,* Hannover 1922. Es ist dies eine Art Supplement zur sozialpsychologischen Erkundung des von Lessing erstmals gründlicher studierten jüdischen Selbsthasses. Das gleichnamige Buch erschien 1930 in Berlin.

Max Nettlau: (1865–1914). Sozialhistoriker.

Petrolösen: pétroleuse. Schimpfwort gegen die Frauen innerhalb der anarchistischen Bewegung.

Kropotkin: Peter K. (1842–1921). Schriftsteller.

Bakunin: Michail B. (1814–1876). Politiker des libertären Anarchismus.

Louise Michel: (1830–1905). *La bonne Louise,* eine seit der Pariser Commune politisch kämpfende Lehrerin, die für neun Jahre auf eine Strafkolonie nach Neu-Kaledonien deportiert und während der Überfahrt – so die Legende – zwischen Himmel und Wasser (in einem Käfig!) zur Anarchistin wurde. 1888 überlebte sie ein Revolverattentat und blieb bis zu ihrem Tode eine unverdrossene Kämpferin.

Rosa Luxemburg: (1871–1919). Sozialwissenschaftlerin und Politikerin. Mitbegründerin des Spartakusbundes und der KPD.

Lob des Herabkömmlings. In: *Prager Tagblatt* v. 18. 11. 1928.

Michail Bakunin: (1814–1876). Politiker des libertären Anarchismus.

Konservative Tendenzen in der Sozialdemokratie? Eine Rundfrage. In: *Mitteilungsblatt des sozialdemokratischen Intellektuellenbundes,* Heidelberg, Juli 1930, H. 5, 9–13.

Marx mit Spott: Vgl. *Lob des Herabkömmlings* in dieser Ausgabe, wo dieses Zitat Bakunin zugeschrieben wird. Von ihm dürfte es weit eher stammen als von Marx.

Bakunin: (1814–1876). Politiker des libertären Anarchismus.

Proudhon: Pierre Joseph P. (1809–1865). Schriftsteller des Frühsozialismus und anarchistischer Staatstheoretiker.

Stampfer: Friedrich S. (1874–1957). Politiker der SPD.

Leonard Nelson: (1882–1927). Philosoph und Begründer des neukantianischen *Internationalen Sozialistischen Kampfbundes. Ein Denker von kristallener Klarheit und mathematischer Treffsicherheit, politisch einer der freie-*

sten und unabhängigsten Männer Deutschlands. So Th. Lessing, *Demokratie und Führerschaft* In: *Prager Tagblatt* v. 18. 8. 1927.

Was hat die Sozialdemokratie der Jugend zu bieten? [Titel vom Hrsg.] In: *Mitteilungsblatt des sozialdemokratischen Intellektuellenbundes.* Heidelberg, September 1930, H. 6, 34–36.

Lassalle: Ferdinand L. (1825–1864). Sozialdemokratischer Theoretiker und Politiker.

Friedrich Alb. Lange: Friedrich Albert Lange (1828-1875). Philosophiehistoriker.

Vaterland. In: *General-Anzeiger für Dortmund und das gesamte rheinisch-westfälische Industriegebiet* v. 28. 12. 1931.

Wie es kommen wird. In: *General-Anzeiger für Dortmund und das gesamte rheinisch-westfälische Industriegebiet* v. 19. 6. 1932.

Feuchtwangers »Erfolg«: Lion F. (1884–1958). Schriftsteller. *Erfolg. Drei Jahre Geschichte einer Provinz* (1930).

Die deutsche Universität. In: *Die neue Weltbühne,* 2. Jg. (1933), H. 36, 1112–1116.

ein Fähnlein Studenten: Nach der Wahl Hindenburgs kam es zu einer koordinierten Aktion der nationalen Rechten gegen Theodor Lessing, der als exemplarisches Beispiel eines jüdischen Hochschullehrers verstanden und angegriffen wurde. Nachdem die Störaktionen der kleinen völkisch-nationalistischen Korpsstudenten im Sommersemester 1925 noch verhältnismäßig unspektakulär geblieben waren, öffnete man mit reichlich publizistischer Schützenhilfe von Rechts im darauffolgenden Jahr den Radius der Kampagne. Am 3. 5. 1926 nahm Lessing seine Arbeit an der Technischen Hochschule Hannover wieder auf und wurde von einer Hundertschaft zusammengetrommelter Studenten belästigt und auch körperlich attackiert. Er wird durch die an die Hochschule angrenzenden Herrenhäuser Gärten getrieben und beschimpft. Es folgen weitere Boykottaktionen. Am 31. 5. 1926 kommt es zu den schwersten Ausschreitungen. Ungefähr siebenhundert mit Eichenstöcken bewaffnete Studenten versammeln sich in der Hochschule und brüllen antisemitische Parolen. Nur zögernd läßt der Rektor von einigen der Studenten die Ausweise einziehen. Relegationsverfahren werden eingeleitet. Die Studenten fahren in einer demonstrativen Aktion mit einem Sonderzug nach Braunschweig, um gegen diese Maßnahme und gegen die jüdischen Hochschullehrer an deutschen Universitäten zu protestieren. Nun wird die ganze Stadt Hannover von dem pogromartigen Fieber erfaßt. Vereine und Verbände, Parteien und Einzelpersonen, die Industrie- und Handelskammer, schließlich der Oberbürgermeister sprechen sich für eine Entfernung Theodor Lessings von seinem Lehramt aus. Großveranstaltungen der nationalen Rechten verleihen dem zusätzliches Gewicht. Der Druck auf die öffentliche Meinung wächst. Das Kultusministerium in Berlin, vertreten durch den Orientalisten Becker, sieht dieser Eskalation der Gewalt zu lange fast unbeteiligt zu. Georg Bernhard spricht in der *Vossischen Zeitung* den Dreh- und Angelpunkt der das ganze Land erfassenden Kampagne an: Der

Terror gegen Lessing sei ein Stück eines offenen Angriffs gegen die Meinungs- und Handlungsfreiheit der demokratischen Republik und ein Teilstück des geplanten Gesamtangriffs gegen diese Republik. (*Vossische Zeitung* v. 13. 6. 1926). Am 19. 6. 1926 kommt es durch Vermittlung mehrerer Berliner Hochschullehrer zu einem Kompromiß. Lessing verzichtet auf seine Vorlesungen, behält aber die venia legendi. Sein bisheriger Lehrauftrag wird in einen Forschungsauftrag umgewandelt. Damit haben die völkisch-nationalistischen Kreise ihren Sieg davongetragen. Keiner der Studenten wird wegen der Beteiligung an den Ausschreitungen gegen Lessing strafrechtlich belangt.
ein wohlwollender sozialdemokratischer Ministerpräsident: Otto Braun (1872–1955). Von 1925 bis 1932 preußischer Ministerpräsident.
ein wohlwollender demokratischer Minister: Carl Heinrich Becker. Von 1925–1930 preußischer Kultusminister.
das brutale Nichts: Hitler.
Turnvater Jahn: Friedrich Ludwig Jahn (1778–1852). Pädagoge und nationalistischer Politiker.
Houston Chamberlain: Houston Stewart Ch. (1855–1927). Schriftsteller und antisemitischer Pamphletist.
Paul de Lagarde: (1827–1891). Schriftsteller und rassistischer Pamphletist.
Rosenberg: Alfred R. (1893–1946). Politiker der NSDAP und deren Ideologe.
Ernst v. Wildenbruch: (1845–1909). Schriftsteller.
Rudolf Borchardt: (1877–1945). Schriftsteller.
Engel: Eduard E. (1851–1938). Literaturhistoriker.
Gegenpol des Ahasver: Ludwig Klages (1872–1956), Lessings bester Freund aus Kinder- und Jugendjahren in Hannover. Klages verfaßte eine Schmähschrift gegen Lessing, in der er ihn als Verkörperung des Ahasver bezeichnete, seinen Namen nicht nannte und die vieldeutige Wortgeschichte des Ahasver antisemitisch vereinseitigte. Ahasver ist das Sinnbild des nie zur Ruhe kommenden Juden. Es erhielt Gestalt von altorientalischen Sagen und der biblischen Kain-Sage. In der Volksphantasie spukte das dämonische Bild vom ewigen Juden seit dem Ausgang des Mittelalters herum. Die Pogrome gegen Juden und die Wiederkehr an allen Enden der Welt schienen das Gespenstische dieser unheimlichen, teuflischen Figur zu bestätigen. Seit dem 18. Jahrhundert wird Ahasver mit dem allgemeinen Schicksal der Juden gleichgesetzt und in der Folgezeit zum Zwecke der Umpolung ins Negative – bei den Nazis – oder ins Positive – bei den Zionisten – verwandt.
Peer Gynt: Klages sah sich in vielem als Verkörperung dieser Ibsen-Gestalt. In Lessings Lebenserinnerungen *Einmal und nie wieder*, Prag 1935, Ndr. Gütersloh 1969, 432 heißt es dazu: *Ich glaube, damit meinte er dieses Bedürfnis, jedem persönlichen Belieben eine fantasieentsprungene Sanktion zu geben. Der stelzende Stil, der immer vielspännig daherrasselt, eine gewisse Geheimniskrämerei (. . .), der Faltenwurf und die erhabene Feierlichkeit eines Auguren, dieses alles schien letzte Erkenntnisse aufblitzen zu lassen und*

war doch nur ein Selbstrechtfertigen und sein Selbstschützen; war sein Verbergen und nicht: Enthüllen.

Die Potsdamer Garnisonskirche. Der Sitz des neuen Reichstags. In: *Prager Tagblatt* v. 3. 3. 1933.

Friedrich Wilhelm I.: (1688–1740).

Alexander von Rußland: Alexander I.

Friedrich Wilhelm III.: (1770–1840).

Kleines Lexikon fürs Dritte Reich. In: *General-Anzeiger für Dortmund und das gesamte rheinisch-westfälische Industriegebiet* v. 19. 8. 1932.

II. *Gut! Ich habe also das Weltsystem in hundert Feuilletons zerschnitten. Davon kann ich immerhin Brot kaufen.* Satirische Feuilletons (1923–1933)

Osterbotschaft. In: *Prager Tagblatt* v. 16. 4. 1933.

Fancy: vgl. oben S. 432.

Robert Browning: (1812–1889). Schriftsteller. *Pippa passes* (1841).

Tarzan: Hitler.

Philosophie des Schlangestehens. In: *Prager Tagblatt* v. 22. 11. 1923.

Scheinwirtschaft: Die Geldinflation erreichte Ende 1923 in der Weimarer Republik ihren Höhepunkt. Mitte November, als Lessing dieses Feuilleton schrieb, betrug der Kurs des Dollars (in Reichsmark ausgedrückt): 4 200 000 000,00. Ende 1923 waren nur knapp dreißig Prozent der Arbeiter beschäftigt. Nur die *Raffkes,* die Inflationsgewinnler und Schieber, und die großen Industriebetriebe hatten eine gute Zeit.

das Kamel-, das Löwen- und das Kindszeitalter: Nach F. Nietzsche, *Also sprach Zarathustra. Ein Buch über Alle und Keinen* (1883–1885). In: ders., *Werke*, Bd. 2, München 1969, 293; *Drei Verwandlungen nenne ich euch des Geistes: wie der Geist zum Kamele wird, und zum Löwen das Kamel, und zum Kinde zuletzt der Löwe.*

Körtingswerk Linden: Ernst Körting (1842–1921). Erfinder und Ingenieur. Gründete zusammen mit seinem Bruder Berthold die Maschinenbaufirma Gebr. Körting in Hannover-Linden, dem noch heute klassischen Arbeiterviertel der Stadt.

Geronten: die Geehrten. Die Geronten waren die Ältesten innerhalb eines sozialen Verbandes.

Geständnis eines Filmstars. In: *Prager Tagblatt* v. 23. 9.1928.

Friedrich: Friedrich II. (1712–1786).

Wir psychoanalysieren einander. In: *Prager Tagblatt* v. 17. 6. 1928.

Doktor Deuteweiß: Lessing hatte zur Unterhaltung seiner Kinder ein Bedeutungssystem der Finger entwickelt. Der Zeigefinger war darin der Doktor Deuteweiß. (So erzählte es mir Ruth Gorny, Theodor Lessings dritte Tochter.)

Adler: Alfred A. (1870–1937). Begründer der Individualpsychologie.
Jung: Carl Gustav J. (1875–1961). Psychiater und Mythenforscher.
Rühle: Otto R. (1874–1943). Politischer Schriftsteller und Vortragsreisender. Gemeint ist Rühles individualpsychologisch angelegte Biographie *Karl Marx. Leben und Werk,* Hellerau 1927.
Kerr: Alfred K. (1867–1948). Theaterkritiker und Schriftsteller.

Psychologie des Rauchens. In: *Prager Tagblatt* v. 17. 10. 1926.
Mörike: Eduard M. (1804–1875). Lyriker.
Rudolf Hans Bartsch: (1873–1952). Schriftsteller. Lessing hegte eine besondere, auf persönlicher Bekanntschaft beruhende Vorliebe für den Unterhaltungsschriftsteller. Die Studie *Rudolf Hans Bartsch. Ein letztes deutsches Naturdenkmal,* Leipzig 1927, behandelte indes weniger die erzählerischen Qualitäten, sondern entwickelt eine Art psychologischer Typenlehre schriftstellerischer Existenzen.

Worüber ich mich immer wieder ärgere. Antwort auf eine Enquête. In: *Stachelschwein,* 3. Jg. (1925), H. 14, 15–22.
ein auszurottender Schädling: Anspielung auf die antisemitische Treibjagd gegen Lessing während des Hochschulskandals in Hannover, 1925/26. Dazu Näheres in der Anmerkung zu dem Aufsatz *Die deutsche Universität,* in dieser Sammlung, S. 111.
Onkel Bräsig: Von Fritz Reuter (1810-1874) entwickelte Kunstfigur in der satirischen Erzählung *Abenteuer des Entspekter Bräsig* (1865).
sekkieren: belästigen.
Schleiermacher: Friedrich Sch. (1768–1834). Philosoph und Hermeneutiker.
Bund gegen den Lärm: Der *Anti-Lärmverein,* 1908–1912 von Lessing in Hannover geleitet. Weiteres dazu in dem Feuilleton *Die blauschwarze Rose,* in dieser Sammlung S. 398.
Weiberveneration: Verehrung.
Carlyle: Thomas C. (1795–1881). Schriftsteller und Historiker.
Indignatio facit versus: Entrüstung bringt einen dazu, Verse zu machen.

In Harmonie mit dem Kosmos. In: *Prager Tagblatt* v. 29. 5. 1930.

Helgoländer Elegie. In: *Stachelschwein,* 4. Jg. 1927, H. 9, S. 8–11.
Fancy: Vgl. oben S. 432.
Schwarz-weiß-rot-karierten Taschentüchern mit einem Hakenkreuz: Es war während der Zeit der Weimarer Republik durchaus weit verbreiteter Brauch, die Sandburgen an den Ferienständen mit den Farben der vergangenen Monarchie zu schmücken. Auf höherer Ebene war der 1926 aufgebrochene Flaggenstreit, nämlich die Entscheidung, daß die Handelsflagge Schwarz-Weiß-Rot mit einer letzlich kaum sichtbaren republikanischen, schwarzrotgoldenen Gösch auszufertigen sei, nichts anderes als ein Kampf zwischen politischen Symbolen. So weigerten sich die großen Berliner Hotels am Verfassungstag, dem 11. 8. 1927, die Fahne der Republik auszuhängen. Man wolle keinen Unwillen in der Bevölkerung hervorrufen, lautete die Begründung.

Die Jugend tagt. In: *Das Tagebuch,* 4. Jg. (1923), 1333–1343.
Der Hohe Meißner: Der Jahrestag der Völkerschlacht bei Leipzig war der Anlaß

für das »Fest des vaterländischen Gedenkens« auf dem Gipfel des Hohen Meißner südlich von Kassel. Dieses Treffen von dreizehn verschiedenen Organisationen der deutschen Jugendbewegung war der im nachhinein verklärte Höhepunkt einer durchweg disparaten Entwicklung, an deren Endpunkt die Auflösung der bündischen Idee und ihre ideologische wie personelle Überführung in die Terrorapparate der NSDAP stand. Lessings Satire, zehn Jahre nach dem legendären Ereignis geschrieben, greift den baren Ernst der neuen Väter, der Führerpersönlichkeiten, an und weist prognostisch auf die zehn Jahre darauf sich ankündigende Zuspitzung im absoluten Führer hin.

Poldel Casanova Langsterbehn/Longinus Somnifer/Dionysos Wortestock/ Amandus Polygamios Heiliger: diese sprechenden Namen sind nicht auf eine historische Figur gemünzt, doch die Anleihen aus der Geistesgeschichte dabei sind offensichtlich. Longinus war der Lehrer des Porphyrius (213–273). Man sagte ihm nach, daß er eine lebende Bibliothek und ein wandelndes Museum sei. Pater Amandus Polygamios nannte Lessing seinen Freund aus Studientagen, Max Scheler (Th. Lessing, *Feind im Land*, Hannover, 1923, S. 133), in Anspielung auf seine bekannten sexuellen Eskapaden und sein aus Karrieregründen vollzogenes katholisches Konvertitentum.

Karl Gutzkows Buch *Dionysius Longinus, oder: Über den ästhetischen Schwulst in der neueren deutschen Literatur* (1878) wird wohl ebenfalls bei den Wortschöpfungen Pate gestanden haben.

Lessing selbst hat in einer Nachbemerkung zu seinem von Angehörigen der Jugendbewegung kritisierten Aufsatz die realen Vorbilder enthüllt: *da ich wußte, daß unsere Jugendbünde gern auf dem Meißner tagen (viel mehr wußte ich nicht und hielt meine Skizze so zeitlos, daß Ihr nicht einmal merken konntet, daß eine Diskussion zwischen Natorp und Wyneken, 1913, ihr Anlaß gewesen war).* Th. Lessing, *Mitteilung an die Jugend.* In: *Das Tagebuch*, 4. Jg. (1923), 1637. *Paul Natorp* (1854–1924). Philosoph und Pädagoge. *Gustav Wyneken* (1875–1964). Pädagoge. *Nathan Springquell:* Spielt auf die Bestrebungen derjenigen Zionisten an, die ausschließlich das Heil des Judentums in der Bearbeitung des Bodens sahen.

Raufebald Spaltefroh/Spaltelieb Raufebald: Als Goethe-Kenner erlaubt Lessing sich hier eine Anleihe aus Faust II, 4. Akt, wo ein *Raufebold* aus einem Vorgebirge hervortritt.

Stinnes: Hugo Stinnes (1870–1924). Industrieller. Baute aus Kriegs- und Inflationsprofiten das größte deutsche Konzernkonglomerat auf.

Der positive und der negative Meyer. In: *Prager Tagblatt* v. 12. 8. 1928.

Fememorde: Serie politischer Morde an angeblichen Verrätern Deutschlands durch paramilitärische Verbände in der Frühzeit der Weimarer Republik. Der Mathematiker Emil Julius Gumbel (1891–1966) klärte in mehreren Broschüren und Büchern auf, daß die allermeisten Attentate, Fememorde und politischen Verbrechen von der nationalen Rechten verübt worden waren. Vgl. ders., *Zwei Jahre Mord*, 1921; *Vier Jahre politischer Mord*,

1922; *Verräter verfallen der Feme*, 1929; *Laßt Köpfe rollen*, 1932; *Vom Fememord zur Reichskanzlei*, 1962.

Wie werde ich gebildet? In: *Prager Tagblatt* v. 20. 1. 1924.

Geldkomplex: Satirischer Roman von Franziska v. Reventlow (1871–1918). *Der Geldkomplex* (1916), worin sie die von der Psychoanalyse behaupteten sexuellen Verdrängungen auf schlichten Geldmangel zurückführt.

Burckhardt: Jakob B. (1818–1897). Kultur- und Kunsthistoriker.

Wilhelm Ostwald: (1853–1932). Naturwissenschaftler und Kulturphilosoph.

Karl Lamprecht: (1856–1915). Kulturhistoriker.

Spengler: Oswald S. (1880–1936). Sein Buch *Der Untergang des Abendlandes* (1918–1922) wurde häufig mit Lessings Geschichtskritik zusammen erwähnt. Allenfalls den physiognomischen Blickwinkel teilen beide, doch dem Zeitgenossen erschien es so, als ob Lessings Buch *Geschichte als Sinngebung des Sinnlosen* nur ein Anhang zu Spengler sei, *so wie ein Streifchen Papier, das ein Knabe an den Schweif eines hochgestiegenen und für alle sichtbar gewordenen Drachens band.* Th. Lessing, *Geschichte als Sinngebung des Sinnlosen oder die Geburt der Geschichte aus dem Mythos,* Leipzig 1927, 4., völlig umgearbeitete Auflage, 5.

Edmund Husserl: (1859–1938). Philosoph, Begründer der Phänomenologie. Lessings satirische Seitenhiebe beziehen sich auf die auch bei Freud-Adepten beobachtbare Lebenstechnik, alles und jedes mit der Begrifflichkeit einer zur Macht gewordenen Schulsprache zu überziehen und dadurch dann wirklich darüber die Phänome zu übersehen. Einen Einblick in Lessings Aufnahme Husserls gibt seine Schrift *Studien zur Wertaxiomatik. Untersuchungen über reine Ethik und reines Recht,* Leipzig 1914, 2., erweiterte Ausgabe.

Hans Cornelius: (1863–1947). Philosophieprofessor.

Christian v. Ehrenfels: (1859–1932). Begründer der Gestaltpsychologie.

Geometrie der Dummheit. In: *Prager Tagblatt* v. 8. 8. 1928.

die Welt sei eine Kugel: Kant bezeichnete David Hume (1711–1776) als einen *Geographen der menschlichen Vernunft* In: *Kritik der reinen Vernunft* (1781), B 788. Diese Vermessungsleistung wird dann von Georg Simmel (1858–1918) in den Satz gebracht: *Die gesamte Natur, uns selbst als erfahrbare Existenzen eingeschlossen, bildet gleichsam eine in sich geschlossene Kugeloberfläche* In: *Schopenhauer und Nietzsche. Ein Vortragszyklus,* München/Leipzig 1923. 3. Aufl., 32 f.

Die radiale Urteilskraft: Dazu Georg Simmel, *Rembrandt. Ein kunstphilosophischer Versuch,* Leipzig 1919, 2. Aufl., VII: *Was mir von je als eine wesentliche Aufgabe der Philosophie erschien: von dem unmittelbar Einzelnen, dem einfach Gegebenen das Senkblei in die Schicht der letzten geistigen Bedeutsamkeiten zu schicken.*

Der Witz. In: *Stachelschwein*, 3. Jg. (1926), H. 4, 6–12.

Theodor Lipps: (1851–1914). Philosoph und Psychologe.

Henri Bergson: (1859–1941). Philosoph.

Tangentialsatz: Vgl. hierzu *Geometrie der Dummheit* in dieser Sammlung, S. 184.
Franz Brentano: (1838–1917). Philosoph.
Carl Fürstenberg: (1850–1917). Bankier.
Max Halbe: (1865–1944). Schriftsteller.
Hans Olden: (1859–1932). Schriftsteller.
Friedrich Tieck: (1776–1851). Bildhauer.

Schmerzensruf eines Normalen. In: *Prager Tagblatt* v. 20. 12. 1927.
Novalis: Friedrich Leopold Frhr. v. Hardenberg (1772–1801). Schriftsteller.
Haemerling: Robert Haemerling (1830–1889). Schriftsteller.
Keats: John Keats (1795–1821). Lyriker.
Jacobsen: Jens Peter Jacobsen (1847–1885). Schriftsteller.
Lenau: Nikolaus Lenau (1802–1850). Schriftsteller.
Anakreon: (um 500 v. u. Z.). Lyriker.
Bellmann: Carl Michael Bellmann (1740–1795). Lyriker.
Grabbe: Christian Dietrich Grabbe (1801–1836). Dramatiker.
Hutten: Ulrich v. Hutten (1488–1523). Schriftsteller.
Leopardi: Giacomo Leopardi (1798–1837). Lyriker und philosophischer Schriftsteller.
Poe: Edgar Allen Poe (1809–1949). Schriftsteller.

Die armen Tierchen. In: *Prager Tagblatt* v. 7. 10. 1928.
Fancy: Phantasie, die spielerische Einbildungskraft im Gegensatz zur tiefschürfenden Imagination. Lessing benutzte Fancy als Gesprächspartnerin in seinen kleineren Schriften. Fancy ist natürlich nichts anderes als sein anderes Selbst: *daß wir alle nichts sind als Einkörperung der Träume, Kinder der Göttin Fancy, der Fantasie.* Th. Lessing, *Pfingstgruß an die Gefangenen* In: *Prager Tagblatt* v. 20. 5. 1923.

Letzte Worte. In: *Prager Tagblatt* v. 25. 3. 1926.
Tycho de Brahe: (1545–1609). Astronom.
Lamettrie: Julien Offray de L. (1709–1751). Philosoph.
Descartes: René D. (1596–1650). Philosoph.

III. *Man könnte das ganze Weltall betrachten als ein Bilderbuch von Spuren*
Sozialphysiognomische Essays (1926–1932)

Prag und die Prager. In: *Prager Tagblatt* v. 14. 11. 1926.
Rabbi Löw: Rabbi Juda Löw ben Bezalel (gest. 1612). Mystiker. Es gibt mehrere Versionen der Geschichte des Golem, dieses künstlich aus Lehm erschaffenen Wesens, das dem Schöpfer solange zur Hand geht, wie es einen Zettel mit dem Namen Gottes im Mund führt. Sobald das Stück Papier herausgezogen wird, verfällt der Golem in den leblosen Zustand einer Lehmfigur. Einmal aber vergaß der Rabbi, den Zettel zu entfernen, und der

Golem blähte sich zu übermenschlicher Größe auf und fing an, die umliegende Stadt zu zertrümmern. Zum Glück gelingt es dem herbeieilenden Rabbi aus Prag dann aber, dem Golem den Zauberzettel zu entreißen, und sogleich zerfällt er zu einem Haufen Lehm. Dieser aus dem Geist des Kabbalismus entstandene Homunkulus tritt auch in Gustav Meyrinks (1868–1932) Roman *Der Golem* (1915) auf.

Raubkatze und Chauffeur. In: *Prager Tagblatt* v. 25. 6. 1929.

Carus: Carl Gustav C. (1789–1869). Ästhetiker, Psychologe, Arzt. Lessing gab sein physiognomisches Hauptwerk *Symbolik der menschlichen Gestalt*, Celle 1925, heraus.

Bachofen: Johann Jakob B. (1815–1887). Rechts- und Religionshistoriker.

Wilhelm Ostwald: (1853–1932). Naturwissenschaftler und Kulturphilosoph.

Emil Ludwig: (1881–1948). Schriftsteller.

Josephine. In: *Stachelschwein*, 5. Jg. (1928), H. 11/12, 28–31.

Josephine Baker: (1906–1975). Tänzerin. Zum Auftritt von Josephine Baker in Wien bemerkte Karl Kraus: *Was aber die Josephine Baker betrifft, die vielleicht mehr Zusammenhang mit der Gottesschöpfung erkennen läßt als ein ganzes flaches Land, auf dem Bodenständige wohnen, so hat sie es sich schließlich selbst zuzuschreiben, daß sie Bekanntschaft mit dem dunkelsten Zentraleuropa gemacht hat.* In: *Die Fackel*, 30. Jg. (Juni 1928), Nr. 781–786, 87.

Pippa tanzt: Anspielung auf die szenische Verserzählung *Pippa Passes* (1841) von Robert Browning (1812–1889), die Gerhart Hauptmann zu dem Drama *Pippa tanzt* (1906) anregte.

Der wilde und der zahme Esel. In: Th. Lessing, *Meine Tiere*, Berlin 1926, 145–151. Erstfassung in: *Prager Tagblatt* v. 1. 3. 1926.

das Romanische Café: Neben dem *Café Größenwahn*, dem alten *Café des Westens*, die bedeutendste Institution der Berliner Bohème bis 1933. Eine Anekdote erzählt, daß es dort klare Rangunterschiede gab: auf der linken Seite befand sich das *Schwimmerbassin*, da hielten sich die Arrivierten und Berühmten auf, während der rechte Teil des Cafés, das *Nichtschwimmerbassin*, den (noch) unbekannten Größen vorbehalten war.

Sir Galahad: Name des letzten Gralsritters der Artus-Runde. Pseudonym für Bertha Eckstein, geb. Diener (1874–1948). Schriftstellerin, die auch unter dem Namen Helen Diner veröffentlichte.

Rudolf Hans Bartsch: (1873–1952). Schriftsteller. Lessing hegte eine besondere, auf persönlicher Bekanntschaft beruhende Vorliebe für den Unterhaltungsschriftsteller. Die Studie *Rudolf Hans Bartsch. Ein letztes deutsches Naturdenkmal*, Leipzig 1927 behandelt indes weniger die erzählerischen Qualitäten, sondern entwickelt eine Art psychologischer Typenlehre schriftstellerischer Existenzen.

Hie Europa – Hie Asien: Anspielung auf Lessings mehrfach umgearbeitetes Buch *Europa und Asien* (1918–1930).

Hund und Katze. In: Th. Lessing, *Meine Tiere*, Berlin 1926, 46–52. Erstfassung in: *Prager Tagblatt* v. 28. 5. 1924.

Heautontimorumenos: Selbstquäler, Selbstdenker. *Heauton timorumenos* ist der Titel einer Komödie des Publius Terentius Afer (um 190–159 v. u. Z.). Baudelaire schrieb das Gedicht *L'Héautontimorouménos.*

Die Häher. In: Th. Lessing, *Meine Tiere,* Berlin 1926, 60–66. Erstfassung in: *Prager Tagblatt* v. 21. 10. 1925.

Die Hyänen. In: Th. Lessing, *Meine Tiere,* Berlin 1926, 67–73. Erstfassung in: *Prager Tagblatt* v. 9. 10. 1924.
tatwamasi: Das bist Du!
Swami Vivekananda: (1862–1902). Philosoph.

Ameisen. In: Th. Lessing, *Meine Tiere,* Berlin 1926, 74–78. Erstfassung in: *Prager Tagblatt* v. 12. 9. 1925.

Der Hühnerhof. In: Th. Lessing, *Meine Tiere,* Berlin 1926, 79–85. Erstfassung in: *Prager Tagblatt* v. 16. 10. 1924.

Die Bilche oder Der Untergang der Aristokratie. In: Th. Lessing, *Meine Tiere,* Berlin 1926, 86–90. Erstfassung in: *Prager Tagblatt* v. 6. 9. 1925.
Jean Baptist Porta: Johann Baptista (Giambattista) della Porta (1535–1615) Physiker. Seit Aristoteles das reichhaltigste System der Physiognomik in seinem Werk *De humana physiognomia* (1586). Lessing gab eine deutsche Übersetzung davon heraus: *Die Physiognomie des Menschen* in: *Der Körper als Ausdruck.* Schriftenreihe zur Gestaltenkunde, Bd. 1, Radebeul 1931/32.
Martial: Marcus Valerius Martialis (um 40–104). Epigrammatiker.

Spinne und Fliege. In: Th. Lessing, *Meine Tiere,* Berlin 1926, 110–116. Erstfassung in: *Prager Tagblatt* v. 16. 9. 1924.
Nietzsche warnt: Von den Fliegen des Marktes In: *Also sprach Zarathustra. Ein Buch für Alle und Keinen* (1883–1885). Lessing erlaubt sich eine großzügige Zusammenfassung und Paraphrasierung der entsprechenden Textstellen. Vgl. F. Nietzsche, *Werke*, Bd. 2, München 1969, 316–318.
Fritz Mauthner: (1849–1923). Sprachphilosophischer Kritiker.
Herbert Eulenberg: (1876–1949). Schriftsteller.

Biene und Wespe oder Bürgerlich und Romantisch. In: Th. Lessing, *Meine Tiere,* Berlin 1926, 131–136. Erstfassung unter dem Titel *Bürgerlich und Romantisch* in: *Prager Tagblatt* v. 24. 10. 1925.

Nanekobo. In: *Prager Tagblatt* v. 10. 6. 1928.
Baader: Franz v. B. (1765–1841). Philosoph.
Werfel: Franz W. (1890–1945). Schriftsteller.
Wassermann: Jakob W. (1873–1934). Schriftsteller.
Brod: Max B. (1884–1968). Schriftsteller und Kritiker.
Roda Roda: (1872–1945). Schriftsteller.

Frösche. In: *Prager Tagblatt* v. 30. 8. 1931.
Zarathustra in seinem Nachtliede: Ein Ungestilltes, Unstillbares ist in mir; das will laut werden. (...) Nacht ist es: nun bricht wie ein Born aus mir ein Verlangen – nach Rede verlangt mich. F. Nietzsche, *Also sprach Zarathustra. Ein Buch für Alle und Keinen* (1883–1885). In: ders., *Werke*, Bd. 2, München 1969, 362–364.
Brehm: Alfred Edmund B. (1829–1884). Zoologe. Vgl. *Brehms Tierleben,* 12

Bde., nach der zweiten und letzten Originalausgabe herausgegeben von A. Meyer-Abich, Hamburg 1953 [zuerst 1863], Bd. 12, 36–42. Findet sich dort in der von Lessing angegebenen Fassung nicht.

erzählt der Naturforscher: Brehms Tierleben, Bd. 12, a. a. O., 24. Von Lessing frei zitiert.

Homers Froschmäusekrieg: teils Homer, teils Pigres zugeschrieben. *BATRACHOMYOMACHIA* (500 v. u. Z. bzw. im 4. oder 3. Jahrhundert entstanden).

Aristophanes: Die Frösche (405 v. u. Z. Uraufführung).

Der Floh. In: *Prager Tagblatt* v. 25. 10. 1931.

Meister Freidank: Titel einer Sammlung von Erfahrungssentenzen: *Bescheidenheit* (1220–1230).

Fischarts Flohhatz (1570): Johann F. (um 1546–1590). Schriftsteller. Das Buch erschien erst 1573 unter dem barocken Titel *Flöh Hatz Weiber Tratz. Der wunder unrichtige und spotwichtige Rechtshandel der Flöh mit den Weibern: Ein New geläß auff das uber Kurtzweiligest zubelachen wo anders die Flöh mit stechen einem die Kurtzweil nicht lang machen.*

Pasquier: Estienne P. (1529–1615).

Voltaires »Pucelle«: Genauer Titel: *La pucelle d'Orléans.*

Karl Immermann: (1796–1840). Schriftsteller.

Heinrich Bebel: (1442–1518). Professor für Poesie und Eloquenz.

Jöä: Hannöverscher Dialekt, öa = a. Dazu Théodore le Singe (d. i. Theodor Lessing), *Jäö.* Studienblätter, Hannover 1919. Satirische Sprachanalyse über den hannöverschen Dialekt.

Bennigsen: Karl Wilhelm Rudolf v. B. (1824–1902). Nationalliberaler Politiker. 1888–1897 Oberpräsident der Provinz Hannover.

Ferdinand Haars: Eisenbahn-Betriebssekretär. Schrieb vaterländische Lyrik.

Menge: Arthur M. (1884–1965). Deutsch-hannoveranischer, rechtskonservativer Kommunalpolitiker. 1925-1937 Oberbürgermeister von Hannover.

Der Tag der Tiere. In: *Prager Tagblatt* v. 2. 10. 1931.

Würmer und Insekten. In: *Prager Tagblatt* v. 16. 1. 1932.

»Blumen«: Th. Lessing, *Blumen,* Berlin 1928, 109–115: *Ein großer Hindu.*

das Wort Goethes: In den *Maximen und Reflexionen 203;* dort heißt es: *Der Mensch begreift niemals, wie anthropomorphisch er ist.*

Gesichter der Blumen. In: Th. Lessing, *Blumen,* Berlin 1928, 116–126.

Alexander v. Humboldt erwog: (1769–1859). Naturforscher. *Idee zu einer Physiognomik der Gewächse* (1809).

die analogische Methode: Vgl. dazu das von Lessing herausgegebene und mit Ergänzungen versehene zweibändige Werk von Carl Gustav Carus, *Symbolik der menschlichen Gestalt,* Celle 1925.

Sprache, der Urform aller Wissenschaft: In der Sprache formuliert sich ein charakterologisches Wissen aus und Lessing versuchte, die *Beziehung des Wortsinnes zum Lebensausdruck* zu erforschen. Vgl. *Einmal und nie wieder. Lebenserinnerungen,* Ndr. Gütersloh 1969, 443. Der Semiotiker Rudolf Kleinpaul (1845–1918) gab ihm mit seinen Arbeiten den ersten Anstoß dazu.

Jedes Wort ist danach auf sinnfällige Ursprungsbedeutungen zurückzuverfolgen. Dazu Rudolf Kleinpaul, *Sprache ohne Worte. Idee einer allgemeinen Wissenschaft der Sprache* (1888).

Huysmans Romane: Joris-Karl H. (1848–1907). Schriftsteller. Die Passage findet sich in Kapitel VIII des Romans.

Schneeglöckchen. In: Th. Lessing, *Blumen,* Berlin 1928, 11–14. Erstfassung in: *Prager Tagblatt* v. 23. 2. 1926.

Birken auf der Heide. In: Th. Lessing, *Blumen,* Berlin 1928, 37–42.

Mohn im Kornfeld. In: Th. Lessing, *Blumen,* Berlin 1928, 43–49. Erstfassung in: *Prager Tagblatt* v. 22. 5. 1926.

David Hume: (1711–1776). Philosoph.

Augustinus: Aurelius A. (354–430). Philosoph.

Richard Dehmel: (1863–1920). Schriftsteller.

Ludwig Uhland: (1787–1862). Schriftsteller.

Lieblingsblumen. In: Th. Lessing, *Blumen,* Berlin 1928, 66–76. Erstfassung in: *Prager Tagblatt* v. 17. 8. 1926.

Gustav Sack: (1885–1916). Schriftsteller.

Blutende Bäume. In: Th. Lessing, *Blumen,* Berlin 1928, 77–81. Erstfassung in: *Prager Tagblatt* v. 9. 5. 1926.

Hans Driesch: (1867–1941). Biologe. Gab zusammen mit Werner Schingnitz die vierte Auflage von Lessings Buch *Geschichte als Sinngebung des Sinnlosen oder die Geburt der Geschichte aus dem Mythos,* Leipzig 1927, in der Schriftenreihe *Metaphysik und Weltanschauung* heraus.

»Dämonen«: Th. Lessing, Daemonen, Berlin 1929.

Deutsche Bäume. In: Th. Lessing, *Meine Tiere,* Berlin 1926. Erstfassung in: *Prager Tagblatt* v. 29. 11. 1924.

Eisblumen am Fenster. In: Th. Lessing, *Blumen,* Berlin 1928, 157–160.

IV. *So sehen, wie ein unbeteiligtes Auge von einem fernen Stern* Autobiographische Feuilletons (1923–1933)

Feuilleton. In: *Prager Tagblatt* v. 24. 2. 1929.

Fancy: Phantasie, die spielerische Einbildungskraft im Gegensatz zur tiefschürfenden Imagination. Lessing benutzte Fancy als Gesprächspartnerin in seinen kleineren Schriften. Fancy ist natürlich nichts anderes als sein anderes Selbst: *daß wir alle nichts sind als Einkörperung der Träume, Kinder der Göttin Fancy, der Fantasie.* Th. Lessing, *Pfingstgruß an die Gefangenen* in: *Prager Tagblatt* v. 20. 5. 1923.

Anatole France: (1844–1924). Schriftsteller.

Henri Bergson: (1859–1941). Philosoph.

Gerichtstag über mich selbst. In: *Prager Tagblatt* v. 13. 6. 1926.

die unwissenden Jungen: Anspielung auf die völkisch-nationalistischen Studenten, die Lessing in Hannover 1925/26 als *›jüdische Intelligenzbestie‹*

hetzten. Mehr dazu in der Anmerkung zum Aufsatz *Die deutsche Universität,* in dieser Sammlung, S. 111.
Mein Vater: Sigmund Lessing (1838–1896). Arzt.
Ludwig Klages: (1872–1956). Graphologe, Psychologe und metaphysischer Lebensphilosoph. Bester Freund Lessings während der gemeinsamen Schulzeit in Hannover. Die Freundschaft wurde von Klages aufgekündigt, nachdem er in Schwabing antisemitische Wahnvorstellungen in sein starres Weltbild eingepaßt hatte.
Grete Ehrenbaum: Margarete E. Schauspielerin.
Ein Mädchen aus altem Preußenadel: Maria Stach von Goltzheim (1876–1947/48). Heirat mit Th. Lessing am 30. 1. 1900, geschieden 1906.
eine kleine Satire: Samuel zieht die Bilanz oder der kleine Profete. Eine Satire in: Schaubühne, Nr. 3 (1910), 65–75. Ergänzend dazu Th. Lessing, *Samuel zieht die Bilanz und Tomi melkt die Moralkuh oder Zweier Könige Sturz. Eine Warnung für Deutsche, Satiren zu schreiben,* Hannover 1910.
Samuel Lublinski: (1868–1910). Literaturkritiker. Lessings Satire zielt auf das Weitausladende von Lublinskis Buch *Bilanz der Moderne* (1910) und attackiert den arrivierten westeuropäischen Juden, der von der Not der osteuropäischen Juden keine Ahnung hat.
allerlei Beziehungen: zur Familie Pringsheim in München, zu Katia und ihrem Vater, Alfred Pringsheim, Professor für Mathematik.
Daß Thomas Mann von mir schrieb: Vgl. dessen *Antwort* in: *Literarisches Echo* v. 1. 3. 1910 sowie *Der Doktor Lessing* in: *Literarisches Echo* v. 1. 3. 1910. Thomas Mann nannte Theodor Lessing mit der Nonchalance eines deutschen Philosemiten *ein Schreckbeispiel schlechter jüdischer Rasse.*
Haarmann-Prozeß: Lessing berichtete über diesen Sensations-Prozeß der Weimarer Republik für das *Prager Tagblatt.* Fritz Haarmann (1897–1925) war Hehler, vielfacher Knabenmörder und Polizeispitzel gewesen. Als Lessing dies aufdeckte und eine Psychoanalyse des Täters forderte, schloß der Gerichtsvorsitzende ihn für die Dauer des Prozesses aus dem Gerichtssaal aus. Insgesamt dazu Th. Lessing, *Haarmann. Die Geschichte eines Werwolfs,* Berlin 1925.
Theodor Lipps: (1851–1914). Philosoph und Psychologe.
Lehrerstelle: In einem Landerziehungsheim in Haubinda.
die ersten Unterrichtskurse: Volkshochschularbeit und Vorträge im Wartesaal des Dresdner Hauptbahnhofs. Daraus wurde später dann das Buch *Schopenhauer, Wagner, Nietzsche. Einführung in moderne deutsche Philosophie,* München 1906.
Beseitigung der reglementierten Prostitution: Lessing hielt Vorträge im Rahmen der *Internationalen Föderation zur Bekämpfung der staatlich reglementierten Prostitution.* Diese sozialreformerische Bewegung war weitgehend bis 1914 aktiv, danach zerfielen viele dieser Initiativen und konnten meist nach 1918 sich nicht neu formieren.
als ein »Sozialdemokrat« abgewiesen: es kam hinzu, daß Lessing zu allem Überfluß auch noch Feminist und Jude war.

Edmund Husserl: (1859–1938). Philosoph.

ohne je befördert: Lessings Status war zeitlebens der eines Privatdozenten. Seine Lehrtätigkeit an der Technischen Hochschule Hannover erbrachte nur einen geringfügigen Anteil zum Lebenserhalt. Vorträge und die Mitarbeit an Zeitschriften und Zeitungen bildeten seine Haupteinnahmequelle.

meinen Lebensgefährten: Adele (Ada) Abbenthern (1883–1953). Lessings zweite Ehefrau.

Tod Miriams: Miriam Lessing (1902–1912).

»Der Untergang der Erde am Geist«: zuerst veröffentlicht unter dem Titel *Europa und Asien* (1918), dann mehrfach umgearbeitet, wobei zwischen den beiden Titeln gewechselt wurde. Um vernunftfeindliche Mißverständnisse und Vertauschung zu vermeiden, sagte Lessing später dazu, daß man auch eine genehmere Formel wählen könne. *Die Vollendung des Lebens im Lichte der Wahrheit* sei eine mögliche Übersetzung. Siehe *Europa und Asien*, Leipzig 1930, 5. Aufl., 319.

»Laute und leise Lieder«: Leipzig 1896.

»Saat im Schnee«: Berlin 1908.

»Einsame Gesänge«: Dresden/Leipzig 1899.

ein geschlossenes System: Sogar ein *Weltsystem.* Siehe dazu ausführlicher meine Einleitung in diese Sammlung. Es scheint dem heutigen Leser nicht mehr so zwingend, von einem Philosophen unbedingt ein geschlossenes philosophisches System zu erbeten. Lessing hing noch der Vorstellung nach, nur Systemphilosophie trage den Schein der Beständigkeit mit sich. Zum Glück zeigen seine kleineren Schriften, wie er sich selbst praktisch dagegen gestemmt hat. Allerdings: Kohärenz haben seine kleineren und größeren Schriften schon. Der Aspekt einer *Philosophie der Not* vereint sie.

»Philosophie als Tat«: Göttingen 1914.

meine drei persönlichsten Zentrallehren: Aufschluß darüber in *Geschichte als Sinngebung des Sinnlosen oder die Geburt der Geschichte aus dem Mythos*, Leipzig 1927, 4., völlig umgearbeitete Auflage, § 22.

Ideale. In: *Das Tagebuch*, 4. Jg. (1923), 1201–1205.

erst seit wenigen Jahren preußisch: 1866, als das Königreich Hannover mit der Schlacht bei Langensalza seine Souveränität verlor und preußische Provinz wurde.

Meine Schwester Sofie: (1873–1962). Verheiratet mit Eduard Leffmann. Lebte zuletzt in New York.

Gartenbauschule Ahlem: Moritz Alexander Simon (1837–1905). Bankier und Philanthrop. Gründete 1884 den *Verein zur Förderung des Handfertigkeits- und Gartenbauunterrichts in den jüdischen Volksschulen* und stiftete 1893 die *Israelische Gartenbauschule Ahlem* in Hannover. Unentgeltlich wurden dort die Söhne jüdischer Familien in der Landkultivierung erzogen. Aus dieser Schule gingen dann auch die ersten Kolonisten hervor, die nach Palästina übersiedelten. Franz Kafka spielte gelegentlich mit dem Wunsch, in Ahlem praktische Erfahrungen zu sammeln und dann als Pionier nach Palästina zu gehen.

in Hameln: Abitur am 10. 9. 1892.
Freiherr v. Lavalette: Freiherr La Valette von St. George. Anatom.
Eleonora Duse: (1859–1924). Schauspielerin.
Else Heims. Schauspielerin.
Käte Dorsch: (1890–1957). Schauspielerin.
Professor Stern: William Louis Stern (1871–1938). Begründer der angewandten Psychologie in Deutschland.
der reine Bahr: Hermann B. (1863–1934). Schriftsteller und Kritiker.
Karl Liebknecht: (1871–1919). Rechtsanwalt und Politiker. Mitbegründer des Spartakusbundes und der KPD. Von der Reichswehr ermordet.
Haase: Hugo H. (1863–1919). Rechtsanwalt und Politiker (SPD, USPD). Von völkischen Terroristen ermordet.
Leonhard Frank: (1882–1954). Schriftsteller.
Pfemfert: Franz P. (1879–1954). Politischer Essayist und Herausgeber der Zeitschrift *Die Aktion.*

Der Deutsche Aufsatz. In: *Die neue Erziehung,* 13. Jg. (1930), 904–909.
Hartmann von der Aue: (Um 1165–1215). Schriftsteller.
Der arme Heinrich (mhd.). Verslegende.
Fancy: vgl. oben S. 432.
Ricarda Huch: (1864–1947). Schriftstellerin. *Lebenslauf des Heiligen Wonnebald Pück* (1905). Erzählung.
ruminist: wiedergekäut.
Gustav Freytag: (1816–1895). Schriftsteller.

Bubi. In: *Prager Tagblatt* v. 6. 7. 1929, Beilage *Der Sonntag.*
Tituskopf: Titus Flavius Vespasianus (39–81). Römischer Kaiser.

Zauber der Worte. In: *Prager Tagblatt* v. 1. 9. 1929.
Johannes Scherr: (1817–1886). Kulturhistoriker.

Alles wäre anders gekommen. In: *Prager Tagblatt* v. 4. 3. 1928.
Georg V.: (1819–1879).
»Geschichte als Sinngebung des Sinnlosen«: 1. Aufl. (1919), 4. Aufl. (1927).

Es ist nur ein Übergang. In: *Prager Tagblatt* v. 28. 5. 1926.
Nicolai: Christoph Friedrich Nicolai (1733–1811). Buchhändler, Zeitschriftenherausgeber, Schriftsteller.
Polgar: Alfred Polgar (1873–1955). Schriftsteller, Feuilletonist, Theaterkritiker.
Schröder: Friedrich Ludwig Schröder (1744–1816). Schauspieler. – Lessing ist, nicht nur hier, recht großzügig bei Zeitangaben, Schreibweisen oder Buchtiteln, deren Erscheinungsdatum- und -ort.
Iffland: August Wilhelm Iffland (1759–1814). Schriftsteller und Theaterleiter.
die Wolter: Charlotte Wolter (1831–1897). Schauspielerin.
Bogumil Dawison: (1818–1872). Schauspieler.
Matkowsky: Adalbert Matkowsky (1858–1909). Schauspieler.
Albert Niemann. Opernsänger.
Joseph Kainz: Josef Gottfried Ignaz Kainz (1858–1910). Schauspieler.

Scharnhorst: Gerhard von Scharnhorst (1755–1813). Preußischer General und Heeresreformer.
Kaiser Wilhelm II.: (1859–1941). Deutscher Kaiser und König von Preußen 1888–1918.
Friedrich Barbarossa: (1152–1190).
Konfutse: Kung-fu-tse; Konfuzius (552 v. u. Z.). Philosoph, Politiker.

Erinnere Dich . . . In: *Prager Tagblatt* v. 25. 12. 1923
Verdun: In der Schlacht um Verdun vom 21. 2. bis 2. 9. 1916 starben 700 000 französische und deutsche Soldaten.
der Kronprinz: Wilhelm, Kronprinz von Preußen (1882–1951).
Ludendorff: Erich L. (1865–1937). Preußischer Generalstabschef. Generalquartiermeister der Obersten Heeres-Leitung im I. Weltkrieg (1916–1918). Deutschvölkischer Politiker.
Hindenburg: Paul v. Beneckendorff und v. Hindenburg (1847–1934). Preußischer Generalfeldmarschall. Zusammen mit Ludendorff im I. Weltkrieg ab 1916 im Generalstab des Feldheeres der Obersten Heeresleitung. Von 1925 bis 1934 Reichspräsident.

Das Lazarett. In: *Prager Tagblatt* v. 10. 2. 1929; 17. 2. 1929; 2. 3. 1929; 7. 3. 1929; 23. 3. 1929; 6. 4. 1929; 19. 4. 1929.
Walther Rathenau: (1867–1922). Industrieller, Schriftsteller und Politiker. Von Mitgliedern der *Organisation Consul,* der führenden Femeorganisation der Weimarer Republik, ermordet.
Lord Grey: Sir Edward 5. (1862–1933). Englischer Außenminister.

Nordischer Morgen. In: Th. Lessing, *Blumen,* Berlin 1928, 26–31. Erstfassung in: *Prager Tagblatt* v. 10. 2. 1926.

Maximilian Harden. In: *Prager Tagblatt* v. 12. 12. 1925.
Maximilian Harden: (1861–1927). Publizist.
Otto Brahm: (1856–1912). Literaturkritiker, Theaterdirektor.
Arthur Levysohn: (1841–1908). Publizist.
Heinrich Laube: (1806–1884). Publizist, Dramatiker.
Ein verkommener Bursche: Mordanschlag auf Harden durch zwei völkisch-nationalistische Attentäter am 3. 7. 1922. Harden starb an den Spätfolgen fünf Jahre darauf.

Ein Buchhändler. In: *Prager Tagblatt* v. 17. 3. 1931.
Heinrich Bulthaupt: (1849–1909). Schriftsteller.
David Hilbert: (1862–1943). Mathematiker.
Edmund Husserl: (1859–1938). Philosoph.
Theaterkritik für die »Göttinger Zeitung«: 1906/07.
Professor Andreas: Friedrich Carl A. (1846–1930), Iranist.
Carla Mann: (1881–1910). Schauspielerin.
Harry Liedtke: (1888–1945). Schauspieler.
Rudolf Borchardt: (1877–1945). Schriftsteller.
Hugo von Hofmannsthal: (1874–1929).
Heinrich Mann: (1871–1950).
Gerhart Hauptmann: (1862–1946).

Richard Dehmel: (1863–1920). Schriftsteller.
»Theaterseele«: Th. Lessing, *Theater-Seele. Studie über Bühnenästhetik und Schauspielkunst,* Berlin 1907.
Georg Simmel: (1858–1918). Philosoph und Soziologe.
»Philosophie der Not«: Vgl. die Vorrede zu *Geschichte als Sinngebung des Sinnlosen oder die Geburt der Geschichte aus dem Mythos,* Leipzig 1927, 4., völlig umgearbeitete Aufl.

Die blauschwarze Rose. In: *Prager Tagblatt* v. 4. 3. 1926.
Carusoplatten: Enrico Caruso (1873–1921). Tenorsänger.
Lärm: In Kooperation mit der Anti-noise-Liga in New York und London war der Antilärm-Verein ein sozialreformerisches Unternehmen in ganz Deutschland mit über tausend Mitgliedern. In Hannover leitete Lessing das Büro und gab das Vereinsorgan heraus, redigierte es und schrieb viele Glossen und Aufsätze dazu. Die Zeitschrift *Der Antirüpel. Recht auf Stille. Monatsblätter zum Kampf gegen Lärm, Rohheit und Unkultur im deutschen Wirtschafts-, Handels- und Verkehrsleben* erschien von 1908 an bis 1912 unter Lessings Verantwortung. Seine Abhandlung *Der Lärm. Eine Kampfschrift gegen die Geräusche unseres Lebens,* Wiesbaden 1908 bekommt leider mit zunehmendem Alter immer größere Bedeutung.

Zwei Gräber. In: *Prager Tagblatt* v. 29. 7. 1928.
Boreas: In der griechischen Mythologie die Gestalt des Nordwindes. Da man in Athen die Vernichtung der persischen Flotte dem thrakischen Nordwind zuschrieb, wurde Boreas als kultische Größe verehrt.
das Sanatorium von Ascona: Das Dorf Ascona am Lago Maggiore war der internationale Treffpunkt von Künstlern, Schriftstellern, Lebensreformern, Vegetariern, Feministen und all derer, die an neuen Ausdrucks- und Lebensformen interessiert waren. Ascona verkam bald zum Anlaufpunkt der internationalen Schickeria und wurde nach 1945 zum exklusiven Erholungsort für Wohlhabende.
Theodor Storm: (1817–1888). Schriftsteller.
Wilhelm Jensen: (1873–1950). Schriftsteller.
Karl Wolfskehl: (1869–1948). Schriftsteller.
Stefan George: (1868–1933). Lyriker.
eine Ephebe: eigentl.: wehrfähiger junger Mann im alten Griechenland. Hier in der Bedeutung: schmale, verführerische Gestalt.
Frank Wedekind: (1864–1918). Dramatiker.
Gräfin Messalina: Valeria Messalina (um 25–48). Wird als Inbegriff einer intriganten, zügellosen und genußsüchtigen Frau beschrieben. Als Gattin des Kaisers Claudius betrieb sie maßgeblich die Verbannung Senecas.
Karl Bleibtreu: (1859–1928). Schriftsteller und Kritiker.
Detlef Liliencron: (1844–1909). Schriftsteller.
Byron: George Gordon Noel, Baron v. B. (1788–1824). Schriftsteller.

Einmal und nie wieder! In: *Prager Tagblatt* v. 22. 2. 1929.
Fancy: Phantasie, die spielerische Einbildungskraft im Gegensatz zur tiefschürfenden Imagination. Lessing benutzte Fancy als Gesprächspartnerin in

seinen kleineren Schriften. Fancy ist natürlich nichts anderes als sein anderes Selbst: *daß wir alle nichts sind als Einkörperung der Träume, Kinder der Göttin Fancy, der Fantasie.* Th. Lessing, *Pfingstgruß an die Gefangenen* in: *Prager Tagblatt* v. 20. 5. 1923.
Zillegörenspezialistin: Heinrich Zille (1858–1929). Künstler.
Claire Waldorff: (1884–1957). Schauspielerin und Revuesängerin.
Kate Kühl: (1899–1970). Chansonsängerin.
Otto Reuter: (1870–1931). Varietékünstler.

Ein Mensch schreibt Erinnerungen. In: *Die Kritik*, 2. Jg. (1934), Nr. 10.
dem dritten Versuche: Einmal und nie wieder. Lebenserinnerungen, posthum erschienen als Bd. 1 einer auf zehn Bände konzipierten Gesamtausgabe seiner Schriften, Prag 1935. Die hier wiedergegebene Skizze beruht auf hinterlassenen Aufzeichnungen.
Gerichtstag über mich selbst: Spielt an auf Henrik Ibsens Bekenntnis in einem Brief v. 16. 6. 1880: *man steht niemals ganz über aller Mitverantwortlichkeit und Mitschuld in der Gesellschaft, der man angehört (...) Dichten heißt Gerichtstag halten über sich selbst.*

Die Unlösbarkeit der Judenfrage. In: *Der Jud ist schuld ...? Diskussionsbuch über die Judenfrage*, Basel/Leipzig 1932, 402–412. Ndr. unter dem veränderten Titel *Gegen die Phrase vom jüdischen Schädling*, Prag 1933, 402–412.
wie Schlangen und Raubtiere: Formulierung von Eugen Dühring.
Chaluzim: Pioniere der Landurbarmachung.
Hilaire Belloc: (1870–1953). Schriftsteller.
Lagarde: Paul de L. (1827–1891). Orientalist und antisemitischer Publizist.
Mathilde von Kemnitz: (1877–1966). geb. Spieß, verw. v. Kemnitz, gesch. Kleine. Zweite Ehefrau Erich Ludendorffs. Ärztin und politische Pamphletistin.
Harnack: Adolf v. H. (1851–1930). Theologe.
Sombart: Werner Sombart (1863–1941). Soziologe.
Juvenal: (um 50–130) Satiriker.
Scheler: Max Sch. (1874–1928). Philosoph und Soziologe.
Nelson: Leonhard N. (1882–1927). Philosoph und Begründer des neukantianischen *Internationalen Sozialistischen Kampfbundes.*
Mazzini: Giuseppe M. (1805–1872). Politiker des nationalen Befreiungskampfes in Italien.
Kingsley: Charles K. (1819–1875). Schriftsteller.
General Booth: William B. (1829–1912). Gründer und erster ›General‹ der Heilsarmee.
Matthew Arnold: (1822–1888). Schulinspektor, Professor für Poetik.
Robert Browning: (1812–1889). Schriftsteller.
Knut Hamsun: (1859–1952). Schriftsteller.
Erez Israel: Land Israels. Nach der Rückkehr der Juden aus Babylonien wird das Land Judäa, oder Jehuda genannt. Später kommt dann die Wortprägung Erez Israel hinzu. Die geographische Bezeichnung Palästina wird durch die

Römer nach der Niederschlagung des Bar-Kochbar-Aufstandes durchgesetzt.

Die Barbe. In: *Prager Tagblatt* v. 3. 9. 1933.

der gequälte Fisch: Dazu die Vorbildung dieses Lebens-Symbols in Th. Lessing, *Theater-Seele. Studie über Bühnenästhetik und Schauspielkunst*, Berlin 1907, 158–165 (165): *Da man aber gesättigt war, so befahl der Gastherr (. . .) den Kadaver des Fisches nunmehr auf den Mist zu werfen . . . Schwimm hinaus mein kleines Büchlein und erfreue sie durch dein Farbenspiel.*

Applaudite amici: Klatscht Beifall, meine Freunde.